지식은
과거지만
지혜는 미래다

The Pursuit of Wisdom and Happiness in Education:
Historical Sources and Contemplative Practices

The Korean translation of this book is made possible by permission of the State University of New York Press © 2014 Translation rights arranged through Icarias Agency, Korea

Korean translation © 2018 Erumbook

이 책의 한국어판 저작권은 Icarias Agency를 통해 The State University of New York Press와 독점 계약한 도서출판 이룸북에 있습니다. 저작권법에 의하여 한국 내에서 보호를 받는 저작물이므로 무단전재와 복제를 금합니다.

지혜를 추구하는 삶의 즐거움

지식은 과거지만 지혜는 미래다

숀 스틸 지음 | 박수철 옮김

이룸북

omnibus magistris meis
모든 것이 내 스승이다

머리말
지혜 없는 지식은 위험하다

이 책은 내가 학생 때 그리고 고등학교 교사가 되고 나서 겪었던 경험과 품었던 포부와 느꼈던 실망감에서 비롯된 질문에 대한 답이다. 먼저 짐이라는 어린 학생의 이야기부터 들어보자.

14세인 짐은 어린 시절의 학교생활에 대해 털어놓았다. "선생님들은 제 질문과 생각을 진지하게 여기지 않았어요. 그래서 학교란 원래 그런 곳인 줄 알았죠. 물론 1학년이 되어 학교에 가니까 좋았지만, 인생—인간은 왜 여기 있는가? 이 세상은 대체 무엇인가?—에 관해 이야기하는 시간은 없었어요. 우주의 본질 같은 것 말이에요. 제가 질문하거나 어떤 의견을 말하면 무거운 침묵이 흘렀고, 선생님은 철자법 공부 같은 것으로 넘어가버리기 일쑤였죠. 문득 이런 생각이 들었어요. '아, 올해는 쉬운 것을 공부하고 2학년이 되면 어려운 내용을 배우겠지. 그렇다면 기다릴 수 있어.' 하지만 2학년이 되고 3학년이 되어도 사정은 나아지지 않았어요. 오히려 더 나빠

졌는지도 모르죠. 노는 시간이 줄어들었으니까요. 4학년 때는 이런 생각이 들더라고요. '나는 외계인이야. 사람들은 나를 이해하지 못해. 나는 사회성이 부족하지 않아. 친구도 있어. 그런데 아무도 이런 문제를 이야기하지 않아. 특히 선생님들이 그래. 학교는 내 질문, 아니 모든 질문에 큰 관심이 없어. 학교는 정답에만 관심을 쏟아. 우리는 정답만을 말해야 해.'"1

고등학교 교사인 나는 짐이 교육에 대해 품었던 의심의 진실성을 입증할 수 있다. 교사의 주요 임무는 학생이 매우 구체적인 종류의 질문에 정답을 말할 수 있도록 유도하며 교과 과정을 무난하게 마치도록 지도하는 것이다. 그리고 교사와 교육 당국자들의 질문에 얼마나 제대로 답하는지를 기준으로 학생의 교과 과정 통과 여부를 판단한다. 교사들은 교사 연수를 받으면서 몇 시간 동안 '학습에 대한 평가' 대신에 '학습을 위한 평가'를 수용하는 법을 배운다. 학생의 학습에 대한 교사의 판단이 더 정확해지고, 그것이 향후 평가에서 결과를 향상시키는 데 쓰일 수 있도록 말이다. 이 모든 것은 학생들이 두 번째나 세 번째 시도에서 정답을 말할 수 있도록 만들기 위해서다. 학부모, 행정관, 정부 등은 교사에게 표준화된 시험에서 학생들이 정답을 맞히도록 유도하는 책임을 맡긴다. 따라서 고등학교 진학연령의 한 학생이 앞서 말한 짐이라는 소년이 유년 시절에 던졌던 '부적절한' 질문을 적어도 학교라는 환경에서 곰곰이 생각하고 있다면, 이는 무척 놀라운 일이 아닐 수 없다.

성적을 중시하는 분위기에서 그런 질문은 권장되지 않는다. 정말 중요한 것으로 간주되는 질문은 따로 있다. 우리가 학생에게 던지는 질문은 겉보기에 더 알찬 실용적 의미와 더 높은 사회적 가치를 지닌 것처럼 보인다. 사실 학교라는 체제는 교사가 던지는 특정한 유형의 질문에 내놓아야 하는 종류의 해답이 지닌 중요성과 의의를 학생에게 명확하게 인식시키는 방향으로 설계되어 있다. 학생은 제시된 질문에 집중해 제대로 된 답을 말함으로써 좋은 점수를 얻고 학부모, 교사, 친구 등에게 칭찬도 받는다. 또한 '알맞은 학교'에 입학할 수 있고, 덕분에 '좋은 직업'을 구할 수 있다. 그리고 좋은 직업은 학부모가 된 학생들이 세계화되고 고도로 경쟁화된 직업세계에 뛰어들어야 하는, 차세대 학생들을 부양하는 과정에서 꼭 필요하다.

우리가 짐에게 강요한 생산성, 경쟁력, 성공이라는 부담의 무게를 감안하면, 유년 시절에 그가 품었던 질문은 학교제도 안에서 설자리가 없다. 사실 학교제도를 학생들의 표준화된 시험 점수에 근거한 모범 사례로 칭찬한다면 굳이 불평할 이유는 없다. 그런 모범적인 학교는 매우 잘 작동하고 있지 않은가. 그리고 학교가 이와 관련해 훌륭한 성과를 내놓지 않는다면, 문제를 가장 잘 해결할 수 있는 방법은 우리가 중시하는 종류의 질문으로 평가되는 응답의 성과를 향상시키는 데 더 적극적으로 관심을 쏟는 것이다. 그런 식의 학교개혁은 고도의 훈련과 교육을 받은 훌륭하고 경쟁력 있는 노동인력과 시민을 양성하는 최고의 방법이다. 더이상 무엇을 바라겠는가. 그러니 이와 같은 부분에 교육적 노력을 집중하는 데 반대하면서 변화를 추구하는 것은 어리석은 짓 아닐까?

짐의 질문과 관심은 이 세상에서 '성장하기'의 기준과 무관한 것이기 때문에, 그 누구도 변화를 초래하려고 하지 않는다. 이미 오늘날의 여러 학교는 대다수가 중시하는 노력의 영역에서 성공하는 데 필요한 모든 요소를 학생에게 제공하고 있다. 유년 시절에 짐이 던진 질문은 중요하지 않다. 설령 중요하다 해도 그런 관심사를 추구하는 것은 짐의 개인사가 되어야 할지 모른다. 왜 실용적 중요성이 전혀 없는 질문에, 그리고 아예 해답이 없을 것 같은 질문에 짐이 빠져들도록 돕는 데 공적 자금을 써야 하는가? 이는 공적 자금으로 아이들과 함께 철학적 사색을 해야 한다는 요구를 거절하는 합당한 이유로 보인다. 대중교육으로 대규모의 실용적 성과를 내야 한다고 말할 수도 있다. 요점은 문제를 해결할 줄 알고, 더 비판적이고 분석적인 사고력을 지닌 사람들이 필요하다는 것이다. 그리고 경쟁과 혁신을 무기로 과학과 기술 분야에서 다른 나라들과 어깨를 견줄 필요가 있다. 그렇다면 우리의 교육적 노력은 앞으로도 실용적 차원에서 타당한 이런 투자의 영역에만 주력해야 하지 않을까?

  일리 있는 주장이다. 그러나 더 많은 과학 지식, 더 날카로운 비판적이고 분석적인 기능, 더 뛰어난 자연 정복 기술, 범지구적 성공 경쟁에서의 더 빛나는 승리 등이 정말 우리에게 보탬일지, 아니면 그렇게 가정하고 싶은 것인지 의심스럽다. 심리학자이자 교육학자인 로버트 스턴버그에 따르면, 인간의 지능수준이 최근 몇 년 동안 꾸준히 향상되었음을 암시하는 연구 결과가 있다고 한다. 그리고 주변을 둘러보기만 해도 우리가 일상적으로 활용하는 지식과 기술과 사회조직의 발전상을 확인할 수 있다. 이와 같은 지식과 인간 지능의 성과 가운데 상당수는 불과 100년 전만 해도 이용할 수 없었다. 하지만 스턴버그는 지능지수의 향상에 환호할 이유가 없다고 한다. 과학과 기술은 발전했지만 지혜가 그만큼 향상되었다는 증거는 발견하지 못했기 때문이다. 그는 이 문제를 다음과 같이 매우 논리적으로 설명한다.

  인간의 지능 때문에 세상은 어느 정도 벼랑으로 내몰렸다. 지능 덕분에 우리는 좋은 것을 여럿 얻었을 뿐 아니라, 세상을 몇 번씩이나 파괴할 만한 위력을 지닌 핵무기와 세계 곳곳 수많은 남녀노소의 생명을 빼앗고 있는 합성마약도 손에 넣었다. 인간의 지능 때문에 우리는 지금 여기 있게 되었다. 창의성과 실용적 지능과 결합된 인간의 지능이 2001년 9월 11일 세계무역센터에서 발생한 끔찍한 재난을 초래했을지도 모른다. 테러 계획은 나름대로 창의적이었다. 한 국가의 방어망을 교묘히 피한 점에서 분석력이 빛났고, 임무 이행에 필요한 인원에 비해 최대한의 피해를 야기한 점에서 영리했다. 그러나 그 계획은 지혜롭지 않았고, 이를 고안한 사람들도 지혜롭지 않았다. 우리가 스스로 놓은 덫에서 빠져나오는 데는 지혜가 필요하다.[2]

스턴버그는 지혜의 교육적 역할을 진지하게 여기는 태도가 중요함을 날카롭게 지적한다. 지식의 습득, 전문적 기량의 향상, 비판적이고 분석적인 사고와 상상력 함양 등의 중요성은 부정할 수 없다. 그러나 스턴버그의 지적을 감안할 때, 지혜가 없으면 앞서 언급한 목표를 달성하기 어렵다.

교사로서, 학생으로서 그리고 인간으로서 나는 오랫동안 지혜를 둘러싼 문제로 고민해왔다. 어릴 적 잠자리에서 훗날 어떤 어른이 될지 궁금해하던 기억이 난다. 당시 나는 열심히 배우고 공부하면, 그리고 학교생활에 최선을 다하면 행복하게 잘 사는 방법을 알 수 있으리라 생각했다. 이후 '평생교육'에 대해 공부하면서 한 사람이 평생토록 아무리 많은 지식을 쌓아도 지혜로운 사람이 되기에는 역부족이며, 따라서 잘 살 수 있는 능력을 갖추지 못한다는 사실을 알았다. 또한 학위를 많이 따거나 철학책을 아무리 많이 읽었다고 해도 그 수많은 책에서 얻은 지식은 지혜가 아니며, 그런 종류의 지식을 추구하는 과정이 지혜를 추구하는 것이 아니라는 사실을 깨달았다. 이와 관련해 저지른 실수와 어리석은 행동을 통해 나는 과연 어떤 것이 지혜 추구가 아닌지를 알게 되었는데, 그나마 어렵사리 얻은 미약한 통찰이 다행히도 지혜를 향한 열정을 자극하는 데 도움을 주었다.

나는 지혜 추구가 우리가 흔히 생각하는 그런 것이 아니라는 사실을 깨달았다. 다시 말해 지혜 추구는 정신이 지식수준으로 올라가는 것, 더 순수하고 더 빛나는 진리 그리고 더 멋진 아름다움을 향해 나아가는 것, 선善 그 자체의 품으로 올라가는 것이 아니다. 정확히 말하자면 물론 지혜 추구는 그런 것이지만, 단지 그런 것만은 아니다. 사실 이러저러할 것이라는 가정은 일종의 사탕발림이다. 이는 필연적으로 우리의 자존심을 상하게 만들고, 결국 우리는 지혜 탐색이 무엇인지 그리고 지혜 탐색에 어떤 요소가 수반되는지 오해하게 될 것이다. 왜냐하면 '내려가지' 않은 채, 즉 자아를 그리고 지혜가 아닌 모든 것을 버리지 않은 채 올라갈 수 있다고 가정하는 것은 결코 지혜를 추구하는 데 나서는 자세가 아니기 때문이다. 이 상승과 하강의 이중운동은 진정한 지혜를 위한 교육의 가장 핵심적이고 기본적인 이미지다. 어리석게도 이 숭고한 진리의 가장 근본적인 부분을 이해하기까지 나는 40년이나 걸렸다. 이 책에 담긴 모든 내용의 밑바탕은 플라톤과 헤라클레이토스 철학의 상승과 하강 이미지다. 이 책은 교사로서, 학생으로서, 학부모로서, 인간으로서 무언가를 궁금해하고 진정한 행복을 모색하는 독자에게 보내는 초대장이다. 책을 읽으면서 여러분은 교육이 우리를 지혜의 중요성을 인식하도록 유도하는 과정에서 어떤 역할을 맡을 수 있는지를 생각할 것이다. 우리가 진심으로 지혜를 사랑하게 된다면 우리 삶은 어떻게 바뀔까? 그리고 일부 교사나 예비 교사가 느끼는 지혜를 향한 애정은 현장에서의 수업 관행에 어떤 시사점을 던져줄까? 앞으로 교실은 어떻게 변해야 할까? 지혜를 사랑하는 사람으로서 학생들을 가르칠 때 드러내는 행동에는 어떤 의미가 담겨 있을까? 이 책에 담긴 모든 내용의 근본은 지혜를 향한 뜨거운 욕구고, 특히 교실에서 철학적 사색을 시도하려는 이에게 보내는 추천사다.

하지만 미리 밝혀두건대, 학교에서의 철학적 사색은 위험한 일이다. 지혜에 대한 사랑을 교육현장에 적용하는 것은 그리 만만한 일이 아니다. 그것은 단지 교실에서 '묵직한 질문'을 던지고 학생들의 대화를 독려하는 수준에 그치지 않는다. 논리적이고 비판적인 사고나 논쟁상의 오류를 가르치는 수준에 그치지도 않는다. 지혜 추구를 장려하는 것은 단순히 학교에서 철학 프로그램을 실행하는 것을 의미하지 않는다. '어린이 철학 Philosophy for Children' 교육방법론을 배우는 교사 연수에 참가한다고 해서 반드시 교실에서의 철학적 사색이 이뤄진다고 볼 수는 없다. 철학적 사색을 교육현장에 도입하는 데는 독미나리와 같은 위험이 따른다. 솔직히 말하겠다. 당신이 학교에서 진정으로 지혜를 추구한다면 지혜를 모색하지 않는 사람들이 이해하지 못하는 방식으로 고통받을 것이다. 철학을 통해 어떤 것을 문제화하는 낯선 방식 때문에 박해를 당하고 징계를 받을 수 있다. 막강한 적들이 생겨날 것이다. 심지어 직장을 잃을지도 모른다. 교육계에서 요주의 인물로 낙인찍히거나 전문 직업인답지 못하다는 이유로 비난받을지도 모른다. 그럼에도 지혜를 사랑하게 된다면, 결국 당신은 그 모든 시련이 겪을 만한 가치가 있다고 생각할 것이다. 왜냐하면 이른바 교습에서의 '탁월성'과 '학생 성적에 대한 책임'보다 더 고귀한 소명을 깨달았기 때문이다. 지혜를 사랑하는 사람으로서 지혜 탐색에 충실한 사람으로 남아야 한다는 점을 알게 될 것이다. 또한 남들이 이해하지 못하는 방식으로 고통을 당하더라도 남들(아마 당신이 지대한 영향을 미치는 학생들을 제외한 사람들)이 이해하지 못하는 교습에서의 환희를 발견할 것이다. 그것이 바로 계속 이 게임에 참가하도록 이끄는 교습의 아름다움이다. 이 책은 이런저런 시련을 겪으면서도 지혜를 자기 영혼의 가장 진정한 양식으로 여기는 마음이 간절한, 자신뿐 아니라 남들도 그런 마음이 들도록 하려는 소중한 사람인 당신에게 바치는 선물이다.

　책의 구성은 다음과 같다. 우선, 지혜와 지혜 모색을 둘러싼 가장 흔한 현대의 교육사상 몇 가지를 살펴볼 것이다. 둘째, 지혜와 지혜 탐색의 진정한 본질을 다시 깨닫기를 기원하는 차원에서 고대와 중세의 몇몇 대표 저술가들이 오늘날 우리가 겪는 혼란에 어떤 실마리를 던져줄 수 있는지 확인한다. 이렇게 다채로운 이론적 시각을 통해 책의 주제에 접근한 다음, 오늘날 수업 관행에서의 지혜와 지혜 탐색으로 시선을 돌릴 것이다. 다시 말해 셋째, 오늘날 학교제도가 학교에서의 지혜 모색 관행에 어떤 영향을 미치는지(구체적으로 교육과 지혜에 관한 현대의 관념이 학생 성적에 대한 책임과 평가, 기술적 역량, 숙달, 세계적 경쟁력 그리고 여가화餘暇化의 장소로서의 학교가 아닌 작업장으로서의 학교를 강조함으로써, 지혜 추구를 어떻게 저해하는지) 살핀다. 넷째, 지혜 모색형 교육론이 '철학 프로그램'을 통해 오늘날의 학교에 적용되는 몇 가지 방식에 초점을 맞출 것이다. 여기서 우리는 지혜에 관한 고대·중세·현대의 저작에 담긴 통찰을 바탕으로 각각의 프로그램을 평가하고 '새로운'(더 정확하게는 잃어버린, 그리고 잊어버린) 방향을 제안한다. 다섯째, 새롭게 떠오르는 '관조적 교육'운동에 지혜 모색형 교육론이 수용되는 양상을 확인할 것이다. 또한 그런 수업 관행의 다양한 사례를 검토하고, 그 전도유망한 지혜 모색운동이 빠지기 쉬운 몇 가지 함정도 살펴본다. 끝으로 지혜를 위한 교육의 참모습을 다시 보여주면서 마무리하려 한다. 특히 이 책에서 나는 지혜와 지혜 추구를 둘러싼 고대·중세·현대의 가장 탁월한 견해를 소개하는데, 그것은 지혜 추구의 본질('죽음의 예술'이자 '불멸화')에 대한 가장 명확한 표현인 상승과 하강의 이중운동에 우리 영혼이 눈뜰 수 있도록 하는 교육적 청사진을 그리고자 함이다. 모쪼록 독자 여러분이 자극받기를, 그리고 모두 삶의 가장 고귀한 목적인 진정한 행복을 모색할 수 있기를 바란다.

차례

머리말 | 지혜 없는 지식은 위험하다 _005
개념어 사전 _018

1장 | 지혜는 교육하고 배울 수 있는 것인가?

현대사회는 어떻게 지혜를 잃어버리게 되었나 _025

지혜의 본질에 대한 탐색

2장 | 아리스토텔레스가 말하는 지혜 추구의 즐거움

인간은 지혜로울 때 행복하다 _085

소피아와 프로네시스의 개념 정의와 그 쓰임 ㅣ 세상사에 무지한 소피아를 향한 질책 ㅣ 가장 고귀한 선을 위한 분별인 프로네시스 ㅣ 소피아와 프로네시스의 신성한 목적으로서의 정치학 ㅣ 젊은이들에게 프로네시스를 추구하도록 가르쳐도 될까? ㅣ 젊은이들에게 소피아를 추구하도록 가르쳐도 될까? ㅣ 프로네시스와 소피아, 두 가지의 가치를 둘러싼 난제 ㅣ 도덕적 미덕과 프로네시스의 관계 ㅣ 지혜 추구와 테오리아를 둘러싼 즐거움 ㅣ 교육을 통해 테오리아에 접근할 수 있는 가능성 ㅣ 지혜와 행복의 연관성 ㅣ 놀이로서의 지혜 추구 ㅣ 진정한 행복으로서의 지혜 추구와 관조적 삶 ㅣ 불멸화로서의 교육을 통한 완전한 행복

3장 | 보에티우스가 말하는 진정한 철학의 위안

지혜를 추구하는 분위기와 철학의 관계 _125

철학은 젊은이들에게 무엇을 줄 수 있는가 ㅣ 철학은 적당한 선에서 만족하지 않는다 ㅣ 철학의 여신과 만나다 ㅣ 지혜 추구의 분위기란 무엇인가 ㅣ 오늘과 같은 환경에서 지혜 추구가 가능한가 ㅣ 지혜를 찾아가는 과정과 방식

4장 | 학교에서 철학적 사색과 지혜 추구가 가능할까?

모든 것을 알고 있다는 오만과 착각에서 벗어나다 _161
마이모니데스가 대중적인 철학 교육에 반대한 이유 | 젊은이들과의 철학적 사색에 대한 옹호론 | 더 고귀한 지혜의 가능성

5장 | 아퀴나스와 지혜라는 선물

지혜는 우리의 궁극적 목적인 행복에 대한 지식이다 _177
소피아와 사피엔티아의 개념 차이 | 인간의 궁극적 목적으로서의 행복 | 행복에도 등급이 있다 | 도덕적 미덕의 종류 | 지적 미덕과 도덕적 미덕의 관계 | 지혜와 지적 미덕과의 관계 | 지적 미덕으로서의 지혜와 주어진 선물로서의 지혜 | 선물로서의 지혜에 대한 철학적 해석 | 학교에서 철학적 사색과 미덕 함양이 가능한가 | 진정한 교육의 필수요소는 무엇인가 | 관조적 삶이란 무엇인가 | 벤저민 블룸의 분류법과 관조의 여섯 단계 | 지혜 추구에서 스콜레의 필요성 | 관조를 가능하게 만드는 놀이와 우정

6장 | 세계화된 지식 기반 경제에서 철학의 설자리

지식이 쌓여도 지혜가 되지는 않는다 _237
교육개혁의 추세에 대한 비판

7장 | 교육의 타락에 대한 아우구스티누스의 비판

세속적 성공과 성취를 부추기는 교육의 역사 _255
전혀 새롭지 않은 교육개혁 | 현대의 교육과 고대 궤변술의 유사점

8장 학교에서 관조적 활동을 할 수 있을까?

철학이나 관조적 활동은 시간 낭비라는 생각에 관하여 _273

유용하지는 않지만 인간다운 활동인 철학 I 스콜레를 위한 공간을 만들기가 어려운 까닭 I 스콜레가 가능한 시간의 문제 I 스콜레의 의미를 생각할 수 없는 현대인과 자유 시간 I 교육에서 지혜를 추구할 수 있는 방법 I 철학과 관조, 배움에서의 즐거움

9장 아이들과의 철학적 사색을 옹호하다

아이들의 세련된 순진함과 교육제도의 거만한 학식 _313

철학은 대부분 필수과목이 아니다 I 발달이론의 대가 피아제에게 반기를 들다 I 아이들은 자라면서 철학을 잃는다 I 지식적 자만심을 뿌리 뽑기 위한 고통 I 지혜 추구와 철학을 위한 용기가 필요하다

10장 리프먼의 어린이 철학 프로그램을 비판하다

철학은 다른 학문의 시녀가 아니다 _333

체계화된 철학 훈련 프로그램의 가능성 I 초학제적이며 초인지로서의 철학 I 다른 학문의 부모 학문이라는 오해 I 추론적이고 논리적 훈련으로서의 철학 I 비판적 사고능력으로서의 철학 I 민주적인 교육 수단으로서의 철학적 대화 I 리프먼의 철학 교습법에 대한 비판 I 신화나 전승에 대한 리프먼의 부정 I 어린이 철학 프로그램에 맞서 철학을 변호하다 I 철학 교수법을 가르칠 수 있을까?

11장 철학인 것과 철학이 아닌 것

철학은 하나의 과목이 아니라 삶의 방식이다 _375

철학은 초인지도 비판적 사고도 아니다 I 철학은 개념 분석이 아니다 I 철학은 방법이 아니다 I 철학은 일이 아니다 I 철학은 과학이 아니다 I 철학은 가르칠 수 있는 과목이 아니다

12장 철학과 관조를 통합하다

지혜 추구에 대한 전통과 사상의 유산을 확인하다 _407

철학과 명상적 수행의 관계

13장 | 첨단기술이 점령한 스마트한 세상에서의 관조

기술적 망상에서 벗어나는 방법에 관하여 _415

기술에 대한 믿음이 가져오는 위험 | 우리가 만든 대상만 보는 태도가 가져오는 위험 | 헛되거나 불건전한 눈의 욕망과 상충되는 관조

14장 | 관조적 수행이 마주한 현실과 도전 과제

관조적 교육과 수행을 어떻게 적용할 것인가의 문제 _437

관조적 교육에 대한 올바른 정의 | 관조적 교육의 필요성 | 관조적 수행이 가져오는 긍정적 영향 | 관조적 활동은 행복의 기술이 아니라 행복 그 자체다 | 관조적 수행과 종교적 요소의 관계 | 관조적 활동의 참된 목적은 지혜 추구에 있다 | 관조적 수행의 불합리성을 인정하는 태도

15장 | 관조적 교육의 사례

아이들과 함께 관조적 활동을 경험하다 _469

생각하고 의문을 품도록 유도하다 | 관조적 수행을 위한 고독과 침묵 | 아이들은 생각보다 관조적 수행에 적합하다

16장 | 아이들과 관조하고 철학하는 방법에 대한 제안

지혜에 대한 사랑과 이를 추구하는 행복에 관하여 _487

무지를 깨닫고 지혜를 추구하다 | 진정한 교육이 철학적일 수밖에 없는 이유 | 학교에서 철학의 역할은 무엇인가 | 아이들과의 지혜 추구의 기본 전제인 놀이와 우정 | '아무 것도 하지 않는' 시간과 공간이 필요하다

감사의 말 _536   주 _538   참고문헌 _558   찾아보기 _578

개념어 사전

＊ 본문에 나오는 개념어와 그 뜻을 가, 나, 다 순으로 정리했다.
㉠ 고대 그리스어 ㉣ 라틴어 ㉰ 산스크리트어 ㉴ 팔리어

㉠ 게네시스genesis　변화
㉠ 그노시스gnosis　지식
㉠ 그노티 세아우톤gnothi seauton　너 자신을 알라
㉠ 네아니오이neanioi　젊은이들
㉠ 노에시스noesis　사유, 생각
㉠ 노테이아notheia　굼뜸
㉣ 누가이nugae　사소한 놀이, 시시한 오락
㉠ 누스Nous　지성, 지력
㉰ 다라나dharana　집중
㉰ 다르샤나darsana　관찰, 현실의 진정한 본질을 보는 것
㉰ 댜나dhyana　명상
㉣ 도눔donum　선물
㉣ 도킬리타스docilitas　온순함
㉠ 디아고게diagoge　(사소한) 시간 보내기
㉠ 디아노이아dianoia　사고, 생각
㉠ 디케dike　정의, 정당한 것
㉣ 라티오ratio　이성, 논증적 능력, 개념 이해를 위한 추론, 분석, 종합, 처리 활동
㉠ 로고스logos　이성, 논의
㉠ 로고이logoi　말, 발언
㉣ 리비도 도미난디libido dominandi　권력에 대한 욕망, 지배욕
㉣ 메디타티오meditatio　명상
㉠ 메탁시metaxy, 토 메손to meson　중간
㉠ 메텍시스methexis　참여

㉞ **모두스 오페란디** modus operandi   작업 방식

㉞ **베리타스** veritas   진리, 앎

㉛ **붓디** buddhi   지성

㉞ **비타 악티바** vita activa   활동적 삶

㉞ **비타 콘템플라티바** vita contemplativa   관조적 삶

㉛ **비파사나** vipassana   간파 또는 통찰 명상

㉛ **사마타** śamatha   집중을 중시하는 고요한 또는 날카로운 명상

㉢ **소프로시네** sophrosyne   중용, 건전한 정신

㉢ **소피아** sophia ㉞ **사피엔티아** sapientia ㉛ **프라즈나** prajna   (이론적) 지혜

㉞ **수페르비아** superbia   자부심 또는 오만

㉢ **스콜레** schole ㉞ **오티움** otium   여가, 관조를 위한 정신적 공간

㉞ **스투디오시타스** studiositas   지식 또는 존재를 향한 뜨거운 관심

㉞ **스페스** spes   소망, 희망

㉢ **스푸다이오스** spoudaios   훌륭하거나 우수한 사람, 성숙하고 진지한 사람

㉞ **신데레시스** synderesis   원초적 양심

㉢ **아가톤** agathon   선善

㉢ **아그노이아** agnoia ㉛ **아비댜** avidya   무지, 사물을 제대로 보지 못하는 것

㉢ **아나이레시스** anairesis   상승, 들어올리는 것

㉢ **아남네시스** anamnesis   상기想起, 떠올림

㉢ **아레테** arete ㉞ **비르투스** virtus   미덕, 탁월성

㉢ **아르스** ars   실용적 분야에서 제작과 관련한 탁월성, 기교나 기술

㉢ **아르케** arche, **아르카이** archai   시작, 원리, 제1원리, 첫 번째 것들

㉢ **아리스톤** ariston   지상선, 가장 위대한 선, 최고의 선

㉢ **아스콜리아** ascholia ㉞ **네고티움** negotium   용무, 여유 없음

㉢ **아케디아** akedia   무기력, 나태, 무사태평

㉢ **아타나토스** athanatos   불멸적인, 불사

㉢ **아페이론** apeiron   무한성

㉢ **아포리아** aporia   난감한 상태, 난제

㉢ **에로스** eros   사랑, 욕구

ⓖ 에우다이모니아eudaimonia ⓡ 펠리키타스felicitas, 베아티투도beatitudo 참된 행복

ⓖ 에피스테메episteme ⓡ 스키엔티아scientia 지식, 과학 지식, 사색적 미덕

ⓖ 엘렌코스elenchos 반대 심문과 논박의 방법

ⓡ 인텔렉투스intellectus 이해

ⓖ 제테시스zetesis 알고자 하는 시도, 모색, 탐구

ⓡ 카리타스caritas 사랑 또는 자애

ⓡ 카타바시스katabasis 하강, 내려가는 것

ⓡ 카팍스 옴니움capax omnium 모든 것을 알 수 있는 능력

ⓖ 칼론kalon 아름다움

ⓡ 코기타티오cogitatio 고찰, 정신 집중

ⓡ 코무니온communion 교류

ⓡ 콘쿠피스켄티아 오쿨로룸concupiscentia oculorum 눈의 욕망

ⓡ 콘쿠피스켄티아 카르니스concupiscentia carnis 육체의 욕망이나 육욕

ⓡ 쿠리오시타스curiositas 무절제한 호기심

ⓡ 키네시스kinesis 이끄는 힘, 이끌리는 운동

ⓖ 타나토스thanatos 필멸적인, 죽음

ⓡ 타시스tasis 긴장

ⓖ 타우마thauma 경이로움, 놀라움

ⓡ 테미스themis 법

ⓖ 테오리아theoria ⓡ 콘템플라티오contemplatio 관조, 관찰, 주시, 응시, 무아지경

ⓖ 테크네techne 기교, 기술

ⓖ 텔로스telos 목적

ⓡ 트라데레 콘템플라티바tradere contemplativa 관조의 열매를 남들과 나누는 것

ⓡ 트레멘둠tremendum 존경심과 외경심을 촉발하는 것, 두려움

ⓖ 파이데스paides 아직 사춘기에 이르지 않은 아이들, 소년들

ⓖ 파이데이아paideia 교육

ⓖ 파이디아paidia ⓡ 루두스ludus 놀이

ⓖ 파토스pathos ⓟ 두카dukkha 고통, 쓰라린 체험이나 경험

ⓖ 페리아고게periagoge 전환, 방향 바꾸기

㉠ 푸루샤purusa 순수한 인식, 자아
㉡ 프락시스praxis 행동
㉡ 프로네시스phronesis ㉣ 프루덴티아prudentia 실용적 지혜, 분별
㉣ 피데스fides 믿음
㉡ 필로소피아philosophia 지혜 추구, 철학
㉣ 하비투스habitus 습관
㉡ 헤도네hedone 즐거움, 기쁨
㉡ 헤수키아hesuchia 조용함, 신성한 침묵, 평정

1장

지혜는 교육하고 배울 수 있는 것인가?

현대사회는 어떻게 지혜를 잃어버리게 되었나

현대사회는 어떻게
지혜를 잃어버리게 되었나

지혜의 본질에 대한 탐색

저서 《지혜의 쇠락The Decline of Wisdom》에서 프랑스의 초기 실존주의 철학자 가브리엘 마르셀1889-1973은 1946년에 폐허로 전락한 빈의 도심을 돌아다니며 느낀 공포와 우려를 되짚어본다. 그가 가장 마음 아파한 점은 영광스러운 과거의 여러 귀중한 건축물의 물리적 파괴가 아니라 '그런 파괴와 불가분의 관계인 심리 상태', 다시 말해 그 건축물들이 기념했던 현실에 감사하는 마음과 존경하는 마음이 모조리 지워진 심리 상태였다. 마르셀은 친구가 들려준 경험담을 소개하는데, 그의 친구는 부르고뉴 지방의 어느 도시에서 미군 장교에게 이런 말을 들었다. "당신들은 이 낡은 것들을 모조리 폭파해버린 우리에게 고마워해야 합니다. 이제 깨끗하고 새로운 도시에서 살게 될 테니까요." 그 두 가지 경험을 계기로 마르셀은 현대인의 태도와 지식이 지혜와 뚜렷이 상반되며, 사실상 지혜의 쇠락 현상과 병행한다고 느낀다.

마르셀이 볼 때, 유럽을 강타한 물리적 파괴는 더 심각한 정신적 문제의 한 표현에 불과했다. 즉 그것은 '새로운 세계의 도래, 심지어 새로워진 인간성의 도래를 가로막는 장애물로 간주되는 경향이 있는 것을 둘러싸고 점증하는 조바심'의 표현일 뿐이었다. 마르셀이 여기서 거론하는 '조바심'의 뿌리는 아주 유서 깊으면서도 동시에 보편적인 어떤 것을 향한, 그리고 그것에 대한 인식 없이는 지혜가 존재할 수 없는 어떤 것을 향한 대규모의 문명적 부정이다.

마르셀은 나날이 확대되는 지식과 기술적 효율성의 기반이 그런 유익한 요소의 상대적 가치에 관해 우리가 지닐 법한 온갖 '지혜'를 능가해온 방식을 깊이 고찰했다. 아울러 그런 식의 진보와 우리가 이를 통해 커다란 힘을 행사하면서 느끼는 기쁨, 지혜 자체의 중요성에 대한 인식을 흐리게 하고 비트는 데 일조하는 점도 진지하게 살폈다. 마르셀은 그 이유를 이렇게 설명한다. "하나 이상의 기법을 터득한 사람은 대체로 거기에 들어맞지 않는 것을 불신하는 경향이 있고, 그 사람은 대개 초기술적超技術的, meta-technical 활동이 가치 있다는 관념을 좀처럼 받아들이지 않는다." 마르셀이 여기서 말하는 '초기술적 활동'은 반성이다. 그는 반성을 가리켜 '한걸음 물러선 힘'으로 부른다. 마르셀은 모든 종류의 힘을 행사할 때는 항상 한걸음 물러선 힘이 동반되어야 한다고 주장한다. 힘의 남용을 막는 조절장치나 제동장치로 쓰일 수 있도록 말이다. 하지만 현대 기술과 과학적 진보를 통해 우리가 지니게 된 역량의 크기에서 느끼는 즐거움 때문에 한걸음 물러선 힘은 극히 달갑지 않은 것이 되어버렸다. 마르셀의 글을 계속 읽어보자. "기술 발전은 원래 아주 메마른 세계, 결과적으로 한걸음 물러선 힘을 쓰는 데 알맞지 않은 세계를 창조하는 경향이 있다. 그리고 이 한걸음 물러선 힘이 다른 시대에서는 지혜로 통했던 요소와 무척 긴밀하게 조응한다는 점에 주목하자." 간단히 말해 지혜는 항상 인간의 자부심 또는 오만을 견제하는 평형추로 작용해왔다. 자부심의 평형추가 없으면 "기술, 즉 자체의 무게를 감당하는 기술이 그것과 전혀 무관한 자부심의 무게라는 짐까지 짊어진"다. 마르셀이 지적하듯 기술 자체에는 본래적 현실이 없다. 다만 기술에는 그것을 사용하고 거기에서 기쁨을 얻고, 결국 '그것의 노예'로 전락하는 인간의 추상작용이라는 악덕을 통한 '허울 좋은 현실'이 부여될 뿐이다. 지혜라는 안내자가 없으면 자신의 능력과 힘을 바라보는 우리의 의식은 왜곡되고 과장된다. 역설적이게도 우리는 스스로의 가치와 능력을 과대평가함으로써 노예로 전락한다. 지혜가 없을 때, 즉 '보편성'을 바라보는 인식과 지각이 곤두박질치고 내쫓길 때 지혜는 '각 부분이 긴밀하게 연결된 기술공정 체계에' 자리를 빼앗긴다. "기술공정 체계의 복잡성에 버금가는 것은 그 체계가 복무하는 목적의 빈곤함뿐이다."

 마르셀은 현대사회에서 일어나는 지혜의 쇠락 문제를 간단명료하게 설명해낸다. 《지혜의 쇠락》은 여러 해 전에 나온 책이지만, 잃어버린 것의 의의를 인식하지 못하는 현대인의 무능력에 관한 그의 설명은 지혜를 바라보는 당대의 여러 관점에 대한 매우 적절한 평가로 남아 있다. 1장의 나머지 부분에서는 이들 관점의 작은 단면, 그렇지만 상당히 대표적인 단면을 소개하겠다. 지혜의 본질과 관련해 여기서 살펴볼 저자들은 다음과 같은 현대적 범위 안에서, 즉 지혜를 중시하지 않는 사회와 기술적 실력에 현혹된 사회에서 살아간다는 문제에 나름대로 영향을 받으며 글을 쓰고 있다. 아울러 지혜라는 것의 본질을 간파하거나 그렇지 않은 정도는 저자마다 다르다.

지금까지 여러 학자가 지혜의 본질을 둘러싼 현대의 부실한 학문적 성과를 지적해왔다. 하지만 교육과 심리학 분야에서는 지혜의 본질이라는 주제를 되살리기 위한 얼마간의 노력이 있었다. 그 연구자 가운데 한 사람이 앞서 언급한 심리학자이자 《지혜의 탄생》의 저자 로버트 스턴버그다. 이미 살펴봤듯이 스턴버그는 '지능'의 향상을 강조하는 분위기에 특히 불만이 많다. 그가 보기에 지능은 지혜와 구분된다. "지능은 반드시 공동선에 적용되지는 않지만, 지혜는 항상 그렇다." 스턴버그는 지능지수 측정과 향상에 대한 지나친 관심 때문에 우리가 더 중요한 것을 놓쳤다고 지적한다. 다시 말해 지능지수는 선량한 목적을 달성할 수 있는 우리의 능력을 측정하거나 예측하지 못한다. 스턴버그가 말하듯 "지능지수 검사에서는 특정 답변이 논리적 측면이나 그 밖의 측면에 더 적합하다는 점에서 더 나은 답변과 더 나쁜 답변이 있을 수 있다. 그러나 더 지혜롭거나 덜 지혜로운 답변은 없다. 그런 개념은 적용되지 않는"다. 이처럼 아주 날카로운 통찰력을 바탕으로 그는 지혜를 향한 대중의 관심이 지능을 향한 관심을 대체할 가능성을 회의적인 시선으로 바라본다.

지혜는 학교에서 가르치지도 않고, 대개의 경우 학교에서 논의되지도 않는다. … 많은 이들이 시험 점수를 올릴 가망이 전혀 없는 무언가를 가르치는 행위를 가치 있게 여기지 않을 것이다. 시험 점수는 이전에는 더 흥미로운 기준에 대한 가늠자였지만, 지금은 그 자체로 기준 또는 목적이 되었다. 이 사회는 시험 점수가 가장 중요한 이유를 모른다. 그리고 시험 점수가 본인과 타인의 경제적 성과를 냉혹하게 비교하는 사람들에게서 엿보이는 똑같은 종류의 어리석은 경쟁을 초래하는 까닭도 알지 못한다.

… 지혜는 성과 같은 요소에 비해 발전시키기가 훨씬 힘들다. 성과는 발전시킬 수 있고, 따라서 객관식 시험을 통해 검증할 수 있다. … 어떤 수단을 통해 영향력과 권력을 획득한 이들은 그런 힘을 포기할 가능성이 낮고, 자신이 호의적으로 평가되지 않는 새로운 기준이 설정되기를 바랄 가능성도 희박하다.[1]

하지만 스턴버그는 절망하지 않는다. 은연중이기는 해도 우리가 학교를 바라보는 방식에 지혜를 닮은 무언가에 대한 욕구가 담겨 있다는 점을 알고 있기 때문이다. 그의 말을 더 들어보자.

어쨌든 지금까지 학교의 교과 과정에는 언제나 지혜로운 사고에 대한 교습이 은연중에 포함되어 있었다. 일례로 우리가 역사를 배우는 목적에는 과거에서 교훈을 얻고 과거의 실수를 반복하지 않기 위한 것이 포함된다. 문학을 배우는 목적에는 문학작품의 주인공들이 얻은 교훈을 각자의 삶에 적용하는 방법을 배우기 위한 것이 포함된다. 그러므로 지금까지 암시적이었던 요소를 명시적으로 밝히자는 제안은 합당한 듯하다.[2]

지난 몇 세기 동안 서양에서는 교육이 흔히 내용지식을 전달하고 학생의 인지기능을 향상시키는 데 주력했다고 보는 스턴버그는 이렇게 주장한다. "학교는 총명한(그러나 반드시 지혜롭지는 않은) 학생들을 양성한다. 더구나 이 학생들은 학교에서는 눈부신 성적을 거둘지 몰라도 자신의 삶이나 타인의 삶과 관련해 잘못된 판단을 내릴 수 있다." 그의 주장은 계속 이어진다. "따라서 우리는 학교가 학생들이 지혜로운 사고기능을 향상시킬 수 있도록 도와야 한다고 생각한다." 그러기 위해 스턴버그는 '지혜를 위한 교습Teaching for Wisdom'이라는 명칭의 학교 거점 교육 프로그램을 고안했다. 지혜를 위한 교습의 취지는 "지혜롭고 비판적인 사고기능을 지혜의 균형이론에 근거한 역사 교과 과정에 편입시킴으로써, 중학생들이 이런 능력을 발전시킬 수 있도록 촉진"하는 것이다.

스턴버그의 '지혜의 균형이론'에서 지혜는 '공동선'을 확보하기 위해 모든 '이해 당사자들' 사이의 적절한 균형을 맞추면서 상호경쟁적인 이익을 고려하는 것으로 간주된다. 스턴버그는 지혜를 이렇게 정의한다.

(a) 현재 환경에 대한 적응 (b) 현재 환경의 형성 (c) 새로운 환경의 선택이라는 세 가지 요소 사이의 균형을 달성하고자, 가치에 따라 조정되는 지능, 창의성, 지식 등을 (a) 개인 내부의 이익 (b) 개인 간의 이익 (c) 개인 외부의 이익 사이의 균형을 통한 공동선을 성취하는 데 (a) 단기간과 (b) 장기간에 걸쳐 사용하는 것이다.[3]

다소 장황한 이 정의에 따르면 지혜에는 본인과 타인의 이익을 절충하고, 다양한 관점을 고려하며, '가치를 설정하는 것'이 필요하다. 스턴버그가 지혜를 증진하기 위해 개발한 교과 과정에 따르면, 선생님은 '학생들에게 무엇을 생각할 것인가가 아니라 어떻게 생각할 것인가'를 가르쳐야 한다. 여기에는 학생들의 '반성적 사고'나 '생각에 관한 생각', 즉 '초超인지'를 장려하는 것이 반드시 수반된다.

스턴버그는 '문답적 사고'와 '변증법적 사고'를 가르치는 것의 중요성도 강조한다. 그가 말하는 문답적 사고란 몇 가지 관점을 동시에 고려하고 절충하면서 복잡한 문제를 해결하는 것을 의미하고, 변증법적 사고는 헤겔의 변증법인 두 가지 상반되는 관점(정명제와 반명제)을 융합해 합명제에 도달하는 것을 가리킨다. 그의 '균형 교과 과정'은 대체로 역사 교과 과정으로, 역사적 사건을 일종의 사례연구로 간주하고 그것을 공부하는 중학생들이 사건의 의의를 이해하도록 유도한다. 이 교과 과정의 취지는 학생들이 역사적 사건을 살펴봄으로써 과거의 잘못을 되풀이하지 않도록 하는 것이다.

스턴버그는 이런 기본적인 교습전략과 더불어 지혜를 가르치기 위한 여섯 가지 '절차'를 제시한다(모든 교습전략의 전제는 다음과 같다. "지혜를 위한 교습은 지혜에 관한 정보를 전달한 뒤 학생들을 객관식 질문으로 평가하는 훈시적 방법을 통해 달성되지 않고", 오히려 학생들이 지혜로운 의사결정의 기반인 여러 '인지적이고 정서적인 과정'을 적극적으로 경험할 것을 요구한다). 절차는 ① 학생들이 고전문학과 고전철학을 읽도록 권장하기 ② 다양한 방식으로 그런 책과 관계를 맺도록 유도하기 ③ 진리뿐 아니라 '가치'도 연구의 대상으로 삼기 ④ 특정 상황에서의 공동선을 분간해내는 데 주력하기 ⑤ 항상 행동의 궁극적 목적에 유의하며, 모든 행동이 어떻게 악용될 수 있는지를 인식하기 ⑥ 자신이 역할모델임을 인식하도록 교사를 독려하기다.

지혜에 관한 스턴버그의 분석에는 더 꼼꼼하게 파고들어 살펴봐야 할 부분이 몇 군데 있다. 첫째, 스턴버그는 지혜를 가르칠 수 있다고 전제한다. 즉 그는 지혜로운 사고를 '기능'으로 여긴다. 이 전제의 타당성을 의심할 만한 이유는 꽤 많다. 둘째, 그는 지혜를 이익의 균형으로, 가치의 설정을 수반하는 것으로 설명하지만 여기에는 불분명한 점이 있다. 자신의 균형이론을 옹호하면서 활용하는 지혜에 대한 더 간단한 정의에 따르면, 그는 지혜를 "올바르게 판단할 수 있는 힘 그리고 지식과 경험과 이해 등에 근거함으로써 행동의 가장 건전한 경로를 따를 수 있는 힘"으로 여긴다.[4]

이런 식의 정의는 지혜를 실용적 행동 영역에서의 탁월성으로, 즉 흔히 '분별'로 부르는 것으로 바라보는 오랜 전통에 부합한다. 그러나 스턴버그의 균형이론과 그의 지혜 담론에는 예로부터 '실용적' 지혜나 분별과 상반되어 '이론적' 지혜로 부르는 것(고대의 용어로 표현하자면 프로네시스와 상반되는 소피아)이 전혀 언급되지 않는다. 스턴버그는 지혜의 본질과 지혜의 교육적 역할을 둘러싼 연구 영역 전체를 주의 깊게 조망하지는 않는 듯하다.

스턴버그의 이런 태도는 그가 지혜를 위한 교습을 통해 학생들이 가치를 설정하거나 창조하도록 장려해야 한다고 주장한 점과 관계있을지도 모른다. 가치라는 단어의 용법은 19세기 후반에 등장했고, 그것은 고대사상과 정면으로 부딪힌다. 고대인들은 인간이 가치를 설정하거나 창조하지 않고, 명상적 관심과 사랑(마르셀이 언급한 '전체'나 '보편성'에 초점을 맞춘다)을 통해 사물의 본질을 발견하고 확인하며 인식한다고 생각했다. 흔히 본질이나 존재에 대한 깊이 있는 깨달음은 관조, 즉 테오리아를 통해 도달할 수 있었다(앞으로 살펴보겠지만, 이는 소피아가 중요한 까닭이기도 하다). 여기서 전쟁으로 파괴된 빈 시가지를 거닐던 마르셀의 회고담을 돌이켜본다면, 스턴버그는 마치 건물의 소실을 한탄하면서도 그런 사태를 초래한 존경심의 부재에는 상실감을 느끼지 않는 사람 같다.

퍼트리샤 아를린도 어느 정도는 스턴버그처럼 신중하게 주장한다. 하지만 아를린은 학생들의 학습에서 지혜를 찾아볼 수 없다고, 정답을 강조하는 수업 관행에서는 지혜가 육성될 수 없다고 말한다(그녀가 보기에 특히 지능지수 검사에 쓰이는 질문에서 정답이 강조된다). 아를린은 지혜를 모색하는 최선의 방법은 좋은 질문을 던지는 것과 흥미롭고 매력적인 문제에 주목하는 것이라고 주장한다. 실제로 그녀는 질문을 던지는 것을 더 예스러운 종류의 앎, 즉 '자기인식'과 소크라테스가 말한 자신의 무지無知를 아는 것과 연관시킨다. 이와 관련해 그녀는 "자신의 무지를 아는지 모르는지는 그 사람이 던지는 질문에서 드러날 수 있다"고 언급한다.5

스턴버그처럼 아를린도 풀리지 않는 의문과 문제점 몇 가지를 남겼다. 나는 그녀가 지혜와 지혜의 함의를 어떻게 이해하고 있는지 곰곰이 따져볼 수밖에 없었다. 첫째, 학부모, 정부의 교육 당국자, 행정관, 학생, 교사 등이 답을 말하는 대신에 질문하기를 장려하는 아를린의 교육학적 도전을 감당하기 어려울 것이다. 특히 정답과 고득점을 기대하는 상황에서는 더욱 그렇다. 이를테면 소피스트(지혜롭다고 자처할 뿐 아니라 남들도 지혜로운 사람으로 가르칠 수 있다고 주장하는 사람들)가 아닌 철학자(지혜롭지 않지만 지혜를 모색하는 사람들)를 교사로서 환영할 만한 학부모가 얼마나 될까? 대다수의 학부모는 자녀를 훌륭한 화자話者 겸 행동가로 키워줄 교사를 바라지 않을까? 자기 자녀를 질문자로 키우는 데 관심이 있는 학부모는 드물다. 특히 자녀가 던지는 질문이 장래의 취업 전망이나 세속적 성공에 부정적 영향을 미칠 경우에는 더욱 드물 것이다. 교사를 비난하는 대신 교육에 의심과 불편이 따른다는 점을 기꺼이 인정하고 질문을 통한 지혜를 모색하는 경험의 중요성을 흔쾌히 지지할 학부모가 얼마나 될까? 그런 식으로 지혜를 추구하다 보면 자칫 철학자에 대한 박해가 초래되지 않을까?

아를린이 제시하는 질문을 던지고 문제를 발견하는 여러 가지 소질과 능력 목록(그녀의 표현에 따르면 "지혜의 필요조건이지만 충분조건은 아니다")에서 두 번째 난점이 드러난다. 그 목록에는 '상보성 탐색', '대칭적이고 균형적으로 보이는 상황에서도 비대칭성을 탐지하는 자세', '변화, 변화의 가능성, 변화의 현실 등에 대한 개방적인 태도, 때때로 한계의 정의를 바꿀 정도로 한계를 밀어제치는 자세', '기본적으로 중요한 문제에 대한 감각', '특정한 개념적 움직임을 선호하는 태도' 등이 들어 있다. 아를린도 이런 난점을 인정한다. 사실 문제를 잘 발견하는 사람을 양성할 수는 있다. 그리고 문제를 잘 발견하고 좋은 질문을 던지는 소질을 타고날 수도 있다. 하지만 그렇다고 해서 그 사람이 반드시 지혜를 모색하는 사람이나 지혜로운 사람이라는 법은 없다.

이 목록을 읽으면서 나는 《국가》에서 소크라테스가 플라톤의 형제인 글라우콘과 아데이만토스와 나누는 대화가 떠올랐다. 대화 내내 소크라테스와 두 사람은 정의가 무엇인지 탐색한다. 그들은 정의의 '발자국'과 '흔적'과 여러 차례 마주치지만 결코 정의의 실체를 발견하지 못한 채, 정의를 '약속을 지키는 것', '자신의 일을 잘 돌보는 것', '친구들과 모든 일을 함께하는 것' 등으로 해석하지만 그 어느 해석도 정의의 실체와 어울리지도 요약해내지도 못한다. 지혜에 대한 아를린의 설명을 접했을 때 나도 비슷한 혼란에 휩싸였다. 지혜의 본질, 즉 아를린을 비롯한 여러 저자가 알아내려고 애쓰는 바로 그것은 그녀의 시선을 피해간 듯하다.

파울 발테스1939-2006와 막스플랑크연구소그룹에 소속된 그의 동료들은 그들의 연구 수단이 지혜의 본질에 관한 탐구에 적용되기 전까지 지혜를 둘러싼 기존의 연구 방식에 불만을 가졌다. 그들은 이렇게 말한다. "철학자들은 지혜의 본질, 역할, 개체발생 등에 관한 유창하고 날카로운 논평을 쏟아내지만, 좀처럼 자신의 제안을 검증할 방법을 고안하지 않는다."6 그래서 발테스와 그의 동료들은 지혜의 본질을 둘러싼 질문에 정량적 분석(숫자로 측정하고 표현하는 방법—옮긴이)과 통계적 조사 수단을 활용했다. 요컨대 그들은 사람들이 지혜에 관해 말하는 바를 토대로 마치 지혜처럼 보이는 모형을 만들려 한 것이다. 지혜에 관한 여러 의견과 발상에 근거해 지혜의 모형 또는 패러다임을 고안한 다음 면담을 통해 사람들이 그 패러다임의 특정 요소를 얼마나 구체적으로 보여주는지를 확인하려고 했다. 발테스와 동료들은 이렇게 털어놓았다. "지혜라는 개념을 과학적 근거를 갖춘 심리학적 구성개념으로 규정하고 운용하는 일은 쉽지 않았다."[7] 하지만 그들은 관련 문헌에서 '베를린 패러다임'으로 알려진 지혜의 패러다임을 구축하고자 했고, 이에 따르면 지혜는 다음과 같이 정의할 수 있다.

> 삶의 기본적인 실용성에 대한 전문 지식. 여기에는 삶의 의미와 운영을 둘러싼, 그리고 개인적이고 집단적인 복리를 함께 고려하면서 인간이 탁월성을 향해 발전하도록 조정하는 일을 둘러싼 지식과 판단이 포함된다.[8]

그들은 '삶의 기본적인 실용성'이라는 표현을 통해 '정신과 미덕에서의 탁월성'뿐 아니라 '삶의 운영과 삶에 대한 이해를 다루는 전문 지식'도 암시한다. 베를린 패러다임의 고안자들은 지혜의 모든 구성 요소가 다음 두 가지 층에 속할 수 있다고 설명한다. 첫 번째 층 또는 맨 위층에는 삶의 기본적인 실용성에 대한 '사실적' 지식과 '전략적' 지식이 자리 잡고 있다. 그들의 주장에 따르면 그 기본적인 실용성에 대한 사실적 지식은 아리스토텔레스의 '이론적 지혜(소피아)' 개념과 유사하고, 전략적 또는 '절차적' 지식은 아리스토텔레스가 설명한 '실용적 지혜(프로네시스)'와 비슷하다. 그러나 베를린 그룹에 따르면 아리스토텔레스처럼 지혜를 이론적 부류와 실용적 부류로 나누는 것만으로는 충분하지 않다. 따라서 그들은 두 번째 층, 즉 아래층에 '지혜에 대한 아리스토텔레스 이후의 철학적 관점'을 배치했다. 그 '세 가지 초超기준'이 바로 '인생 맥락주의(삶의 맥락과 그것이 시간의 흐름에 따라 변하는 방식에 관한 지식)', '가치 상대주의(가치와 삶의 목표의 상대성에 대한 지식)', '삶의 근본적인 불확실성에 대한 지식과 그 불확실성에 대처하는 방법' 등이다.[9] 이런 모형을 구축한 다음 그들은 지혜를 사용해야 하는 가상의 난감한 상황을 사람들에게 제시해 모형을 운용하고자 했다. 사람들은 지혜 패러다임의 다섯 가지 기준에 따른 '숙련된 판정자들'의 평가를 받는 동안 면담을 통해 자신의 생각을 털어놓아야 했다.

나는 지혜의 본질을 탐구하는 이런 방식에 심각한 우려를 표한다. 첫째, 베를린 연구자들이 개발한 모형은 핵심만 추리자면 사람들(여기서는 심리학자들)이 지혜로 여기는 것에 관한 여론조사다. 이 모형은 고전적 또는 철학적 의미에서의 변증법적 검증을 거치지 않는다. 즉 이 지혜 모형에는 진정으로 지혜를 추구하는 사람에게 기대할 만한 정도의 엄격함이 적용되지 않는다. 베를린 그룹의 연구가 지혜의 본질에 대한 진정한 지표라면 다음과 같은 질문을 던질 수 있다. 소크라테스는 왜 아테네 사람들을 상대로 지혜에 관한 여론조사를 실시하고, 조사 결과(아마 여기에는 아테네의 엘리트들이 제시한 의견만 반영될 것이다)를 취합한 다음 거기서 드러난 특성을 지혜의 진정한 척도로 여기지 않았을까? 베를린 연구자들이 구사한 방식의 타당성은 '전문가 판정단이 우리 각자가 내린 지혜의 정의와는 무관하게 지혜로운 사람으로 지명한' 유명 인사나 역사적 인물들이 이 패러다임을 통해 '지혜로운' 사람으로 평가되는지를 검증해보면 알 수 있다.[10] 여기서 인상적인 대목은 자신이 직접 고안한 패러다임에 따라 질문을 받고 평가를 받았을 때, 임상심리학자들이 더 높은 수준의 지혜 관련 실적을 보여준다는 점일 것이다.

둘째, 나는 소수의 심리학자들의 발상에 근거한 패러다임의 엄격한 기준을 기계적으로 적용하는 숙련된 지혜 판정자들이라는 개념이 다소 혼란스럽다. 지혜로운 사람과 그렇지 않은 사람을 판정하는 과정이 무척 의심스러운데, 지혜롭지 못한 사람이 지혜로운 사람과 그렇지 않은 사람을 구분할 수 있을까? 만약 숙련된 지혜 판정자가 어리석은 사람이라면 그 사람이 과연 훌륭한 판단을 내릴 수 있을까? 지혜의 특징과 속성에 관한 분명하고 엄밀한 조건이 있으면 누구나 지혜로운 사람의 특성을 그토록 쉽게 식별할 수 있을까? 아니, 그런 속성을 따로 구분하고 싶기나 할까?

셋째, 어느 시점에 이르러 연구자들은 지혜에 관한 모든 '이론'을 두 가지 부류로 묶는다. 우선, 그들은 지혜를 둘러싼 모든 문화사적·철학적·민족심리학적 진술을 '암시적 이론들'이라는 명칭으로 묶는다. 그들의 주장에 따르면 그 이론들은 "일상어에서 '지혜'라는 용어가 어떻게 쓰이는지, 그리고 개인들이 어떻게 지혜로운 사람으로 간주되는지"를 해명한다.[11] 다음으로 베를린 그룹, 에릭슨, 피아제 등이 제시한 '명시적 심리이론들'은 '언어에 근거한 묘사의 측면에서 지혜와 지혜로운 사람에 대한 규정을 초월'하는 것으로 알려져 있다. 왜냐하면 그 이론들은 '정량적 운용의 측면에서 경험적 조사에 적합'하기 때문이다. '암시적' 이론과 '명시적' 이론이라는 구분은 과학적 이론과 비과학적 이론을 구별하기 위한 방법인 듯하다. 그러나 이렇게 묶음으로 나누는 것이 과연 타당한지 의심스럽다. 예를 들어 지혜의 본질에 대한 철학적 탐구가 '과학적인 것'으로 간주되지 않는 이유는 무엇인가? 철학은 자체적인 수단을 통해 그 대상을 알거나 거기에 다가가려고 애쓰지 않는가? 우리가 체험에 대한 관심을 통해 경험적인 것을 알 수 있고 입증할 수 있다면, 철학적 탐구는 경험적인 것 아닌가? 아마 지혜를 정성적(물질의 성질이나 성분을 밝히는 것―옮긴이)으로 따로 구분하는 대신에 그것을 정량화하려는 포부가 바로 암시적 이론화와 명시적 이론화의 주된 차이일 것이다. 그러나 먼저 지혜의 실체를 변증법적으로 규정하지 않은 채 어떻게 지혜를 '정량화'할 수 있는지(말하자면 지혜로운 누군가를 리커트 척도[태도나 가치를 측정할 때 쓰이는 대표적 척도―옮긴이]로 어떻게 평가할 수 있는지)는 아직도 의문으로 남아 있다.

넷째, 지혜가 삶의 기본적인 실용성에 대한 전문 지식이라는 개념도 혼란스럽다. 전문 지식은 이해의 특정한 대상을 가리킨다. 예를 들어 어떤 사람이 전문 목수나 전문 구두 수선공이 될 수 있다. 사실 고대인들은 지혜라는 단어가 기능이나 연구 또는 노력과 관련한 특정 분야에서의 전문 지식을 가리킬 때 자주 쓰인다고 했다. 하지만 삶의 기본적인 실용성이 '전문가'가 될 수 있는 탐구의 특정 분야와 유사하다는 가정은 다소 모호해 보인다. 지혜의 본질에 대해 가정을 할 때에는 더 치밀하게 숙고해야 한다.

다섯째, 지혜의 본질을 규명하는 과정에서 아리스토텔레스를 능가했다고 자평하는 연구자들의 주장은 근거가 별로 없다. 아리스토텔레스가 소피아나 프로네시스를 통해 의미하는 바를 요약했다는 그들의 주장은 설득력이 없다. 특히 그들이 아리스토텔레스가 고려하지 않은 지혜의 요소를 설명하기 위해 '아리스토텔레스 이후'의 세 가지 초기준을 포함해야 한다고 단정할 때 더욱 그렇다. 아리스토텔레스가 어떻게 삶의 상황이 '맥락적'이라는 사실을 모르는 사람을 분별 있다고 간주할 수 있었겠는가? 소피아와 프로네시스 모두 삶의 '불확실성'에 좌우되는 상황에서 아리스토텔레스가 어떻게 이를 몰랐겠는가? 연구자들은 왜 모형의 '위층'에 자리한 소피아와 프로네시스 개념과 맥락주의나 불확실성을 분리하려고 할까?

여섯째, 지혜의 '체계'에 대한 두 번째 초기준은 가치 상대주의다. 가치 상대주의는 내가 소피아를 이해하는 한에서 그리고 아리스토텔레스가 그것에 대해 집필한 내용에 근거해볼 때, 소피아 개념과 전혀 어울리지 않는다. 발테스와 동료 연구자들은 고대의 지혜 개념을 거리낌 없이 부정한다. 그들의 주장에 따르면 "인간이 인간을 위해 만들기 때문에 세상에는 여러 가지 지혜가 존재하고, 모든 인간이 갈망하는 단 하나의 '좋은 삶'이 있다는 발상은 몽상적"이다.[12] 확실히 그들의 시각에서 보면 고대적 의미의 최고선最高善은 없다. 또는 소피아의 근거이자 원천으로서 그리고 마르셀이 말한 보편성의 의미에서, 즉 모든 인간이 좋은 삶을 누리기 위해 천성적으로 모색하는 '공동선'으로서 공경하고 존중해야 하는 보편적 의미에서의 최고선은 없다. 그들이 보기에 지혜는 '인간적 구성개념'이고, 지혜로운 사람은 지혜를 둘러싼 온갖 견해를 뛰어넘어 지혜 자체를 진정으로 모색하는 사람이 아니라 오히려 '사회적으로 수용되고 인간 발전에 보탬이 되는 목표와 수단을 정의하고 선택'할 능력을 지닌 사람이다. 이때 지혜는 가치중립성을 발판으로 삼아 문화적, 사회적으로 수용할 만한 것으로 간주되는 모든 목적을 확보하는 수단이 된다. 따라서 발테스를 비롯한 연구자들이 그들의 지혜 개념이 아리스토텔레스의 지혜 개념과 '비슷하다'고 주장하는 것은 문제가 있다.

끝으로 내 모든 우려가 지혜의 본질에 대한 통계적이고 분석적인 탐구 분야의 문외한적 관점에서 비롯되었다고 해도, 이 분야의 내부자 중에서 베를린 모형의 가치를 의심하는 연구자가 있었다. 예를 들어 마이클 챈들러와 스티븐 홀리데이는 발테스의 지혜 관련 연구에 우려를 표명한다. 두 사람은 존 케커스가 폴로니어스증후군Polonius Syndrome으로 명명한 문제를 언급한다. 간단히 말하자면 "바보는 지혜로운 사람이 말하는 모든 것을 말하는 법과 지혜로운 사람이 말하는 경우와 동일한 경우에 그것을 말하는 법을 배울" 수 있다. 결과적으로 지혜 판정자들이 면담을 실시할 때, 그들은 앞에 앉은 사람이 지혜를 바탕으로 말하는 대신 셰익스피어의 〈햄릿〉에 나오는 폴로니어스처럼 흔해 빠진 소리를 쏟아내는지 아닌지를 어떻게 알 수 있을까? 지혜로운 사람과 바보가 동일한 상황에서 동일한 말을 할 수도 있지 않을까?

챈들러와 홀리데이는 지혜를 둘러싼 현대의 해석에서 보이는 특징에 관한 몇 가지 통찰을 제시한다. 그들은 베를린 그룹의 동료들을 의식하는 듯한 느낌의 글에서 이렇게 말한다. "현대성은 … 지혜에 상당히 편협한 관점을 드러내고, 그 의미를 둘러싼 고전적 탐구를 일종의 헛수고로 여긴다." 두 사람은 '지혜에 대한 연구가 현대로 접어들며 쇠퇴'한 원인 중에서 인간의 지식 전체를 자연과학적 탐구 수단의 응용을 통해 획득한 경험적 사실의 합계와 동일시하는 경향을 지목한다.

둘째, 그들은 지금까지 지혜를 '내재적 상태'로 여긴 모든 시각이 대체로 형이상학적 추측으로 치부되어왔다고 지적한다. 이 부분과 관련해 그들은 베를린 그룹의 지혜 검사법의 문제점을 아래와 같은 도발적인 예시를 통해 제기한다.

톨스토이의 이반 일리치는 임종을 앞두고 최후의 자기회의에 휩싸이지만, 마지막까지 자신의 직무를 능숙하게 이행한다. 쾌활하고, 처세술이 뛰어나며, 사교적이고, 영리하며, 노련한 이반은 비극적이게도 자기 인생이 진정 가치 있는 삶이었는지 확신하지 못한다.[13]

여기서 지혜를 이해하는 것과 관련해 각별히 구분해야 하는 문제는 다음과 같은 질문으로 요약할 수 있다. 과연 지혜의 효과를 근거로 지혜를 정확히 알 수 있을까? 지혜는 그것의 효과와 동일한 것일까? 어떤 사람(폴로니어스)이 지혜로운 말을 할 수 있고 지혜로워 보이는 효과를 낼 수는 있지만, 사실은 바보일 수 있지 않을까? 어떤 사람(이반)이 모든 외부적 기준에서는 처신을 잘하고 성공을 거둘 수 있지만, 내면적으로는 비참할 정도로 불행할 수 있지 않을까? 챈들러와 홀리데이가 볼 때 "발테스와 그의 동료들의 노력은 … 여전히 국한된 기법적 전문 지식의 형태를 띠는 궁극적 왜곡"을 겪는다. 지혜와 실용적 지식을 연관시키고 삶의 쟁점을 둘러싼 실용적 해법을 강조하는 것과 관련해 베를린 그룹이 내놓은 이른바 통찰은 "적절한 지식에 대한 다른 기법 위주의 설명을 조금 수정한 또다른 종류로 회귀하는 듯하고, 그런 설명에 따르면 지혜는 은밀한 정보나 전문 지식의 단순한 축적에 불과하다. 따라서 좋은 삶과 분별 있는 삶이 혼동"된다.

확실히 챈들러와 홀리데이는 정량적 또는 명시적 지혜이론의 방대한 단점을 날카롭게 인식하고 있다. 또한 지금까지 그들은 편협한 현대적 지혜관을 둘러싼 중요한 사항을 따로 구분해왔다. 즉 두 사람은 지혜의 실체를 이해하기 위해 단지 그것의 외양과 효과만을 바라보지 말고, 마르셀의 권고에 따라 다시 어느 정도의 존경심을 발휘하면서 보편성을 지향하기 시작해야 한다고 주장한다.

∞

지혜를 둘러싼 챈들러와 홀리데이의 통찰은 케커스의 작업에 힘입은 바 크다. 그들에 따르면 말(폴로니어스)이나 행동(이반)을 근거로 타인을 지혜로운 사람으로 판별할 수는 없다. 하지만 다음과 같은 두 가지 진정한 통찰에서 케커스가 이끌어낸 결론은 아직 해명되지도 의문이 제기되지도 않았다. 그 가운데 첫 번째 통찰은 "지혜는 가르칠 수 없다"이다. 이는 지금까지 살펴본 연구자들(특히 스턴버그)의 견해와 다르다.

바보는 지혜로운 사람이 말하는 모든 것을 말하는 법과 지혜로운 사람이 말하는 경우와 동일한 경우에 그것을 말하는 법을 배울 수 있다. 지혜로운 사람이 바보와 다른 점은 자신의 행동을 말로 표현할 수밖에 없다는 것이다. 왜냐하면 지혜로운 사람은 인간의 한계와 가능성의 의의를 인식하고 그 의의를 길잡이 삼아 행동하며, 난처한 경우에도 훌륭한 판단을 할 줄 알기 때문이다. 하지만 바보는 상투적인 말만 쏟아낸다. 지혜를 얻기까지는 시간이 걸리고, 지혜는 스스로 얻어야 한다. 지혜로운 사람이 남을 가르칠 때 보여줄 수 있는 최선은 지혜를 원하는 사람들이 깨달아야 할 사실의 의의를 상기시키는 것이다. 하지만 그 깨달음은 그들의 몫이어야 한다.[14]

지혜를 가르칠 수 있다는 주장에 대한 케커스의 경고는 날카롭고 분명하다. 모쪼록 이 책을 읽는 동안 그의 경고를 반드시 명심하고, 지혜를 탐색하는 과정 내내 잊지 않기를 바란다.

케커스가 자신의 독창적인 통찰에서 이끌어내는 두 번째 결론이자, 내가 보기에 문제가 있는 결론은 소피아와 프로네시스의 본질과 관계있다.

그는 우선 자신이 이해한 두 가지 유형의 지혜의 차이점을 다음과 같이 대략적으로 설명한다.

> 이론적 지혜, 즉 소피아는 주로 지식과 관계있는 지적 사안이다. 실용적 지혜, 즉 프로네시스는 대체로 행동의 지침이 되고 이론적 지혜와 마찬가지로 지식과 관계있으나 이때의 지식은 이론적 지혜와 연관된 지식과 동일한 종류가 아니다. 이론적 지혜에 필요한 지식은 형이상학적인 것이다. 그것은 현실에 관한 기본적인 지식, 즉 제1원리와 관련 있다. 반면 실용적 지혜와 관련된 지식은 목적을 이루기 위한 수단과 관계있다.[15]

소피아와 프로네시스에 대한 케커스의 정의는 아주 명료하고 경쾌하다. 그리고 아리스토텔레스의 전통적 구분법을 그런대로 따랐다. 하지만 이렇게 지혜를 정의하고 나서 그는 자신의 지혜 개념을 부정하는 단계를 밟는다.

> 내가 의미하는 지혜는 딱히 아리스토텔레스의 이론적 지혜가 아니며, 그의 실용적 지혜라고 할 수도 없다. 우선 그것이 이론적 지혜가 아닌 이유는 내가 생각하는 지혜는 행동 지침이지 형이상학적 지식을 수반하는 것이 아니어서다. 지혜가 형이상학적 지식을 수반한다는 주장을 부정하는 데는 두 가지 이유가 있다. 첫째, 그런 지식은 선험적 진리로 간주되는데 내 생각에 그런 것은 없는 듯하다 …. 지혜가 형이상학적 지식을 수반한다는 주장을 부정하는 두 번째 이유는 형이상학적 지식이라는 것이 존재한다면 그것은 보통 사람에게는 난해하고, 오직 극소수에게만 해당되는 것일 듯해서다. 반면 지혜는 그것을 얻기 위해 꾸준

히 노력하는 사람이라면 누구나 가질 수 있고, 이때 그 사람이 쏟는 노력은 철학자가 되는 데 필요한 노력과는 다르다.[16]

케커스의 설명에 따르면, 그가 소피아를 거부하는 이유는 일단 그가 '형이상학적 지식'의 가능성(이를테면 마르셀이 주장하는 보편성에 관한 인식에 근거하는 상태를 둘러싼 개인적 경험이나 고대인들이 설명하는 신, 선 그 자체, 신성한 지성(누스) 등에 관한 인식에 근거하는 선량함, 질서, 아름다움 따위를 둘러싼 경험)을 수용하기를 거부한 데서 찾을 수 있다. 그의 관점에서 인간은 경험에 '앞서는' 그 어떤 진리도 알 수 없다. 둘째, 케커스는 소피아를 엘리트의 지혜 개념으로 여기며 그 때문에 소피아를 부정한다. 그가 보기에 소피아는 철학자만이 추구하고 극소수만 가지는 것이다. 지혜가 이 세상과 연관되거나 이 세상에 큰 영향을 주기 위해서는 '난해하지' 않아야 한다. 지혜는 일반적 지성수준을 지닌 인간의 역량을 뛰어넘지 않는 가능성으로 모든 사회 구성원의 삶과 더 직접적으로 연관되어야 한다. 그리고 아리스토텔레스의 소피아 개념을 거부한 케커스는 아리스토텔레스의 프로네시스, 즉 실용적 지혜도 수용하지 않는다. 케커스는 그런 종류의 지혜는 일반인에게 하나의 가능성으로 널리 이용될 수 있지만(이런 식으로 소피아에 대한 그의 두 번째 반론을 극복한다), 어떤 사람(예를 들면 이반 일리치)이 유능한 행위자 겸 의사결정자가 되면 행복하게 살 수 있을 것이라는 점에 주목하지 않는다.

케커스는 아리스토텔레스의 소피아나 프로네시스 개념과 더불어 스스로의 무지를 깨닫는 이른바 '소크라테스적 지혜'도 일축해버리는데, 그는 이런 형태의 지혜에 '부정적'이라는 딱지를 붙인다. 그 이유는 다음과 같다.

내가 설명 과정에서 떼어버리고 싶은 고대의 지혜 개념이 하나 더 있다. 그것은 바로 소크라테스적 지혜 개념이다. 소크라테스가 말하는 지혜는 자신의 무지를 깨닫는 것이다. 초기의 여러 대화는 형이상학적 지식이 부족함을 깨닫지 못하는 것과 연관된 해악에 대한 경고로 해석할 수 있다. 물론 소크라테스는 자신이 지혜를 가지고 있다고 주장하지 않았다. 내가 이해한 바에 따르면, 그는 어떤 사람이 지혜를 가진 정도와 그 사람이 좋은 삶을 살 수 있는 정도가 일치한다고 주장했다. 기회가 있었다면 소크라테스는 아리스토텔레스에게 자신의 취지를 다음과 같은 시도를 통해 설명했을지도 모른다. 아리스토텔레스가 말하는 아직 실용적 차원에서 지혜로운 사람으로 확인되지 않은 사람이 지혜가 얼마나 부족한지를 보여주기 위한 시도로 말이다. 소크라테스가 말하는 지혜는 부정적이다.[17]

간단히 말해 케커스가 무지를 둘러싼 소크라테스적 지혜를 부정하면서 전제로 삼는 것은 어떤 사람이 모를 법한 진리가 실제로 존재한다는 가정의 타당성이다. 그는 소크라테스적 지혜가 다음과 같은 결과를 초래한다고 주장한다. 우리가 어떤 사람이 무지하다고 여기는 것은 그 사람이 모를 법한 '형이상학적 진리'가 존재하지 않는다는 사실을 몰라서다! 이렇듯 케커스는 소크라테스적 지혜에 부정적이라는 딱지를 붙인다. 왜냐하면 그는 소크라테스적 지혜가 형이상학적 진리를 아는 데서 우리가 느낄 만한 자부심을 무너트리는 동시에, 여전히 그런 도깨비불을 발견할 책임을 우리에게 맡기고 있다고 판단하기 때문이다. 따라서 그는 지혜에 대한 진정한 이해는 부정성에 무릎을 꿇지 말고 '긍정적' 형태를 띠어야 한다고 말한다. 케커스는 자신의 지혜 개념이 긍정적이라고 주장하지만, 왜 그런지는 결코 설명하지 않는다.

케커스의 논증에는 더 진지하게 검토하고 의심해볼 만한 여러 부분이 있다. 초보자는 소피아에 대한 케커스의 부정적 태도를 다음 두 가지에 근거를 두고 검토해야 한다. 첫째, 케커스는 소피아의 형이상학적 가정과 소피아가 선험적 진리에 대한 '믿음'에 근거하는 점 때문에 그것을 지혜의 현실적 표현으로 수용할 수 없다고 말한다. 형이상학을 일종의 표리부동한 독단론으로 여기는 그의 태도는 분명 이해할 만하다. 그러나 철학자 에릭 푀겔린1901-1985이 설명하듯 형이상학적 용어가 항상 그렇게 실체적인 것은 아니다. 오히려 형이상학적 용어는 모든 인간이 이용할 수 있는 특정한 근원적(기원적) 경험의 표현으로 출발했다. 푀겔린은 사람들로 하여금 형이상학의 언어를 쓰도록 부추긴 그 근원적 경험이 형이상학의 독단론적 변화를 통해 상실되는 과정과, 경험적 근거 부족으로 설득력이 결여된 그 독단론이 여러 회의론적 철학(예를 들면 케커스의 논문)으로 이어지는 과정을 설명한다.[18]

이 문제(소피아를 모색하지 않으면서도 지혜롭기를 바라는 사람으로서 케커스가 직면한 딜레마)에서 벗어날 길은 형이상학의 어휘가 '개념'을 가리킨다는, 그리고 그것이 선험적 진술(우리가 경험해보지 않았는데도 알고 있는 대상에 관한 진술)로 구성된다는 전제에 의문을 제기하는 것으로 보인다. 만약 마르셀이 폐허로 전락한 빈 시가지에서 목격한 것을 우리가 실감한다면 어떻게 될까? 보편성이나 신과 같은 것에 대한 형이상학적 언어를 떠올리도록 유도하고 거기에 의미를 부여하는 근원적 경험을 우리가 할 수 있다면 어떻게 될까? 그리고 형이상학적 현실에 대한 근원적 경험을 모든 인간이 할 수 있다면 케커스가 소피아와 철학(소피아를 추구하는 것)을 거부하는 두 번째 이유도 극복될 것이다.

철학의 언어와 깊이 있게 부딪힌다면, 철학 언어의 뿌리인 근원적 경험이 철학적 사색을 시도하는 이에게 찾아간다면, 그것이 독단적 형이상학으로 이해될 필요는 없다. 소피아를 모색하는 발언을 '엘리트적·권위자적·전문가적' 어휘로 간주할 필요 없이 모두가 겪을 수 있는 인간 경험의 진정한 표현으로 여긴다면, 소피아 추구는 소수의 사람들과 재능 있는 사람들의 특권이나 전문 철학자의 영역에만 속하는 것으로 치부할 필요가 없다. 아리스토텔레스가 《형이상학》의 도입부에서 언급하듯이 "선천적으로 모든 인간은 알고자" 한다. 이것은 철학자에게만 국한된 말이 아니다! 모두가 철학적으로 사색할 수 있다.

소피아를 바라보는 케커스의 시각에 대한 내 논평이 옳다면, 그가 소크라테스적 지혜를 부정하면서 내세운 이유도 설득력이 떨어질 것이다. 왜냐하면 소크라테스가 모색한 형이상학적 지식이 선험적 진리를 찾기 위한 것이 아니라, 그의(또한 우리의) 근원적 경험의 근거를 탐구하기 위한 것이라면 소크라테스적 무지 같은 것은 존재하지 않기 때문이다. 우리는 존재하는 현실을 진정으로 알 수는 없지만, 애호가로서 또는 에로스적 철학자로서 현실에 참여한 기억을 되살리는 과정을 통해 그것을 알고자 한다.

지혜에 관한 찰스 하츠혼1897-2000의 도발적인 연구는 존 미첨의 저작에 크게 영향을 주었을 뿐만 아니라 우리에게도 매력적인 관점을 선사한다. 《중용으로서의 지혜Wisdom as Moderation》에서 하츠혼은 일반적으로 서로 구별되는 두 가지 미덕(아레테)인 지혜(소피아)와 중용 또는 '건전한 정신(소프로시네)'을 하나로 합치고, 양극단 사이의 중간인 '선'을 논의함으로써 두 가지 미덕의 정체성을 확립하고자 한다. 마치 아리스토텔레스가 지나칠 수도 모자랄 수도 딱 중간(토 메손)일 수도 있는 감정이나 행동과 관계되는 한, '도덕적' 또는 '윤리적 미덕'은 중간이라고 단언하듯이 말이다. 아리스토텔레스도 논의한 바 있는 고전적 의미의 도덕적 미덕인 먹는 즐거움과 관련한 자제, 두려움에 반응하는 용기, 베풂과 관련한 넉넉함 등을 다루는 선에서의 중간에 관한 사례와 더불어 미첨은 '중간으로서의 선량함' 개념을 '미학적 사안'에 적용한다.

아름다움 역시 중간이다. 아름다움은 추함의 반대가 아니다. 추함은 부조화, 무질서, 동요 따위다. 그러나 단지 부조화나 무질서가 없는 것이 아름다움은 아니다. 오히려 아름다움과 모든 미적 가치는 음악학자 쿠르트 작스의 표현을 빌리자면 "짜임새와 혼돈이라는 치명적 극단 사이에 놓여 있는" 것이다. '짜임새'는 지나치게 엄중하고 혹독한 질서로, '혼돈'은 질서가 전혀 없는 상태로 이해하면 된다. 짜임새의 경우에는 어떤 것이 출현할 때의 놀라움, 긴장감, 관심 등이 너무 적다. 혼돈의 경우에는 만족스러운 놀라움을 마주치거나 그런 결과를 경험할 욕구를 일깨울 만한 뚜렷한 기대감이 없다. 우리는 짜임새 때문에 지루하고, 혼돈 때문에 어리둥절하다. 둘 중 어느 방식으로도 미적 감각은 생기지 않는다.[19]

중간으로서의 선량함의 개념은 어느 정도 이치에 맞지만, 모든 선량함을(특히 지혜) 중간으로 이해하는 것은 문제가 있다. 확실히 소프로시네(자기절제 또는 중용)는 감정, 행동, 취향 등을 다룰 때 가운데쯤의 어느 지점에서 미덕을 찾아내는 것으로 보인다. 중간 개념은 모자람이나 지나침 같은 극단을 둘러싼 부정적 요소가 있을 만한 상황에 잘 들어맞는다. 사실 그리스 속담 '판 메트론 아리스톤'은 만사에서 중용이 최선이라는 뜻이다. 그런데 도덕적 미덕을 중간으로 여기는 것이 이치에는 맞지만, 아리스토텔레스는 결코 중간 개념을 지혜 같은 지적 미덕에 적용하지 않았다. 또한 의미심장하게도 플라톤의 여러 대화편에서 소크라테스는 상대방에게 온건한 방식으로 철학적 사색을 해야 하는지, 아니면 지혜 전체를 모색해야 하는지를 묻는다.[20] 철학의 궁극적 목적(사랑 그 자체)을 추구하려면 항상 자제할 줄 아는, 온건하고 조심성 있는 '비非애호가'가 필요할까?[21] 아니면 지혜 추구에는 '신성한' 종류의 광기나 열광이 수반되지 않는 것일까?[22] (힌트: 지혜를 지나치게 사랑하는 사람이 항상 이긴다!)

아름다움을 중간으로 간주하는 하츠혼의 주장에 대해서도 비슷한 비판을 할 수 있다. 아름다움이 일종의 중간이나 아폴론적 시각에서의 균형(기하학적 중도와 비례)이기는 하지만, 우리가 디오니소스적 음악이나 에로스적 철학을 언급할 때는 그렇지 않다. 존재하기 위해 미친 듯한 황홀경과 무아지경의 움직임에 의존하는 디오니소스적 요소나 에로스적 요소에는 중간이 전혀 없다. 그런 움직임은 온건하거나 '중도적인' 아름다움이 아니라 아름다움의 초월적 원천이나 숭고한 원천, 즉 아름다움 자체를 지향한다.[23] 지혜에 관한 하츠혼의 설명에 내포된 위험은 지혜의 숭고한 본질을 고려하지도 않을 뿐더러, 지혜 추구의 에로스적 본질도 해명하지 않는다는 점이다.

하츠혼과 마찬가지로 미첨도 지혜를 일종의 중간으로, 다시 말해 앎과 의심 사이의 균형으로 단언한다. 지혜는 반드시 남보다 더 많이 아는 것을 수반하지는 않는다. 대신 자신이 아는 것의 한계를 명확하게 이해하는 것과 관계있다. 미첨은 다음과 같이 예를 들어 설명한다.

분명 두 사람이 객관적으로 동일한 양의 지식을 보유할 수 있지만, 한 사람은 자신이 습득할 수 있는 모든 지식의 상당 부분을 안다고 느끼는 반면 다른 사람은 자기가 비교적 아는 바가 적다고 생각할 수 있다. … 지혜로운 행동이란 이런 두 가지 극단을 모두 피하는 것이다.[24]

미첨은 적어도 이 문제에서는 마르셀과 비슷하게 지혜가 자신의 앎에 대한 인간의 자부심을 관리하는 일종의 소중한 제동장치 역할을 한다고 주장한다. 그것은 "개인이 갖고 있는 믿음, 가치, 지식, 정보, 능력, 기능 등을 향해 취하는 태도, 즉 그런 것들이 항상 진실이거나 타당한지를 의심하는 경향, 그리고 그것들이 우리가 알 수 있는 것들의 포괄적 집합인지를 의심하는 경향"이다. 미첨은 지혜란 앎과 의심 사이의 중간이라는 자신의 견해를 뒷받침하기 위해 아무것도 모르는 것은 확실히 지혜일 수 없지만, 모든 것을 안다고 자부하는 것도 지혜일 수 없다고 덧붙인다(모든 것을 알 수는 없기 때문이다!). 지혜로운 사람들은 자신이 아는 것과 모르는 것이 각각 무엇인지 알고, 기본적으로 더 많이 알수록 "자기가 모르는 정도를 더 많이 깨닫는다"는 옛 격언을 따른다. 미첨의 관점에서 "지혜의 도전 과제는 단순히 더 많은 지식을 습득하는 쉬운 경로를 피하는 한편 자기가 알 법한 것에 대한 새로운 불확실성, 의심, 질문 따위에 주목하는 것"이다. 이와 비슷한 맥락에서 미첨의 논문에는 다음과 같은 충격적이고 도발적인 주장이 실려 있다. 앎의 목적은 당신이 아는 것을 의심하는 것인 듯하다.

의심하기 위한 앎이라는 주장의 연장선상에 있는 것이 바로 과학적 연구를 이행해야 하는 방식을 둘러싼 관점이다. 미첨은 과학적 방법에서는 우리가 습득한 지식이 논파될 여지가 있다는 점을 항상 인정해야 한다고 지적한다. 사실 논파의 가능성을 인정하는 자세는 독단론과 회의론 같은 양극단을 피할 수 있는 유일한 길이다. 미첨은 이렇게 주장한다. "그 두 가지 모두 지혜를 닮지 않았지만, 그 중간의 경로는 … 확실히 지혜와 흡사하다."

과학적 방법과 논파의 원리에 대한 미첨의 논평은 적절하지만, 내 궁금증은 아직 해소되지 않았다. 과학적 방법의 올바른 적용은 지혜 추구와 동일한가? 그 두 가지가 각각 목표로 삼은 것 사이에는 차이가 있지 않을까? 다시 말해 과학적 연구와 관련해 우리는 자신이 알고 있는 것을 의심할 수 있기 위해 앎을 모색한다고 볼 수 있다. 어떤 과학적 분야나 조사에서 우리의 지식은 더 많은 지식을 위한 수단일 뿐이고, 더 깊은 이해에 도달하려는 것이기 때문이다. 또한 우리가 과학적 조사를 통해 모색하는 지식은 결코 본질적인 자체의 가치를 지닌 앎이 아니라, 항상 어떤 다른 선(예를 들면 행복)을 위한 수단이기 때문이다. 그러므로 확실히 과학적 탐구의 영역에서의 앎은 의심으로 나아가기 위한 디딤돌에 불과하다.

그러나 앎의 목표가 궁극적인 것일 때, 예를 들어 소피아일 때는 어떻게 될까? 우리가 그 자체로 선한 것에 대한 지식, 즉 다른 선을 위한 수단이 아니라 궁극적 선으로서의 지식을 모색할 때는 어떻게 될까? 그리고 철학이 그런 위대한 선(지혜)을 추구하는 것이라면, 지혜가 앎과 의심 사이의 중간이라고 말할 수 있을까? 왜냐하면 의심은 더 추구할 만한 고귀한 선과 더 깊은 진리가 있을 때에만 가치 있기 때문이다. 그렇지 않은가? 그렇다면 과학적 방법과 논파의 원리가 철학적 사색에 적용된다는 가정은 적절한가? 그런 주장을 펼치려면 미첨은 자신의 지혜 추구를 먼저 포기해야 한다. 지혜를 모색한다는 것은 절대적인 진리를 모색하고 그것에 대한 희망을 품는 것을 의미하기 때문이다. 그런데 미첨의 경우 지혜는 '의심하는 동시에 지식을 바탕으로 행동할 수 있는 것'을 의미한다.

미첨의 흥미로운 두 번째 주장은 우리가 지혜를 잃을 수도 있다는 것이다. 즉 지혜는 나이를 먹으면 쉽게 향상되지 않고 오히려 감소한다는 말이다. 이 주장은 매우 도발적이다. 또한 노화와 관계있는 매우 '유명한 지혜'뿐 아니라, 지금까지 자세히 살펴본 다른 연구자들의 주장을 노골적으로 무시하는 것이기도 하다. 그런데 미첨에게 지혜는 대중문화를 통해 청년들이 노인들에게 나이가 들고 삶이 예전보다 즐겁지 않다는 이유로 바치는 감투상일지 모른다! 미첨은 과감하게 주장을 펼친다. "내 가설은 모든 사람이 처음에는 지혜로운 어린이로 시작하지만 점점 나이가 들면서 대다수가 지혜를 잃어버린다는 것이다." 그에게 지혜는 "삶의 여정이 진행되는 동안 선택된 소수에 의해 유지되고 보존되는 자질"이다.[25]

미첨에 따르면 젊음은 지혜의 시간이다. 왜일까? 그는 우선 '단순한' 지혜와 '심오한' 지혜를 구별한다. 피아제 같은 발달론자들과 대조적으로 미첨은 아이들이 이미 단순한 방식으로 지혜로운 반면, 나이가 들면서 자신의 앎의 한계에 관한 인식의 상실을 통해 지혜가 망각되지 않으면 심오해질지도 모른다고 본다. 하지만 자신의 앎의 한계에 관한 단순한 인식을 상실하도록 유혹하는 힘은 어릴 때부터 작동한다. 미첨의 글을 읽어보자.

학교에서는 이미 알고 있는 사실을 의심하고 그것을 비판적으로 평가하는 것보다 되도록 많은 정보를 흡수하는 것을 장려한다. 교사는 얼마나 자주 학생들의 믿음을 흔들어놓으려고 교실에 들어갈까? 잘못된 정보를 아마도 더 타당한 정보로 대체할 수 있게 하기 위해서, 그리고 자신의 지식에 대한 확신이 줄어든 채(덕분에 더 지혜로워진 채) 학생들이 교실을 떠날 수 있도록 하기 위해서 얼마나 자주 그렇게 할까? 현실은 그렇지 않다.

의심 대신에 앎이 강조되고, 따라서 움직임의 경로는 지혜에서 벗어나 자신이 모든 것을 또는 최소한 충분히 많은 것을 알고 있다고 믿는 극단을 향한다.[26]

미첨의 견해가 암시하는 바는 주로 우리가 오늘날 아이들을 교육하는 방식(그리고 우리가 희망하는 교육방식)이 자기가 가진 지식의 오류성과 관련해 아이들이 지니고 있을 법한 단순한 지혜를 파괴한다는 것이다. 현재의 교육학은 심지어 학생들이 지혜 추구에 적대적인 자세를 취하도록 만든다. 하지만 미첨의 주장에는 우리가 교실에서 지혜를 촉진하는 방식으로 학생들을 가르칠 수 있다는 점도 내포되어 있다.

미첨은 교육기관에서 지혜가 상실된 것을 선뜻 학교 관행 탓으로만 돌리지는 않는다. 그는 우리가 성인으로서의 성공, 물질적 이익, 명예 따위를 중시한다는 측면에서 더 큰 사회적 힘과 기대치가 작동한다는 점을 지적한다.

비록 거창함과 권력이 우리에게 자존감을 제공한다 해도 그것이 선량함이나 지혜를 보장하지는 않는다. 정보, 권력, 지위 등의 축적을 지혜로 착각하기 쉽다. 왜냐하면 어떤 사람이 권력을 많이 가질수록 타인이 지혜로워 보이는 그에게 도전할 가능성이 낮아지기 때문이다. … 지혜의 기능 가운데 하나는 성공적인 지배와 통제 다음에 나타날 수 있는 과도한 자존심을 경계하는 것이다. 요컨대 나이가 들수록 지혜가 줄어드는 한 가지 이유는 대개 나이를 먹을수록 더 많은 정보와 전문 지식, 권력, 더 큰 성공 따위를 경험하면서 앎을 둘러싼 지나친 확신으로 지혜가 상실되는 위험을 초래해서다.[27]

지혜를 인간의 자존심을 통제하는 제동장치로 바라본 미첨의 논증은 상당 부분 이치에 맞고 마르셀이 《지혜의 쇠락》에서 말하는 내용과 일치하지만, 지혜에 대한 그의 마지막 주장 가운데 하나는 의심스럽다. 미첨은 '지혜를 추구하는 분위기'가 지혜를 함양하는 데 필수라고, 또한 특히 그런 분위기는 비극을 겪을 염려와 무관해야 한다고 주장한다.[28] 일단 비극은 지혜를 저해하는 것이며, 그가 볼 때 지혜에는 너무 자신감 넘치는 앎과 너무 무기력한 의심이라는 두 가지 '극단'을 쉽게 피할 수 있는 안전한 분위기가 필요하다.

그리스인들이 분명하게 밝힌 고대 비극의 개념을 감안하면, 미첨의 주장은 의심스럽다. 그리스적 사고에서 고통은 지혜의 발전에 필수요소로 간주된다. 푀겔린은 그리스인들이 지혜를 함양하기 위한 매개물로 비극을 어떻게 활용했는지를 예리한 시선으로 설명했다. 그에 따르면 비극의 진리는 행동이다. 즉 "책임감 있는 성인의 의사결정(프로아이레시스)에서 절정에 이르는 영혼의 움직임"이다. 푀겔린에게 비극은 의사결정 과정에서의 인간 영혼에 관한 연구의 한 형태다. 그리스비극에서 생생히 표현된 의사결정은 정의正義의 문제와 관계있고, 푀겔린은 통상적으로 법에 정당한 것으로 진술되어 있는 것과 실제로 정당한 것(정의正意나 정도正道, 디케) 사이에 부조화가 존재한다고 지적한다. "도덕률과 구체적 의사결정이라는 이중적 의미에서 갈등을 겪는 법의 질서 너머에 디케의 질서가 있다. 법이 감당하지 못하는 상황은 궁극적 공정성의 구체적 의사결정, 즉 디케가 정리해야 한다."[29] 자기 영혼의 깊숙한 부분까지 내려가 디케를 확립하는 결정을 내리는 것은 고독한 개인에게 달려 있다.

푀겔린은 이런 의사결정 과정을 "디케를 발견할 수 있는 깊이까지 인간을 향해 다가가는 디오니소스적 하강"이라고 부른다. 그에 따르면 "인간이 어쩔 수 없이 디케에 의존할 때만 특정 처신이 비극적 행동이 된다. 오직 그런 경우에만 인간은 '행동하느냐 마느냐'라는 대사로 표현되는 딜레마에 빠진"다.[30] 하지만 이는 미첨이 말하는 비극 없는 '지혜 추구의 분위기'가 그리스인들이 말한 비극과 동일하다는 의미는 아니다. 사실 비극이라는 단어는 오늘날 우리의 어법에서 자동차 사고, 살인, 자살, 젊은이의 죽음, 이해할 수 없는 비참한 '불가항력적 사고' 따위에 자주 적용된다. 우리는 어떤 형태의 고통으로 정의감에 심각한 상처를 입을 때 비극이라는 단어를 쓴다.

그런데 쾨겔린의 주장에 따르면 그리스인들의 관점에서는 그런 모든 불쾌한 일이(설령 모두 합쳐진다고 해도) 비극의 의미를 구성하지 않는다. 확실히 그리스비극에는 불쾌한 일에 따르는 고통이 수반된다. 왜냐하면 쾨겔린이 말하듯, 인간은 딜레마 때문에 어쩔 수 없이 디케에 의존해야 하기 때문이다. 비극적 지혜의 발전에 수반되는 고통은 필수적이다. 하지만 비극에 따른 통찰은 결코 불쾌한 사건에 의해서도, 힘든 결정을 내려야 할 필요성에 의해서도 보장되지 않는다. 오히려 비극적 지혜는 영혼이 디오니소스적 황홀경을 통해 자체의 깊이만큼 깊숙이 내려가 그곳에서 디케 또는 신성한 정의의 질서를 발견할 때 생겨난다.

그리스인들의 경험에 따르면 비극적 지혜는 모든 우주적 질서의 근거를 확인하고 아는 것에서 비롯된다. 이 끔찍하면서도 심오한 지혜의 가능성을 고려하면, 안전하고 비극 없는 분위기를 조성하려는 미첨의 시도는 지혜 추구에 필요한 깊이 있는 현실에 대한 진정한 참여에 그다지 도움이 되지 않을 것 같다. 경험의 극단으로부터 안전하게 벗어나 있는 사람은 과연 지혜에 대한 추구와 탐구의 고도와 심도를 얼마나 많이 확보할 수 있을까? 지혜라는 단어가 그저 형이상학적 전문어가 아니라 현실에 대한 근원적 경험의 표현이라면, 그런 경험으로부터 격리되고 보호되는 것과 지혜가 숨어 있을지 모르는 온갖 어두운 곳으로 지혜를 따라 들어가지 못하는 것이 학생들에게 무슨 도움이 될까?

미하이 칙센트미하이와 케빈 라투는 '진화론적 해석학자'로 자처한다.[31] 두 사람이 진화론적 해석학자라는 용어를 통해 나름의 지혜 연구법을 설명하면서 의도하는 바는, 지혜라는 단어의 다양한 의미를 역사적으로 조사하면서 아주 오래된 개념 그리고 '여러 해 동안 사람들에게 가장 큰 도움을 준' 개념에 특별히 관심을 쏟는다는 것이다. 이렇게 볼 때 두 사람은 그런 개념들이 현대적 해석에 적응해온 과정을 추적하는 셈이다. 칙센트미하이와 라투는 지금까지 역사적으로 논의되고 추구된 지혜에서 드러난 세 가지 일반적 '차원'('인지 과정'으로서의 지혜, '미덕'으로서의 지혜, '양호한 상태' 또는 '개인적 선'으로서의 지혜)을 각각 구분한다.

첫째, 인지 과정으로서의 지혜를 다루면서 두 사람은 지혜라는 용어가 덧없는 현상의 외양과 관계있는 앎이 아니라, 영원한 보편적 진리와 관계있는 앎을 가리킨다는 점을 지적한다. 이때 지혜는 일종의 전문 지식이 아니라, 현실의 다양한 양상이 서로 어떻게 연관되는지를 파악하기 위한 시도다. 그리고 발테스나 베를린 그룹의 주장과는 반대로 칙센트미하이와 라투는 지혜가 앎의 '가치중립적' 방식이 아니라고 지적한다. 이때 지혜는 필연적으로 진리와 진리를 지향하는 행동의 위계적 배열을 의미한다. 하지만 그들은 "지혜에 관한 오늘날의 논의에서는 인간의 인식 방법에 관한 오늘날의 논의에서 그렇듯, '보편적 진리'나 '신' 같은 통합적 개념과 마주치는 일이 드물다"고 말한다. 게다가 진화론적 해석학자로서 두 사람은 마르셀과 달리 그런 상황에서도 전혀 실망감을 드러내지 않는다. 오히려 그들은 현대사상이 고대인들로부터 수용하지 않은 모든 것을 폐기하는 데 동의하고, 지혜를 향한 그런 특이한 태도를 지혜 개념의 사라진 양상으로 간주한다. "대신 우리는 사회적이고 문화적인 환경의 큰 변화에도 아랑곳하지 않고 예전과 똑같이 남아 있는 사회관습의 양상이 바로 인간 생존에 더 영속적인 파장을 미칠 양상이라는 믿음에 따라 공통성에 초점을 맞추겠다." 앎의 다른 영역과 분야를 압도하는 지혜의 대단히 중요하고 막강한 특질과 우월성을 유지하기 위해 두 사람은 지혜를 "'지식'의 여러 분과 사이의 연관성에 대한 체계적 추구, 즉 '전체의 과학'"으로 정의한다.

 지혜를 '지식의 방식'으로 바라보는 견해에 뒤이은 두 번째 주장은 다음과 같다. "지혜는 최고선이라는 것의 가장 훌륭한 길잡이가 된다." 일종의 '전체'에 대한 앎으로서이 '지혜는 개인이 지 신에게 가장 직입한 행복 경로를 결정하도록 돕는'다. 그러므로 지혜는 선을 획득할 수 있는 능력을 통해 '최상의 공중도덕'으로서의 기능을 이행한다고 볼 수 있다. 그러나 칙센트미하이와 라투는 이렇게 말한다. "좁게는 현대 심리학, 넓게는 사회과학의 성과는 이제 '진리가 너희를 자유케 하리라'는 이 오래된 믿음에 짙은 의혹의 시선을 던지는 듯하다." 지혜를 미덕으로 규정할 때 두 사람은 현대적 해석에 따른 지혜의 의미에서 누락된 몇몇 부분에 대한 중요한 견해를 밝힌다. "또다시 보편적 진리를 탐색하는 경우와 마찬가지로, 분명히 현대적 감각은 진리에 대한 관조에서 설득력 있는 윤리가 비롯될 것이라는 플라톤의 의견뿐 아니라 그런 희망도 완전히 포기했다." 고대의 여러 저술가는 선에 대한 지식만으로 선한 행동과 행위를 보장할 수 있다고 생각했다. 그리고 아무도 일부러 나쁜 짓을 하려고 하지 않는다고 생각했다. 사람들이 나쁜 목적을 이루려고 하는 것은 자신의 행동이 실제로는 나쁜 짓인데도 좋게 생각하거나 아니면 자신의 행동으로 달성되는 선을 실제보다 더 높게 평가하는 무지의 소산일 뿐이다. 그 기본적인 관점은 플라톤의 대화편에서 몇 차례 논의된다. 그것은 통찰을 거쳐 고통에서 벗어나는 자아를 강조하는 힌두교 삼키야철학의 핵심에도 자리하고 있다. 또한 나가르주나龍樹, 150?-250?가 개창한 중관中觀학파의 공空사상에도, 특히 자아의 본질과 자아와 연관된 존재의 본질을 명확히 이해함으로써 보리菩提, 불교 최고의 이상인 부처 정각의 지혜―옮긴이)에 이를 수 있다는 확신에도 자리 잡고 있다.

그러나 현대사상가들은 앞서 살펴본 몇 가지 이유 때문에 근원적 경험과 소피아의 의미까지 분명히 드러내는 진리 개념이나 '신', '보편성', '선 그 자체' 같은 용어를 대체로 부정해왔다. 하지만 현대사상가들은 이 세상에서의 선행과 관련해 미덕에 관심이 있다. 따라서 그들은 일종의 실용적 지혜의 발전을 강조한다. 예를 들어 베를린 그룹은 지혜를 삶의 기본적인 실용성에 대한 전문 지식이라고 주장한다. 실용적 지혜를 둘러싼 이 현대적 전망의 근거는 신적 질서와 윤리적 질서의 결별이다. 요컨대 소피아의 역할은 최소화되거나 심지어 인본주의적 개념인 프로네시스를 위해 박탈된다. 이렇듯 우리는 지혜 덕분에 좋은 선택을 하고(미덕), 진리에 더 가까이 다가간다(인지 과정).

셋째, 칙센트미하이와 라투가 보기에 지혜는 '개인적 선'으로서 지금 여기에 있는 우리에게 좋은 것이다. 지혜가 없으면 우리가 누리는 다른 모든 선은 보람이 없을 수 있다. 지혜는 자체적으로 최고의 즐거움이고 본질적으로 보람 있는 것이다. 이른바 지혜의 세 가지 '일반적 차원'을 검토한 다음 칙센트미하이와 라투는 이렇게 말한다. "옛 사상가들은 지혜를 추구하면 가장 강렬한 환희를 느낄 수 있다고 입을 모으지만, 지혜의 이런 양상은 분명히 현대사상에서 가장 적은 관심을 받고 가장 부실하게 이해된다." 사실 두 사람은 현대적 시각에서 지혜를 선 그 자체로 바라보는 경우가 드문 현상을 소피아를 부정하고 테오리아, 즉 관조의 가능성을 일축한 결과로 여긴다.

> 진리나 신 같은 보편적 영역에 대한 일반적 폄하는 말하자면, '완벽한' 기쁨이나 행복의 장소로 향하는 문을 닫아버렸다. … 그런 식의 경험은 그것을 촉발하는 것으로 짐작되는 형이상학적 현실처럼 오늘날 순전한 환상으로 치부될 것이다.[32]

두 사람은 마르셀과 마찬가지로 이런 손실을 의아하게 여기고, 그 원인을 기술에 매료된 현대인의 경향(특히 변화를 지향하는 기술의 위력에 따른 물질적 보상과 전문화와 관리에서 발생하는 이익에 관심을 집중하는 경향)으로 꼽는다. 칙센트미하이와 라투는 "돈 같은, 이른바 비본질적 보상이 본질적으로 보람 있는 경험에 미치는 해악"을 생생히 보여주는 몇몇 당대의 연구를 인용하고, 현대 기술이 세상의 변혁에 초점을 맞추는 바람에 대중적으로 지혜 추구의 의의가 퇴색되었다고 본다. 철학 또는 지혜 추구는 '내재적 동기가 있어야 가능하고, 정치와 사업으로부터 동떨어져야' 한다. 여기서 "송아지 이야기밖에 할 줄 모르는 농부가 어떻게 현명해질 수 있으랴?"(《집회서》 38장 25절)라는 유명한 성경 구절이 떠오른다. 칙센트미하이와 라투는 "지혜는 공리적 목적을 위해서가 아니라 알기 위해서 추구해야 한다"고 주장한다. 지혜는 이기적 목적의 극복을 전제하는 듯하다.

∞

더글러스 로슨1903-1961의 책 《지혜와 교육Wisdom and Education》에는 실용적 지혜, 즉 프로네시스라는 현대의 자율적인 개념을 지지하고자 소피아와 소피아의 추구를 부정하는 현상에 관한 뛰어난 사례연구 내용이 실려 있다. 로슨은 교육에 수반되는 사회적 책임을 항상 인간 진보의 수단으로 여기는 태도의 중요성을 강조함으로써 공격에 나선다.

애석하게도 교육의 목표와 역할을 거론할 때 우리 모두가 멀리 내다보는 것은 아니다. 우리는 개인적 사회 활동의 인접 영역에 매몰되어 있다. 우리는 목적이 아닌 수단을 말한다. 우리는 인생의 의미를 망각한다. 생계의 문제에 너무 집착하기 때문이다. 우리는 교육을 각 세대에 걸쳐 모든 인간이 가치의 향상을 이룰 수 있도록 돕는 과정으로 바라볼 시간을 갖지 않는다.33

그가 보기에 "일부의 인간을 저버리는 목적을 띤 것은 모두 교육의 궁극적 목적으로 부를 만한 가치가 없"다. 그는 존 듀이1859-1952의 연구 결과를 근거로 주장을 펼친다. 로슨에 따르면 듀이에게는 지혜의 '도덕적 양상'이 가장 중요하며, 훌륭한 도덕적 양심을 갖춘 모든 철학은 "지혜를 뛰어넘는 목표를 세워야 한다. 사회적 의미를 지닌 결과에 대한 평가를 수반하는 행동과의 관계가 배제될 경우 지혜로워지는 것은 불가능"하다. 확실히 듀이와 로슨의 관점에서 지혜는 '목적이 아니라 수단으로서' 가치를 지닌다.

고대인들에 대한 로슨의 적대감은 그가 '일반교양 교육(어떤 공리적 목적을 지향하지 않는 그 자체가 목적인 교육)'이라는 전통적인 개념을 엘리트주의적인 것으로 취급할 때 분명히 드러난다. 그의 말을 들어보자.

일반교양 교육과 사회적 지위, 권력, 여가 등의 향상을 결부하는 고대의 전통은 아직도 사람들의 태도에 남아 있다. 그 결과는 일반교양 교육을 모색하는 모든 학생이 앎의 순전한 희열을 위해 그렇게 한다는 진부한 핑계에서 엿볼 수 있다.[34]

또다시 로슨은 관조(테오리아)에 대한, 그리고 그것을 장려하는 데 필요한 정신적 공간인 여가, 즉 스콜레에 대한 듀이의 비판을 인용한다. 듀이는 이 두 가지를 역사적으로 교육의 진보, 넓게는 사회 전체의 개선을 저해한 요인으로 지목했다. 로슨에 따르면 듀이의 관점에서는 "역사를 통틀어 학자들이 삶의 물질적 요소를 경멸적 시선으로 바라본 기간은 과학적 이해수준의 발전에 기여한 바가 거의 없는 기간"이었다. 듀이와 마찬가지로 로슨은 '노동'계급과 '유한'계급으로 나뉜 사회를 만들려는 일체의 철학 개념에 비판을 가한다. "우리의 공적 교육기관은 지적 엘리트뿐 아니라 모든 사람의 것이다." 이 말에 담긴 암묵적 요구는 모든 사람이 스콜레 속에 머물지 말고 전적으로 노동하는 사람으로 살아야 한다는 것이다. 모든 사람이 테오리아에 임할 수가 없다면, 다시 말해 관조가 엘리트적 수행이라면 아무도 도덕적으로 문제 있고 사회적으로 무책임한 그 일에 관여하지 말아야 한다. 테오리아와 스콜레를 향한 이런 반감은 사실 진보적이고 민주적인 교육제도에 대한 요구의 필연적 결과다.

모든 청년에게 가장 훌륭하고 가장 적합한 교육을 제공하지 못하는 국가는 민주주의를 누릴 자격이 없다는 점을 강조해야겠다. 또한 고정된 유한

계급이 없는 국가는 심지어 인문대학에 다니는 대부분의 학생들조차 생계 문제에도 관심을 쏟는(그리고 그럴 수밖에 없는) 그런 국가라는 점도 강조하고 싶다.35

로슨이 볼 때 지혜는 이론적 다양성과 상반되는 실용성을 띠어야 한다. 지혜는 특히 외부적이고 사회적 감각의 측면에서 적극적이고 변화 지향적이어야 한다. "지혜가 선택을 수반한다면 그것은 행동의 책임도 수반한다." 어떤 목적을 추구하든 그 목적에는 그 자체로는 가치가 없고, 인간의 의도에 따른 용도나 실용성과 연관될 때만 가치를 지닌다는 자신의 견해를 뒷받침하기 위해 로슨은 다시 듀이를 인용한다.

가치에 대한 우리의 개념이 실용적 행위와 결부되어야 한다는 듀이의 믿음이 옳다면, 실용성(행동에 따른 결과의 측면에서 평가된다)과 가치(절대론적 의미에서 실체로 간주된다)는 상호배타적 관계를 띠게 된다. 하나는 인간의 경험과 관계될 때만 의미가 생기고, 다른 하나는 초경험적 현실과 관계될 때만 의미가 생길 수 있다.36

이 책에 등장하는 현대의 지혜 연구자들처럼 로슨도 '초경험적' 현실이라는 일체의 개념을 부정한다. 그가 볼 때 초경험적 현실은 형이상학적 추상화고 부당한 선험적 가정이다.

지혜와 지혜 추구가 현대의 교육과 관계있다(또는 관계없다)고 이해되는 방식에 대한 로슨의 설명은 대다수의 현대적 관점을 아주 적절히 대표한다. 소피아는 흔히 조소나 무시의 대상이 되고, 엘리트적인 추구의 대상으로 인식되거나 초경험적 현실의 존재에 대한 부당한 가정을 전제로 삼은 엉터리 개념으로 치부될 때가 많다. 따라서 실용적 지혜(일종의 현대판 프로네시스)는 현실적이고 사회적 책임에 민감한, 유일한 대안으로 평가받는다. 이것은 아마 조지프 던1914-2014의 《다시 밑그림으로Back to the Rough Ground》를 비롯한 교육 분야에서 지혜를 다룬 명저들이 소피아를 전혀 언급하지 않은 채, 아리스토텔레스의 생명력을 재발견했다고 자부하면서 현대의 학계로부터 그토록 폭넓은 갈채를 받는 이유일 것이다.37 아마 로슨은 소피아에 대해 널리 인정받는 견해와 듀이를 적절히 결부시킨 것 같다. 그러나 나는 적어도 일단은 듀이를 거론하는 로슨의 방식이 이 부분과 관련한 듀이의 저작 내용에 얼마나 충실한지 잘 모르겠다. 예를 들어 로슨이 듀이를 거론하는 방식의 전제는, 지혜는 지혜 그 자체를 위해서가 아니라 외부의 목적을 위해 추구하는 것, 즉 사회의 진보와 개선을 위한 것이라는 그의 주장이다.

하지만 《민주주의와 교육》 8장에서 듀이는 "교육의 목표는 개인들이 공부를 계속하도록 유도하는 것이다. 즉 학습의 목적과 대가는 지속적인 성장능력이다"라고 아주 분명하게 밝힌다. "교육의 목표를 탐색할 때 우리는 교육이 의존하는 교육적 과정 밖의 목적을 발견하는 데 관심을 두지 않는다."38 여기서 엿볼 수 있는 점은 듀이가 볼 때 지혜 추구(또는 적어도 모종의 지식의 추구)는 어떤 비본질적인 목적을 위해서가 아니라, 그 자체가 목적인 활동이라는 사실이다. 실제로 듀이는 '성장' 그 자체를 목적으로 여기지 않은 채, 그것을 마치 '고정된 목표를 향한 움직임'으로 간주하면서 추구하는 태도에 대해 여러 차례 경고했다. 하지만 듀이에 대한 로슨의 설명은 상당 부분 사실이기도 하다. 듀이가 최종적인 또는 완전한 목적(텔로스)이라는 일체의 개념을 부정한 점은 로슨이 소피아, 테오리아, 스콜레 같은 고대의 개념을 거부한 것과 서로 일맥상통한다.

8

　듀이는 교육 분야에서 그 의의와 중요도가 매우 큰 철학자 겸 사상가다. 지혜의 본질을 둘러싼 근현대사상을 간략히 검토하는 이 책에서 지금까지 언급한 학자와 연구자 가운데 그와 어깨를 나란히 하는 사람은 없다. 《민주주의와 교육》에서 듀이는 그의 엄청난 발자취를 따라오는 데 그친 다른 연구자들이나 로슨과 마찬가지로 고대사상가들, 그리고 특히 플라톤을 공격하면서 현대 민주교육의 문제에 접근한다. "플라톤의 출발점은 사회의 조직화가 궁극적으로 존재의 목적을 둘러싼 지식에 좌우된다는 것이다. … 그러나 그 최종적이고 영구적인 선에 대한 지식을 어떻게 얻을 것인가?" 여기서 듀이는 적어도 표면적으로는 로슨의 주장과 반대로 지혜나 지식 바깥의 목적을 수용하지 않는 듯하다. 하지만 더 면밀히 살펴보면 듀이에게 교육은 지혜나 소피아의 모색과 동일하지 않다는 점을 알 수 있다. 왜냐하면 그런 탐색은 신성한 텔로스를 둘러싼 근원적 경험에 대한 인식 고양의 가능성을 전제로 삼기 때문이고, 그가 볼 때 궁극적인 '존재의 목적'을 알 수 있는 가능성이 없기 때문이다. 이 때문에 그는 텔로스를 지향하는 모든 것을 가리켜 바깥에서 주어진 목적을 모색하는 것과 비슷하다고 말한다. 그러나 텔로스를 일축함으로써 듀이는 소피아를 추구하는 행위로서의 테오리아를 일축할 뿐 아니라, 테오리아를 위한 정신적 공간을 가리키는 여가인 스콜레의 필요성도 일축한다.

　《민주주의와 교육》 8장에는 외부에서 부과한 모든 목적(텔로이)이 배제되었을 때 진보적이고 민주적인 교육제도가 갖춰야 할 모습을 듀이가 어떻게 이해하고 있는지에 대한 실마리가 더 많이 담겨 있다. 그가 보기에 교육적 맥락에서 모색하는 일체의 '목표'는 '잠정적'이고 '유연'해야 한다. 또한 플라톤적 의미에서의 텔로스에 종속되지 않아야 하고, 상황과 새로운 발견 그리고 관심사 등에 따라 변하기 쉬운 것이어야 한다. 그러므로 교육에서의 목표는 조건에 좌우된다. 듀이의 관점에서 "시시각각 활동을 이어갈 때 모든 목표는 그것이 지각, 선택, 계획 수립 등에 보탬이 되는 한 가치가 있다. 만약 목표가 당사자의 상식에 어긋난다면 … 그것은 해롭"다. 이 대목에서 철학에 대한 듀이의 적대감이 뚜렷이 드러난다. 철학적 탐구에서 철학자는 '상식'을 거스르는 질문과 흔히 마주치기 때문이다. 사실 철학자의 궁극적 관심사는 엄밀하게 또는 좁게 이해되는 경험적, 과학적, 사회적 현실이 아니라 그런 문제에 관한 우리 생각의 초월적 원천을 모색하는 것이므로, 철학적 탐구와 질문은 항상 우스워 보이고 상식을 거스르는 것으로 보인다. 소피아를 모색하면 자연히 상식적인 추론에서 벗어나기 마련이다.

듀이는 교육에서 나타나는 '외부에서 부과한 목적의 해악'을 자주 거론한다. 또한 이 부분과 관련해 그는 테오리아를 실천할 때의 신성한 텔로스에 대한 우리의 인식을 날카롭게 다듬기 위해 한가하거나 학구적인(스콜레의 의미에서 볼 때 학구적인) 정신적 분위기를 조성함으로써, 소피아의 추구를 장려하고자 했던 고대의 시도를 본질적으로 해로운 것이라고 여긴다. 그런데 이런 듀이의 생각이 텔로스의 추구를 오해한 데 따른 결과라면 어떻게 될까? 소피아와 소피아에 대한 사랑(말 그대로 필리아-소피아, 즉 철학)이 관행적으로 이해된 바와 달리 외부에서 부과한 목적을 추구하는 것이 아니라면, 즉 실체화된 또는 구체화된 선험적 개념이나 '이데아'에 대한 추구가 아니라면? 과연 무엇을 외부에서 부과한 목적으로 간주해야 할까? 신성한 텔로스 개념을 외부에서 부과한 목적으로 이해하고 그렇게 치부해야 할까? 아니면 그리스비극에서의 디오니소스적 하강 경험이 흔히 그랬듯 신성한 텔로스를 내면적 차원의 근원적 경험으로 봐야 할까?

실용주의자인 듀이가 '이론'에 시비를 거는 까닭은 실용주의(현실적 경험의 '우연성'과 '잠정적인' 목표에 뿌리박고 있다)와 달리 이론과 '이론적 삶'에는 경험과 연관된 뿌리가 부족하다고 보기 때문이다. 대신에 그는 이론적인 것을 불가사의하고, 모호하고, 난해한 개념 그리고 부과된 목적(경험과 달리 모든 사람이 아니라 소수의 전문 사상가에게만 열려 있다)과 결부시킨다. 듀이는 다음과 같은 유명한 글귀를 남겼다. "약간의 경험이 수많은 이론보다 낫다. 이론은 경험을 통해서만 불가결하고 검증할 수 있는 의미를 지니기 때문이다." 그러나 경험으로부터 분리되고 선험적인 '형이상학 개념'과 연관되어 있는 것으로서의 이론 개념은 현대적 오해다.

이론을 뜻하는 영어 단어 theory의 어원은 테오리아(theoria, 관조)다. 다시 말해 이 단어는 '관찰', '주시', '응시' 등과 관계있다. 따라서 이론은 철저히 경험적이다. 사실 그리스인들은(심지어 중세의 스콜라철학자들도) 이론이 가장 깊이 있는 종류의 경험이자 가장 권위적인 종류의 앎이라고 여겼다. 듀이가 극찬하는 앎의 경험적이고 과학적인 수단은 감각에 의존하고 감각적 경험은 외양의 현상계에 주목하지만, 현상적 외양에 대한 경험은 실체, 본질, 존재, 현실 등을 주시하는 직접적이고 직선적인 경험과 동일한 것이 아니다. 이와 비슷한 맥락에서 논증적 또는 분석적 추론조차 테오리아에 비해 열등하다. 확실히 이성은 감각의 증거에 직접 의존하지 않는다는 점에서 감각작용보다 유리한 위치에 있다. 하지만 이성은 항상 대상을 향해 '나아가고' 그 대상은 분석적 사고에 종속되는 것이어야 하는 반면, 테오리아는 대상을 소유하고 또는 그것의 대상에게 소유되기 때문에 이성은 여전히 테오리아보다 열등하다.

관조라는 행위를 통해 사람들은 자기 눈에 보이는 것과 하나가 되는 경험을 한다. 테오리아보다 더 깊은 앎과 경험은 없다. 물론 테오리아에 대한 이 망각된 고대적 시각에 담긴 또다른 함의는 테오리아가 기본적으로 인간적인 경험이라는 점이다. 테오리아는 오늘날 우리가 난해한 형이상학적 전문어와 개념으로 가득한 불가사의한 '이론화'나 정신 훈련으로 여기는 것이 아니다. 또한 존재를 주시하는 경험으로서의 테오리아는 듀이와 로슨의 질책과 달리 엘리트적인 것이 아니다. 증명할 수 없는 것도 아니다(왜냐하면 그것은 존재하기 때문이다). 선험성과 동일시되는 것도 아니다. 오히려 테오리아는 근원적 경험을 할 수 있는 모든 사람에게 열려 있다.

자신이 이해하는 사고와 앎에 관련해 듀이가 적절하게 지적한 몇몇 대목이 눈에 띈다. 그 대목은 지금까지 우리가 테오리아에 대해 말한 내용과 관계있다. 《민주주의와 교육》 12장을 요약하면서 듀이는 자신이 사고의 본질과 교육에서 사고의 역할로 여기는 것을 명쾌하게 설명한다.

> 사고는 교육적 경험의 수단이다. 그 수단의 요점은 … 우선 학생이 진정한 경험의 상황을 만나는 것이다. … 둘째, 이 상황 속에서 진정한 문제가 사고의 촉매로서 출현하는 것이다. 셋째, 학생이 정보를 보유하고 정보처리에 필요한 의견을 말하는 것이다. 넷째, 정연한 방식으로 제시해야 하는 해법이 학생의 머릿속에 떠오르는 것이다. 다섯째, 학생의 요청에 따라 자신의 생각을 검증할 기회와 계기를 만남으로써 그 의미를 명확히 밝히고 스스로 타당성을 발견하는 것이다.[39]

그리고 '교육 과정에서의 지식'을 다루는 17장에서 듀이는 사고를 통해 습득되는 지식에 관한 견해를 분명히 밝힌다. 그가 볼 때 그런 앎은 "환경에 일정한 변화를 유발하는 활동의 결과"다. 앞의 인용문에 등장하는 사고와 앎에 관한 듀이의 설명은 우리가 소피아의 추구와 테오리아에 대한 그의 의견(사고는 항상 문제를 근거로 삼아야 하고 분석적이어야 한다. 그리고 사고의 본질은 파악하거나 '주시하는' 것이 아니라 논변적인 것이다)을 검토하면서 발견한 바와 일치한다.

듀이의 글을 읽은 뒤 나는 그가 사고에 대해 강조하는 점이 고대 그리스철학 용어로 표현하자면 이지적인 부분이 아니라 논증적인 부분이라고, 또는 그의 관심사가 중세 로마 가톨릭의 철학 용어로 표현하자면 인텔렉투스가 아니라 라티오라고 말하는 것이 정확하거나 유익한지가 궁금해질 따름이다. 이 예스러운 용어는 괜한 허튼소리가 아니라 그리스와 로마 가톨릭 저자들이 사고를 얼마나 신중하게 구분하려고 했는지, 즉 각각의 대상을 기준으로 서로 다른 종류의 사고 경험을 구별하려고 했는지를 보여주는 흔적이다.

디아노이아는 아마도 '생각'으로 번역될 것 같고, 노에시스는 흔히 '사유'로 옮긴다. 디아노이아는 기하학적이고 연역적인 사고를 포괄한다. 그리고 공리와 가설을 검증하지 않은 채 또는 궁극적 척도를 향해 '그것들을 들어올리지(아나이레시스)' 않은 채, 그 두 가지를 발견하고 이용하는 것을 수반한다. 반면 노에시스는 공리와 가설에 대한 변증법적 연구를 수반한다. 우리가 가장 고귀한 대상을 간절히 알고 싶어하는 경우는 노에시스를 통해서고, 영혼(프시케)에게 명령을 내리는 것이 바로 이런 형태의 사고다. 디아노이아와 노에시스에 대응하는 로마 가톨릭 용어가 라티오와 인텔렉투스다. 라티오는 개념을 이해하기 위한 추론, 분석, 종합, 처리에 관한 경험을 가리킨다. 내가 보기에 라티오는 디아노이아의 대략적인 동의어고, 인텔렉투스는 노에시스와 대충 비슷하다.

사고의 본질에 관한 듀이의 설명으로 되돌아가보면, 그의 주요 관심사는 라티오의 논증적 처리다. 하지만 듀이는 학생들에게 질문과 가설

검증(듀이가 말하는 잠정적 목표와 통한다)을 장려하고자 하기 때문에, 그의 교육적 목적에는 인텔렉투스의 이지적 차원이 충분히 포함된다고 추정할 수 있다. 또한 사고는 항상 경험을 근거로 삼아야 한다는 듀이의 주장은 칭찬할 만하다. 왜냐하면 디아노이아와 노에시스 모두 사고에 대한 경험이기 때문이다. 하지만 그가 지식을 환경에 일정한 변화를 유발하는 활동의 결과로 규정한 점에서는 광범위한 이지적 활동에 적극적으로 참여하는 것을 주저하는 느낌이 묻어난다. 왜냐하면 테오리아는 '환경에 일정한 변화를 유발하는' 것을 수반하지 않기 때문이다(테오리아는 노에시스의 절정이고, 바로 여기서 과학과 예술의 모든 원리인 아르카이가 변증법적으로 단 하나의 신성한 시작, 즉 아르케를 둘러싼 가장 고귀한 원리로 상승한다). 추론이나 논변적인 생각은 필연적으로 변화와 등락 그리고 분석과 종합을 수반하지만, 테오리아는 다양성에 대한 처리가 아니라 통일성이나 단일성에 대한 경험을 수반한다. 사실 앎이라는 것이 대상을 처리해 그것의 환경 변화에 영향을 주는 문제가 아니라, 서로의 합일을 통해 상대방과 함께하는 문제가 되면 주체와 객체 같은 범주는 사라져버린다.

  이 지점에서 나는 듀이가 지혜 또는 소피아 추구의 불가결한 환경적 기반으로서의 관조(테오리아)에 대해, 그리고 테오리아와 여가(스콜레)의 관계에 대해 직접 언급한 바를 검토하고 싶다. 《민주주의와 교육》 15장 '교육과정에서의 놀이와 일'에서 듀이는 여가가 교육에서 맡아야 할 역할을 검토한다. 그의 관점에서 허용할 수 있는 유일한 종류의 여가는 '원기 회복용'이다. 그의 말을 들어보자.

원기 회복은 이 단어가 가리키는 바대로 활력을 만회하는 것이다. 인간 본성에 따른 그 어떤 요구도 원기 회복만큼 긴급하거나 필수적이지 않다.

… 교육에는 직접적인 건강을 위할 뿐 아니라, 가능하다면 정신의 습관에 영구적인 영향을 미치기 위해 원기 회복용 여가의 즐거움을 준비하는 것보다 더 중요한 책무는 없다.[40]

여기서 듀이가 말하는 원기 회복용 여가는 고대인들이 말한 스콜레와 다르다는 것을 반드시 지적해야겠다. 원기 회복용 여가는 전적으로 직업 세계에 초점이 맞춰져 있으며, 이 여가의 취지는 항상 행동 지향적이다. 원기 회복용 여가는 듀이가 언급한 환경에 일정한 변화를 유발하는 활동의 결과라는 의미에서 지식의 향상을 지향한다. 원기 회복을 위한 활동은 주말에 '당신의 배터리를 재충전하는 것'과 같다. 그것은 노동으로부터의 일시적 휴식이지만, 더 많은 노동과 노력을 위해 에너지를 비축하기 위한 수단으로서 부여된다. 이런 점에서 볼 때 원기 회복을 위한 활동은 고전적인 스콜레 개념과 대조된다. 스콜레 개념에 따르면 여가는 더 효과적인 또는 더 생산적인 일의 수단으로 간주되지 않았다. 어떤 사람이 테오리아에 착수함으로써 소피아를 추구할 수 있으려면 스콜레라는 정신적 분위기가 전제되어야 하기 때문에, 이와 같은 역전 현상은 고대인들에게 큰 의미가 있었다.

같은 책 19장에서 듀이는 노동과 여가 사이의 다툼과 이 둘을 화해시킬 필요성에 대해 논한다. 또다시 듀이는 부당한 엘리트주의이자 여가에 대한 특권 부여로 여기는 바의 뿌리인 고대를 겨냥한다.

워낙 영향력이 큰 데다 노동계급과 유한계급을 구분하는 것의 함의에 대한 매우 명확하고 논리적인 인식을 할 수 있게 되었기 때문에 2,000여 년 전에 만들어진 사회현상의 교육적 공식화는 각별한 관심을 쏟을 만하다.

그것에 따르면 인간은 살아 있는 존재의 세계에서 가장 고귀한 위치를 차지한다. 부분적으로 인간은 영양 공급, 번식, 운동, 실용성 같은 식물과 동물의 기질과 기능을 공유한다. 두드러지게 인간적인 성격의 기능은 우주의 장관을 주시하기 위해 존재하는 이성이다. 따라서 진정한 인간적 목적은 이 뚜렷하게 인간적인 특권의 최대 가능성이다. 그 자체가 목적으로 추구되는 관찰, 명상, 심사숙고, 사색 등으로 이뤄진 삶이 인간의 진정한 삶이다. 욕구와 활동, 운동, 충동 같은 인간 본성의 더 저급한 요소에 대한 적절한 통제는 이성에서 비롯된다. 원래 더없는 만족만 노리는 탐욕스럽고 반항적인 무절제 애호가인 그것들은 이성의 법칙에 얽매일 때, 중용(중간의 원칙)을 유지하고 바람직한 목적에 공헌한다.[41]

인간이 '우주의 장관'을 향한 이론적 또는 관조적 '주시'를 할 수 있다고 추정하면서도 듀이는 그런 가능성이 폭넓게 적용될 것이라는 견해를 비판적으로 바라본다. 대다수는 여유로운 정신생활이나 거기에 수반되는 혹독함과 자기수양에 관심이 없거나, 그것을 감당할 능력이 없다고 여기기 때문이다. 듀이는 "비교적 소수에게만 이성기능이 생활 법칙으로서 작동할 수 있다. 대다수는 식물적이고 동물적인 기능이 지배한다"고 언급한다. 이렇듯 그의 시각에서 노동에 대한 여가의 우위는 다름 아니라 부당하고 비민주적인 엘리트주의의 결과물이다. 그러므로 듀이는 스콜레의 귀중함을 둘러싼 고전적 정서를 공격할 뿐 아니라, 진정으로 민주적인 교육을 실현하기 위해서는 현대사회에 남아 있는 그런 정서의 흔적을 지워야 한다고 주장한다.

다수는 단순한 생산기능을 추구하도록 길들이고 소수는 장식이자 문화적 윤색에 불과한 지식을 추구하도록 유도하는 교육관행을 영구히 고착화하는 책임이 없을 때에만, 우리는 삶이 개별적 기능으로 분할되고 사회를 각각의 계급으로 나눈 상황을 비판할 자격이 있다.[42]

사실 듀이는 스콜레(테오리아를 실천하고 소피아를 모색하는 데 꼭 필요한 정신적 분위기)의 근절을 아마도 진정한 민주사회를 위한 교육제도의 설립이라는 자신의 계획에서 가장 중요한 요소로 간주하는 것 같다. 듀이는 이를 다음과 같이 명확하게 밝힌다.

민주사회에서 교육의 문제는 이 이중성을 제거하는 것, 생각이 모두를 위한 자유 학습의 길잡이 역할을 맡고 여가를 봉사 의무가 면제된 상태가 아니라 봉사 의무를 수용한 대가로 간주하는 교육 과정을 구축하는 것이다.[43]

듀이는 스콜레의 가치와 정당성(그리고 테오리아를 통한 소피아의 추구)에 관한 고대나 중세인과의 싸움을 무척 이해하기 쉽게 설명한다. 같은 책 20장에서 그는 소피아의 추구가 지식이 발생하는 진정한 방식에 위배되며, 사회의 진보를 가로막는다고 지적한다.

(중세인들에 따르면) 현실을 안다는 것은 지고至高의 현실, 즉 신과 관계를 맺는 것 그리고 그런 관계에 따른 영원한 지복至福을 누리는 것을 의미했다. 지고의 현실에 대한 관조는 행동 주체인 인간의 궁극적 목적이었다. 경험은 평범하고 불경스러운 세속의 일, 그러니까 실용적 필요성은 있지만 지식의 초자연적 대상과 비교해 덜 중요한 세속의 일과 관련되어 있었다.[44]

∞

철학자 글렌 그레이1913-1977가 지혜를 바라보는 관점에는 특유의 흥미로운 측면이 있다. 듀이의 관점과 일정한 공통점이 있으면서도 기본적으로 듀이에게 전쟁을 선포하기 때문이다. 그레이는 《지혜의 약속The Promise of Wisdom》에서 일단 테오리아의 중요성을 인정한다. 그는 자기 행동에 대한 '관찰'(테오리아)이 없는 그 누구도 교양 있는 사람으로 평가될 수 없다고 말한다. 확실히 그레이는 "약간의 경험이 수많은 이론보다 낫다"고 말하지 않는 점에서 듀이와 다르다. 이 부분과 관련해 그는 "주로 관찰이 아니라 행동에 열중한다"는 이유로 미국 사회 전반에(암묵적으로는 듀이와 같은 미국의 교육철학자들에!) 비판적인 태도를 취한다. 미국 사회에 대한 그레이의 평가는 파괴된 옛 건물이 심각한 실존적 어려움을 초래하는 이유를 이해하지 못하는 미군의 발언을 곱씹으면서 폐허로 변한 빈 시가지를 거닐던 마르셀의 평가와 다르지 않다. 짐작건대 학자인 듀이가 쉽게 감지하지 못한 '보편성'에 대한 인식 약화와 존경심 상실을 둘러싼 의미를 그레이가 통찰한 것은 제2차 세계대전에 참전한 개인적 경험 때문일 것이다. 그레이는 미국 사회의 문제가 단지 환경에 일정한 변화를 유발하는 활동의 결과인 앎에 의해 해결될 수 있다는 착각에 사로잡히지 않았다. 실제로 그레이가 씨름하는 문제(하지만 듀이에게는 그리 심각하지 않은 것 같은 문제)의 일부는 한편으로 지식이 '발전하는' 속도와 관계있으며, 다른 한편으로 지식이 발전하면서도 우리에게 더 큰 행복을 선사하지 못하는 점과 연관된다. 케커스나 이반 일리치를 언급한 챈들러와 홀리데이처럼 그레이도 파우스트를 학식은 높지만 철저하게 불행한 사람의 사례로 꼽는다. 그레이가 볼 때 확실히 파우스트는 진정으로 교양 있거나 지혜로운 사람으로 칭찬할 만한 사례가 아니다. 그레이는 지혜가 없는 상태에서 아무리 지식이 많아도 소용없다는 것을 강조하고자 T. S. 엘리엇의 시극 〈바위〉의 첫 번째 연을 인용한다.

> 독수리가 하늘 꼭대기에서 솟구친다,
> 사냥꾼이 개를 데리고 한 바퀴 돈다.
> 오 배열된 별들의 영원한 회전이여,
> 오 정해진 계절의 영원한 반복이여,
> 오 봄과 가을, 탄생과 죽음의 세계여
> 관념과 행동의 끝없는 순환,
> 끝없는 발명, 끝없는 실험은,
> 부동에 대한 지식이 아니라 운동에 대한 지식을,
> 침묵에 대한 지식이 아니라 표현에 대한 지식을,
> 말에 대한 지식과 복음에 대한 무지를 부른다.
> 우리의 모든 지식은 우리를 우리의 무지로 더 가까이,
> 우리의 모든 무지는 우리를 죽음으로 더 가까이 이끈다,
> 그러나 죽음으로의 접근은 신으로의 접근이 아니다.
> 우리가 생활에서 잃어버린 삶은 어디 있는가?
> 우리가 지식에서 잃어버린 지혜는 어디 있는가?
> 우리가 정보에서 잃어버린 지식은 어디 있는가?
> 20세기 하늘의 순환은
> 우리를 신으로부터 더 멀게 그리고 먼지에 더 가깝게 이끈다.

듀이와 달리 교육에 대한 철학적 탐구에서 그레이가 마주한 난제는 지혜, 또는 고전적 의미의 소피아로 돌아가는 길을 발견하는 것이다.

그레이는 일단 전통적인 두 가지 의미의 지혜, 즉 '실용적' 지혜와 '이론적' 지혜를 정확하게 서술한다. 그는 실용적 지혜를 통해 개인이 학식과 지식을 응용해 일상의 활동을 풍요롭게 가꿀 수 있다고 지적한다. 개인은 실용적 지혜를 활용해 처세의 탁월성과 미덕을 보여줄 수 있다. 아울러 그리스 사회에서 지혜로운 사람은 유능한 시민, 자신의 욕구를 조절할 줄 아는 사람, 이성에 따라 생활할 줄 아는 사람으로 인정받았다는 점도 지적한다.

이와 대조적으로 이론적 지혜에는 세계와 우리가 세계에서 차지하는 위치에 관한 진리를 탐색하는 일이 수반된다. 그레이에 따르면 이론적 지혜는,

앎 자체에 관심이 있는 순수한 과학자나 연구자 그리고 철학자나 대단한 지적 능력의 소유자 등이 추구하는 것이다. 이런 종류의 지혜는 공부와 숙고에서 비롯되고, 일상적인 직업생활에서 벗어난 여가와 자유, 그리고 전혀 다른 관심사를 지닌 타인들과 맺는 관계의 산물이다. 이런 이론적 지혜를 갖추기 위해서는 장기간의 지적 단련과 타고난 능력, 그리고 아무리 재미없고 쓸모없어도 포기하지 않는 진리를 향한 열정 등이 필요하다.[45]

그리스의 사례를 더 인용하면서 그레이는 다음과 같이 말한다. "이 지혜는 … '우리에게 집으로 돌아가는 길을 찾아내는 법을 가르쳐주지 않는다.' 그것은 우리를 유능한 가장, 시민, 공동체 지도자 등으로 키워주지 않는다. 하지만 아리스토텔레스는 어쨌든 그것을 통해 신의 생각을 살펴볼 수 있기 때문에, 인간은 자신감이 무척 커지고 심지어 마치 신이 된 듯한 느낌을 받는다고 여겼다."

이 지점에서 그레이가 자신의 존재론적 불안의 해법을 모색하는 과정에서의 장애물을 처리하는 방식이 중요하다. 그레이는 소피아, 즉 이론적 지혜를 순수한 과학이나 순수한 연구 또는 그 자체가 목적인 지식과 동일시했다. 이런 식의 혼동은 다음 두 가지 측면에서 비롯되었다. 첫째는 자체적 정당성을 갖는 지식 개념이다. 고대사상에서 선 그 자체나 신에 대한 지식은 '그 자체로' 정말 좋은 유일한 지식이었다. 사람이 알 만한 나머지 모든 지식은 그 진정한 선의 그림자나 불완전한 인상에 불과하고, 결국 모든 것을 알고자 하는 것은 이 종국적 선을 알기 위해서다. 달리 말하자면 우리가 어떤 것에서 알게 되는 선은 그것의 원천인 선 그 자체와 관계를 맺으면서 얻는 선일 뿐이다. 그러므로 '순수한 연구나 순수한 과학(다른 규정된 유한한 목적이나 세속적 포부를 이루는 데 쓰이지 않는 연구나 과학)'을 그 자체가 목적인 앎의 절정으로 여기는 그레이의 관점은(여기서는 그의 관점이 옳다고 가정한다) 엄밀히 말해 옳지 않다. 왜냐하면 비록 순수한 과학이나 순수한 연구가 비본질적인 세속적 의도에 따라 진행되지 않더라도, 그것의 대상과 소피아의 대상은 다르기 때문이다. 전자의 대상은 무한하게 선한 본질이 아니라 유한하게 선한 본질이다.

그레이가 이론적 지혜를 순수한 과학으로 정의하면서 맞이하는 두 번째 장애물은 과학과 지식의 다양한 의미를 둘러싼 모호성이다. 요컨대 특정한 지식 분야에 대한 개별적인 탐구나 연구를 지칭하는 과학이라는 단어는 가장 고귀한 것에 관한 지식(스키엔티아)을 간절히 바라는 마음을 가리키는 데 쓰일 수도 있다. 그러나 다양한 과학과 연계되는 연구 분야는 심지어 순수한 형태를 띤다고 해도(비본질적인 목적에 쓰이지 않는다고 해도), 가장 고귀한 것을 알고자 하는 과학과 동일하지 않다. 이 두 가지 측면에서 그레이는 혼란에 빠진다. 소피아를 '그 자체가 목적인' 지식을 모색하는 다른 모든 과학과 같은 과학으로 취급할 때, 그레이는 소피아가 예를 들어 제2차 세계대전 당시의 끔찍한 무기와 같은 냉혹한 발명품을 통해 고삐 풀린 망아지처럼 이 세상을 어지럽히고 파괴할 수 있다는 이상한 결론에 봉착하기 때문이다.

그레이는 소피아를 둘러싼 이런 혼동 때문에 암흑 속에서 헤맨다. 듀이와 달리 그는 테오리아나 소피아의 가능성을 부정하지 않는다. 그는 테오리아(존재를 향한 '주시')의 가능성이 없으면 실질적이고 진정한 '관찰'을 할 수 없다는 점, 그리고 존재와 진정한 교류(코뮤니온)를 할 수 없다는 점을 인정한다. 사실 '응시'할 줄 아는 능력(엘리트적 속성이 아니라 모든 인간이 지닌 능력)이 없으면, 우리 모두는 세상의 온갖 학식을 갖춘 파우스트처럼 불행한 상태에 놓일 것이다. 그레이가 보기에 "이와 같은 광범위한 자연적, 인간적 환경에 적극적으로 참여하고 그것을 깊이 이해하고자 다시 노력하는 것은 확실히 교육적 도전의 충만한 의미다." 조금 다르게 말하면 그레이는 테오리아가 존재의 우주에 대한 직접적인 참여와 심도 있는 이해의 방식이므로, 교육에 테오리아가 필요하다고 암시하는 셈이다. 또한 테오리아를 엘리트적인 것이나 또는 소수에게만 열려 있는 지극히 숭고한 것으로 이해할 필요가 없다고 지적한다. 사실 모든 사람이 존재의 우주를 다양한 수준으로 응시할 수 있다. 하지만 테오리아와 소피아에 대한 이 고대적 시각과 더불어 그레이가 순수한 과학이든 순수한 연구든, 다른 것에 대한 사랑을 순수하게 즐기는 것이든 간에 그 자체가 목적인 모든 '지식'이 소피아와 동일하다고, 그것의 대상이 소피아의 대상과 같다고 간주할 때 문제가 발생한다. 왜냐하면 그의 말대로라면 소피아는 스스로의 길잡이가 되지 못하는(그레이의 표현을 빌리자면 집으로 돌아가는 길을 찾지 못하는) 종류의 지식으로 전락하고, 실용적 지혜(프로네시스)를 길잡이로 삼아야 하기 때문이다.

소피아의 무기력(소피아의 본질에 대한 현대적 가정 때문에 불가피해진 현상)으로 인해 그레이는 또다른 혼동에 빠지고, 자신의 발자취 일부를 다시 살펴보는 번거로움을 감수하면서 소피아를 둘러싼 모순을 마주한다. 첫째, 소피아는 집으로 돌아가는 길을 스스로 찾지 못한다. 따라서 그레이는 분별도 소피아도 필요하다고 인정한다.

그런 구분은 명백히 위험하다. 오늘날 자연과학에는 이론적인 것이 너무 팽배해 있기 때문이다. 흔히 고뇌하는 양심을 갖춘 창의적인 과학자들은 그들의 가장 순수한 이론, 언뜻 초연해 보이는 이론이 기술을 통한 실용적이고 파괴적인 응용으로 이어질 수 있다는 사실을 알고 있다. 그들이 이론의 응용을 어느 정도 책임지지 않으면 이론적 삶은 스스로를 파괴할지도 모른다.[46]

소피아가 오용되지 않으려면 분별이 필요하다. 분별이 존재의 우주와 교류하고 연계를 확립하려면 소피아가 필요하다. 그레이의 말을 빌리자면 "우리는 두 가지 종류의 지혜를 하나로 통합할 수 없지만, 그 두 가지 지혜가 서로를 지원하고 보충하는 법을 배워야" 한다. 그렇지만 여기서 궁금증이 생긴다. 소피아, 또는 가장 고귀한 질서에 대한 지식을 지닌 누군가가 왜 분별까지 지닐 수는 없을까? 가장 고귀한 것과 가장 위대한 선에 대한 지식을 지닌 누군가가 왜 어떻게 행동하며 살아야 하는지를 알 수 없을까? 소피아에 대한 그레이의 설명은 이와 같은 당혹스러운 상황을 초래한다.

둘째, 이론적 지혜인 소피아가 실제로 특정한 탐구 분야나 영역에서 그 자체가 목적인 지식을 전문적으로 추구하는 것이라는 의미에서의 순수한 과학이나 순수한 연구라면, 분명히 모든 사람이 이론화 능력을 지니지는 않을 것이다. 이렇게 볼 때 지혜와 이론은 금세 '전문화'된다. 결과적으로 그레이는 테오리아가 인간의 공통된 능력이라고 말해야 하고 동시에 그렇게 말하지 않아야 한다. 그는 테오리아가 엘리트의 활동이라고 말해야 하고 동시에 그렇게 말하지 않아야 한다. 그리고 듀이나 로슨처럼 소피아를 추구하는 것이 소수만 누릴 수 있는 비민주적인 취미인 반면, 실용적 지혜인 프로네시스는 다수가 활용할 수 있는 민주적인 미덕이라고 말해야 하고 동시에 그렇게 말하지 않아야 한다. 군인이 아니라 교육철학자로서 그레이는 학교에서 소피아를 일소하려는 듀이 같은 사람들과 '학생들을 어떤 분야에서든 진리를 탐구하고 연구하는 사람으로 키우기 위해, 그들이 인류의 유산을 배우는 과정에서 그들의 정신을 끊임없이 긴장시키는 것이 학교 교육의 주안점이 되기를 바라는 순수한 과학자들' 같은 사람들 사이의 기질적 전쟁을 증언하는 셈이다. 그레이는 이렇게 평가한다. "내 생각에는 실용적 지혜와 이론적 지혜의 이런 구분이 서로 충돌하는 여러 교육이론과 서로 경쟁하는 여러 교육철학의 핵심을 가리킨다."

이제 '지혜의 약속'을 둘러싼 해명과 관련한 그레이의 마지막 논평을 살펴보자. 마지막 논평은 우리가 이미 다루었던 깊이 있는 이해나 관찰이나 응시 등을 선호하는 그의 성향과 교육을 존재의 교류를 확립하는 것으로 여기는 그의 시각과 관계있다. 미첨과 달리 그레이는 살균 소독된, 안전한, '비극 없는' 환경을 지혜 추구의 분위기를 조성하는 데 적합한 조건으로 내세우는 일체의 요구를 거부한다. 오히려 그는 학생들이 보호막 없는 현실 경험에 몰두함으로써 통찰과 자기인식에 도달할 수 있도록, 또는 응시 활동에 성실하게 참여할 수 있도록 유도해야 할 필요성을 주장한다. 눈과 현실 사이에 보호막이 있으면 현실을 응시할 수 없기 때문이다. 그레이의 논평을 들어보자.

> 도덕적 기능이 요구하는 지식은 직선적이고 직접적이다. 학교는 필연적으로 다양한 경험을 다루고, 가정은 아이들이 바람직하지 않은 실수를 저지르지 않도록 하려는 마음에서 되도록 오랫동안 삶에서 한걸음 물러나 있으려는 경향이 있다. 대중매체는 우리를 타인의 행위(진짜든 가짜든)를 지켜보는 관찰자로 전락시키고, 모르면서도 안다는 착각을 조장한다.[47]

그레이가 심각한 인간 고통의 참상이 어떻게 테오리아와 지혜로 향하는 중요한 관문이 되는지 알 수 있었던 까닭은 그가 전쟁의 끔찍한 결과와 비극을 군인으로서 직접 경험했기 때문일 것이다. 마르셀의 경우와 마찬가지로 전쟁의 참화는 그레이에게 소름끼칠 만한(존경심과 외경심을 촉발하는 것을 가리키는 고대어인 트레멘둠의 의미에서 볼 때 소름끼칠 만한) 영향을 미친다. 그리고 두 사람의 강렬하고 개인적인 근원적 경험이 현학적인 느낌이 강한 듀이의 저작에 비해, 그들의 저작에 질적으로 다른 느낌을 부여하는 요소일 것이다. 테오리아를 경험하는 데 열린 태도 때문에, 그레이는 테오리아와 철학적 사색의 가치뿐 아니라 일상생활(응시의 대상인 위험과 역경으로 가득하다)의 헤아릴 수 없는 중요성도 언급한다.

분명한 점은 자유로운 경험의 위험에 자주 노출되지 않으면 아무도 자신과 세계를 알 수 없다는 사실이다. 여기에는 인간의 극단적인 품행에 대한 경험이 포함된다. 폭력, 사랑, 실직, 절친한 친구의 죽음, 외로움, 군중행동 같은 위기나 살면서 겪는 그 밖의 한계상황에서 자신이 어떻게 반응할지를 미리 아는 사람은 거의 없기 때문이다. 내면적으로 우리는 그런 뜻밖의 상황에서 자신이 취하는 행동에 깜짝 놀라고, 우리가 전혀 짐작하지 못한 차원의 자아를 발견한다.[48]

2장

아리스토텔레스가 말하는
지혜 추구의 즐거움

인간은 지혜로울 때 행복하다

인간은 지혜로울 때 행복하다

소피아와 프로네시스의 개념 정의와 그 쓰임

아리스토텔레스는 《니코마코스 윤리학》에서 우선 지혜, 즉 소피아라는 단어가 쓰이는 두 가지 기본적인 방식을 구별한다. 한편으로 소피아는 예를 들어 명장名匠처럼 '자신의 기술을 가장 완벽하게 구사하는 사람'을 가리킬 때 쓰인다. 오늘날 우리는 그런 사람들을 해당 분야의 '전문가'라고 부른다. 다른 한편으로 아리스토텔레스는 우리가 어떤 사람들을 가리켜 지식의 특정 분야에서가 아니라 '전체적으로 지혜롭다'고 여기기도 한다는 점을 지적한다. 우리는 그런 사람들이 '가장 완벽한 종류의 지식'을 갖고 있음에 틀림없다고 말한다. 그러므로 지혜로운 사람은 '제1원리들'에서 비롯되는 결론에 대한 지식을 갖고 있을 뿐 아니라, 그 원리들(아르카이)에 관한 '진리'도 알고 있어야 한다. 이렇듯 지혜는 단지 인간이 관여하는 다양한 연구와 기술에서의 탐구 그리고 그 활동의 토대를 이루는 원리들에 대한 과학적 지식에만 그치지 않는다. 단지 아르카이와 그것의 응용 방법에 대한 지식만으로는 부족하다는 말이다. 지혜로운 사람이 되기 위해서는 그런 아르카이와 진리의 관계를 알아야 한다. 즉 어떻게 다양한 아르카이가 단 하나의 신성한 시작, 즉 아르케(여기서는 아리스토텔레스가 지력이나 지성이나 누스로 부르는 것)와 연관되는지를 알아야 한다. 이런 이유 때문에 아리스토텔레스는 소피아를 누스와 '가장 고상한 대상에 관한 지식'의 조합으로 부른다. 앎의 가장 고상한 대상을 숭고한 제1원리를 향해 '상승(아나이레시스)시키는' 한, 우리는 필멸의 존재로서 가능한 정도까지 나름의 이지적 활동을 통해 불멸의 누스를 가진다. 인간의 누스(불멸성에 대한 우리의 몫)는 신성한 누스의 반영에 불과하기 때문이다.

소피아의 본질에 대한 가장 중요한 설명을 제시한 다음 아리스토텔레스는 소피아를 실용적 지혜나 분별 또는 프로네시스(여기서는 정치학과 동일시되는 속성[1]이기도 하다)와 구별하고자 한다. 소피아와 달리 프로네시스는 '가장 대단한 것'과 무관하다. 인간사는 분명히 우주에서 가장 고귀한 것이 아니기 때문이다. 심지어 아리스토텔레스는 프로네시스를 명백한 인간적 탁월성이나 미덕(아레테)으로 해석할 필요가 없다고 지적한다. 오히려 프로네시스는 인간이 모든 복잡하고 감각 있는 존재와 공유하는 선에 대한 앎이다. 분별 있는 인간이 좋은 방식을 알고 그렇게 행동할 수 있듯이, 동물도 각자의 삶에 관해서는 '선견先見'의 능력을 보여주므로 프로네시스를 갖고 있다. 이렇게 볼 때 프로네시스는 다소 비천하고 평범한 것이고, 소피아와 무척 다른 것으로 묘사된다.

세상사에 무지한 소피아를 향한 질책

소피아의 고상함과 분별의 초라함을 구별하고 나서 아리스토텔레스는 소피아와 그것을 최고치까지 추구하는 사람들, 즉 철학자를 향한 일반적인 비판을 다룬다. 소피아는 그것을 모색하는 사람들이 각각의 사물을 그 시작(수많은 사물뿐 아니라 그것에 관한 기술과 과학의 원리들까지 초월한다)을 향해 '들어올릴' 때 함양된다. 따라서 지혜를 모색하는 사람들은 필연적으로 자신을 여러 유한한 사물이나 세상사로부터 '해방'시키는, 아니 더 정확히 말해 그것들을 '무심하게' 지나치도록 그리고 오히려 그것들의 원천을 응시하도록 이끄는 수행에 임한다. 그러므로 철학자들, 즉 지혜를 모색하는 사람들은 하나같이 자기 주변의 세상을 망각한 것처럼 보인다. 철학자들의 우스꽝스러운 외모는 흔히 놀림거리이자 비판의 빌미가 된다. 천체의 운행을 너무 깊이 생각하다가 우물에 빠진 탈레스나 플라톤의 《국가》에서 바보들의 배에서 '별을 바라보는 사람'으로 풍자되는 철학자는 단적인 사례에 불과하다. 아리스토텔레스는 지혜를 추구할 때의 강렬한 활기로 인해 철학자들은 세상사에 무관심하기 때문에 '지혜롭지만 분별이 있지는 않은' 사람으로 평가된다고, 그리고 그런 이유에서 각자의 '개인적' 사안과 관련된 '무지'를 지적당한다고 말한다. 더구나 세상사에 대한 무지는 실생활과 세상 물정에만 관심 있는 사람들이 가장 고귀한 것에 대한 철학자의 지식을 이해하는 방식에도 영향을 미친다. 사실 철학자들은 '인간 존재의 진미珍味를 모색하지 않기 때문에' 인간이 "희귀하고, 경이롭고, 어렵고, 악마적인(초인적이거나 신적이라는 의미) 지식을 지니고 있음을 인정하면서도 그런 지식을 쓸모없다"고 선언한다. 이렇듯 소피아는 인간사에 대한 무지로 비난받을 뿐 아니라, 특정한 사물에 관한 지식이 아닌 '쓸모없는' 지식으로 치부되기도 한다.

철학과 소피아를 향한 이런 질책에 대한 가장 유명한(그리고 가장 재미있는) 이미지는 아리스토파네스의 〈구름〉에 나오는 소크라테스의 '아카데미'에서 철학을 배우는 사람들이 가짜인 세 번째 눈, 즉 '항문'을 하늘로 향한 채 '그 자체가 목적인' 쓸모없는 종류의 앎과 관계를 맺기 위해 몸을 구부리고 각다귀의 항문을 '응시'하는 모습으로 묘사된 부분일 것이다. 아리스토텔레스는 철학자들이 '멍청이'로 묘사된다는 사실을 잘 알고 있었다. 그는 《니코마코스 윤리학》에서 그런 묘사의 성격을 설명하고 그것의 오류를 지적할 필요성을 느꼈다. 물론 특유의 건조하고 질서 정연한 방식으로 말이다!

《니코마코스 윤리학》 제6권에서 아리스토텔레스는 소피아를 열등한 지식으로 오해하는 문제와 그런 어려움이 발생하는 과정, 다시 말해 소피아가 일종의 지식(에피스테메)으로 취급되면서 기술과 과학 분야에서의 전문적 앎과 뒤섞이거나 실제 세계에 대한 일반적 지식과 혼동되는 과정, 끝으로 그 부실한 종류의 지식이 특정한 인간적 형태의 프로네시스와 어떻게 다른지를 논의한다. 아리스토텔레스는 분별이 소피아와 구별된다고 주장한다. 분별은 '인간의 것'과 '궁리'의 대상일 수 있는 것과 관련 있기 때문이다. 신성한 지력(누스)의 대상을 감안할 때 소피아는 궁리와 무관하다. 우리는 변하는 것, 그리고 행동(프락시스)으로 이룰 수 있는 목적의 수단인 것에 관해서만 궁리하기 때문이다. 따라서 아리스토텔레스는 소피아를 언급하지 않으면서 '훌륭한 궁리자'를 심사숙고를 통해 인간에게 최선의 행동을 취할 수 있는 사람으로 묘사한다.

가장 고귀한 선을 위한 분별인 프로네시스

아리스토텔레스는 소피아와 프로네시스가 그 대상에서 차이가 있듯, 프로네시스가 소피아와 마찬가지로 세상사에 대한 전문적인 심지어 전반적인 지식과도 동일하지 않다는 점 역시 세심하게 지적한다. 분별은 단지

'보편성'에 대한 지식이 아니다. 또한 분별은 특정한 사실을 고려해야 한다. 분별은 행동과 관계있고, 행동은 항상 특정한 것을 다루기 때문이다. 여기서 아리스토텔레스는 그 유명한 '이론가' 개념을 생각해낸다. 이론가는 자신이 속한 개별적인 상황을 낯설어하고 그것에 대해 효과적으로 궁리할 줄 모르기 때문에, 사물의 존재 방식에 대한 전반적인 지식은 있지만 이 세상에서의 행동이 서툰 사람이다. 앞서 살펴봤듯 이론가는 소피아를 추구하는 사람과 동일한 사람이 아니다. 양자는 앎의 대상이 크게 다르기 때문이다. 여기서 비판을 받는 이론가는 세상사에 대한 광범위한 지식(예를 들면 기술과 과학의 근거가 되는 다양한 아르카이가 포함된다)을 갖고 있는 반면, 진정한 이론가는 그런 아르카이를 알고 있고 신성한 원천을 향해 이지적으로 그것을 들어올리는 사람이다. 이때 보편적인 것은 모르지만 구체적인 것은 아는 '경험의 사람들'보다 분별이나 행동력을 상대적으로 적게 발휘하는 사람은, 세상에 대한 지식을 폭넓게 가지고 있지만 구체적인 것에 대해서는 관심이 부족한 이론가다.

아리스토텔레스가 표명하는 비판적 의견이 진정한 이론가(신성한 지력을 진심으로 관찰하거나 주시하려고 하는 사람)에게도 적용된다고 여기면 곤란하다. 그는 단지 분별이 있는 사람이라면 특정한 사실에 대한 지식뿐 아니라, 보편적인 것에 대한 지식도 보여줘야 한다고 여길 뿐이다. 하지만 특정한 것과 보편적인 것을 합해도 특별히 인간적인 종류의 분별에 해당하지는 않는다고 말한다. 아리스토텔레스의 주장에 따르면 프로네시스에는 어떤 '최고의 방향 제시 능력'이나 '지배의 기교'도 필요하다. 아리스토텔레스가 분별을 다소 비천한 것으로 다루다가 꽤 고상한 것으로 간주하는 것은 바로 이 지점부터다. 이제 분별은 소피아의 존재가 실용적 영역에서 미치는 영향 같은 것으로 보이기 시작한다. 여기서 아리스토텔레스는 다음과 같은 질문을 통해 우리를 자극한다. "과연 어떤 사람이 인간으로서 지혜, 즉 가장 고귀한 것에 대한 지식을 모색하지 않으면서 분별이 있을 수 있을까?"

보편적인 것에 대한 지식과 특정한 것에 대한 지식을 합한 것을 뛰어넘는, 최고의 방향 제시 능력이나 지배의 또는 최상의 기교란 무엇일까? 《니코마코스 윤리학》 도입부에서 아리스토텔레스는 다음과 같은 유명한 질문을 던진다.

> 그러므로 우리의 행동이 추구하는 목적 가운데 그 자체를 위해서 추구하는 것이 있고, 바로 그것을 위해 다른 목적도 추구하거나 어떤 다른 것을 위해 모든 것을 선택하지는 않는다면 … 이 하나의 궁극적인 목적이 선, 그리고 지상선至上善임에 틀림없다. 그렇다면 이 지상선에 대한 지식(그노시스)은 처세에서 대단히 실용적인 의미도 갖지 않겠는가? 그것은 마치 과녁을 노리는 궁수처럼 우리가 적합한 것을 더 잘 얻을 수 있도록 하지 않겠는가? 그렇다면 어쨌든 우리는 이 지상선이 정확히 무엇인지, 그것이 이론적 과학의 대상인지 아니면 실용적 과학의 대상인지 대략이나마 정하려고 해야 한다.[2]

아리스토텔레스는 지상선(아리스톤)에 대한 지식(앞서 소피아로 지칭된 지식)을 인간 행동과 세상사에 쓸모없는 것으로 치부하지 않는다. 오히려 그런 지식을 '처세에서 대단히 실용적인 의미'를 가진 것으로 평가한다. 따라서 지혜를 사랑하는 사람을 쓸모없고 무지한 사람으로 묘사하는 것은 통속적이고 인색한 희화화이자 소피아에 대한 오해라고 쉽게 일축할 수 있다. 그러나 우리는 아리스토텔레스가 실용적인 인간사 영역에서의 지혜를 가리킬 때, 소피아 대신에 분별 또는 프로네시스를 쓰는 까닭을 둘러싼 문제도 살펴봐야 한다. 정말 소피아가 처세에서 대단히 실용적인 의미를 가지고 있다면 말이다. 소피아와 프로네시스를 구분하는 아리스토텔레스의 매력적인 방식을 이해하려면, 그가 최상의 기교의 필요성에 관해 언급한 내용을 더 주의 깊게 살펴야 한다.

최상의 기교의 필요성은 제작과 관련된 기교나 기술(테크네)도, 전문적 지식과 관련된 학문으로서의 과학(에피스테메)도 가장 고귀한 선에 이르는 행동(프락시스)의 기반으로 충분하지 않다는 인식에서 비롯된다. 아리스토텔레스의 관점에서 우리는 아주 고귀한 목적이나 선이 있다는 암시 없이 행동이나 행동의 목적에 대해 지적인 발언을 할 수 없다. 간단히 말해 모든 행동에는 목적이 있고(우리는 어떤 것을 위해 행동한다), 그 목적은 더 고귀한 목적에 보탬이 될 수 있다. 그런 목적의 무한후퇴를 피하기 위해 가장 고귀한 선이 가정되어야 한다. 아리스토텔레스의 견해에서 "가장 고귀한 선을 탐구하는 과학, 가장 고귀한 선에 도달하는 측면에서의 인간 행동에 주목하는 과학이 최상의 기교고, 이는 곧 정치의 과학"이다.[3] 이는 정치적 동물로서의 인간 본성이 성취감을 느끼는 수단인 '최상의 기교' 또는 '지배의 기교'다.

정치학은 나머지 모든 테크네와 달리 제작의 기교가 아니다. 그것은 다수의 에피스테메와 달리 그저 전문적인 연구 분야의 전문 지식과 관계가 있는 것도 아니다. 오히려 정치학은 최상의 기교(인간적 형태로 구현된 프로네시스)로서 행동(프락시스)의 기교다. 기술과 과학이 가진 다양한 목적이 통합 조정되고 나서 프락시스에 활용될 수 있는 것은 바로 이 최상의 기교라는 경로를 통해서다. 여기서 암시되는 바는 우리가 흔히 행동으로 여기는 모든 것이 프락시스는 아니라는 점이다. 예를 들어 우리는 어떤 것을 알고자 하고, 만들고자 하며, 하고자 한다. 그러나 우리가 알고 만들고 하는 것이 예상과 달리 선을 달성하지 않을 때가 많다. 내 할아버지는 번스(스코틀랜드 출신의 시인 로버트 번스―옮긴이)의 시를 자주 인용했다. "생쥐와 인간의 가장 훌륭한 계획도 비틀어지기 일쑤지. 우리에게 비탄과 고통만 남긴다네. 약속된 기쁨 때문이지!" 더 깊은 의미에서 본다면 우리가 진짜 행동을 하는 유일한 시간은 우리가 하거나 만드는 것이 가장 고귀한 선을 지향할 때다. 이런 점에서 행동(프락시스)은 명백하게 인간적인 능력이고, 분별(프로네시스)은 행동을 통해 가장 고귀한 선을 달성한다는 의미에서 인간적 탁월성으로 차별화된다. 개인 차원에서 자신의 가장 고귀한 선을 위해 효과적으로 행동하는 사람은 분별 있는 사람이다. 아리스토텔레스는 프로네시스의 뚜렷하게 인간적인 여러 형태 가운데 이를 프로네시스의 한 가지 의미라고 언급하는데, 그것은 '자기 자신, 즉 당사자에 관심을 두는 종류의 지혜'다.

하지만 아리스토텔레스는 행동을 통해 선을 달성할 수 있는 개인의 능력으로서의 프로네시스 개념은 불완전한 것이라고 말하기도 한다. 인간은 정치적 동물이기 때문이다. 인간이 행동을 통해 모색하는 가장 고귀한 선은 개인적 선이 아니라 공통의 선이다. 이는 아리스토텔레스가 다음과 같이 말하는 이유기도 하다. "양자의 본질은 서로 다르지만, 분별은 정치학과 동일한 종류의 습성이다." 행동의 '정치적 기교'라는 가장 진정한 형태의 분별은 모든 인간에게 '공통된' 가장 고귀한 선을 겨냥한다. 행동을 통해 자신에게 가장 고귀한 선을 달성하는 개인적 능력으로서의 분별과 비교해, 정치적 동물로서 인간의 본성에 따라 정치적 통일체를 위해 가장 고귀한 선을 확보하는 것이 '더 신성'하다. 사실 아리스토텔레스가 말하는 인간의 가장 고귀한 선이 내포한, 즉 우리의 정치적 성격이 개입되어야 하는 공동선이라는 사실을 고려하지 않으면서도 사생활에서 분별력을 발휘할 수 있다는 관념은 문제의 소지가 크다. "실제로 인간은 … 정치 없이 복리를 추구할 수 없다. 게다가 개인사를 적절히 처리하는 것조차 어려운 문제며 거기에도 숙려가 필요하다." 가정관리라는 개인적 삶에 속하든 행동의 정치적 삶에 속하든 간에 분별은 인간의 노력이 지상선과 연관되는 방식이다. 따라서 행동(프락시스)의 삶도 일부 요소는 신성한 것에 대한 지식에 뿌리박고 있다. 하지만 이와 같은 통찰을 계기로 앞서 살펴본 지혜의 본질에 관한, 그리고 그것이 삶의 모든 분야에서 갖는 의미에 관한 질문으로 되돌아가자. "활동적 삶의 뿌리에도 지혜, 즉 소피아가 있으면 안 될까?"

소피아와 프로네시스의 신성한 목적으로서의 정치학

《니코마코스 윤리학》제6권에서 아리스토텔레스는 인간의 정체의 분별을 소피아와 뚜렷하게 구별되는 자질로 이해하려는 우리에게 또다시 도움의 손길을 내민다. 앞서 살펴본 바와 같이 프로네시스는 선견을 효과적으로 사용하는 능력으로서 인간과 동물이 공유하는 속성이다. 확실히 이 수준에서 그리고 이 정도까지, 프로네시스는 학교에서 함양될 수 있다. 한편 프로네시스는 정치학과 동일한 것인 '정신의 좋은 습성'을 암시할 수도 있다. 이 두 번째 의미의 프로네시스는 자신에게 허락된 약간의 행복을 모색하면서 인간사에 참여하는 우리의 가장 고귀한 목적을 달성할 수 있는 능력과 지식이다. 앞으로 살펴보겠지만, 아리스토텔레스가 젊은이의 교육과 관련해 문제가 된다고 암시하는 것이 바로 이런 의미의 프로네시스다.

하지만 소피아와 프로네시스의 구별에 대한 아리스토텔레스의 관점을 이해하는 과정에서 부딪히는 또다른 어려움은 지상선이 소피아와 프로네시스 모두의 궁극적 목적이라는 사실에서 생기기 시작한다. 왜냐하면 소피아는 지상선을 아는 자질이지만 아리스토텔레스에게 인간은 정치학, 즉 정치적 사안에 대한 앎을 통해 궁극적 행복을 성취하는 정치적 동물이라는 점도 명백한 사실이기 때문이다. 어떻게 이 두 가지가 한꺼번에 존재할 수 있을까? 이 질문에 대한 답변은 에릭 푀겔린이 《질서와 역사 Order and History》에서 명확하게 제시한다. 여기서 생길 수 있는 혼동은 인간이 필멸성도 불멸성도 갖고 있다(인간이 행복에 대해 가지는 필멸의 몫은 프로네시스, 즉 실생활에서의 정치학을 통해 달성되고, 불멸의 몫은 스콜레와 관조적 삶에서 함양되는 소피아를 통해 달성된다)는 주장에서 기인한다. 푀겔린은 관조적 삶에 대해 아래와 같이 말한다.

그것은 단순한 인간적 수준을 초월한다. 인간을 뛰어넘을 때만, 자신에게 모종의 신적인 요소가 있을 때만 그것을 이끌 수 있다. 여러 요소가 뒤섞인 인간 본질의 이 신성한 부분이 누스이기 때문에, 실용적 탁월성이라는 단순한 인간적 수준의 삶에 비해 지성의 생활은 신성하다. 그러므로 우리는 인간이라는 이유로 인간사만 생각하도록 명령하는 사람들과 필멸의 인간이라는 이유로 필멸성만 생각하라고(앞서 교육에서 소피아에 대한 관심을 일축하는 현대사상에 대한 논의를 상기하라) 명령하는 사람들의 말을 따라서는 안 된다. 삶 속에서 그렇게 할 수 있는 한 더 나은 자아 또는 진정한 자아로 불릴 만한 가장 훌륭한 부분의 활동을 고양함으로써 스스로를 불멸의 존재로 만드는 것이 우리의 의무다. 누스는 우리 영혼의 정향적定向的 또는 지배적 부분이고, 인간이 자기 자신의 삶이 아니라 다른 어떤 것의 삶을 살겠다고 선택한다면 그것은 정말 이상한 일일 것이다. 그리고 결국 아리스토텔레스는 인간학을 뛰어넘어 존재론의 문제로 일련의 논증 과정을 끌고 간다. 각각의 사물에 대한 가장 알맞은 깨달음은 그것의 본질(피시스)에서 어느 부분이 최고인지를 깨닫는 것이다. 인간에게는 누스에 근거를 둔 삶이 가장 좋고 가장 즐겁다. 다른 무엇보다도 누스가 인간의 본질이기 때문이다. "그러므로 누스의 삶이 가장 행복하다."4

요컨대 행동(프락시스)의 주안점은 필멸의 존재인 인간에게 가장 고귀한 목적을 달성하는 것인 반면, 테오리아 또는 관찰의 목적은 여가(스콜레)를 통해 함양되는 소피아다. 그리고 인간이 필멸적인(타나토스) 존재인 한 테오리아의 목적은 인간 자체가 아니라, 오히려 인간이 불멸적인(아타나토스) 것과 신성한 것에 참여하는 정도에 달려 있다.

젊은이들에게 프로네시스를 추구하도록 가르쳐도 될까?

현대 교육의 맥락에서 소피아를 함양하는 자세의 중요성과 관련해, 우리는 젊은이들에게 프로네시스를 가르치는 것을 우려하는 아리스토텔레스의 경고에 각별히 주목해야 한다. 실용적 지혜를 가리키는 프로네시스의 궁극적 표현인 최상의 기교를 비롯해 프로네시스에 함축된 다양한 의미를 논의한 다음 아리스토텔레스는 단호하게 말한다. "젊은이들은 정치학을 배우기에 알맞지 않다." 그는 "사람은 자신이 잘 알고 있는 사안에 대해 올바르게 판단하는 법"이므로, 젊은이들은 삶에 대한 경험이 부족해 잘 아는 것이 별로 없다는 식으로 추론한다. '어떤 주제를 비판하기 위해서는 그 주제에 대한 훈련 경험을 쌓아야 한다.' 그러나 젊은이들은 아직 충분히 훈련받거나 그런 역량을 갖추지 못했다. '뛰어난 비판가가 되려면 다방면의 교육을 받아야 한다.' 그러나 젊은이들은 아직 그런 교육을 받지 못했다. 따라서 정치학의 '전제와 재료를 제공하는' 것에 대한 경험이 충분하지 않은 젊은이들은 정치학을 공부할 능력이 없다. 더구나 아리스토텔레스는(그가 내 교실을 본 것 같다!) 젊은이들은 '감정'에 이끌리므로 정치학을 전적으로 헛되게 공부할 것이라고 덧붙인다. 젊은이들에게 실용적 지혜를 가르치려는 시도에 대한 이런 경고는 단순한 연령차별이 아니다. 아리스토텔레스는 "문제는 시간이 아니다"라고 말한다. 사람은 젊을 수도 있고 세월이 흐르면 나이가 들지만, 여전히 '인격이 미성숙할' 수 있다. 젊은이들의 삶과 다양한 목표가 '감정에 휘둘리기' 때문에 정치학의 지식은 '자제심이 부족한 사람들에게 그렇듯이' 그들에게 '전혀 쓸모가 없'다. 하지만 '도덕학(말 그대로 욕망과 욕구에 관한 추론)'은 원칙에 바탕을 두고 자신의 욕구와 행동을 이끌어가는 사람들에게 대단한 가치가 있다.

지혜의 교육적 역할을 고려할 때, 아리스토텔레스가 젊은이들의 교육에 대해 경고하고 그들의 훈련수준과 경험의 정도에 주목한다는 사실은 의미심장하다. 앞서 검토한 현대의 저자 대부분은 교육에서 소피아가 차지하는 일체의 역할을 부정한다. 하지만 그들은 모두 프로네시스가 근본적으로 중요하다는 점에 동의한다. 비록 그것을 가르칠 수 있는 정도에서는 합의에 이르지 못하지만, 학교에서 지혜 추구를 장려해야 한다는 점에는 모두 동의한다. 그렇지만 아리스토텔레스는 젊은이들의 인격과 인생 경험이 실용적 지혜를 다루기에 역부족이라고 강조한다. 그가 보기에 젊은이들이 자신의 욕망을 조절하는 '윤리적' 또는 '도덕적' 미덕을 함양하는 데 먼저 힘쓰지 않은 상태에서, 분별 있는 행동의 형성과 함양에 관련된 공부를 하는 것은 적합하지 않다. 이런 이유에서 아리스토텔레스는 도덕학 교육을 정치학 공부의 선행조건으로 추천한다.

젊은이들에게 소피아를 추구하도록 가르쳐도 될까?

이 지점에서 현대의 오만한 주장에 반대해, 그리고 아리스토텔레스의 견해를 대신해 이런 질문을 던져보자. 프로네시스로서의 지혜보다 소피아로서의 지혜를 탐구하는 것이 젊은이들의 관심이나 경험과 더 잘 어울리지 않을까? 어쨌든 소피아의 함양은 일종의 한가한 활동이다. 그것은 행동이나 노동의 세계를 지향하지 않는다. 교육(파이데이아)의 한 형태로서 그것은 아이들이 놀이에 열중할 때 하는 행위에 더 가깝다. 그것은 행동이나 노동과 달리 그 자체를 위해 추구되는 활동(에네르기아)이다. 그리고 적어도 원칙적으로는 아이들이 '학교'에서 '학업'에 열중할 때 교사가 그들과 함께하는 일이다. 알다시피 이런 말들은 노동으로서의 교육 개념이 아니라 소피아를 함양하고 추구하는 한가한 활동, 즉 스콜레로서의 교육 개념에 우호적이다. 더구나 인간은 근원적 경험, 특히 '경이로움(타우마)'을 둘러싼 경험에 대한 사리에 맞는 설명을 생각해내고 그것을 분명히 표현하려고 애쓰고자 할 때 소피아를 추구한다.[5] 알다시피 아이들(특히 아주 어린 아이들)은 자연스럽게 세상에 대한 경이로움으로 가득하다. 사실 철학을 대하는 아이들의 대체적으로 열린 태도를 둘러싼 견해들은 소크라테스의 철학 토론 대부분이 나이가 많은 사람이나 중년 심지어 어른이 아니라 얼굴에 솜털이 나기 시작한 나이의 '젊은이들'을 상대로 전개되는 이유를 여실히 보여준다. 사실 《리시스》 같은 몇몇 대화편에서는 대화가 파이데스, 즉 아직 사춘기에 이르지 않은 아이들을 상대로 진행된다.

그렇지만 여기서도 아리스토텔레스는 젊은이들에게 소피아를 지향하는 교육을 시키는 데 유보적인 태도를 드러낸다. 그는 이렇게 쓰고 있다.

어떤 소년이 수학자일 수는 있어도 그 소년이 지혜로운 사람(소포스)이나 자연학자(자연, 즉 피시스를 고찰하는 것과 연관된 테오리아에서 비롯되는 존재에 대한 지식을 가진 사람)가 아닐 수 있는 이유는 더 깊이 연구할 만하다. 짐작건대 수학은 추상관념을 다루는 반면, 제1원리들은 경험에서 비롯되기 때문일 것이다. 젊은이들은 그것의 진리를 신뢰하지 않은 채 되풀이해 말할 수 있을 뿐이며, 수학의 형식적 개념은 쉽게 이해된다.[6]

플라톤의 대화편에서도 철학 교육을 꺼리는 목소리가 뚜렷하게 들리지만, 아이와 젊은이들은 철학에 접근하기 어렵다는 점을 지적하는 아리스토텔레스의 논평은 그 성격이 매우 다르다. 플라톤은 대화편에서 연령을 막론한 모든 인간이 근원적 경험을 지니고 있으며 또한 '최초의 것들'에 대한 경험을 떠올릴 수 있다고 추정하는 반면, 아리스토텔레스는 그런 회상적 경험이 젊은이들의 이해 범위를 초월한다고(따라서 소크라테스와 젊은이들의 대화는 다소 잘못 배치되었다고, 또는 태생적으로 그런 식의 추구나 탐구능력이 없는 이들을 겨냥하는 것이라고) 주장한다. 젊은이들을 상기想起를 통해 '제1원리'나 '기원적인 것'을 파악할 수 없는 사람으로 평가하는 이런 태도는, 플라톤의 대화편에 등장하는 상기에 대한 아리스토텔레스의 암시적 비판을 어느 정도 설명할 수 있다.

프로네시스와 소피아, 두 가지의 가치를 둘러싼 난제

소피아와 프로네시스의 의의에 대한 아리스토텔레스의 설명에서 매우 도발적인 요소 가운데 하나는 우리가 소피아와 프로네시스를 안다고 이

둘을 구분할 수 있다고 생각하는 순간, 그리고 이 둘 모두가 인간에게 아주 중요한 이유를 이해한다고 생각하는 순간 혼란에 빠진다는 점이다.

다음과 같은 질문을 더 제기할 수 있다. "이런 지적 미덕(프로네시스와 소피아)은 무슨 쓸모가 있는가?" 소피아는 인간 행복의 수단을 전혀 관찰하지 않는다. 사물이 어떻게 생기게 되는지를 묻지 않기 때문이다. 프로네시스는 당연하게도 그것을 묻는다. 그러나 인간에게 옳은 것과 귀한 것과 좋은 것을 살피는 프로네시스가 과연 우리에게 필요할까? 그런 것은 선한 사람이라면 자연스레 아는 일이다. 그런 것을 안다고 해서 우리가 그것을 더 잘할 수 있지는 않다 … . 분별이 우리가 고결하게 행동하도록 돕는 것이 아니라 고결한 사람이 되는 데 보탬을 준다고 말할 수 있다면, 분별은 이미 고결한 사람에게는 전혀 쓸모가 없으며 고결하지 않은 사람에게도 도움이 되지 않는다. 스스로 분별을 갖추는 편보다 그것을 지닌 사람의 충고를 듣는 편이 더 나을지 모르기 때문이다.[7]

요약하면 우리는 소피아가 인간사나 세상사와 관계없다는 이유로 또다시 전혀 쓸모없어 보이는 문제에 직면한다. 반대로 프로네시스는 인간사나 세상사와 관계있지만 이를 추구하는 것 역시 문제가 있다. 왜냐하면 이미 분별을 갖춘 사람은 프로네시스를 탐구하거나 추구할 필요가 없기 때문이다. 그런 사람은 이미 프로네시스가 부여하는 선을 달성할 능력이 있고, 프로네시스를 갖추지 못한 사람은 프로네시스를 안다고 해서 더 분별 있는 사람이 되지는 않는다. 우리가 의학이나 체육에 대해 안다고 해서 더 건강하고 활기찬 행동을 할 수 있지 않은 것처럼 말이다. 사실 아리스토텔레스는 모든 학생이 학교에서 던지는 질문을 던진다. "왜 이따위 것에 신경을 써야 하지? 시간 낭비가 아닐까?" 그렇지만 아리스토텔레스는 실용적 지혜와 이론적 지혜를 이 정도로 혼란스럽게 설명하는 데 그치지 않는다. 그는 프로네시스보다 우월한 소피아의 지위에 질문을 던지면서 우리의 두통을 가중시킨다. "소피아보다 열등한 프로네시스가 소피아보다 더 큰 영향력을 지닐 수 있다면 이상할 것이다. 그러나 어떤 것을 창조하는 능력은 그것을 지배하고 좌우한다."

소피아와 프로네시스 중 어느 형태든 인간이 지혜를 원하는 이유를 둘러싼 학생들의 당혹스러움과 관련해, 아리스토텔레스는 우선 소피아와 프로네시스가 각각 지성의 두 가지 부분의 미덕이라고 단언한다(소피아는 사변적 지성의 미덕이고, 프로네시스는 실용적 지성의 미덕이다). 따라서 소피아와 프로네시스는 그 자체로, 심지어 그 두 가지가 미칠 영향과는 별개로 바람직하다.

둘째, 아리스토텔레스는 소피아와 프로네시스가 그 자체로 바람직할 뿐 아니라, 그 두 가지가 미치는 영향 때문에도 바람직하다고 말한다. 한편으로 소피아는 행복을 만들어낸다. "의술이 건강을 만들어낸다는 의미에서가 아니라 건강함이 건강한 상태의 원인이라는 의미에서" 그렇다. 바꿔 말해 지혜는 지혜로운 상태의 원인이고, 인간은 지혜로울 때 행복에 이른다. 이때 행복이란 인간이 '알고자 하는' 이성적 존재로서 자신의 불멸적 본성을 진정으로 실현하는 것이다.[8]

다른 한편으로 분별도 행동과 관련해 바람직한 영향을 초래한다. "분별(프로네시스)뿐만 아니라 도덕적 미덕도 인간이 적합한 기능을 완벽히 이행하는가를 결정"한다. 도덕적 미덕은 "우리가 겨냥하는 목적의 적절성을 보장하는 반면, 분별은 우리가 그 목적을 성취하려고 채택하는 수단의 적절성을 보장"한다.[9]

하지만 프로네시스를 위한 이런 식의 변호는 지혜의 본질 문제에 따른 우리의 두통을 가라앉히기는커녕, 지혜와 그 교육적 의의에 대해 던질 법한 질문의 수를 더 늘리는 것처럼 보인다. 지혜(소피아), 분별(프로네시스), 도덕적 미덕 사이의 관계에 관한 아리스토텔레스의 논평은 특히 혼란스럽다. 왜냐하면 여기서 또다시 소피아가 쓸모없고 무의미한 것으로 언급되기 때문이다. 말하자면 윤리적 또는 도덕적 미덕이 우리에게 '올바른 목적'을 부여하고, 분별이 그런 목적을 위한 '올바른 수단'을 제공한다면 소피아는 무슨 소용이 있을까?

더구나 우리는 수단을 결정하는 분별과 목적을 결정하는 도덕적 미덕에 관한 아리스토텔레스의 진술 때문에 다음과 같은 의문에 빠진다. 혹시 분별이란 도덕적 미덕에서 파생되어 도덕적 미덕에 좌우되는 것일까? 일단 적합한 목적을 결정하지 않으면, 선한 수단을 발견할 수 없으니 말이다. 아니면 정반대 질문을 던질 수도 있다. 도덕적 미덕은 일단 분별이 영혼에 존재해야 생기는 것 아닐까? 영혼에게 목표를 달성할 수단을 제공하지 않으면, 도덕적 미덕은 탁월성을 가질 수 없으니 말이다. 지혜와 교육의 관련성에 관한 탐구에서는 이런 난제에 대응하는 것이 중요하다. 지혜 추구에는 도덕적 미덕의 발현이 전제되어야 하는가? 아니면 도덕적 미덕이 존재하려면 약간의 지혜가 필요한가?

도덕적 미덕과 프로네시스의 관계

아리스토텔레스는 도덕적 미덕과 실용적 지혜(프로네시스)의 관계를 설명하면서 다시 문제를 제기한다. 그는 도덕적 미덕을 우리가 목적을 정할 때 그 적절성을 담보하는 것으로 정의한다. 그러나 "우리가 정한 목적을 달성하기 위해 반드시 해야 하는 행동을 하는 것은 미덕의 문제가 아니라 그것과 다른 능력의 문제"다. 그렇다면 도덕적 미덕과 프로네시스의 정확한 관계는 무엇인가? 젊은이들이 정치학으로서의 분별을 추구하기에 알맞지 않다는 초반부의 평가를 통해 아리스토텔레스는 도덕적 미덕의 확립이 분별보다 선행되어야 한다고, 따라서 분별은 도덕적 미덕에 좌우된다고 넌지시 주장하는 듯하다. 아리스토텔레스는 "영혼의 눈은 미덕을 가지지 않은 채 분별의 속성을 얻을 수 없다"면서 주장을 펼친다. 프로네시스의 존재는 저급한 영혼의 욕망을 선한 목적에 따라 올바르게 배열하는 것, 즉 도덕적 미덕을 전제로 삼는다. 그런 목적에 대한 인식이 없으면 프로네시스는 목적을 달성할 수단을 알지 못한다. 이런 주장을 뒷받침하고자 아리스토텔레스는 다음과 같이 말한다. "지상선은 선한 사람에게만 선하게 보인다. 악행이 영혼을 타락시키고 영혼이 처신의 제1원리들에 대한 잘못된 시각을 갖도록 유혹한다. 이렇듯 확실히 우리는 선하지 않은 상태에서는 분별이 있을 수 없다."

하지만 아리스토텔레스는 미덕의 목적을 달성하는 데 보탬이 되는 프로네시스가 없어도 다른 도덕적 미덕이 존재할 수 있다는 견해를 못마땅해하는 듯하다. 프로네시스, 즉 실용적 지혜는 영혼의 욕망적 요소가 선한 목적을 달성하는 데 필요한 효과적인 수단을 제공하는 도덕적 미덕이라는 점에서, 그리고 지적 미덕이라는 점(프로네시스는 실용적 지성의 탁월성이기 때문이다)에서 특별하다. 아리스토텔레스의 이론에서 "모든 미덕은 프로네시스의 형태를 띤다"고 말하는 것은 적절하지 않다. 오직 분별만 지성뿐 아니라 욕망적 영혼의 미덕으로서 그런 지위를 차지한다. 그러나 도덕적 미덕은 "프로네시스 없이 존재할 수 없다"고 말하는 것은 옳다. 아리스토텔레스는 다른 도덕적 미덕의 존재가 분별이 존재하는 데 필수적이라는 주장과 분별의 존재가 다른 도덕적 미덕이 존재하는 데 필수적이라는 주장이 어떻게 옳을 수도, 또는 옳지 않을 수도 있는지를 설명하고자 한다. 우선 그는 자신이 '자연적 미덕'으로 부르는 것과 '완전한 미덕'으로 부르는 것을 구분한다. 자연적 미덕은 심지어 야생동물과 아이들의 영혼에도 '자연적 성향'으로서 존재한다. 아리스토텔레스는 삶과 관련해 선견의 능력이 드러나는 경우에는 낮은 수준의 프로네시스가 어디든 존재한다고 인정했다. 하지만 '지능이 없으면' 자신이 원하는 목적을 달성할 수 있는 자연스러운 역량이나 능력은 명백히 해로울 것이다. 이렇듯 바라는 목적을 이룰 수 있는 자연적 미덕이나 역량은 프로네시스가 없어도 존재할 수 있지만, 선한 목적을 성취하기 위한 올바른 선택을 수반하는 진정한 또는 완전한 미덕은 프로네시스가 없으면 존재할 수 없다. 아리스토텔레스는 "프로네시스 없이는 참된 의미에서 선할 수 없고, 도덕적 미덕 없이는 분별이 있을 수 없다"고 주장한다. 약간 다르게 설명하자면 진정한 또는 완전한 미덕은 한편으로, 그 자체가 목적인 선을 선택하는 것을 수반한다. 따라서 결과적으로 프로네시스가 존재해야 한다. 다른 한편으로, 만일 누군가가 분별을 가지고 있다면 그 사람은 반드시 다른 도덕적 미덕도 갖췄을 것이다.

아리스토텔레스는 미덕이 서로 독자적으로 존재하는지 또는 누군가가 하나의 미덕을 지녔다면 다른 모든 미덕도 필연적으로 지니고 있는 것인지를 판단하는 데 따른 특이한 어려움을 설명하기 위해, 자연적 미덕과 완전한 또는 진정한 미덕 사이의 구별을 활용하기도 한다. 그에 따르면 어떤 사람이 하나의 자연적 능력만 갖고 다른 능력은 없을 수 있듯이, 자연적 미덕의 경우 다른 미덕은 지니지 않은 상태에서 하나의 미덕만 지닐 수 있다. "그러나 인간이 선이라는 호칭을 무조건적으로 부여하는 그런 미덕의 경우에는 그럴 수 없다." 왜냐하면 "어떤 사람이 프로네시스라는 한 가지 미덕을 갖고 있다면 그 사람은 그것과 더불어 다른 모든 미덕도 갖고 있을 것"이기 때문이다.

아리스토텔레스는 프로네시스를 단순한 자연적 형태와 대비되는 완전한 형태의 다른 모든 도덕적 미덕을 효과적으로 지니고 있는 상태로 설명하지만, 여전히 그의 두 번째 난제가 남아 있다. 인간의 삶을 좌우하는 과정에서 차지하는 프로네시스의 역할 범위를 고려하면, 이렇게 물을 수 있다. 소피아의 쓸모는 무엇인가? 어떻게 프로네시스가 서열상 소피아보다 열등할 수 있는가? 아리스토텔레스는 지혜의 본질을 다룬 《니코마코스 윤리학》 제6권을 마무리하면서 다음과 같이 말한다. "프로네시스의 권위는 소피아의 권위보다, 또는 지성의 더 고귀한 부분의 권위보다 높지 않다. 의학의 권위가 건강의 권위보다 높지 않듯이 말이다." 그의 입장에서 프로네시스가 소피아보다 우월하다고 가정하는 것은 정치학(개별 시민이 아니라 전체 정치 조직체를 위한 효과적인 행동을 통해 공동선을 확보하는 방식이자 자체적 극치로서의 프로네시스)이 인간뿐 아니라 신도 지배한다고 말하는 것과 비슷할 것이다.

지혜 추구와 테오리아를 둘러싼 즐거움

이론적 형태와 실용적 형태의 지혜(소피아와 프로네시스)에 대한 아리스토텔레스의 논평 그리고 이 두 가지 지혜와 교육과의 관계를 검토하는 과정에서는, 아리스토텔레스가 소피아와 프로네시스에 관해 말하는 내용을 살펴보는 것이 중요하다. 앞서 몇몇 대표적인 근현대 저술가들이 지혜에 관해 언급한 바를 살펴보는 과정에서 '지혜를 추구하는 분위기'라는 문제가 제기되었는데, 소피아의 추구에 관한 아리스토텔레스의 저작에도 혹시 분위기나 환경을 둘러싼 그 비슷한 관심이 드러나 있을까? 그런 분위기를 확보하는 것이 오늘날의 학교에서 지혜를 함양하는 문제와 관련해 어느 정도 필수적일까? 물론 일단 지혜 함양이라는 포부를 현실적이거나 적절한 것으로 가정한다면 말이다. 이런 질문에 대답하기 위해서는 아리스토텔레스가 '두 가지 삶'이라고 부르는 것을 고찰해야 한다(아리스토텔레스에 따르면 두 가지 삶에서는 지혜라는 최고의 선이 추구되고, 인간에게 가능한 한도 내에서 구현된다). 아리스토텔레스는 그 두 가지 삶의 방식을 각각 '활동적' 삶과 '관조적' 삶으로 부른다.

아리스토텔레스는 《니코마코스 윤리학》 제10권에서 일단 인간 삶에서의 즐거움(헤도네)의 의의와 특히 즐거움이 교육에서 차지하는 역할을 다룬다.

즐거움은 특히 인간에게 적합한 것으로 간주된다. 그리고 이는 즐거움과 고통이 젊은이들을 교육할 때 그들의 진로를 안내하는 수단으로 쓰이는 까닭이다. 게다가 좋아할 대상과 싫어할 대상을 적절히 구분하는 것은 도덕적 미덕의 발현 과정에서 매우 중요한 요소로 평가된다.[10]

물론 관건은 많은 사람이 그릇된 것을 좋아하거나 '반기는' 반면, 싫어하지 말아야 할 것을 '싫어하는' 것이다. 즐거움(헤도네)을 선(아가톤)으로 해석하지 말아야 하고, 모든 즐거움이 바람직한 것은 아니다. 하지만 다음과 같은 말 역시 진실이다. "구체적인 속성이나 원천의 견지에서 우월하고 그 자체로 바람직한 모종의 즐거움이 있다." 이어서 아리스토텔레스는 그 자체로 바람직한 즐거움의 본질을 파고든다.

첫째, 그는 즐거움과 관찰의 중요한 연관성에 주목한다. 관찰 행위는 관찰이 지속되는 매 순간 '완벽한 것'으로 보인다. "관찰에는 그것의 구체적 속성을 완성하기 위한 부수적 요소가 전혀 필요 없다." 달리 말해 관찰은 그것이 진행되는 한, 보이는 대상에 직접적으로 그리고 완전히 도달한다. 관찰 행위는 관찰과 대상의 중간에서 개입하는 능력이나 힘이 필요 없다. 관찰은 보는 사람과 보이는 대상이 가장 완벽한 앎을 통해 서로 융합되는 일종의 직접적 파악이나 앎이다. 아리스토텔레스는 "즐거움도 이런 종류의 것으로 보인다"고 언급한다. 관찰과 비슷하기 때문에 즐거움은 즐거워진 사람이 자신을 즐겁게 하는 것에 도달하듯 통합을 통해 즐거움의 대상에 도달한다. 매개 없이 그리고 양자의 합일이 지속되는 한 말이다.

둘째, 아리스토텔레스는 움직임과 휴식의 은유를 이용해 즐거움을 고찰한다. 그는 즐거움이 움직임의 형태가 아니라 휴식의 형태와 매우 유사하다고 본다. '모든 운동에는 지속 상태가 수반되고 모든 운동은 어떤 목적을 이루기 위한 수단'인 반면, 아리스토텔레스가 이 지점에서 겨냥하는 즐거움은 그 자체로 바람직한 즐거움이다. 목적의 수단인 운동은 목적을 달성하는 과정에서 만족되는 것이 아니기 때문에 완벽하지 않다. 또한 '운동은 모든 순간에 완벽하지는 않고 전체를 이루는 여러 가지 운동은 불완전'하다. 하지만 '반대로 즐거움의 구체적 속성은 모든 순간에 완벽'하다. 즐거움은 그것이 바라는 바의 완벽한 소유기 때문이다. 결과적으로 "확실히 즐거움은 운동과 동일한 것이 아니고, 그것은 하나의 전체이자 완벽한 어떤 것"이다.

그런 다음 아리스토텔레스는 관찰이 최고의 대상을 향한 지성의 주시(注視, 테오리아)와 맺고 있는 관계의 측면에서, 바라는 바를 지향하는 관찰과 감각 그리고 관찰을 통해 얻은 지식의 은유를 분석한다.

개개의 감각이 그 대상과 관련해 작용하므로, 감각이 좋은 상태에 있을 때와 그 대상 가운데 최상의 것을 지향할 때, 완벽하게 작용한다. … 따라서 그 어떤 감각 활동(에네르기아)도 최상의 상태의 감각기관이 그것의 대상 가운데 최고의 선을 지향할 때가 가장 좋은 상태다. 그리고 이런 활동이 가장 완벽하고 가장 즐거운 것이다. 왜냐하면 생각이나 사색과 마찬가지로 개개의 감각에는 상응하는 즐거움이 있고, 감각 활동은 그것이 가장 완벽할 때 가장 즐거우며, 감각기관이 양호한 상태고 그 대상 중에서 가장 뛰어난('가장 중대한'이나 '가장 주목할 만한'이라는 의미) 것을 지향할 때 가장 완벽하고, 즐거움이 활동을 완성하기 때문이다.[11]

감각에 대한 아리스토텔레스의 풍부한 은유는 교육 분야와 관계있으며 이에 적용될 수 있다. 관찰 또는 주시, 즉 테오리아의 궁극적 목적이나 완전한 경지는 지복직관(至福直觀, 신의 본질을 보게 됨으로써 신의 사랑과 천상의 행복을 얻는 것—옮긴이)일지 모르지만, 아리스토텔레스는 그 신성한 관찰에 이르는 데 안성맞춤인 테오리아와 영혼의 관련성을 한정하지 않는다. 테오리아는 현대의 저자들과 심지어 여러 위대한 고대의 비평가들이 주장한 바와 달리, 정신적으로 가장 세련되고 유능한 인재에게만 국한되는 엘리트적 사안이 아니다. 오히려 테오리아는 모든 인간이 심지어 감각적 인지의 수준에서도 누릴 수 있는 존재의 속성이다. 그리고 분명히 테오리아는 모든 연령의 학생들에게 열려 있고 반갑게 손짓하는 일종의 즐거움이자 존재 양식이다.

교육을 통해 테오리아에 접근할 수 있는 가능성
아리스토텔레스의 사상에 정통한 토미즘(토마스 아퀴나스의 사상에 기초한 철학과 신학 체계—옮긴이) 철학자인 요제프 피퍼1904-1997는 테오리아의 숭고하면서도 모든 사람이 쉽게 접근할 수 있는 본질에 대해 논한다. 피퍼는 다음과 같은 질문을 던지면서 아리스토텔레스의 견해와 흡사한 모습을 보인다. "관조에 대한 또다른 근원과 자극이 있다는 사실을 누가 부인할 수 있겠는가?"

내가 생각할 때 관조의 고전적 교의에서 특히 주목할 만한 대목은 신성한 만족의 거룩한 경험이 우리에게 여러 가지 방식으로 찾아올 수 있다는 것이다. 가장 사소한 자극도 인간을 이런 극치로 이끌 수 있다. 그렇다면 우리는 흥미롭고 정말 놀라운 깨달음, 즉 동시대인에 관한 우리의 모든 생각과 반대되는 깨달음, 그러니까 관조는 겉보기보다 오늘날 우리 사이에서 훨씬 더 폭넓게 퍼져 있다는 깨달음에 이를 것이다.[12]

피퍼는 평범한, 그래서 어떤 점에서는 '더 눈에 띄지 않는 여러 가지 형태의 관조'를 확인하면서 테오리아에 대한 실천과 경험이 '특별히 종교적인 형태'에 국한될 필요는 없다고 강조한다. 오히려 "그토록 오랫동안 관조에 허용된 높은 평가는 마땅히 우리가 일상생활에서 겪는 수많은 경험을 향해야" 한다.[13] 일상적인 경험에서 관찰이 차지하는 '이론적 의의'를 기꺼이 인정하는 글렌 그레이와 다소 비슷한 관점에서 피퍼는 '세상만사를 보는 관조적 방법'이 있다고 지적한다. 그는 가장 세속적인 경험에서, 예를 들면 시원한 물을 마시고 갈증을 달랠 때 느끼는 즐거움에서 테오리아의 기회를 충분히 발견한다.

어떤 사람이 극도의 갈증에 시달리다가 결국 물을 마시고 자기 몸에 스며드는 생기를 느끼면서 이렇게 생각하고 말한다. 시원한 물이여, 이 얼마나 빛나는 것인가? 그런 사람은 스스로 알든 모르든 간에 이미 '사랑스러운 대상을 보는' 것, 즉 관조를 향해 나아갔다. 물이, 장미가, 나무가, 사과가, 사람의 얼굴이 정말 눈부시다! 이런 감탄의 말은 칭찬의 대상을 뛰어넘어 우주의 근원을 건드리는 동의와 긍정 없이는 나오기 힘들다. 우리 가운데 감히 누가 고달픈 일상생활 속에서 문득 자녀의 얼굴을 들여다보는 순간 그 선하고 사랑스러우며 소중하고 신에게 사랑받는 모든 것을 '보지' 않겠는가? … 모든 존재의 신성한 밑바탕에 대한 그런 비합리적이고 직관적인 확신은 우리의 시선이 가장 미미하게 보이는 것을 향해도 허락된다. 우리의 시선이 사랑에 의해 고취된 것이기만 하면 말이다. 이것은 가장 엄밀한 의미에서 관조다.[14]

사실 테오리아에 대한 아리스토텔레스의 감각적 은유에 따르면, 우리가 이 세상에서 경험하는 것에 '치밀한 관심'을 쏟는 행위 자체가 관조적 주시의 한 형태다. 이렇듯 테오리아는 눈에 보이는 세계의 현실을 단순한 '상징화'로 치부하거나 무시하는 것으로 이해할 필요가 없다. 오히려 피퍼가 특유의 아리스토텔레스적 관점에서 지적하듯, "관조의 시선은 대상의 핵심으로 곧장 향한다. 그럴 때 관조는 지금까지 숨어 있던 무한한 관계를 밑바닥에서 인지한다. 그리고 관조 고유의 정수는 그런 인지"에 있다. 기본적으로 관조, 즉 테오리아는 자기 주변과 내면에 있는 유한하고 선한 것의 세계를 깊이 응시하면서 무한하고 선한 것을 나름대로 암시하는 모든 인간에게 가능한 일이다. 아마 고대인들은 모든 참된 교육을 현실에 대한 중간 정도의 온건한 인식뿐 아니라, 이 정도 깊이와 높이의 인간 본성도 함양시키는 수단으로 간주한 듯하다.

지혜와 행복의 연관성

이 책에서 검토하는 고대와 중세 그리고 현대의 모든 저자는 교육이 인간 생활에 가치가 있다면, 그것은 우리의 행복에 보탬이 되어야 한다고 생각한다. 즐거움에 대한 아리스토텔레스의 논의에 비춰보면, 그는 교육과 인간 생활에서의 행복이 맺고 있는 관계를 깊이 연구했다. 아리스토텔레스에게 삶은 우리 각자가 가장 좋아하는 목적을 위해 가장 좋아하는 능력을 활용하면서 수행하는 활동(에네르기아)이다. 우리가 그런 활동에서 얻는 즐거움은 그 활동을 완성시키고 따라서 삶을 완성한다. 이런 과정은 모든 인간이 모색하는 바다. 비록 아리스토텔레스는 즐거움이 움직임과 비슷하지 않다고 말했지만, 바로 그런 이유 때문에 "활동이 없으면 즐거움이 없고, 즐거움이 없으면 완전한 활동이 없는 것"이다.[15]

물론 웬만한 교사는 다 알겠지만, 사람들은 즐거움을 느끼기 때문에 갖가지 대상을 추구한다. 그런 대상 가운데 다수는 나쁘거나 또는 짐작보다 좋지 않다. 하지만 아리스토텔레스는 "그런 모든 경우에 대상은 스푸다이오스에게 비춰지는 그대로다"라고 지적한다. 스푸다이오스는 번역하기가 무척 까다로운 단어인데, '훌륭하거나 우수한 사람' '성숙한 사람' '진지한 사람' 등 여러 가지로 옮길 수 있다. 어쨌든 스푸다이오스는 진지한 일에 대해 적절히 진지하게 반응하는 반면, 진지하지 않은 일에는 진지하지 않게 반응하는 사람이다. 다른 사람들과 달리 스푸다이오스는 합당한 종류의 대상에서 적합한 즐거움을 느끼고, 부적합한 대상에서는 즐거움을 느끼지 않는다. 안타깝게도 스푸다이오스는 아주 보기 드문 사람이다. 따라서 다음과 같은 질문을 던질 수 있다. "교사로서 그리고 학생으로서 우리는 스푸다이오스가 즐거움과 그것의 진정한 대상 사이의 올바른 관계에 대해 가지고 있는 지식을 어떻게 알 수 있을까? 자신의 전반적인 행복과 연관되고 싶은 학생들의 열망이 드러나는 모든 활동과 포부 이면에 기본적인 동기부여 요소로서 작동하는 즐거움을 우리가 어떻게 알 수 있을까?" 지혜(소피아)가 우리 삶이나 교육과 어떤 연관성을 맺으려면 행복하게 살 수 있는 우리의 능력과 일정한 관계를 맺어야 한다. 아리스토텔레스는 바로 이 질문을 다루면서 《니코마코스 윤리학》을 마무리한다.

놀이로서의 지혜 추구

아리스토텔레스는 "행복은 성격의 특정한 기질이 아니"라고 본다. 만일 행복이 성격의 특정한 성향이라면 평생 잠만 자는 사람이나 최악의 불운을 만난 사람도 행복할 수 있기 때문이다. '행복은 전혀 부족함 없고 자립적이기' 때문에 반드시 어떤 형태의 활동(에네르기아), 특히 다른 목적의 수단이 아니라 그 자체가 목적인 활동이어야 한다. 앞서 언급했듯 놀이는 그 자체가 목적인 바람직한 활동이다. 하지만 아리스토텔레스는 놀이가 행복과 동일한 것이라고 말하기를 몹시 꺼린다. 오히려 그의 관점에서 놀이는 사소한 '시간 보내기(디아고게)'와 흡사하다. 그것은 자신의 건강과 재산을 낭비하려는 사람들이 즐기는 여가(스콜레)의 과시다. 또한 참주들과 그 추종자들이 가진 특권이다.[16] 아리스토텔레스는 놀이를 가리켜 세상사를 그리 진지하게 여기지 않는 사람들의 허세라고 비판한다. 아니 어쩌면 그들은 그다지 유쾌하지 않은, 다소 '수치스러운' 사악한 것에서 기쁨을 느낄지도 모른다.[17] 여기서 놀기 좋아하는 미성숙한 사람은 진지하고 성숙한 사람(스푸다이오스)과 대비된다. 최소한 표면적으로 놀이라는 단어는 요한 하위징아[1872-1945]가 《호모루덴스》에서 언급하듯 "진지함의 정반대"다.[18]

아리스토텔레스가 디아고게로서의 놀이를 혐오하는 이유 중 일부는 그것이 '시간 중심적'이어서일 것이다. 즉 디아고게에 열중하는 사람은 시간 중심적이지 않은 것에 관심이 없다. 시간 보내기(디아고게)는 삶의 자원뿐 아니라 우리 모두에게 주어진 시간, 즉 더 고귀한 정신의 활동을 장려하는 데 쓸 시간도 낭비하는 것이다. 단순히 '시간만 보내는' 사람은 '시간을 초월한' 사안에 관심이 거의 없거나 아예 없다. 실제로 아리스토텔레스는 일찍이 소피아의 추구와 테오리아를 그 자체가 목적인 즐거움의 고양과 연관시킨 바 있고, 그것의 근거는 시간 안이 아니라 시간 밖에 있다. 따라서 아리스토텔레스에게 테오리아와 즐거움은 게으른 오락을 통한 '시간 낭비'나 '시간 죽이기'와 전혀 다르다.

　디아고게에 대한 비판은 그것에 열중하는 사람들을 겨냥할 경우에는 확실히 적절하다. 그러나 그들은 놀이라는 단어가 포괄하는 모든 범위의 활동을 상대하지는 않는다. 특히 놀이와 행복의 그릇된 관계로 간주하는 것에 대한 아리스토텔레스의 논평에는 아동 중심적인 범위의 놀이가 전혀 언급되지 않는다. 아이들에 대해서는 《니코마코스 윤리학》 제10권 6장 4절에 나오는데, 아이와 어른의 관계가 가치 없는 것과 고결한 것의 관계와 같다는 식으로 비교된다. 혹시 아리스토텔레스가 원하는 사람인 스푸다이오스는 성숙한 사람인 반면, 아이는 필연적으로 미성숙한 사람이기 때문일까? 그런데 아리스토텔레스는 아이들이 바보의 디아고게 같은 방식으로 시간을 죽이기 위해 놀지는 않는다는 점을 알지 못했다. 아이들의 놀이는 전혀 바보스러운 짓이 아니다. 하위징아에 따르면 놀이는 지혜와 바보짓 사이의 대립 밖에 있다. 바꿔 말해 아이들의 놀이를 바보짓이라고 비난할 수 없고, 소피아를 구현하지 못하는 책임을 지울 수도 없다. 아이들의 놀이는 그런 온갖 이원설에서 벗어나 있다. 아이들의 놀이는 갖가지 도덕적, 이성적, 실용적 제약에서 자유롭다. 하위징아가 말하듯 "놀이는 지혜와 바보짓의 대립 밖에 있고, 마찬가지로 진리와 허위, 선과 악의 대립 밖에 있다. … 악덕과 미덕의 가치판단은 여기에 적용되지" 않는다.[19] 이렇게 볼 때 아이들의 놀이는 철학과 전혀 다르지 않다. 가장 숭고한 형태의 철학은 모든 이원설, 선과 악, 논변적인 사고와 추론의 범위를 뛰어넘어 일자一者의 진정한 근거를 찾는다.[20]

아리스토텔레스가 제시한 디아고게로서의 놀이 개념을 적용해 아이들의 놀이를 비판할 수는 없다. 아이들의 놀이는 정말로 자발적인 활동이기 때문이다. 제약으로서의 시간에 대한 경험에서, 그리고 스콜레를 즐길 수 있는 자유로부터 벗어나고 싶은 욕구에서 비롯되는 디아고게와 달리 아이의 놀이는 본질적으로 자유롭다. 하위징아의 말을 들어보자. "아이와 동물은 놀이를 즐기기 때문에 논다. 그리고 바로 거기에 그들의 자유가 존재한다."[21] 이런 관점에서는 심지어 동물의 놀이도 아리스토텔레스가 비판하는 어리석은 사람들의 시간 보내기를 뛰어넘는다. 아이들의 놀이도 동물의 놀이도 모두 자유를 회피하려는 욕망(어리석은 사람의 경우에 스콜레를 통해 자신의 가장 고귀한 자유를 고양할 수 있는 기회로부터 벗어나고 싶은 욕망)에서가 아니라, 자유의 자리에서 비롯되는 것이기 때문이다.

아이들의 놀이와 디아고게의 또다른 차이는 평범한 삶에 대한 '무관심'이다. 디아고게에 열중하는 사람은 시간 죽이기를 통해 보통 있는 평범한 일을 넘어서려 하는데, 왜냐하면 그가 여전히 평범한 일을 하지만 때때로 참주라는 지위 또는 참주의 총신이나 추종자로서 지닌 능력에 따른 평판을 추구하기 때문이다. 또 어떤 경우에 바보는 디아고게를 그 자체로 선한 놀이의 형태(예를 들면 스콜레)에 참여하는 대신 힘든 일에서 벗어나기 위한 수단으로 활용한다.

그러나 아이들의 놀이는 이와 같은 정신적 나약함이나 허약함과 확연히 다르다. "'평범한' 삶이 아닌 존재로 그것은 욕구와 욕망의 직접적 만족 바깥에 있고, 실제로 욕망의 과정을 방해한다." 세상사에 대한 무관심을 감안해 놀이를 '일상생활의 요구와 진지함을 뛰어넘어 그 바깥에서 스스로를 완성하는 행동'으로 알맞게 정의할 수 있다면, 아이의 놀이는 지혜를 사랑하는 사람이 소피아를 추구하면서 하는 일과 얼마나 많이 다를까? 지혜를 추구하는 사람처럼 아이도 그 자체를 위해 즐겁고 온갖 세상사를 초월하는 활동에 자유롭게 참여한다. 그러므로 아이들의 놀이는 철학과 마찬가지로 "영양 공급, 생식, 자기보존 같은 순전한 생물학적 과정보다 우월한 영역에 위치"한다.[22]

아이들의 놀이를 둘러싼 이런 모든 견해는 놀이에 대한 아리스토텔레스의 평가와 모순된다. 물론 아리스토텔레스는 《니코마코스 윤리학》 제10권에서 테오리아와 행복을 아이들과 연관시키지 않는다. 하지만 그 사안에 관한 몇 가지 추론은 타당해 보인다. 이미 살펴봤듯 아리스토텔레스는 다른 부분에서 아이들을 향한 비판적 시선을 드러낸다. 그는 어리석지만 자연스러운 미덕을 지닌 점을 근거로 아이들을 '야생동물'[23]과 함께 거론한다. 또한 아이들이 소피아 추구의 토대가 되는 근원적 경험이나 최초의 것들을 인식하지 못한다고 알려져 있기 때문에, 그들에게 소피아를 추구하도록 가르칠 수 없다고 주장한다. 아리스토텔레스가 아이들에게는 회상적 경험을 할 능력이 없다고 주장하는 한, 우리는 그가 정말로 아이들의 인식의 높이와 깊이를 알고 있는지를 고려해야 한다. 예를 들어 하위징아에 따르면 "아이가 놀 때는 말 그대로 기쁨에 '취한' 채 마치 자신이 정말 이러이러한 존재라고 믿을 정도로 넋이 빠지지만, '일상적 현실'을 전혀 의식하지 못하는 상태까지는 이르지" 않는다.[24]

여기서 이렇게 물을 수 있다. 이처럼 아이들은 풍부한 상상력의 삶을 통해 정신적 황홀경에 도달할 능력이 있는데, 왜 최초의 것들을 상기할 수 없다는 것일까? 과연 젊은이들뿐만 아니라 레슬링과 공기놀이를 즐기는 아이들과도 대화를 나누는 소크라테스를 어떻게 해석해야 할까?[25] 적어도 플라톤의 대화편에서는 철학이 엘리트가 추구하는 대상이 아니라 아이들의 게임이나 겨루기와 함께할 수 있는 것으로 간주되는 까닭은 무엇일까? 하위징아의 평가를 들어보자. "흔히 우리는 놀이와 진지함을 정반대의 것으로 여기는 것 같다. 그러나 이런 대립적 관점은 문제를 제대로 보지 못한 것이다."[26] 자신의 일곱 번째 편지글에서 플라톤은 모든 진지한 사람이나 성숙한 사람(스푸다이오스)은 '진지한 것'에 관해 저술하는 것을 꺼린다고 말한다.[27] 따라서 여기서 철학은 적어도 플라톤의 견해에 따르면, 진지한 것이 아니라 재미있는 것이라고 추정해도 무리는 아니다. 실제로 《법률》에서 플라톤은 인간을 신의 장난감으로 묘사한다.[28] 인간의 운명은 신의 꼭두각시인 우리를 당기는 줄의 움직임에 따라 신이 기뻐하도록 노는 것이다. 흔쾌히 이 신성한 게임을 즐기는 한 우리는 살아 움직이고 신성하다. 그러나 우리가 더이상 놀지 않거나 신이 당기는 줄의 움직임에 따라 반응하지 않으면, 줄에 매달린 고깃덩어리에 불과하다. 하위징아도 신성함과 우리의 관계를 놀이와 결부하면서 이렇게 말한다. "놀이를 통해 우리는 아이가 그렇듯 진지함의 수준 밑으로 떨어지지만, 아름다움과 신성함의 영역에서는 그 위로 올라갈 수 있다."[29]

진정한 행복으로서의 지혜 추구와 관조적 삶

다시 지혜 추구와 행복의 관련성을 둘러싼 아리스토텔레스의 설명으로 돌아오자. 그는 행복을 우리의 가장 훌륭한 부분에 속하는 가장 고귀한 미덕에 부합하는 활동으로 묘사한다. 아리스토텔레스는 지성(누스)을 가장 훌륭한 부분으로 높이 평가하고 비록 그것이 정말로 우리의 '신성한 부분' 또는 '가장 신성한 부분'인지 확신하지는 못해도, 고귀하고 신성한 것을 파악하는 능력을 지닌 것은 바로 우리 존재의 그 부분이라고 말한다. 인간을 위한 완벽한 행복을 가져오는 것은 바로 고유의 미덕에 따른 누스의 활동(에네르기아)이다. 아리스토텔레스는 이 활동이 관조라고 되풀이해 말한다.

아리스토텔레스에 따르면 관조(테오리아)는 가장 고귀한 형태의 활동이다. 왜냐하면 누스는 "우리의 가장 고귀한 것이고, 누스가 다루는 대상은 우리가 알 수 있는 대상 가운에 가장 고귀한 것들"이기 때문이다. 또한 테오리아는 '가장 지속적'이기 때문에 나머지 모든 형태의 에네르기아보다 우월한 것으로 평가받는다. 다시 말해 우리는 다른 어떤 형태의 행동을 계속할 수 있는 시간보다 더 오래 테오리아에 참여할 수 있다. 뿐만 아니라 테오리아는 가장 즐거운 형태의 활동이기도 하다. 왜냐하면 오직 그것만이 가장 고귀한 미덕인 소피아와 조화를 이루기 때문이다. 아리스토텔레스가 지혜를 추구하는 삶이 가장 즐거운 삶이라고 주장하는 것은 바로 이 때문이다.

관조하는 삶에 대한 아리스토텔레스의 논평에는 그 내용을 오늘날의 교실에 적용하는 문제와 관련해 몇 가지 고려할 만한 사항 있다. 우선 아리스토텔레스가 언급하는 이지적 훈련이 현대의 학교처럼 복잡하고 분주하며 시끄럽고 혼란스러운 장소에서의 학습과 연관될 수 있다는 주장은 터무니없어 보인다. 관조하는 삶에 참여한다는 것은 사전 준비, 장기간의 연습, 자제심 함양, 고도의 이지적 능력 따위를 전제하지 않을까? 사실 교사들의 주요 관심사 가운데 하나는 학생들이 관조적인 태도가 아니라 분주하고 활동적인 태도를 유지하도록 하는 것이다. 학생들에게는 아무것도 하지 않는 시간을 부여하지 말아야 한다. 왜냐하면 학생들은 그 시간에 무엇을 해야 할지 모르기 때문이다. 학생들은 '배우지 않게' 되고, '시간을 낭비'하며, 최악의 경우 이상행동을 보일 것이다. 이런 어려움을 극복하기 위해 우리는 학생들이 배워야 할 내용을 교과 과정에 더욱더 많이 채워 넣는다. 사실 교과 과정에 너무 많은 과제가 포함되어서 교사들은 1년 동안 그것을 모두 가르칠 수 있을지 전전긍긍할 정도다. 그리고 우리는 '더욱더 많은 것'을 흡수하려고 몸부림치는 학생들이 더 쉽게, 더 빠르게, 더 효과적으로 그렇게 할 수 있도록 다양한 기술을 활용한다. 학생들이 재빨리 움직이도록 가르치고, 교사로서 맞이하는 첫 순간부터 우리에게는 절대로 아이들을 한 가지 활동에만 노출시키지 말라는 지시가 떨어진다. 어쨌든 아이들은 '오랫동안 집중할 수 없고', 아이들의 주의지속 시간은 '잠깐'이다. 그러므로 우리는 '여러 활동을 섞어야' 한다. 중등학교의 수업 시간(내 학창 시절에는 40분이었고, 지금은 흔히 80분이다)을 여러 부분으로 쪼개야 한다. 학생들은 다채로운 것을 경험해야 하고 여하튼 계속 움직여야 한다. 이 모든 관행은 누군가가 관조에 임할 때 하는 것과 정반대인 듯하다.

오늘날의 교실을 둘러싼 이와 같은 문제들 그리고 테오리아, 스콜레, 소피아 등에 대한 아리스토텔레스의 논의와 이 문제들의 부조화는 단지 학습 차원의 문제가 아니다. 사실 교사로서 맛보는 가장 심각한 좌절 가운데 하나는, 나 역시 당국자들과 기본적인 학교 구조 때문에 이런 대접을 받는다는 사실이다. 내가 만난 여러 교사는 끝없이 이어지는 '바쁜 업무', 쓸모없는 회의, 그리고 학생의 '학업' 성적 평가에 집착하는 태도 따위에 관해 동일한 느낌을 갖고 있었다. 이런 모든 요인 때문에 우리는 여가를 활용하지 못하고, 심지어 여가의 진짜 의미도 깨닫지 못한다. 그렇지만 매우 많은 교사가 이렇게 생각한다는 점, 현재의 제도가 우리의 지능에 대한 온정주의적 모욕이라는 점, 그것이 우리의 전문 직업의식을 향한 질책이라는 점, 그것이 행정 체계상의 상사들이 우리에게 보내는 불신의 표시라는 점을 감안하면 교사인 우리도 학생들의 여가를 바라보는 각자의 관점을 다시 점검해야 하지 않을까? 우리가 스콜레와의 만남을 통해 그것의 의미를 배울 수 있어야 하고, 그런 경험에 익숙해진 덕분에 진정한 학인學人으로서 스콜레를 누리는 방법을 배울 수 있어야 한다고 생각한다면, 학생들을 학습자로 탈바꿈시키는 것을 우리의 주요 관심사로 삼아야 하지 않을까? 여가라는 지혜를 추구할 수 있는 분위기가 조성될 가능성을 가로막음으로써 테오리아에 몰두할 기회를 박탈하는 대신, 우리는 교사로서 학생들이 각자의 여가를 즐기는 방법을 배우도록 돕는 것을 사명으로 삼아야 하지 않을까? 아리스토텔레스가 말하는 죽을 때까지 시간 죽이기에만 열중하는 어리석은 사람이 되지 않도록 말이다.

  아이들의 놀이를 다루면서 살펴봤듯 아이들은 우리의 추측보다 더 천성적으로 여가를 좋아하는지도 모른다. 물론 어른들은 일을 하면서 "시간을 죽인다"라고들 말한다. 일은 정말 고되고 의미도 기쁨도 없는 것일 수 있기 때문이다. 우리는 즐거움의 원천으로서의 일이 아니라 사회 통제의 수단, 즉 우리를 상대로 '기강'을 잡기 위해 그리고 스콜레의 의미와 그것을 통해 지혜를 추구할 기회를 인식함으로써 우리가 누릴 법한 자유를 활용하지 못하도록 막기 위한 수단으로서의 일을 경험할 수 있고, 실제로도 이를 매우 자주 경험한다. 사실 교사와 학생이 감당해야 하는 다사다망多事多忙 자체가 시간 죽이기의 원인이라고 추정하는 것은 타당해 보인다. 학교가 스콜레가 아닌 학업의 장일 때 그곳에서 달리 무엇을 하겠는가? 항상 학생과 교사를 바쁘게 움직이도록 유도하는 것은 게으름이라는 문제의 해법이 아니다. 오히려 그것은 학구적, 철학적, 관조적인 태도를 함양하는 방법을 배울 기회를 제공하지 않음으로써 문제를 악화시킨다.

이 책에서 나는 독자에게 제안하고 싶다. 우리는 플라톤적 의미에서의 영혼이 현재 상황에서 '방향을 바꾸도록' 만들어야 한다. 미약하나마 우리는 고대인들이 가장 고귀한(그리고 가장 깊이 있는) 것을 '응시하는' 즐거움으로 삼아 직관하고 감지한 지혜를 추구해야 한다. 적어도 가끔씩 스콜레와 테오리아에 보탬이 되는 지혜를 추구할 환경을 조성하는 방향으로 각자의 학교생활을 체계적으로 운영할 수 있다면, 아이들은(교사도) 더 행복해질 것이다. 행복은 우리의 가장 훌륭한 부분에 속하는 '가장 고귀한 미덕'에 부합하는 활동이기 때문이다. 이는 반드시 함양되어야 한다. 지금 우리가 그렇게 하듯 비판적 분석의 논증적 힘에 따를 뿐 아니라, 노에시스(플라톤적 의미에서 이데아를 인식하는 것—옮긴이)의 더 고귀한 능력과 역할도 인정함으로써 말이다.

불멸화로서의 교육을 통한 완전한 행복

아리스토텔레스는 '활동적 삶'과 그것의 '실용적 추구'를 '관조적 삶'과 이와 연관된 '관찰', 즉 테오리아와의 관계와 구분한다. 그는 전자를 "여유 없고 어떤 다른 목적을 겨냥하는, 그 자체가 목적이 아닌 것"으로 부른다. 반면 후자는 진정한 여유 있음(스콜리아)의 의미를 구현한다. 지성의 이론적 활동은 진지함의 측면에서 실용적 활동을 능가한다. '완전한 인간의 행복'을 구성하는 것은 바로 누스의 이런 활동이다. 하지만 아리스토텔레스는 가장 고귀하고 가장 깊이 있는 것에 대한 응시를 함양하고 실천할 수 있는 기회인 스콜레와 관계를 맺는 우리 삶의 양상이 인간적 수준보다 더 높다고 말한다. "우리가 이를 달성할 수 있는 것은 인간적 속성이 아니라 인간 안에 있는 신성한 어떤 것 덕분이다." 이렇게 볼 때 아리스토텔레스는 모든 인간에게(어른 또는 이른바 철학자뿐 아니라 인간 모두) '불멸화'를 요구하는 셈이다.

> 만일 지성(누스)이 인간에 비해 신성한 어떤 것이라면, 지성의 삶은 인간 생활에 비해 신성할 것이다. 우리는 인간은 인간적 사고를, 필멸적 존재는 필멸성의 사고를 지녀야 한다고 주장하는 사람들의 말을 따르지 말고 되도록 불멸화를 이뤄야 한다. 그리고 인간이 자기 안의 가장 고귀한 것에 따라 살기 위해 할 수 있는 모든 일을 해야 한다. 비록 이것은 크기와 힘과 명예의 측면에서 미약해도 나머지 모든 것을 훨씬 능가한다.[30]

아리스토텔레스는 젊은이와 아이를 포함해 각양각색의 사람들이 소피아를 추구할 능력이 있는지 의심한다. 그러나 그는 소피아가 진정으로 가장 위대한 선이고, 스콜레와 테오리아가 진실로 모든 종류의 불멸화 교육을 받기를 원하는 모든 인간에게 반드시 필요하다고 확신한다. 따라서 아리스토텔레스는 중도, 순전히 인간적인 것과 필멸하는 것, 그리고 교육의 비판적이고 분석적인 요소를 둘러싼 평가에 주력하는 우리의 교육이 지혜 추구를 지향하는 그리고 우리를 행복으로 안내하려는 교육과 얼마나 동떨어져 있는지를 파헤치는 연구에서 훌륭한 본보기 역할을 한다. 사실 우리의 중도적 교육전략이 영양 공급, 생식, 자기보존 같은 순전한 생물학적 과정을 능가하지 못하기 때문에 학업 효율성을 강조하는 오늘날의 교육은 아이들이 하는 게임이나 놀이의 수준에 미치지 못한다. 이런 식의 교육에서는 인간의 폭넓은 양상을 충분히 탐구할 수 없다. 학생들은 사물의 심연과 극치를 조사하고 싶은 의욕이 생기지 않는다. 학생들에게는 적절한 지혜를 추구하는 분위기가 없는, 스콜레의 가치를 깨닫지 못하는, 그런 위기 상황을 깨달을 기회조차 주어지지 않는다. 오히려 오늘날의 분위기는 불멸화의 필요성에 대한 인식을 가로막고 억누르는 데 일조한다.

3장

보에티우스가 말하는
진정한 철학의 위안

지혜를 추구하는 분위기와 철학의 관계

지혜를 추구하는 분위기와
철학의 관계

철학은 젊은이들에게 무엇을 줄 수 있는가

 내가 영어 교사로서 느끼는 가장 큰 즐거움 가운데 하나는 학생들과 셰익스피어의 작품을 여러 번 읽을 수 있는 행운을 누린다는 점이다. 학생들이 9학년(한국의 중학교 2, 3학년에 해당—옮긴이) 때 〈로미오와 줄리엣〉을 읽으면서 셰익스피어를 만나는 것은 모든 교육 관할권에서 흔히 찾아볼 수 있는 모습이다. 이 아름다운 희곡은 학생과 교사 모두를 위한 도전 과제와 통찰로 가득하고, 이 연령대 학생들에게 딱 들어맞는 작품이다. 그 학생들처럼 줄리엣도 '14년 동안의 변화를 보지 못'했고, 로미오는 줄리엣보다 나이가 조금 많을 뿐이기 때문이다. 이 작품이 모든 사람(특히 이 두 사람)에게 가능하고, 모든 인간이 모색하며 음미할 수 있는 깊은 사랑을 묘사하면서 보여주는 예리함은 정말 인상적이다. 그리고 아주 치밀하게도 셰익스피어는 한편으로 연인들(로미오와 줄리엣)과 친구들(로미오와 머큐시오) 사이의 깊은 감정과 다른 한편으로 그들의 스승들(줄리엣의 아버지와 로런스 수사)의 주장을 대조하면서, 젊은 남녀에게 그들이 해야 할 일이 무엇인지와 그들이 사랑의 대상으로서 주목할 만한 것이 무엇인지를 가르친다.

사랑스러운 줄리엣을 만나자마자(결혼을 앞둔 두 사람은 영원한 사랑을 서약한다) 로미오는 아버지의 과수원을 떠나면서 줄리엣에게 작별 인사를 해야 한다. 로미오의 '왕성한' 영혼에게 줄리엣은 '천번의 안녕!'을 고하는데, 로미오의 반응은 특별히 우리가 진행하는 연구와 관계있다. "그대의 빛이 사라지니 천배나 슬프오. 사랑이 사랑을 향할 때는 책을 내려놓은 학생처럼 기쁘지만, 사랑과 멀어질 때는 죽을상을 하고 학교에 가는 것 같소"(2막 2장 155-157행). 여기서 로미오는 모든 교사가 어린 제자들을 다룰 때 마주치는 진실을 말한다. 어린 영혼들은 대체로 책과 공부와 학교를 사랑의 원천이 아니라 사랑스러운 것으로부터의 이별로 받아들인다. 교사가 진리를 향한 공부에 관심을 갖도록 학생들을 설득할 수 있는 방법은 무엇일까? 교사는 공부를 통해 더 고귀한 의미를 이해하는 길로 나아갈 수 있다는 것을 어떻게 납득시킬 수 있을까? 청년 교육을 모색하는 사람, 심지어 지혜 추구에 근거를 둔 교육을 갈망하는 사람은 사랑과 우정만을 유의미하게 여기는 젊은이들을 상대로 어떻게 그런 꿈을 꿀 수 있을까? 철학은 젊은이들의 마음과 머리에 어떤 위안을 줄 수 있을까?

열정과 사랑과 절망으로 가득한 젊은이들이 터무니없게 여기는 철학의 속성이 가장 명백하게 드러나 있는 문학작품이 바로 〈로미오와 줄리엣〉이다(최소한 내가 아는 한에서 그렇다). 3막에서는 로미오의 가장 친한 친구 머큐시오가 살해당한다. 친구의 죽음에 대한 슬픔과 죄책감 때문에 로미오는 가해자인 티볼트를 죽이고, 게다가 에스칼루스 대공의 칙령에 따라 거리에서 민간인끼리 '싸움'을 벌이는 것이 금지되어 있음에도 이를 어겨 '아름다운 베로나'에서 쫓겨난다. 로미오는 추방령에 아연실색하고 임박한 추방을 죽음에 버금가는 형벌로 여긴다. 로미오의 경험에 따르면 사랑은 이 세상에서 선하고 의미 있는 모든 것의 근원이다. 따라서 자신이 사랑하는 것들로부터 영원히 떨어져야 하는 것은 설령 육체적 죽음은 아니더라도 정신적 죽음이 따르는 것이므로 더 두려울 수밖에 없다. 추방 소식을 전해 듣자마자 로미오는 이렇게 말한다.

> 베로나의 성벽 밖에는 세상이 없고,
> 대신 연옥, 고문, 지옥만 있습니다.
> 여기서 추방되면 세상에서 추방되는 것이고,
> 세상에서 추방되는 것은 죽음이므로,
> 추방은 죽음의 오칭이니 죽음을 추방이라고 부르면서,
> 당신은 금도끼로 내 목을 치고,
> 나를 죽이는 일격에 미소를 짓습니다. _(3막 3장 17-22행)

로미오는 진짜 살과 피를 가진 아름다운 소녀를 사랑한다. 그녀 안에서 그리고 그녀를 통해 로미오는 모든 아름다움을 경험하고, 그녀를 매개로 사랑을 둘러싼 일을 깊이 있게 또 속속들이 파악한다. 줄리엣을 향한 사랑을 통해 로미오는 사랑하는 사람을 사랑할 수 있는 것, 즉 '천국'을 경험한다. 로미오의 경험에서 사랑을 통해 자기 사랑의 원천인 연인과 심오한 합일을 이루는 것은 인간으로서 가장 신성한 일이다. 그런데 연인과 합일을 이룰 기회를 박탈당하자 로미오는 삶이 가치 있게 느껴지지 않는다. 로런스 수사가 육체적 죽음이라는 것과 연인에게서 몸이 떨어져 있는 것의 차이를 언급하면서 로미오의 열정을 달래려고 할 때, 로미오는

젊은이 특유의 사랑 앞에서 다급한 마음을 이렇게 털어놓는다.

그것은 자비가 아니라 고문입니다.
줄리엣이 사는 이곳이 천국이고요. 모든 고양이와 개와
생쥐들과 온갖 하찮은 것도
여기 천국에 살고 줄리엣을 볼 수 있습니다.
그러나 로미오는 그럴 수 없습니다.
썩은 고기를 탐하는 파리들이
로미오보다 더 건전하고 명예롭고 행복하게 삽니다.
그것들은 줄리엣의 하얀 손에 앉고
순결한 그녀의 빨간 입술에서 불멸의 축복을 훔칩니다.
파리들도 그렇게 할 수 있는데
로미오는 못합니다. 그는 추방됩니다.
멀리 도망쳐야 합니다.
그들은 자유롭지만, 저는 추방됩니다.
그런데도 수사님은 추방을 죽음이 아니라고 말하십니까?
수사님은 독약으로도 날카로운 칼로도
그 밖의 모든 비겁한 방법으로도 당장에 죽일 수 없어서
저를 '추방'으로 죽이십니까? '추방'?
오 수사님, 그 말은 지옥의 말, 그 말에는 울부짖음이 있습니다.
성스러우시고, 고해신부이시며,
죄를 사하시고, 저의 친구이시면서
어떻게 '추방'이라는 말로 저를 난도질하십니까? _(3막 3장 29-51행)

교사라면 알겠지만, 고등학교는 사랑과 우정과 온갖 종류의 드라마로 가득하고, 주변의 모든 곳은 온통 젊음의 긴급함으로 둘러싸여 있다. 그러나 수업, 사고, 학습 등에는 모두 어느 정도 그런 긴급한 사랑과 우정의 유보가 필요하다. 앞서 지적했듯 모든 사고는 깊은 의미에서 볼 때 '무질서'하다. 이런 이유에서 해나 아렌트1906-1975는 다음과 같이 말한다. "사고는 모든 행동, 모든 일상적 활동을 방해한다. 그것이 어떤 행동이든 활동이든 간에 말이다. 모든 사고에는 멈춘 뒤 생각하기가 필요하다."[1] 사고가 필연적으로 당사자의 기분, 사랑, 우정 등과 같은 긴급한 요소와의 단절을 수반한다면 어떻게 학생들을 사고의 길로 유도할 수 있을까? 교사가 학생들에게 사랑을 포기하고 사랑스러운 것과의 단절을 받아들이라고 어떻게 설득할 수 있을까?

셰익스피어는 이 난제를 희곡을 통해 생생하게 묘사한다. 로런스 수사는 로미오에게 자기 말을 귀담아들으라고 요청한다. 그는 지혜를 추구하라고 권하면서 연인을 잃은 로미오를 위로하려고 한다. "그 말(추방)을 막아줄 갑옷을 주겠다. 역경의 달콤한 젖, 그러니까 철학 말이다. 추방되더라도 네게 위로가 될 것이다." 그러자 로미오는 즉각, 그리고 몸서리를 치면서 반발한다.

또 자기 '추방'입니까? 철학은 됐습니다!
철학이 줄리엣을 만들 수 없고,
도시를 옮길 수 없으며, 대공의 판결을 번복할 수 없다면,
도움이 되지 않고, 소용이 없습니다. 더는 말씀하지 마십시오._(3막 3장 57-60행)

로미오는 진짜 사람과의 사랑이라는 긴급성만 알고, 진짜 살과 피를 가진 연인과의 합일을 갈망한다. 그의 진정한 사랑의 대상을 대체하는 모든 것은 그가 나름의 사랑 경험으로 알고 있는 바와 전혀 무관한 환상에 불과하다. 독자인 우리 역시 로미오의 사랑을 로런스 수사가 제안하는 대체 수단보다 더 참된 것으로 여긴다. 로런스 수사는 나이가 많고 순결하며 젊은이들의 열정이나 낭만적 사랑을 경험하지 못한 사람이다.

그가 시도하는 '위안'은 환상에 불과하지 않을까? 진정한 위안으로서 그가 권하는 '철학'의 부실함을 드러내는 모든 발언 가운데 가장 인상적인 부분은, 줄리엣의 가족이 침실에서 '죽은' 그녀를 발견한 직후 그들에게 하는 말이다. 로런스 수사는 줄리엣의 죽음을 큰 아픔으로 여기기는 커녕 그녀의 이른 죽음을 기뻐하라고 말한다. 즉 죽음은 빛나는 축복이며, 어려서 죽는 것은 가장 빛나는 축복이라는 것이다(4막 5장 65-83행). 이런 질문을 던져보자. 철학에 대한 그의 권고는 진정으로 철학적인가? 그가 로미오에게 건네는 충고는 정말 지혜로운가? 그의 계획과 행동의 결과를 고려하면 로런스 수사가 진실로 지혜를 추구한다고 말할 수 있을까? 예를 들어 로런스 수사가 공개적인 논란을 피하는 데 따른 자신의 개인적 이익보다 진실을 더 귀하게 여겼다면, 로미오와 줄리엣의 이별과 죽음은 아예 없었을 것이다. 그녀의 부모에게 사실대로 말했더라면 양쪽 집안은 화해했을지 모르고, '가문' 간의 원한이 순수한 사랑으로 바뀌었을 것이다(2막 4장 92행). 하지만 로런스 수사는 양쪽 집안에 자신을 행동을 감추기 위해 기만적인 계획을 꾸며냄으로써 두 사람의 비밀 결혼을 주선한 데 따른 책임과 난처함을 모면한다. 게다가 자신의 음흉한 계획이 로미오의 죽음으로 끝났을 때, 그는 어린 줄리엣과 함께 무덤에 머물면서 그녀를 위로하지 않는다. 오히려 겁쟁이처럼 그녀를 외면하고 자신의 책임을 모른 체한다. 그는 줄리엣을 송장 사이에 남겨둔 채 떠나고 '그런 온갖 끔찍한 공포에 둘러싸인' 그녀는 로미오의 죽음에 절망한다(4막 4장 50행). 내가 이 희곡을 가르칠 때마다 학생들은 로런스 수사의 비겁함과 무책임함에 깜짝 놀라고 몸서리친다. 그가 하는 짓은 확실히 지혜로운 사람의 행동이 아니며, 분별(프로네시스)이 전혀 없고 보편적 선(소피아)에 대한 감각도 찾아볼 수 없다. 진실로 지혜를 모색하는 사람이라면, 그리고 남들에게 그렇게 하라고 훈계하는 사람이라면 어떻게 로런스 수사처럼 그토록 사악함과 비겁함으로 가득할 수 있겠는가?

물론 겉으로 로런스 수사는 로미오에게 철학을 권한다. 그러나 자신의 평판에 누가 되더라도 진실을 모색하는 철학적 정신과 용기가 부족한 사람이 철학을 권할 수 있을까? 지혜를 추구할 마음이 없고 단지 철학책, 교사 양성 교본, 철학적 담론의 '수단' 따위로만 '배운' 교사들이 학생에게 철학을 권할 수 있을까? 로미오는 거기 내포된 공허함을 알고 있다. 그런 '철학'은 스스로 '목을 매야' 한다. 이미 그것은 철학의 핵심인 진정한 지혜 추구에 정신적으로 무감각하기 때문이다. 그런 '지혜로운 사람들'의 말은 전혀 위로가 되지 않는다. 그런 종류의 '철학'은 사랑스러운 존재가 곁에 없고 그것으로부터 동떨어진 상태에서의 무기력한 수단일 뿐으로, 이 때문에 로미오는 로런스 수사에게 "더는 말씀하지 마십시오"라고 부탁하는 것이다.

책과 연구를 통해 배우고 '역경의 달콤한 젖'으로 자처하는 사람들의 '철학적' 수다는 로미오에게 연인을 데려다주지 못하기 때문에 공허하다. 로런스 수사의 철학은 근본적이고 불가피한 존재 상태로서의 추방에 대한 경험에 근거하는 학문이다. 로미오가 정확하게 평가하듯 그런 철학은 "줄리엣을 만들 수 없고, 도시를 옮길 수 없으며, 대공의 판결을 번복할 수 없"다. 그것은 다름 아니라 절망으로 이끄는 철학이므로, 로런스 수사의 권고에 대한 로미오의 반응은 명쾌할 뿐 아니라 전적으로 정당하다. 그런 지혜의 추구는 진짜 사람을 향한 진짜 사랑을 전혀 대체할 수 없다. 진짜 사람 사이에서의 사랑의 완성과 달리 로런스 수사의 철학은 사랑하는 사람과의 진정한 합일을 이끌어낼 수 없다. 어떤 사람이 그런 '철학적 활동'에 참여하는 것은 스스로 감금과 투옥, 그리고 모든 아름다운 것의 원천과 사랑의 진정한 대상으로부터의 추방을 받아들이는 것이다. 철학이 로런스 수사가 주장하는 바와 같다면, 교육자로서 우리는 어떻게 철학적 사색을 학생들에게 쉽게 권할 수 있겠는가? 사랑스러운 것으로부터 추방된 그런 상태에서 과연 누가 자신의 끝없는 고통을 철학으로 달래며 살 수 있겠는가?

철학은 적당한 선에서 만족하지 않는다

로런스 수사의 철학을 거부하면서 로미오는 비록 철학자들이 자신과 같은 '미치광이' 연인들이 듣지 못하는 말을 '듣지만' 그런 '지혜로운 사람들은 눈이 없기에'(3막 3장 61-62행) 조롱받을 만하다고 말한다. 철학자들의 말(로고이)과 그들이 이성(로고스)의 삶에서 하는 발언(로고이)에 주목하는 태도에는 그들이 사랑하는 최종 대상이 보이지 않는다. 로미오는 철학적 토론, 추론, 변증법 따위를 공허한 말로 여긴다. 따라서 그는 '친구'인 로런스 수사에게 더는 말하지 말라고 부탁한다. 로런스 수사의 철학에는 사랑하기와 관찰이 없는 말하기와 듣기가 수반된다. 게다가 연인들은 '미쳤'지만, 로런스 수사 같은 이들은 그렇지 않다. 분명 로런스 수사는 젊은 미치광이들이 너무 성급하고 탐욕스러운 병적인 사랑으로 가득하다고 말하고자 한다. 하지만 그는 연인들이 그런 '인간적 광기'로 가득할지 모르지만, 모든 위대하고 아름다운 것이 영혼 속에서 결실을 거두는 통로인 '신성한 광기'에도 사로잡혀 있다는 사실을 인정하려 들지 않는다. 로미오에 따르면 철학자를 전적으로 온전하고 '지혜로운' 사람으로 바라보는 로런스 수사의 관점에는 광기의 두 가지 속성 중 하나가 빠져 있다. 오히려 로런스 수사의 '위안'은 두 가지 형태의 광기 모두에 의해서도 움직이지 않는 돌 같은 것이다. 소크라테스가 플라톤의《파이드로스》에서 언급하는 것이자, 연인의 영혼에 날개가 생겨나게 하는 관조(테오리아)를 통해 상대방과 함께할 수 있게 하는 원동력인 에로스적 광기(마니아)는 로런스 수사의 철학에 속하지 않는다. 사실 로런스 수사는 로미오에게 그런 정신의 미친 도피를 삼가라고 또 적당히 사랑하라고 충고한다.

> 이런 거친 환희는 거칠게 끝맺으며
> 그리고 불과 화약처럼 의기양양하게 죽는다,
> 너무 단 꿀은 오히려 싫어지고
> 입맞춤도 마찬가지다
> 적당히 사랑하라. 긴 사랑은 그런 것이다.
> 너무 빠르면 천천히 가는 것보다 오히려 늦다. _(2막 6장 9-15행)

하지만 지혜에 대한 사랑으로서의 진정한 철학은 모든 사물에서 자기가 사랑하는 것을 최대한 찾아내려는 진정한 아름다움을 '사랑하는 사람(필로칼로스)'과 비슷하다. 예를 들어 플라톤의《파이드로스》에서 지혜를 사랑하는 필로소포스와 필로칼로스는 서로 동등한 존재로서 '음악적 또는 애정적 특성을 지닌 사람'과 동일한 반열에 있다고 평가된다. 진정한 철학은 자기가 사랑하는 것에 대한 열정이 적당하지 않다. 오히려 철학은 지혜에 대한 사랑이 지나치다. 철학은 지혜의 상당 부분이 아니라 지혜 전체에 대한 에로스적 욕망이다. 철학은 적당한 양의 지혜에 '만족'하지 않는다. 철학은 자기완성에 미쳐 있다. "적당히 사랑하라"는 로런스 수사의 충고는 로미오와 진정으로 소피아를 모색하는 사람들을 비롯한 모든 연인의 귀에 들어오지 않는다(항상 그럴 것이다). 연인은 위로의 말을 '듣는 온건한 사람'이 볼 수 없다고 생각하는 것을 '본다'(더 정확히 말하면 보려고 노력한다). '지혜로운 사람들'은 위로의 말 속에서 도피자로 남는다. 그들은 자기가 사랑하는 대상과의 합일을 포기하고 대체 수단인 로고이에 만족한다. 반면 연인들은 관조를 통해 사랑하는 대상과의 사랑스러운 합일을 모색하면서 상대방에게 충실하고, 언제나 가장 과도한 방식으로 상대방을 위해 노력한다. 이런 점에서 줄리엣을 향한 로미오의 사랑은 로런스 수사의 모든 학구적 자세와 철학적 가르침보다 더 정확하게 진정한 철학을 표현한다. 진정한 철학은 소피아를 진정한 목적으로 삼는다. 진정한 철학의 말, 발언, 추론(로고이) 등은 그것이 사랑하는 대상을 포함하고, 이 지적 활동을 통해 그리고 스콜레라는 지혜 추구의 분위기에서 실현할 수 있는 관조(테오리아)를 통해 지혜에 다가간다.

철학의 여신과 만나다

고대 로마의 철학자 보에티우스는 〈로미오와 줄리엣〉에서 로런스 수사가 말하는 공허한 위안과 도피의 '철학'에 대한 훌륭한 대안을 내놓는다. 보에티우스는 서기 480년경 로마에서 태어났다. 아버지는 전직 집정관이었고, 보에티우스도 동고트족의 테오도리크대왕 치세인 서기 510년에 집정관이 되었다. 그의 정치적 경력은 대담한 태도와 공동선에 대한 관심으로 요약할 수 있다. 본인이 직접 설명한 바에 따르면, 보에티우스는 명예나 영광을 위한 또는 그 두 가지를 통해 얻을 수 있는 금전적 보상을 위한 정치 활동을 하지 않았다. 그가 정치에 몸담은 것은 "철인哲人이 왕이거나 지배자가 철인인 나라가 행복"할 것이라는 플라톤의 '가르침을 따르기 위해서'였다. 보에티우스는 "국가의 통치를 비열하고 사악한 자들에게 맡김으로써 선이 훼손되고 파괴되지 않도록 하기 위해" 정치적 사안에 개입하는 것을 자신의 시민적 의무로 여겼다.

정치에 뛰어들고 나서 보에티우스는 부도덕한 자들과 꽤나 자주 충돌했다. 스스로 밝힌 바에 따르면, 그는 여러 차례 정치적 불의에 용감히 맞섰다. 그는 코니가스투스 같은 부패한 정치인들이 약자의 재산을 강탈하지 못하도록 막았으며, 트리구일라가 여러 불의를 저지르지 못하게 저지했고, '야만인들의 끝없는 탐욕'에 희생되지 않도록 가난한 사람들을 보호했다. 그 유명한 《철학의 위안》을 집필할 때 그는 원로원이 유지되기를 바랐다는 이유로 변방의 파비아에서 투옥되었다. 보에티우스는 모든 인간적 교제가 단절되고 방대한 장서를 빼앗긴 채 음울한 감옥 안에서 정치적 정의를 지킨 대가도 없이 처형을 기다렸다. 그러면서 그는 진정으로 자신의 세계로 도피했다. 그런데 우리의 연구 목적을 고려할 때 보에티우스의 사례에서 가장 주목할 점은, 그가 감옥에서 확실하고 비참한 종말을 기다리는 동안 기독교적 신념이 아니라 철학에서 위안과 위로를 찾은 것이다. 《철학의 위안》에는 그리스도가 전혀 거론되지 않는다. 오히려 곤경에 처한 그에게 나타나 위로해주는 것은 철학의 여인이다. 로미오처럼 보에티우스도 추방당했다. 로미오와 마찬가지로 보에티우스 역시 아름다움을 사랑하는 사람이고, 단순히 말을 듣는 사람이 아니라 보는 것을 모색하는 사람이다. 보에티우스에게 나타난 철학의 여인은 확실히 말을 건넨다. 그런데 그녀는 일단 눈물과 슬픔으로 가득한 그의 눈을 깨끗이 닦아준다. 자신을 더 뚜렷하게 볼 수 있도록 말이다. 누군가가 보지 못할 때 '세상에 흘러넘치는' 그 밤의 절망 대신에 철학의 여인은 "밤을 휩쓸어버리고 낮을 부른다. 반짝이는 햇빛이 우리의 놀란 눈에 갑자기 비치도록" 말이다. 자신이 사랑하는 대상에서 영원히 떨어져 있는 로런스 수사의 도피와 말의 철학과 달리, 보에티우스의 철학적 사색은 관조적 관찰, 즉 테오리아를 통해 자신이 제일 사랑하는 대상과 합일을 이룬다. 이는 진정한 철학을 둘러싼 중요한 견해다. 여기에는 희망적 기대가 담겨 있고, 따라서 스스로 '목을 매야' 할 필요가 없다. 보에티우스가 실천하는 진정한 철학은 그것이 가장 사랑하는 대상에 도달할 수 있다. 그것은 들을 뿐 아니라 보기도 한다. 그리고 로런스 수사의 도피의 철학과 달리 보는 주체와 보이는 객체를 합일할 수 있다. 오늘날의 학생들이 그런 철학의 가능성을 알게 된다면, 즉 그들에게 자신의 사고와 학교에서의 지적 훈련이 사랑과 우정으로부터의 강제적 도피가 아니라 지혜를 향한 진정한 관찰(테오리아)을 통해 사랑스러운 것에 도달하기 위한 수단이라는 점을 받아들일 근거가 확보된다면, 그들의 일상생활에서 무기력, 나태, 무사안일 등이 정말 많이 사라질 것이다(그런데 우리가 속한 '일에 매몰'된 문화에서는 흔히 여가를 무기력이나 나태나 무사안일로 바라본다)! 또한 학생들이 여가, 즉 스콜레를 찬찬히 보면서 그것의 의미와 소중함을 정말 많이 깨닫고, 학교생활을 제대로 즐기고 소중히 여길 것이다!

지혜 추구의 분위기란 무엇인가

지혜와 지혜 추구의 본질을 둘러싼 현대의 견해를 살펴보면서 우리는 존 미첨이 지혜를 추구하는 분위기, 또는 학교에서 지혜를 가장 효과적으로 증진하고 추구할 수 있는 분위기의 필요성으로 여기는 것을 다뤘다. 이 주제는 우리 탐구 과정의 핵심이다. 미첨은 학교에서 지혜를 장려하기 위해 학생들에게 '비극'으로부터 안전하고 자유롭다는 느낌을 심어주는 것이 필수라고 주장한다. 그가 비극으로부터 안전하고 자유로울 필요성에 관한 주장을 합리화하는 근거는 지혜는 '중간'이기 때문에, 한편으로 지나치게 자신 있는 앎과 다른 한편으로 무조건적인 의심 같은 '극단'을 피해야만 발견할 수 있다는 것이다. 그가 볼 때 비극적 경험에 노출되고 안전성이 결여된 상황에서 학생들은 중간에서 벗어나 경험의 두 번째 극단으로 향한다. 하지만 사랑에 대한 로미오의 통찰이 암시하듯, 진정한 철학은 아주 극단적이고 맹렬하며 지나친 것일지도 모른다. 연인에 대한 그의 사랑과 마찬가지로 확실히 진정한 철학은 본질적으로 '안전'한 것이나 '중간'에 견줄 만한 것이 아닌 듯하다. 앞서 지혜를 추구하는 분위기를 논의할 때 미첨의 의견에 반대했고, 지혜의 장려와 관련해 현실을 피하는 것이 아니라 현실에 노출되는 것을 주장한 그레이의 손을 들어줬다. 그레이의 관점에서는 깊이 있고 비극적인 경험이 없으면 교육이 이뤄질 수 없다. 이런 그레이의 주장과 더불어 그리스비극의 의미에 관한 쾨겔린의 통찰에도 주목했다. 사실 미첨이 높이 평가한 안전하고 안정적이며 비극 없는 환경은 심도 있는 이해의 발전을 저해할지 모른다.

보에티우스의 《철학의 위안》도 철학적 사색의 적절한 환경을 둘러싼 미첨의 주장에 의심의 눈초리를 보낸다. 보에티우스는 비극이 없는 환경에서는 결코 철학적 사색으로 내몰리지 않았다. 비참한 죽음을 기다리는 상황에서 그는 안전하거나 안정적이지 않았다. 오히려 보에티우스의 철학적 사색은 그리스비극의 심연에서 지혜가 샘솟는 것과 흡사한 방식으로 시작한다. 이미 살펴봤듯 쾨겔린은 비극의 진리는 행동이라고, 즉 "책임감 있는 성인의 의사결정에서 절정에 이르는 영혼의 움직임"이라고 말한다. 확실히 교육은 젊은 영혼들이 성숙하도록, 그리고 정의(디케)를 위해 행동하도록 가르치는 것과 관계있다. 하지만 그리스비극에서는 정의를 위해 행동하기란 쉽지도 안전하지도 않다. 사회의 법률은 구성원에게 정의의 의미를 강제할 수 있지만, 그런 법에도 정의의 진정한 의미는 없기 때문에 비극적 행동에 연루된 영혼은 자신의 깊이까지 도달함으로써 모든 정의를 표현할 수 있는 진정한 기준을 발견해야 한다. 푀겔린은 다음과 같이 말한다. "도덕률과 구체적 의사결정이라는 이중적 의미에서, 갈등을 겪는 법(테미스)의 질서 너머에 디케의 질서가 있다. 테미스가 감당하지 못하는 상황은 궁극적 공정성의 구체적 의사결정, 즉 디케가 정리해야 할 것이다."[2] 이와 같은 푀겔린의 논평은 확실히 우리가 보에티우스의 철학적 사색을 이해하는 데도 도움을 준다. 그리스비극에서와 같이 보에티우스 시절의 법률은 확실히 정의를 확립하지 못했고, 오히려 무고한 사람에게 사형선고를 내렸다. 자신이 처한 상황에서 정의와 위안을 발견하기 위해 보에티우스는 고독한 개인으로서 디케를 확립하는 결정을 내리고자 자기 영혼의 깊숙한 곳까지 내려가야 했다. 그렇게 보에티우스는 철학적 사색에 착수한다. 철학은 지혜를 보는 것(테오리아)을 향한 변증법적 상승일 뿐 아니라, 영혼의 깊이를 향한 하강이기도 하다. 이런 식으로 철학은 가장 높은 고도와 가장 깊은 심도로 떠나는 영혼의 가장 폭넓은 여정과 관계를 맺는다. 가장 비극적이면서도 가장 숭고한 것으로서의 철학은 인간이 가장 넓은 정신적 범위의 경험과 이해를 증진할 수 있는 수단이다.

보에티우스의 《철학의 위안》은 지혜의 함양에 관심 있는 현대의 교육자들인 우리에게 각자의 지혜 추구라는 측면뿐 아니라, 학생들의 지혜 추구를 문화화하는 방법의 측면에서도 중요한 질문을 던진다. 소피아를 추구할 때 특정한 종류의 지혜 추구의 분위기가 필요하다면, 그런 분위기는 과연 어떤 모습일까? 지혜의 궁극적 목적을 항상 명심하면서 학교를 어떻게 조직해야 그런 스콜레의 문화를 조성할 수 있을까? 지혜의 분위기와 관련해 미첨이 잘못된 판단을 내렸다면, 즉 비극으로부터의 안전과 자유가 스콜레를 조성하는 것과 무관하다면 과연 바람직한 지혜를 추구할 수 있는 분위기는 어떤 것일까? 아마 지혜의 함양을 염두에 둔 비극의 가치를 둘러싼 고대인들의 합의는 새뮤얼 존슨(1709-1784, 18세기 영국의 평론가 겸 시인—옮긴이)의 통찰을 인용해 가장 적절하게 표현할 수 있다. "교수형만큼 정신을 집중시키는 것은 없다." 사실 나는 이 세계에서 가장 사려 깊고 훌륭한 글이 끔찍한 상황과 전체주의 체제에 노출된 저자들에게서 나오는 경우가 그토록 많은 까닭, 그리고 평화롭고 안정된 사회에서 등장한 문학작품이 상대적으로 매력이 덜한 까닭이 늘 궁금했다. 아마도 고통과 상실로 인해 인간 정신이 삶에서 마주치는 일의 의미와 가치에 대해 깊이 있고 근본적인 질문을 던지는 경향이 있기 때문일 것이다. 철학의 여인과 만나는 동안 보에티우스의 귀에는 철학의 여인보다는 숙녀답지 않은 또다른 여신인 포르투나의 말이 들린다.

이봐, 왜 내게 걸핏하면 불평을 털어놓지? 포르투나가 말한다. 내가 그대에게 무슨 상처를 줬지? 내가 그대에게서 무엇을 빼앗았지? 아무 심판관 앞에서 재산과 직책을 걸고 겨뤄보기로 하지. 그대가 그런 것이 인간의 소유물이라는 점을 보여줄 수 있다면, 내 당장 기꺼이 그대가 돌려받기를 바라는 그것들이 그대의 소유임을 인정하지. 자연이 그대 어머니의 자궁 밖으로 그대를 불러냈을 때 나는 모든 면에서 부족하고 부실한 그대를 받아들였어. 그대를 도와줬고, 기꺼이 친절을 베풀면서 심지어 내 재물을 원하는 대로 줬고, 온갖 응석을 받아줬지. 바로 그 때문에 지금 그대는 내게 이토록 화를 내는 것이지. 나는 내가 할 수 있는 한 그대에게 온갖 부귀영화를 선사했는데. 이제 손을 떼야겠어. 그대의 것이 아닌 것을 마음껏 누렸으니 내게 고마워해야 해. 마치 그대의 것을 잃었다는 듯 불평하지 말고 말이야.[3]

보에티우스의 경우에 정의를 둘러싼 문제는 그의 처형이 임박했을 때, 즉 '선한 사람들에게 나쁜 일이 생길 때' 제기된다. 이런 어려운 문제는 경험을 통해 고통과 상실에 관심을 갖게 된 사람이 제대로 탐구할 수 있다. 보에티우스가 그런 경우고, 교사와 학생도 마찬가지다. 따라서 철학의 문제를 다룰 때마다 비극적 요소가 반드시 모든 탐구 분위기의 일부분이 되어야 한다. 고통과 상실을 통해 진정한 정의의 근거를 발견하는 과정의 심각한 어려움을 직접 겪으며, 보에티우스는 철학의 여인으로부터 도움을 받아 '말로 옮기기 힘든' '놀라운' 진실을 곰곰이 생각하게 된다.

사람들에게 불운은 행운보다 낫다. 운명은 행복인 양 미소를 지으면서 항상 속임수를 쓰지만, 변신을 통해 스스로의 변덕을 보여주면서 항상 약속을 지킨다. 첫 번째 종류의 운명은 현혹하고, 두 번째 종류의 행운은 가르친다. 하나는 좋아 보일 뿐인 선을 즐기는 사람들의 마음을 구속하고, 다른 하나는 인간 행복의 부실함을 깨닫게 함으로써 그들을 자유롭게 한다.[4]

《철학의 위안》에서 보에티우스는 철학의 여인이 '상식'과 달리 불운의 경험을 행운의 경험보다 지혜 추구에 더 도움이 되고 더 교훈적인 것으로 여긴다고 말한다.

하지만 지혜에 대한 모든 고대적 해석에서 강조된 비극적 요소를 학생과 교사에게 스콜레를 장려하기 위한 지혜 추구의 분위기를 조성하는 데 유일한 요소로 간주할 필요는 없다. 보에티우스가 운명의 장난에 따른 고통을 겪으면서 깨달은 가장 큰 '놀라움' 가운데 하나는 "이 거칠고 불쾌한 운명을 통해 진심으로 의리를 지키는 친구들을 알게 되었고, 동료 가운데 정직한 부류와 부정직한 부류를 구별하게 되었다"는 점이다. 운명의 장난에 따른 상실을 겪으면서 보에티우스는 "갖가지 귀중한 것 가운데 가장 값진 것(진정한 친구들)"을 깨닫는다. 달리 말해 대상의 실체를 명확하게 보기(테오리아), 즉 '정신을 집중하기'가 비극의 가장 큰 혜택이라고 이해할 수 있다면 그리고 그것이 비극이 지혜 추구 분위기의 조성을 방해하지 않고 촉진하는 이유라면, 확실히 친구들에 대한 그리고 우정을 통해 드러나는 선에 대한 진정한 관찰도 스콜레의 일부일 것이다. 사실 보에티우스는 "가장 거룩한 종류의 선은 우정이라는 선, 즉 운명의 문제가 아니라 미덕(비르투)의 문제로 간주되는 선이다"라고 말한다. 《철학의 위안》에 등장하는 세속적인 선 가운데 보에티우스가 이 정도로 찬미하는 것은 우정이 유일하다.

물론 모든 우정이 '고결한 우정'은 아니다. 사실 그런 우정은 모든 인간관계 가운데 가장 드물고 가장 귀중한 것이다. 《니코마코스 윤리학》에서 아리스토텔레스는 인간의 삶에서 경험하는 다양한 종류의 우정을 아주 길게, 그리고 무척 예리하게 다룬다. 그런 철학적 견해와 비슷한 관점에서 내가 생각하는 교사로서 느끼는 매력 가운데 하나는, 젊은이들이 대다수의 나이든 사람과는 다른 방식으로 우정을 실천하고 표현한다는 사실을 볼 수 있다는 점이다(적어도 내가 경험한 바에 따르면, 그리고 다른 교사들의 의견을 참고하면 그렇다). 교사들은 그런 식의 우정을 실천할 수 있는 학생들과 지내면서 그것을 간접적으로 경험해보고 싶을 것이다. 그런데 바로 그런 우정(학교에서 만연하는 각양각색의 우정)의 분위기 속에서 가장 깊이 있는 학습을 할 수 있다. 학생들은(그리고 교사들은) 그런 우정을 경험해야만 서로에게 가장 중요한 것을 보게 되고 관찰(테오리아)을 통해, 즉 앎의 주체가 앎의 객체와 합일하는 심오한 관조적 방식을 통해 가장 중요한 것을 알게 된다. 이 점은 우정의 가장 달콤한 부분이고, 학생들이 무엇보다 사랑하고 소중히 여기는 부분이다. 그리고 많은 교사를 강단으로 이끄는 힘이자 그들이 온갖 좌절을 무릅쓰고 '교직'을 버리지 않도록 이끄는 힘이다. 이런 이유로 우정은 모든 지혜를 추구하는 분위기의 일부분이어야 한다. 보에티우스의 외로운 감옥은 우정의 장소였다(기분이 좋지 않은 날이면 나는 교실을 감옥에 비유하기도 한다). 그가 철학의 여인과 함께 경험한 교분과 철학적 사색이, 지혜(소피아)와의 가장 깊이 있고 가장 극단적인 우정이기 때문이다.

오늘과 같은 환경에서 지혜 추구가 가능한가

보에티우스의 《철학의 위안》은 현대적 환경에서 지혜를 추구할 수 있는 분위기가 어떤 모습을 띠는지, 그리고 그와 가장 거리가 먼 모습은 어떤지를 판별하는 데도 힌트를 준다. 인간관계가 단절되고 방대한 장서를 빼앗긴 채 부당한 투옥과 유배, 게다가 임박한 처형 같은 사실을 잊을 만한 관심사가 전혀 없는 상태로 갇혀 있던 보에티우스의 경우에 과연 지혜 추구의 분위기란 어떤 것이었을까? 보에티우스가 지혜를 추구하고자 스콜레를 활용한 분위기는 조용히 대상에 주목할 수 있는 분위기로, 현대의 교실 분위기와는 전혀 달랐다. '21세기' 학습자가 모여 있는 21세기 학교에서 근무하는 교사들은 교사 연수일이 되면 어김없이 오늘날의 학생들이 인류사에서 유례없는 방식으로 공부한다는 말을 듣는다. 요즘 학생들은 과거의 학생들보다 더 빨리 사고한다. 그들은 더 많은 정보를 바탕으로 더 빨리 움직인다. 또한 그들이 새로운 현실에 적응하기 위해서는 지속적인 움직임과 자극제가 필요하다. 학생들이 조용히 앉아 있기를 바라는 것은 '운동 지향적 학습자들'의 요구와 상반되는 듯하다. 게다가 속사포 같은 대중매체와 기술을 통해 세상과 상호작용하는 새로운 방식 때문에 요즘 학생들의 주의지속 시간은 유례없이 짧다. 모든 것과 직접적으로 관계를 맺는 듯한 기분은 현실에서 일어나는 모든 일에 '실시간'으로 접속할 수 있도록 하려는 기술혁신을 향한 움직임 덕분에 한층 더 뚜렷해진다. 이런 점에서 세상을 경험하는 데는 기술적 중재가 필요해 보인다. 휴대전화, 아이팟, 인터넷 브라우저 등을 지속적으로 이용하지 못하면 학생들은 자신들의 세계 또는 통합된 공동의 전체에 속한 일부와 '연결'되었다고 느끼지 못한다. 즉각적인 만족을 요구하는 경향이 짙어지면서 그리고 직접적인 만족감을 제공하겠다는 기술의 약속이 현실화될 듯하면서, 주의지속 시간이 단축되고 있다. 주의지속 시간이 짧아짐에 따라 사고에서의 끈기와 지구력이 약해진다. 교사들의 귀에는 이런 추세에 반하는 방식으로 가르치지 말고, 오히려 학생들에게 기술적 기분 전환의 기회를 더 많이 제공함으로써 이 새로운 학습 양상에 적응해야 한다는 말이 들려온다. 학생들의 주의지속 시간을 연장하려는 현실적이고 혁신적인 자세를 갖추라고, 교사들의 교육론을 더 작고 더 소화하기 쉬운 크기의 덩어리로 쪼개어 21세기 학생들의 성향에 맞춰 가르치라고 요구받는다. 학생들의 다양한 학습 방식에 대처하는 더욱더 다채로운 양상의 자극을 통해, 각자의 교육론에 생기와 영양분을 불어넣을 수 있도록 온갖 기술을 자유롭게 사용하라는 독려의 말이 들려온다. 분주하고 활발하고 연결 지향적인 교실이 건전하고 행복한 교실이다. 이것이 현대의 교육 신조다.

이와 같은 오늘날의 교실은 지혜 추구와 스콜레를 조성하는 데 상당히 적대적이다. 이 점과 관련해 제시할 수 있는 최고의 본보기는 내가 9학년 학생들과 함께 즐겨 읽고 토론 대상으로 삼는 책 속에 있다. 나 역시 9학년 때 처음으로 W. O. 미첼1914-1998의 소설 《누가 바람을 보았을까》를 읽었는데 주인공 브라이언 오코널의 내면에서 일어나는 정신적 사건, 질문, 궁금증 따위를 아주 명료하고 아름다우며 사실적으로 묘사하는 저자의 놀라운 능력 덕분에 감동을 받았다. 이 소설에서 네 살짜리 꼬마 브라이언은 10대 초반으로 성장한다. 소설의 배경은 대공황 당시 캐나다 서스캐처원주의 어느 소도시다. 굳이 읽지 않아도 짐작할 수 있듯 이 소설에는 움직임이 많지 않다! 매우 관조적이며, 자동차 추격전도 등장하지 않는다. 젊은 독자들을 사로잡고 흥분시키고 자극할 만한 총격전, 마법사, 외계인, 노래하는 검 따위도 없다. 이 때문에 이 소설을 처음 읽는 학생 상당수가 지루해한다. 해마다 나는 학생들로부터 이런 말을 자주 듣는다. "아무 일도 일어나지 않아요, 선생님!" 그러나 참을성 있게 읽다 보면, 내가 수업 중에 학생들에게 소리 내어 읽어주면, 이 소설에서 말하는 유년기의 의문과 기억을 파고들다 보면, 학생들은 이 책이 던지는 질문에 그리고 책이 일깨워주고 고민을 촉구하는 그간 잊고 있었던 정신적 암시에 반응하기 시작한다.

이 소설은 여러 측면에서 브라이언의 성장기다. 이 성장기의 핵심은 '느낌'이라는 말로 여러 차례 언급되는 놀라움과 정신적 기대에 대한 브라이언의 경험이다. 미첼은 브라이언이 초등학교 1학년 학생으로서 경험하는 느낌의 아주 적절한 사례를 생생하게 묘사한다. 브라이언의 느낌이 생기는 지혜 추구의 분위기는 평화롭고 심오한 고요의 분위기다. 브라이언의 느낌은 모두가 아직 잠든, 그리고 교회에 가야 하는 가족을 위해 어린 브라이언이 구두를 닦느라 분주한 일요일 새벽에 떠오른다.

그는 일요일은 다르다고 생각했다. 일요일에는 낯설고 동떨어진 느낌이 들었다. 가족들이 내려올 때까지 그는 노인이 다리를 절며 걷는 것처럼 시끄럽게 똑딱거리는 뻐꾸기시계와 함께 현관 너머의 거실에 혼자 있었다. 구두가 뒤집어지지 않도록 신발장에 넣어둬야 했다. 언젠가 그런 일이 있었으니까.

그는 잘 닦여 반짝거리는 거실의 탁자를 지나 아버지 서재의 창가로 갔다. 담쟁이덩굴로 뒤덮인 격자무늬 현관을 바라봤다. 잠깐 거기 서 있다가 갑자기 예고 없이 찾아온 불안과 불만 때문에 돌아섰다. 그가 일요일 아침의 고요한 정적 속으로 들어가자 뒤에서 현관문이 휙 하고 닫혔다.
그가 턱을 손으로 괴고 현관 계단에 앉아 있을 때 마을 저쪽에서 성당 종소리가 천천히 들려왔다. 그는 마음속에서 어렴풋한 갈망이 깊어지는 것 같았다. 잔디 위에서 한 아이가 천천히 재주넘기를 하고 있었다. 그 아이는 잔디 위에서 머리를 들었다가 숙이면서 천천히 재주를 넘었다. 그 아이가 재주넘기를 멈추자 아침의 정적에서 무기력이 느껴지는 듯했다. 일요일은 달랐다. 일요일이 바로 안식일이었으니까.
반짝이는 빛이 비추었고, 그는 고개를 돌려 조팝나무의 새잎을 바라봤다. 밤새 모든 잎에 물방울이 맺혔다. 그는 일어섰다. 물방울은 둥근 잎 속에서 투명하게 빛났다. 잎의 구부러진 부분 아래에는 검은 그림자가 생겼고, 그 깨끗한 심장 속에서 차가운 별빛이 보였다. 허리를 더 가까이 굽히자 수정 같은 동그란 물방울 아래에서 부풀어 오른 잎맥이 보였다. 얼굴에 바람이 살짝 스쳤고, 거기에는 낯선 매력이 담겨 있었다. 꽃잎이 수줍게 열리는 것처럼 마음속에서 어떤 것이 열리고 있었다. 너무 천천히 열렸기 때문에 그는 거의 눈치채지 못했다. 그러나 어떤 것이 열리고 있었다. 아침 바람처럼 감지하기 어려운 마법 같았다. 순식간의 미묘함과 날카로움이 점점 심해지자 자칫 망쳐버릴까 걱정이 되어 감히 눈길을 돌리지 못했다. 그것은 마치 한줄기 바람에도 날아가버릴 정도로 가벼운 한 가닥의 거미줄 같았다. 그는 숨이 막혔고 기대에 들떴다. 마치 어떤 중요한 것을 받는 듯했고, 무언가 대단한 것을 발견하는 듯한 느낌이 들었다.

"애야, 아침 먹어라."

마치 거품이 꺼지듯 그 느낌이 사라졌다. 방금 거기 있었지만, 눈 깜빡할 사이에 사라져버렸다.[5]

브라이언이 느끼는 '느낌'은 철학적 활동을 유발하는 마음과 정신의 명확한 깨달음이다. 그것은 내면의 평온과 관심과 개방적 태도 같은 특정한 상태에서만 브라이언을 찾아온다. 브라이언에게 느낌은 깊이 있는 자각으로서, 그리고 '연금술 같은' 또는 변형적 속성이 있는 '관찰'로서 일어난다. 그것은 사물을 보는 모든 평범한 방식을 뛰어넘어 사물의 근저에 있는 '성별聖別'을 암시하려는 간절한 기대로서 경험된다. 이는 단지 일시적이고 지나가는 사물을 보는 것이 아니라, 영원한 사물에서 엿보이는 바를 일견하는 것이다. 이런 느낌은 근본적인 회상이고, 기원적 경험이며, 고대적 의미에서의 여가인 스콜레의 활동이다. 《누가 바람을 보았을까》에는 스콜레가 탁발 수도사, 수도승, 은발의 노인 등이 독점하는 특권도 지적 엘리트의 전유물도 아니라는 사실이 명백하게 드러나 있다. 오히려 미첼은 스콜레가 일상생활에서 가능하다는 사실을 모든 독자에게 분명히 밝힌다. 그가 보기에 스콜레는 심지어(아마도 특히) 소년에게도 가능한 일이다. 《누가 바람을 보았을까》의 매력은 평범한 사람들도 그런 경험을 여러 번 겪을 수 있다는 가능성을 보여준다는 점이다. 이 책은 독자에게 철학적 사색을 요청하는 목소리다. 다시 말해 우리 각자의 '내면에 자리한 브라이언'을 기억하고 회상하고 깨우라는 외침이다. 미첼은 우리가 다시 우리의 세계를 깊이 깨닫도록, 그것의 기반을 발견하도록, 그것에 감탄하도록 손짓한다. 교사로서 오늘날의 교실에서 지혜를 추구하고자 한다면, 그것은 틀림없이 미첼이 아름다운 문학의 형태로 묘사하는 바와 비슷한 모습을 띨 것이다.

플라톤은 《메논》에서 모든 학습은 상기적인 것, 즉 아남네시스의 한 형태라고 말한다. 10대 소년으로 성장하면서 브라이언은 자신의 느낌이 희미해진다는 사실을 알아차린다. 아버지가 세상을 떠난 뒤에 새로운 책임을 맡은 가장으로 '성장'해야 할 때가 되자 그는 그런 느낌을 전혀 받지 못하게 된다.

기억이 허락하는 한 그를 괴롭혔던 갈망이 거의 생각나지 않았다. 감각의 파편들이 과거로부터 돌아올 것 같았다. 죽은 비둘기, 대평원의 꼬리 없는 들쥐, 물방울 등에 대한 어렴풋한 기억의 그림이 떠오를 것 같았다. 언젠가 그는 팻과 아이크에게 머리가 두 개인 송아지를 떠올리게 한 적이 있었다. 두 사람은 그것을 기억했지만, 그게 다였다.[6]

나이가 들면서 우리는 기원적 경험에 대한 기억이 희미해지고, 철학적 정신에 무감각해지기 마련이다. 앞서 미첨이 말했듯 나이가 들수록 자신이 알고 있는 바를 더 확신하고 세상에는 특별한 변화가 없다고 생각하는 경향이 있다. 우리는 자신이 선택한 목표를 더 능숙하고 집요하게 달성하고, 자신이 긍정적으로 평가하는 것을 더 능숙하고 집요하게 획득한다. 하지만 그 과정에서 우리는 자신이 성장하고 성숙하기 전에 아주 잘 알고 있었던 귀중한 그 무언가를 잃어버린다.

플라톤은 이런 경향에 주목했고, 만년에 그것에 대한 글을 썼다. 《법률》에서 가장 나이 많은 세 번째 합창단 구성원들이 즐기는 술잔치의 필요성을 아테네의 이방인이 거론하는 것은 바로 이 때문이다. 아테네의 이방인은 가장 나이 많은 디오니소스 합창단의 영혼을 쇠에 비유한다. 왜냐하면 나이가 들수록 인간은 무정해지고 절제하게 되기 때문이다. 결과적으로 그들은 무사이(예술가들에게 영감과 재능을 불어넣는 예술의 여신— 옮긴이) 합창단의 젊은이들이나 심지어 아폴론 합창단의 젊은 성인들에 비해 노래를 선뜻 부르지 않는다. 나이 많은 사람들이 노래를 부르려면 포도주가 필요하다. 아테네의 이방인은 포도주를 "노인들의 엄격함을 치유하는 약"이라고 부른다. 포도주는 노인들의 무정한 성향을 누그러트림으로써 "그것을 마치 불구덩이에 빠진 쇠처럼 무르게" 한다.7 이렇게 해서 술을 마시는 사람들의 영혼은 젊어지고 불타오르며 부드러워진다. 술을 마시면 긴장이 풀리고 계산적 추론의 법칙이 사라진다. 그들은 다시 어린아이가 된다. 그리고 그들은 영혼에게 가르침을 줄 수 있는 능력과 지식을 가진 지혜로운 사람의 인도를 흔쾌히 따른다.

학습이 플라톤의 말처럼 상기적인 것이라면, 그리고 성숙에는 우리가 어렸을 때 느낌을 통해 경험함으로써 알게 된 것 또는 푀겔린이 근원적 경험으로 부르는 것에 대한 일종의 무감각과 망각이 수반된다면, 지혜 추구(필로소피아)로서의 진정한 교육에는 잊어버린 것에 대한 기원적이고 상기적인 인식의 회복이 필요하다. 이렇게 보면 진정한 교육은 단지 무사이적인 것이나 아폴론적인 것이 아니다. 또한 그저 육체 단련과 욕구의 조화도 아니고, 영혼 속의 형상을 함양시키는 것도 아니며, 능숙한 계산적 추론에 불과한 것도 아니다. 오히려 진정한 교육은 디오니소스적인 성격도 띠어야 한다. 즉 진정한 교육은 영혼을 녹이거나 불타오르게 함으로써 유순하게 만들고 형상의 엄격함에서 벗어나도록 해야 한다. 마치 술에 취해 노인들의 영혼이 젊어지고 불타오르며 부드러워지듯이 말이다.

미첼의 소설 마지막쯤에 이와 같은 플라톤적 통찰이 밀트 파머의 구둣방에서 멋지게 묘사된다. 사실 플라톤의 대화편에 수록된 소크라테스의 철학 토론에서 구두장이들이 등장하는 횟수를 고려하면, 파머가 '구두장이'인 점은 전혀 우연이 아니다. 브라이언은 스케이트의 날을 갈기 위해 파머의 구둣방으로 들어가고 거기서 두 철학자, 그러니까 딕비와 파머가 '바클리', 즉 조지 버클리 1685-1753의 관념론을 주제로 나누는 대화를 듣는다. 각자가 상대방의 '속에' 있는 것이 어떻게 가능한지 그리고 세상만사가 어떻게 각자의 내면 안에 수용될 수 있는지를 토론하고, 사실 모든 것이 신의 마음속에 있기 때문에 모든 존재가 존재할 수 있다고 말하는 것을 들으면서 브라이언은 '매료된 채' 파머를 응시한다. 두 사람의 철학 토론을 계기로 브라이언은 어릴 적 이후로 까맣게 잊고 있었던 느낌이 떠오른다. 그리고 파머에게 묻는다.

"느낌이 듭니까?"
"흠!"
"이상한 느낌이 드나요? 마치 어떤 것을 알고 싶은 느낌이 듭니까?"

파머는 손에 들고 있는 스케이트를 내려다봤다. 그는 입술을 다물었고, 허리를 굽혔다. 위스키 병을 집어들었다. 코르크 마개를 여는 소리가 정적을 깼다. 위스키가 콸콸 흘렀다. 밀트 파머는 손등으로 입을 닦았다.

브라이언이 말했다. "위스키가 넘칠 것 같아요."

파머가 대답했다. "아니야. 그 느낌이 들었다고 말할 수 없어. 얘야, 많은 느낌이 있었지만, 지금은 없어." 브라이언은 그의 목소리가 슬프게 들렸다.[8]

브라이언은 철학적 의심과 변증법에 아주 잠시 노출되었을 뿐이지만 어린 시절의 느낌 같은 어떤 것을 기억할 수 있었다. 밀트 파머는 철학적 사색과 음주를 통해 자신의 단단하고 거친 영혼을 부드럽게 만들려 하지만 끝내 뜻을 이루지 못한다. 그러나 브라이언은 더 나은 대화 상대를 발견하는데, 바로 그 도시의 상급학교 교사이자 교장인 딕비였다. 브라이언은 딕비와 파머가 나누었던 대화가 잘 이해되지 않는다고 딕비에게 말한다. 딕비는 미심쩍은 눈초리로 대답한다. "너는 아직 어린 것 같구나." 하지만 딕비는 어린 브라이언과 철학 토론에 임한다. 브라이언이 너무 쉽게 버클리의 관념론적 관점에 동조하자 딕비는 "그런 것 같구나…. 신경 쓰지 마라" 하고 말한다. 이 지점에서 딕비는 브라이언이 너무 어려서 철학적 활동과 지혜 추구의 핵심인 분투에 나설 수 없다고 여긴 것이다. 그러나 브라이언은 기억이 되살아난 뒤부터 철학 같은 어떤 것에 뛰어들었다고 생각하고, 갑자기 강렬하고 진정 어린 열정과 솔직함을 발휘한다.

"하지만 그래요!" 브라이언이 교장의 얼굴을 올려다봤다. "저는 오랫동안 그것을 이해하려고 애썼지만, 안 되었어요! 모든 것을 다 이해해야 하는 거죠, 그렇죠?"

"아니다. 전부는 아니야."

"그러나 이해할 수 없으면"

"단지 일부분만."

"아무에게도 말하지 않았어요. 감각에 대해 말해야 한다면 … 감각은"

"그냥 노력하렴." 딕비가 말했다.

"언젠가는 알게 되나요?"

딕비는 아무 말없이 그를 내려다봤다.

"느낌이 있을 때에는 아주 가까이 다가갔어요. 느낌이 있는 것인가요?"

"그래."

"그러면 제대로인 셈인가요?"

"그런 것 같구나."

"사람은 느낌으로 그렇게 할 수 있어요."

"그래." 딕비가 말했다.

"그렇다면 이상 없군요." 브라이언이 확신에 차서 말했다.[9]

오늘날의 교실이 우리의 '내면에 자리한 브라이언'을 격려할 수 있는 모범적인 방식을 둘러싼 질문으로 돌아가자. 우리는 학생들의 성숙 과정의 속도를 늦추는 방법을 찾아야 할 듯하다. 소설의 마지막 장에서 브라이언은 할머니가 세상을 떠난 뒤 딕비를 찾아가 하소연한다. "이제 그 느낌이 떠오르지 않습니다. 앞으로 더이상 떠오를 것 같지 않아요." 딕비가 대답한다. "아마 … 네가 어른이 된 모양이구나." 성숙이 영혼의 담금질을 수반한다면, 그래서 영혼이 근원적 경험에 무감각해지거나 브라이언이 어릴 적에 경험한 느낌을 떠올리지 못하는 결과를 초래한다면, 우리는 현재의 교육관행과 학습 환경에서 피하기 어려운 그런 망각에 대처하는 방법을 발견해야 한다. 플라톤이 소개하는 아테네의 이방인과 마찬가지로 우리는 학생(뿐 아니라 우리 자신)의 영혼에게 알맞은 약, 즉 우리의 기억을 상기시키고 우리를 위로해줄 수 있는 약을 구해야 한다.

어린 브라이언에게는 우리가 이와 같은 부분과 관련해 해야 할 일을 암시하는 두 가지 유익한 힌트가 있다. 첫째, 조팝나무의 잎에 맺힌 이슬방울을 보면서 어떤 느낌을 경험한 다음 브라이언은 교회의 엄숙하고 독실한 분위기 속에서 그런 느낌이 다시 한 번 떠오를지 모른다는 희망을 품은 채 가족과 함께 교회로 간다. "교회에서는 그 느낌이 다시 떠오를 것 같았다. 가족들이 교회 문을 지나 안으로 들어설 때 브라이언은 그 느낌이 떠오를 것이라고 생각했다. 분명히 떠오를 것이라고 여겼다." 하지만 애석하게도 느낌은 떠오르지 않았고 억지로 떠오르게 할 수도 없었다. 내가 많은 교사에게 여러 번 전해 들은 이야기에 따르면 요즘 학생들은 교회, 유대교 회당, 사원 등과 같은 장소에서 조용히 앉아 설교를 귀담아듣는 데 익숙하지 않기 때문에 과거의 학생들에 비해 깊이 있는 경험을 하기 어렵고 덜 사색적이라고 한다. 수업에 부정적 영향을 미칠 정도로 고요함을 낯설어하는 태도가 팽배하다는 것이 교사들의 중론이다. 실제로 그럴지 모른다. 하지만 브라이언의 사례에서 확실히 알 수 있듯 교회 같은 분위기가 어떤 예리한 관찰에는 보탬이 되더라도, 그런 분위기의 고요함과 독실함만으로는 근원적 경험이나 느낌의 상기를 유발하기 어렵다. 사실 브라이언이 다니는 교회는 악의적이고, 편협하고, 옹졸한 사람들로 가득하다. 우리는 지혜 추구의 환경이 반드시 아주 심오한 느낌의 장소일 것이라고 추정할 수 없다. 물론 그런 분위기에서 그런 느낌이 더 쉽게 들 수도 있지만 말이다.

브라이언은 느낌을 기다리는 무미건조한 시간에 관한 두 번째 생각을 밝힌다. 브라이언의 불안감과 초조함을 눈치챈 할머니가 박하사탕을 주면서 달래려고 한다(아이들은 교회에서 안절부절못하는 법이다).

팔꿈치로 살짝 치는 느낌이 들어 고개를 돌리자 할머니가 박하사탕을 내밀었다. 그는 박하사탕을 건네받았고, 혀 밑에서 시원함을 풍기는 박하사탕의 달콤함에 정신이 쏠렸다. 그는 입안에 박하사탕을 물고 있으면 느낌이 떠오르지 않는다고 생각했다.[10]

현대의 교실 환경에서 지혜 추구를 장려할 수단을 찾기 위한 연구 취지를 감안할 때, 이것은 《누가 바람을 보았을까》에 담긴 매우 예리한 통찰 가운데 하나다. 브라이언은 할머니가 주는 사탕을 넙죽 받는다. 오늘날의 학생들도 '사탕'을 넙죽 받는다. 그러나 브라이언의 가장 깊은 마음은 사탕이 아니라 느낌을 모색한다. 학생들도 철학적 재현(지혜 추구)을 통해 그런 느낌을, 아니 적어도 느낌의 상실에 대한 위안을 모색할 수 있다. 파머와 딕비의 대화를 엿듣는 브라이언과 마찬가지로 오늘날의 학생들도 철학을 통해 그런 느낌을 둘러싼 잊어버린 기억을 되살리고자 할 수 있다. 그리고 학교가 지혜 추구의 분위기를 촉진하도록 면밀하게 조직될 수도 있다. 학교는 실제로 학생과 교사 모두가 자유롭게 행복을 모색할 수 있는 스콜레를 제공하는 방향으로 설계될 수 있다. 꼼꼼하게 조직될 경우 학교는 스콜레를 제공하는 데 필수적인 환경을 만들 수 있다. 그런 환경 속에서 학교(스콜레의 진정한 장소)는 철학적 느낌을 조성하고 탐구하는 통로가 될 것이다. 하지만 언제나 학생들이 박하사탕에만 자극을 받는 교실에서는 스콜레의 조성과 철학적 탐구를 향한 모든 희망이 언제나 흔들리고 꺾인다.

요즘의 교실에서는 마음의 휴식을 방해하고 깊이 있는 내면적 관심의 발달을 가로막는 기술적 자극이 박하사탕일 수 있다. 그런 박하사탕은 개인이 컴퓨터에 접속해야만 타인이나 세상과 연결된 느낌을 경험할 수 있다는 약속일지 모른다. 휴대전화나 컴퓨터 없이 대평원에 홀로 있는 인간은 혼자 힘으로 그리고 자신의 본성에 따라 이 세상과 타인에 대한 진정한 느낌에 전혀 도달할 수 없다는 경고일지 모른다. 또는 박하사탕은 학생들이 그 자체가 목적인 질문과 의심에 진정으로 집중하지 못하도록 방해하는 다른 비非기술적 관행에 자리 잡고 있는지도 모른다. 이런 비기술적 관행에 따른 문제는 학생들이 '점수와 무관한' 것을 진지하게 여기지 않을 때마다 정체를 드러낸다. 사실 교육 분야에서의 성적 책임에 대한 엄청난 사회적, 정치적 요구는 학생들의 관심을 학습에 대한 느낌에서 성적에 대한 보상이나 처벌로 돌림으로써 지혜를 추구하는 분위기의 발전을 무력화하고 저해하는 데 일조한다. 그런 요구에 따라 모든 것이 평가되어야 하고, 모든 학생의 반응은 등급별·순위별로 나뉘고 측정된다. 교사는 모든 학습 내용을 잘 알려지고 널리 수용된 논란의 여지가 없는 기준에 따라 가르쳐야 한다. 교실은 인간이 자신의 여가를 누리는 방법을 배우는 장소가 아니라, 학업과 성취를 위해 분주히 움직이는 장소여야 한다. 끝으로 학생과 교사 모두 항상 최고 수준의 공적인 '책임'을 져야 한다. 이 모든 박하사탕에서 벗어날 때 비로소 철학적 관심을 고취할 수 있으며 지혜를 추구할 수 있다. 그리고 유년기의 느낌을 회복하는 수단인 철학의 위안을 학생들에게 줄 수 있다.

지혜를 찾아가는 과정과 방식

철학자(필로소포스) 보에티우스는 외로운 감옥에서 자기가 사랑하는 철학의 여인을 본다. 그리고 아름다움을 사랑하는 사람(필로칼로스) 로미오는 자기가 진심으로 사랑하는 사람인 줄리엣을 보고 싶어한다. 어린 소년인 브라이언은 "어떤 것을 받을 듯하다"는 느낌이 드는 캐나다 대평원의 깊은 고요함 속에서 여러 가지 것을 본다. 철학적 의미가 듬뿍 담긴 이 세 가지 이야기에서는 공통적으로 관찰의 은유가 중요하고 핵심적인 역할을 맡는다. 왜냐하면 그것을 통해 각 주인공과 그의 연인이 하나가 되기 때문이다. 이제 관찰의 은유로 생생하게 표현되는 다양한 방식의 인지에 대한 보에티우스의 명확한 해명을 간단히 서술하면서 그의 글을 둘러싼 논의를 마무리하겠다. 이 문제는 앞으로 인지의 분류학적 범위에 관한 토마스 아퀴나스1225?-1274의 저작을 검토할 때 다시 다룰 것이다. 사실 아퀴나스가 인지에 대해 이해한 바의 일부는《철학의 위안》에 담긴 보에티우스의 철학적 내용 덕분이다.

《철학의 위안》에서 철학의 여인은 사람들이 사물을 응시하거나 바라보는 각기 다른 방법을 구분한다. 중요성이 가장 낮은 것부터 열거하자면 그 여러 가지 방법은 감각, 상상, 이성, 오성 등이다. 감각은 질료를 바탕으로 삼은 외형을 검토하는 것으로 나머지 세 가지 바라보기 양식과 구분된다. 반면 상상은 질료가 없어도 외형을 '볼' 수 있다. 이성은 보편성에 따라 특정 형상을 검토함으로써 감각과 상상 모두를 능가한다. 하지만 오성의 눈(오쿨루스)은 훨씬 더 높이, 즉 '사물의 전체를 한 바퀴 쭉 둘러보는 과정을 뛰어넘는 것'에 맞춰져 있다. "그 눈은 마음의 순수한 시야를 통해 순전한 형상을 바라본다." 보에티우스는 지적 이해라는 더 높은 수준의 힘은 더 낮은 수준의 힘을 포용하는 반면, 더 낮은 수준의 힘은 더 높은 수준의 힘으로 올라가지 않는다고 지적한다. "감각은 질료 밖의 어떤 것에도 도달할 수 없고, 상상은 보편적인 특정 형상을 바라볼 수 없으며, 이성은 순전한 형상을 파악하지 못한다." 오직 오성만 '위에서 아래를 내려다보면서' 형상에 종속된 모든 것을 구별한다. 오직 오성만 이성의 보편성, 상상의 외형, 감각적인 것을 아는 힘을 갖고 있다. 그리고 오성은 이성, 상상, 감각 등을 활용하지 않으면서 그렇게 할 수 있는데, 이는 '마음의 일격'에 의해서만 가능한 일이다.

보에티우스는 관찰과 그에 따른 직접적 앎이 인간을 뛰어넘어 모든 열등한 유기체의 삶에서, 그리고 신적인 것 사이에서 어떤 역할을 하는지를 지적한다. 어떤 다른 종류의 지식이 없는 감각은 움직이지 않는 생물의 것인 반면, 상상은 도망치거나 어떤 것을 찾아내려는 성향을 갖고 있는 듯한 움직이는 짐승의 것이다. 하지만 이성은 인간 고유의 관찰 방식이다. 보에티우스는 인간이 보편성에 따라 개별적인 형상을 판단할 줄 안다고 생각하지만, 인간 존재의 필멸적인 본성을 초월하는 신적인 것과 달리 인간은 다양한 복합적 사물로부터 가지可知적 진리를 얻을 뿐이다. 그리고 고유의 필멸적 본성 때문에 우리는 두서없는 방식으로 진리를 이해하게 된다. 추론적이고 논변적인 존재인 우리의 앎에는 분투와 노력이 필요하다. 그것은 직접적이고 일체적 주목이 아니다. 반면 신적인 것은 굳이 다양한 복합적 사물 속에서 어떤 존재를 봄으로써 그 존재를 알아야 할 필요가 없다. 신적인 앎은 지식에 이르는 과정을 거치면서 두서없이 진행되지 않는다. 오히려 신적인 앎은 직접적이고 직관적이며, 앎의 주체와 객체의 직접적 합일이다. 보에티우스는 "이성은 인간만의 것이고, 오성은 신만의 것이다"라고 말한다. 오성의 방식에 따라 어떤 것을 아는 한 인간은 필멸적 본성을 초월하고 신들의 행복에 참여한다.

이 직접적 앎은 보에티우스가 감옥에서 철학의 여인을 보았을 때 그를 사로잡은 앎이다. 그것은 로미오가 줄리엣과의 합일을 갈구하면서 바라는 앎이다. 그리고 브라이언이 자신의 느낌을 통해 경험하는 것도 바로 이 직접적이고 명쾌한 앎이다. 《철학의 위안》의 다른 부분에서 보에티우스는 "추론과 이해의 관계는 되는 것과 있는 것의 관계, 즉 시간과 영원의 관계와 같다"고 말한다. 추론(라티오)은 다양하고 변화무쌍한 것, 그리고 달라질 수 있는 것과 관계있다. 반면 이해(인텔렉투스)는 항상 있는 것, 다양하지 않은 것, 바뀌지 않는 것, 논변적 사고의 힘을 초월하는 것과 관계있다. 인텔렉투스를 발휘하는 것은 철학의 가장 고귀한 양태다. 아리스토텔레스가 말하길 그것은 불멸화다. 그렇지만 인텔렉투스는 엘리트적 활동이 아니고, 지성의 발휘는 철학자만의 특권도 아니다. 플라톤이 《파이드로스》에서 언급한 바에 따르면 '아름다움을 사랑하는 사람'도 그런 활동을 즐기고, '음악적 영혼들'이나 '사랑의 영혼들'도 마찬가지다. 이처럼 인텔렉투스가 도처에서 발휘되지만, 현대 교육 분야에서 대체로 외면당하고 그토록 주목받지 못하는 까닭은 무엇일까? 우리의 교육적 초점이 오로지 합리성의 함양과 라티오의 증진으로 이동한 이유는 무엇일까? 학교는 왜 학생들이 사유의 여가를 즐기도록 유도하지 않은 채 이성의 논변적인 작업과 고역에만 탐닉할까? 아리스토텔레스가 말하듯 학교는 모든 인간이 '불멸화'를 이룰 수 있도록 가르치고 장려해야 하지 않을까? 학교는 영원히 로미오가 다음과 같이 표현한 그런 곳으로 머물러야 할까? "사랑이 사랑을 향할 때는 책을 내려놓은 학생처럼 기쁘지만, 사랑과 멀어질 때는 죽을상을 하고 학교에 가는 것 같소." 앞으로도 우리는 고대와 중세의 저술가들을 통해 이런 질문을 계속 살펴볼 것이다.

4장

학교에서 철학적 사색과
지혜 추구가 가능할까?

모든 것을 알고 있다는 오만과 착각에서 벗어나다

모든 것을 알고 있다는
오만과 착각에서 벗어나다

마이모니데스가 대중적인 철학 교육에 반대한 이유

12세기의 유대교 철학자 모세스 마이모니데스1135-1204는 "지혜 추구가 오늘날의 학교에서 바람직한 현상일 뿐 아니라 아주 중요한 가치며 이를 촉진할 수 있는 환경이 교육자와 정책입안자들의 가장 큰 관심사가 되어야 한다"는 이 책의 핵심적인 주장에 매우 까다로운 도전장을 내민다. 《방황하는 자들을 위한 안내서The Guide for the Perplexed》에서 그는 이렇게 말한다.

철학의 이 분야, 즉 형이상학부터 시작하는 것과 (처음부터) 예언에서 일어나는 직유적 표현의 의미를 설명하는 것, 그리고 역사적 서술에 쓰이고 예언가들의 저술에 가득한 은유를 해석하는 것이 매우 해롭다는 점을 알아야 한다. 반대로 젊은이들에게 초보적인 지식을 가르치는 것과 덜 총명한 사람들을 그들의 지적 이해수준에 맞춰 교육하는 것이 필요하다. 증명과 진정한 논증에 근거를 둔 더 수준 높은 학습 방식에 적합하고 유능해 보이는 사람들은 교습이나 자습을 통해 서서히 마무리 단계로 나아가야 한다. 하지만 형이상학부터 시작하는 사람은 종교적 사안에서 혼란을 겪을 뿐 아니라 완전한 불신앙에 빠지게 된다. 그런 사람은 밀가루 빵, 살코기, 포도주를 먹는 아기에 비유할 수 있다. 이런 것을 먹은 아기는 틀림없이 죽을 것이다. 그런 음식이 원래 인체에 부적절해서가 아니라 아기의 연약함 때문이다. 아기는 그런 음식을 소화할 수 없고 그로부터 영양분을 흡수할 수 없다. 이것은 학문의 진정한 원리에도 적용되는 이야기다. 학문의 진정한 원리는 수수께끼나 난제에 담겨 있고, 모든 지혜로운 사람이 그것을 가장 신기한 방식으로 가르쳤다. 타인의 평가와 무관하게 철학자로 자처하는 바보들의 생각과 달리 거기에 어떤 비밀스러운 해악이 담겨 있거나 율법의 근본적인 원리와 상반되기 때문이 아니라, 공부를 시작하는 단계에서는 그것을 이해할 수 없기 때문이다. 그것을 이해할 수 있는 사람들이 길잡이 역할을 하는 데는 오직 가벼운 암시만이 도움이 되었다. 따라서 이들 학문은 불가사의나 율법의 비밀이라고 불렀다.[1]

마이모니데스는 우선 젊은이들이 철학에 부적합할 뿐 아니라 철학도 젊은이들에게 부적합하다고 주장한다. 아이들은 철학이 모색하는 간결한 진리를 소화할 능력이 없다. 진리를 아이들의 입맛에 맞추기 위해서는, 아이들이 진리를 받아들일 수 있고 그것의 영향을 받으면서 성장할 수 있기 위해서는 이야기나 수수께끼 또는 난제 등을 통해 진리를 전달해야 한다. 마이모니데스의 관점에서 젊은이들에게는 철학이 아니라 신화가 필요하다. 그들은 자신이 속한 사회의 전통, 이야기, 예언, 정통적 신념 등을 통해 가르침을 받아야 한다. 그래야 그런 이야기에 담긴 명령이 젊은이들의 내적 삶과 행동을 인도하고 지시할 수 있으며, 그 결과 훗날 자신의 적성과 관심이 드러나는 더 완벽한 철학 공부의 기반으로 작용할 수 있다. 문화적 신화와 종교적 전통의 탄탄한 기초는 철학 공부를 위한 필수적인 토대다. 따라서 마이모니데스에게 신화적 설명에 앞서 철학적 사색을 시도하는 것은 말 앞에 마차를 매어두는 것과 같이 순서가 바뀐 것이다.

마이모니데스의 두 번째 주장은 그런 이야기들이 은유에 불과하다거나 정통적 가르침이 논증과 변증법적 검증을 받아야 할지도 모른다는 사실을 너무 일찍 깨달으면, 젊은이들이 갈피를 잡지 못하고 신앙심이 흐려지게 된다는 것이다. 젊은이들이 너무 일찍 변증법과 논증에 노출되면 전해내려온 모든 전통을 무시하고 의심하는 태도가 조장된다. 그런 젊은이들에게는 진리를 말해줘도 이를 진리로 받아들이지 않는다. 나이 든 사람들이 주장한 모든 진리는 비판과 논증의 희생양이 되므로, 진리 자체가 의심의 대상으로 전락한다.

학생이 '형이상학적' 탐구 과정에 너무 일찍 뛰어들면, 결국 그 어떤 가르침도 그 학생의 내적 삶을 차분히 형성할 수 없다. 말하자면 그 학생은 온순함을 잃어버렸기 때문에 가르침을 받을 능력 역시 잃어버린다. 철학자 겸 교육자 제임스 샬은 '온순함'에 대해 아래와 같이 말한다.

그것은 가르침을 받을 수 있는 미덕을 의미한다. 그 눈에 띄는 미덕의 요지는 우리가 어떤 시점에서 가르침을 받기로 마음먹어야 한다는 것이다. 오만하면 가르침을 받을 수 없고, 가르침을 받으려 하지 않는다. 오만은 글자 그대로 자신 외의 모든 것에 닫혀 있음을 의미한다. 우리가 스스로 아무것도 배울 필요가 없다고 여긴다면, 그 까닭은 이미 모든 것을 안다고 생각하거나 자기가 아는 것만이 알아야 할 가치가 있다고 생각하기 때문이다. 이것은 최악의 인간 조건이다. 7대 죄악 가운데 하나인 나태가 이 세상에서 우리의 목적을 살피기를 거부하는 것이라면, 오만은 영혼의 장애와 나머지 모든 죄의 핵심에 자리한다. 오만은 알아야 할 가치가 있는 것을 발견하고 싶어하지 않고, 일단 알아야 할 가치가 있기나 한지를 단호하게 결정하고자 한다.²

마이모니데스는 단지 젊은이들에게 너무 일찍 형이상학을 소개하는 것에만 우려를 표명하지는 않았다. 더불어 그는 이런 경고도 한다. "우리는 대중에게 순수 형이상학을 가르치지 말아야 한다. 또는 시작 단계부터 그들에게 사물의 진정한 본질을 설명하거나 어떤 사안을 두고 이래야 하느니 저래야 하느니 하면서 가르치지 말아야 한다." 아이들뿐만 아니라 수많은 개인도(교육제도에서 교육을 받는 사람들도) 철학에 노출되지 말아야 한다!

마이모니데스는 대중적인 철학 교육에 반대하는 다섯 가지 이유를 든다. 첫째, 철학은 극소수의 사람들만 이해할 만하다는 희망을 품을 정도로 "주제 자체가 어렵고, 미묘하며, 심오"하다. 둘째, "일단 인간의 오성이 불충분하다. 인간은 완벽성을 타고나지 않았고, 다만 완벽성을 실제로 지닌 것이 아니라 잠재적으로 지니고 있을 뿐이기 때문"이다. 달리 말해 모든 인간이 '가능성'을 갖추고 있다고 해서 그들의 가능성이 실현된다는 보장은 없다. 물론 교사라면 누구나 이를 잘 알고 있을 것이다. 마이모니데스에 따르면 '완벽성으로 향하는 길을 가로막는 많은 장애물'이 있고, 애석하게도 자신이 잠재적으로 지니고 있는 완벽성을 실현하는 데 필요한 것을 배울 수 있는 충분한 대비책과 여가를 확보한 사람은 극소수다.

셋째, 형이상학을 예습하는 데는 오랜 시간이 필요하다. "사람은 목표를 달성하려는 자연스러운 욕구 때문에 예습 과정을 매우 지루하게 여기고 귀찮아한다." 간단히 말해 대다수는 철학적 사색에 임하거나 지혜를 추구할 만한 여유가 없다. 넷째, 마이모니데스는 '인간의 체질'을 철학적 사색의 걸림돌로 꼽는다. 그는 "도덕적 처신이 지적 발전의 준비 단계라는 점과 순수하고 차분하며 견실한 인격의 소유자만이 지적 완벽성에 도달할 수 있다는 점이 입증된 바 있다"고 말한다. 하지만 "체질적으로 지적 완벽성에 도달할 수 없는" 사람이 많다. 어떤 사람들은 체질적으로 너무 열정적이고 제멋대로이며, 또 어떤 사람들은 너무 활발하거나 너무 소극적이고, 또다른 사람들은 너무 경솔하거나 너무 성마르고 경박하다.

다섯째, 애쓰고 다투고 일하는 것이 인간 존재의 본질이다. "사람은 육체의 물질적 욕구에 주목할 필요성 때문에, 특히 아내와 자식을 부양해야 할 필요성이 추가되면 지적 활동에 집중하지 못한다." 그리고 "생활필수품 외의 사치품을 바라는 경우에 훨씬" 더 그렇다. 이 모든 요인을 근거로 마이모니데스는 대중에게 철학을 마치 이로운 것인 양 소개하는 데 반대한다.

마이모니데스의 예리한 경고가 학교에서의 철학적 사색과 지혜 추구를 장려해야 한다는 내 호소를 완전히 제압하기에 충분하지 않다고 해도, 그에게는 '너무 이른 시기의' 철학적 사색에 단호하게 반대하는 동지들이 있다. 다른 고대의 저자들처럼 마이모니데스도 아이들에게 '철학을 가르치는 것', 젊은이들에게 형이상학을 가르치는 것, 지혜를 추구하도록 젊은이들을 독려하는 것에 대해 아주 강력하게 경고한다.

앞서 살펴봤듯 아리스토텔레스는 아이들은 인생 경험이 부족할 뿐 아니라, 철학 토론을 진행할 때 필요한 첫 번째 원리들(아르카이)을 이해할 수도 없다고 생각한다. 마이모니데스와 마찬가지로 소크라테스도 플라톤의 《국가》에서 "그들(젊은이)이 논쟁의 맛을 느끼도록 방치하지 않기 위한" 사전 대책을 강구해야 할 필요성에 대해 언급한다. 소크라테스는 글라우콘에게 이렇게 말한다.

그대는 논쟁의 맛을 처음 느낀 소년들이 마치 놀이인 양 항상 그것을 무기로 타인의 의견을 반박한다는 사실을 모르는 것 같네. 그들은 자신의 의견을 논박하는 사람들을 흉내 내어, 자기 옆에 있는 사람들을 물고 뜯는 강아지들처럼 남들의 의견을 논박한다네.[3]

여기서 소크라테스는 변증법적 탐구, 토론용 수사학, 삼단논법 같은 철학적 담론의 '기교'가 비철학적으로 그리고 논쟁을 위한 논쟁을 일삼는 소피스트들의 도구로 사용될 수 있다고 지적한다.[4] 소크라테스가 공동체에서 존경받는 '거물'들과 그들의 아버지 그리고 정치인들과 대화를 나누는 모습을 지켜보던 젊은이들은, 실제로 알지도 못하는 것을 안다고 주장하는 자들의 무지가 드러나는 장면에서 재미를 느꼈다. 상대방의 무지를 밝혀내기 위한 소크라테스의 추론은 논쟁 자체가 목적이 아니고, 다만 진리를 알고 싶은 진심에서 비롯된 것이었다.

하지만 그런 탐구 과정의 고귀한 취지를 제대로 이해하지 못하는 젊은이들이 상대방의 명제를 공격하고 논파할 수 있는 말의 '기법'의 힘을 갖게 되면, 쾌락과 남용의 문이 열릴 가능성이 높아진다. 플라톤이 50세

까지는 철학 교육을 시작하지 말아야 한다고 주장한 것도 같은 이유지 않을까.[5]

샬은 너무 이른 시기의 철학적 사색에 대한 이런 우려에 공감하면서 플라톤의 발언뿐 아니라, "가장 중요한 사안에 대한 가장 위대한 지성인들의 주장이 서로 엇갈린다"[6]는 철학자 레오 슈트라우스1899-1973의 견해도 인용한다. 샬의 관점에서 그런 철학적 논쟁은 회의론으로 이어질 수 있고 실제로도 이어진다.[7] '위대한 지성인들'이 무엇이 진리인지에 합의하지 못한다면 진리 추구는 무의미한 것일 수도 있다. 과연 진리는 존재하지 않는 것일까?

푀겔린도 어린 학생들에게 '일반교양 교육'의 일환으로 철학적 사색을 장려하는 것이 지혜로운 처사인지 아닌지에 대해 심각하게 고민하는 듯하다. 첫째, 일반교양 교육(모든 학문 가운데 가장 진취적인 분야인 철학)이 모든 사람에게 확대되어야 한다고 확정적으로 막할 수 없다. 왜냐하면 모든 사람이 그런 교육을 원하거나 그것을 소화할 수 있지는 않기 때문이다. 이런 견해는 《국가》에 나오는 소크라테스의 다음과 같은 논평이 뒷받침하는 것 같다. "억지로 하는 공부는 결코 영혼에 남지 않는다."[8] 발표하지 않은 메모에서 푀겔린은 이렇게 촌평한다. "사람들의 다양한 성격 유형에 따라 어떤 이들은 일반교양 교육에 알맞지만 다른 사람들, 아마 대다수는 그렇지 않다. 일반교양 교육이 바람직하다는 단순한 사실에서 모든 인간이 그 진가를 인정한다는 결과가 도출되지는 않는다."

둘째, 푀겔린의 관점에서 일반교양 교육이 모든 사람에게 확대될 수 있다는 주장은 오해의 소치다. 따라서 그는 다음과 같이 말한다. "일반교양 교육은 교직원에게 시행해야 한다. 여기서 일급 교직원들을 우리가 원하는 인원만큼 확보할 수 없다는 문제와 마주친다."[9] 물론 우리도 모든 사람이 철학적 사색에 관심이 있지는 않다는 문제와 학생들을 철학적 탐구로 이끌 만한 '자격을 갖춘' 교사가 드물다는 문제를 인정한다.

젊은이들과의 철학적 사색에 대한 옹호론

나보다 훨씬 더 지혜로운 사람들의 이 주목할 만하고 이치에 맞는 경고에도 불구하고 나는 여전히 학교에서 철학적 사색을 더 폭넓게 장려하는 것이 이롭다고, 학생과 교사가 이 세상과 자신을 철학적으로 깊이 탐색하고 연구할 수 있는 지혜 추구의 분위기를 증진하면 현재의 교육관행을 개선할 수 있다고 주장하고 싶다. 너무 이른 시기에 철학에 노출되면 학생들이 온순함을 잃는다고 주장한 마이모니데스와 달리, 나는 나름의 현장 경험에 근거해 학생들과의 철학적 사색이 실제로는 정반대의 결과로 이어질 수 있다고 주장한다. 다시 말해 학생들은 철학적 사색을 통해 더 온순해진다. 대다수 교사는 고등학생들이 대체로 자신이 이미 모든 것을 알고 있다고 자부한다는 견해에 동의할 것이다. 10대 청소년일 때 나는 사촌들의 집에 걸려 있는 포스터에서 이런 글귀를 본 적이 있다. "10대여, 모든 것을 안다면 지금 집을 떠나라!" 그리고 알다시피 많은 청소년이 학교에서 교사의 이야기를 전혀 귀담아듣지 않고 배움과 담을 쌓고 있다. 그들은 이미 온순함을 잃어버렸으며, 이미 샬이 경고하는 오만으로 가득 차 있다. 그러나 그들이 그런 상태인 까닭은 철학에 노출되었기 때문이 아니다.

오히려 철학은 거기서 벗어나는 방법일 수 있다. 철학은 학생들에게 즐거운 것이 될 수 있다. 철학은 모든 것이 뻔하고 진부하며 '이미 알려진' 학교생활의 단조로움을 깰 수 있다. 사실 학교에서는 교사와 시험 출제자가 원하는 해답의 종류마저 '미리 준비'되거나 사전에 결정된다. 그런 종류의 해답에는 학생들이 좋은 평가와 성적을 받기 위해서 찾아내야 하는 미리 조정된 해답이 들어 있다. 하지만 철학적 질문은 학생들에게 전혀 다른 어떤 것, 그리고 관심의 순서가 다른 어떤 것으로 다가간다. 학생들은 그런 질문을 통해 자신의 확신과 의견에 대해 깊이 생각할 수 있다. 가끔씩 그들은 자신이 안다고 생각한 것을 실제로는 몰랐다는 사실을 깨닫는다. 이런 측면에서 보면 철학은 자기인식에 이르는 왕도王道일 수 있다. 젊은이들과 함께 진행하는 철학적 사색은 인간의 자만을 잠재우는 역할을 맡는다.

앞서 마르셀이 지혜를 그렇게 바라봤듯 젊은이들과의 철학적 사색은 그들의 삶에 훌륭한 조언자 역할, 그리고 그들의 오만을 제어하는 역할을 한다. 적어도 고등학교 교사로서 경험한 바에 따르면, 철학이 학생들의 삶을 타락시키는 요소로 작용하는 경우를 한 번도 보지 못했다. 오히려 철학은 놀랍게도 항상 수업 중의 대화에 활기와 풍요로움을 선사한다. 그리고 철학의 기운이 우리를 감쌀 때 학습은 더욱 즐거워진다.

물론 소크라테스는 플라톤의 《국가》에서 젊은이들에게 너무 일찍 철학을 소개하는 것을 우려하는 듯하고, 앞서 나도 그런 취지에서 몇 가지 구절을 인용했다. 하지만 플라톤을 사랑하는 사람이라면 누구나 알듯 대화편은 해석하기 어렵기로 악명 높다. 《국가》에 등장하는 철학의 교육적 위치에 관한 논의는 '연설상의 의로운 도시'라는, 훨씬 크고 복잡한 가상 환경에서 진행된다. 만약 플라톤이 《국가》에서 젊은이들과의 철학적 사색이 잘못된 일이라고 말한다고 섣불리 가정하면, 그 환경의 모든 요소를 충분히 파악할 수 없다. 앞서 아리스토텔레스에 대한 논평에서 언급했듯 플라톤이나 소크라테스가 정말 젊은이들과의 철학적 사색을 잘못된 일로 여겼다면 소크라테스는 왜 플라톤의 대화편에서 아주 나이 많은 사람들이나 중년 심지어 성인들이 아니라 네아니오이, 즉 얼굴에 솜털이 나기 시작한 나이의 젊은이들과 함께 그토록 오랫동안 철학적 사색을 했을까? 《리시스》 같은 몇몇 대화편에서는 대화가 파이데스, 즉 아직 사춘기에 이르지 않은 아이들을 상대로 진행된다. 더구나 젊은이들과의 철학적 사색이 그토록 금기시되고 무모한 일이었다면, 소크라테스는 왜 '젊은이들을 타락시킨 자'로 처형될 때까지 나름의 방식대로 젊은이들과의 대화를 계속하려 했겠는가?

교사로서 겪은 개인적 경험뿐 아니라 젊은이에 대한 소크라테스의 사랑에 비춰볼 때, 나는 마이모니데스를 비롯한 여러 지혜로운 사람들의 우려에 강하게 반박할 수밖에 없다. 철학적 사색은 현대의 교육환경에서 중요한 역할을 한다는, 그리고 우리는 스콜레의 조성을 통해 철학적 사색의 잠재력을 키우는 데 필요한 요소를 진지하게 고민해야 한다는 내 주장을 굽히지 않을 것이다. 사실 소크라테스는 "젊은이들을 타락시켰다"는 혐의를 반박하면서, 자신은 결코 그 누군가의 선생이 아니라고 주장했다. 물론 학교에서 교사는 누군가를 가르친다. 그러나 철학의 기운에 휩싸일 때, 우리는 교사로서가 아니라 동료 학습자 겸 탐구자로서 또한 지혜 추구 과정의 친구로서 발언한다.

더 고귀한 지혜의 가능성

《방황하는 자들을 위한 안내서》의 마지막 장에서 마이모니데스는 지혜(호크마)라는 용어의 의미를 다루면서, 이 히브리어 단어가 서로 다른 네 가지 의미로 쓰인다고 말한다. 첫째, "그것은 신에 대한 지식으로 이어지는 그런 진리에 대한 지식"을 나타낸다. 그것은 우리가 지금까지 지혜 전체로서, 그리고 모든 철학적 탐구의 진정한 대상으로서 살펴보고 있는 그런 종류의 지혜다. 둘째, "호크마라는 말은 어떤 솜씨에 대한 지식"을 가리킨다. 이미 살펴봤듯 아리스토텔레스는 이런 종류의 지혜를 특정 학문이나 직업이나 연구 분야에서의 탁월한 지식으로 여겼다. 셋째, 호크마는 '도덕적 원칙의 습득'을 가리키기도 한다. 매우 도덕적인 사람은 논증을 '배우지 않아도' 또는 자신이 아는 선과 정의를 설명할 수 없어도 지혜롭다고 평가할 수 있다. 끝으로 호크마는 '교활함과 치밀함'을 의미한다. 여기서 호크마라는 용어는 약삭빠르고 남을 속여서 자기가 원하는 목적을 달성하는 사람들을 비난하는 의미로 쓰인다.

마이모니데스는 《방황하는 자들을 위한 안내서》의 마지막 장에서 지혜와 지혜 추구를 둘러싼 신화와 전통의 중요성을 다시 한 번 더 논의한다. 앞서 살펴봤듯 마이모니데스는 신화적, 종교적, 문화적 전통에 대한 친밀도와 지식이 그 어떤 철학적 해석을 시도하는 것보다 앞서야 한다고 주장한다. 모세오경에 기록된 유대교의 문화적, 종교적 전통을 거론하면서 마이모니데스는 "전체 율법에 대한 참된 지식을 가진 사람은 두 가지 의미에서 지혜롭다고 볼 수 있다"고 말한다. 한편으로 "율법이 그에게 가장 고귀한 진리를 가르치기" 때문에 그는 지혜롭다. 다른 한편으로 율법이 "그에게 훌륭한 도덕을 가르치기" 때문에 그는 지혜롭다고 평가된다. 그러나 율법에 담긴 진리는 철학적 수단이 아니라 전통을 통해 전수된다. 마이모니데스는 "율법에 대한 지식과 '진정한 지혜'의 습득은 예언자들의 책과 현자들의 말씀에서 서로 다른 것으로 취급된다"고 지적한다.

진정한 지혜는 경전이 전통을 통해 우리에게 가르쳐주는 그런 진리를 증명한다. 경전에서 극찬하고 그 완벽성의 높은 가치와 그것을 습득할 수 있는 사람들이 극소수라는 점을 지적할 때 언급하는 지혜는, 율법의 진리를 입증하는 그런 종류의 지혜다.[10]

이렇듯 자신이 속한 사회의 문화적 전통을 배우게 되는 모든 사람이 전통에 따라 생활할 때, 그리고 그들이 전통의 올바른 이해에 따라 행동할 때 구현하는 일종의 지혜가 있다. 하지만 그것보다 더 고귀한 종류의 지혜도 있다. 즉 어떤 사람이 전통으로부터 알게 되는 것을 설명할 수 있는 수단으로서의 지혜다. 전자의 지혜는 후자의 지혜보다 시기적으로 반드시 앞서야 한다. 그러나 마이모니데스에 따르면 이 후자의 지혜인 더 고귀한 종류의 지혜, 다시 말해 어떤 지혜로운 사람이 '신에 관한 참된 형이상학적 견해'를 설명하고 표현할 수 있도록 해주는 지혜만이 인간의 가장 고귀한 완벽성을 구성한다.

마이모니데스의 저작은 오늘날 학교에서의 지혜와 지혜 추구의 본질을 둘러싼 우리의 연구와 관계가 깊다. 왜냐하면 그의 글을 읽어보면 우리 사회의 전통이 과연 타당한지 되돌아보게 되기 때문이다. 많은 교사와 학부모가 교육이 반드시 최신식이어야 하고 현대적이어야 한다고 가정한다. 그래서 학교의 교과 과정에는 고대의 교과서나 종교적 교과서는 말할 것도 없고, 오래된 교과서도 설자리가 없다. 그런데 과연 그들의 가정이 옳은 것일까?

영어 교사로서 나는 '서양 문명'의 토대가 되는 기본적인 이야기들을 알고 있는 학생이 점점 줄어드는 현상에 실망하고 좌절할 때가 많다. 예를 들어 학생들이 가장 기초적인 성경 이야기도 모르는 상황에서는 문학적 암시와 은유가 아무리 많더라도 그들의 사고를 촉발할 수 없다. 물론 지혜가 문학작품과 성경 구절을 자유롭게 인용할 수 있는 능력을 의미하지는 않지만, 과연 우리가 철학적 사고를 장려할 수 있는 지혜 추구의 분위기를 조성하고 증진하는 문제를 정말 진지하게 여기는지 되돌아볼 필요가 있다. 더 저급한 형태의 지혜(문화적 전통에 대한 지식)가 활성화될 수 있는 기초적인 토대를 다지는 것은 마이모니데스가 말하는 '더 고귀한 지혜'의 가능성을 열어두는 것의 일환이 아니다.

5장

아퀴나스와
지혜라는 선물

지혜는 우리의 궁극적 목적인 행복에 대한 지식이다

> ## 지혜는 우리의 궁극적 목적인
> ## 행복에 대한 지식이다

소피아와 사피엔티아의 개념 차이

교육적 맥락에서의 지혜와 지혜 추구의 본질을 논할 때, 토마스 아퀴나스의 견해는 아리스토텔레스의 견해와 비슷하면서도 다르다는 점에서 중요하다. 한편으로 아퀴나스는 아리스토텔레스를 '그 중요한 철학자'로 추앙한다. 다른 한편으로는 지혜 추구라는 아리스토텔레스의 그리스 철학적 과업을 기독교 신학적 해석에 포함하기 위해 아리스토텔레스에 맞선다. 여기서 가장 주목할 부분은 아퀴나스가 기독교 신앙은 필수적인 것으로 반면에 그리스철학은 부적당한 것으로 만들기 위해, 자신의 기독교적인 철학적 사색과 관련해 소피아의 의미를 가장 고귀한 미덕의 자리에서 끌어내려야 하는 점이다. 아퀴나스는 지혜(라틴어로 사피엔티아)에 대한 아리스토텔레스의 논의를 상세히 재조명하면서, 한편으로는 사피엔티아를 신성한 것에 관한 비기독교적이고 순전히 인간적인 지식으로 강등시켰다(이때 그가 기준으로 삼은 요소는 신성한 것을 추구할 수 있는 인간의 타고난 지적 능력이다). 다른 한편으로 진정한 의미의 사피엔티아는 세 가지 신학적 미덕인 믿음(피데스), 소망(스페스), 사랑 또는 자애(카리타스)가 존재함으로써 비롯되는 선물(도눔)이 된다. 도덕적 미덕과 지적 미덕(그리고 각각의 더 저급한 지혜 형태인 프루덴티아와 사피엔티아)은 모두 그 새로운 미덕에 종속되고, 그 새로운 '극치의' 미덕은 기독교 신앙의 범위 밖에서는 이용할 수 없는 형태의 지혜를 선사한다.

인간의 궁극적 목적으로서의 행복

《신학대전》에서 아퀴나스는 인간의 삶에 궁극적 목적(울티무스 피니스)이 있는지를 묻는다. 일단 그는 궁극적 목적을 부정하는 몇 가지 주장을 제시하는데, 이는 앞서 살펴본 듀이의 주장과 결이 비슷하다. 아퀴나스는 우리의 목표가 무한하게 뻗어나간다는, 그것이 최종적이지 않고 잠정적이라는 주장과 무한한 일련의 목표가 있을 수 있다는 주장을 제시한다. 하지만 그는 이 주장에 대해 다음과 같이 대답한다. "무한을 고수하는 것은 무한에게는 목적을 의미하는 선의 본질이 없다고 말하는 것이다. 무한히 나아갈 가망성도 이것과 마찬가지다. 그러므로 궁극적 목적을 가정할 필요성이 있다." 바꿔 말하자면, 의도가 있을 때마다 욕구를 움직이는 것은 마음속에 자리한 목표의 가망성이다. 가망성을 없애면 욕구는 그 어떤 것에 의해서도 움직이지 않는다. 궁극적 목적이 없다면 그 어떤 것도 욕구의 대상이 되지 않고, 그 어떤 활동도 완료되지 않으며, 그 어떤 욕구도 정지하지 않는다. "목적을 향한 첫걸음이 없으면 아무도 어떤 것을 시작하거나 결심하지 않을 것이다. 대신에 끝없이 고민할 것이다."

아퀴나스는 우리의 연구에 중요한 의미가 있는 또다른 질문을 던진다. "모든 인간에 대한 단 하나의 궁극적 목적이 있을까?" 이 질문은 오늘날의 학교 환경에서 정직하고 이치에 맞게 답변하기가 특히 힘들다. 그렇다고 대답하면 아마 불관용과 비민주적인 성향을 드러내는 듯한 느낌을 줄 것이고, 현대 다원주의사회의 원칙에 위배된다는 비난을 받을지 모른다. 게다가 아퀴나스는 모든 인간에게 적용되는 단 하나의 궁극적 목적이 없다고 가정하는 데는 그럴 만한 이유가 있다고 말한다. 예를 들어 모든 사람의 목적이 동일하다면 "그들은 다양한 인생행로를 선택하지 않을 것이다. 그러나 실제로 사람들의 인생행로는 다양하다"고 지적한다. 현실세계에서 인간 행위에 대한 경험적 관찰은 모든 인간이 공유하는 단 하나의 최종 목적이 있다는 이상한 개념을 일축하는 데 도움을 준다. 인간의 행동은 개별적 사안이다. "비록 사람들이 특유의 본질을 공유해도 개인적 기질은 꽤 다양하다. 결과적으로 그들의 주요 목적은 동일하지 않다." 다시 말해 우리는 모두 인간이지만 그렇다고 해서 목표나 관심사가 동일하지는 않다. 그런데 아퀴나스는 이 반론을 다음과 같이 제압한다. "모든 인간은 행복이라는 궁극적인 것을 바란다." 《신학대전》의 다른 부분에서 아퀴나스는 행복하지 않기를 바라는 것은 인간의 능력을 뛰어넘는 것이라고 강조한다. 그는 궁극적 목적을 언급할 수 있는 두 가지 방식이 있다고 설명한다. 즉 그것의 의미에 근거를 두는 방법과 그것의 실현 양식에 근거를 두는 방식이다. 첫 번째에는 모든 사람이 합의했다. "모두가 자신의 완전한 성취를 바라고 그것이 … 최종 목적이 의미하는 바이기 때문이다." 하지만 두 번째 방법에는 모든 사람이 합의하지는 않는다. "부를 원하는 사람도 있고 즐거움을 바라는 사람도 있으며 또다른 것을 갈망하는 사람도 있기 때문이다." 교육자의 과제 중 하나는 인간이 자신의 궁극적 목적이 정확히 무엇인지 더 깊이 이해할 수 있도록 이끄는 것이다. 아리스토텔레스를 통해 살펴봤고 앞으로 아퀴나스의 저작에서 살펴보겠지만, 궁극적 목적에 대한 지식이 바로 지혜, 즉 사피엔티아다.

행복에도 등급이 있다

아리스토텔레스를 따라 아퀴나스도 행복을 '완전한 미덕에 부합하는 활동'으로 여긴다. 행복에는 인간 존재의 '충분한 확장', 완성, 실현 등이 따른다. "각 사물은 실재적인 것인 한 완전하다. 잠재적인 것은 아직 불완전하기 때문이다. 그러므로 행복은 인간의 완결적 실재와 동반한다." 내가 볼 때 아퀴나스는 행복을 가리키는 두 개의 라틴어 단어 펠리키타스와 베아티투도를 번갈아 쓴다. 그런데 베아티투도에는 그가 활용하는 아주 독특하고 더 고귀한 의미가 담겨 '인간 본질의 궁극적 완성'을 가리킨다. 아퀴나스에 따르면 이성적 본성의 궁극적 완성에는 두 가지 부분이 중첩되어 있다. "첫째는 이성적 본성이 달성할 수 있는 나름의 자연적 힘의 완성으로 이는 어느 정도 지복이나 행복으로 부를 만하다." 이 첫 번째 의미를 따르면 그리고 이성적 존재로서 잠재력을 발휘하고 구현하며 실현하는 한, 우리는 약간의 펠리키타스를 누릴 수 있다. 흥미롭게도 아퀴나스는 행복의 첫 번째 의미를 아리스토텔레스의 소피아와 테오리아 개념과 동치시킨다. 이미 살펴봤듯 이와 같은 그리스철학적 해석은 결국 베아티투도에 도달한다. 아퀴나스는 다음과 같이 말하면서 이 점을 확실히 인정한다. "그러므로 아리스토텔레스는 인간의 궁극적 행복이 가장 완전한 관조에 있다고 말한다. 인간은 관조를 통해 현세에서 가장 지적인 대상인 신을 바라볼 수 있다." 하지만 아퀴나스는 아리스토텔레스가 베아티투도와 테오리아를 통한 베아티투도의 추구에 대해 알고 있고 설명할 수 있다는 점을 인정하면서도, 행복에 대한 그리스적 경험을 더 고귀한 기독교적 가능성에 종속되는 부차적인 것으로 여긴다. 그 고귀한 가능성을 구별하기 위해 아퀴나스는 다음과 같이 말한다. "이 행복(신을 관조하는 행복인 테오리아) 외에 우리가 나중에 고대하는 또 하나의 행복이 있다. 그것을 통해 '우리는 신을 있는 그대로 볼' 것이다. 이것은 모든 창조된 지성의 본질을 뛰어넘는다." 여기서 아퀴나스는 그리스의 철학자들과 달리 기독교인들이 내세에서 신을 통한 완전한 즐거움을 누리기 위해 품고 있는 소망(스페스)을 언급하는 듯하다. 하지만 블랙프라이어(도미니크회의 수사) 브라이언 데이비스의 아래와 같은 촌평처럼, 아퀴나스의 글은 아리스토텔레스적인 테오리아가 지혜 추구 과정에서 지상선에 도달하는 특징을 띠게 되지 않는다는 점도 암시한다.

따라서 아퀴나스의 경우 인간의 행복은 정확히 말하자면, 신을 보는 것이다. 이는 정신의 만족스러운 목적인 신에게 애착하는 것이다. 물론 이것은 도덕적 행동에 대한 그의 관점이 전혀 세속적이지 않다는 의미다. 그런데 아퀴나스를 해석하는 사람들은 가끔 이와 다른 주장을 내놓는다. 그들은 아퀴나스가 이 주제에 관해 말하는 바가 아리스토텔레스의 견해와 통한다는 점을 근거로 내세우는데, 그런 주장이 완전히 터무니없지는 않다. 도덕적 행동에 대한 아퀴나스의 견해는 대체로 아리스토텔레스와 비슷하다. 아리스토텔레스도 완성과 성취를 지향하는 인간 행동의 목표를 거론하며, 이를 행복(에우다이모니아)으로 부른다. … 하지만 아리스토텔레스는 사람들의 궁극적 목표로서의 에우다이모니아에 집중하는 반면, 아퀴나스는 베아티투도의 측면에서 생각한다. 아리스토텔레스에게는 베아티투도와 완전히 일치하는 개념이 없다. 인간 행동에 관한 아리스토텔레스의 가르침에는 신(아퀴나스가 이해하는 의미로서의 '신')이 전혀 언급되지 않는 반면, 베아티투도에는 신을 알고 즐기는(사랑하는) 것이 수반된다. 아퀴나스에 따르면 "완전한 행복(베아티투도)에 이르기 위해서는 정신이 조물주의 본질에 닿아야 한다. 그러면 정신은 그것의 목적인 신과의 합일에 의해 자기실현에 이를 수 있을 것"이다.[1]

이렇듯 아퀴나스가 보기에 사피엔티아를 추구하는 그리스적 방식은 충분하지 않다. 그 방식은 기껏해야 인간의 지적 본성(지적 미덕으로서의 지혜인 사피엔티아)을 완성하는 것이지, 신에게 있는 가장 고귀한 지혜에 다가가거나 그것을 갈망할 수 없기 때문이다.

도덕적 미덕의 종류

아퀴나스가 사피엔티아를 어떻게 이해하는지를 파악하려면, 지혜에 관한 그의 저작을 《신학대전》에 명확하게 서술된 인간 본성의 신학적 심리학의 범위 안에 배치하는 것이 중요하다. 그가 볼 때 사피엔티아는 미덕(비르투)이고, 모든 미덕은 일종의 좋은 습관(하비투스)이다. 하비투스는 "우리가 열정이나 행동과 관련해 긍정적 또는 부정적 상태를 유지하게 되는 통로"다. 그는 미덕을 "우리가 올바르게 사는 데 필요하고 아무도 악용할 수 없는, 그리고 신이 우리 없이 우리 안에서 작동시키는 훌륭한 정신적 자질"로 정의한다. 그런 다음 아리스토텔레스처럼 미덕을 도덕적인 것과 지적인 것으로 세분한다. 그 근거는 인간 행동에 지성과 욕망이라는 두 가지 원리가 있다는 점이다. 그러므로 모든 미덕은 이 두 가지 원리 가운데 하나의 완성이어야 한다. 즉 지적 미덕은 사색적 지성이나 실용적 지성 중 하나를 완성하고, 도덕적 미덕은 인간의 욕망적 부분을 완성한다.

이런 구분이 암시하듯 도덕적 미덕은 영혼의 더 저급한 욕망적 측면의 탁월성이다. 도덕적 미덕은 욕망과 정서와 관련한 지나침과 모자람 사이에 있는 일종의 '중간'을 견지하는 태도에 관심이 있다. 반면 지적 미덕은 그런 중간을 유지하는 것 대신에 지성의 탁월성을 발전시키는 데에 관심이 있다. 도덕적 미덕으로는 분별(프루덴티아), 정의, 꿋꿋함 또는 용기, 절제를 꼽는다. 이 네 가지는 '욕망의 공정함에 관심이 있기' 때문에 '기본적' 또는 '원칙적' 미덕으로 불린다. 이들 기본적 미덕은 그 대상의 '고결성'에 따라 서열이 정해지는데, 예를 들어 실용적 지혜인 프루덴티아는 도덕적 미덕 가운데 가장 높이 평가된다. 프루덴티아는 실용적 지성을 완성하는 지적 미덕이기도 하므로 도덕적 미덕 가운데서도 특별한 지위를 차지한다. 아퀴나스는 프루덴티아가 동시에 두 가지 지위를 갖는다고 주장한다. 도덕적 미덕은 원초적 양심(신데레시스)[2]을 바탕으로 우리가 펼치는 활동의 선한 목적을 설정하는 것으로 간주되는데, 프루덴티아는 그런 모든 목적을 달성하는 데 꼭 필요하다. 왜냐하면 프루덴티아는 활동의 목적을 달성하는 수단을 발견하는 것과 관계있기 때문이다. 도덕적 미덕이 분별의 필요조건이듯 분별도 모든 도덕적 미덕의 필요조건이라는 평가를 받는 것은 바로 이 때문이다. 분별과 도덕적 미덕 사이의 상호의존성 때문에, 아퀴나스는 도덕적 미덕 가운데 하나를 갖춘 사람은 반드시 나머지 모든 미덕도 지니고 있다고 말한다.

 실용적 지혜인 프루덴티아의 대상은 단순한 욕망적 힘을 완성하는 것과는 대조적으로 실용적 추론을 완성하기 때문에 고결하다. 그런 고결성 덕분에 프루덴티아는 나머지 도덕적 미덕보다 앞선다. 다른 도덕적 미덕은 열정이나 더 저급한 욕망의 배열에 관심이 있는 반면, 정의도 그 대상이 이성적 욕망의 배열이나 의도와 관계있기 때문에 다른 도덕적 미덕에 앞선다. 남아 있는 기본적 미덕 가운데 용기가 뒤를 잇는다. 용기는 열정과 욕망에 휘둘리는 영혼의 성마른 부분과 관계있다. 생사를 가르는 중대한 문제와 관련해 '욕망의 움직임'을 이성에 종속시키는 것이 바로 이 미덕이다. 그리고 용기가 열정과 관련한 도덕적 미덕 가운데 '제1위'를 차지하지만 '정의보다는 하위인' 것도 이 때문이다. 끝으로 열정이나 욕망에 휘둘리는 영혼의 정욕적인 부분에 속하는 절제가 원칙적 미덕 가운데 순위가 가장 낮다. 절제는 음식과 성행위 같은 더 저급한 문제와 관계있다.

지적 미덕과 도덕적 미덕의 관계

도덕적 미덕의 배열에 대한 아퀴나스의 해석을 자세히 살펴본 덕분에 우리는 이 저급한 미덕이 지적 미덕, 특히 사피엔티아나 프루덴티아와 어떤 관계를 맺고 있는지 더 분명하게 알게 되었다. 지적 미덕은 실용적인 것과 이론적인 것으로 나뉜다. 실용적인 지적 미덕에는 실용적 지혜(프루덴티아)와 기술(아르스)이 포함된다. 지성의 이론적 미덕으로는 이론적 지혜(사피엔티아)와 이해(인텔렉투스) 그리고 체계적 지식(스키엔티아) 등을 꼽을 수 있다. 이미 살펴봤듯 프루덴티아는 근본적으로 지적 미덕이지만 도덕적 미덕과 일정한 공통점이 있다. 왜냐하면 그것은 영혼의 열정적 또는 욕망적 부분에서의 대상과 관련해 도덕적 미덕이 부여하는 목적을 달성하기 위한 수단을 올바르게 판단하기 때문이다. 아퀴나스는 프루덴티아가 도덕적 미덕 없이 존재할 수 없듯, 도덕적 미덕도 분별과 이해 같은 지적 미덕 없이 존재할 수 없다고 강조한다. 하지만 아퀴나스는 도덕적 미덕에 사피엔티아나 스키엔티아 같은 이론적 미덕은 필요 없고, 실용적인 지적 미덕인 아르스도 필요 없다고 말한다. 도덕적 미덕이 존재하는 데 사피엔티아, 스키엔티아, 아르스 등이 필요하지 않다는 견해는 옳은 것 같다. 왜냐하면 선하고 도덕적인 사람이 아주 지혜롭거나 박식하거나 기술이 뛰어나지 않을 수도 있기 때문이다. 프루덴티아, 인텔렉투스와 도덕적 미덕 사이의 필연적 관계를 둘러싼 이와 같은 단정적 견해는 나머지 지적 미덕이 도덕적 미덕 없이도 존재할 수 있다는, 즉 지혜와 체계적 지식 또는 기술 등이 도덕적 미덕 없이도 존재할 수 있다는 주장과 일맥상통한다.

미덕으로서의 사피엔티아, 스키엔티아, 아르스 등이 도덕적 미덕과 무관하게 독자적으로 존재할 수 있다는 주장은 일정한 난점에 직면한다. 예를 들어 욕망과 관련해 중간을 견지하거나 도덕적이지 않은 사람이 어떻게 지혜로울 수 있을까와 같은 문제다. 여기서 사피엔티아는 그것이 가장 고귀한 것을 탐구하는 과정에서 자연적 성향에 따라 효과적으로 작동되도록 하는 지성의 습관(하비투스)으로 이해할 수 있다. 스키엔티아도 지식과 추론에 관한 미덕 또는 하비투스로 불린다. 아르스는 실용적 분야에서 제작과 관련한 탁월성에 해당한다. 그러나 이 세 가지 모두 선을 겨냥하고 달성하는 미덕으로서의 지적 미덕을 둘러싼 모호성이 있다. 한편으로 창조된 지성의 자연스러운 이성적 능력을 활용할 수 있는 한, 사피엔티아는 지적 미덕으로서 가장 고귀한 것에 대한 지식을 겨냥하고 습득한다. 또한 스키엔티아는 지적 미덕으로서 다양한 분야의 탐구와 학문에서의 지식을 겨냥하고 습득한다. 그리고 아르스는 지적 미덕으로서 효과적인 생산과 제작을 목표로 삼고 그것을 달성한다. 다른 한편으로 사피엔티아, 스키엔티아, 아르스 등은 진정한 선 또는 가장 고귀한 선에 미치지 못하는(심지어 그런 선과 상반되는) 선을 달성하는 것을 목표로 삼을 수 있다. 그것은 마치 사피엔티아, 스키엔티아, 아르스 등이 단순히 기능과 논리적 책략의 실행이라는 측면에서 발휘되는 정신이나 지성의 탁월성에 불과한 것과 같다. 이렇게 볼 때 아퀴나스에게 '지혜로운 사람'이란 예를 들어 실제로는 미덕을 실천하거나 고결하게 생활하지 않으면서 가장 고귀한 것에 대한 지식을 뽐내는 사람일지 모른다. 여기서 우리는 '이론적 삶'

을 살면서도 원자폭탄을 만듦으로써, 지혜를 매우 이상하고 위선적인 것처럼 보이도록 하는 과학자들이 추구하는 지혜에 관해 글렌 그레이가 드러낸 우려의 발단을 확인할 수 있다.

지혜와 지적 미덕과의 관계

인간의 행동이나 인간적 선과 관계있는 실용적 지성의 미덕(프루덴티아, 아르스)과 달리 사색적 지성의 미덕(사피엔티아, 인텔렉투스, 스키엔티아)은 자연이나 신에 대한 탐구와 관계있다. 달리 말해 사색적 지성이 초점을 맞추는 것이자 세 가지 사색적 미덕이 완수하는 '선한 일'은 진리에 대한 고찰이다. 세 가지 미덕 가운데 인텔렉투스는 사물의 원리를 직접적으로 아는 습관이다. 인텔렉투스 덕분에 우리는 단번에, 즉 직관적으로 사물을 알게 된다. 아퀴나스는 인텔렉투스를 앎의 '직접적' 형태라고 부른다. 반면 진리에 대한 '간접적' 앎이나 고찰은 다음 두 가지 형태 중 하나의 형태를 띤다. 즉 사피엔티아가 그렇듯[3] '가장 고귀한 원인'과 '모든 인간 지식의 궁극적 한계'를 아는 것과 관계있거나, 스키엔티아가 그렇듯 '어떤 특정한 종류의 사물에서 최종적인 것을 아는 것'과 관계있다. 아퀴나스에 따르면 가장 고귀한 원인에 대한 고찰인 사피엔티아는 모든 사물을 판단하고 정리한다. 반면 스키엔티아는 '우리가 알 수 있는 종류의 사안에서 최종적인 것'에 대한 지식을 가리킨다. 이런 점에서 스키엔티아는 구체적인 탐구 분야를 둘러싼 앎과 관련해 지성을 완성한다. 아퀴나스는 스키엔티아는 많지만 사피엔티아는 하나뿐이라고 말한다.

다양한 이론적 또는 사색적 미덕 사이의 관계는 '이론적 지혜'와 과학의 관계에 대한 그레이의 우려를 촉발하는 문제와 어느 정도 유사하다. 즉 과학과 기술에서 지혜가 결여될 때 기술의 힘과 과학적 지식은 남용될 수 있다. 이런 취지에서 아퀴나스는 지적 미덕의 순위를 정한다. 우선 스키엔티아는 '더 높은 등급의 미덕인' 이해에 의존한다. "그리고 스키엔티아와 이해는 지혜에 의존한다. 지혜는 체계적 지식의 결론과 그것이 기반으로 삼는 원리를 판단함으로써 가장 높은 지위를 차지하고 이해와 체계적 지식을 포괄한다." 이렇게 볼 때 사피엔티아가 전제되지 않으면 스키엔티아는 진정한 스키엔티아일 수 없고, 이해도 참된 이해일 수 없다. 사피엔티아는 그 대상이 지고의 원인, 즉 신이기 때문에 지적 미덕 가운데 가장 위대한 미덕으로 간주된다. 가장 위대한 지적 미덕으로서 사피엔티아는 나머지 모든 지적 미덕을 판단한다.

지적 미덕으로서의 지혜와 주어진 선물로서의 지혜

앞서 살펴본 철학자들처럼 아퀴나스도 사피엔티아라는 단어가 다양한 의미로 쓰인다는 사실을 알고 있다. 한편으로 그는 이 용어가 특정한 종류의 사물에 관한 위대하고 탁월한 지식을 가리킨다는 점을 안다. 예를 들어 물리학, 수학, 의학, 목공, 부기 같은 분야에서 지혜를 발휘하는 사람이 있다. 다른 한편으로 아퀴나스가 알고 있고 분명히 밝히고 싶으며, 두 가지 종류로 세분하고 싶은 더 고귀한 의미는 신에 대한 지식으로서의 사피엔티아가 갖는 의미다. 아퀴나스의 관점에서는 사피엔티아라는 이름이 부여된 지적 미덕이 있다. 사색적 미덕으로서의 사피엔티아는 타고난 능력을 바탕으로 모든 것의 궁극적 원인과 가장 고귀한 것에 대한 지식을 추구하는 인간 지성의 그런 요소를 완성하는 것을 가리킨다. 하지만 아퀴나스는 단순한 지적 역량보다 더 고귀한 형태의 사피엔티아도 있다고 주장한다. 그것은 이성, 연구, 인간적 노력 등에서 비롯되지 않고 단지 신성한 선물(도움)로서의 성령을 통해 얻을 수 있는 신에 대한 더 귀중한 지식이다. 여기서 중요한 점은 아퀴나스가 보기에 프루덴티아, 아르스, 스키엔티아(그리고 지적 미덕으로서 취급되는 사피엔티아) 등과 달리, 이 가장 고귀한 종류의 지혜는 가르칠 수 없는 것이라는 사실이다. 그는 이 두 가지 더 고귀한 등급의 지혜를 아래와 같이 적절히 구분한다.

성령의 선물로 불리는 지혜는 습득되는 지적 미덕으로서의 지혜와 다르다. 후자는 인간의 노력으로 얻을 수 있는 반면, 전자는 '위에서 내려오기' 때문이다. 마찬가지로 그것은 믿음과 다르다. 믿음은 신성한 진리를 따르지만, 그것은 신성한 진리에 근거를 두고 판단하는 지혜의 재능에 속하기 때문이다. '사람은 자기가 아는 것을 잘 판단하기' 때문에 지혜의 재능은 믿음을 전제로 삼는다.[4]

아퀴나스에 따르면 신성한 지성(누스)이 앎의 주체와 객체가 합일하는 지상선(아리스톤)에 대한 응시인 테오리아를 통해 지혜를 추구할 가능성과 소피아를 둘러싼 아리스토텔레스의 해명은 기독교 신앙의 범위 밖에서 허용할 수 있는 것이 아니다. 왜냐하면 지혜의 재능이 주어진 모든 경우에 믿음이 전제되기 때문이다. 흥미롭게도 지혜가 이런 식으로 구별되는 바람에 사피엔티아는 강등과 승격을 동시에 경험한다. 한편으로 지혜와 지혜 추구에 대한 이교도적인 철학적 표현은 나름의 궁극적 목표를 달성할 수 있는 능력을 상실한다. 철학적 노력은 기껏해야 지혜의 지적 미덕을 함양할 수 있을 뿐이다. 다른 한편으로 신성한 선물인 도눔으로서의 사피엔티아는 믿음(피데스)마저 대체한다. 피데스는 '신성한 진리를 따를' 뿐이지만 사피엔티아는 신성한 진리를 기준으로 판단할 수 있기 때문이다. 이렇게 볼 때 신성한 선물이자 자애 또는 사랑의 결과물로서의 사피엔티아가 지니는 위엄은 판단이 행동을 좌우하는 실용적 사안의 영역에서 프루덴티아마저 압도한다. 아퀴나스는 행동의 영역에서조차 사피엔티아가 프루덴티아보다 우월하다는 점을 분명히 밝힌다. 지혜의 재능을 바라보는 그의 관점은 소피아와 테오리아 과정에서의 주체와 객체의 합일에 대한 아리스토텔레스의 견해와 비슷하다. 아퀴나스의 글을 읽어보자.

> 미덕이 고귀할수록 그것이 닿는 대상의 수도 늘어난다. 선물로서의 지혜가 지적 미덕으로서의 지혜보다 더 뛰어나다는 사실 때문에, 그것이 영혼과 신 사이의 합일을 거쳐 신에게 더 친밀하게 다가가기 때문에, 그것은 관조에서도 행동에서도 우리에게 방향을 알려줄 수 있다.[5]

행동과 관련해서는 쓸모없다는 비난을 받는 사피엔티아에 대한 아퀴나스의 변호는 "지상선에 대한 지식(그노시스) 덕분에 우리의 모든 행동에서 선이라는 과녁을 '더 잘 맞힐 수' 있을 것"이라는 아리스토텔레스의 주장과 상당히 유사하다. "사피엔티아가 단지 사색적인 것일까 아니면 실용적이기도 한 것일까?"라는 질문에 답하면서 아퀴나스는 "우선 시작을 바라보는 행위인 관조, 그리고 뒤이어 신성한 규칙에 따른 인간 행동의 방향이 지혜에 속한다"고 말한다. 이 질문에 대한 아퀴나스의 꼼꼼한 답변은 실용적 영역에서의 사피엔티아의 유용성을 둘러싼 아리스토텔레스의 답변보다 훨씬 더 인상적이다.

아퀴나스가 선물인 도눔으로서의 사피엔티아를 더 낮은 지위에 있는, 즉 지적 미덕으로서의 사피엔티아와 구별하려는 이유에 주목할 필요가 있다. 현대사상에서 가장 철저하게 부정되는 것이 바로 도눔으로서의 지혜 개념이다. 그리고 가르칠 수 없는 것도 바로 이 형태의 지혜기 때문에,

사람들은 교육에서 지혜가 차지하는 역할에 대한 연구에서 도움으로서의 지혜에 관한 논의가 어떤 의미를 지니는지 궁금할 수밖에 없다. 그러므로 여기서 선물로서의 지혜의 본질과 이 가장 고귀한 지혜 개념이 교육을 둘러싼 논의와 어떤 관계가 있는지 간략하게 검토해보겠다.

선물로서의 지혜에 대한 철학적 해석

아퀴나스는 '우리가 신을 아는 방법'에 관한 글에서 인간의 자연적 능력으로서의 지혜를 언급하는 근거를 제시한다.

> 자립적인 존재를 아는 것은 신성한 지성에게만 자연스러운 일이다. 그리고 이것은 어떤 창조된 지성의 자연적 능력을 뛰어넘는다. 그 어떤 피조물도 스스로의 존재일 수 없고, 그 존재는 함께하는 것이기 때문이다. 따라서 신이 은총을 통해 자신과 창조된 지성을 합일시키지 않으면 창조된 지성은 신의 본질을 볼 수 없다.[6]

간단히 말해 만물의 지고의 원인인 신은 사고와 지성의 대상일 수 있는 모든 것을 초월한다. 신은 우리가 생각할 수 있는 그 어떤 것도 아니다. 사고는 알 수 있는 것을 파악하기를 갈망할 수 있을 뿐이지만, 신은 유한하게 알 수 있고 이해할 수 있는 모든 것을 뛰어넘는다. 엄밀히 말해 신은 인간 지성의 본질을 뛰어넘고 이성을 통해 진리를 이해하는 인간 지성의 방식을 초월함으로써, 이중성이나 다중성이나 분석 따위에 종속되지 않는 진리에 도달할 수 있다. 인간 지성은 자신의 본질을 초월해야만 이 가장 고귀한 현실을, 즉 모든 현실적인 것의 토대를 응시할 수 있다.

자신의 본질을 극복하는 수준까지 올라가는 모든 것은 그것의 본질을 뛰어넘는 모종의 경향에 의해 준비되어야 한다. … 그러나 어떤 창조된 지성이 신의 본질을 볼 때, 신의 본질은 지성에 의해 파악될 수 있는 형태가 된다. 그러므로 지성이 그런 위대하고 숭고한 경지까지 올라가려면 모종의 초자연적 경향이 추가되어야 한다. … 이런 지적 능력의 증가는 지성의 계몽으로 불린다.7

지성이 관조를 거쳐 신에 대한 직접적 앎에 돌입할 수 있는 통로인 지성의 계몽은 아퀴나스의 신학적 인간학에서 신의 은총, 사랑 또는 자애(카리타스)의 결과물로서 생긴다. 사피엔티아라는 도움은 신학적 미덕 가운데 가장 고귀한 카리타스의 영향력에서 비롯되는 '신성한 것에 대한 일종의 공감이나 동조'다. 또한 아퀴나스는 믿음과 소망(나머지 두 가지의 신학적 미덕)은 카리타스가 없으면 불완전하게 존재하고, 믿음과 소망이 없으면 카리타스가 존재할 수 없다고 말한다. 결과적으로 사랑이 믿음과 소망의 도움을 받지 못하면 인간은 카리타스, 즉 신에 대한 사랑을 나타낼 수 없다. 이렇게 볼 때 아퀴나스가 말하는 사랑의 가장 고귀한 선물로서의 사피엔티아는 기독교적 가르침을 고수하는 사람들의 독점적 영역인 듯하다.

이 지점에서 철학이 도움으로서의 지혜와 어떤 관계인지, 그리고 철학이 그 목표를 최대한 추구할 수 있기나 한지에 관한 질문이 자연스레 제기된다. 예를 들어 철학은 신학에 비해서는 어느 정도 무기력하지 않을까? 다시 말해 지혜를 진지하게 추구한다면, 우리는 특정한 믿음과 소망과 교리를 갖춘 신학자여야 하는가? 철학은 그 가장 고귀한 욕구에서 영원히 단절되는 것일까? 토미즘 철학자 피퍼는 철학과 신학의 관계를 둘러싼 아퀴나스의 해석을 다룬 바 있다. 그의 지적에 따르면 아퀴나스는 그 두 가지를 "나누기 위해서가 아니라 합치기 위해서" 구별했다. 아퀴나스에게 철학과 신학은 본질적으로 한 묶음이다. 피퍼의 분석에 따르면 철학을 '신학의 시녀'로 취급하는 시각은 문제가 있고, 그런 시각을 아퀴나스의 탓으로 돌릴 수 없다. "아퀴나스의 관점에서 볼 때 철학은 그 어떤 것도 '섬기지' 않는다. 왜냐하면 철학은 지혜에 관심이 있기 때문이다. 이것은 철학이 개개의 학문과 다른 점이다. 철학은 그 어떤 부수적 의도에 '종속되지' 않는다." 피퍼는 도움으로서의 지혜를 추구하는 철학의 종속적 역할을 단호히 부정하지만 "신학이 철학의 목표를 '더 고귀한 수준'에서 '달성'한다"는 아퀴나스의 견해에 동조한다. 아퀴나스가 바라보는 철학과 신학의 관계에 대해 피퍼는 이렇게 말한다.

> 이 까다로운 문제에 대해 이렇게 답변하고자 한다. 신학이 철학으로부터 '섬김을 받는' 방식은 아주 다르다. 본질적으로 이 과정은 실용성이 과학의 섬김에 의존하는 방식과 다르고 그것과 비교할 수도 없다. 알다시피 철학적 사색은 지혜, 그 자체가 목적인 지혜를 지향한다. 그러나 '지배권'을 주장하며 나타나는 신학은 더 고귀한 형태의 지혜다. 그러므로 철학이 신학을 섬긴다는 것은 철학이 그 어떤 외부적이고 부수적인 목적에 종속된다는 의미가 아니다. 오히려 철학적 사색이라는 행위에 내재된 목적(지혜, 즉 가장 고귀한 원인에 대한 지식)은 철학보다 더 수준이 높은 종교와 신학에서 달성하고 성취할 수 있는 바로 그런 목표다.[8]

정확히 말해 지혜는 오로지 신의 속성이기 때문에 진정한 철학적 사색은 세 가지 신학적 미덕의 존재를 암시한다. 지혜를 사랑하는 사람에게는 반드시 신에 대한 사랑이 선에 대한 사랑으로서 존재해야 한다. 지혜는 가장 위대한 선이기 때문이다. 그런데 아퀴나스는 믿음(피데스)과 소망(스페스)이 모두 존재해야만 사랑(카리타스)이 가능하다고 강조한다. 여기서 믿음은 "우리가 바라는 것들을 보증해주고 볼 수 없는 것들을 확증"9해주는 것이고, 소망은 '신의 도움을 받으면 모든 것이 가능하다'는 인식이다.

   신학적 미덕인 스페스와 피데스가 존재해야만 생길 수 있는 카리타스의 결과인 도늄으로서의 사피엔티아에 대한 아퀴나스의 설명을 듣다 보면, 도늄의 본질과 관련된 질문을 던질 수밖에 없다. 도늄은 기독교 신앙의 범위 밖에서는 유효하지 않은 것인가? 그리고 우리는 '신학적 미덕'과 나머지 미덕 사이의 수상한 관계를 어떻게 이해해야 할까? 간단히 말해 아퀴나스가 이해한 바가 옳다면, 미덕을 잘못된 방식으로 갖추는 상황이 발생할 수 있을지 모른다. 즉 세 가지 신학적 미덕 없이도 미덕을 갖출 수 있다는 말이다. 하지만 어떻게 그럴 수 있을까? 예를 들어 궁극적 선을 지향하고 갈구하는 비기독교적 철학자에게는 당연히 신인神人으로서의 그리스도에 대한 기독교적 믿음이 없을 것이다. 또는 인간 본성의 종말론적 성취, 죽은 자의 부활, 모든 잘못이 교정되고, 죄지은 자들이 벌을 받고, 유순한 자들이 세상을 물려받는 우주적 변환 같은 것에 관한 기독교 교리에 국한된 소망이 없을 수 있다. 믿음과 소망이 없는 상태에서 가장 위대한 선인 아리스톤을 사랑하는 그 철학자는 잘못된 방식으로 사랑을 하는 것일까? 미덕이 선을 지향하고 달성하는 과정에서의 탁월성이라면, 어떤 사람이 미덕을 부적절한 방식으로 갖출 수 있다고 말하는 것은 어불성설이다. 미덕은 갖추든지 아니면 갖추지 못하든지 둘 중 하나다. 미덕의 과녁은 맞히든지 아니면 맞히지 못하든지 둘 중 하나다. 만일 어떤 미덕을 그릇된 방식으로 갖춘다면 다시 말해 피데스, 스페스, 카리타스 등을 동반하지 않은 상태에서 갖춘다면 그 미덕은 탁월성이 아닌 것이다. 사실 잘못된 방식으로 선을 달성할 수 있는 능력은 악덕이나 다름없다. 선의 '과녁을 빗맞힌다'는 측면에서 보면 이것은 '죄'의 의미지 않을까? 아리스토텔레스와 플라톤보다 지혜의 본질을 더 확실히 차별화하려고 시도하다가 아퀴나스는 기독교 신학자로서 그리스철학적 해석보다 기독교 신학에, 그리고 믿음을 바탕으로 삼은 지혜에 관한 해석에 특혜를 베풀어야 하는 난관에 부딪혔다.

물론 도움으로서의 지혜 개념을 오로지 기독교의 신학적 용어로만 설명할 필요는 없다. 아퀴나스가 도움으로서의 사피엔티아에 관해 말해야 하는 바의 근거는 대부분 아리스토텔레스의 저작이다. 아리스토텔레스는 인간 지성이 모든 지식의 자족적 근원이 아니라는 점을 잘 알고 있었다. 그리스사상은 인간이 어떤 것을 알기 위한 시도의 원동력인 자기초월에 의존하기 때문에, 지혜뿐 아니라 모든 미덕과 지식도 도움으로 간주하는 관념이 어느 정도 함축되어 있다. 모름지기 '모든 인간은 알고 싶어'한다. 인간은 그 원동력에 이끌리기 마련이고, 그것이 없으면 지식도 미덕도 지혜도 없다. 아리스토텔레스는 모든 것의 '목적인目的因'과 '부동의 동자'로서의 원동력(욕구와 사고의 궁극적 대상)에 관해 언급한다. 이것은 "사랑의 대상으로서 운동을 유발하는 반면, 나머지 모든 것은 스스로 움직이기 때문에 운동을 유발"한다. "움직이지 않지만 움직이는 이 무언가는 실제로 존재하고, 다른 어떤 점에서도 그렇지 않을 수 없다." 아리스토텔레스의 진술에 따르면 이 무조건적인 '무언가'가 없으면 그 어떤 '탁월성'도 있을 수 없다. 즉 그 어떤 선량함도 미덕도 지혜도 있을 수 없다.

모든 미덕이 어쨌든 은총이나 사랑(카리타스)의 선물이라는 관념과 부동의 동자에 대한 아리스토텔레스의 논의 덕분에, 우리는 도움으로서의 사피엔티아에 대한 아퀴나스의 통찰을 비교리적인 관점에서 이해할 수 있다. 아리스토텔레스는 사고의 궁극적 목적에 대한 가장 고귀한 참여 방식으로서의 사유, 즉 노에시스를 언급한다.

> 생각 또는 사유(노에시스)는 원래 최고인 것(아리스투)과 관계있고, 가장 고귀한 의미에서의 생각은 가장 고귀한 의미로 최고인 것과 관계있다. 그리고 지력 또는 지성(누스)은 사고의 대상에 참여하는 것을 통해 생각한다. 그것은 붙잡기와 생각하기를 거쳐 사고의 대상이 되고, 결과적으로 사고의 대상과 지력(누스)이 동일해진다. 왜냐하면 사고의 대상과 존재나 본질을 받아들이는 것이 지력이기 때문이다. 그리고 지력 또는 누스는 그것의 대상을 소유함으로써 실현(에네르게이)된다. 따라서 지력의 신성한 소유로 여겨지는 것은 잠재성이 아니라 현실성이고, 그것의 관조(테오리아)는 가장 유쾌하고 좋은 것이다.[10]

간단히 말하자면 아리스토텔레스가 보기에 사유 또는 노에시스에 열중하는 지력은 신성에 참여할 수 있는 선물을 받았고, 그 결과 테오리아에 도달해 앎의 주체와 객체의 합일이라는 형태로 완벽히 실현될 수 있다. 테오리아를 통해 극치를 맛보는 노에시스는 사랑하는 대상과의 합일이라는 선물을 받아들인다. 이렇듯 사피엔티아를 도움으로 바라보는 아퀴나스적 개념은 비교리적인 그리스철학의 관점에서도 이해할 수 있다.

플라톤의 대화편에서 소크라테스도 선물로서의 미덕(아레테)에 대해 비슷한 견해를 드러낸다. 흔히 소크라테스의 '가르침'과 플라톤의 저작에는 "미덕은 가르칠 수 없다"는 가장 기본적인 전제가 등장한다. 하지만 예를 들어 《메논》과 《프로타고라스》에서도 미덕에 관한 기본적 가정이 인정을 받았는지는 불투명하다. 알다시피 초심자에게 그 두 대화편은 '난감'하다. 즉 둘 다 미덕의 본질을 둘러싼 변증법적 기초가 탄탄한 단정적인 지식이나 가르침으로 귀결되지 않는다. 오히려 두 대화편 모두 소크라테스와 그의 대화 상대들이 미덕의 본질과 관련해 난감한 상태(아포리아)에 놓인 채로 마무리된다. 더구나 소크라테스가 미덕은 가르칠 수 있는 것이라는 데 동의한다면, 그것은 정말 놀라운 일일 것이다. 왜냐하면 고대 아테네에서 미덕을 가르칠 수 있는 것으로 바라보는 시각을 지지하는 사람들 가운데 가장 유명한 부류가 바로 소크라테스와 철학을 정면으로 반대하는 자들, 그리고 흔히 철학자로 오해받는 소피스트로 알려진 방랑 교사들이었기 때문이다. 사실 소피스트(글자 그대로 지혜로운 자)가 아들의 정치적 성공을 바라는 부모들에게 높은 수업료를 요구한 근거는 미덕을 가르칠 수 있다는 그들의 주장이었다. 《프로타고라스》에 등장하는 바로 그 아브데라의 프로타고라스는 1회의 학습 과정에 수업료 100미나를 요구한 소피스트들 가운데 첫 번째에 속했다고 한다. 한편 미덕을 가르칠 수 있다는 주장에 반대하는 더 오래되고 귀족적인 견해에 따르면, 미덕은 가르칠 수 없는 것이고 오히려 혈통과 유전의 문제였다. 《프로타고라스》에서 소크라테스는 다름 아니라 정치학 형태의 미덕이 과연 가르칠 수 있는 것인지를 두고 프로타고라스와 토론한다. 소크라테스는 그런 실용적 지혜, 즉 분별을 가르칠 수 있는 가능성을 의심한다. 그는 정치적 수완이 뛰어난 그 어떤 사람도 남들에게 지식을 전수하거나 정치적 수완을 가르칠 수 있지는 않을 것 같다는 이유에서 "나는 이것을 가르칠 수 있다고 생각하지 않는다"고 말한다. 《메논》에서 소크라테스는 또다시 미덕이 무엇인지와 미덕을 가르칠 수 있는지를 둘러싼 논의에 뛰어든다. 이 대화 말미에서 소크라테스와 그의 대화 상대들은 난감한 상태에 놓이지만, 미덕을 둘러싼 궤변론적 주장과 귀족적 주장을 모두 경계한다. 소크라테스는 이렇게 말한다. "우리의 이 모든 설명이 올바르게 검토되고 진술된다면, 미덕은 타고나는 것(귀족적 주장)도 아니고 가르칠 수 있는 것(궤변론적 주장)도 아니다. 미덕은 지성이 없는 상태에서 신성한 약속에 의해 그것이 다가가는 사람들에게 존재하게 된다." 다시 말해 소크라테스에 따르면 사피엔티아뿐 아니라, 모든 미덕도 어떤 의미에서는 도움이다.

학교에서 철학적 사색과 미덕 함양이 가능한가

아퀴나스가 도움으로서의 가장 고귀한 형태인 사피엔티아를 언급하고, 아리스토텔레스와 플라톤이 소피아뿐 아니라 모든 미덕과 신이 내린 선물로서의 탁월성을 거론하는 점을 감안할 때, 우리는 지혜와 미덕에 대한 논의가 교육과 무슨 관계인지 궁금하지 않을 수 없다. 첫째, 우리는 기본적으로 가르칠 수 없는 것을 왜 가르치려고 하는가? 대체 왜 지혜나 나머지 미덕에 관심을 갖는가? 둘째, 교육에서 현실의 '종교적' 측면에 대한 자유로운 탐구를 금지한다면, 그러면서도 가장 고귀한(또는 가장 깊이 있는) 진리와 지혜에 대한 진정한 추구를 통해 필연적으로 우리가 그런 방향으로 나아간다면 지혜 추구로서의 철학이 어떻게 학교에서 허용될 수 있을까? 이런 도전 과제는 확고한 정교분리원칙을 고수하는 미국의 모든 교육 관할권뿐 아니라 내가 선택한 고향인 캐나다의 앨버타주에서도 심각성을 띤다. 앨버타주의 법안 44에 따르면 학생들과 함께 진리를 탐구하는 모든 교사는 권리 포기와 의견 보류의 의무를 지닌다.[11] 교실에서의 진리 탐구에 대해 그런 현실적 요소를 낱낱이 언급하는 법적 시효가 설정되는 상황에서, 어떻게 학교에서 철학적 사색을 하고 미덕을 함양하려고 할 수 있겠는가?

교육제도에서의 지혜 추구의 정당성을 둘러싼 이와 같은 질문에 대한 해답은 모든 미덕은 결코 그 자체가 목적이 아니라는 사실에 있다. 고대 로마의 철학자이자 극작가인 세네카는 다음과 같이 가르친다. "미덕은 그 자체가 보상이다. 어떤 일을 완수하는 것은 올바르게 완수된 일에 대한 보상이다." 이 스토아철학적 관념에 따르면 미덕은 자족적인 것이다. 미덕은 그 자체를 초월하는 어떤 원천이나 의도에 의존하지 않는다. 그러나 아퀴나스, 플라톤, 아리스토텔레스 등은 다음과 같이 말한다. "사람은 그런 행복에 의거해 살 수 없다. 가장 깊은 갈증은 이런 식으로 달랠 수 없다. 인간의 마음에 있는 진정한 기대는 그런 대용물을 받아들이지 않을 것이다." 피퍼는 "그런 태도가 시도되고 주장될 때마다 그것은 인위적이고 강제적인 것이었다. 왜냐하면 이는 자연에 반하는 어떤 것이었기 때문이다"[12]라고 말한다. 즉 가르칠 수 있거나 가르치고 있는 대상에만 의존하는 데 만족하려는 교육은 결코 교육이라고 할 수 없다. 오히려 모든 교육의 성패는 그것이 행복을 목표로 삼는 한 지혜, 또는 이 최종 목적과 이 부동의 동자에 대한 의식과 관심을 키우는 데 달려 있다. 목적인을 알고자 하는 이 보편적 욕구를 어떻게 부르든 간에 그것의 뿌리는 궁극적 현실의 흡인력에 대한 경험이다. 합리적 활동으로서의 교육과 인간 생활이 근본적인 측면에서 신학적이고 철학적인 성격을 띨 수밖에 없는 것은 바로 이 때문이다. 물론 진정한 교육에는 모든 탁월성과 모든 앎이 일종의 도움이라는 인식이 수반된다. 그리고 철학은 그런 도움으로서의 지혜에 접근하는 것이다. 도움을 모든 사물에 스며드는 것으로 인식하려면, 도움이라는 무한한(아페이론) 원천과 관련한 자신의 유한성과 한계를 지각하고 인정하며 주목해야 한다.

진정한 교육의 필수요소는 무엇인가

도움으로서의 지혜에 대한 아퀴나스의 통찰은 그 주안점이 관심의 고취와 연관된다는 점에서, 우리가 진행하는 교육에 대한 더 폭넓은 논의와도 연관된다. 관심이나 관심의 고취는 다음과 같은 점을 인정하는 태도를 수반한다. 즉 '알고자 하는 시도(제테시스)'를 할 때면 우리는 우리의 지식과 앎이 알고자 하는 대상에 의존한다는 사실에 대한 인식수준을 높이는 과정에 임하게 될 수밖에 없다. 제테시스의 원동력에 주목함으로써, 우리는 우리가 알고 싶은 것을 향해 이끌려간다는 사실을 깨닫는다. 우리는 그런 이끌림을 통해 원초적 자극제로서의 도움을 경험한다. 이와 같은 원초적 자극제, 즉 도움이 없으면 그 어떤 탐구도 할 수 없을 것이다.

도움에 대한 아퀴나스의 설명과 비슷한 맥락에서 기독교적 신비론자 시몬 베유1909-1943는 학교에서 도움을 향한 관심을 고취하는 것의 중요성을 상세하고 효과적으로 설명한다. 베유에 따르면 진정한 개념의 공부의 열쇠는 "기도가 관심으로 구성되어 있다는 깨달음이다. 그것은 영혼이 신에게 가질 수 있는 모든 관심의 방향을 정해"준다. 그녀는 다음과 같이 지적한다. "관심의 가장 고귀한 부분만이 신과 접촉할 수 있게 한다. 그런 접촉이 이뤄질 정도로 기도가 강렬하고 순수할 때 말이다. 그러나 전체적인 관심은 신을 향해 있다." 그녀의 기독교적 시각에서 볼 때 학교 공부에서의 관심 고취는 원래 기도를 위한, 궁극적으로는 신에 대한 관조를 위한 영적 훈련이다. 베유는 "학교 과제는 더 저급한 종류의 관심을 키울 뿐이다. 그렇지만 그런 과제가 이런 목적만을 위해 이행된다면, 기도 시간에 이용할 수 있는 관심의 힘을 매우 효과적으로 향상시킬 것이다"라고 한다. 그녀의 평가에 따르면 "관심의 능력을 발전시킬 경우 공부만의 감흥과 공부의 진정한 목적"이 생긴다. 물론 수업에 포함할 만한 대다수의 과제에는 일정한 고유의 감흥도 있다. 듀이를 비롯해 이 책에서 다루는 여러 사람이 모든 학습 이면의 기본 동기로서 '감흥'의 고취를 강조한다. 하지만 베유에 따르면 그런 감흥은 부차적이다. "진정으로 관심의 힘에 호소하는 모든 과제는 동일한 이유에서, 그리고 거의 동일한 정도로 흥미롭다." 주제를 막론하고 학습의 목적은 해당 주제의 통달이 아니라, 자신의 관심능력을 발전시키는 것이다. '신을 향해 있는' 우리의 관심능력은 '다름 아니라 기도의 요체'다.

더 고귀한 관조적 또는 이론적 목적에 대비해 관심능력을 배양하는 수단으로서의 교육을 둘러싼 베유의 논평은 '학생 성취도' 측정이라는 개념에 대해서도 뚜렷한 실마리를 제시한다. 현재의 학생 성취도 검증 방식에서는 오로지 학생이 주어진 과제를 얼마나 잘 이행하는지만 다룬다. 하지만 베유는 비교적 이런 평가 방식에 관심이 없다. 그녀가 볼 때 주어진 과제를 능숙하게 처리하는가는 핵심적 사안이 아니다. "기하학에 대한 소질이나 적성이 전혀 없다고 해도 그것은 우리가 그런 문제와 씨름하거나 정리를 공부함으로써 우리의 관심능력을 향상시킬 수 없다는 의미가 아니다. 반대로 그것은 거의 혜택이나 다름없다." 사실 학생은 외부의 온갖 정량적 기준과 표준화된 검사에서 낙제할 수도 있지만, 관조(테오리아, 콘템플라티오)를 통한 가장 고귀한 행복을 준비하고자 자신의 가장 고귀한 능력을 함양하는 데 깊이 몰두할 수도 있다. 도움에 대한 관심을 통한 지혜 추구와 관련해 베유, 아퀴나스, 아리스토텔레스 등이 남긴 말을 진지하게 고려한다면, 우리가 갖고 있는 대다수 독단적 견해의 진원지인 현대 교육의 전체적인 체계는 몇 가지 근본적인 점에서 재검토되고 경우에 따라서는 부정되어야 할 것이다.

그러므로 학생들은 어떠한 의욕(좋은 점수를 받겠다나 시험에 합격하겠다 또는 학교에서 두각을 나타내겠다)도 없이 자신의 타고난 능력이나 성향과 무관하게 공부해야 한다. 각각의 과제가 기도(또는 비기독교적 용어로는 테오리아나 콘템플라티오)의 요체인 관심이라는 습관을 키우는 데 도움이 된다고 생각하면서 주어진 모든 과제에 골고루 전념해야 한다. 우리가 어떤 일에 착수할 때는 제대로 해내겠다는 마음이 필수적이다. 왜냐하면 그런 바람은 모든 참된 노력의 필수불가결한 요소기 때문이다. 하지만 그런 직접적인 목표의 밑바탕에서 우리의 깊이 있는 의도는 오로지 관심의 힘을 향상시키는 데 주력해야 한다. … 마치 글을 쓸 때 종이 위에 글자의 모양을 나타내려는 이유가 그 모양 때문이 아니라 우리가 표현하고 싶은 생각 때문인 것과 같다. 이를 공부의 유일하고 배타적인 목적으로 삼는 것이 우리가 공부를 올바르게 활용하기 위해 지켜야 할 첫 번째 조건이다.[13]

베유에 따르면 교육은 그것의 최종 목적에 근거를 둘 때, 완전히 이론적 또는 관조적인 것이다. 그녀가 보기에 진정한 학교교육은 지성을 학업에 엄격하게 적용하는 문제가 아니고, 시험 점수를 올리는 방법을 발견하는 문제도 아니다. 진정한 학교교육은 스콜레의 조성과 관계있다. 다시 말해 진정한 학교교육이 이뤄지려면 교사와 학생이 '여가'와 관계 맺는 방법과 모든 공부의 밑바탕인 흡인력과 알고 싶은 보편적 욕구의 원천에 주목하는 능력을 활용하는 법을 배워야 한다. 베유에 따르면 '의지력'을 입증해야 하는 학업으로서의, 그리고 교과 과정으로서의 학교교육(글자 그대로 표현하자면 모든 학생이 채찍질을 두려워하면서 임해야 하는 경마)을 강조하는 것은 완전히 과녁을 빗맞히는 발상이다.

의지력은 부득이한 경우, 우리의 결심을 다지고 고통을 참도록 해주는 그런 종류의 의지력은 육체노동에 종사하는 도제의 중요한 무기다. 그러나 일반적인 믿음과 달리 실제로 의지력은 공부에서 설자리가 없다. 지능은 욕구에 의해서만 이끌릴 수 있다. 욕구가 없으면 공부에서의 즐거움과 재미가 없기 때문이다. 지능은 재미를 통해서만 성장하고 열매를 맺는다. 배움의 재미는 달리기에서의 숨쉬기와 마찬가지로 공부에서 필수불가결한 요소다. 재미가 없으면 진정한 학생은 없고, 도제 기간이 끝나도 직업조차 갖지 못하는 도제들의 가여운 모습만 있을 뿐이다.[14]

가장 참된 의미에서의 '학교교육'은 공부일 수 없다. 오히려 그것은 기본적으로, 그리고 철저하게 관심이라는 습관과 수행을 통해 학생들이 스콜레라는 궁극적 목표로 나아가도록 하는 것이어야 한다. 베유는 '관심'이 의미하는 바를 다음과 같이 설명한다.

관심은 우리의 생각을 유보하는 것, 그것이 따로 있도록 비어 있도록, 그리고 대상이 그것에 스며들도록 놓아주는 것에 해당한다. 관심은 우리 마음속에, 생각의 범위 안에, 그러나 더 낮은 수준에서 그리고 그것과 접촉하지 않은 상태에서, 다양한 지식을 그러니까 우리가 습득해 어쩔 수 없이 활용하게 되는 다양한 지식을 갖고 있는 것을 의미한다. 마치 산 위에 있는 사람이 앞을 바라보면서 동시에 실제로 내려다보지는 않으면서도 산 아래의 많은 숲과 평원을 보듯 우리의 생각은 모든 특정한, 그리고 이미 공식화된 생각과 관계를 맺어야 한다. 무엇보다도 우리의 생각은 비어 있고 어떤 것을 기다리거나 모색하지 말아야 하지만, 외부로부터 스며드는 명백한 진실은 기꺼이 받아들여야 한다.[15]

여기까지 교육의 기본적인 명분으로서의 관심 고취의 중요성을 살펴봤다. 이제 가르침과 관조적 삶에 대해 아퀴나스가 논의한 바를 살펴보자.

관조적 삶이란 무엇인가

이 책에 나오는 고대와 중세의 모든 저자가 이 세상에 오직 한 종류의 삶만 있다고, 즉 관조적 삶만 있다고 주장하지는 않는다. 그들 가운데 단 한 사람도 이 사회를 수도승과 관조적 신비론자로 구성된 어떤 이상한 결사체로 만들거나 바꾸는 것이 교육제도의 과업이라고 주장하지 않는다. 그리고 나도 이 책에서 그런 식의 사회변혁을 옹호하지 않는다. 오히려 앞서 살펴본 철학자들은 단지 테오리아나 콘템플라티오가 지혜 추구의 기본적인 요소고, 스콜레를 누릴 수 있을 때만 그런 활동을 할 수 있으며, 스콜레와 테오리아나 콘템플라티오 모두 교육과 인간 생활의 필수불가결한 요소라는(관조와 관조에 알맞은 환경(스콜레)이 인간 본성의 기본 요소를 발전시키는 데 필요하다는) 인식의 중요성을 지적할 따름이다.

《니코마코스 윤리학》에서의 아리스토텔레스처럼 아퀴나스도 '활동적 삶(비타 악티바)'과 '관조적 삶(비타 콘템플라티바)'을 구분한다. 아퀴나스는 이런 식의 구분이 인간의 이성적 본성에 적합하다고 설명한다. 그가 보기에 인간은 '자신의 내면에 따라 작동하는 생물'이기 때문에 인간 생활에는 이 세상에서의 합리적 행동과 지식에 대한 지적 추구 모두가 수반된다. 아퀴나스의 시각에서 이 두 가지 삶의 차이는 대체로 강조점에 있다. 다시 말해 어떤 사람들은 성향상 두 가지 중 하나에 더 적합하다. "어떤 사람들은 특히 진리를 관조하는 데 전념하는 반면, 또 어떤 사람들은 주로 외부적 활동에 여념이 없기 때문에 인간의 삶은 활동적인 것과 관조적인 것으로 나뉜다." 이 두 가지 삶을 구분하는 것은 결코 절대적이지 않다. 각 인간은 다양한 정도로 그리고 여러 상황에서 행동에도 임하고 관조에도 임하며, 두 가지 삶은 개개인의 인생에서 서로 조합되기 마련이다. 그렇지만 이 두 가지 삶은 등급이 다르다. 아리스토텔레스에 이어 아퀴나스도 활동적 삶이 관조적 삶보다 열등하다고 단언한다. 관조적 삶은 신성한 지혜에 담긴 우리의 가장 고귀한 목적을 추구하는 것을 목표로 삼는 반면, 활동적 삶은 인간사에서의 고결하고 분별 있는 행동을 통해 달성할 수 있는 선을 목표로 삼기 때문이다.

여러 가지 관조적 활동을 다룬 아퀴나스의 글에는 비타 콘템플라티바가 불가사의하거나 엘리트적인 개념이 아니라 모든 인간 생활의 본질적 요소를 기술하기 위한 용어라는 점이 분명히 드러나 있다. 어원학적으로 '관조'는 점쟁이가 점치는 막대기로 표시한 관측 장소를 가리키는 템플룸에서 나온 단어고, 훗날 점쟁이의 관측 행위를 가리키게 되었다. 관찰과 관련된 개념으로서의 관조는 우리가 어떤 대상을 관찰을 통해 알게 되듯 우리에게 서서히 스며드는 것으로 볼 수 있다. 이렇듯 우리의 모든 앎은 대체로 우리가 알게 되는 대상을 볼 수 있는 능력과 관련 있다. 물론 어떤 것은 다른 것에 비해 더 깊이 더 뚜렷하게 보인다. 그리고 우리가 비타 콘템플라티바를 고양하는 목적은 더 깊고 뚜렷하게 보고 알기 위해서다.

아퀴나스는 생빅토르의 리샤르(?-1173, 파리 생빅토르 대수도원의 참사원 일원으로 신비가이며 신학자—옮긴이)에 뒤이어 비타 콘템플라티바의 일환인 여러 지적 활동을 관조(콘템플라티오), 명상(메디타티오), 고찰(코기타티오) 등으로 구분한다. 코기타티오는 우리가 간단한 진리를 도출하기 위해 여러 가지를 고려하는 활동이다. 코기타티오에는 "특정 효과에 대한 지식을 위한 감각 지각, 상상력의 발휘, 다양한 징후를 둘러싼 그리고 진리에 대한 지식으로 이어지는 모든 것을 둘러싼 논리 정연한 설명"이 포함된다. 사실 지성의 모든 실제적 작동은 '고찰'로 부를 수 있다. 아퀴나스도 코기타티오가 혼란스러운 정신을 집중하는 것이라고 촌평한다. 비타 콘템플라티바의 기본 요소인 고찰은 인간이 추론하고, 상상력을 발휘하고, 감각 자료를 검토할 때마다 또는 인간이 어느 정도의 집중력과 관심을 갖고 정신을 논변적 사고에 적용할 때마다 등장한다.

아퀴나스는 "명상은 모종의 진리에 대한 관조에 도달하는 특정 원리들을 바탕으로 추론하는 과정을 가리킨다"고 말했다. 그것은 진리(베리타스) 추구에 열중하는 정신의 탐구 작업이다. 아퀴나스에 따르면 고려가 메디타티오와 동일한 것을 의미하고, 지성의 모든 작동은 어떤 면에서 '고려'로 부를 수 있다. 이렇게 볼 때 메디타티오와 코기타티오 사이에는 명확한 경계선이 없다. 아마 이 두 가지를 구별하는 최선의 방법은 코기타티오는 1차원적 또는 논변적 과정인 반면(이 용어는 합리적 방식에 따라 추론의 대상이 하나에서 그다음으로 움직이는 모습을 묘사한다), 메디타티오는 더 정밀하고 더 예리하게 어떤 최종 목적을 겨냥하는 사고를 묘사하는 용어라는 점이다. 메디타티오는 추론 도중에 있다는 사실에 대한 인식보다는 추론을 통해 종료점 또는 목적지로서의 어떤 진리에 도달한다는 사실에 대한 인식을 표현하는 듯하다. 이 느슨한 정의에 따르면, 진리를 염두에 두면서 추론의 방향을 사고의 특정 대상과 그 대상에 대한 해명 쪽으로 돌릴 때마다 인간은 어떤 형태의 명상에 임하게 된다.

끝으로 '콘템플라티오는 진리에 대한 단순한 응시'를 가리킨다. 콘템플라티오는 '지각된 사물에 대한 영혼의 날카롭고 느긋한 응시'다. 아퀴나스의 말을 빌리자면 콘템플라티오는 상당히 저급하고 평범한 것일 뿐 아니라 숭고하고 완전한 것일 수도 있다. 콘템플라티오를 오로지 진리에 대한 단순한 응시로만 해석할 필요는 없다. 지각된 모든 것에 대한 모든 날카로운 응시를 콘템플라티오로 볼 수 있다. 관조는 코기타티오와 메디타티오처럼 일상적 경험과 배움의 일환이고, 모든 앎의 일부분을 가리킬 수도 있다. 콘템플라티오는 앎의 정점과 완성 같은 가장 고상한 용어로 해석될 필요는 없지만, 나름의 최고 경지에 도달할 때는 확실히 그런 완성을 암시하기도 한다. 그런데 콘템플라티오는 앎의 완성을 가리키는 경우에 주로 쓰인다. 사색적 지성의 활동으로서의 관조는 단순한 파악, 직접적 판단, 논변적 추론의 세 가지 작용 가운데 하나에 해당되어야 한다. 토미즘 철학의 신봉자들인 블랙프라이어즈에 따르면 콘템플라티오는 "불완전한 방식을 제외하면 사람이 진리를 인지하는 방식이 아니기 때문에 단순한 파악일 수 없고, 관조는 사색적 지성의 완전한 행동으로서 진리를 모색"한다. 이렇게 볼 때 그들은 《신학대전》의 아퀴나스에 비해 공리에 대한 직관적인 파악이나 기본적 이해(인텔렉투스)와 콘템플라티오 사이에 유사성이 있다는 점을 인정하는 것을 꺼리는 듯하다. 블랙프라이어즈의 주장에 따르면 관조는 '논변적 추론'으로 환원될 수 없다. 왜냐하면 그것은 오히려 '진리에 대한 직관적 응시'기 때문이다. 그러므로 "관조는 인간의 지력이 진리를 인지하고 사색적 지성이 추론의 힘으로서가 아니라 이해의 힘으로서 작동하는, 직접적이고 비논변적인 판단으로 환원될" 수 있다.[16]

아퀴나스는 블랙프라이어즈가 관조적 삶에는 다양한 활동이 있지만 그 여러 활동은 진리에 대한 관조를 둘러싼 일종의 연습, 준비, 단계 등에 불과하다고 평가하면서 콘템플라티오의 의미와 관련해 지적한 문제에 대해 아래와 같이 말한다.

> 천사는 단순한 파악을 통해 진리를 인지하지만, 사람은 결국 점진적 단계를 밟아야만 단순한 진리를 응시하게 된다. 결과적으로 관조적 삶에는 그

것이 마무리되는 종점이고 그것이 통일성을 이끌어내는 출처며 단 하나의 활동인 진리에 대한 관조만 있지만, 관조적 삶에는 그것이 이 종국적 활동에 도달하는 수단인 몇 가지 활동도 있다. 그중 몇 가지 활동은 사람이 진리에 대한 관조로 나아가기 위해 거쳐야 하는 원리에 대한 이해와 관계있다. 다른 몇 가지 활동은 그런 원리로부터 진리로 나아가는 연역과 관계있다. 하지만 이 과정을 마무리하는 종국적 활동은 바로 진리에 대한 관조다.[17]

달리 말하면 어떤 것이 관조적 삶에 속하는 방식은 두 가지다('본질적' 방식과 '부차적' 또는 '성향적' 방식). 첫 번째 방식에 따르면 "신성한 진리에 대한 관조는 본질적으로 그런 관조가 모든 인간 생활의 목표기 때문에 관조적 삶"에 속한다. 관조의 본질적 의미는 우리가 이미 아리스토텔레스의 저작에서 살펴본 내용과 일맥상통한다. 아리스토텔레스에 따르면 궁극적 행복은 지성의 가장 고결한 대상을 둘러싼 관조에서 찾을 수 있다. 하지만 부차적 방식에 따르면 "우리는 신성한 효과를 통해 신에 대한 관조에 도달할 수 있기 때문에 … 신성한 효과에 대한 관조도 관조적 삶과 연관된다. 인간은 이를 통해 신에 대한 지식으로 인도되기 때문"이다. 그러므로 우리가 앎을 모색하는 통로가 되는 다른 활동들은 알고 싶은 욕구와 알 수 있는 모든 것의 원천을 알고 싶은 더 고귀한 욕구를 연관해서 보는 한, 부차적 또는 성향적으로 비타 콘템플라티바에 속한다. 앎과 진리 모색을 둘러싼 여러 활동 그리고 방식과 관계있는 관조의 폭넓은 범위가 인정되는 것은 바로 이 부차적 방식에 따를 때다. 따라서 아퀴나스는 본질적 의미에서의 신성한 진리에 대한 관조만을 관조적 삶의 일부분으로 설명하지는 않는다. 그는 도덕적 미덕의 삶, 관조 이외의 특정 행동, 신성한 효과에 대한 관조 등도 부차적 또는 성향적 의미에서의 비타 콘템플라티바에 속하는 요소로 여긴다.

아퀴나스는 《신학대전》에서 관조의 폭과 범위를 둘러싼 이해의 지평을 넓힌다. 그는 관조적 삶에서 신성한 지혜 추구와 신에 대한 응시가 최종적이고 가장 고귀한 목표지만 관조에는 여러 유형이 있다고 지적한다. 생빅토르의 리샤르에 이어 아퀴나스도 관조의 여섯 가지 유형을 열거한다.

> 첫째는 상상 속에만 있다. 우리가 실체적인 것을 숙고할 때처럼. 둘째는 지성에게 도움을 받는 상상 속에 있다. 우리가 지각할 수 있는 것의 상태와 성향을 숙고할 때처럼. 셋째는 지성에게 도움을 받는 지성 속에 있다. 우리가 눈에 보이는 것을 숙고함으로써 눈에 보이지 않는 것으로 올라갈 때처럼. 넷째는 지성으로서의 지성 속에 있다. 상상이 인지할 수 없는, 눈에 보이지 않는 것을 지력이 숙고할 때처럼. 다섯째는 지성 위에 있다. 인간의 지력이 이해할 수 없는 것을 우리가 신성한 계시를 통해 알 때처럼. 여섯째는 지성 위에 그리고 지성의 반대편에 있다. 우리가 삼위일체의 수수께끼에 관한 가르침 같은 인간 이성에 상반되는 듯한 것을 신성한 해명을 통해 알 때처럼. 이 여섯째만이 신성한 진리에 다가가는 듯하다.[18]

관조적 삶은 폭넓은 범위의 활동에 걸쳐 있다. 첫째, 그리고 가장 기초적 수준에서는 감각적인 것을 숙고할 때마다 우리는 관조적 활동에 임하게 된다. 둘째는 우리가 감각적인 것에서 가지적인 것으로 이동할 때다. 셋째는 감각적인 것에 대해 비판적 또는 분석적으로 사고할 때다. 넷째는 감각적인 것(예를 들어 사물세계에 관한 개념과 관념)을 통해 닿을 수 있는 가지적인 것을 숙고할 때 우리는 더 고귀한 형태의 관조적 활동에 임하게 된다. 아퀴나스의 지적에 따르면, 다섯째 수준에서는 감각적인 것으로는 닿을 수 없지만 이성에 의해서 이해할 수 있는 가지적 현실을 숙고한다. 그것은 우리가 '계시'를 통해 아는 것이다. 마치 우리가 충실한 문학 공부를 통해 명확하게 드러낼 수 있는 신화, 이야기, 직관적인 시와 음악, 진리 등을 숙고할 때처럼 말이다. 끝으로 아퀴나스는 "지성이 발견할 수도 철저히 규명할 수도 없는 가지적인 것에 대한 숙고"를 언급한다. "그것은 관조가 최종적으로 완수되는 신성한 진리에 대한 숭고한 관조다."

확실히 교사도 학생도 인간으로서 여러 유형의 관조를 다양하게 경험한다. 하지만 관조적 활동의 다양성을 둘러싼 더 중요한 질문은 우리가 학교에서 이 폭넓은 범위의 배움을 어느 정도까지 인정하고 장려할 것인가다. 관조가 우리의 가장 고귀한 행복과 관계있다는 점과 교육은 인간이 이성적 존재로서 자신의 가장 고귀한 행복을 인식하고 독자적으로 그것을 추구할 수 있도록 가르치는 것과 관계있다는 점을 고려해볼 때, 학교에서 시행하는 관조적 연습은 과연 어느 정도까지 학생들이 그런 인간 본성을 충분히 인식할 수 있도록 이끌 수 있을까? 그리고 교사에게는 풍부하고 완결적인 관조적 활동을 추구할 기회가 어느 정도까지 부여될까?

벤저민 블룸의 분류법과 관조의 여섯 단계

사고가 현재의 교육관행에서 위계를 형성하는 방식을 검토하는 가장 대중적이고 표준적인 모형은 미국의 교육심리학자 벤저민 블룸1913-1999의 《교육목표 분류법Taxonomy of Educational Objectives》에 상세히 소개되어 있다.[19] 모든 신임 교사는 블룸이 설정한 각각의 수준과 순서에 따라 학생들이 사고 과정을 배우도록 해야 한다는 지시를 받는다. 또한 그들은 그 '교육목표'를 기준으로 학습을 평가해야 한다는 말도 듣는다. 블룸은 '인지적 영역'에서의 여섯 가지 '목표'를 가장 낮은 수준에서 가장 높은 수준까지 순서대로 열거한다. 그것이 바로 지식, 이해, 적용, 분석, 종합, 평가 등이다.

이 분류법에서 가장 낮은 수준의 학습인 '지식'에는 용어와 사실에 관한 지식, 탐구 방법, 판단 기준, 관례 등에 관한 지식 그리고 이론과 원리 같은 분야에서의 '추상개념'과 '일반개념'에 관한 지식 따위가 포함된다. 두 번째 수준인 '이해'는 가장 낮은 수준의 이해를 가리킨다. 여기에는 해독, 해석, 추정 등이 포함된다. 세 번째 수준인 '적용'에는 추상개념, 기법적 원리, 개념, 이론 등의 사용이 포함된다. 네 번째 수준인 '분석'에서는 "개념의 상대적 위계가 분명히 드러나고 개념 사이의 관계가 명료해지도록" 하기 위해 '정보'가 개개의 구성 요소나 부분으로 분해될 수 있다. 이 수준에는 요소, 관계, 조직 원리 등에 대한 분석이 포함된다. '종합'으로 불리는 다섯 번째 수준에서는 분석의 구성 요소가 다시 합쳐지고 부분이 이해되어 전체를 이룬다. 종합에는 기존에 인식하지 못한 전체의 경향을 확인하는 것이 수반된다. 종합에는 이야기나 에세이 쓰기, 개인적 경험을 말로 설명하기, 계획 수립, 추상적 관계의 유도(가설을 설정하고 재설정할 수 있는, 수학적 발견을 할 수 있는, 일반화할 수 있는 능력) 같은 개별적 또는 '독특한' 정보의 생산이 포함된다. 여섯 번째이자 가장 높은 수준인 '평가'는 주어진 목적의 수단과 재료의 가치에 대한 판단을 수반한다. 여기에는 진술의 논리적 일관성 같은 '내부적 증거'의 관점에서 판단하는 것이 포함되고, 예를 들어 이론과 통칙 같은 '외부적 척도'에 따른 판단과 해당 학문 분야나 문화적 이해에서 쓰이는 가장 높은 기준에 따른 판단이 포함된다.

분류법의 두 번째 부분, 그러니까 '정의적情意的 영역'을 다루는 부분에서 블룸은 다섯 가지 층인 수용, 반응, 가치화, 조직화, '가치나 가치 복합체에 의한 인격화'를 수준이 낮은 것부터 순서대로 열거한다. 다섯 가지 층으로 구성된 정의 분류법의 가장 낮은 수준에는 현상과 자극의 존재를 기꺼이 받아들이거나 그것에 주목하려는 마음이 자리 잡는다. 블룸은 이 가장 낮은 형태의 정의적 수용성을 '인식', '받아들이려는 마음', '통제된 또는 선택된 관심' 등으로 세분한다. 두 번째 수준은 현상이 유발하는 관심의 측면에서 볼 때 현상에 대한 반응이다. 블룸은 '반응에 대한 묵인', '반응하려는 마음', '반응에 따른 만족' 등을 이 수준에 넣는다. 세 번째 수준에는 '가치화', 즉 '사물, 현상, 행위 등에 가치가 있다'는 생각이 자리 잡는다. 블룸에 따르면 "이 수준으로 분류되는 행위는 믿음이나 태도의 성격을 띨 정도로 충분히 일관적이고 안정적"이다. 여기서 그는 특정 가치나 가치 체계와 동일선상에 있는 성장과 발전의 지표인 행위의 일관성을 강조하는 듯하다. 이 세 번째 수준에는 '가치에 대한 수용'이나 믿음, '가치에 대한 뚜렷한 선호', '가치에 대한 헌신' 등이 포함된다. 여기서 블룸은 '확실성'이나 '확신'이 정의적 영역에서의 숙련도 향상에 중요하다는 점을 강조한다. 네 번째 수준은 '학습자가 가치를 일관된 체계 안에 성공적으로 내재화는 것'을 의미하는 '조직화'다. 이 수준에는 학습자가 '가치의, 어쩌면 이질적인 가치의 복합체를 … 질서 정연한 상호관계로' 묶는 '가치 체계의 조직화'와 '가치의 개념화'가 포함된다. 이 경우 되도록 '조화롭고 내부적으로 일관된' 가치 복합체가 선호된다. 이 수준에서 "가치는 이미 개인의 가치 위계에 자리해 있고, 일종의 내부 일관적 체계 안에서 정리되며, 개인의 행위를 충분한 시간 동안 통제하기 때문에 개인은 그런 식으로 행동하는 데 적응"한다. 이 단계에 도달했다는 지표는 '개인이 스스로 내면화한 가치에 맞게 일관적으로 행동하는 것'이다. 이 수준에서 정의적 영역은 일관된 행위를 유발하는 방향성이나 '일반화된 추세'에 대한 인식과 블룸이 '내면화 과정의 정점'으로 부르는 '인격화'로 세분된다. 여기에는 '개인의 우주관, 개인의 인생관, 개인의 세계관(알게 되거나 알 수 있는 것 전체를 대상으로 삼는 가치 체계)'에 대한 명확한 표현이 자리 잡는다.

아퀴나스의 중세적 분류법이 인지(생각)의 측면과 정의(마음)의 측면 모두에서 더 폭넓은 범위를 설명한다는 사실은 우리가 진행하는 연구에 중요한 의미가 있다. 일례로 블룸의 인지 분류법은 논리적 일관성과 추론의 합리성에 따라, 그리고 선택된 문화적이고 학과적인 기준에 얼마나 잘 들어맞는가에 따라 진술을 '평가'하는 데서 정점에 도달한다. 하지만 지금까지 지혜와 관련한 사고와 관조적 삶에 대한 연구에서 살펴본 바에 비춰볼 때, 인지의 이 정점은 우리의 인지능력과 인지할 수 있는 현실의 폭넓은 범위를 모르는 아주 낮은 지점이다.

초보자가 보기에 블룸의 분류법은 라티오(논증적 추론)와 인텔렉투스(이해나 직접적 파악)라는 정신의 두 가지 힘을 세심하게 구분하지 않는다. 오히려 인지에 대한 블룸의 논의는 인텔렉투스를 희생시킨 채 라티오를 강조한다. 인텔렉투스는 블룸의 기준에서 인지의 가장 낮은 수준에 해당하며, 공리에 대한 단순한 이해나 기초적인 지식으로 평가된다. 하지만 고대인과 중세인은 인텔렉투스를 언제나 라티오보다 더 높게 평가했다. 인텔렉투스는 대상을 직접 파악하기 때문에 더 우월한 지식 형태로 인정받았는데, 앞서 논의했듯 인텔렉투스는 앎의 주체가 논변적 추론 없이 앎의 대상을 파악하는 정신의 힘이다. 블룸이 언급한 사실과 날짜, 공리와 원리에 대한 단순한 '앎'은 주어진 것에 대한 직접적 파악의 기초적 형태인 인텔렉투스와 어느 정도 관계있다. 그러나 블룸이 의미하는 이 기초적이고 가장 낮은 수준에서의 앎은 인텔렉투스와 구별되기도 한다. 왜냐하면 블룸은 우리가 사실을 '알' 수 있지만 그것의 더 큰 중요성은 이해할 수 없다는 점을 제대로 알고 있기 때문이다. 우리는 다양한 자료를 알 수 있다(예를 들어 암기 학습을 통해). 그것의 진실 여부나 중요성을 의심하거나 그것의 의미를 변증법적으로 확립하지도 않은 채 말이다. 반면 주로 '이해'로 번역하는 인텔렉투스의 이런 의미는 블룸이 그 가장 낮은 수준의 학습을 거론하면서 의도하지 않은 것이다. 그의 분류법은 폭넓은 범위의 인지를 정확한 수준에 따라 논리적이고 포괄적으로 설명하지만, 현실적으로 그는 라티오만을 정신의 힘으로 간주하면서 인텔렉투스를 인지 분류법에서 완전히 배제한다.

인텔렉투스에 대한 블룸의 침묵을 무시한다고 해도 라티오를 둘러싼 그의 설명 자체에 문제가 있다. 블룸의 분류법에 따르면 가장 높은 '평가적' 수준의 인지에서 우리의 이성적 힘은 미리 정해진 '문화적' 기준과 '학과적' 기준에 의해 판단하는 것으로 설명된다. 한편으로 '평가'는 사고의 대상을 '내부적 증거'를 바탕으로 조사함으로써, 즉 사고의 대상이 얼마나 체계적이고 논리적으로 일관성을 갖췄는지를 검토함으로써 진행된다. 다른 한편으로 평가적 사고는 사고의 대상이 내부적 일관성의 척도뿐 아니라(여기에는 논리와 연역법이 포함될 수 있다) 문화적 이해, 사회적 규범, 가치 등과 같은 '외부적 척도'와 해당 학문 분야에서 쓰이는 가장 높은 기준에 부합하는지를 고려한다. 블룸의 관점에서 평가는 이미 인정된 원칙이나 공리나 문화적 신념이나 가치를 기본적으로 수용하지 않을 경우 진행될 수 없으며, 이들 신념이나 가치에 따른 판단은 모든 평가적 사고의 토대가 된다.

고대 철학의 용어로 표현하자면, 우리는 평가적 인지에 대한 블룸의 설명이 논증적 작용에 국한되어 있다고 말할 수 있다. 그것은 이지적 활동의 수준으로 올라오지 않는다. 관련 사항을 다시 요약해보자. 생각(디아노이아)은 특정 학과나 학문 분야의 공리나 원리(아르카이)의 아래쪽을 향해 추론하는 인지 활동의 형태다. 생각은 공리와 원리를 취한 다음 이를 다양한 기술과 과학에 적용한다. 어떤 과학이나 기술에서의 논증적 사고는 특정 발상이나 응용법이 해당 학문 분야의 근본 원리와 충돌할 때를 분간할 수도 있다. 일례로 원리를 적용하거나 수학적 문제에서 공리를 인식하면, 우리는 그 문제에 대한 특정 해법이 옳은지 그른지를 평가할 수 있다. 다양한 학과에서 널리 인정된 첫 번째 원리에 따른 이와 같은 논증적 자료 평가 방식은 블룸의 분류법에서 기술된 평가적 수준의 학습과 잘 어울린다.

하지만 우리의 평가능력을 둘러싼 블룸의 분류법적 설명에는 인지에서의 노에시스(사유)라는 요소에 대한 인식이 결여되어 있다. 노에시스는 생각과 달리 다양한 원리의 아래쪽을 향해 추론하지 않고, 대신에 원리를 위쪽으로 들어올린다(아나이레시스). 지식의 여러 분야와 학과의 다양한 공리와 원리는 검증되고, 의심받고, 신성한 원리에 자리 잡은 진정한 시작과 원천을 향해 변증법적으로 상승한다. 철학적 탐구나 지혜 추구에서는 노에시스가 기본적인 인지 방식으로 간주된다. 블룸의 평가적 사고와 달리 철학의 이지적 작용은 문화적 신념에도(예를 들어 '최초의 것들'에 대한 신화적 설명에서 발견되는 문화적 신념), 그리고 여러 기술과 과학 분야에서 '쓰이는 가장 높은 기준'(예를 들어 공리와 원리)과 그것을 바탕으로 정립되는 이론에도 부여되는 원리를 초월한다. 노에시스라는 인지 활동이 일어날 때마다, 즉 정신이 모든 앎의 기반과 알 수 있는 모든 것의 원천에 닿을 때마다 공리는 관조적 응시(테오리아)를 통한 이지적 활동의 정점에서 파악되는 최초의 시작과의 관계에 따라 변증법적으로 판단된다. 이렇게 볼 때 블룸의 분류법은 폭넓은 범위의 인지적 영역에 대한 완전한 설명으로서 결코 충분하지 않다. 그의 분류법은 인텔렉투스에 대한 인식을 외면한 채 오로지 라티오에만 관심을 둔다. 그리고 인지의 논증적 요소는 설명하지만, 지혜 추구의 기본적 방식인 노에시스의 중요한 역할에 대한 관심과 평가가 부족하다.

충분하지 못한 범위는 별도로 하고 블룸의 인지 분류법(실제로는 그의 '습관적 배열')은 순서가 정반대일 정도는 아니지만, 다소 무질서해 보이기도 한다. 고대와 중세의 분류법을 참고해 면밀히 검토해보면 블룸이 배열한 교육목표의 문제가 뚜렷하게 드러난다. 물론 가장 뚜렷한 문제는 그의 '가장 낮은' 분류법적 수준이 '지식'이라는 점이다. 고대사상에 따르면 인간은 '중간(메탁시)'에 존재한다. 다시 말해 인간은 완전한 무지의 상태도 완전한 지의 상태도 아니다. 오히려 인간은 견해(독사)로 불리는 이 두 가지 극단 사이의 영역에 존재한다. 중간의 어느 지점에 위치한 인간의 독사, 즉 견해는 그것의 진실 여부가 변증법적으로 검증되어야 한다. 메탁시 내부에서 교육에 해당하는 인지적 움직임은 항상 앎을 지향하고 무지에서 벗어나고자 한다. 오류는 적발하고 거부해야 하며, 진리는 어떤 견해에 그것이 담겨 있는 한 식별해 위로 '들어올려야' 한다. '알고자 하는' 사람이 지식을 갈구할 수 있도록 말이다. 이 고대의 분류법에 따르면, 지식은 초보자의 도구가 아니라 앎을 갈구하는 사람의 목표다. 이렇게 볼 때 블룸의 분류법은 지식과 관련해 순서를 잘못 정한 듯하다.

그렇다면 지식의 적절한 위치는 어디일까? 지식은 분류법적으로 가장 낮은 수준에 속해야 할까? 아니면 가장 높은 곳인 정상을 차지해야 할까? 플라톤이 《메논》에서 지적하는 것처럼, 인간은 약간의 사전 정보도 없는 상태에서는 전혀 낯선 대상을 알려고 할 수 없듯 자기가 알고자 하는 것을 이미 알고 있는 상태에서는 그것을 알고 싶은 마음이 생기지 않는다. 우리의 '알고자 하는 시도(제테시스)'는 지식과 무지 모두를 암시한다. 그러므로 고대사상에 따르면 어떤 것을 알고자 시도하는 사람은 결코 무지한 사람이 아니다. 어떤 것을 알려고 하는 한 우리는 적어도 우리가 모른다는 점을 안다. 상기(아남네시스)에 관한 플라톤의 논의를 따라가다 보면, 우리가 근원적 경험에 참여함으로써 항상 어느 정도 알고 있던 것을 알게 된다는 개념도 있다. 어떤 대상을 알게 되는 것은 우리가 존재론적 질서에 참여함으로써 항상 그러하다고 알고 있던 것에 대한 일종의 상기로 규정할 수 있다. 플라톤의 설명에 따르면, 상기적 앎은 이 참여의 실체와 진상에 대한 우리의 의식이 발전한 것이다. 다시 말해 알고 싶은 욕구는 가장 낮은 수준의 지식이라 할지라도 일단 지식을 전제하지만, 지식은 탐구의 시작 단계에서 발견되는 것이 아니라 탐구의 종착점으로서 발견된다. 이런 관점에서 보면 블룸의 인지 분류법은 지식이라는 용어에 대한 혼란스러운 역전과 모욕 위에 자리 잡고 있다.

지식이라는 용어가 블룸의 인지 분류법에서는 가장 낮은 수준이지만 또한 적절히 배열된 인지 분류법에서도 가장 높은 수준인 것에 어울리는 명칭이 아니라고 본다면, 블룸의 정의 분류법에서 '관심'과 '가치 일관성'의 의의를 둘러싼 판단도 순서가 잘못된 것으로 볼 수 있다. 우선 관심의 경우, 블룸은 '정의적 영역'의 가장 낮은 수준에 현상과 자극의 존재를 기꺼이 받아들이고 주목하려는 마음을 배정한다. 그는 이 가장 수준 낮은 형태의 정의적 수용성을 인식, 받아들이려는 마음, 통제된 또는 선택된 관심 등으로 세분한다. 여기서 블룸은 사물의 존재에 대한 의식, 사물의 존재를 기꺼이 용인하는 마음, 다양한 자극을 구별하고 구분할 수 있는 능력 등을 확인한다. 확실히 의식이나 인식은 모든 지각적 삶의 기초적 속성이고, 따라서 수준이 낮은 능력으로 분류될 수 있다. 하지만 앞서 살펴봤듯 세심한 인식에는 마땅히 인정해야 할 더 고귀한 의미가 있다. 고대인과 중세인은 이 세심한 응시, 즉 이 수용적 인식을 테오리아나 콘템플라티오로 부른다. 앎의 가장 고귀한 대상이 결국 파악되는 방식에서 알 수 있듯, 지혜 추구로서 철학의 대들보는 바로 이런 종류의 관심이나 인식이다. 앞서 시몬 베유는 진정한 교육은 다름 아니라 이런 종류의 관심을 고양하는 것과 관계있다고 말했다. 이렇게 볼 때 관심은 블룸의 주장과 달리 가장 낮은 수준이 아니라 가장 숭고한 요소로 간주할 수 있다. 요약하자면 고대와 중세의 분류법을 검토함으로써 우리는 블룸의 분류법을 초월하는 인지와 정의의 요소들을 깨닫게 되고, 블룸의 분류법이 영혼과 정의적 영역의 진정한 질서를 뒤바꿔놓은 것이라고 단언할 만한 근거를 확보할 수 있다.

 이런 식의 역전 현상 외에 또 하나의 난감한 문제가 있다. 어째서 인식과 관심은 인지 분류법의 대상이 아닐까? 고대와 중세의 분류법에 따라 비타 콘템플라티바가 테오리아의 실천을 통해 완성된다고, 그리고 테오리아가 정말 숭고한 형태의 관심이라고 본다면 어떻게 관심이 인지적 속성이 아니란 말인가? 아퀴나스는 '정의적 영역'이 관조적 삶에서 일정한 역할을 해도 근본적으로 테오리아, 즉 응시가 의지(아펙투스)의 작용이 아니라 지성(인텔렉투스)의 작용이라는 점을 인정한다. 그는 이렇게 말한다. "의도는 의지의 작용이다. … 왜냐하면 그것은 목적과 관계있고, 목적은 의지의 대상이기 때문이다. 따라서 그것의 활동의 본질에 초점을 맞출 경우 관조적 삶은 지성에 속하지만, 사람이 그런 활동을 실천하도록 유도하는 요소에 초점을 맞추면 의지에 속한다. 의지는 나머지 모든 역량과 심지어 지성도 행동하도록 이끈다." 블룸은 생각과 의도를 올바르게 구분하지만, 관심과 인식을 지성의 인지적 영역이 아니라 의지의 정의적 영역에 넣으면서 오해를 불러일으킨다.

블룸이 정의적 영역의 목표 가운데 가장 고귀한 목표로 꼽은 가치 일관성을 상세히 검토해보면 질서의 두 번째 역전 현상이 드러난다. 블룸이 가치 일관성이라는 말로 표현하고자 하는 의미를 이해하기 위해서는 정의적 영역의 낮은 층에서 높은 층으로 뒷걸음치는 그의 행보를 다시 추적해야 한다. 블룸은 관심이나 인식과 순종(그의 분류법에 따른 첫 번째와 두 번째 층) 다음에, 사물이나 현상이나 행위에 가치가 있다고 인정하는 태도를 가리키는 '가치화'를 배치한다. 블룸이 보기에 이 정의적 목표가 달성되었다는 지표는 우리가 어느 정도 확신하는 가치나 믿음에 대한 인정에 뒤이어 일관성 있게 등장하는 행동이다. 그는 네 번째 수준에 이런 가치를 논리적이고 내부적 일관성을 갖춘 체계 속에 집어넣는 조직화를 배치한다. 블룸에 따르면 다섯 번째이자 가장 높은 수준의 정의적 목표는 우리의 행동과 행위가 이 체계와 조화를 이루는 데 있다. 즉 개인이 스스로 내면화한 가치에 따라 일관성 있게 행동하는 것을 말한다. 블룸이 보기에 정의적 성취의 극치는 자신의 '세계관'이 논리 정연하게 발전하는 것이다.

고대와 중세의 분류법에 비춰볼 때 정의적 영역에 관한 블룸의 분류법은 여러 면에서 문제가 있다. 우선 첫 번째 수준에 속하는 현실 인식은 가치와 가치 체계로 굳어지는 더 높은 수준의 확실성과 확신을 유발하는 것으로 이해하지 않아도 된다. 오히려 지혜를 추구하는 모든 견해(독사), 변증법적 고찰에 노출되는 모든 원리가 신성한 시작 속의 원천을 향해 이지적으로 상승하는 철학적 관점에서 볼 때, 우리가 모르는 대상을 알고 싶어하도록 그리고 실제로는 모르지만 안다고 가정한 대상에 의

문을 제기하도록 자극하는 것이 바로 기억의 기원적 인식이다. 정의적 영역의 위계를 따라 올라가는 철학적 움직임은 가치의 공고화나 가치 체계의 정립을 통해 해소되지 않는다. 그런 식의 움직임은 오히려 모든 가치가 의심을 받게 된다. 이렇게 볼 때 지혜 추구는 정의적 영역의 의지에서 파생되는 활동과 관련해 반드시 그런 가치에 부합하는 '일관된' 행동으로 환원되지는 않는다. 오히려 지혜 추구는 여태까지 우리가 지혜에 관한 현대의 문헌을 검토하면서 확인했듯, 세계관에서 말미암은 확신의 적용이나 체계화에서 초래되는 그런 모든 행동을 막는 제동장치 역할을 한다. 고대와 중세의 시각에서 볼 때 기본적으로 블룸의 정의 분류법의 가장 높은 수준은 영혼의 진정한 질서가 완전히 뒤바뀐 결과물이다. 확신의 가치가 현실로 인정될 때, 그리고 우리가 세심한 인식을 통해 아는 현실이 체계의 내부적 일관성 때문에 희생될 때, 논리 정연한 세계관에 따른 확신과 행동은 사실 첫 번째 수준에서의 현실 인식을 훼손하거나 부정하거나 전복하는 데 일조한다.

 블룸의 분류법은 오늘날의 교실에서 우리가 학습을 이해하는 방식과 학생들을 가르치는 방식을 겨냥한다. 앞서 살펴봤듯 이 분류법에는 심각한 결함이 있다. 특히 여섯 가지 부분으로 구성된 아퀴나스의 인지 또는 관조 분류법을 살펴보면, 블룸의 분류법에서 몇 가지 결함을 뚜렷하게 확인할 수 있다. 이 분류법은 확실히 아퀴나스가 언급하는 첫 번째 수준의 상상 속에 있는 실체적인 것에 대한 숙고를 인정한다. 이와 비슷한 맥락에서 블룸은 지각할 수 있는 것의 상태와 성향을 숙고하고, 눈에 보이지 않는 것은 눈에 보이는 것의 이미지를 통해 숙고하는 인지의 두 번째와 세 번째 수준도 인정한다. 블룸은 감각을 통해 닿을 수 있는 가지적인 것도 숙고하는 중세적 분류법의 네 번째 수준도 설명한다. 다섯 번째 수준에서는 감각적인 것을 통해 닿을 수 없지만 오직 이성에 의해서만 이해될 수 있는 가지적인 것을 숙고한다. 블룸이 강조하는 논증적 사고(라티오)는 확실히 이 인지의 영역으로 확대될 수 있다. 그러나 지성이 발견할 수도 철저히 규명할 수도 없는 가지적인 것을 숙고하는 여섯째 단계(관조가 최종적으로 완수되는 신성한 진리에 대한 숭고한 관조)에서 블룸은 갑자기 멈춘다. 그런 식의 사유에는 우리가 이미 살펴본 도움에 대한 인정이 필요하다. 즉 그런 종류의 인지가 발생하기 위해서는 반드시 자신의 앎이 논변적으로 생각할 수 있는 모든 선을 초월하는 선에 대한 인식의 결과물이라는 점을 기꺼이 인정해야 한다. 여섯 번째인 이 가장 고귀한 수준에서는 논증적 능력이 아니라 이지적 능력, 즉 라티오가 아니라 인텔렉투스가 주도권을 갖는다. 이 수준에서는 테오리아나 콘템플라티오가 앎과 이해를 위한 참된 원천을 파악하는 방식이다. 블룸의 분류법은 사고의 온갖 체계화와 모든 비판적, 분석적, 종합적, 평가적 사고를 초월하는 이런 종류의 인지 활동을 인정하지 않는다.

관조의 여섯 번째 단계에서 주춤하는 점 외에도 블룸의 논증적 제약은 나머지 수준에서의 사고를 가로막는 걸림돌로 작용한다. 예를 들어 정신이 감각적인 것을 숙고하는 중세적 분류법의 첫 번째 수준에서 지혜는 이지적으로 추구될 수 있다. 사유는 이 가장 낮은 수준에서도 감각적인 것을 신성한 원리 속의 진정한 시작을 향해 들어올릴 수 있고, 지성은 확실히 관조 분류법의 모든 수준에서 존재를 응시할 수 있다. 블룸의 분류법에서 암시하는 바와 달리 비판적, 분석적, 종합적, 평가적 사고가 반드시 정신이 그 대상을 다루는 유일한 방법일 필요는 없다.

지혜 추구를 구체화하는 고대와 중세의 분류법의 관점에서 블룸의 분류법을 평가하는 또 하나의 방법은 아퀴나스가 논의하고 위僞디오니시우스(서기 5, 6세기경에 활동한 기독교 철학자―옮긴이)의 저작에서 유래한 영혼의 세 가지 움직임을 근거로 블룸의 배열을 검토하는 것이다.《신의 이름들》에서 디오니시우스는 영혼의 세 가지 운동을 원형운동(정지된 점의 둘레를 도는 움직임), 직선운동(하나의 점에서 다른 점으로 나아가는 움직임), 나선형운동(앞의 두 가지 움직임이 조합된 움직임)으로 구분한다. 그는 특히 인간의 영혼을 거론하면서 다음과 같이 말한다.

> 우선 그것(영혼)은 둥글게 움직인다. 즉 그것은 자아 안에서 회전하고, 외부적인 것으로부터 멀어진다. 그리고 그것의 지적 능력은 내면에서 집중된다. 일종의 고정적 회전으로 인해 영혼은 여러 가지 외부적인 것들로부터 자신에게로 복귀하고, 그런 뒤 이 집중된 조건에서 강력한 합일을 이루고 있는 것들과 합류한다. 거기에서 회전을 통해 영혼은 모든 것을 초월하는, 서로 하나이자 같은, 시작도 끝도 없는 아름다움과 선에 다가간다. 그러나 영혼은 그것의 능력에 발맞추면서 신성한 지식의 빛을 받아들인다. 이때 영혼은 정신에 기대지도 그것의 정체성에서 비롯되는 모종의 방식에 기대지도 않고, 대신에 뒤섞여 있고 변할 수 있는 활동에서의 논변적 추론을 활용한 뒤 나선형으로 움직인다. 그리고 그것의 움직임은 지적 통합을 중심으로 회전하지 않고 주변의 것으로 나아갈 때, 다채롭고 복잡한 상징 같은 외부적 요소에서 벗어나 단순하고 통합된 관조로 올라갈 때 직선을 이룬다.[20]

아퀴나스는 인간에게 적용되는 이 세 가지 움직임을 명확하게 설명한다. 그는 각각의 움직임을 개별 요소로 분해하는데, 특히 주목할 만한 점은 아퀴나스가 원형운동에 대해 말하는 부분이다. 그는 영혼의 원형운동이 몇 가지 요소로 구성된다고 말한다. "그중 첫째는 영혼이 외부적인 것들로부터 자신에게 복귀하는 것이다." 둘째는 "그것의 힘이 집중되는 것이다. 그 덕분에 영혼은 오류와 외부적인 것으로부터 자유"를 얻는다. 셋째는 "영혼을 뛰어넘는 것들과의 합일"이다. '이중의 차이점'을 교정하지 않으면 인간은 그런 균일한 원형운동을 쉽게 활용할 수 없다. 첫 번째 차이점은 '외부적인 것들의 상이점에 기인하고, 따라서 영혼은 외부적인 것들로부터 물러나야 한다'는 것이며, 두 번째 차이점은 인간의 영혼이 천사의 총명함과 달리 논리 정연한 추론을 활용하면서 활동한다는 것이다. 균일한 원형운동을 하기 위해서는 영혼의 모든 활동이 '지성에 의해서만 알 수 있는 진리에 대한 단순한 관조'를 지향해야 한다. 일단 추론이 중단되면 '영혼의 응시는 하나의 단순한 진리에 대한 관조에 고정'될 수 있을 것이다. 이런 종류의 인지 활동에서는 '나머지 모든 것이 유보'된다. 그리고 오로지 신에 대한 관조와 진리 추구에 전념하는 자세가 필요하다. 아퀴나스의 촌평에 따르면 우리가 단순한 직관 덕분에 알고 있는 제1원리에 오류가 없듯, 영혼의 원형운동에는 오류가 없다.

영혼의 원형운동에 관한 아퀴나스의 설명을 고찰해보면, 그것이 블룸의 분류법과 결코 어울리지 않는다는 점을 알 수 있다. 블룸의 배열이 논변적, 분석적, 종합적, 평가적 능력의 배양을 강조하는 반면, 영혼의 원형운동은 학습과 관련한 그런 우선 사항을 효과적으로 억제하는 방법을 모색한다. 교실에서의 사고와 추론(교사의 경우에는 학생 성취도 평가)에는 사고 및 인지발달상의 특정한 기능에 따른 이성적 능력의 '진전'과 그것에 대한 측정이 필요하지만, 영혼의 원형운동은 태생적으로 모든 논리 정연한 토의와 동떨어진 것이고 오류가 없는 것이기 때문에 그런 방식으로 평가될 수 없다. 원형운동에는 그것이 관조적 응시를 통해 지혜를 추구하면서 관여하는 척도 외에는 다른 척도가 없다. 블룸의 분류법은 영혼의 이 운동을 설명할 수 없다. 그리고 당연한 사실이지만 학습에서의 성적 책임, 측정, 표준화된 시험, '학습을 위한 평가' 등에 맞춰 형성된 교육적 편견 때문에 우리는 그런 인지 활동을 고취하기는커녕 그것을 인정하지도 않는다. 하지만 이 책에 등장하는 고대와 중세의 모든 분류법에 따르면, 그런 활동은 인간의 '가장 고귀한 행복'을 의미한다.

영혼의 원형운동을 각각의 구성 요소로 나눠 설명하고 나서 아퀴나스는 영혼의 직선운동이 한 가지가 아니라 두 가지라는 것을 암시한다. 첫째, 그런 움직임을 보이는 도중에 "영혼은 자기 주변에 있는 것들에게로" 나아간다. 둘째, "그것은 외부의 것들에서 벗어나 단순한 관조로" 향한다. 다시 말해 영혼의 직선운동은 감각의 외부적 대상으로부터 가지적 현실에 대한 지식으로 나아간다. 영혼의 직선운동은 이런 식으로 감각이 외부적 요소로부터 가지적 현실을 향해 논변적으로 움직이고, 그런 논리 정연한 추론을 거친 뒤 원형운동에 따른 관조를 통해 파악되는 비논변적 현실에 다가간다. 이와 비슷한 맥락에서 아퀴나스는 "이성에 적합하고 여러 가지 것을 다루는 방식으로 영혼이 신성한 진리 속에서 조명된다"는 사실에 근거한 영혼의 나선형운동을 언급한다. 영혼의 나선형운동은 '그것이 추론에서의 신성한 계시를 활용하는' 한 존재한다고 알려져 있다. 달리 말하자면 영혼이 근원적인 또는 비논변적 현실을 둘러싼 테오리아에 따른 통찰을 활용하면서 추론할 때, 영혼은 나선형으로 움직인다(추론은 하나의 점에서 다른 점으로 움직이는 직선형을 띠기 때문이다). 이 모든 나선형 및 직선운동은 '위와 밑, 오른쪽과 왼쪽, 앞쪽과 뒤쪽, 그리고 다양한 원형 등의 차이를 근거'로 삼는다. 이 모든 것은 이성의 논리 정연한 추론을 가리킨다.

만일 한쪽에서 반대쪽으로의 움직임이라면, 그것은 오른쪽이나 왼쪽으로의 움직임일 것이기 때문이다. 만일 원인에서 결과로의 움직임이라면, 그것은 앞쪽과 뒤쪽으로의 움직임일 것이다. 만일 가깝든 멀든 간에 사물을 둘러싼 것에 관한 문제라면, 그것은 원형일 것이다. 이성의 논리 정연한 추론이 자연 이성의 질서에 따라 감각적인 것에서 가지적인 것으로 나아갈 때, 그것은 직선운동에 돌입한다. 즉 그것이 신성한 계시에 따르면, 나선형운동에 돌입한다. … 그(디오니시우스)는 부동성만을 원형운동에 속하는 것으로 언급한다.[21]

흥미롭게도 과거에는 블룸의 분류법을 철저하게 고수함에 따라 영혼의 원형운동만 부정되는 것처럼 보였지만, 지금 우리는 세 가지 운동 모두가 부정될 우려가 있음을 분명히 확인할 수 있다. 왜냐하면 각각의 움직임은 원형운동이 구체화된 것(콘템플라티오나 테오리아)이나, 원형운동을 지향하는 것(직선운동의 경우)이나, 영혼의 원형운동에서 얻은 통찰을 활용하는 것(나선형운동의 경우) 가운데 하나기 때문이다. 이렇듯 영혼의 한 가지 운동에 대한 신뢰를 거둬들이는 바람에 블룸이 전적으로 교습 및 학습 프로그램에서 장려되고 인정되어야 한다고 주장한 나머지 모든 운동이 위태로워진다.

스콜레라는 지혜를 추구하는 분위기에서 테오리아를 장려하면서 실천하는 지혜의 관조적 추구는 모든 타당한 교육목표 분류법의 필수요소다. 현대의 대다수 교육자 사이에서 정설로 통하고, 모든 교사에게 선전되며, 모든 교실과 평가 체계에 반영되는 블룸의 분류법은 분명히 문제점이 많은 것으로 드러났다. 이 분류법의 성격에 대한 변증법적 검증을 통해 우리는 그것이 지지할 만한 방식이 아니라는 점, 그리고 교육과 관련한 인지적이고 정의적인 영역의 정신적 범위를 잘못 판단하고 있다는 점을 알게 되었다.

지혜 추구에서 스콜레의 필요성

지금까지 살펴본 바에 따르면 여가, 즉 스콜레는 확실히 참된 교육의 필수요소다. 스콜레는 폭넓은 범위의 인지적, 정의적 교육목표가 검토될 수 있는 '분위기'다. 단언컨대 스콜레는 지혜 추구의 적절한 조건이고, 관조(테오리아)를 실천하고 장려할 수 있는 환경이다. 스콜레를 활용해야 잡을 수 있는 테오리아의 기회를 놓치면 영혼의 세 가지 운동 가운데 그 어느 것도 제대로 촉진시킬 수 없다(이미 확인했듯 원형운동은 테오리아고, 직선운동과 나선형운동은 원형운동을 지향하거나 그것을 활용한다). 하지만 우리는 학교제도나 교육시설에서 스콜레가 어떤 모습을 띠고 있는지를 상세하게 다루지 않았다. 앞서 아리스토텔레스의 각별한 우려를 살펴봤다. 그는 놀이(파이디아)가 스콜레의 진정한 의미에 적절하게 다가가지 않으므로, 놀이는 지혜를 추구하는 환경에 대한 적절한 모범을 제시하지 않는다고 생각했다. 오히려 그는 놀이를 스콜레의 과시로 치부하고, 파이디아를 일종의 사소한 시간 보내기(디아고게)로 부르며 놀이를 시간 죽이기로 간주한다. 그리고 테오리아를 조성하는 수단인 스콜레는 시간 죽이기와 무관하고 오히려 시간을 초월한 것에 대한 탐색(제테시스)과 관계있다고 올바르게 판단한다. 그러므로 아리스토텔레스의 시각에서 파이디아는 스콜레의 참된 이미지가 아니다(이때 파이디아는 스콜레와 파이디아가 공통적으로 영혼을 행복과 같은 그 자체가 목적인 활동에 개입시킨다는 점에서 스콜레와 유사한 활동이다). 그가 판단하건대 소피아의 추구는 놀이와 전혀 다르다. 필로소피아, 즉 철학은 진지한 사람인 스푸다이오스의 진지한 일이다. 철학은 확실히 그런 진지함과 성숙함이 부족하거나 놀이를 즐기는 아이들의 특권이 아니다.

하지만 우리는 아리스토텔레스의 파이디아에 관한 평가에 동의하지 않는다. 아이의 놀이는 '시간 죽이기'와 다르다. 따라서 아이의 놀이를 오락에 시간을 낭비하는 바보스러운 사람의 활동과 같은 것으로 평가하지 않아야 한다. 아리스토텔레스의 이론을 검토하면서 파이디아와 스콜레 사이의 유사싱에 관해 여러 가지를 주장했다. 파이디아가 철학과 다르지 않다고 했고 "놀이를 통해 우리는 아이가 그렇듯 진지함의 수준 밑으로 떨어지지만, 아름다움과 신성함의 영역에서는 그 위로 올라갈 수 있다"고 지적했다. 앞서 우리가 스콜레와 관련한 파이디아에 대해 시도한 모든 논의는 이제 스콜레를 통해 지혜를 추구하는 관조적 삶과 인지 분류법을 둘러싼 아퀴나스의 저작에 대한 논의와 연관되어야 한다. 아리스토텔레스처럼 아퀴나스도 시간 죽이기와 여가를 구분한다. 시간 죽이기는 일이 없는 상태나 자신의 시간과 무관한 상태를 겪는 경험으로부터 해방되고 싶은 욕구에서 비롯된다. 시간은 해방되어야 하는 부담으로서 경험된다. 왜냐하면 우리는 시간을 초월한 것에 대한 세심한 인식이나 여가를 장려하는 방법을 전혀 배우지 못했기 때문이다. 사실 젊은이들이 자신의 스콜레를 제대로 누리지 못함으로써, 게으름의 형태로 귀결되는 것은 여러 가지 비행과 범죄와 사회적 역기능의 원인으로 지탄받아 마땅하다.

노동, 오락, 일 따위로 충만하지 않은 시간의 자유를 경험하는 것을 둘러싼 이처럼 상반되는 태도는 고대와 중세의 저술가 사이에서 여러 토론의 주제가 되었다. 오락을 항상 일이나 노동과 나란히 배치하는 오늘날의 관점과 달리 여가(스콜레)의 대척점은 지금까지 항상 무기력, 나태, 무사안일 등으로 이해되었다. 사실 참주나 총신 그리고 미성숙하고 놀기 좋아하는 자들의 오락을 통한 시간 낭비에 대한 아리스토텔레스의 비판은 시간이 돈인 세계, 생산성, 세속적 성공, 직업세계 따위가 모든 공인된 선의 중심인 세상에서 살고 있는 우리가 여가를 시간 낭비로 여기면서 드러내는 불신과 핑계의 정체를 어느 정도 밝혀준다. 토미즘 철학자인 피퍼는 스콜레에 대한 현대인의 불신과 모호한 태도를 전체주의적 충동으로서의 무기력과 결부시킨다.

일에 매몰된 문화에 심취한 사람들에게 그런 상태(아리스토텔레스나 아퀴나스가 지지하는 스콜레)는 부도덕한 것, 그리고 인간 사회의 질서와 의미를 부정하는 것이나 다름없다. 그런 관점에서 보면 여가는 일을 일시적으로 중단하는 것(필요악으로 치부할 만한 것)으로 이해될 수 있다. 또는 여가는 무기력과 게으름을 가리키는 또 하나의 단어가 된다. 삶에 대한 중세 성기(中世 盛期, 유럽 역사에서 11-13세기 사이의 기간—옮긴이)의 가르침에 따르면, 그 정반대가 진실이다. 무기력과 관계있는 것은 무無여가 상태고, 일을 위한 일과 연관된 불안의 근원은 다름 아닌 무기력이다. 진정한 여가는 이런 종류의 무기력과 양립할 수 없다. 왜냐하면 여가는 인간이 자신의 본성에 따른다는 것을 전제하기 때문이다. 무기력의 고대 개념, 즉 아케디아는 형이상학적 개념으로서 자신과 불화를 겪는 인간을 암시한다. 그리고 이런 이유 때문에 아케디아는 '기본적인' 죄라기보다 '뿌리의' 죄로 번역되어야 하는 비티움 카피탈레로 간주된다. 무기력은 무엇보다도 좌절과 방황을 낳는다. 즉 호기심의 탐욕성 속에서, 장소와 결정의 불일치 속에서, 더욱 일반적으로는 내적 불안과 무여가 상태 속에서 자신을 드러내는 정신의 두서없는 근심을 초래한다.[22]

오늘날의 교실은 그런 내적 불안의 온상이다. '일을 위한 일'이라는 표현은 확실히 평가 대상인 학생들이나 무가치해 보이는 끝없는 과업과 회의에 시달리는 교사들이 학교에서 하는 활동의 상당 부분을 적절하게 설명한다. 오늘날의 교실은 스콜레를 교묘하게 저지하는 학업의 형용모순적 장소다. 아이들은 '수업에서 과제를 완수'해야 하고, 그렇지 못하면 '숙제'를 해야 한다. 사실 숙제를 내주는 데 반대하는 오늘날의 상당수 교육학적 시각은 학교가 기본적으로 '비학구적'이고 힘겨운 장소로 전락했다는 모종의 인식에 기인한 것일지 모른다. 우리의 모든 가르침은 우리가 학생들이 훗날 대학교에서 해야 할 공부에, 또는 노동과 직업세계에 대비하도록 배려한다는 핵심 개념에 초점이 맞춰져 있다. 스콜레를 조성하는 방법을 배울 기회가 전혀 없는 학생들은 스콜레를 누리는 방법을 결코 배우지 못한다. 그 결과 대개의 경우 비교적 어린 학생들의 특징인 호기심이 잦아들고, 비교적 나이가 많은 학생들은 '없는 문제를 생기게' 하는 또는 교사들에게 배운 원리를 활용해 연역적으로 해결할 수 없는 문제를 제기하는 이지적 탐구를 견디지 못하게 된다. 그리고 학생들이 일련의 교육제도를 하나씩 거치면 거칠수록 '정말 중요한 것은 지금 네가 품고 있는 의문이나 확인한 문제점이 아니며, 또한 네가 궁금해하는 사실이나 세상을 깊이 이해하고 감사의 마음을 느낄 수 있는 의미심장한 경험을 갈구한다는 사실도 학업성적에 그다지 의미가 없다. 오히려 중요한 것은 교사들이 던지고 정부가 바라는 그런 종류의 질문에 대답하는 것'이라는 말을 들으면 들을수록 확실히 테오리아는, 즉 가장 중요한 현실을 인정하고 파악하는 애정 어린 응시는 점점 더 적합하지 않은 것으로 전락한다.

그런데 학생들에게 철학적 사색을 강요하면 무기력에 따른 문제를 피할 수 있을까? 지혜를 추구하는 것, 그리고 스콜레의 분위기 속에서 테오리아를 장려하는 것으로서의 철학을 다른 과목처럼 가르치고 평가할 수 있을까? 학생들이 이행해야 하고 그들이 일정한 결과물을 도출해야 하는 나머지 모든 과제 중 하나로 철학을 추가하는 것이 문제를 푸는 해법일 수 있을까? 중대한 철학적 질문이 수학이나 과학이나 영어나 사회 과목의 교과 과정에서 제기되는 다른 유형의 질문과 비슷할까? 꾸준하게 학업적 요소로 강조되거나 평가 대상으로 자리 잡지 않으면, 아마 철학적 질문은 학생들의 의식에서 사라질 것이다. 하지만 그런 강제적인 상황에서 철학적 질문이 진정한 철학의 정신에 따라 추구될 수 있을까? 우리가 아퀴나스의 저작을 검토하면서 확인했듯 지혜 추구의 핵심인 관조의 원형운동에는 오류가 없다. 그러므로 그것은 평가의 대상이 아니다. 왜냐하면 평가는 오류가 존재할 때만 의미가 있기 때문이다. 평가될 수 없는 것은 분주한 교실에서 즉시 배제된다. 따라서 학습의 모든 동기가 등급이라는 외적 요소에 의해 강제될 때, 교육제도를 둘러싼 정당한 판단 기준이 오로지 표준화된 시험 점수나 라티오를 논증적으로 응용할 수 있는 학생들의 측정 가능한 능력이라고 여겨질 때, 마치 '21세기 학습자'를 가장 효과적으로 가르칠 수 있는 방식인 양 학생들이 다양한 과제와 기술에 따라 움직이고 거기에 전념하도록 그리고 그것에 자극을 받도록 관리해야 한다고 간주될 때, 라티오에 대한 단발적 고려를 위해 인텔렉투스의 세심한 응시가 희생될 때(설상가상으로 더 나은 시험 점수에 필요한 겉치레를 위해 깊이 있는 사고가 외면받을 때), 교사들이 교과 과정이라는 '경마'의 노예로 전락하고 예비 과정 기간과 '교사 연수일'에 여가를 즐길 수 있는 기회를 빼앗길 때, 교사와 학생들이 무기력에 빠지는 것은 당연하다. 교사에게는 자신의 여가에 대해 알고 그것을 조성할 기회가 주어지지 않는다. 그들은 여가를 수업 생산성의 적으로 여기도록 교육받았다. 근본적으로 교사들은 여가가 게으름과 비슷한 것이라는 주장을 믿도록 훈련받았다. 그리고 적절한 가르침과 연습이 없으면 그런 주장은 자기실현적 예언이 되어버린다. 무기력에 관한 피퍼의 논평은 우리의 교육제도에 시사하는 바가 크다. 오늘날의 교실은 대체로 전체주의적 무여가 상태와 오로지 학습만을 위한 장소가 되었다. 그곳은 우리 사회의 자기인식(자기오해)의 소우주적 모형이다.

관조를 가능하게 만드는 놀이와 우정
아퀴나스는 '교습이 활동적 삶의 행위인지 아니면 관조적 삶의 행위'인지를 묻는다. 그에 따르면 교습이라는 행위에는 활동적 색채와 관조적 색채 모두를 부여하는 '이중적 목표'가 있다.

> 외부적 행동의 지침으로 삼기 위해 진리를 내면적으로 심사숙고하는 것은 활동적 삶의 기능이다. 가지적인 진리를 내면적으로 심사숙고하고, 그것에 대한 관조와 사랑에서 기쁨을 느끼는 것은 관조적 삶의 기능이다.[23]

그 목표가 말의 '청각적 표현' 그리고 타인이 진리를 숙고하면서 이익을 얻도록 이끄는 것과 관계있는 한 교습은 이웃에 대한 봉사다. 타인에 대한 우호적 관심에서 비롯될 때 교습은 활동적 삶에 자리 잡는다. 하지만 '진리의 달콤함'을 목적으로 삼고, 교사의 영혼이 진리를 향한 우정으로 불타오르는 한 교습은 관조적 삶에 자리 잡는다.

오늘날의 교실에서 스콜레를 소생시키고 테오리아를 촉진할 수 있으려면, 과연 우리의 개혁은 어디서 출발해야 할까? 지혜 추구로서의 철학에 대한 근본적이고 열정적인 경험은 필리아, 즉 우정이다. 나머지 미덕들에서, 행복을 추구하는 과정에서, 그리고 우리의 가장 고귀한 목적인 지혜를 모색하는 과정에서 우정의 중추적인 위치를 아는 아리스토텔레스는《니코마코스 윤리학》의 여러 부분에서 필리아를 다룬다. 그리고 아퀴나스에 따르면 우정은 이웃(학생들)에 대한 봉사로서의 활동적 측면에서든 아니면 진리 자체와의 우정으로서의 관조적 측면에서든 간에, 모든 교습에서 필수적인 요소다. 학교에서 우정이 발휘하는 힘에 주목해보면, 모든 교사는 틀림없이 그것의 힘에 관한 아퀴나스의 설명에 동조할 것이다. 우정만큼 학생들을 학교에서 한마음 한뜻으로 단단히 묶을 수 있는 것은 없다.

학생 학습의 측면에서 그리고 활동적이고 관조적인 측면에서 교습을 완성하는 데 적합한 스콜레를 조성할 때, 필리아가 발휘할 수 있는 효력에 버금가는 유일한 요소는 놀이(파이디아)의 힘이다. 사실 필리아와 파이디아 사이의 긴밀한 유대는 진정한 우정이 스스로를 드러내는 통로가 바로 파이디아라는 점에 기인한 것일지 모른다. 따라서 교사가 지혜의 친구든(교습의 관조적 측면) 또는 지혜를 추구하도록 독려하면서 학생들에게 우호적으로 다가가든 간에(교습의 활동적 측면) 진리와 이웃, 즉 학생을 향한 우리의 호의는 항상 어느 정도 파이디아의 형태를 띨 것이다. 우리는 놀이를 통해 인간의 가장 고귀한 본성을 깨닫는다. 이런 취지에서 플라톤은 우리를 신의 장난감으로 묘사한다. 우리가 줄에 매달린 고깃덩어리 같은 존재로 인식되지 않기 위해서는 당기는 줄의 움직임에 반응해야 한다. 바꿔 말하자면 신의 기쁨을 위해 신성한 춤을 춰야 한다. 이런 이미지를 통해 플라톤은 파이디아가 어떤 의미에서 우리가 기쁨을 느끼는 모든 선한 것의 불멸의 원천과 관련해 인간으로서의 가장 고귀한 성취의 방식이라는 점을 알려준다. 플라톤의《법률》에서 아테네의 이방인은 '진지하지 않은' 인간적인 것과 '진지하게' 여길 가치가 있는 유일하게 신성한 것을 구분하면서 놀이가 인간 생활의 요체임을 암시한다. 이와 같은 철학적 이미지의 연장선상에서 우리는 하위징아가 원칙적으로 철학과 다르지 않은, 일종의 행위로서의 놀이를 옹호하는 모습을 지켜봤다. 학교에서 학생들이 친구를 얼마나 좋아하고 놀이를 통해 서로 얼마나 기뻐하는지를 그리고 이런 종류의 놀이가 바로 학생들이 참된 행복의 원천으로서 가장 염원하는 것이라는 점을 아는 교사라면, 아마 무기력에 따른 좌절과 상반되는 여가(스콜레)를 통한 일로부터의 해방감을 경험하면서 느끼기 마련인 희열을 입증할 수 있을 것이다. 우정에 관한 아퀴나스의 논평을 수용하고 그것을 놀이에 관한 하위징아의 통찰과 하나로 엮는다면, 우리는 학생과 교사를 위한 스콜레를 조성하고 촉진하는 분위기의 정체를 파악하기 시작할 수 있다. 그런 분위기에는 우정(필리아)과 놀이(파이디아)가 가득할 것이다. 그런 학교는 정말 '학구적인' 곳일 것이다. 학생과 교사가 스콜레를 활용하고 무기력을 감소시킬 수 있는 장이 되고, 뿐만 아니라 활동적 행위와 관조적 행위로서의 교습이 완성될 수 있도록 유도할 것이다. 그런 분위기에 익숙해짐에 따라 교사들은 특유의 다사다망으로 인해 그리고 행정 체계상의 상사와 정부 고위 관리자들이 보내는 불신의 눈초리로 인해 끝없이 바쁘게 움직여야 하는 상황에서 벗어나, 스콜레를 통해 그 자체가 목적인 진리와의 우정을 키워나가고 지혜를 추구하기 시작할 기회를 얻을 수 있다. 교사들은 학생들에게 본보기를 보여줌으로써, 특히 놀이의 교육적 가치를 강조함으로써 스콜레를 장려할 수 있을 것이다. 하위징아가 지적하듯이 파이디아는 진지함의 수준 밑으로 떨어지지만, 아름다움과 신성함의 영역에서는 그 위로 올라가기 때문이다.

∾

 이어지는 몇몇 장에서 스콜레의 분위기가 오늘날의 교습, 교과 과정, 교육 프로그램 등에 도입되는 여러 가지 방식을 고찰하고 평가하고자 한다. 우리는 다음과 같은 점을 고려해야 한다. 혁신을 통해 학교에서는 스콜레를 위한 기회가 얼마나 제공되는가? 그 다양한 대안에서 과연 중간(메탁시)은 어느 정도로 인식되는가? 그 대안에 따른 교육은 알고자 하는 시도나 모색인 제테시스를 얼마나 깊이 또 얼마나 높이 추동하는가? 가장 참되고 뛰어난 형태의 교육인 지혜의 추구는 교습과 학습에 대한 현대적 관점에 어느 정도 수용되었는가?

6장

세계화된 지식 기반 경제에서 철학의 설자리

지식이 쌓여도 지혜가 되지는 않는다

지식이 쌓여도
지혜가 되지는 않는다

교육개혁의 추세에 대한 비판

지금까지 지혜를 둘러싼 고대와 중세 그리고 현대의 견해를 검토한 결과 현대의 저술가들이 지혜의 정확한 본질이 무엇인지에 대해서 합의할 수는 없어도, 지혜가 진정한 교육의 중요한 요소라는 점에는 광범위하게 합의하고 있음을 알았다. 이보다 더 고무적인 사실은 고대 저술가들의 견해를 검토한 덕분에 지혜의 본질을 더 명료하게 파악할 수 있었고, 이는 우리가 오늘날에도 지혜를 추구할 수 있다는 희망을 준다. 우리가 살펴본 고대 저술가들은 지혜 추구가 인간의 행복에 필수불가결한 요소인 이유를 입증해낸다. 그들의 통찰에 따르면 철학 그리고 철학과 연관된 스콜레의 분위기에서 실천하는 관조적 행위는 성적에 대한 책임, 예정된 성과의 보장, 세계적 경쟁력, 기능과 역량의 확보 등을 강조하는 오늘날의 학교제도에서 대체로 발현되거나 발견되지 않은 채 무시되는 인간 본성의 기본 요소들을 함양할 기회를 우리에게 제공할 수 있다.

우리는 지혜가 학교에서 얼마나 무시되고 경시되는지 아주 분명히 알게 되었다. 오늘날의 교육적 초점은 실용적 사안과 유용성에 맞춰져 있다. 교육은 재산을 획득하고 관리하는 능력을 개발할 수 있는 기본적인 방식으로 간주된다. 또한 교육은 우리의 온갖 욕구를 성취할 수 있는 가장 효과적인 방식으로 인식되고, 모든 학부모가 자녀에게 바라는 풍요로움과 성공을 보장할 수 있는 수단으로 평가된다. 이와 같은 세속적 목표가 현재의 모든 교육적 활동이 지향하는 바다. 그리고 우리는 너 나 할 것 없이 이런 목표를 자녀와 미래를 위한 꿈과 희망에 밀접하게 연결된 것으로 찬미한다. 하지만 지금까지 살펴본 고대와 중세의 저술가들이(현대의 여러 저술가도) 아주 분명하게 지적하듯, 이런 목표는 설령 달성된다 하더라도 지혜 함양에 전혀 도움이 되지 않는다. 일리치가 그랬듯 인간은 많은 재산을 손에 넣어도 내면적으로는 여전히 불행할 수 있다. 우리는 자신의 비판적이고 분석적인 문제 해결능력(고대인들이 라티오로 부른 것)을 갈고닦을 수 있지만, 바로 그런 '사고기능'이 여러 측면에서 이 세상을 위기로 몰고 왔다. 그동안 우리의 계산적 추론능력에 견줄 만한 지혜의 상보적 발전이 전혀 없었다. 그런 발전이 없으면 아무리 많은 수업, 교육, 훈련 등을 통해서도 우리는 고대인들이 입을 모아 말하는 우리의 진정한 목적인 행복에 가까이 다가갈 수 없다.

교육자로서 우리는 라티오의 발전에 과도하게 집착하는 이런 추세를 따를 필요가 없다. 우리에게는 우리 자신뿐 아니라 우리가 가르치는 아이들이 지혜를 추구하도록 유도할 수 있는 막강한 힘이 있다. 물론 이 책에 나오는 여러 저자는 특히 젊은이들을 상대로 지혜를 향한 그런 집단적 열망을 얼마나 효과적으로 유도할 수 있는지에 대해 상당히 우려한다. 그런 우려의 목소리는 귀담아들을 가치가 있으며, 반드시 진지하게 검토해야 한다. 하지만 바로 그 저자들은 지혜 추구가 항상 우리, 선택된 소수만의 목적이 아니라 모든 인간의 진정한 그리고 가장 고귀한 목적인 참된 행복을 추구하기 위해 획득의 유혹, 욕구의 충족, 성공의 덧없음 등에서 기꺼이 벗어나려는 사람들에게 희망을 선사할 수 있다는 가능성도 인정한다. 바로 이런 이유에서 교육에서의 지혜 추구를 다루는 이 책은 교육을 바꿀 수 있는 잠재력을 지닌 흥미진진하고 희망적인 탐구 과정이다. 바로 이 지점에서 교과 과정에 포함된 철학적, 관조적, 이지적 탐구가 단순히 라티오와 연관된 기법적 숙련도와 성공의 수준을 높이려는 우리의 결심을 강화하는 것이 아니라, 오히려 이해(인텔렉투스)에 대한 인식을 일깨울 수 있다는 가능성과 희망이 엿보인다. 이 책은 관조(테오리아)를 위해 '불멸화'를 이룰 수 있는 필멸의 존재인 우리의 능력이, 개혁을 둘러싼 모든 교육적 목표와 노력을 추동하는 경쟁력과 성공에 대한 현재의 조급하고 강렬한 관심에 영향을 미칠 수 있다는(그리고 그런 관심을 누그러뜨리거나 적어도 조심스러운 방식으로 달랠 수 있다는) 희망을 이야기한다.

애석하게도 교육에서 지혜의 중요성과 지혜 추구의 가능성을 검토하면서 느끼는 희망과 흥분은 교육개혁과 교육개혁안을 폭넓게 살펴보기 시작하자마자 금세 낙담과 실망으로 바뀐다. 오늘날 어디를 둘러봐도 정부뿐 아니라 대중도 지혜 추구에 큰 관심이 없다. 오히려 교육개혁은 블룸의 분류법과 대략적으로 일치하는 학생 성취도의 향상을 더욱더 강조한다. '존재'로서의 세계에 대한 이론적 응시의 가능성에 노출될 수 있도록 학생과 교사를 격려하기는커녕, 정부의 교육개혁은 예언으로 시작하는 경향이 있다. 그 이상한 예언에서는 컴퓨터 또는 컴퓨터를 통해 세계에 대한 정보가 투사되는 표면이 마치 현실세계인 양 학생들에게 다가간다. 따라서 주어진 것으로서 그리고 존재로서의 세계를 향한 무아지경(테오리아), 다시 말해 우리가 창조한 곳이 아니라 태어난 곳인 세계와의 직접적이고 자연발생적인 교감은 우리가 사물의 표면에 관한 기술적 혁신을 통한 일시적이고 인위적인 자극과 불안한 이미지에 몰두하는 동안 회피된다.

현대의 정통파적 교리에 따르면, 교육의 미래는 기술적 경계면과 대규모의 디지털 데이터베이스 덕분에 창창할 것이다. 오늘날 교육개혁의 온갖 '전망'을 둘러싼 매우 신기한 점 가운데 하나는 교사의 중요성이 거의 언급되지 않는다는 사실이다. 오히려 교사는 더이상 해당 분야의 지식을 학생들에게 나눠주는 전문가나 '권위자'가 아니라는 사실에 방점이 찍힌다. 이제 교사는 '학습 설계자'가 되어야 한다. 이런 점에서 볼 때 이 책에 등장하는 여러 사상가가 신중하게 인정한 지혜라는 용어의 가장 기본적인 의미(특정 학과에 대한 일종의 전문 지식)조차 흔들리고 있다.

현대의 교육개혁에서는 교사가 반드시 알아야 하는 것(해당 학문 분야에서 자신이 가진 일정량의 지혜 또는 전문 지식)이 무엇인지 모호하다. 한편으로 모든 사람은 여전히 교육자들은 탁월성에 도달하기 위한 깊이 있는 지식을 갖춰야 한다고 말하는 듯하다. 게다가 흔히 대중은 교사들이 폭넓고 깊이 있는 지식을 갖추기를 바란다고 말한다. 다른 한편으로 변화의 속도와 알아야 할 사항의 양을 감안할 때 교사들이 더이상 해당 분야의 지혜로운 전문가나 '권위자'의 자리를 유지할 수 없다는 견해도 있다. 다음은 최근의 정책입안자들이 상투적으로 내뱉는 말이다. "오늘날의 변화 속도는 역사상 가장 빠르고 앞으로 변화 속도는 가혹할 것이며, 우리의 예상보다 더 빠를 것이다." 과거 세대를 교육할 때는 교사를 통한 정보의 '단일 유동'이 효과적이었겠지만, 최근의 교육개혁가들은 이렇게 반문

한다. "지식 기반 사회에서 그런 방법이 통할까?"

이런 식의 논법을 따르면 전문 지식으로서의 지혜의 가장 기본적인 의미는 해당 탐구 분야의 권위자와 유능한 안내자일지 모르는 현실의 살아 있는 앎의 주체(교사)를 기술이 대체할 수 있는 '21세기 교실'에서 설 자리를 잃어버린다. 특정 학과나 학문 분야의 전문 지식으로서의 지혜 개념은 반어적이게도 특정한 사실을 아는 것이 중요하지 않은 '지식 기반 사회'에서 쓸모가 없다. 진정한 지식 기반 교육은 구체적인 사실을 아는 것 대신에 알고 싶은 사실에 관한 정보에 접근하는 방법을 아는 것과 관계있다. 우리가 능력에 초점을 더 맞출수록 어떤 사실을 아는 것보다, 오히려 그것에 관한 정보에 접근하는 방법을 아는 것이 더 강조될 것이다. 점점 더 힘을 얻고 있는 이런 견해에 따르면, 특정 학문 분야에서의 가장 기초적인 수준의 능력과 기능인 지혜는 정보 기술을 능숙하게 사용하는 것으로 환원될 수 있다. 그런 대용품으로서의 지혜를 증진하는 것은 되도록 폭넓은 범위에서 정보 기술에 접근하는 것과 일맥상통한다.

그러나 이 모든 것이 의미하는 바는 무엇일까? 점점 빨라지는 변화의 속도 때문에 '지혜로운' 교사-전문가 개념이 폐기된다면 그리고 변화가 영원히 가속된다는 당황스러운 논리를 받아들인다면, '진보적' 교육제도를 채택함으로써 '새로운 현실'에 대응해야 하지 않겠는가? 자, 현대의 교육개혁에서는 '학습자 중심적'이고 '능력에 기초한' 교육제도를 옹호하고, 교사의 역할이 지식 권위자에서 학습 설계자로 바뀌고 있다. 따라서 특정 탐구 분야에서의 지혜는 특정 주제에 관한 모든 정보를 즉각적으로 또는 '실시간으로' 제공하는 기술에 자리를 빼앗긴다. 이제 교사는 이 기술적 과정의 진행을 담당하는 관리자나 촉진자의 위치로 강등된다.

그런데 지혜로운 전문가나 권위자로서의 이 전형적인 교사 개념을 폐기하는 것이 과연 적절한지 따져봐야 하지 않을까? 사실 서양 문명의 근본적인 원칙에 따르면 지식은 그것을 알고 있는 사람이 그것을 알지 못하는 사람에게 가르치는 것이다. 즉 내가 남에게 어떤 것을 가르칠 수 있으려면 최소한 그것을 알고 있어야 한다. 교사들이 자기가 알고 있는 지식을 학생들에게 전달하면서 느끼는 기쁨과 마찬가지로 박식한 교사들은 학생 학습에서 무척 중요한 요소다. 훌륭한 교사는 대체할 수 없는 존재다. 훌륭한 교사는 단순한 학습 설계자, 즉 해당 탐구 분야의 전문 지식이 없으면서 학생들을 탐구로 안내하는 사람일 수 없다. 훌륭한 교사는 자신이 가르치는 학과에 관한 일정 정도의 지혜를 구체적으로 보여줘야 한다.

현대의 교육정책개혁을 이끄는 가설과는 정반대로 학습자들이 오늘날의 급속한 지식 기반 사회에서 마주치는 문제는, 해당 학과의 일정한 권위 있는 지식을 갖춘 지혜로운 교사나 전문가적 교사의 대척점에 있는 교사-설계자가 교실에 기술을 더 많이 도입한다고 해서 해결되지 않는다. 설령 기술이 교습보다 '지식의 창조와 공유를 더 지원'한다고 해도 결과는 마찬가지일 것이다. 아퀴나스를 교육적 통찰의 주요 원천으로 거론하는 제임스 샬 교수는 흔히 학생들이 배움을 원하는 상황에서도, 그리고 온갖 최신의 기술적 수단과 도구를 이용할 수 있는 상황에서도 배움이 어렵다고 느끼는 세 가지 이유를 밝힌다. 첫째는 학생들이 알아야 하는 개별적 사실이 너무 많고 그 모든 사실을 하나로 묶는 데 필요한 질서가 없기 때문이다. 그는 이렇게 지적한다. "학습의 질서를 발견하지 못하기 때문에 초심자는 혼란에 빠지고 낙담한다." 둘째는 특정 탐구 분야의 학습자들이 해당 학과의 내적 질서를 확인할 수 없을 때가 많기 때문이다. "이 경우 책이나 대화는 이해할 수 있겠지만, 그 책이나 대화와 다른 어떤 것의 관계는 이해할 수 없다." 아퀴나스는 이 핵심적인 개념을 오르도 디스키플리나이(학문의 질서라는 뜻의 라틴어―옮긴이)라고 부른다. "교과와 그것의 각 부분에 질서가 있고 교과 사이에 질서가 있다." 셋째는 아퀴나스가 파스티디움 에트 콘푸지오넴이라고 부른 것, 즉 학생들이 오르도 디스키플리나이를 알지 못하는 바람에 초래되는 '혐오와 혼란' 때문이다. 샬은 다음과 같이 촌평한다. "우리가 학생들을 배움으로 이끄는 과정에서 겪는 어려움의 상당 부분은 … 바로 그들이 흔히 서로 무관한 다량의 자료를 만날 때 자연스레 생기는 혐오와 혼란의 느낌에 기인한다."

인터넷 정보 공간은 '서로 무관한 다량의 자료'가 가장 많이 널려 있는 곳이다. 아퀴나스가 700년 전에 발휘한 통찰은 특히 변화의 속도가 역사상 가장 빨라 보이는, 그리고 박식한 교사와 함께 특정한 책을 세심하게 살펴보지 않고 인터넷을 통해 학생이나 교사에게 익숙하지 않은 다량의 이질적 출처에 즉각적으로 접근하는 오늘날의 기술 위주 교실에서 지내야 하는 학생들이 직면하는 어려움을 예견하고 있다. 그런 정보 과부하의 환경에서는 틀림없이 학생뿐 아니라 개별 분야의 권위자가 아닌 교사도 혐오(파스티디움)와 혼란(콘푸지오넴)에 무릎을 꿇을 것이다. 그러므로 학습을 가로막는 이런 장애물에 대비한 보호자인 교사는 개별 학과에 대해 잘 알고 있다는 기본적인 의미에서 지혜로워야 한다. 샬의 글을 읽어보자.

교사, 즉 이미 어떤 것을 배운 사람, 자신이 다루는 '학문'이나 학과를 명시적으로 알고 있는 사람은 바로 이 점에 힘입어 학생이 스스로를 인도하는 경우보다 더 능숙하게 학생을 지식으로 인도할 수 있다. 그리고 아퀴나스는 단순히 우리가 어떤 대상을 알고 있는 편보다 우리가 관조한 그 대상을, 앎의 과정에서 우리에게 기쁨을 선사한 그 대상을 가르치거나 전수할 수 있는 편이 더 낫다고 주장한다.[1]

해당 교과에 대한 교사의 지식을 강조하는 샬은 지혜, 전문 지식, 권위 있는 지식 등과 관련한 교사의 약점을 기술혁신을 통해 극복할 수 있다고 가정하는 교육개혁의 현재 추세에서 간과되는 교습의 중요한 기본 요소를 지적한다. 샬에 따르면 교습에는 특히 활동적 행위와 관조적 행위로서의 교습을 차별화하는 정신적 요소가 들어 있다. 이와 같은 교습의 정신적 기초는 일단 진리를 보았다는 점이다! 교습은 기본적으로 관조적 활동일 수밖에 없다. 학생과 교사 모두에게 해당되는 말이지만, 기술적 장치의 도움을 받는다고 해도 존재를 관조하거나 응시할 필요성이 없어지지는 않는다. 기술은 '이론을 세우지' 않는다. 교사와 달리 기술은 진리를 보지 않는다. 그리고 진리를 사랑하지 않고, 진리를 통해 기쁨을 느끼지도 진리를 공유하지도 않는다. 정부가 경비 절감 차원에서 교습을 기계에게 넘겨주면 교습은 더이상 교습일 수 없을 것이다. 왜냐하면 교습은 정신적 활동이고, 그것으로 남아야 하기 때문이다.

교사들이 어떤 것을 가르치는 이유 가운데 하나는 그들이 진리를 보는 과정에서 기쁨을 느끼기 때문이다. 사실 관조는 여러 활동 가운데 가장 즐거운 것으로 알려져 있다. 교사가 그런 관찰을 경험하지 않은 상태에서 가르침을 전달한다면 그 과정에는 기쁨이 없을 것이다. 그리고 관찰(테오리아, 교습의 관조적 측면)의 기쁨이 없으면 진리에 대한 사랑과 진리를 통한 기쁨을 이웃, 즉 학생과 나누도록 유도하는 자극제도 없다(교습의 활동적 측면). 학습이 교사와 학생 사이의 참된 관계 속에서 이뤄지기 위해서는 교습의 두 가지 요소가 모두 존재해야 한다. 아무리 많은 기술적 혁신도 존재의 이 기초적인 사실을 바꿀 수 없다.

샬과 아퀴나스 덕분에 우리는 교습과 학습에는 필수불가결한 정신적 구조가 있다는 점을 알게 되었다. 이것은 오늘날의 교육개혁가들이 흔히 말하는 바와 반대로 교육이 '학생 중심적'이거나 '아동 중심적'이거나 '학습자 중심적'일 수 없다는 의미다. 그것은 진리 중심적이어야 한다. 결과적으로 교육의 중심은 교사와 학습자 사이의 어느 지점에 있어야 한다. 교사의 학습이 없거나 교사의 (진리나 지혜를) 보았음이 없다면, 즉 교육이 진정으로 학생 중심적일 수 있다면 그 어떤 가르침도 학습자에게 전달될 수 없을 것이다. 교육의 중심이 참가자들 사이의 어느 지점에 있지 않은 상태, 그리고 참가자 모두가 자신이나 상대방 가운데 한쪽에만 관심을 쏟을 뿐 진리에 주목하지 않는 상태에서는 교사와 학생 사이에 진정한 대화가 있을 수 없다. 교사의 '지혜'나 '전문가적 학습'에 포함된 관찰(인텔렉투스에 힘입어 진리를 즉각적으로 파악하는 것)의 관조적 요소가 일단 교습의 즐거움이 존재하기 위해서 반드시 존재해야 하듯이, 진리가 교사로부터 학생에게 즐겁게 전달되는 활동적 요소가 없으면 교습도 더이상 존재하지 않는다.

   그렇지만 현대의 교육개혁 활동의 주안점은 관찰(테오리아), 볼 수 있도록 도와주기 또는 볼 수 있도록 도움을 받는 것을 수반하는 교습과 학습의 기쁨이 아니라, 세계화된 국제경제의 변화 속도와 일자리나 성공을 둘러싼 국제경쟁의 강도 때문에 그리고 지금까지 획득한 모든 것, 이른바 '생득권'으로서의 모든 것을 잃을지 모른다는 염려 때문에 우리 모두가 느껴야 하는 불안감이다. 근심은 팽배해 있고 점점 커져만 간다. "올해 태어난 이 아이가 성공하는 데 필요한 기능을 갖출 수 있을까? 이 아이가 변화의 속도를 따라갈 수 있을까?" 이런 미래에 대한 두려움과 짝을 이루는 것은 이 세계화된 '지식 기반 경제'에서 모든 주제에 관한 정보의 양이 점점 증가할 것이라는 주장, 그리고 학생들의 성공을 돕기 위해서는 정보에 근거를 둔 결정을 내릴 수 있도록 정보를 능숙하게 포착하고 선별하고 활용하는 방법을 가르쳐야 한다는 주장이다. 오늘날의 모든 교육개혁과 개혁안에서는 정보의 효율적이고 능숙한 사용이 특히 강조된다. 즉 학생들이 학교를 졸업할 무렵에는 정보에 효과적으로 접근하고, 옳고 그른 정보를 가리며, 정보를 이해하고, 정보의 신뢰성과 유용성을 판단할 수 있어야 한다. 아주 분명한 사실이지만, 정부는 우리가 앞서 살펴본 블룸의 인지 영역 목표와 대략 일치하는 역량을 키우는 것에 더욱더 관심을 갖는다.

여태까지 우리가 다양한 방식의 인지를 논의하기 위해 고안한 철학적 언어를 사용해 표현하자면, 오늘날의 교육개혁에서 모든 초점은 급속한 변화에 경쟁적으로 또 혁신적으로 대응하기 위해 논증적 힘(노에시스의 대척점)과 라티오(인텔렉투스의 대척점)를 함양하는 데 맞춰져 있다. 하지만 앞서 확인했듯 문제 해결과 혁신을 위해 단순히 지능지수를 높이고, 비판적이고 분석적인 기능을 연마하는 것만으로는 역부족이다. 물론 그런 식의 조치는 나름대로 다양한 목적 달성에 필요한 수단을 확보하는 데 도움이 될지 모른다. 그러나 라티오의 움직임은 그것이 아무리 노련해도 우리가 이행해야 할 혁신의 목적을 알려주지 못한다. 사실 합리성의 이지적 요소에 주목하고 그것을 함양하지 않으면, 우리에게는 그런 일에 관한 의사를 결정할 때 쓰이는 수단으로서의 다양한 열정과 욕망만 남을 것이다.

감사하게도 배리 쿠퍼 교수는 서양 합리성의 두 가지 양상과 현대 기술사회에서 그 두 가지가 구체화되는 방식을 설명한다. 우리는 여태껏 두 가지 양상을 한편으로 그리스어인 디아노이아(생각)와 노에시스(사유), 다른 한편으로 라틴어인 라티오(논증적 추론)와 인텔렉투스(이해나 직접적 파악)를 사용하면서 거론했지만 쿠퍼는 한편으로 '계산적, 기법적 또는 실용적 이성'을, 다른 한편으로 '이지적 이성'이라는 용어를 쓴다.

기법적-실용적 이성은 외부의 자연계에 대한 학문과 기술적 발전에서, 그리고 일반적으로는 수단과 목적의 효율적이고 계산적인 조정 과정에서 합리적 행동을 인도한다. 이지적 이성은 인간, 사회, 역사 등에 대한 학문에서, 그리고 정신과 사회질서의 형성이나 발전 과정에서 합리적 행동을 인도한다. 기법적-실용적 합리성은 사회적 또는 정치적 질서의 존립에 절대적으로 필요한 최소한의 요건이지만, 이지적 합리성의 기준에서 볼 때 기법적-실용적 합리성은 무척 불완전하다. 더 구체적으로 말하자면 이지적 이성을 향한 대중의 시야를 효과적으로 훼손한, 이념적으로 편향된 정부는 산업적이고 기술적인 사회를 충분히 건설할 수 있다. 한편 공동체 속에서 고도로 발달한 이지적 합리성의 감각이 반드시 기술적 활동의 성장을 초래하지는 않는다. 아마 소련은 전자의 사례에, 플라톤의 아테네는 후자의 사례에 해당할 것이다.[2] (고딕체는 필자 강조)

쿠퍼 교수의 논평에 따르면 소련은 기법적-실용적 이성에 매몰된 기술사회의 가장 명백하고 극단적인 사례로 볼 수 있다. 그런데 이 글은 현재 우리가 처한 교육적 환경에도 시시하는 바가 크다. 우리도 '이지적 이성을 향한 대중의 시야'를 훼손하지 않도록 주의해야 한다. 이지적 이성의 배제 현상에 관한 쿠퍼의 논의는 한편으로 일시적이고 인공적인 대상의 변화 속도에 과도하게 매몰되고, 다른 한편으로 인간 활동의 결과물이 아닌 불변의 현실적 요소가 무시되는 교육의 '21세기적 전망'을 향한 경고로 여겨야 한다(덧붙여 말하자면 노에시스는 철학의 주요 작업 방식인 모두스 오페란디다). 쿠퍼는 합리성의 이 두 가지 양상(기법적 양상과 이지적 양상)이 서로 다른 것으로 언급될 수 있지만, 양자의 분리가 절대적이라고 가정하는 태도는 옳지 않다고 지적한다. 기법적-실용적 이성은 사실 자율적이지 못하다. 쿠퍼의 설명을 더 들어보자.

> 기법적-실용적 이성은 인간 존재의 일부분이고, 인간 존재에는 이지적 이성도 포함된다. 기술의 주요한 가정인 자율권 주장은 이지적 이성을 억압하려는 욕구로 귀결된다. 그러나 이지적 이성은 정신을 지도하는 것이다. 이지적 이성이 억압되면, 우리가 고전적 정치철학을 통해 알고 있듯 영혼이 열정의 비합리성에게 지배당한다. 이지적 이성과 기법적-실용적 이성은 자율적이지 않으므로, 목적과 수단을 조정하는 후자의 효율성은 열정(또는 의지)이 실현할 수 없고 자멸적인 목적을 선택함에 따라 필연적으로 훼손될 것이다.[3]

기법적-실용적 이성만 강조하는 데 따른 문제에 대한 쿠퍼의 평가는 비판적이고 분석적인 기능과 능력을 강조함으로써, 지혜에 피해를 입히는 문제에 대한 스턴버그의 경고와 비슷하다. 블룸의 교육목표 분류법에 따라 우리의 성취수준을 새롭게 장식하는 것은 교육적 차원에서 충분한 조치가 아니다. 왜냐하면 이지적 이성을 기초로 삼지 못하면 현대의 기술적 지식 기반 사회에서 이뤄지는 21세기 학습자의 혁신은, 결국 열정에 휩싸인 우리가 실현할 수 없고 자멸적이고 해로운 목적을 선택하는 데 일조할 것이기 때문이다.

기법적-실용적 이성을 둘러싼 오해에 위태롭게 내포된 자율권 주장은 오늘날의 교육개혁가들이 신봉하는 '변모적 전망'에 당당히 자리 잡고 있다(특히 교육개혁이 '고무적 혁신'의 언어로 표현될 때 자율권 주장은 힘을 얻는다). 여기서 가장 눈에 띄는 점은 혁신에 '적합하지 않은' 것을 둘러싼 보편적 조급함이다. 오직 '혁신적' 교육만 진정으로 '변모적'인 것으로 평가하는 데, 변모가 의미하는 바는 생산성과 참신성의 향상 그리고 직업세계의 경쟁적 변화에 대한 적응력 향상이다. 혁신적 교육의 그 모든 전망에서 모색하는 바는 발견이 상품과 용역으로 변모하는 과정에서 복원력과 다재다능함을 발전시키는 것이다. 결국 혁신은 21세기 사회 구성원들의 다채로운 열정과 욕구를 채우기 위해, 그리고 그들의 생득권인 재화와 용역에 안정적으로 접근하기 위해 모색된다(이때 열정의 본질은 변수가 되지 않는다).

 이 새로운 교육적 전망의 변모적 성격은 미래의 번영과 경쟁력을 둘러싼, 그리고 아이들이 세계적 차원의 시장력에 적응할 수 있는 역량을 둘러싼 현재의 심각한 우려를 불식하는 역할을 한다. 기술 변화의 속도가 확연히 빨라지는 상황에서 그런 식의 교육개혁은 학생들이 국제적으로 뒤처지도록 방치할 법한 교육방식에 대한 조급함을 드러내고 '비적합성'을 사양한다. 사실 기술이 발달하면서 그리고 사회제도가 급속한 변화의 부담에 대응하려고 애쓰면서 적합한 교육의 중요성이 부각되고 있다. 교육에서의 적합성은 늘 사회변화에 대처하는 과정에서의 민감성이나 유연성과 연결된다. 변모적 교육개혁가들은 학습 기회가 적합한 것이도록 보장하기 위해서는 교육제도가 공동체와 세계의 요구에 재빨리 반응해야 한다고 주장한다. 하지만 여기서 적합성의 기준은 교사가 가르치는 내용이 변화의 속도에 더욱더 능숙하게 대처할 수 있도록 학생들(미래사회의 역군이다)을 자극하는 정도다. 따라서 그런 교육은 학생들이 훗날 일을 잘할 수 있도록 잘 대비시킬 때만 '적합'할 것이다. 물론 교육개혁가들은 변모적 교육이 노동력 창출을 의미할 뿐 아니라 '자신의 열정을 발견하고 추구하도록', 그 결과 '자신의 가장 고귀한 잠재력을 실현하도록' 학습자들을 격려함으로써 기본적인 적합성을 초월해야 한다고 덧붙이지만, 그들은 여전히 교육의 목표에 관해 단호한 태도를 취한다. 그들이 보기에 교육은 사람들이 원하는 바를 무엇이든 이룰 수 있는 힘을 부여해야 한다.

그러므로 오늘날의 이 변모적 접근법에서 비롯된 교육 개념은 대체로 도구적 성격을 띤다. 이 접근법은 일반교양 교육을 지향하지 않는다. 즉 변모적 접근법에 근거를 둔 교육은 그 자체가 목적이 아니라 사람들이 '중시'하는 다양한 목적의 수단이다. 사실 오늘날의 학교개혁을 이끄는 '새로운' 교육적 전망은 개인적이고 사회적인 가치를 확인하고 우리의 온갖 포부를 달성하는 수단을 확보하는 것과 관계있다. 이 모든 것의 밑바탕에는 경쟁력에 대한 뜨거운 관심이 자리한다. 교육이 현재 상태에 이의를 제기는 수단으로서 언급될 때조차 현재 상태의 기조(바람직한 것으로 간주되는 모든 재화와 용역을 확보하기 위해 혁신의 중요성을 인정하는 태도)는 변함이 없다. 사실 일반교양 교육의 진정한 의미를 기초로 삼지 않기 때문에 현재 상태와의 본격적인 다툼이 일어날 조짐은 전혀 보이지 않는다. 그런 조짐은 혁신과 변화에 집착하는 오늘날의 추세를 흔들고 가로막을 철학적 노력일 것이다. 이렇게 볼 때 철학은 교육자들과 교육제도가 '책임'지고 정부가 강요하는 예정된 학습 성과를 쉽게 받아들이지 않는다.

실제로 철학자는 학생들이 원하는 바를 모두 이룰 수 있는 힘을 부여하는 이 새로운 변모적 교육의 참여자들에게 다음과 같은 질문을 던질 수 있다. "당신이 원하는 것이 정말 바람직한 것이 아니라 무지한 당신이 그저 바람직하리라고 추측한 것에 불과하다면?" "우리가 가르쳐야 할 가장 중요한 것이 변화하는 것이 아니라 변화하지 않는 것이라면?" "당신의 '잠재력'이 당신이 선택한 여러 가지 필멸의 목적을 달성했다는 사실에 의해서가 아니라, 철학적 사색의 불멸화를 통해 당신의 진정한 잠재력이 어느 정도 실현되었는가에 따라 평가될 수 있다면?" "일보다 더 고귀한 활동, 그리고 당신이 가장 중시하는 '열정'을 뛰어넘는 활동이 있다면?" "학습자들이 당신이 제공하는 혁신 프로그램에 '적합하지 않은' 더 심오한 열정과 관련된 길잡이를 만나지 못해 '발견'하지 못하거나 '추구'하지 못하는 활동이 존재한다면?" "지속적으로 바뀌는 재화와 용역의 개발, 제공, 관리 측면에서의 우월성을 둘러싼 경쟁력을 확보하기 위해 모든 사물의 속도를 높이는 것이 아니라 속도를 낮추는 것, 질문하는 것, 심지어 그 방향으로의 추가적인 '진보'를 중단시키는 것이 교육의 요점이라면?"

   미리 설정된 '목표'나 '학습 성과'의 '책임'에 관한 높아진 관심이 압도하는 분위기에서, 지혜의 진정한 추구로서의 철학은 과연 어떤 자리를 차지할까? 성적 책임, 적합성, 학습 성과 등을 둘러싼 관심이 교사들에 대한 전반적인 불신과 결부되는 상황에서(교사라면 누구나 이 직접적인 불신을 자주 경험한다) 어떻게 해야 철학을 향한 교사들의 외침이 반향을 일으킬 수 있을까? 교사들의 그런 외침은 혹여 '협력자'이기를 거부하거나 무책임하게 행동하거나 스스로 고립되려는 사람의 핑계처럼 들리지 않을까? 성적 책임에 대한 적극적 요구는 철학 같은 이지적 활동에 어떤 영향을 미칠까? 특히 노력의 성과와 성적 책임을 둘러싼 진지함의 분위기에서 존재할 수 없고 스콜레, 즉 여가의 분위기에서만 철학이 존재할 수 있을 때는 어떤 영향을 미칠까? 현대 교육의 변모적 전망이 확립된 모든 곳에서 교사들이 일상적으로 경험하는 학습 성과의 책임에 대한 모든 적극적 요구는 스콜레의 숨통을 조이지 않을까? 그런 교육환경에서 철학은 어쩔 수 없이 매일 독약을 마셔야 하는 것 아닐까?

7장

교육의 타락에 대한 아우구스티누스의 비판

세속적 성공과 성취를 부추기는 교육의 역사

세속적 성공과 성취를 부추기는
교육의 역사

전혀 새롭지 않은 교육개혁

오늘날의 학교개혁가들은 본인들이 제안하는 교육적 전망에 담긴 변모적 성격을 주장하지만, 사실 거기에는 새롭거나 달라진 내용이 전혀 없다. 역사를 조금만 살펴봐도 그런 식의 학교개혁에서 강조되는 포부와 '가치'는 1,600년 전 성 아우구스티누스354-430가 어린 시절을 보낸 로마제국 시대의 학교에서 강조된 포부나 가치와 동일하다는 사실을 알 수 있다. 고대 기독교의 신학자이자 철학자인 아우구스티누스는《고백록》에서 자신이 경험한 학창 시절의 초반부를 소개한다.

오, 하느님, 그러나 당시 저는 고통과 굴욕의 시기를 겪었습니다. 사람들은 소년인 저에게 문법 공부를 잘 마치고 나중에 성공을 하려면 선생님들의 말씀에 귀 기울이는 것이 옳고 마땅하다고 말했습니다. 그것은 남들에게 존경받고 세속적인 부를 이룩할 수 있는 방법이었습니다.[1]

아우구스티누스가 활동하던 시절에도 학교에 다니는 아이들은 세속적 성공에 대비해 이에 필요한 교육을 받을 것이라는 학부모의 희망과 사회적 기대가 팽배했다. 이렇게 볼 때 21세기의 학교와 고대 로마 그리고 타가스테(북아프리카 해안의 고대 도시로 성 아우구스티누스의 출생지―옮긴이)의 학교가 그다지 크게 다르지 않다.

아우구스티누스가 활동하던 시절에 교사들은 자식이 성공하기 위해 학업에 전념하기를 바라는 학부모의 간곡한 요청에 따라 자주 매질을 해 대는 잔인한 사람들이었다. 아주 흥미롭게도 아우구스티누스가 학교에서 배웠다고 털어놓은 한 가지 소중한 일이 바로 기도였다. 왜냐하면 기도를 하면 교사들의 채찍질을 피할 수도 있었으니까! 그는 "부모들은 소년인 우리가 선생님들에게 당하는 고통을 대수롭지 않게 여겼다"고 촌평한다. 그는 아이들을 가혹하게 대하는 교사와 학부모 모두에게 비판적인 태도를 드러낸다.

> 저희는 읽기와 쓰기와 공부에서 그들의 기대에 미치지 못하는 죄를 지었습니다. 저희는 기억과 영특함이 부족하지 않았습니다. 주여, 저희는 그 나이에 걸맞은 기억과 영특함을 갖고 있었기 때문입니다. 그러나 저희는 놀이를 즐겼고, 그 때문에 우리처럼 놀이를 즐기는 사람들에게 벌을 받았습니다. 하지만 어른의 놀이는 '용무'라고 부릅니다.[2]

라틴어에서 '용무(네고티움)'와 '여가(오티움)'가 뚜렷하게 대비되는 것에 주목하자. 세속적 성공을 좇는 용무는 아우구스티누스가 설명하듯 스콜레 나 오티움, 즉 여가를 부정하는 일종의 놀이(루두스)다. 그리고 여가는 앞서 살펴봤듯 정신적 활동이자 모든 철학적 사색과 관조적 활동을 실현하는 데 필수적인 지혜 추구의 분위기다. 앞에 인용한 구절에서 보면, 아우구스티누스는 어린 시절 자신이 교사들에게 좌지우지되면서 받은 교육(당시 그의 아버지가 바랐을 뿐 아니라 오늘날의 학부모들도 바라는 유형의 교육)을 세속적인 성공과 성취 그리고 일과 용무(네고티움)의 세계에 속한 어른들의 '사소한 놀이(누가이)'를 위한 준비에 불과한 것으로 여긴다. 그는 그런 식의 교육이 어떻게 그토록 중대한 것으로 취급받는지 궁금해한다. 어른들이 간여하는 세상사가 아우구스티누스를 비롯한 소년들이 매서운 채찍질을 감수해야 하는 유년기의 놀이와 다르지 않음에도, 도대체 얼마나 중대한 것이기에 당시의 교육은 교사들의 잔인한 매질까지 허용했을까?

유년기를 되돌아보는 철학자로서 아우구스티누스는 지혜 추구에 주목한다. 다시 말해 그는 오늘날의 학부모가 자녀에게 가장 간절히 바라는 부富, 평판, 권력 같은 저급한 선과 성공을 좇지 않는다(부모는 부와 평판과 권력이 자녀에게 행복을 선사할 것으로 생각한다). 대신 철학자 아우구스티누스의 관심사는 가장 고귀한 선을 아는 것, 보는 것, 사랑하는 것이다. 이 때문에 그는 학부모와 교사가 추구하고, 아이들에게 강요하는 세속적 야망을 시시한 오락(누가이)으로 간주한다. 아우구스티누스가 판단하기에 그런 세속적 야망의 추구는 사실 그렇지 않지만 가장 중요한 것인 체하는 사소한 놀이에 불과하다. 그는 세속적 야망을 부추기는 교육을 우리를 가장 고귀하고 진정한 행복으로 인도하는 참된 교육의 타락으로 바라본다.

아우구스티누스는 자신이 직접 체험하고 자기 아버지가 바람직하게 여긴 교육을 대체로 비판적으로 평가한다. 그는 교육을 받았지만 자신을 아는 방법은 배우지 못했다. 반성이나 성찰하는 방법도 배우지 못했다.

"자신의 처량한 신세를 깨닫지 못하는 불행한 사람보다 가여운 사람이 또 있을까?" 교육은 자기 마음을 아는 방법과 '하느님이 내 마음의 빛'이라는 사실 대신에 '세상을 사랑하는 방법'을 가르쳐줬다. 실제로 1,600년 전이든 21세기든 간에, 학부모와 학교 이사장과 교사 그리고 정부 감독관들이 폭넓게 인정하는 학교와 교육의 목적은 학생들의 세속적 성공을 보장하는 것이다. 그리고 오늘날 과연 누가 그런 야심을 진지하게 반박하겠는가? 그러나 아우구스티누스는 문제를 직시한다. "아이들은 이와 같은 수업을 받는 데 필요한 사례금과 함께 이 지옥 같은 급류에 휩쓸린다." 아우구스티누스가 '바위들'의 소리에 비유하는 교육을 둘러싼 공개 토론의 '아우성' 덕분에, 언제나 학부모와 학생 앞에는 성공을 보장할 수 있는 학교가 등장한다. 학부모와 학생들이 '일류 학교'에 다니기 위해 다른 학부모와 학생들과 경쟁하듯 사실상 학교도 서로 경쟁해야 한다.

오늘날에도 학교는 다음과 같은 말로써 학부모의 야심과 희망을 자극한다. "우리 학교는 달변가 양성소입니다. 이곳은 용무와 토론에 필수적인 설득의 기교를 배우는 곳입니다."[3] 그리고 아우구스티누스에 따르면 학부모의 야심을 자극하는 그런 교육제도의 가장 끔찍한 점은, 그것이 사소한 놀이(누가이)가 아니라 매우 진지한 놀이라는 현상 유지적 견해를 '수긍'하는 학생들이 보상을 받는다는 사실이다. 그는 '우리가' 학생으로서 이른바 "오류의 포도주를 마시지 않겠다고 하면 그것 때문에 매를 맞았다"고 고백한다. 그러므로 매질을 피하기 위해 그리고 교사와 친구와 가족에게 칭찬받기 위해 그 어린 아우구스티누스는 수긍의 가능성에서 기쁨을 느끼게 되었다. "내가 그 모든 것을 즐겁게 배우고 거기에서 기쁨과 죄스러운 마음을 동시에 느낀 것은 사실이다. 그리고 바로 그 때문에 나는 장래성 있는 소년으로 불렸다." 사실 그의 교사와 친구 그리고 가족의 평가에 따르면 아우구스티누스는 학급에서 상위권에 속하는 훌륭한 학생이었다. 그러나 만년晚年에 이르러 그가 직접 스스로에 대해 털어놓은 평가는 달랐다. 즉 철학자로서, 그리고 자신의 온갖 세속적 야심의 허무함을 깨달은 사람으로서 아우구스티누스는 이렇게 밝힌다. "하느님, 제가 지력을 어떻게 어리석은 망상에 낭비했는지 말씀드리겠습니다." 다시 말해 아우구스티누스의 관점에서는, 심지어 오늘날의 학부모도 추구하고 해당 사회의 현상 유지적 야심을 인정하는 가장 뛰어난 학생들조차 지향하는 그런 교육은 망상의 소산이다. 그런 교육은 유년기와 지성 모두를 심각하게 낭비하는 것일 뿐이다.

현대의 교육과 고대 궤변술의 유사점

고대사회의 대중적 교육관과 유사한 점을 통해 '교육개혁'의 현재 추세를 고찰해보면 이지적 탐구, 특히 철학이 모든 교육제도에서 얼마나 부적당하고 불필요한 것이었는지를 알 수 있다. 오늘날의 학부모는 아우구스티누스가 활동하던 시절의 학부모처럼, 자녀의 세속적 성공과 자녀가 바라는 바를 성취함으로써 행복해질 수 있도록 보장하는 교사를 원한다. 아우구스티누스가 활동하던 시절에는 그렇게 성공을 보장하는 사람들을 '소피스트'라고 불렀다(글자 그대로는 지혜로운 사람이지만, 더 관용적 어법에서는 '아는 체하는 사람'으로 통했다).

간단히 말해 미덕이 귀족의 배타적 생득권으로서의 전유물이라는 주장이 대중(데모스) 사이에서 의심받기 시작하고, 도시(폴리스) 주민들이 자기 아들을 새로운 이상적 시민으로 교육할 방법을 모색하기 시작하면서 소피스트들이 그리스의 교육계에서 부각되었다. 모든 시민이 더 폭넓은 지적 교육을 받아야 한다는 새로운 민주적 욕구가 폴리스에서 분출되기 시작했다. 소피스트들은 거기에 적절히 반응하면서 부상했다. 특히 귀족의 일원은 아니지만 자기 아들에게 '정치적 미덕'을 가르치고 싶은(아들이 소속 도시의 훌륭한 지도자가 되기를 바라는) 부유한 시민 사이에서 그 새로운 욕구가 뚜렷해지면서 이를 가능하게 해주겠다는 소피스트들이 주목받기 시작했다.

고전문학자 베르너 예거1888-1961는 미덕을 가르칠 수 있다는 관념을 궤변론적 교육의 출발점으로 여긴다. 그는 교육에 관한 기념비적 저작에서 다음과 같이 말한다. "'그 어느 때보다도 성취나 성공이 삶의 목적으로 제대로 자리 잡은' 아테네에서 사례금을 지급할 능력이 있는 누구에게나 '돈을 받는 대가로 미덕을 가르치겠다고 공개적으로 선언하는 일단의 교육자들이' 나타났다."4

성공을 목표로 삼은 교육을 바라는 욕구는 오늘날의 교육에서도 여전히 기본적인 요소로 남아 있지만, 훌륭한 시민을 양성하기 위한 교육이라는 민주적 이상은 더이상 사례금을 지급할 수 있는 시민 중에서 선택된 소수만의 특권으로 통하지 않는다. 즉 현대에는 그런 성공 지향적 교육관이 대중 사이에서도 만연해 있다. 이제 더이상 미덕은 귀족적 엘리트들만이 가진 유전적 특성으로 간주되지 않는다. 아울러 미덕은 시민 가운데 매우 부유한 자들만의 전유물도 아니다. 성공 지향적 교육은 바야흐로 민주국가에서 모든 시민의 생득권으로 간주된다.

오늘날의 학교는 고대 그리스 아카데미의 진정한 철학적 정신이 아니라 소피스트로서의 교사를 모범으로 삼고 있다. 예거는 이렇게 촌평한다. "소피스트들은 교육과학의 창시자로 묘사된다. 실제로 그들은 교육학을 창시했고, 심지어 오늘날에도 지적 문화는 대체로 그들이 그려놓은 길을 따르고 있다." 사실 "여러 측면에서 우리는 소피스트가 등장하고 성장하면서 비로소 그리스에 대해 잘 알게" 되었다.[5] 고대 그리스인들이 자기 아들의 성공을 보장받기 위해 소피스트에게 의존했듯, 현대의 교육제도도 그것과 똑같은 것에 관심을 갖는다. 왜냐하면 현대의 교육제도 역시 학생들이 훗날 재화와 용역을 구매하고 자신의 희망과 꿈과 욕망을 실현하기 위한 교육적 수단을 가장 효율적이고 효과적으로 제공하는 데 관심이 있기 때문이다.

아우구스티누스는 학생과 교사로서의 성공과 호평을 사랑했다. 그러므로 학교에서 수사학 성적이 가장 좋은 그가 당시 '파괴자들'로 널리 알려진 소피스트들과 결부된 것은 당연한다. 소피스트들이 파괴자로 불리고 심지어 스스로도 그렇게 부른 까닭은 그들이 다른 모든 주장을 논파하고 모든 논쟁에서 승리할 수 있는 화려한 언변의 소유자였기 때문이다. 아우구스티누스가 보건대 '그들은 이미 완전히 파괴된 사람들'[6]이므로 파괴자라는 명칭은 특히 소피스트에게 어울린다. 그런 사람들은 대부분 외국 출신의 방랑 교사였는데, 고액의 사례금을 받고 아버지들에게 아들의 성공을 보장해주었다. 예를 들어 특정 분야의 지혜를 갖추고 이를 학생들에게 가르칠 수 있는 수학자, 장인, 말 사육사 등과 달리 소피스트는 그런 문제에 대해서는 기본적으로 무관심했으며, 그보다는 학생들에게 부와 명성과 권력 같은 더 매력적인 이익을 보장할 수 있는 더 설득력 있고 더 효과적인 지혜를 갖고 있다고 주장했다.

일례로 고대의 소피스트인 프로타고라스는 자신의 궤변론적 기교(테크네)와 상대적으로 협소한 의미의 기교를 뚜렷이 구별하고자 했다. 그는 젊은이들을 망치는 '순전히 사실에 근거를 둔 교육'과 자신의 '보편적' 교육 개념을 확실히 구분했다. 특정 교과나 탐구 분야의 구체적인 지식을 가르치는 대신 프로타고라스는 그런 저급한 기법적 교육에 의존하지 않고, 그것을 완전히 초월하는 '정치적 미덕'을 가르치는 사람임을 자처했다.

교사-소피스트가 학생들에게 성공의 길을 가르치기 위해 굳이 특정 지식 분야의 권위자가 될 필요는 없다는 프로타고라스의 주장과, 어떤 사실을 아는 것보다 그것에 관한 정보에 접근하는 방법을 아는 것이 더 중요하다는 주장 사이에는 절묘한 유사성이 있다. 하지만 이 두 가지 주장의 유사성은 피상적 수준에 그친다. 왜냐하면 오늘날의 교사는 물론 이제는 해당 분야의 권위자로 평가받지 못하지만, 여전히 특정 교과를 가르치는 데 관심이 있기 때문이다. 21세기의 교사는 자신의 기억력이 아니라 기술적으로 구축된 데이터베이스의 '기억'에 의존해야 한다. 반면 소피스트로 활동한 프로타고라스는 자신의 더 고귀한 지혜에 관해 상세히 설명하고자 이와 같은 더 기술적인 학습 분야에 대한 모든 관심을 회피한다. 특히 그는 '자기 집을 관리하는 최고의 방법'과 '말과 행동을 통해 공적 사안에 가장 큰 영향력을 행사하는 방법'을 아는 미덕을 모든 학생에게 가르치고자 했다.[7]

그렇지만 현대의 교육과 고대 프로타고라스의 궤변술 사이의 유사성은 더 깊은 수준에서 남아 있다. 이 두 가지 도식의 핵심에는 공통적으로 행복의 성취를 위해 가르친다는 주장이 자리 잡고 있기 때문이다. 오늘날의 교사들은 여전히 프로타고라스가 "젊은이들을 학대한다"[8]고 평가한 교과를 가르치지만, 현대의 교육제도에서도 그런 일이 벌어지는 이유는 그렇게 전달되는 지식이 결국 성공과 행복의 가능성을 높여줄 것이라는 믿음 때문이다.

현대의 교육제도와 고대의 궤변론적 교육제도에서는 공통적으로 세상사에 관한 지식이 미덕(더 고귀한 행복을 이루기 위한 수단)으로 잘못 이해된다. 고대 소피스트들은 지혜나 미덕을 개인의 가장 간절한 욕구를 채우기 위한 효과적인 말솜씨와 관련지어 가르쳤다. 오늘날의 교육계에서 지속적 혁신을 통한 성공이라는 목적을 달성하기 위해 세상의 모든 지혜에 실시간으로 접근할 수 있다는 약속은 현대의 정보 기술 덕분에 지켜진다. 고대나 현대를 막론하고 모든 궤변론적 교육자는 학생의 수많은 욕구를 채워줄 수단을 제공하겠노라고 약속하면서 행복에 이르는 방법으로서의 미덕을 가르친다고 주장한다.

아우구스티누스는 궤변술에 바탕을 둔 그런 모든 교육의 오만과 자만을 비판한다. 파괴자들과 어울렸던 시절을 회상하면서 그는 자신이 소피스트들과 밀접한 관계를 맺은 까닭으로 '우월한 지위'에서 비롯되는 기쁨을 들고, 소피스트처럼 자신도 너무 거만했다는 점을 인정한다. 소피스트의 자기확대나 오만은 자신이 지혜롭다는 전제에서 기인하는데, 오만은 소피스트와 철학자를 구분하는 뚜렷한 특징이다. 왜냐하면 철학자는 지혜를 사랑하는 사람으로서 자신이 지혜가 부족하다는 사실을 알고 있기 때문이다. 자신의 무지를 아는 철학자와 달리 소피스트는 특유의 자만 때문에 자기가 알고 있는 지식의 성격과 범위를 오해한다. 소피스트는 스스로 가장 고귀한 것을 알고 있다고 착각해, 자신이 행복에 이르는 길을 알고 있다고 아울러 그런 지식을 학생들에게 가르칠 수 있다고 주장한다. 물론 소피스트가 알고 있는 지식은 용무와 정치의 영역 그리고 개인적 야망을 달성하는 과정에서는 확실히 유익하지만, 소피스트의 자만은 본인의 지식이 진정한 지혜라고 가정하고 착각하는 데서 비롯된다.

아우구스티누스와 마찬가지로 피퍼는 소피스트와 철학자의 차이점인 자기중심성을 다음과 같이 통렬하게 지적했다.

여기에는 차이가 있다. 자신의 중요성을 철저하게 망각하고 '모든 겉치레를 철저히 배격하는' 진정한 철학자는 자기가 이해하지 못하는 대상(지혜)에 접근할 때, 이타적이고 개방적인 태도를 보인다. 관조를 통해 그 대상은 단순한 자기중심적 만족의 차원을 뛰어넘고, 덕분에 철학자는 아무리 '지적'이거나 고결한 것이라도 온갖 이기적인 요구에 대한 집착에서 벗어난다. 반면 소피스트는 '객관적' 진리의 기준에 얽매이지 않아서 '자유롭다'고 주장하지만, 여전히 '유익한' 것이라는 협소한 범위에 갇혀 있다. 다름 아니라 참신함을 좇으며, 필사적으로 그리고 마치 홀린 듯이 생각과 표현을 통해 놀라움을 초래함으로써, 일정한 형태의 '더 강렬한 오락'에 일조하고자 애쓴다. … 그런 '이기심'이 존재적 경쟁의 무대를 지배할 때마다 진정한 철학은 설령 발생할 수는 있어도 번성하기는 어렵다.[9]

우리의 교육적 유산에 대한 아우구스티누스의 비판에 공감하는 피퍼는 소피스트의 자만이 유익한 것, 즉 성공이나 호평을 선사해줄 수 있는 것에 대한 편협한 관심에서 비롯된다고 지적한다. 피퍼가 보기에 소피스트는 자신이 영원히 추구하는 참신함이나 자신에게 지속적으로 필요한 혁신에 일조하는 것을 모색한다. 그런 식의 교육은 철학자가 지혜로서 추구하는 불변의 영원한 진리를 향한 참된 요구와 상반되는, 세속의 변화무쌍한 것을 향한 잡다한 욕구와 열정의 충족을 목표로 삼기 때문에 이기적인 것으로 볼 수 있다.

피퍼는 그런 '존재적 경쟁의 무대(현재의 교육제도)' 안에서는 '진정한 철학'이 번성할 수 없다고 말한다. 사실 진정한 철학이 아예 발생할 수 있을지도 의심스럽다. 이와 같은 피퍼의 견해에 동조하고 우리 사회가 교육을 통해 젊은이들에게 제공하는 희망의 궤변론적 토대를 감안한다면, 우리는 진정한 철학이나 이지적 탐구가 현실적으로 오늘날의 학교제도에서 교육의 일부가 될 수 있을지 의심할 수밖에 없다.

철학과 궤변술의 대립 관계에 관한 피퍼의 통찰은 교육철학 분야에 효과적으로 적용될 수 있다. 그는 아래와 같은 철학의 정의를 통해 성공, 성적에 대한 책임, 예정된 성과의 달성에 적합한 것을 향한 궤변론적 충동에 근거하는 교육과 철학의 대립을 훨씬 더 분명하게 지적한다.

철학적 사색이 의미하는 바는 무엇일까? 철학적 사색은 정확히 다음과 같은 것을 뜻한다. 삶의 직접적 필요에 의해 좌우되는 일상생활 속의 평일에 가장 가까운 환경이 '세상'의, 전체적 현실의 불안한 참견에 의해 여러 차례 파열될 수 있음을 경험하는 것 … 철학적 사색은 평일 세계의 횡단면적 환경으로부터 발을 떼면서 우주를 대면하는 데 있다. 그것은 '집을 잃은' 상태로 이어지는 발걸음이다.[10]

철학은 생산성을 '파열'시킨다. 정부가 요구하는 예정된 성과에 대한 교육적 책임을 추구하는 사람들이 성취한 것의 가치는 철학 앞에서 불투명해진다. 철학은 우리를 평일적 존재로부터 '내쫓는'다. 그리고 현재의 교육제도가 아이들에게 기대하는 온갖 성공을 추구하는 태도에 이의를 제기한다. 우리의 교육제도에서 철학자는(학생이든 교사든 간에) 필연적으로 사회부적합자가 된다.

그는 … 평일의 일상적 절차의 기능에 단순히 적응하지 않을 것이다. 그는 이 세상에 '적합'하지도 않을 것이다. 그는 기본적으로 실용적 목적의 추구에 좌우되는 사람들과 다른 방식으로 사물을 바라볼 것이다. 이런 부조화와 불균형은 그렇게 보이듯, 결코 없앨 수 없다. 그것은 항상 우리와 함께한다. 그리고 더욱더 첨예해지고 있다는 증거가 꽤 많다.[11]

피퍼처럼 플라톤도 한편으로 성공적 삶을 향한 대다수의 평범한 세속적 야심과 다른 철학자의 지혜에 대한 사랑 사이의 충돌을 분명히 밝힌다. 그는 《파이돈》에서 철학을 "삶의 예술이 아니라 죽음의 예술"이라고 표현한다. 물론 일상적 존재에 대한 그런 낯선 성향은 조롱받기 쉽다. 아득한 옛날부터 지금까지 철학자 특유의 우스꽝스러운 외양은 늘 비웃음의 대상이었고, 플라톤의 저작에서 소크라테스는 "삶을 철학에 바치는 사람은 그런 조롱을 당하기 쉽다"고 말한다.[12] 특유의 '적합성'으로 높은 평가를 받는 교육의 현대적 전망에 따르면, 철학자의 전형인 소크라테스의 견해와 이 책에 실린 충고의 말은 더 부적합한 것으로 전락한다. 비록 더 나은 세상을 위해 애쓰는 진보적 교육자들의 양심에 위배되는 것이나 사회적으로 무책임한 것은 아니지만 말이다.

철학이 현대적 생산세계의 숨겨진 충동이나 원리와 대조되자마자 철학의 '부적합성'이 더욱더, 그리고 대대적으로 표면화된다. 그리고 자기 존재에 대한 새롭고 심각한 도전에 직면해 있다는 점을 떠올린다면, 우리는 철학을 방어하는 데 다소 주저할 것이다. 배고픔과의 싸움 때문에 우리는 이용할 수 있는 모든 자원을 착취하기 위해 훨씬 더 강력한 기법을 구사할 수밖에 없다. 뿐만 아니라 서로 경쟁하는 힘에 의해 분할되고 압도된 이 세계에서 자유를 지키려면 우리의 모든 에너지가 필요할 것이고, 마땅히 그래야 한다. 그렇다면 진정으로 인도적인 존재가 유지되어야 한다는 또한 그것이 존재의 궁극적이고 근본적인 의미에 관한 질문을 대면

해야 한다는, 즉 철학적 사색을 해야 한다는 주장은 어떻게 정당화될 수 있을까?[13]

"왜 아무것도 없는 대신에 어떤 것이 있는가?"처럼 현실적 효용이 전혀 없는 질문을 던질 때, 유익함과 유용성으로 가득한 평일세계와 철학자 사이의 불균형이 도드라진다. 피퍼는 다음과 같은 수사적 질문을 던진다. "성취와 성공을 지향하는 사람들에게 이 질문을 예고 없이, 그리고 어떤 설명도 없이 던지면 질문자는 미친 사람 취급을 당하지 않을까?" 그가 보기에 어떤 사람이 철학적 사색에 임하는 즉시 직업세계를 초월하는 발걸음을 내딛는 셈이다. "진정으로 철학적인 질문은 부르주아적 평일의 세계를 둘러싼 지붕을 뚫는다."

실용적 사고의 소유자들은 실용적 사안에 적합하지 않다는 이유로 예전부터 오랫동안 철학을 비판해왔다. 사실 "철학자로서 살고자 하는 사람은 누구나 언젠가 자신과 평일세계의 관계가 끊어질 수 있다는 사실을 각오해야 한다"는 진술과 "자신이 일상생활에서 마주치는 모든 것을 궁금해하는 사람은 조만간 그 모든 것을 활용하는 방법을 잊을지 모른다"[14]는 진술은 상당 부분 진실이다. 따라서 궤변론적 교육을 겨냥한 철학의 비판은 그 출발점부터 궤변술에 대한 철학자의 대안이 행동, 혁신, 성취 등의 무효화와 결과적으로 문명의 파괴를 의미할 것이라는 반박을 받아왔다.

아마 철학자의 비판에 대한 소피스트의 반박 가운데 가장 유명한 사례는 이소크라테스의 반응일 것이다. 프로타고라스와 프로디쿠스의 제자이자 특히 고르기아스의 제자인 이소크라테스는 여러 세대의 고전학자와 역사가들이 '인문주의적 문화'의 진정한 아버지로, 현대 '인문학' 교육제도의 설립자로 인정한 인물이다. 고르기아스와 마찬가지로 이소크라테스는 평생 동안 웅변술을 가르치고자 노력했다. 하지만 예거의 지적에 따르면 "그는 '소피스트'라는 명칭을 이론가들(철학자들)에게만 붙이는 것을" 더 좋아했다. 그리고 "그는 자신의 이상을 '철학'으로 불렀다. 이렇듯 그는 소피스트라는 용어의 부정적 함의와 철학자라는 용어의 긍정적 함의는 그대로 유지한 반면, 플라톤은 그 두 가지 단어에 부여한 의미를 완전히 뒤바꿔"버렸다.15

이소크라테스의 관점에서 철학자들(소크라테스학파와 플라톤)은 진정한 소피스트들이었다. 왜냐하면 토론과 변증법이라는 교육적 기획(진리와 영혼의 질서에 대한 그들의 피상적 동경)은 아테네를 주축으로 하는 그리스인의 단합을 촉진하기는커녕 그것을 저해함으로써, 이 세상에서의 단호하고 효과적인 정치적 행동을 무효로 만들 수 있을 뿐이기 때문이다. 이소크라테스의 영향으로 오늘날까지 철학의 기질은 비현실적이고 비실용적인 것이자 공공의 질서와 번영을 위협하는 것으로 간주된다. 철학 교육은 '바보들' 또는 '사적인 개인'에게는 좋은 것일 수 있지만, 이소크라테스의 가르침은 폴리스 전체를 위한 것이다. 교사로서 그는 아테네 시민들이 스스로 행복해지고 나머지 그리스인들이 현재의 문제에서 벗어나는 데 도움이 되는 일에 착수하도록 열심히 설득했다.

이소크라테스가 말하듯 선학들의 궤변론적 교육이 보장하는 개인의 세속적 성공을 위해, 그리고 적대적인 이웃이나 경쟁자에 맞서 공익 수호에 대한 시민적 관심을 유지하기 위해서는 철학적 충동을 가라앉혀야 한다. 철학과 같은 이지적 연구, 즉 '제1원리들(아르카이)을 아래쪽을 향해 논증적으로 적용하지 않고 그 시작을 향해 들어올리는(아나이레인)' 연구는 항상 '세속적 성공을 저해하고, 야심을 좌절시키며, 안전을 위협한다'

는 비판을 받아왔다. 더구나 철학과 궤변술 가운데 하나를 선택해야 할 때 역사적 결과는 철학자의 용기를 북돋워주지 못한다. 제임스 뮤어는 교육사를 개괄적으로 검토하면서 다음과 같이 촌평한다. "역사의 수준에서 플라톤은 패배했다." 그리고 이렇게 덧붙인다. "그에게 승리를 거둔 사람, 그리스 최초의 곧이어 고대 세계 전체에서 최초의 교육자가 된 사람은 이소크라테스였다."[16]

8장

학교에서 관조적 활동을
할 수 있을까?

철학이나 관조적 활동은 시간 낭비라는 생각에 관하여

{ 철학이나 관조적 활동은
시간 낭비라는 생각에 관하여 }

유용하지는 않지만 인간다운 활동인 철학

  모든 것이 성공에 도움이 되어야 한다는 자기중심적 요구와 엄격한 실용주의의 공허함을 깨닫기 위해 굳이 철학자가 될 필요는 없다. 다행히 우리가 하는 행동과 살면서 누리는 것(몇 가지 보기를 들자면 참된 우정, 절친한 친구에 대한 사랑, 음악에서 느끼는 기쁨)의 상당수는 유용성과 관계가 거의 없거나 전혀 없다. 아리스토텔레스에 뒤이어 제임스 샬은 "인간은 이성적 존재고 우리의 이성적 본성은 계산적 추론을 초월한다"고 지적한다. 즉 천성적으로 우리는 진리를 알고 싶어한다. 물론 주변 상황이 어떻게 돌아가는지를 아는 것이나 어떤 일을 '한다는 것'은 전혀 나쁜 짓이 아니지만, 자신을 둘러싼 진리를 알고 싶어하는 까닭은 어떤 특별한 실리적 의도나 우리가 그것을 통해 '할' 수 있는 일 때문이 아니다. 이 부분과 관련해 샬은 피퍼를 인용한다. "우리가 처리할 수 있고 사용할 수 있는 것만 포함하는 세상에서 실리적 목적을 고려하지 않으면 아무것도 누릴 수 없는 세상에서 살아야 한다면 비참할 것이다."¹ 사실 아름다움은 그 자체로 쓸모 있지는 않다. 그러나 샬은 아름다움이 없으면 "우리는 우리답지 않을 것이다"라고 말한다.

그에 따르면 "우리에게 있는 최상의 요소는 '쓸모없음'"이다. 샬은 유용성을 지니고 있지 않으면서도 인간을 '인간답게' 해주는 활동으로 놀이, 기도, 철학, 관조(테오리아) 등을 꼽는다. 그가 볼 때 인간은 가장 고귀한 형태의 아름다움을 음미하는 가장 고귀한 기쁨을 경험해야 한다. 왜냐하면 이런 것을 경험하지 않으면 이른바 "저급한 활동, 즉 무질서한 활동에 빠져 해당 활동의 의도와 거기에서 비롯되는 기쁨을 다른 것으로 구분할 가능성이 매우 크기" 때문이다.² 테오리아, 즉 관조의 기쁨은 다른 모든 기쁨에 대한 우리의 올바른 평가와 향유에 필수적이다. "이 기쁨을 경험하지 않으면 우리는 '이성적 동물'로서의 존재적 지향점을 전혀 알 수 없을 것"이기 때문이다.³ 샬의 통찰을 이 책의 범위 안으로 끌어들인다면 민주적 공교육제도에 속한 아이들이 저급한 욕구(모든 아이가 자신과 또래의 흥미를 끄는 것이라면 무엇이든 추구하는 '민주화된' 교실에서 너무 익숙한 욕구)를 따르지 않도록, 더 고귀한 것을 자주 그리고 매우 경건한 자세로 보게끔(테오리아) 하는 과정은 정말 중요하다. 고귀한 것에 노출되지 않은 아이들은 더 동경할 만하고 중요하다고 간주되는 저급한 것을 통한 기쁨에 주목할 것이다. 그러므로 교육에서는 아이들에게 저급한 것에 대해서도 가르치는 방법인 고귀한 것에 대한 관찰(테오리아)이 매우 중요하다. 더구나 테오리아는 놀이의 형태로 규정될 수 있으므로 아이들의 범위를 벗어난 활동이 아니다. 왜냐하면 아이들의 놀이처럼 테오리아도 활동 자체의 순전한 희열에 주안점을 두기 때문이다. 모든 아이는 놀기를 좋아하고, 샬의 지적처럼 "노는 것은 관조하는 것"이다.

지혜 추구에 관한 고대의 문헌을 살펴보면서 우리는 철학을 일종의 놀이(파이디아)나 게임에 비유하는 데 동의했다. 샬도 철학을 외부적 의도가 아닌 그 자체가 목적인 가장 고귀한 것을 통해 기쁨을 선사하는 놀이의 형태로 이해한다. 게임에 물리적 시간적 공간이 필요하듯(이를테면 제한 시간, 게임판, 경기장) 철학에도 일종의 규정된 공간이 필요하다. 이 공간을 우리는 '지혜 추구의 분위기'라고 부르고, 그것을 여가(스콜레 또는 오티움)를 실천할 때의 특정한 우정(필리아)과 동일시했다. 내가 생각하기에 학교라는 환경에서 철학, 즉 지혜 추구를 실행하기 위해서는 이 공간이 은유적 용어로만 간주되지 않아야 한다. 다시 말해 그것은 단지 정신적 공간이 아니라(물론 정신적 측면이 가장 중요하지만) 다른 게임처럼 시공간적으로 정확하게 설명되어야 한다.

그런 공간이 왜 필요할까? 플라톤에 따르면 철학의 뿌리는 놀라움(타우마)이다. 철학적 놀라움을 게임에 비유한다면 철학적 놀라움 그 자체가 목적인 게임을 비난하고 참견하기 좋아하며, 부지런하고 진지한 성격의 소유자들과 교육에서 성적에 대한 책임을 요구하는 사람들의 외부적 요구를 극복하기 위해서는 나름의 경기장이 필요하다. 요약하자면 놀이의 형태나 게임으로서 철학은 게임으로서의 게임을 전혀 신뢰하지 않는 '판을 깨는 자'의 공격을 반드시 막아내야 한다. 하위징아는 판을 깨는 자에 대해 아래와 같이 말한다.

'판을 깨는 자'는 규칙을 어기거나 무시하는 사람이다. 판을 깨는 자는 불성실하거나 속임수를 쓰는 사람과 같지 않다. 왜냐하면 후자는 겉으로는 게임을 하는 척하고 마법의 동그라미를 인정하기 때문이다. 신기하게도 사회는 판을 깨는 자보다 속임수를 쓰는 사람에게 훨씬 더 관대하다. 왜

냐하면 판을 깨는 자는 놀이세계 자체를 난장판으로 만들기 때문이다.⁴

하위징아의 이 발언으로 판을 깨는 자와 성과에 대한 더 큰 책임을 요구하는 현대의 교육개혁가들 사이의 유사성이 확실히 드러난다. 왜냐하면 교육의 핵심이자 철학을 가리키는 '마법의 동그라미' 안에서 이뤄지는 게임과 놀이가 동그라미 밖의 세계에 책임을 지도록 하는 것은 놀이세계 자체를 파괴하는 것이기 때문이다. 놀이세계를 망가트리는 것은 성공을 위한 혁신이라는 소모적이고 심각한 과제에 교육이 활용되어야 한다는 현대의 교육개혁가들의 기대 속에 자리 잡고 있다. 그 개혁가들 가운데 일부는 놀이, 창의성, 상상력 따위를 장려하는 활동이 표준으로 자리 잡아야 한다고 말하면서 겉으로는 놀이의 중요성을 인정할지도 모른다. 하지만 그렇게 말하는 동기를 자세히 살펴보면 그들이 사실은 게임 밖의 '능력'을 키우는 데 관심이 있음을 알 수 있다. 그런 모든 진지한 성격의 소유자가 바라는 것은 놀이의 대체 수단, 놀이와 비슷한 것 또는 《놀이와 인간》의 저자 로제 카유아 1913-1978의 표현을 빌리자면 놀이의 '왜곡'이다.⁵ 철학이 게임 밖에서 쓸모가 생기지 않으면, 즉 철학이 그것의 궤변론적 이미지로서만 존재하지 않고 '놀이로서의 철학'이라는 진정한 본질을 간직하면 철학은 학교교육의 용무(네고티움 또는 아스콜리아)에서 추방되어야 할 것이다.

사실 철학이 나름의 구체적인 규칙을 갖춘 게임과 유사한 현대의 교육제도에서 살아남을 수 있는 단 하나의 현실적 방법은 '속임수를 쓰는 사람'처럼 처신하는 것이다. 용무(네고티움 또는 아스콜리아)가 왜곡된 형태의 겨루기인 것처럼 교육제도 전체가 일종의 놀이의 왜곡이라면, 속임수를 쓰는 철학자는 겉으로는 규칙을 따르면서 거기에 참여할 수 있지만 특유의 영리함을 통해 규칙을 전복함으로써 다른 방향에서의 작은 승리를 거둘 수 있을 것이다. 그렇다면 '판을 깨는 자'보다 '속임수를 쓰는 사람'이 훨씬 쉽게 용인될 것이라는 하위징아의 평가는 정확한 셈이다. 하지만 교육제도를 상대로 속임수를 쓰는 철학자가 판을 깨는 자로 밝혀져 독약을 마셔야 할 수도 있다. 그를 고발한 자들이 약삭빠르고 통찰력이 있다면 말이다. 실제로 아마 왜곡된 게임에서는 철학자가 철학적 사색에 임하기 때문에, 따라서 교육에 관해 널리 퍼진 궤변론적 주장을 따르지 않으려 하기 때문에 판을 깨는 자로 밝혀질 것이고, 동시에 그는 인간을 위한 최선의 그리고 가장 불멸적인 게임인 철학에 뛰어든 최고수이자 가장 진정한 참여자일 것이다.

철학자가 교육제도 안에 편입될 때 감수하기 마련인 위험을 고려하면 아무래도 주의사항을 확인하는 편이 좋겠다. 철학적 질문을 던지려면 일종의 공간이나 그 공간과 직업세계를 구분하는 경계선이 필요하다. 왜냐하면 이미 살펴봤듯 직업세계는 철학적 질문을 용납하지도 그것의 진가를 인정하지도 않고, 오히려 그것을 정신 나간 짓이나 무의미한 짓 심지어 해로운 짓으로 간주하기 때문이다. 그러므로 지혜 추구로서의 철학이 존재할 수 있는 정당한 권리를 규정하고 보호할 물리적 시간적 공간이 필요하다. 그런 불가침의 공간이 없으면 철학의 놀이 활동 외부에서 쏟아지는 요구가 철학을 유린하고 훼손할 것이다.

마치 경기장이 게임이 진행되는 공간인 것처럼, 철학적 질문을 던질 수 있는 공간(익히 알고 있듯이 지혜 추구의 분위기)은 적어도 스콜레나 오티움이나 여가의 가능성을 제시한다. 관조(테오리아)를 장려하고 지혜를 추구하는 데는 시공간적 경기장이 필요하다. 왜냐하면 영속성에 대한 관조는 공간과 시간 속에서 일어나는 활동이기 때문이다. 사실 테오리아의 잠정적 성격은 놀라움에 관한 피퍼의 촌평에서 엿볼 수 있다. "인간은 이 상태로 무한히 살 수 없다." 일과 행동의 세계는 항상 우리를 소환한다. 직업세계는 우리의 전적인 관심사가 되지 말아야 하지만 성적에 대한 책임, 성과, 성공 등에 집착하는 사람들의 경향은 다름 아니라 직업세계를 우선시하는 것이다. 철학은 그런 야심을 약화시킨다. "철학적 놀라움은 어떤 사람을 근면한 사람으로 탈바꿈시키지 않는다. 놀라움은 그가 충격을 받았음을 의미하기 때문이다." 철학은 결과적으로 일을 우선시하는 분위기에서 추방당한다. 따라서 철학을 근절하려는 이런 책동으로부터 철학을 지키기 위해 철학적 사색이 무탈하게 진행되는 지혜 추구의 분위기를 확립하려고 노력할 필요가 있다. 이 소중한 공간은 교육기관에서 불가침의 영역이어야 한다. 왜냐하면 피퍼의 촌평처럼 "놀랄 수 있는 능력은 인간 본성의 가장 고귀한 가능성에 속하기" 때문이다.[6] 지금까지 우리가 살펴본 고대와 중세의 모든 저술가는 이 점과 관련해 피퍼와 의견이 같다.

스콜레를 위한 공간을 만들기가 어려운 까닭

우리가 설령 스콜레가 교육의 핵심적인 요소는 아니지만 중요한 요소라고 또는 중요한 요소여야 한다고 흔쾌히 인정한다 해도, 이런 확신을 실천하는 데는 훨씬 더 큰 어려움이 따른다. 우선 우리가 학교에서 하는 행동의 대부분은 철학적 사색이나 지혜 추구를 가로막는다. 사람들은 대체로 현실의 궁극적 의미를 숙고하려 들지 않는다. 그러므로 철학적 경험과 탐구를 아주 흔한 일이라고 생각하면 곤란하다. 피퍼의 말을 들어보자.

"이 세상은 어떤 곳인가?" 이것은 집을 짓거나 소송을 제기하거나 시험을 치를 때 던지는 질문이 아니다. 우리의 관심이 목표의 적극적 추구에 매몰되는 한, 그리고 우리 영혼의 '렌즈'의 초점이 다른 어떤 곳이 아니라 경계가 분명한 곳과 지금 여기의 목표 그리고 현재 '필요한' 것에 맞춰져 있는 한 철학적 사색을 할 수 없다.7

학교에서 학생에게 함양시키는 목표 지향적이고 결과 지향적인 세계관은 철학적 사색의 전제 조건인 스콜레라는 지혜를 추구하는 분위기의 반명제다. 따라서 오늘날 학교개혁가들이 주장하는 변모적 전망과 달리 스콜레를 학교에 도입하려면, 교육관의 진정한 변모가 필요하다.

피퍼는 스콜레를 특정한 목표나 관심사에 압도되지 않는 일종의 '자유 공간'으로 표현한다. 그가 보기에 스콜레는 정치적 동기에 따라 그 내용이 좌우되지 않는 경우에만 존재할 수 있다.

이런 종류의 공간이 바로 고대 용어 스콜레가 의미하는 것이다. '학교'와 '여가'를 동시에 지칭하는 스콜레는 철저한 독립 상태, 즉 실용적 목표의 개입이 없는 상태에서 토론이 이뤄지는 피난처를 의미한다. … 이 자유 공간은 진실로 외부의 정치권력으로부터 안전하게 보호되어야 하지만, 그것의 자유적 가능성 심지어 자유적 기질은 기본적으로 내부에서 그리고 진리를 탐색하려는 억누를 수 없는 경향에서 생긴다.8

스콜레가 학교에서 존재할 수 있으려면 성과, 목표, 성적 등에 대한 관심에서 벗어난 공간이 학교제도의 구조 내부뿐 아니라 학생과 교사의 마음과 정신 속에 마련되어야 한다. 스콜레라는 지혜 추구의 분위기는 블룸의 분류법을 통해 라티오의 움직임을 완전히 장악하는 것이나 기능과 역량의 발전을 위해 존재하는 것이 아니라, 이 책에 나오는 고대의 모든 저술가가 주장하듯 인간의 가장 고귀한 능력과 가장 큰 행복인 관조, 즉 '이론화'만을 위해 존재한다. 피퍼의 설명을 들어보자.

> 테오리아와 '이론적'은 고대인들의 관점에서 정확히 세상과의 관계를 의미하는, 즉 현실이 그것의 참된 존재를 통해 드러나기를 바라는 욕구에 의해서만 규정되는 그 현실을 가리키는 지향성을 의미하는 단어들이다. 다른 어떤 것이 아니라 바로 현실의 자기현시가 진리의 의미다. 그러므로 우리는 그 목적이 다른 무엇이 아닌 진리의 발견일 때 현실에 대한 관조를 '이론적'이라고 부를 수 있다. … 철학의 생생하고 실제적인 테오리아를 제외하고는 결코, 다른 어떤 곳에서도 오로지 실용적 목표에 얽매이는 현상으로부터의 그런 근본적인 독립은 찾아볼 수 없다. 우리가 '철학의 자유'를 언급할 때는 바로 이 독립을 의미하는 것이다.[9]

그런 공간을 모든 외부적 간섭으로부터 방어하라고, 성취에 대한 기대나 공간 바깥의 목표와 성과와 성적 책임 등으로부터 보호하라고 말하는 것은 모든 개혁적 포부가 완전히 정반대 방향을 가리키고 있는 현재의 교육환경에서는 확실히 '무리한 요구'다.

스콜레가 가능한 시간의 문제

스콜레 활동을 위한 '피난처' 확보를 둘러싼 두 번째이자 아마 더 까다로워 보이는 난관은 단순히 제도적으로 시간과 공간을 철학적 사색에 할당하도록 학교 관계자들을 설득하는 것만으로는 철학적 사색을 실현하기에 충분하지 않다는 사실이다. 학교에 스콜레의 분위기를 확립하는 것은 점수, 성과, 성적 책임 같은 압박이 없는 자유로운 상태에서 철학적 사색을 할 수 있도록 시간과 물리적 공간을 제공하는 것처럼 단순하지 않다. 여가는 단순히 시간적 여유가 있는 상태와 자기가 원하는 대로 시간을 자유롭게 활용할 수 있는 상태가 아니다. 여가의 취지를 실현하려면 더 많은 요소가 필요하다. 피퍼는 여가가 축전祝典을 암시한다는 점을 강조한다.

> 여가의 취지는 축제와 휴일(성일聖日)의 취지와 근본적으로 동일하다. 숭배 의식에서 활력소를 찾지 않는 축제는 없다. 그리고 여가의 궁극적 당위성도 그것이 숭배적 축제와 활기찬 관계를 맺고 있다는 점에 있다.[10]

피퍼에 따르면 스콜레의 매우 중요한 축전적 구성 요소는 '특정 날짜와 시간을 신이 배타적으로 소유할 수 있도록 맡기는 것'을 의미한다. 확실히 스콜레의 성격을 논의하는 데 필요한 종교적 언어는 현실의 그런 요소에 대한 논의가 엄격히 금지되는 세속적 교육제도에 문제를 제기한다. 세심한 어법을 통해 종교적 언어의 수위를 낮추면 그런 언어의 종교적, 교리적, 독단적 색채, (피퍼의 용어를 빌리자면) '숭배적' 색채를 희석시킬 수 있을지 모른다. 그러나 철학과 노에시스와 테오리아 같은 철학 활동이 현실의 종교적 요소에 접근한다는 핵심적인 문제는 그대로 남는다. 더구나 인간에게는 종교적 언어 이외에는 그런 요소에 관해 말할 때 쓸 수 있는 언어가 없다.

종교적 색채가 옅은 언어로 다음과 같이 말하면, 축전으로서의 스콜레를 둘러싼 피퍼의 통찰을 바꿔 표현할 수 있을 것이다. 축전으로서의 스콜레를 언급할 때 우리가 의미하는 바는 관조적인 태도를 취하기 위해서는 자신에게, 자신의 결핍에, 자신의 사고에, 심지어 자신을 둘러싼 선한 것의 세계에 '휴식'이 필요하다는 점이다. 바로 이런 휴식 상태에서 우리는 자신의 존재 전체가 의존하는 그 고귀한 현실과 직접 마주한다. 버트런드 러셀1872-1970도 철학적 관조를 촉구하면서 비슷한 지적을 했다. "철학은 그것이 관조하는 대상의 거대함을 통해 그리고 관조에서 말미암은 협소한 개인적 목표로부터의 자유를 통해 가치(아마 최고의 가치)를 지닌다." 그는 이기적 관심으로부터의 이탈을 강조한다. 관조를 통해 "우리는 비아非我에서 출발하고, 그것의 거대함을 통해 자아의 경계가 확대된다. 우주를 관조하는 정신은 우주의 무한성을 통해 무한성을 일부 나눠 갖는다"고 말한다. 그가 보기에 우리 자신의 유한한 존재를 초월하는 모든 것과 자신 그리고 자신의 관심을 더이상 분리하지 않을 때, 비로소 우리는 자신이 더 거대한 전체 사물에 참여하고 있음을 인식하고 이해할 수 있다. 러셀에 따르면 진정한 철학적 관조는 "비아의 모든 확대에서, 관조의 객체와 관조의 주체를 확대하는 모든 것에서" 만족을 찾는다.

> 관조에서는 개인적이거나 사적인 모든 것, 습관, 이기심, 욕구 따위에 좌우되는 모든 것이 객체를 왜곡하고 그 결과 지성이 모색하는 합일을 망친다. 그렇게 주체와 객체 사이에 장벽을 세움으로써 개인적이고 사적인 것이 지성에 감옥이 된다.[11]

하지만 여가는 축전의 성격을 띨 수밖에 없다고 말하면서 피퍼는 테오리아의 범위가 러셀이 철학을 세속의 독자들 입맛에 맞추고자 기꺼이 인정하는 정도보다 훨씬 넓게 확대된다는 점을 인정한다. 왜냐하면 언제나 '여가화'의 활동은 우주의 무한성에 참여하는 방식을 보는 것뿐 아니라 존재의 토대와 원천, 즉 아리스토텔레스가 아리스톤이라고 한 지상선을 탐색하는 것과도 관계가 있기 때문이다. 최대한 비종교적인 용어를 쓰면서 독자의 철학적 사색을 유도하는 러셀의 선의에도 불구하고, 철학적 사색이나 이론화 또는 관조 같은 부수적 활동과 더불어 여가를 모색할 때 우리는 학교제도가 금지하는 불쾌한 용어로 말해야 하는 상황에서 벗어날 수 없다. 왜냐하면 철학적 사색이나 지혜 추구를 '불멸화'로 여기는 아리스토텔레스의 충실한 설명조차, 우리를 인간답게 하는 요소에 종교적 언어가 현실적이고 매우 중요한 의미를 부여한다는 점을 시인하는 듯한 느낌을 주기 때문이다.

피퍼는 아리스토텔레스의 용어를 통해 스콜레의 축전적 본질의 문제를 아주 분명하게 서술하지만 "인간은 '인간으로서가 아니라 자기 내부의 신성한 어떤 것을 통해' 여가의 삶을 이끈다"고 말하면서 어쩔 수 없이 종교적 표현을 쓴다. 달리 말해 교육의 엄격한 세속화라는 미명 아래 우리가 스콜레로부터 신선한 또는 '숭배적' 요소를 제거하고자 한다면, 여가는 당장 불멸화적 가치를 상실할 것이다.

숭배적 축제와의 근접성과 특유의 해방적 위력이 제거되면 여가는 발전하지 못한다. 물론 그런 경우에도 우리는 일의 중단, 휴가, 기분 전환(더 많은 일을 위한 긴장완화) 등을 누릴 수 있다. 그러나 여가를 위해 마련된 장소는 빈 채로 남는다. 대신에 그 공간은 단순한 시간 죽이기, 그리고 여유 없는 상태와 직접적 관계를 맺고 있는 지루함 쪽으로 넘어간다.[12]

따라서 설령 현대의 교실에 철학적 사색을 위한 공간이 마련될 수 있다고 해도, 그 공간이 축전적 특성을 수용하지 않으면 스콜레는 결코 발전할 수 없다. 정부 감독관과 행정관, 학부모와 교사들이 느끼는 최악의 두려움은 자유 시간에 무엇을 해야 할지 모르고, 철학적 사색 대신에 시간을 죽이거나 빈둥거리거나 단순히 향후의 더 많은 '학업'을 위한 에너지 재충전에 매달리는 학생들의 무기력(아케디아), 불안한 게으름, 지루함 때문에 현실화될 것이다. 사실 이 불쾌한 관측은 지혜 추구를 학교에 도입하는 문제의 주된 걸림돌이고, 세속화된 우리 사회가 진정한 축전을 불신한다는 점을 감안하면 단순한 관측이 아닌 실질적인 문제로 볼 수 있다. 그런 환경에서는 스콜레가 일의 중화제라는 적합한 위치를 차지할 수 없다. 피퍼는 "휴일(더 정확히 표현하자면 성일)이 없는 상태로 일이 존재하는 사회에서 그것은 단지 중단 없는 일과 다른 무엇이 된다"고 우려한다. 왜냐하면 일이 사이사이에 중단(휴식 시간, 비번, 휴가, 주말)되는 경우에도 휴일은 단지 일의 '중단'에 그치지 않기 때문이다. 피퍼는 이렇게 말한다. "그런 상황에서는 일 자체가 숭배적 성격을 띤다."

축제나 축전에서의 즐거움의 필요성에 대한 피퍼의 해명을 고려하면, 종교적 언어를 용인하지도 믿지도 않는 교육제도의 엄격한 세속적 성격으로 인해 스콜레는 결코 일반적인 활동으로 자리 잡지 못할 듯하다. 하지만 이 지점에서 종교는 만병통치약이 아니라는 점을 강조할 필요도 있다. 종교성이 반드시 스콜레를 촉진하지는 않는다. 특히 종교성에 피퍼가 언급한 축전적 요소가 없으면 더더욱 그렇다. 사실 종교성도 스콜레의 활동을 간섭할 수 있고 따라서 스콜레를 훼손할 수 있다. 막스 베버1864-1920는 《프로테스탄티즘의 윤리와 자본주의 정신》에서 특정한 형태의 종교성의 반反관조적 요소를 아주 분명하게 밝힌다. 그는 개신교적 토대의 논리를 따르는 일의 숭배적 발전 과정을 세심하게 추적했는데, 일은 종교개혁 기간에 처음으로 종교적 개념인 '소명'이라는 숭배적 성격을 띠었다. 종교개혁의 와중에 갑자기 세속적 의무의 완수를 개인의 도덕적 활동이

취할 수 있는 가장 고귀한 형태로 바라보는 새로운 직업관이 등장했다. 하지만 새로운 직업관의 출현이라는 사실만으로 일이, 피퍼의 용어를 빌리자면 숭배적 성격을 띠지는 않는다. 소명에 따른 노동은 이웃에게 즐겁게 봉사하는 가장 확실한 방법일 수 있으므로, 이웃을 통해 신을 사랑하는 노동의 축전적이고 축제적인 요소를 유지할 수 있다. 베버는 일이 청교도주의의 종교적 조건에서 금욕이라는 특유의 형태를 기점으로 숭배적 성격을 띠게 되는 과정을 설명한다.

간단히 말해 청교도들은 일(자신의 소명)에서의 성공을 신에 의해 천벌이 면제될 소수에 대한 '선택'의 증거로 여겼다. 분명히 그런 직업관은 강력한 '직업윤리'에 의해 장려되는 물욕을 허용하고 심지어 미화했다. 그러나 그것은 어디까지나 물욕에 즐거움이나 축전이나 축제의 분위기가 동반하지 않을 때의 이야기였다. 베버의 설명을 들어보자.

> 진정한 도덕적 반대는 소유의 보장에 따른 긴장완화, 게으름과 육체적 유혹, 무엇보다도 올바른 삶의 추구로부터 벗어나고 싶은 유혹을 초래하는 재산의 향유를 지목한다. 사실 소유에 반대하는 이유는 소유가 바로 이런 긴장완화의 위험을 수반하기 때문이다.[13]

일이, 즐거움과 축제 분위기가 배제된 일만이 신의 '부름'을 받는 유일하게 진정한 길이 되었다. 그리고 일에서의 성공은 그것을 신에 의한 '선택'이나 구원의 참된 지표로 여긴 사람들 사이에서 숭배적 선입관으로 자리 잡았다. 청교도들은 여가나 향유가 아니라 오직 활동만을 '신의 영광'을 드높이는 데 보탬이 되는 것으로 간주했다. 그러므로 여가가 '시간낭비'로 치부된 것은 세속적 관례와 상반되는 종교적 관례에 따른 결과다. 사실 스콜레와 아케디아에 대한 고대와 중세의 종교적 구별이 사라지고, 스콜레가 첫 번째이자 원칙적으로 가장 치명적인 대죄로 꼽히는 것도 종교적 관례의 결과물이다. 노동이 투입되지 못한 매시간은 악마가 획득한 시간이 되고 비활동적인 관조는 하찮은 것이며, 심지어 개인의 일상적인 일을 방해한다면 직접적으로 책망할 만한 것이다. 사실 베버의 분석은 스콜레를 용인하지 않고 (피퍼의 표현을 빌리자면) 일에 우선순위를 두고 이를 지향하는 우리의 세속화된 문화가 종교적 뿌리에서 파생되었음을 입증한다.

스콜레의 의미를 생각할 수 없는 현대인과 자유 시간

《일, 여가, 미국의 학교들Work, Leisure, and the American Schools》에서 토머스 그린1927-2006은 여가를 학교 공부에 도입할 수 있는 가능성을 둘러싼 세 번째 난관을 다룬다. 여가는 단순히 자유 시간으로 이해되는 즉시 게으름으로 변질되고 만다. 그리고 게으름으로서의 여가는 일의 미덕에 관한 우리 사회의 관심과 교육에서의 탁월성과 조화를 이루지 못한다. 그러므로 현대인의 여가관에서는 여가가 용인되지 않는다. 일을 중심으로 돌아가는 우리 사회는 기껏해야 '여가 시간(일에서 벗어난, 기분 전환을 할 수 있는 시간)'으로서의 여가 개념만을 수용하는 것 같다. 더 많은 일을 하려는 의지를 다지기 위해서는 일하는 자아를 '재생'하고 기력을 회복할 수 있는 그런 '가동 중지 시간'이 필요하다. 이렇듯 그린의 시각에서 "우리에게는 그 자체로 의미가 깊은 개념으로서의 여가에 대해 생각할 만한 지적 자본"이 없다.

그린은 사랑이 시간과 무관하듯 고전적 여가관도 시간, 즉 '시계 시간'과 무관하다는 점을 올바르게 지적한다. 사랑은 조건이고 그러므로 사랑은 '시간을 잴 수 없'다. 우리가 남편, 아내, 친구, 자식 등에 대한 사랑을 '연필로 쓰지' 않듯이 지혜 추구와 가장 사랑스러운 것에 대한 흠모로서의 관조, 즉 스콜레의 시간표를 짤 수 있다고 가정하지 말아야 한다. 왜냐하면 우리가 소중한 사람들을 사랑하지 않을 때가 결코 없듯 사랑스러운 것을 흠모하지 않을 때가 결코 없기 때문이다. 사랑처럼 스콜레도 시간 밖에 있다. 그것은 불멸의 현재, 즉 영속성에 지속적으로 관심을 기울이는 것을 의미한다. 그러므로 앞서 우리가 시간을 따로 마련해야 한다고, 스콜레를 위한 공간을 확보해야 한다고 요구한 것은 스콜레를 마치 '시간으로 계산할 수 있는' 것으로 잘못 취급한 결과는 아닐까? 혹시 우리가 스콜레를 잘못 취급하는 바람에 학교에서 스콜레를 장려하는 문제를 그릇된 방향에서 접근하고 있지는 않을까?

그린이 자신의 책에서 다루는 난제를 이해하기 위해서 우리는 일단 그가 구분하는 '일주_{日週} 시간'과 시계 시간의 차이를 고찰해야 한다. 일주 운동은 1일 주기 안에 완료되는 운동이다. 이때 시간은 매우 폭넓은 차원의 주기와의 관계를 통해 측정된다. 그린은 일주 시간이 태양의 지속적이고 순환적인 운행, 조수의 간만, 달의 크기, 계절의 순환 등과의 관계를 통해 측정된다고 지적한다. 일주 시간에 관한 그린의 설명에서 가장 중요한 부분은 일주 시간의 논리에 따라 '우리는 시간 낭비를 언급할 수 없다'는 점이다. 그는 이렇게 설명한다.

지나간 시간은 결코 잃어버린 것이 아니다. 이렇게 볼 때 시간은 누적적이지 않다. 즉 먼 미래의 어느 시점에 완료될 어떤 일을 지금 맡을 수 있다는 개념은 지배적이지 않다.[14]

이와 같은 시간개념에 따르면 미래는 멀거나 동떨어진 것이 아니다. 미래는 과거와 흡사하고 따라서 '이미 지나간 것과 흡사한 미래를 위한 계획을 세울 때를 제외하고' 우리는 실제로 미래를 위한 계획을 세우지 않는다. 그린의 견해에 따르면 일주 시간개념이 널리 퍼진 사회에서는 인간 노력의 결과인 발전이라는 관념이 없다. 그리고 미래, 참신함, 혁신 따위를 강조하는 현대사회와 달리 완전히 새로운 것이 발생한다는 관념도 없다.

그린은 서배스천 드 그래지어1917-2001가 고안한 용어를 인용해 "우리 사회는 시계 시간을 토대로 삼고 있다"고 말한다. 그는 일주 시간의 순환성과 새로운 무언가의 가능성을 지닌 시계 시간의 선형적 특성을 대비한다. 그에 따르면 일단 어떤 사회가 시계 시간에 집착하면 시간을 낭비하기, 시간을 사용하기, 시간이 달아나도록 내버려두기 등을 언급할 수 있게 된다.[15] 또한 시계 시간이 부각되면 미래에 대한 불안감과 '미래를 잘 꾸려야 한다는 절박함'이 생긴다. 그린이 보기에 대체로 시계 시간의 힘은 19세기에 비로소 현실화된 시계의 대중적 유용성과 사용 현황에 달려 있다.

시계 시간의 조직적 힘 덕분에 인간의 여러 활동을 조정하는 과정에서 대규모 계획을 수립할 수 있으며 정확성이 담보된다. 오늘날의 대중교통 일정, 우주 비행, 조립라인 등과 마찬가지로 산업화는 시계 덕분에 실현될 수 있었다. 그리고 "오늘날 대다수 학교에서 활동 일정은 예를 들어 8시 36분, 8시 42분, 2시 52분, 3시 37분처럼 분 단위로 설정"된다. 따라서 요즘 아이들은 아주 어려서부터 시간이 글자 그대로 소중하다는 점을 배운다. 시간은 돈이다. 시간은 배분될 수 있고, 절약될 수 있으며, 낭비될 수 있고, 소비될 수 있다. 그린이 풀고자 하는 난제의 핵심은 이제 대부분의 사람들이 곳곳에 퍼진 시계 시간의 힘 덕분에 자유 시간을 획득하고 향유할 수 있는 반면, 우리가 더이상 여가를 이해하거나 실천하

못하는 원인이 바로 시계 시간의 편재성遍在性 때문이라는 점이다. 그린의 설명에 따르면 자유 시간이라는 현대적 개념은 산업화와 더불어 출현했고, 오늘날 우리는 시계 시간의 결과물인 자유 시간이라는 새로운 현대적 맥락 속에서 '여가 문제'를 이해한다.

그린의 관점에서 '여가의 현대적 문제'는 여가 시간으로서의 여가가 시계 시간의 논리에 따라 취급된다는 사실에 기인한다. 시계 시간의 하위범주인 여가는 낭비하지 말아야 할 시간이다. 여가는 우리가 반드시 책임져야 할 시간이다. 고대적 의미에서 여가는 관조였기 때문에 어떤 것을 성취한다는 개념에 얽매이지 않았지만, 오늘날 우리는 여가 시간에 대해 이렇게 묻는다. "이 시간에 무엇을 할까?" "이 시간을 무엇으로 채우지?" "이 시간을 어떻게 써야 할까?" 그린은 일에서 벗어난 시간을 자유 시간이나 여가 시간으로 이해하려는 방식의 모순을 지적한다.

> 문제는 자유 시간을 유익하게, 생산적이고, 효율적으로 이용하는 방법과 관련 있다. 그러므로 교육적 문제는 자유 시간의 정의를 수용한다. 그것은 사람들이 자신의 자유 시간을 유익하게 쓰도록 교육하는 문제다.[16]

바꿔 말하면 여가의 전체개념이 현대적 사고를 통해 자유 시간의 측면에서 또한 그 결과 일의 논리에 따라 다시 정의된다. 산업화를 통한 자유 시간의 대대적인 유용성 덕분에 현대 국가의 대다수 시민은 휴가 시간이나 여가 시간을 얻는다. 그러나 오늘날 여가 시간은 갑자기 반드시 일해야 하는 어떤 것이 된다! 그린의 설명을 들어보자.

아마 전통적 의미에서 여가의 이상(관조나 테오리아)을 달성하기 위해 사람들에게 자유 시간 이용법을 교육해야 한다고 주장할 수 있겠다. 이 주장은 심각한 모순으로 가득한 나머지 한번 고려해볼 만하지도 않을 정도로 터무니없다. 자신의 사회적 존재가 시계 시간의 현실을 바탕으로 형성된 사람들은 전통적 의미의 여가를 떠올리는 것조차 매우 어려워할 것이다. 그들이 여가를 각자의 사회생활 속에서 실천하기를 기대하는 것은 아주 부적절해 보인다.[17]

진정한 여가, 즉 스콜레를 현대의 교육제도에 도입하는 문제를 검토하면서 그린은 일종의 역설 하나를 따로 구분해낸다. 다시 말해 다량의 자유 시간을 확보하는 것은 시계 시간을 집단적이고 사회적으로 수용하는 데 달려 있다. 즉 시계 시간 덕분에 시간은 더욱더 많은 사람이 여가를 이용하는 데 쓰인다. 그린에 따르면 "그러나 시계 시간에 매몰된 우리 사회의 체제로 인해 현대적 의미의 여가는 가능한 것, 고전적 의미의 여가는 불가능한 것"이 된다. 이 때문에 그린은 '여가의 현대적 문제'에 대응하고자 고대적 스콜레로의 회귀와 고대적 스콜레의 부활을 권고하는 피퍼와 그래지어 같은 저자들을 매우 회의적인 시선으로 바라본다. 그린의 평가에 따르면 그들의 견해는 " … 틀렸다기보다는 대책 없이 낭만적이고 매우 부적절"하다. 또한 "교육자에게 옛 시절의 태도와 사회적 존재로 돌아갈 필요성을 촉구하는 것은 가치가 없는 일"이다.

교육에서 지혜를 추구할 수 있는 방법

무척 자연스러운 현상이지만 현대의 교육개혁가와 정부는 성공과 발전을 모든 시민의 생득권으로 떠받들고, 그것을 지키는 것이 교육의 임무라고 주장한다. 그렇지만 솔직히 말해 우리는 지속적인 발전을 둘러싼 생득권을 가진 특정 국가나 지방이나 주의 시민이 아니다. 사실 아무도 발전을 누릴 수 있는 그런 '권리'를 갖고 있지 않다. 이 세상의 모든 것과 마찬가지로 발전도 찾아왔다가 떠나버리기 마련이고, 우리가 지금 쌓아 올리는 것이 결코 무너지지 않으리라는 가정은 순전한 허영심의 소치일 뿐이다. 여기서 다음과 같은 설교자의 말이 떠오른다. "다윗의 아들로서 예루살렘의 왕이었던 설교자의 말이다. 헛되고 헛되다! 세상만사 헛되다"(《전도서》 1장 1-2절). 하지만 우리에게는 현대의 모든 교육개혁가가 알아보지 못하는 진정한 생득권이 있다. 이 생득권은 불멸화를 이룰 수 있는 이성적 존재로서 인간 본성의 목적(텔로스)인 참된 행복(에우다이모니아 또는 베아티투도)과 관계있다. 앞서 확인했듯 이런 행복은 인간의 가장 훌륭한 부분에 속하는 가장 고귀한 미덕에 부합하는 활동이다. 달리 말하자면 행복은 우리의 가장 훌륭한 부분이 그것의 가장 고귀한 목적과 관련해 지속적으로 수행하는 탁월한 활동이다. 그러므로 인간인 우리 각자의 참된 생득권이란, 스콜레를 통한 지혜 추구(필로소피아)의 가능성이 열려 있는 일시적 존재 상태가 부여된다는 사실을 의미한다.

앞서 검토했듯 학교에서의 지혜 추구의 가능성을 둘러싼 첫 번째 난관은 지혜 추구가 우리의 교육관과 긍정적 관계를 맺지 못한다는 점과 더 나아가 교육적 목표를 훼손하는 데 일조한다는 점이다. 하지만 우리가 교육에는 이성적 존재로서 인간의 인지적 역량의 함양이 수반된다는 관념에 초점을 맞추면, 이 첫 번째 난관을 극복할 수 있다. 이것은 대다수 교육자와 교육정책입안자가 쉽게 수용할 수 있는 주장이다. 이 인지적 역량의 함양은 블룸의 분류법에 근거한 판단에 따른 정부 책임 기준의 목표고, 블룸의 분류법의 정통성은 학교 교과 과정과 학생 평가를 설계하는 과정에 널리 수용되고 반영되어 있다. 하지만 앞서 우리는 그의 분류법의 몇 가지 심각한 결함을 상세하게 검토했다. 특히 그의 분류법은 라티오에 대한 특정한 이해와 그것의 발전에 초점을 맞추는 반면, 인텔렉투스에서의 전체적인 인지 영역을 신뢰하지 않는다. 바꿔 말하자면 우리는 지금까지 이지적 움직임을 제외한 상태로 이성의 논증적 적용이 권장되어온 과정을 살펴봤다. 인텔렉투스의 현실과 노에시스의 인지적 움직임이 교육정책입안자들에게 명확하게 드러나 그들을 설득할 수 있다면 스콜레의 적절성을 인정받고(아마 스콜레가 교과 과정을 통해 대대적으로 재발견되는 계기일 것), 스콜레가 더 빈번하게 실천될 수 있을 것이다. 제프리 모건은 교육을 향한 참으로 변모적인 이 태도를 진정한 가능성으로 여기는 듯하다.

> 실용적 삶은 생산적이지 않은 목적을 전제하는 한 실용적이지 않다. 모조록 유용하고 사회적으로 건설적인 삶에 대비하도록 아이들을 가르쳤으면 좋겠다. 그러나 양육 과정을 그런 목표에만 국한하지 말기 바란다. 사실 생산은 그것이 테오리아를 위한 공간을 제공하지 않으면 해로운 것이다. 모든 교과는 테오리아를 위한 기회를 제공할 수 있다. 심지어 환경 교육이나 평화 교육 같은 임시적 기회를 통해서도 그렇게 할 수 있지만, 더 완벽한 대상에 힘입어 더 소중한 관조의 대상을 제공하는 몇몇 과목(철학)이 분명히 있다. 우리 아이들의 삶의 질을 진지하게 여긴다면 그 소중한 추구 과정을 포기하지 말아야 한다.[18]

지혜 추구를 교육에 도입하는 문제에 따른 두 번째 난관은 피퍼가 말하듯 "축제는 여가의 기원이며, 여가의 내면적이고 항존적인 의미"라는 점이다. 하지만 여가의 영혼이 축제에 있듯 신이 없는 축제는 존재할 수 없다. 피퍼의 말을 들어보자.

신에 대한 숭배의 영역과 신에 대한 예찬에서 분리되고, 그것이 발산하는 힘에서 분리될 때, 여가는 축제와 마찬가지로 불가능해진다. 신에 대한 숭배에서 단절될 때, 여가는 나태로 전락하고 비인간적인 일로 변질된다.[19]

우리는 확고한 세속주의와 특정 형태의 종교성이 공통적으로 스콜레를 훼손하는 데 일조하는 과정을 면밀히 살펴봤다. 하지만 이 두 가지 상황 때문에 스콜레를 교실에 도입할 수 없다고 실망할 필요는 없다. 이 두 가지 극단적 상황 사이에는 스콜레가 분출할 수 있는 가능성과 희망의 여지가 많다.

그런 희망의 실마리는 피퍼의 저작에서 찾아볼 수 있다. 그는 여가가 '내면의 시선'이 세상, 우주, 천지만물 등의 현실에 머물도록 하고, 현실이 신랑이라는 점을 확인하도록 힘으로써 일의 목적을 친미하는 것과 긴게 있다고 말한다.

> 축제를 연다는 것은 우주의 근본적인 의미심장함, 우주와 조화를 이루는 것의 의미, 우주 속에 포함되는 것의 의미 등을 확인함을 뜻한다. 이따금 찬미할 때와 축제를 열 때, 사람은 일상적 측면이 아닌 다른 측면의 세상을 경험한다.[20]

자신의 삶에서 발견하는 선량함과 아름다움의 진가를 알도록 학생들을 독려하는 행위를 금지하는 교실은 없다. 우리가 이 세상에서 발견하는 선량함과 아름다움을 보고, 사랑하고, 그 진가를 이해하도록 스스로 훈련하는 한 적어도 우리는 그만큼 테오리아에 임하는 셈이다.

여러 고등학교에서 철학 프로그램을 시작한 교사로서 내가 발견한 바에 따르면, 플라톤의 《향연》과 《파이드로스》를 가르치는 과정은 아름다움을 현실적으로 경험함으로써 자신의 내면에 더 고귀한 아름다움에 대한 암시가 생긴다는 점을 학생들이 깨닫도록 유도하는 데 도움이 되었다. 우리 모두가 즐거움과 찬미, 그리고 축제의 진정한 의미를 어떤 식으로든 느끼는 경우는 바로 사람과 아름다운 사물에 대한 사랑을 통해 아름다움으로 향하는 이 상승이 일어날 때다. 플라톤의 대화편은 깊이 있는 철학적 수준에서 온갖 부류의 학생들에게 다가갈 수 있는 훌륭한 수단이다. 유신론자, 불가지론자, 무신론자 등을 막론하고 모든 학생은 사랑을 느끼고 모두 나름대로 아름다움을 경험한다. 그리고 진정한 스콜레를 위해 반드시 있어야 한다고 피퍼가 말하는 찬미에 대한 인식을 교사-철학자가 환기할 수 있는 출발점은 바로 아름다움에 대한 경험이다. 그런 환기의 가능성은 심지어 신에 대한 찬미를 둘러싼 분명한 인식이 결여된 경우에도 다름 아니라 교실에서의 철학적 사색에 달려 있다. 왜냐하면 원칙적인 것, 공리적인 것 또는 아름다움에 대한 에로스적 경험을 통해 얻은 것으로부터 '위로 올라가는' 노에시스의 움직임이 바로 철학의 움직임이기 때문이다. 그리고 축제다운 것 또는 찬미할 가치가 있는 것에 대한 '감정'을 느끼기 시작하는 때도 이 위로 올라가는 이지적 움직임을 통해서다. 종교와 달리 철학은 신조를 함축하지 않는다. 따라서 노골적으로 종교적인 성격의 교육이나 신앙에 기초한 교육방식보다 공교육제도에서 더 많은 학생에게 다가갈 수 있다. 여러 가지 이유 때문에 처음에는 테오리아에 배타적일 수 있는 학생들을 철학 같은 이지적 활동에 참여하도록 장려하면, 그들이 테오리아에 임할 가능성이 열릴지 모른다.

학교에서 지혜 추구를 장려하는 문제와 관련한 세 번째이자 마지막 난관은 내가 '그린의 역설'로 부르는 것과 관계있다. 그 역설은 두 가지 형태를 띤다. 첫째, 현대의 학교에서 스콜레라는 고대의 여가 개념을 재생하려는 시도는 터무니없다. 왜냐하면 대대적인 여가(스콜레)의 존재 가능성이 여가 시간이나 자유 시간의 개념을 시계 시간개념의 부산물로 전제하기 때문이고, 알다시피 시계 시간개념에서는 스콜레가 불가능하기 때문이다. 둘째, 스콜레에 '투자'할 '시간'을 모색하는 것은 스콜레의 본질에 대한 오해다. 스콜레는 시간표에 얽매이는 활동이 아니고, 힘이 드는 것도 아니며, 모종의 성취를 위한 것도 아니다. 오히려 스콜레는 일에서 벗어나 있는 것이고 항상 필요한 것이다.

인간의 본성 덕분에 모든 사람이 다양한 정도로 스콜레를 누릴 수 있는 가능성이 항상 존재해왔다는 점을 깨달으면, 그린의 첫 번째 역설을 극복할 수 있다(예전부터 지금까지 언제나 인간은 볼 수 있었고, 자신이 보는 것의 진가를 이해할 수 있었다). 인간적 속성은 시계의 발명이나 산업화 같은 역사적 사건에 의해 바뀌거나 빼앗기지 않았다. 비록 현대에 고안된 것일지 몰라도 자유 시간과 여가 시간이라는 범주는 그린이 암시하는 일종의 정신적 교착 상태의 결과물이 아니다. 물론 철학이나 기도를 통해 불멸화를 이룰 수 있는 존재로서 자신이 지니고 있는 최대 잠재력을 쉽사리 알지 못하거나 깨달으려고 하지 않을지 모르지만, 그런 무지에도 불구하고 우리는 여전히 인간으로 남아 있다.

여가를 위해 사회적 시간과 공간이 마련되려면, 스콜레에 대한 우리의 인식을 훼손하고 약화시키는 시간개념을 수용해야 한다는 그린의 역설은 어느 정도 신빙성이 있다. 분명 우리는 이제 더이상 일상생활에서 스콜레라는 용어의 의미를 깨닫지 못하도록 길들여질 수 있다. 우리가 살아가는 방식과 교육받는 방식은 다양한 존재에 주목할 수 있는 우리의 능력과 기꺼이 그렇게 하려는 의향뿐 아니라, 세상에 대한 인식의 깊이와 넓이에도 악영향을 끼칠 수 있다. 그러나 평일생활로부터의 '휴식'인 스콜레의 가능성은 남아 있다. 예를 들어 많은 현대인이 여전히 예배 장소에 모이고 '안식일'을 인식한다. 아직도 우리는 관찰을, 그리고 분주함에서 벗어나 깊이 있게 볼 수 있는 시간을 갖기를 갈망한다. 그리고 학교를 둘러싼 현대적 관념에도 학교를 일의 현실세계와 분리된, 그리고 오로지 탐구와 학습(굳이 말하자면 관찰?)에만 전념하는 시간과 공간으로 바라볼 수 있는 여지가 있다. 오늘날 시계 시간에 대해 강조한다고 해서 스콜레의 모든 가능성이 돌이킬 수 없을 정도로 물거품이 된다고 가정할 이유는 없다.

그린의 두 번째 역설(스콜레의 대상은 시간 밖에 있다는 점, 진정한 여가는 힘이 드는 것도 아니고, 모종의 성취를 위한 것도 아니라는 점, 여가를 학업의 일부로서 예정할 수 있는 것으로 간주하는 태도는 여가의 성격에 대한 전적인 오해의 소치라는 점)은 우선 스콜레의 대상이 영원한 것이므로 우리가 그것에 대해 무관심해야 할 때가 결코 없어도, 인간은 일시적 존재라는 점을 지적함으로써 공략할 수 있다. 철학적 사색에 임할 때 사실 우리는 불멸화를 이룬다. 그러나 우리는 시간에 얽매인 필멸의 존재로서 불멸화를 이룬다. 그러므로 여가를 조성할 시간을 따로 마련하는 것에 관한 그린의 우려 때문에 굳이 우리가 낙담한 채, 스콜레를 일시적 존재에게는 불가능한 것이라고 가정할 필요는 없다. 스콜레는 신성한 부분을 가지고 있는, 그리고 자신의 순전한 필멸적 존재를 초월하는 자기 본성의 한 측면을 인정할 수 있는 기회다.

그린의 두 번째 역설에 담긴 또다른 주장은 우리가 여가를 '일'로 또는 목표 달성과 관련된 것으로 취급하면, 학교에서 스콜레를 실천하기 어려워진다는 점이다. 반박하기 전에 이 주장을 좀더 정교하게 다듬을 필요가 있다. 그린은 철학을 일로 규정하는 것이 철학의 본질을 오해한 결과라고 정확하게 지적한다. 추론은 분명히 고생스러운 것이고, 추론을 수반하기 마련인 철학에는 필연적으로 일종의 정신노동이 따른다. 라티오의 논변적 사고는 일의 형태지만, 인텔렉투스의 수동적 수용적 응시는 그렇지 않다. 오히려 그것은 앎의 주체와 객체의 합일을 통해 응시의 주체가 객체를 수월하게 직접적으로 파악하는 것(또는 객체에 의해 주체가 파악되는 것)이다. 앞서 살펴봤듯 고대인들은 앎을 라티오와 인텔렉투스의 화합(그 두 요소의 동시작용)으로 이해했다. 피퍼는 기본적으로 철학에도 이와 마찬가지 원리가 적용된다고 지적한다.

> 이성의 논변적 사고는 별도로 하고 지적인 지식이 존재를 향한 수용적 응시와 지적인(아마 더 고차원적인) 관찰을 포함한다고 추정하는 사람, 특히 존재의 토대와 존재 전체를 겨냥하는 철학적 지식에서 관조적 경향을 인식할 수 있는 사람은 철학을 노동으로 규정하는 것이 철저하지 않은 태도고 문제의 핵심을 찌르지 못한다는 결론을 내려야 할 것이다.[21]

우리가 사고를 분석함으로써 사고에(심지어 철학적 사고에도) 라티오와 인텔렉투스가 모두 수반되는 점을 깨닫는다면, 일과 여가가 뒤섞인 상태를 용인할 수 없는 문제를 둘러싼 그린의 역설은 설령 라티오가 '문제의 핵심을 찌르지 못해도' 라티오의 움직임이 철학적 사색이나 지혜 추구와 상반되지 않는 한 공략할 수 있다.

그렇지만 스콜레와 그것에 따른 관조와 철학적 사색 같은 부수적 활동을 일로서 취급하는 실수에 관한 그린의 경고는 꽤 타당하다. 우리는 언제나 노력을 통해 목적을 달성하고자 한다. 그러나 스콜레와 그것에 따른 활동의 핵심에는 정신노동이 스콜레와 그것에 따른 활동의 최종 목표를 달성하는 데 적합하지 않다는 인식이 자리 잡고 있다. 십자가의 성 요한 1542-1591은 '전체를 방해하지 않는 방법'을 아래와 같이 설명한다.

> 그대가 어떤 것을 생각할 때
> 그대는 더이상 전체에 자신을 맡기지 않는다.
> 모든 것에서 전체로 넘어가기 위해서는
> 자신을 전적으로 부정해야 하기 때문이다.[22]

이 사랑스러운 전체Lovable All는 모든 개념, 모든 논변적 추론, 모든 이미지와 형태, 모든 관념과 언어를 초월한다. 스콜레와 관계를 맺을 때, 자아는 앎의 주체와 객체의 합일을 가로막는 걸림돌(《무지의 구름The Cloud of Unknowing》을 쓴 익명의 저자의 표현을 빌리자면 '그대 자신과 그대의 신 사이의 혹')이 된다. 왜냐하면 불완전한 것은 완전한 것에 합류할 수 없기 때문이다. 이런 이유로 관조적 저술가와 지혜를 추구하는 이들은 보는 사람과 보이는 사물의 합일을 통해 '영혼의 눈'이 그 사랑스러운 대상을 소유하거나 오히려 그것에게 소유되기 위해서는 자아의 내용물, 즉 자아의 모든 감각, 욕구, 목표, 학식과 이성적 담론, 아집 등이 사라져야 한다고 주장한다. 그러므로 스콜레와 관계를 맺을 때는 일단 감각적이고 열정적인 자아를 잠재우거나 '억눌러야' 할 뿐만 아니라, 이해하려는 그리고 납득에 이르려는 지성의 추론 활동(개인의 아집)도 가라앉혀야 한다.

그린의 역설은 철학자와 관조 실천가들이 오래전부터 알고 있던 문제를 제기한다. 그 문제는 바로 그린의 역설이 우리의 노력으로 결코 달성할 수 없는 어떤 것에 유리한 쪽으로 작용하고, 우리가 어떤 일을 하는 것이나 어떤 목적을 이루고자 하는 것 자체가 스콜레를 방해하고 스콜레와 상반되는 걸림돌로 작용한다는 점이다. 지혜를 사랑하는 사람이지만 결코 지혜로울 수 없는 철학자는 이 수수께끼를 잘 알고 있다. 철학자는 지혜라는 것이 노력을 통해 손에 넣을 수 있는 것도 아니고, 가르칠 수 있는 것도 아니라는 점을 알고 있다. 철학자가 보기에 지혜는 플라톤이 언급하듯 신성한 약속을 통한 신의 선물이다. 중국과 일본 불교의 선종禪宗에서도 어떤 것을 이루려는 활동으로서의 여가의 속성을 둘러싼 비슷한 논의가 있다. 일례로 남쪽의 선종(표면적으로는 북쪽의 교종敎宗과 대립했다)은 깨달음이 '서서히'가 아니라 '문득' 찾아온다고 주장했다. 문득이라는 말의 의미는 아무리 많은 양의 노력과 공부와 단련으로도 깨달음에 이를 수 없다는 것이다. 즉 깨달음은 자발적 노력으로 얻을 수 있는 것이 아니다. 사실 서서히 진행되는 이해에 내포된 자아와 자아의 노력은 불교 사상에서 깨달음의 걸림돌로 널리 간주된다. 일본 정토진종淨土眞宗의 종조인 신란親鸞, 1173-1262의 가르침도 인간은 '자기 힘'으로 보리에 이를 수 없으므로, 염불을 외우며 극락왕생을 하려면 아미타불의 '다른 힘'이 필요하다고 말한다. 기독교의 은총 개념에서도 인간의 노력으로는 신성한 목적을 달성할 수 없다.

이렇듯 노력, 수고, 성취 등과 스콜레 사이의 부조화에 대한 그린의 설명은 전 세계의 여러 철학적 종교적 전통과 맥이 닿아 있다. 하지만 우리가 스콜레를 추상적으로 취급하는 대신 사고를 둘러싼 우리의 현실적 경험에 근거한 것으로서 스콜레가 지니고 있는 의미를 세심하게 살펴보면, 그리고 특히 관조적 저술가들이 스콜레의 점진적 단계를 구별하는 방식에 주목하면 그린의 역설은 학교에서의 지혜 추구에 대한 모든 희망을 포기하라는 권고와 더불어 해결될 것이다. 예를 들어 십자가의 성 요한은 인간이 관조, 즉 테오리아를 통해 신과 완벽히 합일 상태에 도달할 수 있는 과정을 설명한다. 그의 저작은 특히 그린의 역설을 해소하는 데 유익하다. 간단히 말해 그는 관조의 실천을 일련의 단계로, 즉 '영혼의 어두운 밤들'로 나눈다. 첫 번째 단계(그의 저작에서는 '감각의 밤')에서 관조 실천가는 자신의 저급한 본성을 '억누르기' 위해 애쓴다. 영혼의 욕망적 부분에 속한 모든 기분, 열정, 욕구 따위를 가라앉히기 위해 그것들에 대한 관심을 거둬들인다. 하지만 영혼이 이 '첫 번째 밤'을 보내는 동안 이해의 능력은 여전히 작동되고, 관조 실천가도 여전히 이미지와 말을 통해 논변적으로 숙고할 수 있다. 사실 영혼의 동경과 노력은 이 첫 번째 밤 동안에 필수적인 요소로, 일단 영혼이 그런 여정에 나서는 데 필요한 추진력으로 간주된다. "감각의 첫 번째 밤에 여정에 나서고, 감각적인 요소를 벗어던지기 위해서 그것(영혼)은 완벽하게 출발을 도와줄 감각-사랑에 대한 동경이 필요하다."[23]

성 요한에 따르면 이 첫 번째 밤의 암흑 속에서 "항상 무언가가 보일" 수 있다. 저급한 영혼은 '억눌려 있지만' 더 고귀한 이성적 부분이 아직 활동한다. "이해와 이성의 눈이 멀지 않고 그대로 남아 있기 때문에 이 감각의 밤에는 여전히 빛이 남아 있다." 첫 번째 밤에 영혼은 추론과 명상을 통해 '신에 대한 지식과 사랑'을 얻는다. 그리고 "영혼이 명상을 통해 그런 지식과 사랑을 얻을 때마다 영혼은 하나의 행동"이다. 따라서 관조의 이 단계에서 영혼은 전적으로 수동적이지는 않다. 더구나 성 요한에 따르면 이런 식의 여러 행동이 두 번째 밤을 맞이할 수 있도록 하는 '영혼의 습관을 형성함으로써' 종료되기 때문에, 영혼의 그런 행동이 중요하다. 이 첫째 단계에서 영혼이 감각을 '억누르기' 위해 꾸준히 명상에 힘쓸 경우, 둘째 단계('성령의 밤'이나 '신앙의 밤')에 접어드는 영혼은 추가적인 명상이 불필요할 정도로 이미 열정적이고 감각적인 본성에서 벗어난 상태에 놓인다. 이 두 번째 밤은 그린이 일과 성취의 개념과 조화될 수 없는 스콜레의 수동적이고 수용적인 측면으로 부른 것과 비교적 유사하다. 이 두 번째 밤에는 저급하고 열정적인 영혼이 억눌릴 뿐 아니라, 영혼의 이성적 움직임이나 아집도 숨을 죽인다. 성 요한의 글을 읽어보자.

> 그러므로 이렇게 말하겠다. 신앙에 의해 이 상태로 부드럽게 인도되기 위해서 영혼은 감각적이고 저급한 부분인 피조물이나 일시적인 존재와 관계있는 부분에서 어둠을 감수해야 할 뿐 아니라 … 이성적이고 더 고귀한 부분인 신이나 영적인 존재와 연관된 부분에서 눈을 감고 귀를 막아야 한다. … 사람이 초자연적 변화에 이르려면 반드시 어둠 속에 머물러야 하고, 자신의 본성에 포함된 감각적이고 이성적인 모든 것에서 멀리 벗어나야 하기 때문이다. 초자연적이라는 말은 자연적인 자아가 아래에 머물도록 하고자 자연적인 것 위로 치솟는다는 뜻이기 때문이다. 이 변화와 합일이 인간의 능력과 감각으로 이해할 수 없는 것이기는 하지만, 자아는 위로부터나 아래로부터 자신에게 들어올 수 있는 모든 것을 완전하게 그리고 자발적으로 떨쳐내야 하기 때문이다.[24]

간추려 말하자면, 첫 번째 밤에 영혼이 펼치는 활동과 노력을 두 번째 밤의 전조로 인식하지 못한 점이 그린의 역설에서 엿보이는 혼동의 원인이자 그가 스콜레를 불가능한 것으로 치부하는 원인이다.

관조적 경험에 대한 수도사들의 설명에 비춰 검증하기만 하면, 그리고 스콜레의 주요 활동(관찰이나 테오리아)이 일상생활의 인식작용에서 담당하는 역할을 살펴보기만 하면 그린의 역설은 해결된다. 사실 이 책의 목적은 학생과 교사를 수도사로 탈바꿈시키는 것이 아니고, 지금 나는 교육 제도가 지복직관에 관한 대대적인 경험을 장려할 수 있다고 주장하는 것이 아니다. 다만 스콜레와 그것의 이론적 활동이 제도화된 교육에서 지금보다 더 큰 역할을 맡아야 한다고 주장하고 싶을 뿐이다. 스콜레 특유의 역할이 현대의 학교 환경에서 더이상 유지될 수 없다는 그린의 역설과 달리, 인식작용의 본질에 주목하면 정반대의 결론이 도출된다. 심지어 스콜레에 대한 현대인의 해석이 왜곡되고, 스콜레의 궁극적 목표가 무시되며, 우리의 노력이 오로지 혁신과 일에만 사로잡힌 사회의 목표를 지향할 때조차, 우리가 어떤 것에 관해 도달하는 모종의 기본적인 이해(인텔렉투스)는 진실을 보거나 파악하는 인텔렉투스의 역할을 전제하고 있다. 앞서 살펴봤듯 인텔렉투스는 학생들이 수학과 여러 학문의 공리와 원리(아르카이)를 즉각 파악하는 과정에서 작동한다. 따라서 인텔렉투스는 우리의 모든 사고의 시작(아르케)에 서 있지만, 라티오에 의해 우리가 진리에 대한 또다른 관찰로 움직일 때는 추론 과정의 마지막 부분에 놓인다. 그리고 물론 인텔렉투스는 학생들이 물리적 형태와 비물리적 형태를 막론하고 아름다움을 목격할 때 활동한다. 대상을 주시할 때의 합일에 따른 인텔렉투스의 즐거움은 특히 내재적 아름다움 때문에 사랑을 받는 음악, 예술, 무용 같은 분야에서 학생들이 친구와의 관계를 통해 모색하는 것이기도 하다.

인텔렉투스는 사고의 모든 부분에서 작동한다. 따라서 스콜레의 도전 과제는 단순히 보는 행위가 아니라 관찰의 대상을 그 원천을 향해 이지적으로 들어올리는 것이다. 달리 말해 스콜레의 도전 과제는 인텔렉투스에 훨씬 더 아름다운 광경을 제공하는 것, 사랑스러운 대상을 주시하는 훨씬 더 즐거운 경험을 제공하는 것이다. 이때 학생들에게 우려되는 부분은 그들이 보지 않을 것이라는 점이 아니라 그들이 봐야 할 모든 대상을 이미 봤다고 생각할지 모른다는 점, 진정으로 아름다운 것을 봤다고 착각할 수도 있다는 점이다. 요약하면 무지 때문에 그리고 더 고귀하고 더 나은 광경에 익숙하지 않기 때문에, 실제로는 알지 못하는 것을 안다고 가정할 우려가 있다는 말이다. 그러므로 교육자로서 우리는 과연 학생들이 스스로 봤다고 생각하는 것이 무엇인지 자문하도록, 그들이 스스로 이해한다고 추정하는 것에서 이끌어내는 기쁨의 본질에 의문을 제기하도록 항상 독려해야 한다. 가장 좋은 독려의 방법은 교육자 본인의 사례일 것이다. 바꿔 말하자면 우리는 제한된 경험을 바탕으로 자신의 관심을 끄는 모든 것을 추구하는 '민주화된 교실'에서 공부하는 학생들이 단순히 그런 흥미로운 것에서 기쁨을 느끼는 데 그치지 않도록 독려해야 한다. 대신에 우리는 그들의 시선을 위로 끌어올려야 한다. 그리고 흥미롭다면 그것으로 족하다고 또는 자신이 최고로 꼽은 것의 매력을 누구도 부정할 수 없다며 안주하지 않도록 독려해야 한다. 아울러 교사로서 우리는 각자의 관찰을 가장 고귀한 행위인 양 여기지 말아야 한다. 오히려 훗날 철학적 사색에 임할지 모르는 학생들처럼 우리도 자신의 시야를, 또한 자신이 관찰의 대상에서 느끼는 즐거움을 제대로 평가해야 한다. 교사도 학생도 진정한 '지혜를 추구하는 환경'에서 이 불편한 책임을 지고 있다. 따라서 지혜와 그것의 분위기에 대해 언급하는 오늘날 일부 평론가의 주장과 반대로 보이는 모든 것을 참된 아르케가 보이는 더 고귀한 방향으로 들어올리는 이 목표를 이루고자 한다면, 그런 분위기는 편안하고 안전한 환경일 수 없다. 지혜를 추구하는 분위기는 우리가 스스로 안다고 추정하는 모든 것을 위험에 빠트리므로 여기에는 정반대의 요소가 필요하다. 지혜 추구는 우리를 마구 뒤흔든다. 피퍼가 촌평하듯 죽음이나 사랑, 즉 에로스에 대한 경험과 흡사하게도 철학적 사색의 효과는 뒤

흔듦이다.

 그린의 주장과는 반대로 스콜레는 오늘날의 학교에서 가능하다. 뿐만 아니라 스콜레의 핵심 활동인 테오리아, 즉 관찰은 사고가 존재하는 모든 곳에서 이뤄진다. 하지만 스콜레는 단순한 관찰이 아니라 최고의 대상에 대한 관찰과 관계있다. 그러나 최고의 대상을 보려면 저급한 선을 최고의 선(아리스톤)으로 가정하지 말아야 한다. 플라톤의 대화편 《소피스트》에서 이방인은 교육을 "지성의 모든 오류의 가장 거대한 뿌리(자신의 무지를 깨닫지 못하는 점)"를 제거하는 데 가장 적합한 수단으로 묘사한다. 플라톤이 보기에 참된 교육은 진리 속의 가장 고귀한 광경을 향한 이지적 충동을 원동력으로 삼는 한, 일종의 스콜레일 수밖에 없다. 따라서 관건은 테오리아가 존재하도록 하는 방법이 아니라, 일상적인 교육 활동을 통해 테오리아의 중요성을 고양하는 방법이다(왜냐하면 테오리아는 우리가 대상을 보는 모든 곳에 어떤 식으로든 존재하기 때문이다). 사랑스러운 것, 즉 진리를 주시하며 경험하는 합일에서 비롯되는 사고의 즐거움이 학부모와 교사와 정부 고위 관리자가 학생들에게 기대하는 일정한 목적, 목표, 성적, 성과 같은 외부적 요소 대신에 학교교육의 초점으로 자리 잡도록 할 수 있는 방법은 무엇일까?

 관찰로서의 학습의 본질을 언급하면서 샬은 이렇게 말한다. "모든 종류의 학습은 그 시작 단계에서 특유의 고된 과정을 거쳐야 한다. 우리는 그것을 일종의 일로 부를 수 있다. 우리는 어떤 것을 알아가면서 기쁨을 느끼기 시작하는 지점에 이르러야 한다."[25] 여기서 샬은 우리가 항상 사물의 본질을 즉각 간파하지는 않는다는 점을 지적한다. 우리는 사물을 더욱 명확하게 보기 위해 이성을 그것에 적용해야 하고, 여기에는 고된 노력이 필요할 때가 매우 많다. 원리와 공리를 포착할 때의 인텔렉투스가 보여주는 즉각적인 파악과 마찬가지로, 라티오의 논변적 추론을 통한 정신의 노동도 대상을 알거나 보는 것(테오리아)을 목표로 삼는다. 일이 사실 대상을 더 많이 보는 것, 특히 존재론적 등급이 더 높은 대상(더 나은 대상)을 보는 것의 전제 조건이라는 점을 깨달으면 그린의 역설은 해결된다.

일과 스콜레의 결합은 역설이 아니다. 스콜레를 통해 보이는 것이나 이론화되는 것의 등급을 분류하는 능력에는 준비 단계로서의 영적 노력이 필요하기 때문이다. 또한 지혜를 추구하는 환경은 정신적 준비를 돕는 환경일 것이라는 견해도 타당하다. 그런 환경은 학업의 환경이 아니라, 우리가 더 고귀한 것을 받아들이도록 준비시킬 수 있는 다른 종류의 일일 것이다. 샬의 지적처럼 "우리의 영혼은 틀림없이 우리가 받는 교육, 아니 우리가 받도록 스스로 허용한 교육에 얽히어 있기" 때문이다. 노력의 첫 번째 밤이 두 번째 밤의 예비 단계로서 사랑스러운 대상을 향한 영혼의 움직임을 준비하듯(더 정확하게 말하자면 영혼이 일단 자신의 결함을 떨쳐버림으로써 사랑스러운 대상을 받아들이듯) 이론적 활동에는 영혼이 더 고귀한 광경을 수용하도록 이끄는 일종의 조정과 규율이 필요하다. 그러므로 스콜레에 함축된 영적 노력은 진정한 여가와 상반되는 것이 아니라, 오히려 그것의 전제 조건이다. 이런 종류의 영적 노동은 교사와 학생에게 익숙한 종류의 노동이 아니다. 그것은 우리가 전형적으로 떠올리는 '학업'이 아니고, 영적 노동은 검증의 대상이 아니다. 영적 노동은 블룸의 분류법에 포함되지 않는다. 영적 노동은 라티오의 비판적이고 분석적인 시도와 달리 더 많은 기술을 개발하거나 더 많은 정보를 획득하는 것과 무관하다. 오히려 영적 노동은 자신의 과오를 아는 것과 그런 공식적 검증과 평가 방식에 의해 측정되기 마련인 모든 앎에 대한 자부심을 벗어던지는 것과 관계있다. 더 고귀한 광경을 받아들이기 위한 준비 단계인 스콜레에서의 영적 노력은 정화의 한 형태다. 소크라테스가 불안하고 불길한 목소리로 지혜 추구를 '죽음의 예술'이라고 칭한 것도 바로 이 때문이다.[26]

　스콜레에서의 노력은 학교에서의 노력과 상반된다. 그것은 우리가 학교의 성과와 목표에서 가장 중요하다고 여기는 요소를 무시해야 하는 난제를 수반한다. 또한 그것은 우리에게 교육적 책임을 지우려는 사람들이 요구하는 명확한 답변을 제시하지 않는 것과 관계있다. 지혜를 추구할 때 우리는 굳이 해당 주제에 관한 완벽한 경지를 보여주지 않아도 된다. 바로 이런 이유 때문에 토마스 아 켐피스1380?-1471 같은 관조적 저술가들은 다양한 학과에 관해 '많이 알고 있는 것'을 지혜로 오해하지 말라고 경고한다. 특정 주제에 대한 완벽한 경지에만 관심을 갖는 태도는 이지적인 발전을 가로막는 데 일조한다. 스콜레에서의 노력은 우리를 건축 기술이나 사고능력 대신에 놀라움으로 이끈다. 놀라움은 노에시스로 통하는 관문이기 때문이다.

철학과 관조, 배움에서의 즐거움

　고등학생 시절의 기억을 돌이켜보든 현직 교사의 시선으로 바라보든 간에 학습의 문제는 주로 그것을 고된 노력과 일로, 쉼 없이 이어지는 시험과 평가로, 시키는 대로 하기와 교과 과정으로 경험하는 데서 발생하는 듯하다. 내가 보기에 학교에서의 학습은 대체로 즐거움과 전혀 무관하다. 이 때문에 학생들은 학습을 혐오하고, 플라톤의 《국가》에서 소크라테스가 "강제된 공부는 영혼에 결코 머물지 않는다"[27]고 말하듯 교사가 가르치는 내용은 학생의 머릿속에 거의 남지 않는다. 교육의 목적이 실제로는 보지 않은 것을 본다고 가정하는(따라서 안다고 가정하는) 우리의 무지를 없애는 것이라면, 다음과 같은 질문을 던질 수 있다. "가장 고귀한 것을 보는 데 관심을 갖고 거기서 기쁨을 얻도록 학생들을 자극하고 유도하고 독려하는 차원에서, 그들이 저급한 것을 고귀한 것으로 착각하지 않도록 저급한 것에 관해 가르치려면 어떻게 해야 할까?" 불멸화가 교육의 참된 목표라고 말한 아리스토텔레스를 비롯한 여러 사상가의 견해가 옳다면, 학생들의 학습 욕구를 자극하기 위해 할 수 있는 가장 중요한 일은 학생들에게 불멸화라는 도전 과제를 제시하는 것이다.

하지만 행정 체계상의 상사와 정부 고위 관리자의 포부에 길들여진 교사와 학생은 불멸화에 별로 관심이 없다. 샬이 보기에 우리가 가장 고귀한 것을 숙고하지 않는 이유 그리고 궁극의 목적이나 가장 고귀한 선에 관해 알 수 있는 것을 알지 못하는 이유는, "우리가 여러 가지 흥미로운 것에 매몰되어 있고 앞에 있는 것을 뛰어넘을 수 있는 방향으로 우리 삶을 관리하지 않기 때문"이다.[28] 풀어 말하자면 우리의 관심은 저급한 광경이 유발하는 기쁨에 고정되고, 결과적으로 우리는 생각만큼 선하지 않은 것에서 과도한 기쁨을 느끼며 그런 것을 갈구하게 된다. 마찬가지로 우리는 더 고귀한 것에 관한 지식이 부족한 탓에 그것의 본질을 이해하지 못해 저급한 것을 잃는 데 따른(또는 앞으로 잃을 것을 우려해) 두려움과 아픔을 느낀다. 샬의 지적처럼 "학습을 진정으로 좋아하지 않고 거기에서 참된 기쁨을 느끼지 않으면 우리는 인간으로서 완전하지" 않다. 그리고 "더 고귀한 즐거움을 등한시하면 우리는 결과적으로 다른 즐거움을 발견"하게 된다. 플라톤의 견해를 좇자면 교육의 임무는 두려움과 즐거움을 동반하는 우리의 관찰을 들어올리고, 더 고귀한 관찰을 통해 우리가 보는 것에 대한 진정한 평가를 모색하는 것이다.

철학자와 사회의 반목은 별도로 하고, 교육제도 안에서 지혜를 추구하는 데 따른 또 하나의 어려움은 한편으로 철학의 가장 고귀한 목표가 지혜라는 점, 즉 가장 아름다운 광경이라는 점이다. 가장 아름다운 것을 봄으로써 우리가 일상적으로 경험하는 세계에 있는 아름다운 것을 가장 올바르게 판단하고, 이에 대한 등급을 적절히 매기는 것이 우리 모두에게 중요하다. 따라서 아주 어린 나이부터 가능한 한 최고의 대상을 봐야 한다. 그래야 모르는 것을 안다고 착각하는 실수를 저지르지 않는다. 내가 판단할 때 이것은 지혜를 추구하는 교육을 위한 최선의 주장이다. 하지만 다른 한편으로 우리의 상당한 준비와 노력 없이는 최고의 대상을 쉽게 볼 수 없다. 지혜, 즉 가장 고귀한 광경에는 자신을 정화하는 과정이 수반되고, 이 때문에 지혜 추구는 '죽음'이나 '고행의 실천'이라는 이름으로 불린다. 이런 점에서 혹시 우리는 아이들이 아주 어릴 때부터 가장 아름다운 광경에 노출되어야 한다는 주장을 피력하면서도, 그런 광경을 보는 데 적합한 준비 과정의 중요성을 간과하는 것은 아닐까? 아이와 젊은이는 지혜 추구에 어울리는 참가자일까? 그들은 충분히 성숙한 상태일까? 내가 보건대 이것은 학교에서의 지혜 추구를 둘러싼 중요한 난제다.

앞서 살펴본 위대한 사상가들의 대다수는 필로소피아, 즉 지혜 추구를 지향하는 교육이 대대적으로 가능하다고 추정하지 말 것을 권고했다. 그들은 학교에서 철학을 장려하려는 내 포부를 의심의 눈초리로 바라본다. 앞서 확인했듯 그런 포부를 의심할 만한 이유는 많다. 그러나 나는 그들의 우려에 맞서 여러 반론을 제시했다. 게다가 플라톤도 우리가 젊은이들(네아니오이)과 아이들(파이데스)이 제도적 환경에서 철학적 사색에 임할 수 있다고 여길 만한 이유를 제시했다. 심지어 철학을 너무 일찍 학생들에게 소개하는 것에 대한 우려를 자주 표명하는 제임스 샬도 모든 사람이 진리를 알 수 있기 때문에 모두가 철학자라고 말한다. "우리 모두는 존재와 직접 접촉하고 있기 때문에 일반인도 사물의 진실을 알 수 있다. 설령 그들이 자신이 보는 바를 복잡하거나 전문적인 언어로 정확하게 설명할 수 없어도 말이다."29 지혜 추구로서의 철학은 인간 본성의 절대적 목적인 기쁨과 행복의 추구다. 모든 인간의 진정한 목적인 지혜 추구는 소수만의 특권이 아니라 모두가 누릴 수 있는 권리. 더구나 저급한 것에서 부적절한 기쁨을 느끼지 않도록 가장 고귀한 것에 일찌감치 노출될 필요성과 그런 광경을 쉽게 수용할 수 있도록 영적 준비를 갖출 필요성에서 기인하는 난제의 해법은 플라톤의 글에, 특히 이지적 수단을 통해 가장 고귀한 것을 볼 영적 준비를 미처 갖추지 못한 대화 상대들에게 가장 고귀한 것을 보여주는 수단으로 플라톤이 자주 활용하는 이야기(미토스)에 담겨 있다.

이 책의 후반부에서는 교사들이 철학과 관조적 수행을 교실에 도입하고자 애쓰는 여러 가지 방식에 관해 검토하려 한다. 추측건대 철학과 관조적 교육은 현대의 수업 관행에 따라 서로 분리되어왔지만, 고대의 철학적 탐구 과정에서 흔히 그랬듯 그 두 가지를 긴밀히 연결하면 매우 풍성한 열매를 맺을 수 있다. 교사와 실천가들이 진정한 철학에 익숙하지 않은 탓에 관조적 교육이 철학적 사색과 자주 결부되지는 못하는 것 같다. 그러나 나는 일부 학교에서 채택한 명상 수행보다 진정한 철학이 관조적 성장의 가능성을 훨씬 더 높인다고 주장하고 싶다. 특히 관조적 교육 프로그램에서 널리 시행되는 연습과 결합될 경우에는 한층 더 그럴 것이다.

9장

아이들과의
철학적 사색을 옹호하다

아이들의 세련된 순진함과 교육제도의 거만한 학식

아이들의 세련된 순진함과
교육제도의 거만한 학식

철학은 대부분 필수과목이 아니다

적어도 소크라테스가 아이들(파이데스)과 젊은이들(네아니오이)을 상대로 토론한 뒤, 아이와 젊은이들이 철학적 사색에 초대되었다. 1970년대 이후 매슈 리프먼의 '어린이 철학'(P4C) 프로그램을 기점으로 제도화된 학교 환경에서 아이와 젊은이의 철학적 사색을 증진하려는 시도가 세계 곳곳으로 확산되었고, 지금은 리프먼의 독창적인 공헌을 바탕으로 여러 연구소와 협회 그리고 학회지 등이 이들을 위한 철학 교과 과정의 개발과 시행에 전념하고 있다. 매우 많은 교사가 어린이 철학 프로그램을 아주 유익한 것으로 평가하지만, 나는 이 프로그램의 내용이나 교육론에 의존하지 않은 채 두 곳의 고등학교에서 철학 프로그램을 출범시킨 바 있다.

세계 각국의 학생들은 초등학교와 중등학교 수준에서 공식적으로는 국가나 지역 차원의 교과 과정의 일부분으로서, 그리고 비공식적으로는 임시적인 보충 교과로서 철학을 만난다. 최근 마이클 핸드와 캐리 윈스탠리가 실시한 조사에 따르면 세계적으로 철학이 학교의 필수과목에 포함된 경우는 무척 드물고 "유럽, 북미, 호주 등에서는 대다수 아이가 의무교육 기간에 철학을 접할 수 있는 법률적 권리 또는 확고한 권리가" 없다. 그렇지만 몇 가지 주목할 만한 예외가 있는데 프랑스, 스페인, 이탈리아, 헝가리 등의 고등학생들은 의무적으로 철학을 공부해야 한다. 마찬가지로 브라질에서는 "철학이 여러 중등학교와 일부 초등학교의 필수과목"이다. 터키의 중등학교에서도 철학, 역사, 종교, 윤리 등을 필수과목으로 지정하고, 노르웨이에서는 철학을 초등학교와 중등학교의 법률적 필수과목으로 지정할 것을 고려하고 있다. 하지만 핸드와 윈스탠리는 이렇게 지적한다. "영어권 고등학교 수준에서는 철학을 공부할 기회가 극히 드물고, 미국과 캐나다의 몇몇 고등학교에서만 철학이 선택과목으로 채택되어 있다."[1] 내가 지난번에 근무한 학교의 관계자들은 철학을 교과 과정에 포함하는 것을 약간 꺼렸다. 이미 정해진 선택과목을 신청한 학생들의 수가 줄어들까봐 걱정했기 때문이다.

핸드와 윈스탠리는 철학이 그나마 학교에서 자리를 잡은 것은 공식적인 계획을 통해서가 아니라 비공식적 수단 덕분이었다고 지적한다.

지난 40년 동안 대체로 어린이 철학 운동의 핵심 인사들의 근면함과 효과적인 국제적 네트워크에 힘입어 철학은 현재 세계 곳곳의 주목할 만한 수의 학교에서 보충 활동이나 과외 활동의 형태로 선보이고 있다.[2]

어린이 철학 프로그램 운동의 아버지인 리프먼이 1960년대 후반에 철학을 어린이용 정규과목으로 고려해야 한다고 주장하기 시작한 이래, 그리고 1974년에 그가 설립한 어린이철학진흥연구소Institute of the Advancement of Philosophy for Children에서 발표한 '철학적 이야기'와 '탐구 공동체' 모형을 활용하는 어린이 철학 프로그램의 교육론은 매우 성공적으로 발전해왔다. 핸드와 윈스탠리가 앞서 언급된 조사를 실시할 무렵, 미국 전역에는 75곳의 어린이 철학 프로그램센터가 있었고, 전 세계 45개국에 어린이철학진흥연구소의 지부가 있었다. 어린이 철학 프로그램이 전파되면서 다양한 접근법이 등장했지만, 여전히 이 프로그램은 리프먼의 발상에서 분기한 여러 요소를 포괄하는 용어로 쓰인다.

발달이론의 대가 피아제에게 반기를 들다

아이와 젊은이들과 함께 철학적 사색을 할 수 있는 가능성을 비판적이고 회의적으로 바라보는 사람들이 없지 않다. 아마 가장 눈에 띄고 유명한 반론(그리고 내가 학부모들을 통해 종종 들었던 반론)은 철학이 아이들에게 너무 어렵다는 주장이다. 이 반론을 가장 강력하게 피력한 사람은 위대한 발달심리학자 장 피아제1896-1980일 것이다. 피아제는 철저한 실험을 통해 아이들의 사고가 발달하는 과정과 아이들이 사고의 의미를 이해하는 과정에 세 가지 점진적 정교화 단계가 있음을 암시하는 다량의 증거를 발견했다. 그의 견해에 따르면 특정한 발달연령에 이르지 않은 경우 아이들은 철학과 관련된 사고를 해낼 만큼 성숙하지 않았고, 그것을 위한 심리적 준비도 되어 있지 않았다. 피아제의 '인지발달단계이론'에 따르면 '연령에 맞지 않는' 그 어떤 것도 아이에게 가르치지 말아야 한다는 결론을 내리는 것이 자연스럽다. 아이들의 몸이 성장하고 성숙하고 발달하는 데 시간이 필요하듯, 정신적 뼈와 심리적 근육도 성숙하기까지 시간이 필요하다. 철학이 '인지적으로 성숙한 활동'이라면, 아이들에게 철학적 사색을 권하는 것은 신생아에게 걷도록 시키는 것만큼 부적절하고 심지어 해를 입히는 짓일 것이다.

《아동기의 철학》을 쓴 개러스 매슈스1929-2011는 아이들과의 철학적 사색에 관한 피아제의 반론에 상세하고도 날카롭게 대응했다. 그가 특히 관심을 기울인 부분은 피아제의 실험이 아이를 온정주의적 시선으로 바라보는 방식, 그리고 그 실험의 매력에 이끌린 나머지 우리가 아이들과의 대화와 토론 경험을 불신하게 되는 방식이다. 우리는 직접 지켜보고 키우고 사랑하며 이야기를 나누는 오랜 경험을 통해 각자의 자녀에 대해 알고 있다. 우리는 아이들이 철학적으로 궁금해하고 골똘히 생각하는 모습을 지켜봤다. 참으로 철학적인 질문을 던지는 것도 봤다. 피아제를 향한 매슈스의 비판은 대체로 그가 아이들을 상대로 현실세계에서 직접 경험한 바와 피아제의 이론이 일치하지 않은 점에 근거한다. 피아제가 제시하는 '유년기의 결핍 모형'의 문제점에 매슈스가 주목한 계기는 그가 "전前 조작기 사고 단계인 자신의 딸에게서 목격한 철학적 사고를 피아제가 전혀 참작하지 않았다"는 사실을 깨달은 것이었다.3

이와 같은 문제에도 불구하고 피아제의 착상은 발달이론으로서의 매력을 꾸준히 유지하고 있다. 매슈스가 촌평하듯 피아제의 실험 결과는 흥미로웠다. 그것은 '반복할 수 있고' 아이들은 나이를 먹으면서 세상과 자신에 대한 이해도가 변하기 때문에, '연령 관련 순서'를 드러낸다. 하지만 매슈스는 유년기 발달의 '성숙 단계 모형'에 가치평가적 편견이 담겨있다고 주장한다. 왜냐하면 이 모형은 선행 단계를 후행 단계보다 열등한 것으로 취급하기 때문이다. 성숙 단계 모형에 따르면 선행 단계는 필연적으로 후행 단계에 자리를 빼앗기기 마련이다. 매슈스는 유년기의 결핍 모형이 인간 발달의 여러 영역에서 상당히 타당한 것처럼 보인다는 점을 인정한다. 우리는 성숙한 어른이 아이가 하는 특정 행동을 하기에는 너무 나이가 많듯, 아이가 여러 활동과 의사결정을 하기에는 너무 어리다는 점을 알고 있다. 매슈스는 이렇게 말한다. "우리는 성인 또는 청소년이 아이의 치아로 성인용 스테이크를 씹기를 바라지 않는다." 아이들이 단계별로 성장한다는 그리고 유년기의 행동과 유년기의 이해가 '결핍 모형'의 관점에서 논의되는 것이 타당할 수 있다는 가설은 여러 측면에서 그럴듯하다. 그러나 매슈스의 관점에서 "철학에 관한 한 그 가설은 상당히 부적합"하다.4

철학적 사색과 관련해 피아제의 이론을 겨냥한 매슈스의 반론은 세 가지 기본 형태를 띤다. 첫째, 그는 자신이 직접 아이들과 여러 차례 진행한 토론을 분석하고 기록함으로써 아이들의 철학적 사색을 입증하는 일화적 증거를 제시한다. 둘째, 아이들에 관한 피아제의 가정과 단정을 철학적 질문에 노출시키면서 피아제의 연구를 변증법적으로 공략한다. 예를 들어 신을 가리키는 명칭이 있다는 관점에서 신의 존재 여부를 다룬 9세 소녀의 논증을 일축하는 피아제의 태도에 대한 매슈스의 논리적 분석은 무척 명쾌하다. 그는 그 소녀의 논증이 어떻게 타당한 후건 부정의 형식과 전건 긍정의 형식(가언 삼단논법 형식 'P이면 Q이다'에서 'P이면'이 전건, 'Q이다'가 후건이다. 이런 연역 논리에서 오류를 범하지 않는 두 가지 법칙이 바로 전건 긍정과 후건 부정이다 — 옮긴이)을 띠는지, 그리고 '그렇게 하지 말아야 하는' 상황에서 피아제가 '그 어린 소녀의 추론을 일축하고 심지어 경멸하는' 과정을 보여준다.

그리고 피아제가 '진흙공 실험'에서 이끌어내는 결론에 대한 매슈스의 분석도 매우 예리하다. 그의 분석은 아이들이 스스로 기원전 5세기 데모크리토스와 레우키포스의 형이상학적 추론과 고전적 원자론을 재현하는 과정을 보여줄 뿐 아니라, 실험에 참가한 아이들의 지식과 이해를 구성하는 바에 관한 피아제의 추측이 오히려 지식이 아니라 세상에 대한 피아제의 그릇된 전제라는 점도 입증한다. 셋째, 매슈스는 피아제와 아이들의 대화를 기록한 원고를 상세히 검토한 끝에 피아제가 유년기의 호기심을 '단순한 공상적 과장'이나 '철학적 수수께끼에 영향을 받지 않는 것'으로 치부하면서 그것에 대한 무관심을 드러낸 경우, 즉 '아이와 철학적 사색을 할 수 있는 기회를 얻었지만' 그가 '날려버리는' 경우를 찾아낸다.

아이들은 자라면서 철학을 잃는다

여기서 나는 매슈스의 주장을 그보다 더 간략하게 설명할 생각도 없고, 아이들과의 철학적 사색의 가능성을 둘러싼 피아제의 반론에 대한 매슈스의 명확한 철학적 대응을 뛰어넘을 생각도 없다. 다만 매슈스가 말하는 아이들과의 철학적 사색이 교육에서의 지혜 추구에 관한 연구에 던져주는 시사점을 얻고 싶을 뿐이다. 매슈스는 《아동기의 철학》에서 아래와 같이 주장한다.

내가 비공식적으로 진행한 연구에 따르면 철학을 향한 그런 자발적 여행은 3세와 7세 사이의 아이들에게는 전혀 드물지 않다. 그런데 비교적 나이가 많은 아이들 심지어 8세와 9세 사이의 아이들에게는 드물다. 최소한 그런 여행의 사례를 언급하는 보고가 드물다. 내 가설은 이렇다. 일단 학교에 자리 잡은 아이들은 '쓸모 있는' 질문만 해야 한다는 점을 배운다. 그 결과 철학은 지하로 숨어들어 깊은 잠에 빠질 것이다.[5]

매슈스의 경험에 따르면 "5, 6세 또는 아마 7세의 아이들은 12세나 14세의 아이들보다 철학적 질문을 던지고 철학적 논평을 내놓을 가능성이 훨씬 높다"고 한다. 우리는 이미 이런 견해의 문학적 실례를 미첼의 소설 《누가 바람을 보았을까》의 주인공 브라이언을 통해 살펴봤다. 소설에서 브라이언은 구두장이와 교장이 실천하는 철학적 사색을 접하면서 성장이 호기심의 상실로 이어진다는 사실을 다시 발견한다. 곰돌이 푸가 등장하는 동화를 쓴 A. A. 밀른1882-1956의 《푸 모퉁이의 집The House at Pooh Corner》의 끝부분에서 크리스토퍼 로빈은 유년기 호기심의 종말에 관해 그리고 '아무것도 하지 않을' 수 있는 여가의 가능성을 허용하지 않으려는 어른들과 학교제도에 관해 매슈스와 비슷한 의견을 드러낸다.

그때, 아직도 손으로 턱을 괸 채 세상을 바라보고 있던 크리스토퍼 로빈이 갑자기 외쳤다. "푸!"
"왜?" 푸가 말했다.
"나, 말이야, 푸!"
"응, 크리스토퍼 로빈?"
"앞으로는 아무것도 하지 않으면서 지낼 수 없을 것 같아."
"앞으로 절대로?"
"글쎄, 그 정도까지야. 아무튼 그들이 나는 안 된대."[6]

매슈스는 어른들이 "처음에는 아이들에게 생색을 내면서, 다음에는 아이들의 탐구 정신의 방향을 쓸모 있는 쪽으로 돌리면서" 아이들의 철학적 질문을 가로막는다고 주장한다. 매슈스가 지적하듯 대다수 어른은 철학적 질문에 관심이 없다. "그들은 몇몇 철학적 질문이 두려울지도 모른다. 더구나 대다수 어른은 자신이 명확한 해답을 제시할 수 없는 질문 또는 표준사전이나 백과사전에서도 해답을 찾을 수 없는 질문을 아이가 던질 수 있다고 생각하지 않는다." 그렇지만 아이들의 철학적 질문(매슈스는 아이들이 기쁨을 느낀다는 측면에서 이런 질문을 놀이의 한 형태로 여긴다)을 허용하지 않으면, 아이들의 지적인 삶뿐 아니라 어른들의 지적인 삶도 곤궁해진다. 매슈스는 이른바 '정말로 곤란한 유년기의 질문을 다루려는 어른의 시도'인 철학을 통해 유년기와 성인기를 몇 가지 부분에서 명시적으로 연결한다.

　매슈스에 따르면 "여러, 아마 대다수 철학적 질문에는 어떤 순수함과 순진함"이 있기 때문에 철학은 아이들에게 자연스럽게 다가간다. 아이들에게는 자연스러운 그런 순진함과 순수함은 "대부분의 대학생을 비롯한 어른들이 첫 번째 철학책을 집어들 때 함양해야 하는 어떤 것"이다. 매슈스의 지적에 따르면, 이 순진함 덕분에 아이들은 어른에게는 없는 철학적 사색을 둘러싼 소질을 지니게 된다. 어른들은 엄밀함과 자제심, 그리고 철학적 탐구의 특정 측면에서 유익한 분석적 사고능력을 갖고 있을지 모르지만 '성숙함은 십중팔구 진부함과 고루함을 동반'한다. 데카르트의 말을 인용하면서 매슈스는 철학에는 '처음부터 다시 시작하기'가, 즉 오랫동안 익숙해진 탓에 안다고 가정하는 모든 사물을 당연시하지 않는 태도가 필요하다고 주장한다. 어른들에게는 이 처음부터 다시 시작하기와 어릴 적처럼 '순진한' 질문을 자연스럽게 여기는 습관을 들이기가 쉽지 않지만, 아이들에게는 훨씬 더 수월하다. 이렇게 볼 때 어른과 아이는 상호보완적인 결함과 소질을 지닌 채 철학에 다가간다.

　어른이 아이와의 철학적 만남에서 동반하는 자산과 부채의 조합은 무척 특별한 관계에 도움이 된다. 어른은 아이보다 언어 구사력이 더 뛰어나고, 적어도 잠재적으로는 아이보다 언어를 통해 표현되는 개념을 더 확실히 활용할 수 있다. 그렇지만 아이들은 곤혹스러운 난제와 부조화를 새로운 눈으로 바라본다. 대체로 아이는 어른이 따라잡기 힘든 솔직함과 자발성을 갖고 있다. 아이와 어른 모두 도움이 될 만한 중요한 요소를 지니고 있기에 탐구는 어른과 아이 사이의 만남에서 꽤 드물기 마련인 진정한 합작 투자가 쉽게 실현될 수 있다.[7]

어른과 아이 관계의 보완적 성격에 관한 매슈스의 통찰에 근거를 둔다면, 철학적 사색의 기회는 자칫 사라질 법한 가능성을 어른과 아이 모두에게 제시한다고 봐야 한다. 왜냐하면 양쪽 참가자는 상대방 덕분에 자신에게 부족한 철학적 본질의 구성 요소를 매우 효과적으로 보완할 수 있기 때문이다.

많은 아이가 자연스럽게 여기지만 대다수 어른은 어렵게 여기는 순진한 질문 방식을 어른에게 장려하려는 매슈스의 소망에 관한 최종적인 설명이 필요하다. 철학에는 특유의 '순진한' 어떤 요소가 있지만, 그것은 인지적으로 미성숙하지 않은 '심오한 순진함'이다. 매슈스의 글을 읽어보자.

시를 쓰거나 철학을 하는 청소년이나 어른은 어떤 것을 말하고 보는 가장 간단한 방법을 숙고하고 궁리할 수 있는 순수함을 함양해야 한다. 그렇게 함양한 세련된 순수함은 자연적인 순수함에 비해 여러 장점이 있다. 그 장점 가운데 하나는 그것이 거만한 학식에 의해 쉽사리 균형을 잃지 않는다는 점이다. 그러나 세련된 순수함은 자연적 순수함과 동일하지 않다. 최소한 이런 이유로 아이들의 시는 어른들의 시

와 다르고, 최소한 이런 이유로 아이들의 철학은 어른들의 철학과 같지 않다.[8]

매슈스가 말하는 '거만한 학식'은 교육제도 곳곳에 자리 잡고 있다. 우리는 학생들이 해당 주제에 대한 '완벽한 경지'를 입증해야 하는 정부 주관의 시험을 통해 그것을 검증하고 보상한다. 그것은 이미 자신에게 중요한 모든 내용을 안다고 주장하면서 새로운 내용을 배우는 데 관심이 없는 듯한 고등학교 수준의 많은 10대 청소년에게서 드러나는 온순함(도킬리타스)의 결여 현상을 초래하는 한 가지 요인이다. 사실 우리가 중시하는 아이들의 놀라운 '자연적인 순수함'과 순진함은 그들이 자신의 지식에 굉장한 자부심을 품기 시작하는 청소년기에 접어들면서부터 사라지는 것 같다. 아이들은 놀라움(타우마)을 기쁨으로 경험하는 반면, 비교적 나이가 많은 학생들의 경우 놀라움은 그들이 지식적 자만심의 불확실성을 마주하는 계기가 되기 때문에 흔히 불안을 초래한다. 더구나 그들은 자신의 무지가 정밀한 검증을 받게 되면(또는 자신의 무지를 스스로 인식하게 되어도) 현재의 교육제도에서는 칭찬이나 보상을 받을 수 없다는 점을 알고 있다. 오히려 그들은 매우 나쁜 점수라는 따끔한 대가를 치르게 된다. 적어도 수업 시간에 학생들이 그런 대가를 치르지 않도록 보호할 수 있다면 '세련된 순수함'에 대한 매슈스의 권고는 지식적 자만심의 치유책을 제공할 수 있을 것이다. 플라톤의 대화편《소피스트》에서 이방인이 촌평하듯 "지성의 모든 오류의 가장 거대한 뿌리는 바로 모르는 것을 아는 체하는 태도"다. 그런 오만한 태도는 교육의 가장 심각한 장애물이다. 매슈스의 견해에 따르면 진정한 교육이란 자기가 모르는 것을 아는 척하는 태도에서 벗어나도록 해주는 수단이기 때문에, 세련된 순수함은 아이들의 참된 본질이다.

매슈스는 로베르트 슈페만의 용어를 인용해 학교에서의 철학을 일종의 '제도화된 순진함'으로 해석한다.

> 순진함의 제도화는 추측건대, 어떤 경우에는 우리 모두가 그리고 모든 경우에는 우리 가운데 일부가 너무 기초적이고 너무 순진한 질문으로 여길 만한 질문을 던지도록 사람들을 독려하는 제도적 조건을 마련하는 것이다.[9]

제도화된 순진함이라는 개념은 우리가 학교에서의 지혜 추구를 가장 효과적으로 장려할 수 있는 종류의 환경이나 분위기를 두고 이 책 곳곳에서 던지는 질문과 관계있다. 지금까지 우리는 그런 분위기가 고대적 의미에서의 여가, 즉 스콜레의 분위기여야 한다고 말해왔다. 아이들을 대상으로 진행한 매슈스의 연구에 따르면, 그런 분위기는 심오하게 순진한 질문을 촉진해야 한다. 학생들은 그런 질문을 편안하게 던질 수 있고 해답을 마음껏 모색할 수 있다는 기분을 느껴야 한다. 아마 평가와 성적에 대한 책임, 성과와 목표 달성 같은 요구에서 자유로울 수 없는 일반적인 교실에서 순진한 질문은 요점을 벗어난 질문으로 간주될 것이다. 철학을 침체시키는 그런 환경은 철학적 사색을 하는 데 '안전한' 장소가 아니다. 매슈스의 말처럼 그런 환경은 철학을 '지하'로 밀어넣거나 철학적 사색을 완전히 잠재운다.

지식적 자만심을 뿌리 뽑기 위한 고통

우리는 지혜를 추구하는 환경을 오늘날의 학교에 만연한 반철학적 추세로부터 안전하게 지켜야 하지만, 학생과 교사가 스콜레와 관계를 맺을 수 있는 지혜 추구의 환경을 결코 안전한 장소로 여기지는 말아야 한다. 성취와 성공에 대한 학교와 사회의 깊은 관심을 유발하는 모든 지식적 오만이 무방비 상태로 철저한 검증에 노출되는 경우가 바로 이 스콜레의 분위기를 통해서다. 제도화된 순진함과 진정한 스콜레라는 지혜 추구의 분위기는 진리를 보는 과정에서 뒤따르기 마련인 고통으로부터 학생과 교사를 보호하지 말아야 한다. 오히려 그런 분위기는 한편으로 무지가 그들이 겪는 고통의 원인이라는 점, 자신의 무지를 모르는 것이 온갖 고통의 가장 사악한 원천이라는 점, 지식적 자만심을 모조리 뿌리 뽑기 위해 열심히 노력하는 것이 중요하다는 점을 학습자들에게 일깨워줘야 하며, 다른 한편으로 순진한 질문을 제기하는 고통을 포용하도록 학생들을 격려해야 한다. 다시 말해 학생들이 그런 질문을 던지는 것은 아름다움을 보고(테오레인) 싶은 마음이나 욕구(에로스) 때문이고, 아름다움을 본다는 것은 가장 고귀한 것에 대한 일종의 쓰라린 체험(파토스)이나 경험(파토스)이다. 그러므로 지혜를 추구하는 환경은 학습자들이 한편으로 기꺼이 자신의 무지와 지적 오만을 뿌리 뽑는 고통을 겪도록 독려해야 하며, 다른 한편으로 사랑과 결여되거나 부족한 상태 그리고 사랑스러운 것의 응시에 따른 고통을 겪도록 상기시켜야 한다.

진정한 지혜 추구 분위기의 속성은 헤라클레이토스의 금언인 "오르막과 내리막은 같다"에 압축적으로 표현되어 있다. 한편으로 그런 분위기에서 학습자의 영혼은 지혜 추구를 통해 정신적 질서의 원천 쪽으로 상승(아나이레시스)한다(이때 학습자는 아름다운 것에 대한 쓰라린 체험이나 경험인 파토스를 통해 아름다움을 떠올리고 모색한다). 다른 한편으로 그런 분위기에서 학습자는 영혼 속에 존재하는 무질서를 살펴보기 위해 하강(카타바시스)한다. 상승과 하강 모두 정신의 정화와 정체를 수반하는데, 지혜를 추구할 때 영혼의 움직임이 안전하지 않은 까닭은 바로 이 때문이다. 이와 같은 정화에는 죽음과 부활을 통한 고통이 따른다. 그 고통은 철학적 관점에서는 영혼이 천사가 되는 고통스러운 과정을 겪는 '죽음의 예술'로,[10] 샤머니즘의 관점에서는 영혼이 악마에 의해 산산이 찢겨진 뒤 영적 변화를 겪는 것으로, 종교적이며 관조적인 관점에서는 요나의 경우처럼 영혼이 '바다짐승의 배 속'으로 던져져 '그것이 희망하는 영적 부활이 일어날 때까지' 어둠 속에 머무는 것으로 해석된다.[11] 각각의 표현과 무관하게 진정한 지혜 추구를 통해 일어나는 불멸화에는 항상 영혼에게 겸손함을 요구하는 과정이 따르고, 그 과정은 곧 영혼을 찬미하기 위한 것이다. 십자가의 성 요한은 이렇게 진단한다.

> 사다리의 디딤대는 사람들이 밟고 올라가기도 내려가기도 한다. 이 비밀스러운 관조도 마찬가지다. 관조가 영혼 속에서 유발하는 이 동일한 교감을 통해 영혼은 신에게 다가가지만 동시에 겸손해야 한다. 사실 교감의 이런 신적 속성 때문에 영혼은 교감을 통해 겸손해지고 동시에 의기양양해한다. 이 길에서 내려가는 것은 올라가는 것이고, 올라가는 것은 내려가는 것이다. 자기 자신을 낮추는 사람은 의기양양해지고, 우쭐대는 사람은 겸손해지기 때문이다.[12]

사실 십자가의 성 요한, 플라톤, 성 보나벤투라1221?-1274 뿐 아니라, 여러 샤머니즘적 사회가 활용하는 사다리 이미지를 통해 지혜 추구는 상승이자 하강으로 묘사된다. 필로소피아의 이 상승-하강운동은 내향적이고 변형적인 운동이기도 하다. 이 때문에 독일 신비주의 사상가 마이스터

에크하르트1260?-1327?는 영혼의 가장 깊숙한 부분을 '성채城砦'라고 부르며, 신과 닮은 것은 바로 영혼의 이 부분이라고 한다. 필멸의 장식, 생각, 열정, 아집 등에서 벗어난 영혼은 불멸화를 이룬다. 즉 참여를 통해 성스러워진다. 에크하르트의 표현에 따르면 "그(신)는 내면에서 발견"된다. 다시 말해 상승-하강-내향운동을 통해 신은 "영혼의 토대에, 영혼의 가장 깊숙한 부분에, 밖으로 나가 어떤 것을 바라보지 않는 지성에" 머문다.[13] 《파이드로스》에서 이런 내향적 운동을 언급하는 플라톤은 '의심의 여지가 없는 정당성'을 지닌 '살아 있는 말'이 적히는 곳이 바로 '학습자의 영혼'이라고 말한다. 영혼에 적히는 절대로 옳은 이 말(로고이)은 헤라클레이토스가 거론하는, 그리고 모든 사물이 존재하게 되는 통로인 로고스와 비슷하다. 이 로고스가 지혜고, 헤라클레이토스에 따르면 "지혜는 만물을 이끌고 만물을 헤쳐나가는 생각을 이해하는 것"이다. 아빌라의 성 테레사1515-1582도 지혜 추구와 관련된 내향적 운동을 다룬다. 그녀는 영혼을 '저택'이나 여러 개의 방이 있는 '내면의 성곽'에 비유한다. 그 성곽의 정중앙에 있는 방에 '왕',[14] 즉 신이 머문다. 이와 같은 모든 '지혜 문헌'에서 지혜 추구는 죽음의 연습을 수반한다. 에크하르트는 성 그레고리우스540?-604를 인용하면서 이렇게 말한다. "우리가 이 세상에서 마치 죽은 듯이 행동해야 한다는 말은 훌륭한 조언이다." 왜냐하면 "세상에 완전히 무감각한 사람들만 신을 마음껏 품을 수 있기" 때문이다.[15]

지혜 추구와 철학을 위한 용기가 필요하다

지금까지 살펴본 고대와 중세의 저술가들과 현대의 저술가들의 핵심적인 차이에 주목할 필요가 있다. 그들의 가장 뚜렷한 차이는 철학을 불멸화하기 위한 죽음의 예술로 바라보는 고대와 중세 저술가들의 관점에 대한 현대 저술가들의 침묵과 관계있다. 매슈스 같은 가장 탁월한 현대 철학자들도 교육에서 지혜 추구가 담당하는 역할에는 관심이 있지만, 죽음과 불멸화 그리고 철학 사이의 관계는 인정하려 들지 않는다. 하지만 불멸화를 목적으로 삼은 죽음의 연습에 관한 그들의 침묵은 설령 아이들을 상대로 하는 경우에도 진정한 철학은 용기를 발휘하는 것이어야 한다는 사실을 수용하지 않는 태도로 이어질 수 있다. 철학적 사색에서 차지하는 용기의 중요성을 다루지 못하는 바람에 우리는 니체가《차라투스트라는 이렇게 말했다》에서 "그녀는 여자고 항상 전사만을 사랑한다"고 지적하면서 드러낸 철학관哲學觀을 간과하고 만다.[16] 철학을 불멸화를 목적으로 삼은 죽음의 예술로 바라볼 때, 철학적 탐구에 나서는 교사와 학생은 용기를 내야 한다.

철학은 학교에서 학생들이 공부하는 나머지 과목, 즉 인성 계발에 주력하지 않는 과목과 다르다. 철학은 우리에게 더 많은 부분을 요구한다. 예를 들어 수학, 과학, 사회, 언어 같은 과목을 통해 함양되는 지식과 지성의 활용 역량을 키우는 문제는 별도로 하고, 수학이나 과학 그리고 사회 과목이나 언어 과목에 대한 질문에 대답할 수 있는가에 관한 한 '내가 어떤 부류의 인간인지가 전혀 중요하지' 않다. 하지만 철학의 경우 '지능이 아무리 많이 연관된다고 해도 정신적 예민함의 활약은 그리 두드러지지 않을 것'이다. 피퍼의 글을 읽어보자.

여기서 필요한 요소는 영혼의 가장 내밀한 반응 역량을 전면적으로 평온하게 펼치는 것이고, 그것은 사람의 성향적 의지에 굴복하지 않는 과정이다. 극동 지역에서는 서양의 라티오보다 이런 인식이 훨씬 더 확실하게 유지되는 것 같다.[17]

달리 말해 철학적 탐구에는 '간특하지 않은 눈'의 수용과 '모든 자만심에서의 완전한 탈피'가 필요하다. 모든 허식과 모든 이기적 관심에 무감각한 태도는 지혜 추구의 밑바탕을 이루고, 특유의 영적 에너지를 통해 지혜 추구를 차별화한다.

활발한 영적 행동으로서 총체적이고 심층적 대상인 세상을 겨냥하는 질문을 악착같이 고집할 수 있는 것은 무엇보다도 영혼의 에너지 덕분이다. 그것은 놀라움(무언가가 존재한다는 사실을 둘러싼 놀라움)을 유발하는 바를 향해 열린 문, 지속적으로 새롭게 재구성되어야 할 문이다.[18]

수학, 과학, 언어 과목 따위를 공부할 때와 달리 철학을 실천할 수 있으려면 반드시 용기 같은 미덕을 함양해야 한다. 왜냐하면 "도덕적 결함은 … 우리가 자신이 아닌 다른 존재를 볼 수 있도록 해주는 자유, 즉 자신에게서 벗어난 자유를 누리지 못하게 가로막는 장벽이나 걸림돌이 될 수 있기" 때문이다.[19] 물론 나는 여기서 어린이 철학 프로그램이나 매슈스가 학생들이 미덕, 도덕성, 윤리 등을 탐구할 수 있도록 유도하는 데 무관심하다고 주장하려는 것이 아니다. 어린이 철학 프로그램에 참여하는 학생들은 '윤리 탐구 공동체'를 활용할 수 있다.

사실 방대한 문헌과 연구 자료에 따르면, 이 프로그램은 윤리 탐구와 '도덕 교육'을 강조한다. 하지만 도덕적이고 윤리적인 문제를 둘러싼 사려 깊은 토론이 반드시 불멸화를 위한 죽음의 연습으로 이어지지는 않는다. 아리스토텔레스도 분별과 '인간에게 유익하고 고귀한 것'의 본질에 대한 탐구에 관해 비슷한 촌평을 내놓았다. 아리스토텔레스는 그런 것을 공부하거나 그것에 관해 알고 있다고 해서 그것을 더 효과적으로 실천할 수 있다고 생각하지 않는다. 십자가의 성 요한이 말하듯 관조의 실천을 통한 참된 지혜 추구에는 '전체', 즉 지혜를 얻기 위해 '모든 것'을 과감하게 시도하는 태도가 필요하다. 교육이라는 이름의 '참견'에서 벗어나 철학을 실천할 수 있는 환경을 조성하는 것이 중요하다는 매슈스의 지적은 옳지만, 철학은 안전한 활동이 아니다. 철학의 실천은 도덕적 난제와 윤리에 관한 토론을 뛰어넘는 인성 계발의 경로에서 만나야 하는 일종의 위험을 전제한다.

10장

리프먼의 어린이 철학 프로그램을 비판하다

철학은 다른 학문의 시녀가 아니다

철학은
다른 학문의 시녀가 아니다

체계화된 철학 훈련 프로그램의 가능성

반어적이게도 아이들을 철학적 탐구로 이끌 수 있는 철학자로서 매슈스의 개인적 강점은 학교에서의 지혜 추구라는 주제를 다루는 몇몇 저술가가 내놓는 비판의 근거가 되어왔다. 매슈스는 철학 관련 문헌과 전통에 대한 폭넓은 지식을 바탕으로 아이들과 대화하고 어린이 도서를 통해 아이들의 철학적 호기심을 촉구하지만, 린 글루엑과 해리 브릭하우스 같은 학자들은 학교에서 활용할 어린이 철학 프로그램을 배우는 대다수의 교사들이 매슈스의 방식을 재현할 수 있을지 의심한다.

매슈스는 훌륭한 철학자다. 그가 책에서 언급한 아이들과 함께 이뤄낸 성공은 아이들의 잠재력을 이끌어내는 그의 기술 없이는 생각하기 힘든 것으로, 이 방식을 교사들이 학교에서 재현하기는 불가능하다.[1]

리프먼도 자신의 어린이 철학 프로그램 모형과 매슈스의 접근법을 구분한다. 그는 매슈스의 저작이 "철학에 적응된 어른들이 어린이 특유의 사고의 철학적 차원이 상세히 드러나는 대화에 아이들을 참여시킬 수 있는 방법"을 효과적으로 예증했다고 생각한다. 하지만 리프먼은 대다수의 교사와 달리, 이미 철학적 사색의 의미를 아는 어른들도 매슈스가 아이들과 이뤄낸 성공을 재현할 수 있다고 보는 듯하다. 리프먼은 매슈스의 작업이 교사들에게 유익하고 어린이 철학 프로그램의 접근법과 '충실한 보완관계'를 이룬다고 여기지만, 매슈스가 제안한 대화할 수 있는 환경은 "학교가 아니라 가정일 가능성이 훨씬 높고, 성인은 교사가 아니라 부모일 가능성이 좀더 높다"고 지적한다.[2] 리프먼을 비롯해 어린이 철학 프로그램 운동에 참여하는 사람들이 고안하려는 것은 교사뿐 아니라, 학생을 위한 일종의 체계화된 철학 훈련 프로그램이다.

초학제적이며 초인지로서의 철학

리프먼의 어린이 철학 프로그램 운동이 진정한 철학적 사색을 얼마나 잘 구현하는지 평가하기 위해서는 우선 그가 철학이라고 간주하는 것을 살펴보고, 그가 철학을 가르칠 수 있다고 공언하는 이유를 따져봐야 한다. 그는 철학을 '자기교정적 사고'로 정의한다. 즉 철학은 "스스로 더 나은 사고를 하기 위해 스스로를 고찰하는 사고"다. '사고에 관한 사고'로 해석되는 철학은 흔히 초인지超認知라는 용어를 통해 언급된다. 리프먼은 "초인지적 행동은 자기교정을 가능하게 한다. 정신적 행동과 사고 그리고 탐구기능이 세상을 지향하는 것과 그 세 가지가 스스로를 지향하는 것은 전혀 다른 문제다"[3]라고 말한다. 초인지, 즉 어린이 철학 프로그램에서 사고에 관한 사고는 철학이 추구하는 가장 고귀한 것이고, 리프먼은 "사고 과정의 완성이 철학에서 정점에 이르듯, 철학은 사고 과정의 완성을 위해 고안된 아주 빼어나고 가장 훌륭한 도구"⁴라고 주장한다.

초인지를 통한 사고의 탁월성 함양이 목표인 철학은 "너무 포괄적인 나머지 그 어떤 과학적 전문 분야도 미처 다룰 준비가 되지 않았으며 논란이 많은 미해결의 쟁점을 조명하고 해명하려 시도"한다.⁵ 따라서 철학의 초인지적 측면과 더불어 리프먼은 철학적 질문의 일반적인 또는 '포괄적인' 성격을 철학의 한 가지 특징으로 지목한다. 그가 '최대의 일반성을 지닌 쟁점'과 관계있다는 이유로 형이상학을 '가장 종합적인 철학'으로 부르는 것은 바로 이 때문이다.⁶ 포괄적인 것을 향한 탐색으로서 철학은 '개별 과목의 관점을 초월하려는' 성향 때문에 다른 과목과 구별된다.⁷ 철학은 '전통적으로 서로 다른 지적 과목 사이의 상호관계에 관심이 있는 과목'으로 자리매김하고 있다. 철학의 '특색'은 "철학이 제기하는 질문이, 말하자면 비철학적 내용의 보급과 직교하는 방식으로 인간 지식의 본질을 다룬다는 점"이다.⁸ 이런 이유 때문에 철학에는 '초국지적'이라거나 '초학제적'이라는 수식어가 따라다닌다. 리프먼과 그의 동료들은 초학제적 성격을 통해 철학이 "교육제도에 만연한 과잉 전문화를 상쇄하는 힘"으로 작용한다고 지적하며, 철학을 학교 교과 과정의 '파편화'에 대항하는 단일화된 힘으로 바라본다.

다른 학문의 부모 학문이라는 오해

리프먼은 철학을 초인지적이고 초학제적인 활동으로 자리매김할 뿐 아니라, 철학의 또다른 특성도 지목한다. 그는 플라톤의 《국가》에 나오는 소크라테스와 트라시마코스의 대화를 인용하면서 학예學藝의 자기개선 가능성을 부정한다. 리프먼이 볼 때 '그 어떤 학문이나 탐구 형태도 자기 개선을 모색하지 않는'다. 해당 학문이 "이미 완전하거나(이 경우에는 개선이 필요 없다) 또는 불완전하기(이 경우에는 해당 학문을 개선할 책임이 다른 학문에게 있다) 때문"이다. 리프먼은 이렇게 묻는다.

> 만약 모든 학문의 난감하고 논란의 여지가 있는 측면에 관심을 기울이는 학문이 있다면, 스스로의 발등을 찍는 모든 학문의 곤란한 측면에만 집중하는 학문이 있다면 어떻게 될까?[9]

리프먼이 보건대 철학이 바로 그런 학문이다. 다른 모든 학문 분야에 큰 영향을 미침으로써, 그리고 그중 하나에 뛰어들어 최대한의 일반성을 지닌 질문을 제기함으로써, 철학은 모든 학문에서의 사고를 개선하는 독특한 능력을 지닌 것으로 간주된다. 리프먼에 따르면 이 능력은 철학의 또다른 핵심적이고 결정적인 속성이다. 따라서 그는 철학을 '부모 학문'으로 부른다. 다시 말하면, 그가 보기에 철학은 저급한 학과로부터 또는 다른 학문과의 접촉을 통해 생겨나거나 비롯되는 것이 아니다. 오히려 그 어떤 다른 학예도 철학이 해당 학문의 진정한 토대로서 먼저 제공하는 '사고기능' 없이는 생겨날 수 없다. 리프먼은 아래와 같이 말한다.

> 다른 학문에서의 사고에 필요한 기능은 우리가 다른 학문을 접하기 전에 완전히 습득해야 한다는 점에서 철학이 오로지 단과대학이나 대학교의 학문으로 취급되지 말아야 하고, 초등학교의 학문으로 자리 잡아야 하는 이유를 알 수 있다. 철학의 임무는 학생들이 다른 과목에서도 사고할 수 있도록 준비를 갖춰주는 것이다.[10]

이는 리프먼이 아이들과의 철학적 사색을 중시하는 이유가 가장 효과적으로 표현되어 있는 주장이다. 그가 볼 때 철학은 건전한 추론과 비판적 사고를 가르친다. 철학이 존재하지 않으면 다른 어떤 학문도 존재할 수 없다. 이런 점에서 철학은 학예의 시녀로 볼 수 있다.

우리가 살펴본 고대사상가들은 틀림없이 놀라움과 '알고 싶은 욕구'가 모든 예술적이고 과학적인 탐구의 출발점이라는 데 동의할 것이다. 따라서 그들은 철학을 부모 학문으로 규정한 리프먼의 관점에 동의할 법하다. 하지만 리프먼의 철학관은 적어도 한 가지 중요한 점에서, 고대인들이 진정한 철학적 교육에 관해 상정하는 바를 뒤바꿔놓은 것이다. 다시 말해 고대인들은 인간에게 철학적 사색의 기회를 제공하는 한도 내에서만 학예를 중요한 학과로 간주했다. 그들에게 철학은 학예를 발전시키고 도우며, 그 두 가지를 위해 힘을 주려고 존재하는 것이 아니다. 이렇게 볼 때 철학은 학생들로 하여금 다른 과목에서도 사고할 준비를 갖추도록 해주는 임무를 지닌 부모 학문이 아니다. 오히려 학예는 철학적 사색을 위한 도약대로서 존재한다. 리프먼이 초인지에 주목하고, 어린이 철학 프로그램을 통한 비판적 사고기능의 함양을 강조하는 것은 결과적으로 이와 같은 철학과 학예의 관계를 뒤바꿔놓는 것처럼 보인다. 왜냐하면 그는 라티오를 통한 능력계발을 인텔렉투스의 함양, 테오리아의 활동에 대한 인텔렉투스의 개입보다 우대하기 때문이다.

공정하게 말하자면, 리프먼이 그러고 싶어서 학예와 철학의 관계를 전도시키는 것은 아니다. 물론 그는 '철학의 도구적 기능'을 인정한다. 그리고 '학문적 성취의 증진'을 위한 어린이 철학 프로그램의 유익한 효과에 관한 연구 결과도 많다. 하지만 리프먼은 철학을 단지 다른 학문의 시녀로 치부하는 것을 매우 달갑지 않게 생각한다. 그는 철학이 "습득 과정에서 굳이 다른 정당화가 필요 없는 풍요로움을 대변하는 인문적 주제"에 속한다고 생각하지만,[11] 그런 주장이 "어떤 새로운 학문을 도입하고 또 어떤 기존의 학문을 축소할지에 관한 실질적인 결정을 해야 하는 대다수의 학교 이사단을 설득할 가능성이 높지 않다"는 점도 안다.

리프먼은 부모 학문으로서의 철학을 강조하면서 교육현장에서의 그런 비철학적 우려를 공략한다. 왜냐하면 "철학이 현재의 조건에서 교과 과정에 포함되려면, 학교를 운영하는 사람들에게 철학이 아이들의 전체 성적에 상당한 영향을 미칠 수 있음을 보여줘야" 하기 때문이다. 그런데 원래 리프먼은 평가와 성취를 강조하는 학교에 비판적 태도를 보이는 한편, 철학이 난제와 마주치게 되는 일부 학생들의 학업성적을 저하시킬 문제를 일으킬 수 있는 가능성도 솔직히 인정한다. 하지만 리프먼이 자의로 시녀로서의 철학의 지위를 수용하는 것이 아니라고 해도(또한 비철학적 우려를 드러내는 학교에 어린이 철학 프로그램을 홍보해야 하는 그의 입장을 고려해 철학의 이런 지위를 수용하는 것이 필요하기는 해도), 그런 어정쩡한 태도 때문에 진정한 철학에 대한 그의 열정 또한 어정쩡해지는 것은 아닌가 싶다. 왜냐하면 철학은 학예를 섬기는 시녀로 존재할 수 없기 때문이다. 앞서 살펴봤듯 진정한 지혜 추구는 스콜레, 즉 여가의 분위기에서만 존재한다. '학생 성적'의 향상을 위한 책임 구조에 얽매이고 '비판적 사고 기능'의 계발에 매달릴 경우, 철학은 스콜레에서의 기반을 상실하고 결과적으로 그 정신이나 영혼까지 잃는다.

추론적이고 논리적 훈련으로서의 철학

리프먼이 규정하는 철학 특유의 또다른 성격을 살펴보자. 다른 모든 학예를 개선할 수 있는 능력을 지닌 전형적인 초학제적이며 초인지적 활동으로서의 지위는 별도로 하고, "철학이 사고의 탁월성을 탐색하는 과정에 부여하는 무언가 다른 중요성이 … 있고, 그것은 철학의 세부 단위인 논리"다.[12] 리프먼은 다음과 같이 말한다.

그 출발점부터 철학은 추론의 질을 구별할 수 있는 기준(논리 원칙)을 제시하는 유일한 학문이었다. 철학은 오랫동안 추론 숙련도 향상, 개념의 명료화, 의미의 분석 그리고 의심하고, 탐구하고, 의미와 진리를 모색하는 태도의 함양에 관심이 있었다.[13]

리프먼이 보기에 우리가 학교에서 추론의 질을 구별하도록 아이들을 가르치는 데 시간을 거의 투자하지 않는 이유는 "우리 스스로가 대체로 논리에 익숙하지 않아서"다.[14] 지금까지 교사들이 소홀히 생각해온 철학의 '세부 단위'로서의 추론과 논리에 관한 리프먼의 주장은 표면적으로 어느 정도의 공감대를 형성한다. 예를 들어 나는 각자의 바쁜 일정 속에서 논리적 오류나 논증의 기본적이고 논리적인 형식을 다루기 위한 시간을 따로 마련하는 교사들을 거의 보지 못했다. 그러나 내 교직생활을 돌이켜보고 정부가 학생 평가에 적용하는 다양한 규정을 검토해보면, 우리가 학생들을 가르치는 방식에 대한 리프먼의 판단이 옳다고 확신하기가 쉽지 않다. 오히려 나는 철학 공부가 비판적 사고기능과 추론적이고 논리적인 능력의 향상을 수반한다는 사실을 강조하는 것이, 결국 철학을 교과 과정에 포함해야 하는 당위성을 매우 강력하게 주장하는 것 같다는 교육철학자 주디스 수이사의 견해에 동조한다. 수이사는 "잘 가르치기만 하면 교과 과정에 포함된 모든 학문이 비판적 사고를 증진시킬 수 있다"고 말한다.[15] 실제로 학생들은 수학을 통해 기초적인(그리고 복잡한)

수학적 논리와 연역적 추론을 배우고, 과학적 탐구를 통해 귀납적 추론과 과학적 연구법을 배운다. 사회 과목의 대들보는 어떤 주장에 대한 비교와 검토 및 분석 그리고 주장의 표현을 비롯한 논증이다. 아마 다른 핵심적인 과목보다도 언어 과목을 통해 학생들은 복잡한 텍스트, 개념, 관념 등을 분석하고 종합하고 평가할 수 있다. 그 개별 분야에서의 성취도는 논증, 추론, 논리 등을 둘러싼 일정한 엄밀성을 학생에게 요구하는 정부가 의무화한 규정을 통해 세심하게 평가된다. 그러므로 철학이 학예의 시녀로서 '적합'해져야 한다면, 비판적 사고를 증진하거나 추론을 가르칠 수 있는 철학의 능력은 리프먼이 암시하는 만큼 그리 독보적이지는 않다고 하겠다.

비판적 사고능력으로서의 철학

리프먼이 펼치는 어린이 철학 프로그램 홍보 작업의 성패는 명확한 사고 향상 수단으로서의 철학의 지위에 달려 있다. 그는 어린이 철학 프로그램이 '학습'과 상반되는 '사고'에 대한 현대의 교육적 관심을 가장 효과적으로 공략한다고 여긴다. 리프먼의 시각에서 교육사의 중대한 패러다임 변화는 교육목표가 학습에서 사고로 바뀌었다는 사실이다. 다시 말해 "전통적으로 교육의 주요 관심이 지식을 다음 세대에 물려주는 것"이고 따라서 "어른이 이미 알고 있는 지식이나 알고 있다고 주장하는 지식"을 배울 수 있도록 "아이에게 어른의 세계에 관한 지식을 가르치는 것"[16]인 곳에서는, 초인지적 관점에서 사고와 사고의 향상을 강조하는 철학이 다른 과목과 달리 '비판적 사고기능'의 향상을 가장 중시하는 교육의 '새로운 패러다임'에 반응할 만한 위치에 있다. 사실 리프먼을 비롯한 어린이 철학 프로그램 지지자들은 앞서 살펴본 현대의 교육개혁가들의 야심을 채워주는 것 같은 주장을 펼친다.

사고기능을 교과 과정상의 어려움을 해결할 수단으로 여기는 태도는 오늘날의 학교에서 제공하는 것이 여가 활동, 양질의 인간관계에 대한 욕구, 효과적인 작업 관행 등을 둘러싼 현대의 관념을 따라잡지 못한다는 우려에 일부분 기인한다. 알다시피 오늘날의 젊은이들이 훗날 성인으로서 생존하는 데는 많은 기능이 필요하고, 그런 기능 가운데 일부는 아직도 고안되지 않았다. 또한 우리는 과거를 좋아하고, 비교적 불안한 시기에는 학교의 몇몇 전통적 가치에 주목한다. 그러나 아직도 굳건한 19세기의 여러 특징을 지닌 교과 과정을 이용해 21세기의 아이들에게 도움이 되는 교육을 제공할 수 있을까? 만약 우리가 사고하는 것을 가르친다면, 상상하거나 예측할 수 없는 미래에 교환될 수 있는 화폐를 창조하게 될 것이다.[17]

교육을 전환 가능한 비판적 사고기능의 함양으로 바라보는 관점의 매력은 비판적 사고가 다양한 관념을 구별할 수 있고 사고와 추론에서의 가정, 모순, 약점 등을 식별할 수 있는 능력으로 느슨하게 정의되는 '권한 부여의 미묘한 어감 차이를 활용'한다는 점이다. 여기서 비판적 사고의 소유자는 "추론을 잘할 수 있고 그런 이치에 맞는 가치평가에 따라 확신하고 판단하고 행동하려는" 사람으로 간주된다.[18] 더구나 리프먼은 비판적 사고능력이 없으면 지혜를 습득할 수 없다고 주장한다. 왜냐하면 "지혜는 현명한 판단 특유의 결과고, 현명한 판단은 비판적 사고의 특징이기" 때문이다.[19]

리프먼을 비롯한 어린이 철학 프로그램의 지지자들은 전환할 수 있는 사고기능이라는 개념을 기꺼이 받아들인다. 그들은 "사고는 자연스러운 것이지만, 그것은 완성될 수 있는 기능으로 인식될 수도 있다"고 말한다.[20] 하지만 그들은 그런 기능을 가르치는 문제와 관련한 '유사철학적 접근법'을 강하게 비판한다(그들은 유사철학적 접근법을 언급할 때 '사고기능 접근법'이라는 포괄적 용어를 쓴다). 리프먼이 비판적사고연구소의 간행물 자료에서 말하듯, 비판적 사고를 가르친다는 것은 단지 '생각을' 유도하는 질문을 학생들에게 퍼붓는 것으로 달성되지 않는다. 또한 비판적 사고는 지식이 풍부한 교사와 되도록 많은 지식에 통달할 수 있다는 확신을 학생에게 심어주는 교사에 의해 문화화되지도 않는다. 비판적 사고에 관해 배우고 있다는 것이 곧 비판적으로 사고한다는 것을 의미하지는 않는다. 심지어 학생들이 논리 수업을 받는다고 해서 비판적 사고의 함양이 보장되는 것도 아니다.[21]

이와 대조적으로 철학은 비판적 사고를 증진시킬 수 있는 최상의 방법으로 평가된다. 첫째, 이미 지적했듯 리프먼을 비롯한 어린이 철학 프로그램의 지지자들은 철학을 철학의 세부 단위인 추론과 논리를 가르치기 위한 '최적의 교육론'으로 바라본다. 그들이 사고기능 접근법에 반대하는 부분적인 이유는 "그것을 옹호하는 사람들(이를테면 벤저민 블룸)의 이해 범위 안에 추론기능이 포함되는 경우가 드물다"고 생각해서다. 그들이 사고기능 접근법에 반대하는 두 번째 이유는 그들이 보기에 비판적 사고는 사고기능 접근법이 장려하는 수업을 통한 연습이나 기계적인 자습 과제 같은 '진부한 교수 방식'으로 장려되거나 함양될 수 없어서다. 그런 진부한 분위기에서는 교사와 학생이 탐구를 제대로 할 수 없다고 본다.

교사는 박식한 권위자의 가면을 쓸 수 있다. 학생들은 조용히 줄지어 앉아 질문에 대답하고 열심히 필기할 수 있다. 반면 철학은 그런 방식으로 할 수 없다. 철학을 하는 데는 문답, 대화, 교류 등이 필요하고, 그 세 가지는 전통적인 교실에 필요했던 요건과 공존할 수 없다.22

어린이 철학 프로그램의 지지자들이 사고기능 접근법에 반대하는 세 번째 이유는 그것이 비판적으로 사고하려는 학생의 동기, 관심, 욕구 등의 중요성에 주목하지 않아서다.

고립된 기능을 날카롭게 다듬는 데 집중하는 태도는 그런 여러 기능의 수렴과 편성으로 이어지는 절차를 제공하지 않는다. 학생들이 자신의 인지기능을 향상시키거나 탐구에 임하도록 동기를 부여하는 데 아무런 노력이 투자되지 않을 것이다. 왜냐하면 학생들의 관심과 호기심을 자극할 만한 것이 전혀 제공되지 않기 때문이거나 학생들에게는 그들 스스로가 발견하지 않은 문제, 즉 교사가 내는 문제가 제시되기 때문이다.

달리 말해 사고기능 접근법은 이성의 삶에 뛰어들 만한 강렬한 동력을 전혀 제공하지 않으면서 추론기능을 가르친다. 그런 접근법은 학습자의 즐거움을 배제시킨다. 그리고 듀이가 교육에서의 관심이 차지하는 중요성으로 여긴 것에 주목하지 않는다. 즉 진정한 교육은 이성을 능숙하게 운용할 줄만 아는, 그리고 학력 평가에서 그런 식의 운용에 통달했음을 증명할 줄만 아는 학생을 육성하지 않는다. 이치에 맞는 것을 모색하려는 '동기'나 성향이 결여된 학생들은 흔히 시험을 위해 공부하고 시험이 끝나는 즉시 잊어버린다. 반면 진정한 교육을 받은 학생은 이성적이다. 또는 최소한 이성적이기를 바란다. 그런 학생은 진심으로 무언가를 알거나 파헤치고 싶어한다. 윈스탠리는 사고기능 접근법에 결여된 이 요소를 '비판적으로 사고하려는 성향이나 기질'로 부른다. 사고기능 접근법은 학생에게 추론 방법을 가르치지만, 비판적 태도나 비판 정신을 함양시키지는 않는다. 윈스탠리는 샤론 베일린과 하비 시겔의 말을 인용하면서 "그저 '학생들에게 이성의 검인력을 평가할 수 있는 역량을 키워주는 것'만으로는 학생들을 비판적 사고의 소유자로 키울 수 없다"고 촌평한다. 이렇듯 윈스탠리를 위시해 사고기능 접근법을 비판하는 사람들은 사고가 오로지 '기능'으로 이해될 수 있다는 견해의 약점을 정확하게 파악하고 있다. 한편으로 사고는 분명히 연습을 바탕으로 향상시킬 수 있는 것이므로, 기능과 비슷하다. 그러나 다른 한편으로 사고는 단순히 기능으로 간주되지 않아야 한다. 왜냐하면 기능은 우리가 발휘 여부를 선택할 수 있는 것이기 때문이다. 기능은 상황에 따라 적용되기도 하고 적용되지 않기도 하는 것이다. 예를 들어 구두 수선공이나 주택 건축업자나 연설문 집필자 등의 기능과 대조적으로 비판적 사고는 늘 작동되어야 하는 것이고, 우리가 비판적 사고의 소유자가 되려면 비판적 사고가 습관이나 기질로 자리 잡아야 한다. 윈스탠리는 다음과 같이 말한다.

> 이성에 따라 행동하고 확신하는 습관을 들이는 것에 초점을 맞추지 않은 채 인지 과정 개선, 착상 전략 수립, 의사결정 속도 향상 등에 주력하는 대부분의 사고기능 프로그램에서 흔히 비판적 사고의 이 기질적 측면이 누락된다.[23]

어린이 철학 프로그램 지지자들은 철학이 사고기능 접근법의 이 세 가지 약점을 모두 극복할 수 있다고 생각한다. 첫째, 사고기능 접근법과 달리 철학은 특히 그것의 세부 단위인 추론과 논리를 익힐 수 있는 기회를 제공한다. 둘째, 수업을 통한 연습이나 기계적인 자습 과제와 달리 철학은 독자적인 질문을 모색하도록 유도함으로써 학생들을 진정한 탐구의 세계로 이끈다. 셋째, 교실에서의 철학은 관심에 호소함으로써 학생들의 이성적 기질을 함양시킨다. 어린이 철학 프로그램 지지자들이 볼 때 이 세 가지 약점을 극복하는 데 쓰이는 철학의 기본적인 수단은 대화식 토론의 분위기에서 비롯된다.

민주적인 교육 수단으로서의 철학적 대화

리프먼은 철학적 담론을 비판적 사고기능뿐 아니라 비판적 사고 기질도 촉진할 수 있는 최고의 방법으로 추켜세운다.

정말 그렇지 않은지를 자문해보라. 학창 시절에서 가장 기억에 남는 그리고 지적 측면에서 가장 인상적인 사건은 무엇인가? 자습 시간? 강의? 발표? 필기시험? 아니면 모두가 한 명의 인간으로서 어떤 중요한 문제에 관해 대화를 나누는 학급 토론?[24]

리프먼에 따르면 우리는 학생의 성적을 평가할 때 이른바 비판적 사고 능력을 측정하고 계발하는 최고의 수단인, 작문과 시험 결과에 대한 꼼꼼한 조사에 모든 관심을 집중하는 경향이 있다. 이때 더 훌륭한 사고의 중요성은 흔히 간과된다. 리프먼의 주장을 들어보자.

우연히 목격하는 사람은 그런 교실(학생들이 철학적 사색에 임하는 교실)에서 일어나는 일을 '잡담'으로 치부할지 모른다. 하지만 그 사람은 적절히 관리되는 대화만큼 추론기능을 다듬을 수 있는 것은 없다는 사실을 놓친 것이다. 또한 아이들이 말하기를 좋아한다는 사실과 아이들이 하고 싶어하도록 강제되는 것이 아니라 아이들이 하고 싶어하는 것을 토대로 삼기 위해 지금까지 지혜로운 교육자들이 꾸준히 노력해왔다는 사실을 간과했다. 그리고 끝으로 대화가 … 공손한 태도의 최소 조건이라는 사실을 무시한 것이다.[25]

대화의 중심성에 주목한 이 논평에서 리프먼이 암시하는 바는 어린이 철학 프로그램이 제공하는 '적절히 관리되는 토론'이 추론기능을 다듬는 최고의 수단이라는 점에 그치지 않는다. 대화는 교화적 목적(특히 민주적 목적)을 달성하는 데도 중요한 역할을 한다. 풀어 말하면 철학적 담론은 단지 개인의 '고차원적 사고'나 초인지를 장려하는 데 그치지 않는다. 학생들을 집단토론에 참여시키는 철학적 담론은 리프먼이 '분포되는 사고'나 '공유되는 인지'로 부르는 것을 촉진한다. 집단토론은 특정한 '사고'의 사례가 여러 개인에게 '분포'되거나 전파되는 장이다. 이렇듯 철학적 담론은 민주사회의 시민의식을 함양시키는 역할도 한다.

리프먼은 "학급 구성원들이 서로의 질문에 대답하고, 다른 학생의 질문을 모방하며, 서로의 추리를 발판으로 삼고, 서로에게 사례와 반증을 제시하며, 다른 학생이 개념을 세우도록 돕는다는 점에서 학급 토론은 분포되는 사고의 좋은 본보기일 수 있다"고 말한다. 리프먼에 따르면 일단 학생들이 적절히 관리되는 토론에서 발생하는 분포되는 사고의 '초기 단계'에 접어들 경우, 자신이 모방하고 싶은 다른 학생들과의 상호작용을 통해 습득한 추론 행위를 '내면화'하거나 '내재화'해야 할 뿐 아니라, 자신이 그런 추론 행위에 관해 내재화한 내용을 다른 학생들이 모방할 수 있도록 '외면화'해야 한다. 리프먼은 분포되는 사고의 효과를 '내면화'하고 '외면화'하는 이 과정을 학교 교과 과정상의 철학이 민주사회에서 삶의 질을 직접 개선할 수 있는 수단으로 바라본다. 이 과정은 철학에 단단히 자리 잡은 분포되는 사고와 고차원적인 사고의 조합일 뿐 아니라 '양질의 민주주의를 보여주는 사회에 속한 시민들의 특징'이기도 하다.[26]

철학의 대화적 성격을 강조하는 리프먼과 공저자들은 철학적 탐구를 학교에 도입하는 문제의 사회적이고 정치적인 중요성에 주목한다. 어린이 철학 프로그램 같은 사고기능 프로그램의 목표는 "아이들을 철학자로 키우는 것이 아니라, 아이들이 더 신중하고 더 성찰적이고 더 사려 깊고 더 이성적인 사람이 될 수 있도록 돕는 것"이다.[27] 리프먼이 볼 때 더 이성적인 사람이 되도록 돕는 것은 교육의 가장 중요한 목표다. 사리 분별은 모든 건전한 민주주의에서 매우 중요한 요소고, 집단적 탐구의 구체적 형태인 철학 교육은 민주주의를 준비하는 탁월한 수단이다. 사실 리프먼의 시각에서 민주사회는 철학을 학교에 도입함으로써 그가 '참여적 탐구 공동체'라고 부르는 것으로 변모할 수 있다. 그런 사회가 형성되기 위해서는 다음과 같은 것이 실현되어야 한다.

탐구가 교육의 지배적 특성이 되어야 한다. 그래야 주입식도 아니고 상대주의적이지도 않은 탐구 과정이 미래의 모든 시민에 의해 내면화될 수 있다. 요컨대 우리가 바라는 종류의 민주주의와 우리가 원하는 종류의 세계에 더 가까이 접근할 수 있으려면 교실이 질문을 던지고 서로 대화를 나누는 문답식 공동체로 탈바꿈해야 하고, 그런 현상이 미래사회의 전조로 인정되어야 한다.[28]

정리하자면 리프먼은 철학을 진정으로 변모적인 교육(혁신이나 성공이나 높은 시험 점수 대신에 적절히 관리되는 집단적 대화를 통한 사고의 탁월성 향상을 목표로 삼는 교육)을 위한 제1의, '최적의 교육론'으로 여긴다.

리프먼의 철학 교습법에 대한 비판

리프먼의 철학관을 개괄적으로 살펴봤으니 이제 그가 생각하는 학교에서의 철학 교습법을 검토해보자. 철학을 교실에 도입하는 방법을 둘러싼 문제는 적어도 두 가지 쟁점으로 나뉜다. 첫째, 정말로 철학이 가르칠 수 있는 과목이라면 리프먼은 학습수준이나 성숙도가 각각 다르고 철학적 담론에 익숙하지 않은 아이들에게 철학을 가르치는 방법에 관한 문제를 고민해야 한다. 둘째, 교사들이 전반적으로 철학적 사색의 의미를 모르는 것이 문제의 일부분이라면 리프먼은 그들에게 철학적 토론을 이끄는 방법을 가르쳐야 하는 난제를 해결해야 한다.

앞서 살펴봤듯 리프먼과 어린이 철학 프로그램 지지자들은 철학적 대화를 학습과 추론을 위한 가장 매력적이고 역동적인 수단으로 제시한다. 그들은 "대다수 아이는 주로 대인 토론 과정에서, 그리고 그런 토론 이후 이어지는 숙고 과정에서 철학적 사고를 배운다"고 말한다.[29] 그런데 여기서 문제는 철학적 토론과 비철학적 토론을 구분하는 방법이다. 리프먼의 시각에서 철학을 하는 방식(바꿔 말하면 철학적 토론이 이뤄지는 모습)에는 아이들이 본받을 수 있는 모형이 있어야 한다. 그리고 교사가 아이들과 함께 철학적으로 검토하는 질문과 문제는 아이들이 감당할 수 있는 수준이어야 한다. 리프먼의 어린이 철학 프로그램은 이른바 '교과 과정의 합리화'를 통해 이 문제를 공략한다. 즉 리프먼이 보건대 아이들에게 철학을 소개하려면 "방대한 철학 전집을 개략적으로 검토해 초등학교와 중

등학교의 각 학년에 따라 순서대로 배열하는 방법을 결정"해야 한다.30

리프먼은 특정 학교에서 특정 집단의 학생들에게 철학을 가르치는 데 관심 있는 개별 교사들이 특정 철학 독본을 선택하는 방식을 고려하지 않는다. 대신에 그는 순서대로 배열된 초보적 독서 자료와 교사용 지침서의 표준화된 묶음을 아이들과의 철학적 사색을 사회운동 차원으로 끌어올리는 최고의 수단으로 여긴다. 사실 리프먼과 공저자들은 철학을 교실에 '가져오는' 문제를 둘러싼 결정을 교사에게 맡기는 것은 '교사에게 지우지 말아야 할' 부담에 해당한다고 말한다. 그들은 아이들이 고전적 철학 저작을 쉽게 이용할 수 있다고 판단하지 않기 때문에 '과도적 텍스트'가 필요하다고 주장한다. "칸트의 저작을 훑어보거나 심지어 아리스토텔레스의 인상적인 구절을 살펴보기를 좋아하는 아이들을 거의 보지 못했고, 아이들이 철학을 실천하지 못하도록 가로막는 매우 큰 장애물 가운데 하나가 전통적 철학 자료의 어려운 전문용어"라는 점을 깨달은 다음,31 그들은 마이클 핸드의 이른바 '철학의 전범적典範的 관점'32(이 관점에서는 철학을 하는 것이 고전적 철학 작품을 읽고 공부하는 것과 동일시된다)을 거부한다. 그리고 "전통적으로 철학 텍스트는 뜻밖에도 놀라움, 복잡함, 신비함 등이 결여되어 있고 구체성과 일상성에 무관심하다"는 카린 뮤리스의 촌평에는 일말의 진실이 담겨 있다.33 바꿔 말하면 전통적이고 철학적인 전범 가운데 상당수는 아이들뿐 아니라 대다수의 어른도 접근하기 힘들다. 이런 어려움 때문에 리프먼과 그의 동료들은 학생들에게 고전적 철학 작품을 소개하는 방식의 교육적 가치를 전혀 인정하지 않고, 심지어 철학자들의 이름을 언급하거나 그들과 특정 문제와의 관련성을 거론하는 것조차 삼가도록 권고한다.

아이들이 단순한 문구가 아닌 사상을 파악할 수 있도록 하기 위해 어린이 철학 프로그램에서는 철학자들의 이름을 절대 언급하지 않는다 (물론 그들의 사상은 소개하지만). 그리고 교사는 철학자들의 이름을 수업 시간에 거론하지 않는 편이 나을 것이다.[34]

리프먼은 이렇게 결론을 내린다. "우리의 인문적 유산 가운데 쉽게 다가갈 수 없는 획기적 이정표에 접근하기 위한 징검다리 역할을 맡을, 방대한 규모의 독창적이면서도 예비적인 자료를 생산해야 할 것이다."[35] 그는 어린이 철학 프로그램 교과서를 이런 틈새시장을 채우기 위한 '단계별' 또는 '순서별 독서 자료'로 여기고, '2차 자료'와 어린이 철학 프로그램 교과서를 구분한다. 그가 보기에 "'교수법' 강좌가 마치 교사와 해당 학문 사이의 장벽처럼 느껴지듯 2차 자료는 아이들과 아이들이 물려받은 인문적 유산 사이를 가로막는 장벽"이다. 학생들에게 철학이 무엇인지 설명하려고 시도하는 2차 자료와 달리《픽시Pixie》《해리 스토틀마이어의 발견Harry Stottlemeier's Discovery》《토니Tony》《리사Lisa》《마크Mark》《수키Suki》같은 그의 연작소설은 무엇을 해야 하는지를 학생들에게 보여주려는 의도에서 쓴 것으로 학생들이 막 보고 들은 바를 본받도록 유도하는 효과가 있다. 리프먼이 취하는 '텍스트로서의 소설' 접근법에 따르면 학생들은 교실에서 리프먼의 소설을 소리 내어 읽으면서 소설의 주인공들이 해야 하는 말을 마치 시나리오를 읽듯 한 사람씩 번갈아 따라 해야 한다. 이 접근법의 취지는 줄거리를 따라가면서 아이들도 소설의 주인공들처럼 '탐구를 위한 하나의 과목인 논리의 힘'을 발견하고 거기서 기쁨을 느끼는 것이다.[36]

신화나 전승에 대한 리프먼의 부정

카린 뮤리스와 개러스 매슈스 같은 어린이 철학 프로그램 운동의 다른 참여자들은 어린이 책이 철학적 탐구에 효과적으로 활용되는 방식을 보여주지만, 리프먼과 공저자들은 어린이철학진흥연구소의 어린이 철학 프로그램 초급 교과서만을 사용할 뿐 나머지 독서 자료는 전혀 활용하지 않는다. 이렇듯 어린이 철학 프로그램에서는 철학 텍스트를 활용하지 않는다. 뿐만 아니라 그들은 부모가 자녀를 위해 즉석에서 지어내는 동화나 이야기가 교육적으로 적합하다는 견해도 비판한다. 그들은 "아이들을 위해 이야기를 지어내는 부모는 … 자신의 상상력에 너무 심취한 나머지 자녀의 상상력을 가로막을 우려가 있다"고 말한다. 즉석에서 상상력을 발휘해 지어내거나 신화, 동화, 전설 등의 형태로 전해 내려온 이야기를 아이에게 들려주고 싶은 이들에게 저자들은 이렇게 자문할 것을 권고할 것이다. "우리가 아이들 대신 상상력을 발휘하면 아이들의 창의성을 얼마나 빼앗게 될까?"37 물론 아이들에게 이야기를 들려주는 것에 대한 경고의 역설은 어린이 책을 쓰는 작가인 리프먼에게도 적용된다. 그가 내놓은 '변명'은 다음과 같다. "아이의 능력을 어른이 자극하는 것은 전혀 문제되지 않지만, 그런 자극은 압도적인 것이 아니라 고무적인 것이어야 한다." 어린이 철학 프로그램 저자들은 "성인들이 아이들을 위해 글을 써야 한다면 아이들의 문학적이고 예시적인 능력을 발산시키는 데 필요한 정도에 그쳐야 한다"고 주장한다.

자기가 쓴 소설 외 다른 독서 자료를 활용하는 문제에 대한 리프먼의 경고는 표면적으로 약간 이기적인 느낌이 난다. 그리고 리프먼이 "어린이 철학이 등장하기 전에는 '아이들에게 철학을 가르치는 방법'을 둘러싼 이들 질문에 쉽게 대답할 수 없었다(따라서 어린이 철학 프로그램의 등장은 철학의 세계사적 중요성을 띠고 있는 듯하다!)"38고 말하는 점을 감안하면 심지어 건방져 보이기까지 한다. 게다가 리프먼은 자신과 자신의 대화식 저작을 플라톤과 플라톤의 대화편에 비견하면서 "플라톤 이후 지금까지 대중이 쉽게 접근할 수 있으면서도 신뢰성과 진실성을 갖춘 방식으로 철학을 제시하기 위한 노력은 극히 드물었다"고 말한다.39 윌리엄 프로프리트 같은 평론가들은 어린이 철학 프로그램 기획자들이 아이들과의 철학적 사색과 그들의 강의 자료를 동일시하면서 드러내는 기득권에 대한 관심을 지적한다. 그는 교사들에게 어린이 철학 프로그램 교과서를 추천하면서도 이런 주의를 준다. "그러나 철학이 교실에 도입될 수 있는 수많은 방법이 특정한 '묶음'의 교과 과정 자료나 교사 연수 내용과 동일시되고 있다." 그는 "리프먼과 그의 동료들은 가끔 학교에 철학을 도입할 수 있는 가능성을 그들의 프로그램과 동일시한다는 점에서 흠결이 없지 않다"고 말한다.40

하지만 나는 아이들이 철학적 사색을 한다는 것의 의미와 철학적 활동과 아이들이 읽는 글이나 듣는 이야기 사이의 관계를 리프먼이 어떻게 바라보는지 면밀하게 검토하면, 리프먼의 노력을 이기적인 것으로 평가하는 비판적 시선을 대체로 일축할 수 있다고 생각한다. 기본적으로 아이들을 위한 저작의 의심스러운 성격에 대한 리프먼의 태도는, '의미'는 외부에서 주어지거나 전해 내려올 수 있는 것이 아니라 단지 내가 발견할 수 있는 것이라는 믿음에서 비롯된다.

발견이라는 용어를 강조하는 것은 결코 우연이 아니다. 정보는 전달될 수 있고, 교리는 주입될 수 있으며, 감정은 공유될 수 있지만, 의미는 발견되어야 한다. 우리는 다른 사람에게 의미를 '줄' 수 없다.41

리프먼과 공저자들은 많은 아이가 학교생활을 '무의미'하게 여긴다는 점을 지적한다. 그와 동료들은 철학을 젊은이들이 자기 삶의 경험에 포함된 의미를 '발견'할 수 있도록 유도하는 방법으로 바라본다. 또한 그들은 "아이들이 중요하게 생각할 유일한 의미는 남들에 의해 주어지는 의미가 아니라 자기 삶에서 스스로 이끌어낼 수 있는 의미다"라고 말한다. 이 때문에 리프먼과 그의 동료들은 이야기가 어른들로부터 아이들에게 전해지는 시간이 "교사와 아이가 직접 쓰는 어린이 책에, 아이들이 각각의 발달단계에서 갖추게 되는 상상력과 통찰력과 이해력이 반영된 어린이 책에 결국 자리를 내줄지 모른다"고 예상하는 것 같다. 여기서 우리는 아이들이 서로에게 동화를 들려주기를, 그리고 아이들이 발견한 내용만 근거로 삼기를 바라는 리프먼의 기대에 부응하는 차원에서 아이들이 온라인 전자책을 쓰는 쌍방향적이고 협력적인 웹 기반의 집필 방식을 상상해볼 만하다.

대다수 교육자가 의미를 발견되는 것이 아니라 '구성'되는 것으로 여기는 상황을 감안하면, 의미의 발견을 강조하는 리프먼의 태도는 신선하다. 사실 나는 리프먼과 마찬가지로 철학적 탐구가 근본적으로 발견에 관한 것이라고 생각한다. 예를 들어 철학자의 전형인 아르키메데스가 욕조에서 뛰쳐나오면서 "알았다!(유레카)"고 외치는 장면을 떠올려보자.[42] 철학의 동력은 존재를 보고 싶고, 알고 싶은 욕구다. 이 세상의 여러 존재물은 인간이 만들거나 구성하거나 상상하는 것이지만, 그것의 실재나 실체는 그렇지 않다. 존재의 세계는 존재물을 조작할 수 있는 인간의 제한적 창의력과 별개로 존재한다. 달리 말해 고전적 이해에 따르면 인간은 어떤 것을 만들지만(포이에시스), 무에서 창조하지는 않는다. 존재의 창조(무에서 어떤 것을 새로 만들어내기)는 항상 신의 독점적 영역으로 간주되었다. 따라서 조각가가 조각상을 만들 수는 있어도 대리석을 만들 수는 없 듯, 비록 인간은 여러 가지 것을 만들지만 우리가 만든 것의 존재는 우리가 창조한 것이 아니다. 고전적 이해에 따르면 철학에서는 현실이 해석이나 개념적 구성이 아니라 사실이라고 전제한다. 그리고 철학이 관심을 갖는 대상은 존재에 대한 존재로서의 사랑이고, 전체에 대한 관찰에서 정점에 이르는 모든 현실에 대한 관찰(테오리아)이다.

하지만 우리는 굳이 신화나 전승에 대한 리프먼의 부정적 태도에, 그리고 의미는 주어지거나 전해 내려올 수 없다는 그의 견해에 동조하지 않아도 철학이 근본적으로 현실의 발견에 관한 것이라는 그의 시각을 받아들 수 있다. 사실 영어 단어 tradition은 '내주다' '넘겨주다' '물려주다'라는 뜻의 라틴어 동사 trado에서 파생되었다. 사실 이야기(미토스)와 전승을 통해 전해 내려오는 것은 '진리'의 간결한 표현이다. 다시 말해 신화는 총체적 인간 경험을 둘러싼 근본적인 통찰의 명확한 표현이다. 신화는 전체를 향한 일종의 상징적 관조의 기회를 제공한다. 이야기, 전설, 신화를 아이들에게 들려주는 우리의 마음속에는 이야기, 전설, 신화에 어떤 핵심적인 진리(아이와 어른이 흡수할 수 있는 진리, 세심하게 검토하고 깊이 생각하면 우리 스스로 발견할 수도 있는 진리)가 담겨 있다는 확신이 자리 잡고 있다.

다수의 철학자는 신화와 전승에, 즉 전해 내려오는 것에 근거하지 않으면 철학이 생겨날 수 없다고 주장해왔다. 일례로 아리스토텔레스는 그 유명한 '신화를 사랑하는 사람(필로미토스)'과 '지혜를 사랑하는 사람(필로소포스)'의 유사성을 언급하면서 인간이 철학적으로 사색하는 이유와 신화가 기적적인 사건으로 구성되는 것은 놀라움 때문이라고 지적한다. 플라톤은 종종 신화로 대화편을 엮고, 소크라테스는 그 신화의 진리를 입증하는 모습으로 자주 등장한다. 푀겔린도 신화와 철학의 관계에 주목한다. 그는 신화를 질서에 대한 경험의 '간결한' 상징화로 묘사한다. 그가 볼 때 경험의 상징화를 통해 신화는 우리에게 존재 전체를 단번에 훑어볼 기회를 제공한다. 철학은 신화에 대한 검토에서 비롯되기 때문에 신화적 상징화를 전제로 한다. 사실 철학은 신화가 제공하는 간결한 광경 속의 '경험 덩어리'를 '구별'하는 전형적인 수단이다. 바꿔 말하면 철학의 이지적 경험은 "지금까지 알려지지 않은 현실에 대한 지식을 낳는 대신에 지금까지 (신화에서) 간결한 것으로 경험된 현실에 대한 구별적 통찰을 가능"하게 한다.[43] 비슷한 맥락에서 피퍼는 철학이 계시의 전통을 사물의 시작을 둘러싼 철학적 탐구에서 일어나는 감탄의 원천으로 상정하고 있다고 말한다. "모든 철학적 사색은 언제나 이미 알려진 것으로서 전해 내려온, 세상에 대한 해석에 좌우되고 '철학적 사색'을 촉발하는 것은 바로 이런 전승이 불러일으키는 놀라움"이다.[44] 앞서 언급한 탁월한 철학자들의 견해를 고려하면 의미는 오로지 발견될 수 있는 것이라는, 그리고 의미는 주어지거나 전해 내려올 수 없는 것이라는 어린이 철학 프로그램의 기본적인 가정을 받아들이지 말도록 권고하는 편이 합당해 보인다. 사실 리프먼은 어린이 철학 프로그램에 철학의 전통을 반영하기를 거부하고, 아이들이 철학의 토대에 다가가지 말아야 한다고 주장한다.

제임스 콘로이는 전통을 배제하는 데 따른 위험을 어린이 철학 프로그램 운동 내부의 시각에서 지적한다. 그의 주장에 따르면 "철학은 특정한 역사적이고 문학적인 전통에 깊이 뿌리박혀 있는 의식구조고, 철학을 가르치는 과정에는 처음부터 이들 전통에 관한 친숙함이 필요"하다. 콘로이는 교실에서 철학 텍스트를, 그리고 어린이 철학 프로그램과 무관한 문학작품을 활용하는 문제를 다루면서 "세상에 대한 아이들의 이해력을 키우고 넓히고 튼실하게 만드는 것"이 주요 관심사여야 한다고 본다.[45] 그는 어린이 철학 프로그램 교과서를 통해 리프먼의 소설 속 주인공들을 모방하면서 철학적 대화에 뛰어드는 방식의 요점을 되풀이하는 것으로는 참된 철학적 사색을 촉진하기 어렵다고 말한다. 콘로이는 "지혜는 단지 경험의 반복이나 확장을 통해 생기지는 않으며, 아무리 수준 높은 교육론에 근거를 두어도 지혜는 질문과 논의만으로 키울 수는 없다"고 지적한다. 끝으로 "철학적 지혜는 교실에서의 대화만으로 습득될 수 없을 것"이다. 그는 '어떤 다른 요소가 … 필요하다'고 생각한다. 그 '어떤 다른 요소'는 정확히 말해 그가 "생각, 성찰, 통찰의 보고寶庫"로 부르는 전통의 '책꽂이'다.

나는 과거의 모든 것을 훼손할 정도로 미래에 집착하는 현대 교육계의 태도가 걱정스럽다. 이와 동일한 맥락에서 어린이 철학 프로그램 운동을 비판적으로 바라보는 콘로이는 아이들의 분석적 사고를 유도하는 것만으로는 부족하다고 생각한다. 그는 "우리는 미래에만 관심을 쏟다 보니 너무 쉽사리 과거의 문화 자원에 등을 돌려왔다. 참신성이 너무 손쉽게 고착성을 제거해왔다"고 지적한다. 그가 보기에 학생들이 진정으로 지혜를 추구할 수 있으려면 고전을 읽어야 한다. "물론 우리는 독서만으로 구원을 얻거나 지혜로워질 수 없겠지만, 독서를 하지 않으면 지금 미국이 다른 모든 사안에서 그렇듯 세계 1위를 자랑하는 수준 낮은 삶 속에서 죽음에 직면하게 될 것이다." 또한 그는 이렇게 말한다. "우리는 훌륭한 책에 담긴 사상을 아이들에게 소개할 필요가 있다." 그런 소개 과정은 고대의 자료에 담긴 사상을 뿌리째 뽑은 뒤 그것을 학생들이 소리 내어 읽는 초보자용 교과서나 '소설'에 옮겨 심는 것이 아니라, 고대 저술가들이 고민한 난제를 원형 그대로 또한 '고유의 표현' 그대로 학생들에게 제시하는 것을 통해 진행된다. 콘로이는 학생들이 위대한 사상적 전통을 접하면 '유아론唯我論에 빠질' 위험에서 벗어날 수 있다고 본다. 즉 옛것과 유서 깊은 문학적 전통에 노출되면 "학생들은 먼 옛날의 지적 도전 과제와 씨름했던 위대한 사상가들의 생각과 자신의 생각을 비교하는 법을 배울 수" 있다. 기본적으로 나는 이 문제와 관련해 콘로이의 의견에 깊이 공감한다. 나는 제자들이 플라톤의 《향연》《소크라테스의 변명》《길가메시 서사시》, 소포클레스의 〈안티고네〉 같은 고대 문헌을 접할 때, 세상과 자신에 관한 나름의 현대적 추정에 의문을 제기하는 모습을 지켜보면서 그들 사이에 번지는 흥분과 호기심과 경이감을 여러 번 느꼈다. 어린이 철학 프로그램에 대해 콘로이가 드러내는 불만의 진실성은 내 교직생활을 통해 경험적으로 입증된다. 아이와 젊은이에게 전통과 이야기를 '물려주는 것'은 풍성한 열매로 돌아올 수 있다.

어린이 철학 프로그램에 맞서 철학을 변호하다

교사로서 나는 지금까지 학생들에게 영어와 사회 같은 필수과목과 관련한 철학 토론과 고전적 철학 텍스트 읽기를 장려하기 위해 최선을 다해왔다. 또한 지혜 추구에 임하도록 학생들을 독려하고자 여러 고등학교에서 철학을 선택과목으로 도입했다. 게다가 나는 어린이 철학 프로그램 텍스트를 사용하는 대신 철학적 전통이 담긴 책이나 교육적 의도가 배제된 흥미로운 내용의 소설을 공부하는 데 주력했다. 내가 학생들을 가르칠 때 어린이 철학 프로그램용 책자를 활용하기를 꺼려하는 것은 주로 진정한 철학 작품에 대한 애정에서, 그리고 그런 작품을 발견할 때의 즐거움을 학생들과 함께 나누고 싶은 욕구에 기인한다. 아울러 어린이 철학 프로그램 텍스트를 차마 읽을 수 없기 때문이기도 하다. 어린이 철학 프로그램 텍스트는 솔직히 지루하고 부자연스럽고 자기지시적인 느낌이

날 때가 아주 많다. 마치 진정한 문학이 아닌 소설을 가장하는 그리고 학생들이 이행해야 할 연습으로 가득한 교과서처럼 보인다. 예를 들어 리프먼의 소설《리사》에서 주인공 토니는 아래와 같이 심사숙고하는 모습으로 묘사된다.

그의 머릿속에는 작년에 자신과 해리와 다른 사람들이 발견한 네 가지 가능성(리프먼의 어린이 철학 프로그램 전집 초판본을 가리킨다)이 다시 떠올랐다. 그리고 네 가지 유형의 문장 A와 E와 I와 O도.
토니는 '재미있군. 작년에 우리는 하나의 사례에 네 개가, 또다른 사례에 네 개가 있는지 몰랐어. 저것들은 서로 연결되었을까?'라고 생각했다. 그는 머릿속으로 문장을 서로 짝지으려고 애썼다. 결국 A와 E를 연관시키는 방법은 네 가지였다.
A와 E가 있는 상태.
E가 없는 상태의 A.
A가 없는 상태의 E.
A도 없고 E도 없는 상태.
그러나 A와 I, A와 O, E와 I를 연결하는 방법도 네 가지가 있었다. … 토니는 졸리기 시작했다.[46]

앞서 살펴봤듯 리프먼과 그의 동료들은 철학을 학생들에게 비판적 사고를 가르치는 최상의 수단으로 떠받든다. 그들이 보기에 철학이 비판적 사고에 도움이 되는 것은 논리라는 세부 단위 덕분이다. 리프먼은 독자가 기초적인 논리 형식을 접할 수 있는 연습 문제를 자신의 소설 곳곳에 심어놓는다. 바로 이런 특별한 상황에서 토니는 모음 4개가 뒤섞이며 빚어내는 순열과 조합을 계산해야 한다는 생각에 졸음이 쏟아진다. 리프먼의 소설에는 그런 연습 문제가 가득 차 있고, 소설의 부록인 교사용 지침서에도 수많은 사고 연습 문제와 활동이 포함되어 있다. 콘로이는 리프먼의 책에서 엿보이는 특유의 멋스러움을 연습 문제에 대한 변명으로 바라본다. "어린이 철학에서 권장하는 사고 연습은 그야말로 사고 연습이다." 물론 교육은 사려 깊은 질문을 던지는 연습을 장려하는 데 주력해야 하지만 "어린이 철학 프로그램용 책자 곳곳에서 사고는 그 자체가 목적이 되어버리는 특별한 종류의 과정으로 변모"해버렸다.[47] 여러분이 리프먼의 프로그램을 훑어보면 그의 소설이 과연 어떻게 자습 과제나 훈련에 대해 어린이 철학 프로그램 지지자들이 퍼붓는 비판을 피할 수 있는지 궁금해질 것이다.

리프먼의 소설이 지니고 있는 인위적이고 연습 중심적인 성격도 문제지만, 그가 한편으로는 고전적 철학 텍스트를 전혀 다루지 않고 심지어 철학자들의 이름도 언급하지 않으면서 다른 한편으로는 그 철학자들의 '사상'을 자신의 교과서에 포함하려고 하는 것도 문제로 볼 수 있다. 아래의 이야기도 리프먼의 소설 《리사》에서 발췌한 것이다.

저녁 식사 후 리사는 집 밖으로 나갔다. 그녀가 집 앞 인도에 다다를 무렵, 저쪽에서 존슨 씨가 가죽끈으로 잡아맨 개를 산책시키며 다가오고 있었다. 존슨 씨는 새로 이사 온 사람이었다. 리사는 그를 전혀 몰랐다. 그와 개가 리사의 집 앞에 이르렀을 때 개가 나무 옆의 다람쥐를 발견하고 뒤쫓기 시작했다. 존슨 씨가 가죽끈을 잡아당겼고 개는 큰대자로 드러누웠다. 개가 다시 일어나 으르렁거리며 방금 나무 뒤로 사라진 다람쥐를 쫓아가려고 했다. 가죽끈을 더 잡아당길수록 개도 더 많이 발버둥쳤다.

존슨 씨가 개에게 고함을 질렀지만 개는 요지부동이었다. 결국 그는 작은 나뭇가지를 하나 집어들고 개를 때리기 시작했다. 개는 웅크린 채 꼼짝도 하지 않고 매를 맞았다. 리사는 몸서리를 치면서 그 장면을 지켜봤다. 그녀는 비명을 지를 수도 없었다. 그러다가 그녀는 갑자기 존슨 씨에게 다가가 나뭇가지를 움켜잡으려고 했다. "당장 그만둬요!" 그녀가 맹렬한 기세로 소리쳤다. 놀란 존슨 씨가 나뭇가지를 다시 낚아채고는 돌아보면서 "무슨 상관이냐?"라고 물었다. 화가 머리끝까지 치솟은 그녀가 불쑥 외쳤다. "이 개가 얼마나 고통스러워하는지 느껴지니까요!" 존슨 씨는 어깨를 으쓱하더니 다시 가죽끈을 당기기 시작했다. 그제야 개는 고집을 꺾고 주인을 따라 걷기 시작했다. 그러더니 곧 존슨 씨와 개는 시야에서 사라졌다.[48]

이 이야기는 피타고라스의 유명한 일화와 맥을 같이한다. 옛날에 강아지가 주인에게 매를 맞고 있었다. 그때 지나가던 피타고라스가 가여운 마음이 들어 "멈추시오! 때리지 마시오! 이 강아지는 내 친구의 영혼이오. 내 귀에 친구의 목소리가 들린다오"라고 말했다.[49] 이렇게 리프먼이 피타고라스에 관한 크세노파네스의 단편적인 기억을 활용하는 것에서 두 가지 문제가 파생된다. 첫째, 피타고라스의 이름과 분리되거나 어린이 철학 프로그램을 통해 여과되지 않는 한 철학 토론에서 원래의 일화가 배제되는 것은 문제다. 사실 모든 학생은 어릴 때부터 유명한 수학 정리와 관련한 피타고라스의 이름에 익숙하다. 학생들이 특정한 수학 공식이 피타고라스로부터 비롯되었다는 사실이나 평면기하학의 시조가 데카르트라는 사실이나 미적분학에 관한 지식이 라이프니츠에게서 말미암았다는 사실을 아는 것이 좋은 일이라면, 왜 군이 철학적 탐구와 관련해 피타고라스를 비밀에 부쳐야 할까? 추측건대 고대의 일화를 개작한 이야기를 자신의 책에 싣는 이유는 피타고라스의 사상을 현대적 환경에 놓인 학생들에게 적합하도록 만들기 위해서, 또는 학생들이 마치 스스로 그의 사상을 발견한 느낌이 들도록 유도하기 위해서일 것이다. 하지만 이렇게 원래의 일화를 재가공하는 것은 두 번째 문제를 낳는다. 왜냐하면 이런 식의 개작은 고대에 일어난 낯선 일을 마치 현대적이고 익숙한 일로 잘못 전달하는 데 일조하기 때문이다. 이렇게 볼 때 리프먼이 개작한 이야기는 잃어버린 것에 대한 발견을 장려하기보다 저해하는 데 일조한다. 학생들이 그가 개작한 이야기를 읽으면서 난감하거나 이상하거나 신기한 요소를 발견할 가능성이 낮기 때문이다.

일화를 현대의 초보자용 교과서에 이식될 수 있는 사상으로 취급하면 원래 일화가 지닌 고유의 낯섦과 놀라움을 자아내는 힘이 약화된다. 리프먼의 소설은 철학이 관념과 개념을 공부하는 것이라고, 리사가 존슨 씨의 개에 대해 가진 관념이 피타고라스가 강아지에 대해 가진 관념과 동일하다고 전제한다. 하지만 고대의 단편적 이야기가 표현하는 것은 관념이 아니라 경험이다. 단편적 이야기가 마치 관념인 양 학생들에게 전달되면 그것의 신비롭고 놀라운 경험적 특성, 즉 아마 어렴풋이 느꼈던 그리고 간과하거나 망각했을지 모르는 비슷한 상황에 대한 자신의 경험을 재검토하고 자신의 내면을 살피도록 학생들을 자극할 수 있는 능력이 사라진다. 일례로 이와 같은 이식 과정에서는 경험에 대한 피타고라스 자신의 해석과 그것이 영혼의 환생을 둘러싼 신화적 전통에 두고 있는 토대 사이의 연관성이 누락되어 있다. 다시 말해 리프먼은 개작된 이야기를 통해 원래의 이야기와 그것의 역사적 맥락을 단절하고 그것의 신화적 연관성을 무시함으로써, 학생들이 비현실적인 관념이나 미신 또는 잘못된 과학을 뛰어넘는 현실에 관한 신화적 해석에 눈뜰 수 있는 가능성을 우회해버린다. 몸에서 분리할 수 있는 것으로서의 영혼을 경험할 때의 놀라움과 단편적 발견을 통해 경험하는 강렬한 느낌도 사라진다. 그런 느낌은 오늘날의 젊은 독자들도 경험할 수 있지만, 아마 바쁜 학교생활의 와중에 간과되거나 망각되었을 것이다. 원래 피타고라스가 내놓는 논평과 샤머니즘적 상승과 하강에서의 경험적 맥락 사이의 관계도 사라진다. 요컨대 원래 일화의 문화적, 역사적, 개인적 맥락이 제거되기 때문에 인간 경험의 풍요로움에 대한 철학적 탐구나 놀라움을 촉발할 수 있는 소중한 여러 기회가 사라진다.

피터 매니커스는 "우리가 고전 원문을 활용할 때, 고전 원문이 신선한 관점을 열어줄 수 있을 때 철학이 가장 잘 진행된다"고 말한다.50 앞서 언급한 피타고라스에 관한 일화와 같은 단편적 이야기에 대한 토론이 바로 학생들에게 새로운 관점을 제시하는 효과가 있는 것이다. 그런 단편적 이야기는 학생들에게 더 많은 놀라움과 '호기심'을 선사한다. 고대 텍스트 고유의 이질성, 고색창연함, 신비로움 등은 스스로 알고 있다고 또는 진짜나 사실이라고 생각하는 것에 의문을 품도록 학생들을 자극할 수 있다. 그렇지만 여기서 나는 고대의 텍스트를 통해 완전히 이질적이고 낯선 내용을 학생들에게 가르쳐야 한다고 말하려는 것이 아니다. 그런 내용을 가르치는 것은 현대의 독자와는 전혀 무관하고 동떨어진 일일 것이다. 오히려 고대의 텍스트를 가르치는 것이 중요한 이유는 고대의 텍스트가 자칫 숨어 있거나 감춰진 채로 남아 있을 법한 학생들의 삶과 경험을 둘러싼 의미를 드러내고 해명할 수 있어서다.

핸드의 두 가지 주장, 즉 "획기적인 철학 텍스트는 초등학교 교실에 어울리지 않는다"는 것과 "몇몇 철학적 기법은 초등학교 교과 과정에 전혀 적합하지 않다"는 것은 옳을지 모른다.51 하지만 철학의 '획기적인 텍스트'를 교실에서 활용하는 데 반대하는 그런 주장을 전면적으로 수용할 필요는 없다. 플라톤의 신화는 확실히 초등학교 교실에서 동화로 개작하기에 알맞다. 우리 집 아이들은 잠들기 전에 듣는 옛날이야기로서 플라톤의 신화를 좋아했고, 나는 9학년부터 12학년까지의 학생들로 하여금 플라톤의 여러 대화편을 공부하도록 했다. 뿐만 아니라 전문 학술지에도 교육현장의 교과 과정에서 대화편을 성공적으로 활용한 다른 교사들의 기고문이 실려 있고,52 대화편을 아이들에게 소개하는 내용의 교안은 인터넷에서 찾아보면 아주 많이 검색된다.

    나는 아이들의 철학적 사색을 유도하려는 리프먼의 인상적인 노력을 비난하려는 것이 아니다. 오히려 어린이 철학 프로그램의 대안이 있을 수 있을 뿐 아니라, 그것이 훌륭한 대안이라고 말하고 싶다. 프뢰프리트가 촌평하듯 어린이 철학 프로그램 교과 과정은 학생과 교사가 선택할 만한 것이지만 "다양한 철학 교수법을 검토"해야 한다. 아울러 나는 진정한 철학 텍스트에 대한 탐구를 어린이 철학 프로그램의 지지자들처럼 폄하하거나 저해하지 말아야 한다는 점을 분명히 밝히고 싶다. 리프먼의 대화식 저작을 철학 입문서로 읽는 대신에 학생들과 함께 플라톤의 대화편을 읽어보면 어떨까? 다음과 같은 발언을 고려할 때 플라톤의 글이 교사나 젊은이가 읽기에 너무 어렵다는 평가는 그리 믿을 만하지 않다. "물리학과 수학이 아무리 난해해도 학교는 모든 학생이 이들 과목에 접근할 수 있도록 유도하는 것의 중요성을 인정한다."53 핸드 같은 교육 연구자들에 따르면 "철학은 초등학교 교과 과정에서 흔히 포함되는 다른 과목보다 훨씬 더 강력한 인지적 요구를 하지는 않고" 사실 철학은 여타 과목과 달리 전문 지식이 필요 없기 때문에 난해한 과학, 수학, 심지어 역사 같은 과목보다 아이들과의 학습에 더 적합하다. 우리가 플라톤의 대화편을 희곡으로 여기기 시작하면, 그리고 셰익스피어의 희곡에 대한 공부가 모든 교과 과정에서 중요한 요소로 인식되고 있는 사실을 상기하면 플라톤의 저작을 교실에서 활용하는 데 따른 불안함이 가라앉을 것이다. 분명히 셰익스피어의 희곡은 플라톤의 대화편보다 더 쉽게 이해할 수 있는 작품이 아니다(셰익스피어의 희곡에는 철학적 의미가 가득하다). 하지만 유능한 교사와 함께 셰익스피어의 희곡을 섭렵하는 학생에게는 엄청난 보상이 따를 것이다.

아이들과 함께 셰익스피어의 작품을 읽는 것이 멋진 경험일 수 있듯, 플라톤의 대화편을 읽는 것은 풍성한 즐거움과 자기발견의 토대를 제공할 것이다. 플라톤의 대화편은 역사와 극적 사건, 그리고 멋진 주인공들과 그다지 멋지지 않은 주인공들로 가득하다. 거기에는 현실적인 영웅과 악당들이 있다. 비극과 슬픔도 있고, 셰익스피어의 작품과 마찬가지로 학생의 관심을 끌기 위한 야한 농담도 등장한다! 리프먼과 어린이 철학 프로그램 관계자들은 아이들과의 철학적 사색에서 모든 전문어를 피해야 한다는 중요한 점을 지적한다. "되도록 아이들의 철학적 사고는 아이들이 편안하게 느끼는 일상어의 개념과 용어를 통해 진행되도록 장려해야 한다."[54] 피퍼도 이른바 여러 철학 텍스트에 가득한 전문용어가 파악하기 어려운 현실에 다가갈 길을 열기는커녕 사안을 훨씬 더 불분명하게 만든다는 점을 인정한다. "철학 텍스트를 읽는 데 따른 어려움 가운데 언어 오용의 비중이 가장 커서 언어가, 언어만이 장애물이라는 점을 … 모두가 알고 있다."[55] 그런데 확실히 전문어를 삼가야 한다는 주장은 옳지만, 아이들에게는 오직 익숙하거나 '편안한' 단어만 써야 한다는 어린이 철학 프로그램 지지자들의 주장은 따져볼 필요가 있다. 플라톤도 셰익스피어도 '전문용어'를 쓰지 않지만, 그들의 도발적인 어법은 학생들의 '안전지대' 밖에 있다. 학생들은 셰익스피어의 작품을 읽으면서 단어의 다양한 의미, 그리고 언어유희에 대한 이해도를 높일 수 있다. 학생들은 우리의 어법이 시대에 따라 바뀐다는 사실, 언어의 '맛이 시들'해질 수 있거나 언어의 의미가 단조로워질 수 있다는 사실, 여러 단어가 시간이 흐르면서 사라지기도 한다는 사실을 깨닫는다. 셰익스피어가 구사한 어휘가 학생들에게 새로운 세계관의 가능성을 열어줄 수 있듯 사어死語로 작성된 플라톤의 대화편도 학생들에게 자기만의 경험을 발견(또는 재발견)할 수 있는, 그간 잊어버렸기에 경험적으로 '새로운' 흥미진진한 방법을 선사할 수 있다. 예를 들어 학생들의 경험과 복잡한 관계를 맺고 있는 에로스, 로고스, 에우다이모니아 같은 사어의 고대적 의미를 접하면 학생들은 자기 주변의 어디서나 확실한 것으로 간주되는 관점의 대안을 고려할 것이다. 글루엑과 브릭하우스가 독서를 일종의 경험으로 이해할 수 있다고 촌평하듯, 고대의 텍스트를 읽는 것은 틀림없이 학생들에게 고대인의 시각을 경험하는 기회가 된다.

> 아이들은 시간이 흐르면서 자기가 하는 행동을 통해 경험을 쌓을 뿐 아니라 자기가 읽는 글을 통해서도 경험을 축적한다. 아이들에게 글을 읽어주는 것은 아마 우리가 아이들의 지적 역량을 키우기 위해, 그리고 아이들에게 새로운 지적 모험이나 경험을 선사하기 위해 아이들과 함께할 수 있는 가장 중요한 활동일 것이다.[56]

정리하면 진정한 철학책을 활용해 학생들을 지혜 추구의 길로 이끄는 방식에 관한 가장 효과적인 변론은, 학생과 교사가 어린이 철학 프로그램의 교과서보다 더 진정한 철학 독본을 통해 존재를 더 많이 볼 수 있다(더 많이 경험할 수 있다)고 말하는 것이다.

철학 교수법을 가르칠 수 있을까?

리프먼과 어린이 철학 프로그램 지지자들이 학교에서의 철학 교육을 어떤 모습으로 그리고 있는지 살펴봤으므로, 이제 마지막 관심사인 교사의 사전 준비 문제로 눈을 돌려보자. 리프먼은 꽤 부정적인 느낌으로 말한다. "초등학교 철학에 아킬레스건이 있다면 그것은 교사의 사전 준비일 것 같다."[57] 이미 살펴봤듯 리프먼은 철학을 추론과 논리를 강조함으로써, 나머지 모든 과목에서의 사고를 향상시킬 수 있는 초학제적이고 초인지적인 활동의 전형으로 묘사한다. 철학의 위상은 철학이 세부 단위로서의 논리와 추론을 가르친다는 리프먼의 주장뿐 아니라, 철학만으로도 윤리학과 형이상학 같은 세부 단위에서의 질문을 다룰 수 있다는 그의 장담에 의해서도 한층 높아진다. 그에 따르면 "기존의 초등학교 교사들이 철학을 가르쳐야 하는 책임을 질 수 있는지를 묻는 것은 합당한 질문"이다. 리프먼은 교사들이 철학적 전통에 조예가 깊다고 여기지 않는다. 리프먼은 철학 교육을 교사의 재량에 맡겨야 하는지를 자문하면서 이렇게 말한다.

> 내 대답은 십중팔구 맡길 수 없다는 것이다. 적절한 훈련을 받지 않을 경우, 논리학의 엄격함이나 윤리학의 민감한 쟁점이나 형이상학의 복잡성을 감당할 수 있는 교사는 드물다. 하지만 이것은 그런 쟁점을 적절히 다루도록 교사들을 교육할 수 없다는 말은 아니다.[58]

리프먼이 볼 때 대다수 교사는 과목으로서의 철학을 가르칠 능력이 없다. 그는 "과목으로서의 철학은 그것을 가르치는 교사에 크게 좌우된다. 아무나 철학을 잘 가르칠 것이라고 자신할 수는 없다"[59]고 지적한다. 그러나 과목으로서의 철학과 관련한 능력은 별도로 하더라도 또다른 문제가 있다. 즉 철학은 일부 교사만 갖고 있는 특정한 태도나 정신을 전제로 삼는다. 예를 들어 리프먼은 "철학 교습에는 기꺼이 개념을 조사하고 대화식 탐구를 하며 학생들의 인간성을 존중하려는 성향의 교사가 필요하다"고 지적한다.[60] 물론 그는 연수 프로그램을 진행할 때 철학적 사색을 위한 특정한 수단과 전략이 교사에게 제공될 것이라고 단언하지만, "끝없는 의미 탐색의 모범이 될 수 있는 교사들이 … 어린이 철학 프로그램의 가장 중요한 요소"라는 점을 인정한다.[61] 이렇듯 리프먼은 애초에 철학적 정신이 없던 교사가 그런 프로그램을 통해 그런 정신을 지니게 되리라는 보장이 없다는 점을 기꺼이 인정한다. 사실 교사로서 임하는 철학적 사색의 가장 중요한 측면이 과연 훈련을 통해 키울 수 있는 특성인지 아닌지를 따져볼 만하다. 설령 철학의 본질에 관한 어린이 철학 프로그램의 견해를 교사들에게 설명하고 교사들이 그것을 이해한다고 해도, 그리고 교사들에게 어린이 철학 프로그램의 철학 토론용 자료와 전략을 제공한다고 해도 "임무 완수에 성공하기 위해서는 교사가 철학을 알아야 한다. 뿐만 아니라 이해하려고 애쓰는 아이들을 뒷받침하는 흥미롭고 경이로운 방식으로 그런 지식을 적당한 시점에 소개할 줄도 알아야" 한다. 과연 철학을 가르치는 방법을 교사들에게 가르칠 수 있을까?

리프먼의 어린이 철학 프로그램 교사 교육 프로그램은 교사들에게 철학적 사색의 방법과 학생들과의 철학 토론을 이끄는 방법을 가르칠 수 있다는 믿음에 따라 운영된다. 그는 자신의 교사 교육 접근법을 매우 솔직하게 털어놓는다. 그리고 나중에 교사들이 학생을 가르칠 때 사용할 바로 그 방법으로 교사들을 교육해야 한다고 단언한다.

> 나중에 그들이 각자의 교실에서 활용할 것으로 예상되는 바로 그 교육적 접근법으로 교사들을 훈련하지 않으면, 그들의 사전 준비는 실패할 것이다. 교사들이 대화를 진행할 것으로 예상된다면 그들에게는 반드시 철학적 대화에 참여할 기회가 제공되어야 하고, 철학적 방식으로 토론을 원활하게 진행하는 요령을 아는 모범적인 교사와 접촉해야 한다.[62]

다시 말해 학생들이 리프먼의 책에 나오는 가공의 주인공들을 본받아 철학적 사색의 요령을 배우듯, 교사들도 철학을 가르치기 위해서는 그 주인공들과 그들의 탐구 방식을 모방하는 요령을 배워야 한다. 그리고 교사들도 어린이 철학 프로그램을 배워야 하겠지만, 단과대학과 대학교의 교육 담당 교수나 교관들도 나중에 교사들이 학교에서 활용할 것으로 예상되는 어린이 철학 프로그램의 교수법과 교과 과정을 이용해 가르치는 법을 배워야 한다.

리프먼의 교사 교육체계는 지난 몇 해 동안 상당한 적응력을 증명했고, 국제적으로 폭넓은 성공을 거뒀다. 어린이 철학 프로그램은 철학적 전통에 관한 별다른 지식이 없는 교사들에게 철학 교습능력을 부여하는 듯하고, 어린이 철학 프로그램이 다른 과목에서의 비판적 사고에 미치는 긍정적인 영향은 부정할 수 없다. 어린이 철학 프로그램은 교사들에게 꾸러미 형태의 광범위한 순서별 교과 과정과 교사용 지침서를, 그리고 어린이 철학 프로그램 교육자 모임(지금은 온라인 모임이다!)으로부터 도움을 받을 수 있는 기회를 제공한다. 어린이 철학 프로그램의 대중적 매력은 아마 아이들과 함께 철학을 하는 과정에서 '교사 재량권 제한' 조치를 취하는 점일 것이다. 다시 말해 어린이 철학 프로그램에서는 학생에게 철학을 어떻게 가르칠지, 그리고 어떤 내용을 가르칠지 결정하는 문제를 교사에게 맡기지 않는다. 대신에 교사가 무엇을 해야 하는지, 어떻게 그것을 해야 하는지, 어떤 자료를 활용해 그렇게 해야 하는지에 관한 지시를 내린다.

물론 어린이 철학 프로그램에는 이런 매력이 있지만, 지금 철학을 교실에 도입하고 앞으로 그렇게 할 수 있는 갖가지 방법이 있다는 점도 인식할 필요가 있다. 사실 교사 대상의 철학 교육이 표준적이고 일관적이고 체계적이어야 한다는 리프먼의 주장과는 반대로 다양한 접근법이 필요할지 모른다. 다른 과목에 비해 철학이 인성과 맺고 있는 독특한 방식의 관계를 둘러싼 샬과 피퍼의 촌평에서 확인했듯, 철학은 나름의 인성적 장점과 단점을 지닌 교사와 함께 교실에 진입한다. 프리프리드는 이렇게 촌평한다. "나머지 과목과 달리 철학에서는 교사가 속한 인간형, 교사가 활용하는 수단, 교사가 가르치는 내용 따위가 서로 복잡하게 뒤얽혀 있다."63 어린이 철학 프로그램 텍스트가 일부 교사에게는 도움이 되겠지만 뮤리스 같은 교육자들은 교육적 의도를 완전히 배제하고 창작한 동화를 활용하기를 선호할 것이고, 매슈스 같은 교육자들은 리프먼의 소설에 의존하지 않은 채 브릭하우스와 글루엑의 촌평처럼 '교사가 학교에서 재현할 수 없는' 방식으로 아이들의 잠재적인 철학적 역량을 키울 수 있는 각자의 타고난 변증법적 능력을 주로 활용할 것이다. 아울러 나 같은 교육자들은 아이들과 함께 전통적인 철학 텍스트와 고전적인 철학서를 활용하면서 즐거움과 쾌감을 느낀다. 철학적 사색과 인성 사이의 밀접한 관계를 고려하면, 어린이 철학 프로그램 방식의 교사 사전 준비를 대체할 수 있는 방안이 무척 중요하다. 예를 들어 퀸스대학의 교실 철학 프로젝트는 교사들에게 '특정 수업 개발 지침'을 일부 제공했지만, 그 프로그램에 참가한 사람들이 '기본적으로 독자적인 접근법을 고안'하도록 요청했다.[64] 어떻게 철학을 할 것인지나 어떤 교과 과정을 따라야 하는지를 통보받는 대신에 퀸스대학 교실 철학 프로젝트처럼 비교적 체계성과 거리가 먼 프로그램을 통해 훈련받는 교사들은 '스스로 실험하도록 그리고 자신의 경험을 통해 각자의 교실에서 철학으로 할 수 있는 것과 할 수 없는 것이 무엇인지를 배우게 될 것'이다.[65]

끝으로 교사 사전 준비와 관련된 어려움은 리프먼이 지목한 대로 초등학교 철학의 '아킬레스건'이 맞는 것 같다. 하지만 교사 사전 준비의 문제는 어린이 철학 프로그램으로 또는 "철학을 가르친다"고 공언하는 다른 모든 프로그램으로 해결할 수 있을 것 같지는 않다. 실제로 철학 교육을 둘러싼 대안적 관점(말하자면 전통적 문헌이나 고전적 철학 텍스트에 관한 탁월한 지식을 입증하는 것의 중요성이나 그것을 통한 자격화를 강조하는 관점)도 이 아킬레스건 문제에 치명적인 영향을 받는다. 자신이 관여한 퀸스대학 교실 철학 프로젝트의 약점에 관해 랠프 슬리퍼는 다음과 같이 촌평한다.

> 몇 년 동안 대학원에서 철학을 공부해도 철학을 가르칠 수 있는 자격을 확실히 갖췄다고 보장할 수 없는데, 어떻게 이 대학 진학 예비학교 교사들이 두 학기와 몇 주 동안(퀸스대학에서 진행하는 교실 철학 프로젝트에 할당된 시간)의 '워크숍'으로 이 까다로운 자격을 갖출 것이라고 기대할 수 있겠는가?[66]

우리가 단순히 철학자들이 어떤 글을 썼는지 안다고 해서 철학자가

될 수는 없고, 그런 앎이 철학적 사색과 동일하지도 않다. 아울러 나는 교사들이 '철학을 아는' 것이 중요하다고 하는 리프먼과 공저자들의 발언이 정확하게 무슨 의미인지 묻고 싶다. 그들이 보기에 철학은 기능일까? 철학은 알 수 있으니까 다른 학예의 방식대로 가르칠 수 있는 지식이나 기술일까? 그렇다면 철학 교육은 탐구 분야에서의 능력이나 지식을 전제로 삼는 것일까? 또는 기술이나 기능이나 지식이 아니므로 엄격히 말해, 철학은 가르칠 수 있는 과목이 아닌가? 철학이 교사들에게 가르칠 수 있는 것이 아니라면 어떻게 그것을 학생들에게 가르칠 수 있을까? 리프먼이 어린이 철학 프로그램을 기획하면서 비판적 사고가 아닌 것을 꼼꼼하게 서술하듯,[67] 교육에서의 지혜 추구를 둘러싼 연구를 위해 철학이 아닌 것을 반드시 식별해내야 한다.

11장

철학인 것과
철학이 아닌 것

철학은 하나의 과목이 아니라 삶의 방식이다

철학은 하나의 과목이 아니라 삶의 방식이다

철학은 초인지도 비판적 사고도 아니다

어린이 철학 프로그램용 책자에서 철학은 사고에 관한 사고나 초인지로 규정된다. 확실히 철학에는 사고에 관한 사고가 수반된다. 하지만 철학은 그저 초인지에만 그치지 않는다. 오히려 지혜에 대한 사랑인 철학은 '현실 그 자체'에 대한 지식을 목적으로 삼는다. 그러므로 참된 철학은 관념(우리는 정말로 생각을 하기 때문에 관념은 실재의 일부분임에 틀림없다)에 관심이 있을 뿐 아니라, 내부와 외부로부터 얻은 모든 것에도 관심을 가진다. 지혜를 추구할 때 우리는 생각하는 바에 주목해야 하지만, 철학은 현실 그 자체에 관한 숙고로서 단순히 사고에 관한 사고보다 더 폭넓다. 지혜 추구에는 '전체를 향한' 더 폭넓은 '개방성'이 필요하다.

철학적 사색이란 우리가 마주치는 사물의 총체성을 개별 사물의 궁극적 의미와 관련해 숙고하는 것을 의미하고, 그렇게 해석될 경우 이 철학적 사색의 행위는 영적으로 존재하는 개인이 절대적으로 그만둘 수 없는 의미 깊은, 심지어 필수적인 활동이다.[1]

사고 향상을 위한 사고에 관한 사고로서의 초인지라는 지위에 발맞춰 어린이 철학 프로그램의 홍보 방점은 학생들의 비판적 사고기능 향상에 찍혀 있다. 실제로 리프먼은 철학의 주안점이 비판적 사고의 향상이라고 설명한다. 하지만 진정한 지혜 추구로서의 철학은 리프먼이 이따금 수용하는 것처럼 보이는 특정한 비판적 사고관과 양립할 수 없다. 진정한 철학과 연관된 비판적 사고와 그것의 허상을 구별하려면, 고대와 중세의 자료를 통해 철학에 관해 배운 내용을 상기해야 한다. 우리가 오로지 비판적이고 분석적인 사고의 발전에만, 즉 능숙한 추론에만 또는 라티오의 움직임을 가다듬는 데만 초점을 맞추면 인텔렉투스가 희생될 수 있다(인텔렉투스는 일련의 추론을 통해 그것의 대상 쪽으로 힘겹게 움직이지 않는다. 대신에 보는 주체와 객체 사이의 합일 직후에 응시의 대상을 파악한다). 철학을 비판적 사고기능의 향상 수단으로 홍보하는 리프먼의 태도는 생각을 라티오의 논증적 작동으로만 바라보는 이런 사고관의 희생양처럼 보인다.

명심해야 할 점은 철학이 추론 또는 심지어 추론에 관한 추론과 일차적으로 연관되지는 않는다는 것이다. 사실 모든 학문과 학예는 추론을 수반한다. 철학도 예외는 아니다. 정확히 말해 철학의 탁월한 활동은 이 지적 활동을 통해 관조적 관찰, 즉 테오리아를 고양하는 것이다. 비판적이고 분석적인 사고와 관련된 논변적 추론이 일종의 정신노동인 반면, 테오리아는 일이 아니라 여가 또는 스콜레의 활동으로 이해되어야 한다. 왜냐하면 테오리아는 보이는 대상을 그저 주시하는 것이나 그것을 즐기는 것이기 때문이다. 이 말은 인텔렉투스의 활동인 관찰이 다른 학문의 일부분이 아니라는 뜻이 아니다. 확실히 추론의 적용을 통해 어떤 이해(인텔렉투스)에 도달할 때마다 인텔렉투스의 활동은 일종의 관찰(테오리아)로서 존재해야 한다. 하지만 여러 가지 학예가 특정 연구 분야의 구체적인 현실 사례에 대한 정확한 관찰이나 이해를 모색함으로써 일종의 이론적 활동을 촉진하는 반면, 철학은 그런 식의 관찰에 만족하지 않는다. 오히려 철학은 단지 실재의 일부분이 아니라 현실 그 자체를 알고자 한다. 철학은 보이는 모든 것을 그것의 진정한 시작(아르케)을 향해 이지적으로 들어올리려 한다. 이렇듯 철학은 최고의 선(아리스톤)에 대한 관찰을 갈망한다.

비판적 사고는 여러 과목에서의 학업 성취도에 필수적인 요소로 언급될 수 있다. 일례로 세심한 논증적 추론은 다양한 학예의 원리(아르카이)를 해당 탐구 분야에 적용하는 데 필요하다. 그러나 철학은 전형적인 이지적 활동이다. 철학은 단순히 논증적 사고의 탁월한 적용이 아니므로, 우리는 철학을 비판적 사고라는 특정 개념과 흡사한 것으로 혼동하지 않도록 주의해야 한다. 왜냐하면 그런 동일시는 노에시스와 상반되는 논증적 힘의 함양에 대한, 그리고 인텔렉투스와 대비되는 라티오에 대한 요즘의 병적인 집착을 악화시킬 우려가 있기 때문이다.

저자의 성의가 엿보이는 《어린이 철학자》에서 조안나 헤인스도 철학을 비판적 사고나 전환할 수 있는 사고기능의 계발로 여기는 태도에 우려를 표명한다. 그녀는 "우리의 사고를 계발하기를 바란다면 논리적 사고와 주장의 지나치게 구조화되고, 협소하며, 엄격한 전통을 뛰어넘을 필요가 있다"고 주장한다. 철학을 사고기능을 초월하는 활동으로 그리고 '삶의 방식'으로 바라보려는 그녀의 태도는, 라티오가 인텔렉투스와 분리된 상태에서 고양될 경우 '사고의 주체인 사람과 대상인 세계 사이의 단절'을 초래한다는 인식에서 비롯되었다. 철학이 "훈련시킬 수 있고 내용에 적용될 수 있는 한 묶음의 사고기능"을 가르친다는 어린이 철학 프로그램의 견해는 '우리와 세계의 관계에 대한 기본적인 관점이 반영된 것'이다. 보는 주체와 객체 사이의 근본적인 통합을 알게 되는 통로인 인텔렉투스의 이론적 활동을 둘러싼 경험에 관한 인식과 지식을 함양하지 않으면, 대상이 아닌 어떤 것으로서의 세계에 대한 의식이 흐려지는 반면 우리가 지배하는 대상으로서의 세계에 대한 경험이 라티오의 능숙한 움직임을 통해 부각된다. 라티오는 사고의 대상에 작용할 수 있으며 비판적이고 분석적인 정확성을 바탕으로 그 대상을 지배할 수 있는 특유의 인지적 능력을 발휘함으로써 "의미의 세계를 비롯한 환경을 자원으로 만들려는 욕구를 통해 도구주의적 성향을 띠게" 된다. 헤인스는 '도구주의적 시각'이 철학을 비판적 사고로 바라보는 관점의 밑바탕을 이룬다고 보고 "철학은 사고기능이라는 개념 전체에 의문을 제기하고 싶을 것이다"라고 촌평한다.[2]

철학은 개념 분석이 아니다

지혜 추구가 교육에서 맡을 수 있는 역할에 관심 있는 여러 학자가 '개념 분석'으로서의 철학과 '탐구의 2차 형태'로서의 철학을 다뤘다. '철학이란 무엇인가?'를 논의하면서 마이클 핸드는 《옥스퍼드 철학 사전 The Oxford Dictionary of Philosophy》과 《펭귄 철학 사전 The Penguin Dictionary of Philosophy》을 인용한다. "철학에서는 우리가 세상에 접근하는 수단인 개념이 탐구의 주제가 된다." 그가 인용한 내용에 따르면 "철학적 탐구는 다양한 과목과 일상생활에 존재하는 개념, 이론, 전제를 주제로 삼는 2차 탐구"다.[3] 핸드가 보기에 "철학은 … 개념과 개념적 구성에 대한 연구로 느슨하게 하지만 올바르게 묘사"할 수 있다. 마찬가지로 개념 분석은 "일상적 어법에 주목함으로써 개념과 개념 간의 관계를 명료화하려는 시도"

로 정의될 수 있다. 개념 분석으로서의 "철학의 주제는 세계 자체가 아니라 우리가 세계를 이해하기 위해 사용하는 개념"이다. '철학적 탐구의 대상이 사물이 아닌 개념'일 때 철학은 그야말로 '담화에 관한 담화'가 된다. 핸드는 특유의 개념 분석적 능력을 지닌 철학적 탐구가 아이들과 학교에 매우 적합하다고 평가한다.

하지만 우리는 철학을 개념 분석과 동일시하지 않도록 유의해야 한다. 확실히 철학에는 서로 연관되는 단어의 의미와 개념에 대한 연구가 필요하다. 그러나 아울러 철학은 단지 담화에 관한 담화가 아니다. 피퍼의 주장에 따르면 철학에 임한다는 것은 "우리가 마주치는 사물의 총체성을 개별 사물의 궁극적 이유와 관련해 숙고하는 것"이기 때문이다.[4] 철학적 사색이란 현실 그 자체를 알고자 하는 것이다. 우리는 현실에 대한 경험을 명명하고 해명하기 위해 상징을 활용하고 나서, 그런 상징의 밑바탕으로 우리는 경험을 분석하고 논의하기 위한 개념을 고안할 수 있다. 그러나 언젠가 영화배우 로빈 윌리엄스가 마약에 찌든 나이트클럽 손님들에게 말했듯 현실은 개념이 아니다![5] 철학을 단순히 개념 분석과 동일시하면 철학과 철학의 진정한 대상(개별 사물의 궁극적 이유와 관련한 사물의 총체성)이 분리된다. 아울러 철학에서 존재를 향한 응시라는 이론적 요소가 사라지고, 그 결과 철학은 논리적 일관성을 위해 단어와 단어 체계를 면밀히 조사하는 문제로 전락한다. 이 때문에 개념 분석을 철학의 제1요소로 간주하는 사람들도 있고, 개념 분석을 전혀 안중에 두지 않는 사람들도 있다. 사실 철학을 개념 분석으로 정의한 뒤 핸드는 기존의 태도에서 물러서는 쪽을 택한다. 그는 '철학자의 특기 목록에 포함된 한 가지 방법'으로서의 그런 분석을 언급하며 "개념 분석은 철학의 전체가 아니라 철학의 필수적인 부분이고, 아이들이 이용할 수 있는 부분이다"라고 말한다.

철학은 방법이 아니다

어린이 철학 프로그램 접근법의 또다른 위험은 학생들에게 논증 방법과 전환할 수 있는 사고기능으로서의 논리적 추론 형식을 훈련시킴으로써 철학을 가르치겠다는 주장이다. 사실 어린이 철학 프로그램이 다른 과목에서의 학생 성취도와 학업성적을 향상시키는 데 성공한 비결은 어린이 철학 프로그램 교육론의 이 특별한 요소 덕분이다. 앞서 전환할 수 있는 사고기능이나 방법을 가르치는 것에 대한 헤인스의 우려를 살펴봤다. 마이클 보넷 같은 저자들도 '사고를 본질적으로 기법이나 전략과 관계있는 것으로 바라볼 때의 위험'에 주목한다. 특히 보넷은 "기법과 전략이 목적으로 자리 잡고 기법과 전략을 활용하는 기술이 사고에서의 성공 척도가 되는 현상의 쌍생아적 위험"을 경고한다.[6] 그렇지만 여기서 우리는 철학을 가르치는 것을 '철학적 방법'(예를 들어 개념 분석이나 문답법, 또는 전통적으로 철학적인 것으로 평가된 여러 방법)을 가르치는 것과 동일시하는 관점의 오류에 주목하고자 한다.

지금까지 철학은 언제나 철학적 방법 때문에, 철학적 방법을 구사하는 양식 때문에, 철학적 방법이 아이와 젊은이에게 끼칠 것으로 인식되는 부정적 영향 때문에 비난을 받아왔다. 일례로 아낙사고라스는 불경죄로, 즉 그의 논증 방식이 신앙심을 흔드는 데 일조한다는 이유로 아테네에서 추방되었다. 소크라테스도 철학의 관행과 더불어 방법의 측면에서 소피스트나 당시의 궤변술과 구별되지 않는다는 이유로 특히 비난을 많이 받았다. 소피 하루투니안고든 같은 교육철학자들은 교습에서 차지하는 철학적 대화의 중요성을 강조했고, 철학자이자 교육학자인 모티머 애들러 1902-2001는 오늘날의 교실에 '소크라테스적' 토론을 도입하는 방안을 지지했지만 소크라테스와 철학적 대화라는 '소크라테스적 방법'은 여전히 무시되고 있다. 예를 들어 더글러스 카마이클은 '소크라테스적 문답법'이 35명의 학생이 있는 오늘날의 교실에 별로 적합하지 않다고 촌평한다.[7] 그리고 앤서니 루드는 학생들의 지식적 허영을 깨우치기 위해 '기를 죽이는 질문'을 활용하는 소크라테스적 방법을 '잔혹한' 것으로 바라본다. 루드는 소크라테스적 방법을 학생을 모욕하는 것으로 여기고, 법학 수업을 진행할 때 자주 쓰이는 그런 방법을 직접 체험한 피터 수버 교수의 경험담을 인용한다. "대다수 학생의 의견은 그 방법이 모든 전통적 의미에서 '교육적'이지 않다는 것이다."[8] 또한 루드는 그런 '방법'을 사용해도 자각(소크라테스적 철학 관행에 따른 중요한 혜택)에 이른다는 보장이 없다고 생각한다. 플라톤의 대화편만 살펴봐도 루드의 회의적 시각에 공감할 수 있을 것이다. 소크라테스는 그의 토론 방법을 통해 누군가의 상태를 '향상시킨' 경우가 드물다. 예를 들어 아테네의 정치가인 크리티아스와 알키비아데스는 소크라테스와 자주 대화를 나눈 상대였다. 그러나 크리티아스는 잘 알다시피 30인의 참주 가운데 한 사람이 되었고, 시켈리아(시칠리아) 원정 당시 알키비아데스의 행동은 아테네의 몰락을 초래했다고 평가할 수 있다.

소크라테스와 유해하고 퇴폐적이며 교육적 가치가 의심스러운 교습 방식으로서의 소크라테스적 방법을 그나마 덜 회의적으로 바라보는 사람들조차 교실에서 소크라테스를 안일하게 모방하는 데 따른 효과를 의심한다. 예를 들어 하루투니안고든은 소크라테스가 어떤 규정된 방법과 어울리지 않는다고 신중하게 말한다. 그녀는 토론은 예측할 수 없는 방향으로 생성하고 발전하기 때문에 대화식으로 가르칠 경우, 하나의 방법이나 미리 정해진 변증법적 청사진을 따라갈 수 없다는 점을 정확히 지적한다. 그녀에 따르면 토론은 '잘못 구조화된 교습 상황'이다.[9] 다른 사람들은 심지어 소크라테스적 방법을 마치 소크라테스가 제시한 철학적 탐구의 특정 기법인 양 거론하는 태도의 타당성까지 문제삼는다. 예를 들어 서배스천 미첼의 글에 따르면, 소크라테스적 방법은 소크라테스가 만들어낸 것이 아니라 독일의 철학자 레오나르트 넬존1882-1927이 고안한 것이다.[10] 카마이클에 따르면 소크라테스가 사용하는(아니 오용하는) 방법은 한 가지가 아니라 세 가지다.[11] 데이비드 캘훈이 분석한 바에 따르면, 플라톤의 대화편에는 일곱 가지의 서로 다른 방법뿐 아니라 두 가지 '교육 양식'이 쓰인다.[12] 핸드 같은 학자들이 언급한 바에 따르면, 철학(소크라테스의 철학이든 아니든 간에)은 분명히 '철학적 질문을 던지는 수준'을 뛰어넘는 것이다. 핸드의 관점에서 '유능한 탐구 형태'가 되려면 철학은 반드시 "적절한 연구 방법을 통해 특정한 종류의 질문에 대답하는 것"도 되어야 한다. 하지만 핸드가 촌평하듯 모든 철학적 탐구 기법이 아이나 젊은이와의 철학적 사색에 적합하지는 않다.

하지만 철학자들이 구체적 방법이나 방법들을 활용해 각자의 다양한 연구 활동 수행 여부, 그리고 이들 방법 가운데 일부가 아이와 젊은이의 지적 능력을 초월하는지는 이 책의 주제가 아니다. 내가 여기서 강조하고 싶은 점은 특정한 방법이나 한 묶음의 방법을 사용하는 것을 마치 철학을 하는 사람과 그렇지 않은 사람을 구별하는 기준인 양 여기면서 거기에 '철학적'이라는 수식어를 붙이지 말아야 한다는 사실이다. 철학자와 소피스트(우리 교육제도의 진정한 창시자)는 동일한 탐구와 담론의 '방법'을 쓴다. 예를 들어 철학자도 소피스트도 이야기를 이용한다. 둘 다 긴 연설뿐 아니라 짧은 연설도 활용하고 문답식 토론에 임한다. 둘 다 대규모 청중뿐 아니라 소규모 개인을 상대로 말을 한다. 확실히 둘 다 수사법에 정통하다. 사실 오래전부터 인정된 점이지만 《소크라테스의 변명》에 나오는 소크라테스의 발언은 《팔라메데스의 변론》에 등장하는 고르기아스의 궤변론적 발언과 형태적으로 눈에 띄게 유사하다. 게다가 플라톤의 《에우티데모스》에서 소크라테스는 엘렌코스(반대 심문과 논박의 방법)를 사용하면서 두 사람의 소피스트와 맞선다. 이때 쟁론(글자 그대로 말싸움)은 변증법의 궤변론적 이미지로 드러난다. 요컨대 단순히 기법, 기능, 탐구 방법에 통달하는 것이 철학적 사색을 의미하지 않는다는 말이다. 왜냐하면 소피스트도 철학자도 그런 방법에 익숙한 대가들일 수 있기 때문이다. 따라서 학교에서 방법으로서의 '철학을 가르치는 것'은 지혜 추구라는 명분을 내세운 채 가치가 모호한 어떤 것을 가르치는 것이다.

철학적 사색이 단순히 하나의 방법을 배우는 것과 관련된 문제라면 철학자와 소피스트 사이에는 차이가 전혀 없다. 사실 소피스트와 철학자는 동일한 방법들을 활용하는 장면을 보여주기 때문에 그들의 모습이 같아 보일 때가 아주 많다. 예를 들어 둘 다 엘렌코스를 사용한다. 소피스트들(이를테면 아우구스티누스의 《고백록》에 등장하는 파괴자들)은 엘렌코스를 사용하는 에리스티에(겨루기를 통해 벌이는 일종의 말싸움)에서 상대방의 주장을 억누르고 '망쳐'버린다. 소크라테스도 대화 상대들(뿐 아니라 자신)을 난감한 상태(아포리아)로, 즉 아는 줄 알았으나 실제로는 모른다는 사실을 깨닫는 상태로 이끈다. 마찬가지로 나가르주나의 《중론송中論頌》은 변증법적 중관사상이라는 불교 전통에 따라, 문제에 관한 모든 논변적 사고와 모든 가능한 '시각'이 서로 부딪히고 어긋나는 방식으로 집필되었다. 동서양을 막론하고 철학자와 소피스트가 구사하는 방법은 동일한 듯하다. 하지만 소피스트와 철학자의 목표는 전혀 다르다. 소피스트와 반대로 철학자나 변증가는 논쟁에서 제시된 모든 견해나 발상을 그저 '망치'기 위해 엘렌코스를 활용하지는 않는다. 지혜를 추구하고자 한다면 철학자는 이미 언급한 것을 다듬고, 잘못으로 드러난 것을 포기하며, 진실인 것을 형이상학적 제1원리 쪽으로, 즉 논변적으로 추론될 법한 모든 것을 뛰어넘는 토대 쪽으로 들어올려야 한다. 나가르주나의 변증법은 모든 사물의 내재적 존재에 관한 일상적 추정을 분해한다. 이를 통해 그런 모든 현상의 구체화가 오류를 바탕으로 삼고 있다는, 그리고 모든 사물에는 내재적 존재가 '결여'되어 있다는 진실에 대한 긍정적 이해에 도달한다.

궤변술의 쟁론과 구별되는 철학의 변증법은 현실 그 자체를 아는 수단이다. 여기에 쓰이는 방법(이를테면 엘렌코스)은 중립적이다. 즉 그 방법은 특별히 철학적이지도 궤변론적이지도 않다. 대신에 각각의 목적에 따라 궤변론적이거나 철학적인 성격을 띠게 된다. 철학자와 소피스트는 서로 정반대의 목표를 갖고 있다. 쟁론은 궁극적 또는 최종적 목적(텔로스)과의 관계에 무관심하거나, 그것과 상관없는 유한한 목적의 달성에 만족하는 엘렌코스의 궤변론적 현실이라고 말할 수 있다. 반면 변증법은 엘렌코스의 철학적 현시로서 사유 또는 노에시스가 진리, 선, 미 등 모든 개별적 현시를 초월하는 근거, 다시 말해 모든 사물에 참여로 인한 존재의 몫이 부여되는 근거를 모색하면서 발언을 통해 스스로를 드러내는 방식이다. 소피스트는 쟁론을 통해 권력과 영광을 노리는 데 비해 철학자는 모든 이기적 목적과 욕구, 지식적 허영을 가라앉힌다. 그것은 허무주의적 파괴성의 소치가 아니라 사유 또는 노에시스(모든 것을 현실을 향한 참된 관찰인 테오리아를 향해 들어올리는 사고 형태)를 하려는 의도에 기인한다.

철학은 일이 아니다

《교실 철학Philosophy in the Classroom》에서 리프먼과 공저자들은 "사고는 일이고, 그것은 그 누구도 타인을 위해 할 수 없는 종류의 일"이라고 말한다. 또한 사고란 우리가 언제나 하는 것, 중단할 수 없는 것이라고 주장한다. "우리는 언제나 생각한다. 살아 있고 활동하는 인간이 사고 과정을 생략할 수 있는 방법은 전혀 없다." 그들이 볼 때 활동적 삶은 도처에서 진행되고, 라티오의 움직임(비판적 사고와 분석 그리고 타산打算과 실행이라는 일의 밑바탕을 이루는 사고 형태)은 피할 수 없으며, 그런 움직임은 우리가 깨어 있는 모든 순간을 채우는 일상적 의식의 흐름을 형성한다. 사고작용에서 벗어난 자유로운 공간이나 휴식 또는 사고작용의 일시적 유예는 없어 보인다. 리프먼의 관점에서 보면 여가, 즉 스콜레의 순간에 촉진될 법한 관조적 삶은 없다. 왜냐하면 우리가 '편안히 긴장을 풀고 있는' 그런 순간에도 여전히 라티오는 '관심의 직접적 대상'으로 자리 잡는 '이미지를 수반하기 마련인 일련의 생각'에 몰두하기 때문이다. 따라서 리프먼과 그의 동료들은 의심하며 묻는다. "그런데 왜 우리가 일련의 생각에 빠지는 그 느긋한 순간에 주목할 때만, 즉 긴장완화의 순간에만 우리가 이른바 사고라는 그 특별한 활동에 임한다고 오해하는 것일까?"[13]

철학을 일, 비판적 사고에 관한 초인지적 훈련, 개념의 분석과 방법의 적용으로 바라보는 리프먼의 어린이 철학 프로그램의 접근법은 '지혜에 대한 사랑'이라는 철학의 가장 간절한 욕구(사랑스러운 것을 보기 위해 지혜를 추구하는 사람이 느끼는 욕구, 즉 수동적 관찰자인 지혜를 사랑하는 사람이 자신에게 사랑스러운 것이 파고들 수 있기를 바라는 욕구, 지혜를 사랑하는 사람이 관조적 응시를 통해 사랑스러운 것을 봄으로써 보는 주체와 객체가 하나가 될 때 일어나는 사랑스러운 것과의 불멸화적 합일을 경험할 수 있기를 바라는 욕구)를 일축하는 것을 전제로 한다. 확실히 리프먼과 그의 동료들의 다음 견해는 옳다. "살아 있고 활동하는 인간이 사고 과정을 생략할 수 있는 방법은 전혀 없다." 작동 중인 논변적 사고에서 벗어난 휴식으로서의 스콜레는 인간의 노력으로 초래할 수 있는 기회가 아니다. 아빌라의 성 테레사는 《내면의 성》에서 이렇게 말한다.

> 어떤 책들은 우리가 주님의 말씀을 들을 채비를 갖추려면 마음에 휴식을 주면서 주님이 우리 영혼에 행사하는 것을 보도록 기다려야 한다고 권고한다. 그러나 나는 주님이 우리의 능력을 유보하기 시작하지 않았는데, 우리가 어떻게 득보다 실이 많지 않도록 하면서 생각을 멈출 수 있는지 이해할 수 없다.[14]

나는 자신의 정신 활동을 중단시키고자 애쓰는 것이 마치 코끼리에 대해 생각하지 말자고 생각하는 것과 같다는 농담을 학생들과 자주 주고받는다. 하지만 라티오의 활동을 결코 중단할 수 없다는 리프먼의 주장은 관조 실천가들의 수많은 경험담에 의해 논박된다. 예를 들어 앞서 언급한 성 테레사는 라티오의 움직임이 하느님이 영혼에 행하는 일을 통해 중단될 수 있다고 단언한다. 아리스토텔레스의 저작과 철학을 죽음의 예술로 묘사하는 소크라테스의 시각에서 확인했듯, 성 테레사도 인간의 경우 스콜레를 실천하는 능력은 인간의 필멸적 본성에 의해서가 아니라 인간이 불멸적인 대상에 참여하는 방식에 의해 부여된다고 말한다.

철학을 일로 여기는 리프먼의 주장에 담긴 잘못은 고전적인 서양철학의 전통에 의해서만 드러나지는 않는다. 철학의 여가적 특성은 파탄잘리의 《요가수트라》에 명확히 표현되어 있듯 고대 삼키야철학과 인도의 요가 수행에서도 확인된다. 이들 인도식 지혜 추구에는 철학을 일로 여기는 리프먼의 접근법이 간과하는 바가 분명히 드러나 있다. 미르체아 엘리아데1907-1986는 인도 전통에서 삼키야철학이 가장 오래된 다르샤나, 즉 현실의 진정한 본질을 '보는 것'으로 간주된다고 설명한다.[15] 이 다르샤나에 따르면 리프먼이 '피할 수 없는 것'으로 여기는 생각의 흐름은 실제로 '영혼'이나 '자아'나 '순수한 인식(푸루샤)'을 심리적이고 정신적인 경험과 혼동시키는 종류의 무지 상태다. 엘리아데는 그것을 '형이상학적 무지'라고 부른다. 리프먼의 설명처럼 의식은 일상적으로 경험된다. 우리 정신은 항상 바쁘고, 동요하며, 이 생각에서 저 생각으로, 이 감정에서 저 감정으로 넘어간다. 더구나 우리는 이 심리적이고 정신적인 상태에 대한 경험을 진정한 자아의 표현으로 여긴다. 인간은 삼키야-요가설에서 '지성', 즉 붓디(보리)로 부르는 것에 힘입어 대상을 알고 이해한다. 리프먼이 모든 철학적 임무의 초점으로 여기는 것이 바로 이 붓디다. 리프먼의 시각에서 철학은 붓디의 인지적 역량을 발전시킬 수 있는 가장 중요하고 훌륭한 수단이다. 그러나 엘리아데가 지적하듯 "이 지성은 본성의 산물일 뿐이고, 현상으로서의 붓디는 오로지 다른 현상과 맺은 인지적 관계에만 진입할 수 있다. 그 어떤 상황에서도 그것은 초월적 현실과의 관계에 결코 진입"할 수 없기 때문에 자아(푸루샤)를 알 수 없다. 붓디의 기능을 가다듬는 데 주력하는 어린이 철학 프로그램은 단지 자아를 물질의 변동이나 '우주의 수많은 형태'로 오해하는 경향을 부추길 뿐이다. 자아를 심리적이고 정신적인 현상과 혼동하는, 그리고 현실의 진정한 본질을 둘러싼 무지에서 비롯된 이 경향이 바로 영혼의 '노예 상태'를 초래하는 원인이다. 이 노예 상태로부터의 절대적 자유(모크샤, 무크티)나 '해방'에 이르기 위한 수단은 라티오의 지적 활동이나 붓디의 움직임을 더 능숙하게 다루는 것이 아니라, 자아의 본질을 드러내는 '각성적' 지식이나 깨달음을 통해 그런 모든 움직임을 중단하는 것이다. 그것은 의식이 기존의 불안한 상태에서 벗어나 안정될 때, 그리고 자아가 거울이나 보석이나 투명한 웅덩이처럼 반짝이면서 스스로를 인식하거나 보거나 알 수 있을 때 가능한 일이다. 이 형이상학적 지식이 바로 지혜, 즉 프라즈나(반야般若)다.

소크라테스가 언급한 죽음의 예술이든 삼키야철학의 변증법에서 말하는 자아에 대한 망상으로부터의 해방이든 간에 철학은 모든 참된 일반교양 교육의 핵심이다. 여기서 참된 일반교양 교육이란 "자유로운 상태, 특히 자아에서 벗어난 상태, 존재를 파악하는 데 걸림돌이 될 수 있는 우리의 열정과 습관에서 벗어난 상태"를 의미한다.[16] 모든 교양과목 가운데 가장 자유로운 과목인 철학에는 관찰의 가장 고귀한 대상을 마음대로 추구할 자유도 수반된다. 이 말은 결국 모든 저급한 목표와 모든 저급한 관찰(현실 그 자체를 아는 것이나 절대적 자유에 부합하지 않는 모든 목표나 목적)이 유보되어야 한다는 의미다. 그러므로 관조 실천가들은 돈을 위한 지혜 추구를 멀리하라고, 개인이 획득할 수 있는 여러 권력을 겨냥한 명상적이고 관조적인 수행에 임하지 말라고 집요하게 경고한다. 세속적 성취와 야망에 도움이 되는 방향으로 쓰일 경우 철학은 필연적으로 몰락을 자초하거나 궤변술로 전락한다. 사실 소피스트인 프로타고라스는 지혜 추구의 목적이 성공적인 처세술을 가르치는 것이라고 선언했다. 그는 개인사를 적절히 관리하는 요령을 남들에게 가르치는 것이 지혜로운 사람들의 일이라고 생각했다. 이렇게 볼 때 지혜 추구에 관한 프로타고라스의 태도는 앞서 살펴본 대다수 현대의 저술가가 드러낸 포부와 일치한다. 하지만 피퍼가 촌평하듯 사물의 총체성에 대한 철학적 탐구는 직업세계나 그것의 유한한 목표와 적절히 조화될 수 없다. "철학과 직업세계 사이의 근본적인 불가공약성(둘 사이에 공유된 기준이 없다—옮긴이)을 제거하려는 사람은 누구나 철학적 행동의 개연성이나 심지어 가능성을 부정하는 데 일조할 뿐이다."[17] 따라서 비판적 사고를 개선하거나 학업성적을 향상시키고 시험 점수를 올리기 위한 수단으로서의 철학적 사색에 임하는 태도는 적절하지 않다. 사실 "철학이 아이들에게 '공정한 경험적 평가'를 통해 입증될 수 있는 '혜택'을 주는 '유용하고 적합한 주제로 제시'되어야 한다"는 윈스탠리의 주장을 감안할 때,[18] 철학과 성적의 연관성은 철학을 가장 위협하는 요소로 보인다. 성적은 학생들(특히 학부모와 교사를 만족시키고 싶은 마음이 굴뚝같은 의욕적이고 경쟁심이 강한 학생들)이 스스로 배울 수 있는 것을 배우지 못하도록 방해하는 보상과 처벌로 작용한다. 아퀴나스의 저작을 검토하면서 확인했듯, 우리가 단순한 직관에 의해 아는 제1원리에 대한 지식에 오류가 없는 것처럼 관조에 열중하는 영혼의 회전운동에도 오류가 없다. 오류의 가능성이 없는데 성적이 무슨 의미가 있을까? 결과적으로 진정한 지혜를 추구하는 환경에서 학생과 교사가 여가의 가능성을 위한 '공간'을 마련하려면, 학업 평가와 성적에 관한 모든 관심에서 해방되어야 한다. 피퍼의 글을 살펴보자.

바로 이런 종류의 공간이 고대 용어 스콜레가 의미하는 바다. '학교'와 '여가'를 동시에 지칭하는 스콜레는 철저한 독립 상태, 즉 실용적 목표의 개입이 없는 상태에서 다음과 같은 단 하나의 질문에 관한 토론이 이뤄지는 피난처를 의미한다. '사물은 어떻게 존재하는가? 사실이란 무엇인가?'[19]

철학은 과학이 아니다

〈아이들에게 철학을 가르칠 수 있을까?Can Children Be Taught Philosophy?〉에서 저자 마이클 핸드는 '철학을 둘러싼 세 가지 오해'를 검토한다. 앞서 오해 가운데 하나인 철학하는 것을 고전적 철학 작품을 읽고 공부하는 것과 동일시하는 '전범적 관점'을 자세히 살펴봤다. 나는 핸드의 견해에 부분적으로 반대하면서 '전범'에 포함되는 특정 저작에 관한 세심한 공부(심지어 아이들과의 공부)가 전혀 문제될 것 없다는, 그리고 고전적 전통에 조예가 있으면 풍요로운 열매를 맺을 수 있다는 증거를 제시했다. 핸드는 다른 두 가지 오해를 발견했다고 주장하며, 그 두 가지를 각각 '정답 부정 관점'과 '발전 부정 관점'으로 부른다. 나는 그 두 가지 오해에 대한 핸드의 비판이 철학을 둘러싼 오해, 즉 과학적 탐구를 거울 삼아 철학적 탐구를 이해해야 한다는 오해의 결과물이라고 생각한다. 앞서 진행한 논증을 통해 지금쯤은 철학이 과학이 아니라는 점이 분명해졌겠지만, 여기서 잠시 오해를 둘러싼 그의 비판을 검토하면 도움이 될 것이다.

핸드는 철학을 둘러싼 나머지 두 가지 오해를 다음과 같이 설명한다. 정답 부정 관점에 따르면 '철학적 질문'은 특유의 성격상 또는 그 정의상 정답이 없는 질문으로, 그런 관점에서는 "철학적 탐구가 '쓸데없는' 것이자 '논리적으로 앞뒤가 맞지 않는' 것으로 전락한다"고 주장한다. 그런 관점의 오류를 지적하면서 핸드는 "명제가 참이나 거짓으로 입증되는 것이 필연적 참이듯 대답할 수 있는 질문도 필연적 참이다"라고 말한다. 그리고 정답 부정 관점이 또다른 오해인 발전 부정 관점과 연계될 때가 무척 많다고 지적한다. 발전 부정 관점은 "철학자들은 그들이 수천 년까지는 아니어도 수백 년 동안 씨름하고 있는 질문을 발전시킬 수 없다"는 것이다. 그 두 가지 오해가 서로 합쳐질 경우 철학적 질문이 해답을 향해 나아가지 못하는 것은 '대답할 수 없는' 질문의 자연스러운 결과다.

정답 부정 관점에 대한 핸드의 비판에는 일정 부분 진실이 담겨 있다. 사물의 진실에 다가가는 해답을 바라지 않은 채 질문을 던질 수는 없다. 피퍼가 촌평하듯 "지금까지 알려지지 않았던 대상을 탐구하는 것이 이치에 맞다고 여기는 사람은 누구나 암묵적으로 세계의 이해 가능성을 긍정하는 셈"이다.²⁰ 따라서 철학은 그저 질문하기가 아니라 대답하기다. 핸드의 견해에 부분적으로 동의하면서 샬은 이렇게 말한다. "진정한 발견은 의문을 품는다는 것이 아니라 의문에 관한 해답을 갖고 있다는 것이다. 질문이 해답을 모색하는 출발점이기는 해도 정신은 질문만으로 채울 수 없다."²¹ 솔직한 질문을 던질 법한 모든 사안은 핸드의 말처럼, 우리가 알 수 있는 것이다. 이런 취지에서 고대인들은 인간의 정신이 카팍스 옴니움, 즉 '모든 것을 알 수 있는 능력'을 지녔다고 여겼다. 신학적 측면에서 우리는 모든 것을 알 수 있다. 왜냐하면 모든 것이 신의 생각에서 비롯되었기 때문이다. 비신학적 측면에서 '존재와 진리는 치환할 수 있다'고 말할 수 있다. 어떤 것이 참이라면 그것은 실재하고, 어떤 것이 실재하면 그것은 참이며, 어떤 것이 참이면 그것은 진리로서 우리가 알 수 있다.

이렇듯 정신에는 카팍스 옴니움이 있지만, 동시에 모든 것에는 '이해할 수 없는 이해 가능성'이 있다는 점을 기억하는 것도 중요하다. 피퍼는 다음과 같이 말한다.

참이라는 것과 가늠할 수 없다는 것은 서로 동반하고, … 사물의 이해 가능성은 결코 어떤 유한한 정신에 의해 낱낱이 규명될 수 없다. 왜냐하면 모든 사물은 창조되기 때문이다. 즉 우리가 모든 사물을 알 수 있는 이유는 필연적으로 우리가 그것을 이해할 수 없는 이유기도 하다.²²

나는 학생들과 수업 중에 토론을 하다가 심오한 수수께끼와 자주 마주쳤다. 예를 들어 우리는 왜 시인이 읊조리는 구절이 그 대상을 압축하지 못할 수밖에 없는지, 왜 로미오가 사랑스러운 연인 줄리엣을 향한 자신의 애정에 관해 충분히 말하지 못하는지, 왜 그림(이를테면 르네 마그리트의 《이것은 사과가 아니다》)이 화가가 표현한 현실의 일부를 그대로 나타내지 못하는지를 검토했다. 마찬가지 맥락에서 점수와 평가로 인한 압박감과 충격에 시달리는 와중에 학생들은 점수가 자신을 규정하지 않고 그럴 수도 없다는 사실을 들을 때마다 기뻐한다(물론 점수는 내게 학생들에 관한 약간의 정보를 제공하지만). 이런 모든 수수께끼는 사소한 것을 뛰어넘는, 근본적으로 불가사의한 수수께끼로 남아야 한다. 아주 비슷한 맥락에서 아퀴나스도 "인간의 온갖 노력은 파리 한 마리의 본질도 낱낱이 밝혀내지 못한다"는 유명한 말을 남겼다. 아마 이런 이유에서 아퀴나스는 말년에 자신의 모든 저작이 지푸라기 같다고 말했는지 모른다. 그가 볼 때 사물의 본질은 우리에게 알려지지 않은 채로 남아 있어야 한다. 그리고 아리스토텔레스가 "'존재란 무엇인가?'와 같은 질문이 '태곳적부터' 제기되어왔고, 앞으로도 계속 제기될 것이며, 항상 우리를 혼란스럽게 할 것이다"라고 말하면서, 철학적 탐구의 진정한 핵심으로 인정하는 것이 바로 '이해할 수 없는 이해 가능성'이다. 그런 관점에서는 핸드가 간과하는 이해할 수 없는 것이라는 요소를 인정하고 명확하거나 올바른 해답을 얻을 수 없는 질문이 많기 때문에, 그가 비판하는 정답 부정 관점에 일정 부분 진실이 담겨 있다고 볼 수 있다. 우리는 원주율 같은 순환하지 않는 소수를 떠올리려고 애쓸 때나 '러셀의 역설'(집합에는 그 자신이 그 집합의 원소일 수 있는가 하면 그렇지 않은 것도 있다—옮긴이)을 고찰할 때, 그런 난제를 만난다. 또는 심지어 '왜 아무것도 없는 대신에 어떤 것이 있는가?'라는 가장 기초적인 철학적 질문을 던질 때도 이해할 수 없는 이해 가능성이라는 심오하고 근본적인 수수께끼로 이어지는 난제와 마주친다.

정신의 모든 것을 이해할 수 있는 능력과 사물의 근본적인 이해 불가능성을 모두 인정하는 태도의 중요성은 철학적 질문의 '답변 불가능성'에 관한 피퍼의 촌평에서 명확하게 드러나 있다.

이 질문은 해답을 찾지 못할까? 이 모든 질문은 적어도 해답을 탐색하지 못할까? … 물론 그렇다! 그렇지 않으면 이 질문은 진정한 질문이 결코 아닐 것이다. 그래도 만일 그런 해답이 질문을 만족시키고 해소하는 지식을 나눠주는 것으로 따라서 질문을 던질 이유를 없애는 것으로 이해된다면, 분명히 우리는 철학의 질문이 해답을 찾지 못한다고 말해야 한다.[23]

철학은 철학적 질문의 해답을 찾지 못하므로 과학적 질문과 다를 수밖에 없다. 과학자는 정신이 모든 것을 이해할 수 있는 능력(카팍스 옴니움)을 갖고 있다는 가정에 근거를 두고 나아가고(과학의 전문적인 질문에 대답할 수 있다), 동시에 과학적 노력의 특정 분야나 분과에 속하는 탐구에 국한하고 집중함으로써 존재의 이해 불가능성을 인정할 필요성을 줄인다. 반면 철학자는 그런 제약을 전혀 수용하지 않고 따라서 항상 존재의 가늠할 수 없는 본질과 마주쳐야 한다.

카팍스 옴니움을 인정하고 존재의 이해 불가능성이라는 사실을 외면한다는 점에서 과학자와 핸드는 뚜렷한 유사성을 갖는다. 하지만 과학자는 그렇게 하는 것이 옳은 반면(과학적 질문은 구체적인 것이지 존재 그 자체에 대한 것이 아니기 때문에), 핸드는 옳지 않다(그는 과학을 아이들에게 가르치는 방법이 아니라 아이들에게 철학을 가르칠 수 있을까라는 질문에 관심이 있다고 공언하기 때문에). 과학적 탐구는 존재의 구체적 측면에 대해 구체적 질문을 던지는 것과 관계있지만(예를 들면 화학자는 사물의 화학적 조성에 대한 질문을 던진다), 철학은 존재의 '총체성'을 둘러싼 질문을 던진다. 그렇다고 과학자의 질문이 철학적 질문을 제기할 수 없다는 말은 아니다. 과학자가 과학과 기술만의 전문 분야를 표시하는 경계선을 넘자마자 그리고 사물의 총체성을 숙고하기 시작하자마자, 원래는 철학적으로 사색하는 사람에게 적용되던 모든 것이 과학자에게도 똑같이 적용된다. 그렇지만 과학자는 세심한 연구를 바탕으로 구체적 질문을 던질 필요성을 '만족시키고 해소하는' 명확한 지식을 보유할 수 있다(이것은 단 하나의 과학적 질문이 다른 과학적 질문의 기하급수적인 증가로 이어지지 않는다는 말이 아니다!). 그러나 철학자의 질문은 결코 그런 식으로 대답할 수 있는 것이 아니다. 왜냐하면 철학적 탐구는 단지 앎의 대상의 단 한 가지 측면에만 주목하는 대신 총체성을 둘러싼 최대한의 지식을 모색하기 때문이다(제테시스).

피퍼는 사물에 대한 개방성이나 수용성의 측면에서 과학적 탐구와 철학적 탐구의 차이를 논한다. 철학과 달리 과학에서는 이 개방성이 불완전할 수밖에 없다. 과학의 개별 분과가 해당 분야에서 대상의 범위를 선택할 뿐 아니라, 조사 방법도 선택하기 때문이다. 피퍼는 과학과 철학의 차이를 경청과 침묵이라는 대조적 성향의 측면에서 언급한다.

테오리아(지혜를 추구하는 철학의 목표와 활동)는 오로지 현실에 대한 무제한적 인지와 진리를 겨냥한다. ⋯ 그렇지만 여기서 인지한다는 것은 말없이 듣는다는 의미다 ⋯ . 오직 침묵 속에서만 경청을 할 수 있다. 더구나 존재하는 모든 것에 귀 기울이려는 의지가 강할수록 더 심오하고 완전한 침묵이 있어야 한다. 결과적으로 철학(테오리아가 가장 고귀하게 실현된 상태이자 현실 그 자체에 대한 관조)은 수용적 침묵이 그 어떤 것에 의해서도, 심지어 질문에 의해서도 전혀 방해를 받거나 가로막히지 않도록 완벽하고 치열하게 듣는 것을 의미한다.

이것이 바로 개별 과학과 철학의 차이에 해당한다. 과학은 침묵을 지키지 않는다. 과학은 질문을 던진다. 과학의 특정 분과가 확립되는 것은 바로 질문이라는 본성 덕분이다.[24]

여기서 피퍼는 관찰(테오리아)과 경청 또는 침묵에 대한 관심을 장려하는 것이 과학의 중대한 요소가 아니라고 주장하지는 않는다. 현실에 관해 습득하는 모든 지식은 우리가 '경청하는 침묵에 몰두'하기를 요구한다. 그리고 존재를 보는 한 우리는 테오리아에 열중한다. 하지만 피퍼가 보기에 과학의 경우 이 침묵은 완벽하지 않다.

그것은 대상, 즉 '세계'(본질적으로 무한하게 복잡하다)를 둘러싼 의문이 제기될 때의 구체적이고 특정한 양상에 대한 명시적 표현에 의해 가로막히고 제한된다. 그것은 해답의 방향이 이미 정해진 그런 공식화된 질문과 관계있다. 다시 말해 현실의 전체 영역에는 명백히 관심을 가지지 않는다. 이런 시각에서 볼 때 다음과 같은 철학자의 질문은 엄격히 말해 전혀 질문이 아니다. 도대체 무엇이 문제인가? 그것은 말하자면 침묵, 총체적이고 집중적인 개방성을 통해 세계로 확대되면서 경청하는 침묵의 태도를 분명히 드러낸다. 이렇게 볼 때 그런 질문을 표현할 가능성조차 없지는 않다는 정밀과학의 반론은 적절하다. '상상할 수 있는 모든 관점에서' 세계를 숙고하는 사람은 누구나 … 분명히 그것을 '특정한 관점에서' 고려하지 않는다! 하지만 이것은 바로 철학이 그것의 대상에, 즉 현실과 존재 그 자체에 접근하는 방식이다.[25]

과학적 노력과 달리 참된 철학은 타의 추종을 불허하는 특유의 수용성, 개방성, 그리고 침묵 속에서 흔쾌히 경청하는 자세에서 짐작할 수 있듯 헤인스가 그토록 비판하는 대상에 대한 지배적 태도를 드러내지 않는다. 대신에 철학은 트라피스트회의 신부인 토머스 머튼1915-1968이 기도에 관해 말하는 바와 유사하다. "우리가 어떤 자연현상을 관찰하거나 과학 실험을 실시하는 방식과 똑같은 방식으로 우리의 정신을 영적인 요소에 적용하는 것으로는 충분하지 않다." 기도의 경우와 마찬가지로 철학에서도 "우리는 우리가 더이상 주인이 아닌 영역에 진입하고, 우리의 자연적 이해를 능가하는 그럼에도 불구하고 우리 운명의 비밀을 간직한 진리에 대한 고려를 스스로에게 제안"한다.[26]

핸드의 시각에서 정답 부정 관점의 문제점은 그것이 비판적 사고를 가로막는 데 일조한다는 점이다. 사실 올바른 해답을 얻을 가능성이 없다면 어떻게 비판적 사고를 할 수 있겠는가? 리프먼과 그의 동료들처럼 핸드도 철학을 비판적 사고의 함양을 위한 귀중한 수단으로 본다. 하지만 철학의 비과학적 성격은 비판적 사고에 대한 전혀 다른 의미를 암시한다.

철학자의 경우 비판적 태도는 그 어떤 것도 무시하지 않으려고 세심하게 주의하는 것을 뜻한다. 하지만 그런 주의의 대상인 현실 전체는 개개의 사안이 누적된 합계와 동일하지 않다. 오히려 그것은 토툼을 의미한다. 즉 서열과 존재의 크고 작은 발현을 포함하는 그리고 무엇보다 모든 것의, 모든 개별적인 것의, 전체의 가장 심오한 토대이자 기원이기도 한 가장 고귀한 현실을 포함하는 세계의 질서 정연한 구조를 뜻한다.[27]

화이트헤드1861-1947에 따르면 철학자가 직면하는 진정한 문제는 '온전한 사실을 마음에 품는 것'이다.[28] 어떤 사람이 그것을 추구하고자 나서는 즉시 그 사람은 모든 인간 존재의 보편적 상호작용성 그리고 존재의 총체성과 관계를 맺게 된다. 결과적으로 그 사람은 철학자로 변신하고, 이제 과학자와 본질적으로 다른 사람이 된다. 과학자는 그 정의상 명시적이고 특정한 관점에서 모색되는 대상에 접근하는 사람이고, 따라서 총체성에 관해 말할 필요가 없는 사람이다. 피퍼에 따르면 "이런 식으로 말하는 것이 비과학적이듯 그렇게 말하지 않는 것은 비철학적"이다.

물론 정답 부정 관점이 발전 부정 관점과 자연스럽게 연계된다는 핸드의 견해는 통찰력이 돋보인다. 하지만 온전한 사실을 마음에 품는 것, 결과적으로 존재의 가늠할 수 없는 본질에 관심을 둔다는 것이 철학이 과학과 다른 점이라는 사실을 고려하면, 과학과 달리 철학은 당연히 발전할 수 없다. 피퍼의 글을 읽어보자.

> 몇 세기에 걸친 다면적 노력인 '과학'을 집합명사를 써서 언급하는 것은 이치에 맞다. "과학에서는 … 라고 정해졌다"고 말하는 것은 전적으로 정당하다. 반면 '철학'이 이런저런 것을 발견했거나 설명했다고 선언하는 것은 무의미하다. … 철학에는 공동 작업이 있을 수 없다. 혼자 힘으로 플라톤처럼 생각하는 경우를 제외하면, 그 어떤 철학자도 플라톤 철학의 '성과'를 활용할 수 없다. 이와 대조적으로 과학의 경우, 개별 연구자가 이룩한 성과는 그 연구자의 과학적 여정을 되풀이할 필요 없이 모두가 활용할 수 있다.[29]

"시간의 경과에 부합하는 방식에 따라 자체적으로 증가하는 우리의 집합적 지식의 지속적 풍성화"라는 의미에서의 발전은 철학 영역에서 문제의 소지가 있는 항목이다. 피퍼는 철학적 발전이 분명히 존재하지만 "세대를 거치는 방식이 아니라 철학적으로 사색하는 개인의 내적 삶의 경험을 통한 방식에 근거를 둔다"고 촌평한다. 또한 그런 철학적 발전은 개인의 자격화나 개인의 폭넓은 학식, 심지어 비판적 사고력의 계발과 연동되지 않는다. 오히려 철학적 발전은 '끝까지 버티는 순수한 문제 제기를 이끄는 영적 에너지'의 결과물이다.

과학의 경우와 반대로 철학에서는 좋든 나쁘든 간에 머리를 써서 이룰 수 있는 것이 그리 많지 않다. 철학에서 필수적인 요소는 "의지의 작용으로 개시할 수 없는 영혼의 비밀스러운 반응능력을 전적으로 편안하게 발휘하는 것"이다. 우리 모두는 우리 앞에 놓인, 그리고 우리의 체력이나 엄밀한 분석력에 도전하는 문제나 과제를 자주 '극복'해왔다. 하지만 철학적 탐구는 사실 이런 식으로 진행할 수 없다. 과학 분야는 활동적이고 일종의 일로 규정할 수 있는 반면, 철학은 그 성격상 관조처럼 수동적이다. 피퍼는 이렇게 말한다.

그것은 행동의 문제가 아니라 수용성의 문제, 어떤 일이 생기도록 기꺼이 허용하는 태도의 문제다. 이것이 의미하는 바는 어떤 대상에 주의를 기울일 수 있는 극한적인, 말하자면 지진계 같은 능력이다. 그 능력에는 침묵이 필요한 만큼 고된 노력이 필요하지는 않다. 침묵은 개인의 가장 내밀한 존재에 침투하는 것이고, 다른 능숙한 활동을 통해 유도할 수 없는 동시에 아주 쉽게 방해될 수 있는 것이다.[30]

철학도 과학도 테오리아를 동반하지만, 철학과 과학은 서로 다르다. 과학적 발견이 고된 노력을 바탕으로 발전하고 과학자 간의 협력을 통해 성장하는 반면, 철학에서의 발전이나 성장은 개인적 차원에서만 이뤄진다. 동일한 사실이 여러 번 되풀이해서 발견될 필요가 없는 과학과 달리, 철학에서는 각각의 발견이 지혜를 사랑하는 사람 각자가 반복해야 하는 일종의 상기(아남네시스)로서 경험된다. 아울러 존재의 구체적 측면을 둘러싼 구체적 질문에 국한된 관심을 통해 발견이 진척되는 과학과 달리 철학에서는 '말없이 귀 기울이는' 지혜 애호가가 "새로운 대상과 시원적 대상 모두를 깊고 폭넓게 바라보는" 과정을 통해 발전이 이뤄진다.31

철학은 가르칠 수 있는 과목이 아니다

철학의 본질은 의심이고, 따라서 학교에서의 지혜 추구를 다룬 철학책에서는 철학적 사색의 당혹스러운 난제를 피할 수 없다. 지금까지 나는 학교에서의 지혜 추구를 장려하는 방안의 중요성을 주장하고자 노력했다. 그런데 그 과정에서 지혜의 실체를 둘러싼 여러 통설의 오류가 분명히 드러났다. 결과적으로 학교에서의 지혜 추구에 관한 우리의 견해도 '과녁을 빗나가면서' 철학에 대한 '죄(하마르티아)'의 목록에 오른다. 아마 철학을 둘러싼 가장 보편적인 전제(특히 철학 교사들 사이에서 통용되는 전제)는 철학이 가르칠 수 있는 과목이라는 점일 것이다. 사실 철학이 가르칠 수 있는 과목이 아니라면 어떻게 철학을 학교에 도입할 수 있겠는가? 철학이 가르칠 수 없는 것이라면 어떻게 자기 자신을 철학 교사로 부르거나 어린이 철학 교과 과정을 개발하거나 철학 강좌를 기획할 수 있겠는가? 그런 기본적인 전제에 의문을 제기하는 동시에, 학교에서의 지혜 추구의 정당성을 주장하려는 것은 비생산적이고 터무니없는 행동으로 보인다! 하지만 우리는 젊은이들을 타락시키고 신에 관한 그릇된 사실을 가르쳤다는 죄목으로 사형 판결을 받고, 고발인들과 재판관들 앞에 선 대표적 철학자 소크라테스가 다음과 같이 주장하는 모습에 흔들리지 않을 수 없다. "나는 결코 누군가의 선생이 아니었다."

이때 소크라테스는 거짓말을 하지도 반어법을 쓰지도 않았다. 그는 진실을 말했다. 어떤 과목을 가르치려면 그 과목을 알아야 한다. 수학 교사가 수학을 알고 가르치듯 물리학 교사는 물리학과 물리학적 방법론을 알아야 한다. 교사는 담당 분야에 관한 지식을 학생들에게 전달하려고 애쓴다. 하지만 소크라테스가 남들보다 '더 지혜로운' 사람이 될 수 있었던 비결로 알려진 것(《소크라테스의 변명》에서 그의 '인간적 지혜'로 언급된 것)은 남들에게 가르칠 수 있는 어떤 과목이나 분야나 방법론 또는 철학에 관한 지식이 아니라 '가치가 거의 없거나 전혀 없는' 사소한 것, 즉 자신의 무지에 대한 인식이다. 하지만 자신의 무지를 아는 소크라테스는 자신이 모르는 것을 감히 가르치려 하지 않는다. 그리고 지혜에 대한 참된 사랑인 철학은 자신의 지식이 모자라는 점을 인정하는 것(피타고라스가 "오직 신만이 지혜롭다"고 말하면서 언급하는 신성한 지혜)을 가리킨다.

 철학은 확실히 우리가 특정한 지식의 습득이나 방법론적 관행이나 반복을 통해, 또는 다른 과목의 학습법을 통해 배울 수 있는 과목이 아니다. 윈스탠리는 과목으로서의 철학이 '방과 후 과외 선택과목으로 전락'하거나 기존의 모든 과목에 통합되는 '주입 접근법'이 등장할 가능성을 우려하며, 필수과목 또는 정규 교과 과정 과목으로서의 철학을 지지한다.32 그런데 철학은 교육에서의 '필수' 관심사가 되어야 하지만(현실은 전혀 그렇지 않다!), 그것은 결코 '필수과목'이 될 수 없다. 사실 철학은 하나의 과목이 아니다. 왜냐하면 개별 과목이 존재의 특정 측면에 관심을 가지면서 다른 과목과 서로 분리된 반면, 철학은 존재의 총체성에 주목하기 때문이다. 피퍼는 이렇게 말한다.

 철학은 스스로를 교과목으로 해석하기 시작하자마자 자기배신에 빠져

든다. 철학적으로 사색하는 사람의 특징은 '과목'으로서의 철학에 관심이 있다는 것이 아니라, 총체성으로서의 세계와 온전한 형태의 지혜에 관심이 있다는 것이다.[33]

철학적으로 사색하는 것과 철학을 공부하는 것은 심지어 서로를 방해할 수도 있을 정도로 다른 것이다. 공부는 자기 뜻대로 시작하다가 그만둘 수 있다. 예를 들어 우리는 수학 수업에 참석해 수학을 공부하고 다음으로 영어 수업을 받는다. 이후 음악이나 체육 수업을 받는다. 하지만 철학은 우리 마음대로 시작하다가 그만둘 수 있는 태도나 과목이 아니다. 진정한 철학이 되려면 철학은 반드시 삶의 방식이 되어야 한다.

철학에서 … 여러분은 특정 관점에 다가갔다가 다시 거기서 발을 빼려고 마음먹지 않는다. 또는 대상의 철학적 관심과 관련해 그것을 밝힐, 말하자면 특별하게 집중조명하지 않는다. 오히려 모든 철학은 세계를 향한 인간의 기본적인 존재적 기질에서, 모든 계획적인 결심과 결정을 대체로 초월하는 자세에서 흘러나온다. 해당 주제에 철학적으로 접근하는 것, 따라서 철학적으로 사색하는 것은 단지 우리 재량권에 속하는 과정이 아니다.[34]

우리의 '세계를 향한 기본적인 존재적 기질'에서 흘러나오는 삶의 방식이라는 관점에서 볼 때, 분명 그런 기질을 방해하거나 저해할 수 있는 요소가 많다. 예를 들어 《국가》에는 플라톤이 수학적 연구가 철학의 전조로 활용되는 교육제도를 언급하는 대목이 나오는데, 여기서 글라우콘은 수학적 사고의 엄밀함과 질서가 기하학자인 그가 철학과 결부하는 엄격하고 규율 바른 사고를 훈련시킨다고 생각한다. 하지만 수학적 엄밀성이 뛰어나고 학업에서의 규율 준수수준이 전적으로 높은 학생들을 가르친 경험이 있는 교사라면 누구나 알 수 있듯, 그것은 놀라움이나 개방성이나 수용성 또는 철학이 교실에 등장할 것이라는 보증수표가 아니다. 소크라테스가 플라톤의 형제들에게 '노래(노모이)'인 변증법의 '전주곡'으로서의 수학만을 가르칠 필요성을 언급한 것은 바로 이 때문이다.[35] 수학적 연구는 오직 철학의 경이로운 질문을 던지기 위한 수단일 때만 그리고 논증적 능력의 엄격하고 엄밀한 적용을 훈련하는 것일 때가 아니라, 오직 노에시스를 고무하는 자극제일 때만 철학적 가치가 있다.

그러나 철학이 교사나 학생에게 가르칠 수 있는 과목이 아니라면, 성공과 찬사를 어김없이 불러오는 적극적인 성격의 탐구가 철학을 저해할 수 있다면, 우리는 어떻게 학교에서 철학을 추구할 수 있을까? 지금까지 스콜레와 그것의 부수적 활동인 테오리아와 연관되는 지혜 추구에 대해 배운 내용을 검토해보면, 몇 가지 타당한 촌평을 내놓을 수 있다. 첫째, 사회적 차원에서 지혜 추구를 실천하기 위해서는 한편으로는 수준 높은 평가 양식에 대한, 다른 한편으로는 표준화된 시험에 대한 집착을 완화할 필요가 있다. 물론 그런 관심은 학생의 실력 측정을 강조하는 점에서 나름대로 의의가 있다. 그러나 그 때문에 교사와 학생과 행정관과 학부모들은 스콜레, 즉 여가의 활용이 의미하는 바를 제대로 이해하지 못한다. 둘째, 과도한 평가 중심적 성향과 더불어 교육에서의 노력과 성적에 대한 집착도 완화해야 한다. 참된 지혜 추구의 환경은 학생과 교사 모두 여가화하기, 관조하기, 스콜레를 실천하기 등에 담긴 의미를 살필 수 있는 수업 시간의 어느 지점에 마련되어야 한다. 여기서 가장 중요한 사항은 사고(디아노에시스)와 상반되는 사유(노에시스)의 증진이다. 이성의 엄밀한 적용이 아니라 개방성과 수용성 같은 태도가 가장 중요한 점이어야 한다. 학생들이 육체적 아름다움이나 영혼의 아름다움에 이끌리든, 아름다운 이상에 매혹되거나 음악이나 예술 아니면 수학이나 문학에 빠지든, 또는 그런 아름다움과 관련된 온갖 사물에 대한 관찰(테오리아)이나 인식이나 사고에 열중하든 간에 존재를 향한 사랑은 그런 환경에서 상승되어야 한다.

앞서 말했듯 존재에 대한 사랑을 '들어올리는 것'을 철학자만의 특권으로 바라보지 말아야 한다. 그것은 우리가 국가, 주, 지방 등에 거주하는 시민으로서가 아니라 불멸화를 이룰 수 있는 인간으로서 공유하는 참된 유산이다. 플라톤은 갖가지 관심사를 지닌 온갖 부류의 사람들이 그런 이지적 행위를 할 수 있다는 점을 분명히 밝힌다. 《파이드로스》에서 플라톤이 서술하는 바에 따르면, 소크라테스는 지혜를 사랑하는 사람(필로소포스)과 아름다움을 사랑하는 사람(필로칼로스)을 서로 동등한 존재로, 그리고 음악적 또는 애정적 특성을 지닌 사람과 동일한 반열에 있는 존재로 여긴다. 아리스토텔레스는 철학자를 신화를 사랑하는 사람(필로미토스)과 동일한 반열에 놓는다. 각각의 진정한 시작(아르케)을 향해 '상승' 될 수 있는 것이 수없이 많듯 지혜를 향한 길도 많다. 이 책의 나머지 부분에서는 학교에서의 '관조적 교육' 프로그램이 지혜에 대한 사랑을 수업 관행에 통합시키는 대안적 방식을 어떻게 제시하는지 살펴보겠다.

12장

철학과 관조를
통합하다

지혜 추구에 대한 전통과 사상의 유산을 확인하다

지혜 추구에 대한
전통과 사상의 유산을 확인하다

철학과 명상적 수행의 관계

우리는 우리에게 너무나 익숙한 궤변론적 교육이 지혜 추구(필로소피아)에 적대적이라는 사실과 전적으로 일에만 매달리는 현대적 추세가 스콜레의 가능성과 그것의 부수적 활동인 테오리아, 즉 관조의 가능성을 약화시키는 데 일조한다는 점을 알게 되었다. 하지만 철학 실천의 과정에는 외부의 적만 등장하지는 않는다. 관조적 전통 내부에서도 철학은 흔히 진정한 관조에 미치지 못한다는 평가를 받고, 사랑하는 참된 대상에 다가가지 못하는 무기력한 수단이라고 조롱당한다. 일례로 초기 교회의 호교학자(종교가 비합리적이며 비과학적이라고 비판하는 이들에게 종교란 초이성적인 것이지 반이성이 아니라고 주장하는 신학의 한 분야다—옮긴이)와 교부들이 소크라테스와 '이교도' 철학을 질책하는 모습은 무척 흔한 현상이었다(심지어 신비주의 성향의 사막 교부들도 마찬가지였다). 앞서 아퀴나스의 저작에도 철학을 경시하는 태도가 어느 정도 나타난다는 것을 살펴봤다. 그의 시각에서 지혜의 지적 미덕(이교도 철학자의 가장 중요한 관심사로 보인다)은 기독교 관행과 기독교 신앙을 통해서만 접근할 수 있는 지혜의 '선물'과 구별된다. 철학을 겨냥한 비슷한 공격은 알베르투스 마그누스1200?-1280의 촌평에서도 확인할 수 있다. 그는 철학자의 관조와 성자들의 관조를 대비시킨다.

심지어 이 경우에도 우리는 독실한 가톨릭교도의 관조와 이교도 철학자의 관조 사이의 차이점을 명심해야 한다. 왜냐하면 철학자들의 관조는 그것을 하는 당사자의 완전한 경지를 위한 것으로서 그것은 지성에 국한되고, 그것의 목적은 지적 지식이기 때문이다. 그러나 성자들과 가톨릭교도의 관조는 주님에 대한 사랑, 즉 그들이 관조하는 신에 대한 사랑을 위한 것이다. 따라서 그것은 지적 지식에 국한되지 않고 사랑을 통해 의지 쪽으로 넘어간다.[1]

이와 비슷한 맥락에서 토머스 머튼은 '철학자들의 관조'를 "신성을 향한 피조물의 지적 고찰에 불과한 것"으로 조롱하고, "하늘로 치솟지만 결코 발사되지 못한 로켓"이라는 남근적 이미지를 통해 철학자의 무기력을 묘사한다.[2]

책의 처음부터 여기까지 진정한 철학에 대한 반감이 얼마나 불공정하고 부당한지를 보여주고자 애썼다. 나는 철학적 탐구(제테시스)를 기본적으로 무력한 형태의 관조(테오리아)로 바라보는 대신 한편으로 철학의 진정한 수행과 다른 한편으로 명상적 기도, 불교의 명상, 힌두교의 요가, 기독교의 관조 같은 수행 사이의 근본적인 통일성이(동일성까지는 아니어도) 있다고 일관되게 주장해왔다. 흔히 철학과 관조적 수행을 서로 적대적인 것으로 바라보는 서양의 전통에 대한 하나의 대안으로, 철학과 명상적 수행을 대체로 서로 협력하며 작동하는 것으로 간주하는 동양 전통에 주목할 수 있겠다. 예를 들어 인도 삼키야철학 변증법의 이면의 전제는 무지가 모든 고통의 핵심이라는 것이다. 무지는 영원한 부동의 순수한 인식(푸루샤)을 심리적이고 정신적인 삶의 흐름과 혼동하는 것이고, 삼키야철학은 진리에 대한 형이상학적 지식, 즉 지혜(프라즈나)를 무지에서 벗어날 수 있는 수단으로 여긴다. 이미 확인했듯 그런 지식은 자아나 영혼의 본질을 드러내는 '각성'으로 해석된다. 그것은 아무것도 '생산'하지 않는 지식이다. 대신에 그것은 보는 사람에게 직접 현실을 드러낸다. 엘리아데는 "본질상 심리적인 성격을 띠는 지적 활동과 혼동하지 말아야 하는 이 참되고 절대적인 지식은 경험에 의해서가 아니라 계시에 의해 얻을 수 있다"고 말한다. 고전적 요가사상에서는 프라즈나의 중요성과 관련한 삼키야철학이 강조된다. 그것은 지혜를 추구하는 사람에게 형식적 관행, 즉 삶의 방식의 수용을 통한 그런 탐색을 실행할 수 있는 수단을 제공한다. 고대 그리스인들의 시각에서 진정한 철학이 삶의 방식으로 간주되었던 것처럼 말이다. 하지만 파탄잘리의 시각에서 지혜 추구를 통해 이를 수 있는 해방은 "말하자면 서로 결합함으로써 요가-다르샤나를 구성하는 고행적 기법과 관조의 방법에 의해 달성되어야" 한다.3

마찬가지로 나가르주나의 변증법적 중관사상에서도 목표는 만물의 헛됨(수냐타)에 대한 참된 지식이다. 왜냐하면 나가르주나는 자아의, 그리고 그것과 연관된 실체의 본성을 명확히 이해함으로써 깨달음의 경지에 이를 수 있다고 믿기 때문이다. 하지만 불교도는 요가 전통과 삼키야 전통을 따르는 인도인들과 마찬가지로, 그리고 지혜 추구를 단순한 지적 활동의 문제가 아니라 삶의 방식으로 여기는 서양철학의 진정한 실천가들처럼 그저 애착을 버리겠다고 결심하는 것만으로는 애착을 떨쳐버릴 수 없다는 점을 알고 있다. 사실 애착을 떨쳐버리기는 어렵다. 애착을 떨쳐버리는 데는 대단한 노력이 필요하고, 아빌라의 성 테레사의 말처럼 심지어 인간의 능력을 뛰어넘는다! 불교학자 제이 가필드는 이렇게 말한다.

> 애착은 불교 철학자들이 '근본적인 망상', 즉 사물의 진정한 본질에 대한 무지로 부르는 것을 구성하는 끈질기게 만연하는 심리적, 언어적, 육체적 습관 등의 결과로 생긴다 … . 이들 습관은 오직 현상의 본질과 공空의 본질에 관한 집중적인 명상을 통해서만 버릴 수 있고, 그런 버림을 통해 취할 수 있는 행동의 열매(순환하는 존재의 고통으로부터의 해방)는 오직 사물의 궁극적 본질에 대한 이해를 통해서만 거둘 수 있다.[4]

나가르주나는 철학적 통찰과 명상적 수행이 서로를 일깨워주는 과정을 설명한다. 그는 사물의 본질에 대한 철학적 탐구가 만물의 덧없음을 이해하는 데, 결국에는 우리가 덜 매달리고 더 초연해지는 데 도움을 줄 수 있다는 점을 보여준다. 또한 그의 저작에 따르면 우리는 집착을 누그러트리는 방법을 배울 수 있는 통로인 명상적 수행 덕분에 헛됨을 깨닫게 될 수 있다. 따라서 삼키야의 다르샤나와 요가의 다르샤나 사이에 근본적 통일성이 있듯, 불교적 전통에서 철학과 명상적이고 관조적인 수행은 동반자 관계다. 바로 이 때문에 헤인스 같은 현대의 교육철학자들은 학교에서 철학과 관조적이고 명상적인 훈련을 긴밀히 연관시키는 방안을 지지해왔다. 마찬가지 이유에서 A. G. 세르티양주1863-1948도 사색가는 관조적 정신의 영양 공급원인 명상을 해야 한다고 권고한다.[5]

∽

　세르티양주의 관점은 내가 이 책에서 견지하는 관점과 정확하게 일치한다. 나는 독자가 이 책을 주의 깊게 읽은 뒤 지혜와 지혜 추구의 본질에 대한 문제를 둘러싼 전통과 사상의 방대한 유산을 확인할 수 있기를, 그런 문제와 관련해 자신이 겪고 있는 혼란을 조금이나마 해소하기를, 그런 문제를 더 확실히 인식함으로써 앞으로 더 적극적으로 지혜를 모색할 수 있기를 바란다. 아울러 이 책이 모쪼록 당신이 지혜를 향한 여정에 과감히 나서는 데 도움을 주길 바란다. 철학적 요소와 관조적 요소를 하나로 통합함으로써 지혜 추구를 삶의 방식으로 진지하게 받아들이면, 철학적 탐구를 통해 더욱 풍성한 결실을 거둘 수 있을 뿐 아니라 각자의 명상적이고 관조적인 수행도 더 안정적이고 유의미하게 발전할 것이다. 이 책의 나머지 부분에서는 공식적인 관조적이고 명상적인 수행을 통해 우리가 교사의 학생으로서, 그리고 삶의 방식을 활용하는 인간으로서 각자의 교육적 여정을 더욱 풍요롭게 꾸밀 수 있는 방식을 논의하겠다.

13장

첨단기술이 점령한 스마트한 세상에서의 관조

기술적 망상에서 벗어나는 방법에 관하여

기술적 망상에서
벗어나는 방법에 관하여

기술에 대한 믿음이 가져오는 위험

　지금까지 나는 관조, 즉 테오리아의 교육적 중요성을 더 강조해야 한다고 주장해왔다. 구체적으로 말해 무엇보다도 보이는 모든 것을 가장 고귀한 광경이나 가장 선한 광경(아리스톤)의 그 토대를 향해 들어올리는 이지적 상승이 필요하다고 강조해왔다. 모쪼록 인텔렉투스의 직접적 관찰, 즉 테오리아가 우리가 기울이는 교육적 노력의 구성 요소가 아니라는 점을 기억하기 바란다. 그러나 이해(인텔렉투스)에 이를 때마다 항상 인텔렉투스의 관찰능력이 발휘된다. 불교학자 로버트 서먼도 비슷한 지적을 한다. 그에 따르면 관조적 정신은 모든 문화에 존재하므로, 우리 문화에 관조적 정신이 없다고 말하는 것은 오해를 불러일으킬 수 있다. 서먼은 "그런 주장은 평범한 정신이 빠져드는 실망스러운 관조적 상태에 대한 한탄인 셈이다"라고 설명한다. 그는 수많은 사람이 텔레비전을 '몇 시간 동안 계속, 날마다, 1년 내내' 보면서 빠져드는 현상을 '관조적 최면 상태'의 사례로 제시한다. 그는 텔레비전을 "확실히 감각적 불만이 고조되고, 분노와 폭력성이 각인되며, 혼란과 물질주의적 망상이 조성되고 유지되는" 최면 상태의 매개체로 여긴다. 따라서 "우리 문화에서 관조적 정신을 증진하고 강화하고자 하는 문제에 대해 말하는 것은 실제로 관조적 에너지를 하나의 초점에서 다른 초점으로 옮기는 방법에 대해 말하는 셈"이다.[1]

텔레비전에 관한 서먼의 예리한 견해는 컴퓨터와 인터넷에 대한 우리 집착에도 적용된다. 특히 교육계에서는 정보통신 기술 성과의 달성이 교과 과정에, 그리고 교사의 전문성 향상 방안의 일환으로 규정되어 엄격하게 시행되고 있다. 교사들은 항상 최신 기술을 각자의 교육론에 적용하라는 날로 커지는 압력에 시달린다. 사실 컴퓨터 덕분에 가능한 특별한 종류의 관찰이 있는 것 같다. 컴퓨터를 이용하는 것은 자신과 앎의 의미에 대한 이해(인텔렉투스)에 기묘한 영향을 미친다. 나는 컴퓨터와 인터넷과 정보 기술의 각별한 매력이 다음 두 가지 점에서 발생한다고 생각한다. 한편으로 컴퓨터 기술은 우리에게 "모든 것을 알 수 있다" 또는 적어도 대상으로서의 세계에 관한 무한해 보이는 정보에 접근할 수 있다는 그릇된 약속을 내놓는다. 다른 한편으로는 인위적 초월, 즉 타인과 세계와 신과 함께하는 참된 공동체에서의 관계를 통해 경험하는 즐거움의 대용물을 이용할 수 있도록 해준다고 약속한다. 일찍이 마르틴 부버1878-1965가 고안해 알기 쉽게 설명한 용어로 더 간략하게 말하자면, 컴퓨터 기술은 '나-그것'식 경험의 영역에서 일종의 '전지全知'를 약속하는 한편, 공동적인 '나-너'식 존재의 인터넷 정보 공간에서 다른 모든 이용자와 연결될 수 있다는 확신을 심어준다. 이런 측면에서 컴퓨터 기술은 지혜 추구의 진정한 영적 실천인 불멸화의 가장 널리 인정된 대용물이 되었다.

개인용 컴퓨터 시대가 열릴 무렵 예리한 통찰력을 발휘한 선불교의 수

안후아宣化, 1918-1995 선사는 인간으로 하여금 '다른 모든 것을 잊도록 한다'는 이유로 컴퓨터를 이전의 텔레비전이나 라디오와 마찬가지로 '식인종' 또는 '식인 악귀'라고 불렀다.[2] 반어적이게도 학생 참여와 교육적 접근성을 향상시키겠다는 컴퓨터(중국어로는 글자 그대로 전뇌電腦)의 약속은 존재(수안후아 선사의 표현을 빌리자면 '다른 모든 것')에 대한 우리의 인식과 관심을 약화시키는 데 매우 큰 역할을 할 수 있다. 또한 컴퓨터 시대의 서막에 캐나다의 철학자 조지 그랜트1918-1988는 "컴퓨터는 우리에게 그것의 이용법을 강요하지 않는다"는 진술의 허위성을 다뤘다. 그는 컴퓨터가 단지 우리가 쓰는 중립적 도구에 불과하다는 관념에 도전한다.

"컴퓨터는 강요하지 않는다"는 말은 잘못된 것이다. 왜냐하면 그것은 컴퓨터와 컴퓨터의 존립에 필요한 운명을 분리하기 때문이다. 상식적으로 컴퓨터는 도구지만, 그것은 스스로를 우리에게 '강요하는' 운명 그럼으로써 컴퓨터가 강요하는 운명 안에 있는 도구다.[3]

그랜트가 말하는 '운명'이란 세계를 쓰임새 중심의 비판적이고 분석적인 지성에 의한 정복의 대상으로만 취급하는 지배적 형태의 앎이다. 기술에 관한 그랜트의 통찰에 동의한다면 정보 기술에 대한 현대의 교육적 관심은 '정보가 대상에 관한 것이고, 정보가 대상을 소환해 그것의 이유를 우리에게 제시하는 과학의 일부분으로서 등장하는' 이 운명 속에서 형성되었다고 할 수 있다. 그는 컴퓨터를 낳은 기술적 운명을 '균질화적인 것'으로 부른다. 즉 세계를 아는 유일하게 정당한 방법이 그것을 대상으로 취급하는 것일 때, 앎의 대상은 항상 라틴어 옵이엑툼이 의미하듯 앎의 주체 '앞에 던져져야' 한다. 그런 균질화된 환경에서는 앎의 주체가 사랑의 관계를 통해 그 대상을 알게 되지 않는다. 사랑의 관계에서는 로미오가 줄리엣을 알듯, 철학자가 지혜를 사랑하듯, 그리고 테오리아를 통해 보는 주체와 보이는 객체가 하나가 되듯 인간의 영혼이 앎을 바탕으로 앎의 객체와 동일하게 될 정도로 사랑의 주체가 그 대상을 안다. 그런데 기술사회에서는 모든 대상에 관한 참된 지식의 전제는 사랑의 '객관적' 유보다. '시대의 존재론'으로서의 기술적 앎(컴퓨터에 근거한 앎)이 믿고 있는 기반은 사랑을 앎의 정당한 방법으로 인정하지 않는 태도다. 부버의 유명한 구별법을 빌리면, 현대의 기술적 앎은 나-너식의 앎을 배제하는 포괄적인 나-그것식의 앎이다.4 여기서 가장 중요한 점은 컴퓨터를 선호하는 현대적 성향의 뿌리인 기술적 존재론의 핵심에 자기성찰적 교육학의 선구자 아서 자이언스가 '사랑의 인식론'으로 부르는 것, 즉 철학과 관조를 부정하는 태도가 자리할 수밖에 없다는 그랜트의 통찰이다.5

의식의 대규모 기형화를 초래하는 기술에 대한 우리의 열정과 믿음의 핵심에는 '진정한 거짓말'이 자리 잡고 있다. 그것은 '존재하는 것'에 관한 거짓말이다. 또는 소크라테스가 우리 안의 최상에게 하는 '최상의 사물'에 관한 거짓말로 부르는 것이다.6 우리는 무한한 수의 사물을 사용할 수 있듯 무한한 수의 사물을 대상으로서 알 수 있다. 컴퓨터 기술이 제공하는 '무한한' 앎은 우리가 '이용자'가 되는 데 달려 있다. 우리가 컴퓨터 기술의 매력적인 약속을 받아들이는 데 따른 의식의 기형화와 그런 거짓말은, 무수한 사물이 컴퓨터 이용자에 의해 이용 대상으로 알려질 수 있다는 의미가 아니다. 컴퓨터 기술을 통해 그런 종류의 앎에 접근할 수 있다는 의미도 아니다. 다만 이용자의 지위를 수용하는 것이 세계를 아는 유일한 방법이라는 것, 네트워크로부터의 단절이 전지로부터의 단절과 유사하다는 것, 전지와 즐거움이 이용자라는 우리의 지위를 통해, 특히 컴퓨터 기술을 사용함으로써 우리에게 전달될 수밖에 없다는 의미다.

그렇게 일어나는 의식의 기형화를 더 적절히 이해하기 위해서는 '이용(우티)'과 '향유(프루이)'를 둘러싼 성 아우구스티누스의 유명한 구별법을 검토할 필요가 있다. 《기독교 교양》에서 그는 이렇게 말한다.

> 향유될 수 있는 것이 있고, 이용될 수 있는 것이 있으며, 또 우리가 향유하고 이용하는 것이 있다. 향유의 대상은 우리에게 행복을 선사한다. 이용의 대상은 행복을 위해 노력하는 우리를 돕고, (말하자면) 뒷받침하고, 덕분에 우리는 우리에게 행복을 선사하는 것을 손에 넣을 수 있다. 우리는 두 가지 종류의 대상 모두에 속하는 것을 향유하고 이용하는데, 이용해야 하는 것을 향유하려고 애쓰면 원래의 길에서 가로막히고 때때로 벗어날 것이다. 그러므로 저급한 기쁨에 대한 사랑에 휩쓸릴 경우, 우리는 진정하고 온전한 향유의 대상을 추구하는 길에서 뒤처지거나 심지어 완전히 되돌아와야 한다.[7]

사물을 향유한다는 것은 사물을 있는 그대로 수용하고 거기서 즐거움을 찾는다는 의미다. 반면 사물을 이용한다는 것은 사물을, 향유 대상을 손에 넣기 위한 수단으로 삼는다는 의미다. 아우구스티누스에 따르면 사물의 세계는 이용하는 것이지 향유하는 것이 아니다. 오직 신만 향유할 수 있다. 달리 말해 우리가 이 세상의 사물을 향유해야 할 때는 그것을 신을 향유하기 위한 수단으로 이용할 때뿐이다. 이때 모든 사물은 각각의 존재에 힘입어, 즉 각각의 선량함과 아름다움과 진실 등에 힘입어 신과 관계를 맺는다. 지금 내가 주장하는 바는 컴퓨터 기술에 대한 집착으로 우리가 이용과 향유를 혼동하게 되었다는 것이다. 확실히 인간은 어김없이 유혹과 혼동에 시달리고, 그 때문에 "우리가 이용해야 하는 것을 향유하려고" 애쓴다. 사실 세속적 사물에 대한 부적절한 향유는 특별한 기술적 발전이 아니다. 하지만 컴퓨터 기술 특유의 위험은 우리가 이용하지 말아야 하는 것의 이용자가 되어 이용을 통해 향유할 수 있다고 가정하려는 신비한 수단으로서의 마법과 컴퓨터 기술 사이의 유사성에 더 많이 내포되어 있다. 즉 기술적 숙달의 관계를 통해 진정한 공동체를 모색하는 컴퓨터 이용자로서 이용이라는 매개체에 힘입어 초월적인 것, 즉 향유될 수는 있어도 결코 이용될 수 없는 것과 연관될 때 기본적으로 우리는 신이 자신을 위해 역사하기를 재촉하려는 고대의 마법사와 동일한 활동을 하는 셈이다. 내가 보기에 진정한 관조적 수행은 학생과 교사를 이런 망상에서 구원할 수 있는 최선의 방법이다.

 컴퓨터 기술의 매력은 이용과 향유를 둘러싼 두 가지 점에서 우리를 혼란에 빠트린다. 첫째, 컴퓨터 기술은 존재하는 것에 관한 모든 지식을 제공하겠노라 자처한다. 사실 인터넷은 클릭 몇 번으로 순식간에 세계의 모든 지식에 접근할 수 있는 것으로 간주된다. 인터넷은 이용자에게 얼핏 무한해 보이는 정보(분명 한 권의 책에 담을 수 있는 양보다는 많다)에, 다시 말해 즉시 발견될 수 있고 끊임없이 실시간으로 갱신되는 정보에 접근할 수 있는 기회를 제공한다. 무한한 지식을 제공하겠다는 이 기술적 약속의 가장 적절한 사례는 검색엔진 구글이다. 구글이라는 이름은 20세기 중반에 쓰인 용어 구골googol의 오기다. 공식적으로 '10의 100제곱'으로 정의되는 이 용어(그리고 파생어 구골플렉스)는 1938년에 수학자 에드워드 캐스너[1878-1955]의 아홉 살짜리 조카가 무한에 가까운 가장 큰 수, 즉 '1 다음에 0을 지칠 때까지 쓴 수'의 이름을 정하기 위해 만들어낸 것이다.[8] 구글 사는 인간이 지금까지 알거나 이해하기에 이른 모든 것에 대한 일종의 신적인 앎을 자랑한다. 세상에 대한 이 '무한'에 가까운 지식은 이용자만 활용할 수 있고, 이용을 통한 앎은 전지와 불멸화적 지식을 위한 독점적 수단으로 간주된다. 하지만 신성한 전지에 대한 우리의 참여를 이용자로서의 지위와 결부시키는 컴퓨터 기술 때문에 진정한 불멸화, 즉 지혜 추구에 해당하는 것에 관한 우리의 인식이 흐려진다. 결과적으로 우리는 이용자가 되는 것이 존재하는 것을 알 수 있는 유일한 방법이라고 믿게 된다. 우리의 인식이 그런 기술적 약속에 열광하게 되면 더 깊고 근본적인 앎을 망각한다. 그 분명하지 않은 형태의 앎은 이용을 수반하지 않는다. 또한 그런 앎은 모든 것이 향유되기 위해 이용되어야 하는 것은 아니라는 진리에 대한 증언으로서 생겨난다. 이와 같은 깨달음은 보는 주체가 사랑스러운 응시를 통해 보이는 객체와 하나가 되는 관계적인 나-너 식의 태도를 수용할 때마다 모두가 경험할 수 있는 것이다. 진정한 관조, 즉 테오리아를 통해 형성되고 실현되는 것이 바로 이런 관계며 컴퓨터 기술의 '구골식 앎'이나 '전지적 앎'이 은연중에 부정하는 것이 이런 종류의 앎이다. 그러므로 우리에게 모든 것을 알 수 있는 기회를 제공하기 위해 애쓰는 컴퓨터 기술은 진실을 말하는 듯 보이지만, 실제로는 우리가 알지 못하는 것을 안다고 가정하도록 유혹하는 셈이다. 학생으로서 그리고 교사로서 기술혁신을 둘러싼 열정에 현혹될 때, 우리는 자신의 무지를 쉽사리 무시하고 매슈스가 '아는 척하기'라고 부르는 것에 빠져드는 경향이 있다. 이런 측면에서 컴퓨터 기술을 둘러싼 우리의 믿음은 학교에서의 지혜 추구를 저해하는 데 일조한다.

둘째, 컴퓨터 기술은 대상으로서의 세계에 관한 전지적인 지식을 제공하는 동시에 테오리아를 대신하는 인위적인 방식을 제시한다. 특히 통신망에서 지속적인 상호작용을 경험하는 젊은이들은 친구나 지인, 더 폭넓게는 존재하는 것과 나-너식의 관계를 맺고 있다는 기분을 느낀다. 일례로 나는 11학년 학생들과 함께 헨리 소로1817-1862의 수필집《월든》을 읽은 적이 있다. 그때 나는 휴대전화, 아이팟, 인터넷 통신기기 등을 일주일 동안 사용하지 않는 소로식의 '검약 실험'을 해볼 것을 학생들에게 권했다. 실험을 시도한 학생들 상당수는 단절감, 소외감, 외로움 등을 느꼈다고 털어놨다. 시간을 어떻게 보내야 할지 모르는 학생과 지루함을 호소하는 학생이 무척 많았다. 하지만 일부는 내가 추천한 자연 속에서의 조용한 산책, 야외에서의 조용한 관찰과 경청 같은 관조적 활동을 수행하면서 기술을 통해 매개되지 않는 세상과의 대안적 연결 방식을 발견할 수 있었다고 했다. 그런 기술은 우리가 테오리아를 향해 느껴야 할 절실한 욕구를 채워주기 위해 고안된 것이다. 그런 기술의 매력은 이용에 의해 우리에게 전달되는 이론적 대용물을 제공한다(기술의 이용자가 되는 한 우리는 모든 사람과 다른 모든 것과 연결된다)고 자처한다는 점이다. 물론 이런 주장의 기하학적 보충 수단은 기술 공급자들이 우리 삶에 그들의 상품을 교묘히 심어놓기 위해 이용하는 무언의 두려움이다. 다시 말해 우리가 기술의 이용자가 아닌 한 우리는 누구와도 또는 다른 어떤 것과도 연결되지 않는다는 두려움이다. 추측건대 바로 이 때문에 내가 가르친 젊은 이들이 기술적 도구에 대한 깊은 영적 욕구를 느낀다고 털어놓는 경우가 그처럼 많았던 것 같다. 사실 젊은이들이 느끼는 기술의 매력은(이 매력은 교사들의 관심을 크게 끌 법한 대상으로서의 세계를 둘러싼 무한한 지식을 제공하겠다는 주장을 훨씬 능가할 것이다) 기술이 나-그것식의 경험과 연관된 이용의 방식을 통해 초월적인 나-너식의 관계를 향유할 수 있게 하는 능력을 신봉한다는 점이다. 이런 면에서 컴퓨터 기술은 이용을 통해 알 수 없는, 그리고 오직 향유를 통해서만 알 수 있는 것을 이용을 통해 알 수 있도록 만드는 마법을 자랑한다. 하지만 그것은 망상이다. 이와 관련해 피퍼가 1966년에 발간한 철학적 저작은 기술에 의한 인위적 초월이라는 대대적인 현상의 견지에서 읽어보면, 특히 시사하는 바가 많다.

순전한 '유용성'에 대한 고려가 판칠 때 필연적으로 참된 종교적, 예술적, 철학적 노력의 모조품과 복제품이 등장한다. 위험은 그런 속임수, 아니 자기기만을 인식하기 어렵다는 데 있다. 모든 영역이 '사정권 안에' 있으므로 빠져나갈 구멍이 없는 듯하다. 예를 들어 진정한 기도는 어떤 '마법적' 관행, 그러니까 초자연적인 힘을 손에 넣으려는 시도 심지어 신을 단순한 기능적 효력으로 전락시키려는 시도, 세속적 계산의 실리적 목적의 일부분으로 자리 잡는 시도에 자리를 빼앗길지 모른다.[9]

진정한 테오리아는 결코 이용이라는 매개체를 통해 촉진될 수 없다는 점을 명심해야 한다. 피퍼가 지적하듯 "세계가 인간 활동, 그것의 재료 심지어 그것의 원료 등을 위한 무대와는 다른(그리고 무대를 뛰어넘는) 어떤 것인 한 … 우리는 그 단어의 온전한 의미에서만 이론적"일 수 있다.[10] 오히려 테오리아는 이용이라는 매개체에 의해 파괴된다. 또한 단지 이용자에 머무는 한 현실에 대한 우리의 성향은 이론적이지 않다. 스스로를 이용자로만 여기는 한 (그리고 많은 젊은이들처럼 초월을 꿈꾸면서도 초월을 이용의 문제로 착각하면), 우리는 지혜를 추구하는 능력을 상실할 수밖에 없다. 이런 면에서 정보통신 기술의 성과에 대한 집착은 학교에서 지혜를 장려하는 데 매우 큰 걸림돌 가운데 하나로 작용할 것이다. 피퍼의 말처럼 "철학의 자살이란 다음과 같이 묘사할 수 있다. 세계를 인간 활동의 원료만으로 바라보기 시작하는 태도는 철학의 이론적 성격을 파괴하는 발걸음에 불과"하다. 이용자만 쓸 수 있는 기능으로서 제시될 경우, 기술적 초월의 약속은 의식의 기형화에 일조하고 테오리아를 훼손한다. 그것은 우리가 컴퓨터를 나-그것식의 관점에서 경험하고 이용하면, 이용이 존재하지 않을 때만 형성되는 나-너식의 관계를 향유할 수 있다고 믿도록 유혹함으로써 관조적 삶의 의미에 대한 의식을 왜곡한다. 기술에 대한 믿음 때문에 우리는 진정한 이론화(이용의 분위기가 아니라 단순한 향유의 여가에서 발생하는 활동)에 주목하지 못하게 되고, 가장 완벽한 대상과 관련한 우리 자신의 가장 훌륭한 부분의 가장 고귀한 활동과 단절되고 만다. 앞서 살펴봤듯 아리스토텔레스는 이 활동을 행복으로 부르고, 행복은 불멸화의 진정한 방식인 테오리아와 일치한다.

R. W. 버니스키 같은 학자들은 학교에서의 컴퓨터 이용을 제한하고, 학생들이 비사이버공간인 자연계를 지속적으로 경험할 수 있도록 유도하며, 컴퓨터로 자연의 현실세계에 관한 정보에 접근하고, 온라인 토론 게시판을 이용해 기술과 자연의 관계를 논의하면 이와 같은 기술적 위험을 간단히 피할 수 있다는 식의 의견을 피력해왔다.[11] 반면 나는 철학적, 명상적, 관조적 수행이 기술적 망상을 치료할 수 있는 최상의 수단이라고 생각한다. 왜냐하면 그런 수행에는 균질화된 기술적 존재론에 의해 부정되는 모든 것에 대한 깨달음이 수반되기 때문이다. 관조를 통해 진실을 본다면, 오늘날의 학교에서 학생과 교사를 엄습할 법한 모든 기술적 망상에서 벗어날 수 있을 것이다. 수안후아 선사는 아래와 같이 촌평한다.

내가 텔레비전, 라디오, 컴퓨터 등을 식인 악귀로 불러도 겁먹지 마라. 두려워할 필요가 없다. 그 물건들의 실체를 분명히 깨닫기 바란다. 일단 실체를 인식하면 그 전기장치들은 그대를 혼란에 빠트리는 힘을 잃을 것이다. 이 점만 알면 된다. 그러나 그 물건들 때문에 혼란에 빠지면 그것들에게 잡아먹힐 것이다.

이 원리는 아름다움에도 적용된다. 예쁜 모습이 그대를 혼란에 빠트린다면 그대는 식인종에게 잡아먹힐 것이다. 돈이 그대를 혼란에 빠트린다면 그대는 식인종에게 잡아먹힐 것이다. 그대의 목적이 대단한 명성을 쌓는 것이고, 명성이 그대를 혼란에 빠트린다면 그대는 명성이라는 악귀에게 잡아먹힐 것이다. 좋은 음식이 그대를 혼란에 빠트린다면 비록 그대는 맛있는 음식을 즐겼다고 생각해도 실제로는 음식이 그대를 먹은 것이다. 음식이 그대의 영혼을, 그대의 법신法身을 먹었다. 그것은 그대의 지혜를 먹어치웠고, 그대는 더할 나위 없이 어리석은 채로 남아 있다.[12]

우리가 만든 대상만 보는 태도가 가져오는 위험

기술적 존재론을 받아들일 때 발생하는 두 번째 문제는 이용자인가 아닌가가 모든 앎을 좌우한다고 여기면, 결국 우리는 우리가 만든 것만 안다고 생각하게 될 것이라는 점이다. 만듦의 주체이자 만들어진 대상의 이용자인 우리의 협소한 시야는 우리 '창의력'의 산물에 고정되어 있다. 결과적으로 우리가 만들지 않은 것(수안후아 선사가 말하는 다른 모든 것)은 우리의 시야에서 벗어난다. 따라서 우리의 기술적 응시에는 현실 그 자체를 알고자 하는 철학적 응시의 개방성이 없다. 그런데 테오리아를 둘러싼 가능성은 우리가 만들지 않은 것, 우리가 통제하지 않는 것을 수용하는 능력에 달려 있다. 존재의 선량함이 개인적 기호에 따라 형성되는 그 존재의 상태에 좌우될 경우, 지혜 추구의 전제 조건(인간의 노력에 의해 습득되고 만들어지며 변형된다는 점과 무관하게 현실이 '그 자체로 선하다'는 인식)은 형성될 수 없다. 샬은 이렇게 말한다.

교사와 학생은 진실과 관련해 동일한 조건에 놓여 있다. 그들은 이도 저도 아닌 모호한 어떤 것 앞에 서 있다. 우리 스스로가 만드는 '진실'만이 유일한 진실이라는 현대적 관념은 우리와 존재를 즉시 단절시키는 편협한 견해다.[13]

감수성이 예민한 젊은이들의 학습 현장에 기술이 대대적으로 파고드는 현상에 더 주목해야 한다. 만듦으로서의 앎이라는 기술적 패러다임에 지속적으로 몰두한 데 따른 학생들의 협소한 시야는 그들이 세상을 바라보는 방식뿐 아니라, 서로를 바라보고 교류하는 방식에도 영향을 미친다. 예를 들어 학생들이 잘 알고 그들이 가장 친밀한 관계를 위해 활용하는 기술의 목적은 이용자인 그들이 각자의 사회적 교류에 대한 고도의 통제권을 행사할 수 있도록 돕는 것이다. 그런 기술의 매력과 성공 전략은 적어도 부분적으로, 그것의 인간공학적 능력(기술의 모든 특징이 개별 이용자의 기호에 맞춰 쉽게 '개인화'될 수 있는 편의성)에 있다. 학생들은 그 기술이 부여하는 고도의 통제권에 쉽게 적응한다. 그리고 이용자인 학생들은 그 통제권의 분위기를 통해 인터넷 정보 공간에서 서로 소통하고 '교감'하기를 갈망한다. 그러나 모든 것을 자신의 기호에 맞춰 형성하고 통제할 필요성(개인의 '심리적이고 정신적인' 정체성에 따라 모든 것을 재단할 필요성)이 가장 중요한 위치를 차지하면, 진정한 나-너식 관계는 불가능하다. 사실 이용자 간의 기술적 중개라는 개인화된 분위기는 모든 관조적 전통에서 '자아의 환상'으로 부르는 것을 심화시킬 뿐이다. 반면 참된 나-너식의 관계에 몰두하면 심리적이고 정신적인 '나'(예를 들어 아이폰, 아이패드, 아이팟 등에서의 '나')가 강화되는 대신에 본인과 본인의 기호에 대한 집착이 약화될 수밖에 없다. 진정한 대화와 마찬가지로 참된 교육이라면 결코 '학생

중심적'이거나 '교사 중심적'이 될 수 없고 '진리 중심적'이어야 하듯이, 우리는 기술적 만듦과 숙달을 통한 그리고 심리적이고 정신적인 기호에 따른 교육의 개인화에 너무 매달리는 교육개혁의 흐름에 주의해야 한다.

샬은 "우리는 자신 이외의 것을 알 때만 자신을 알게 된다"고 말한다. 자신을 판단하기 위해서는 자신 너머를 바라봐야 한다. 진심으로 지혜를 추구하는 사람은 "인간은 만물의 척도다"라는 프로타고라스의 세련된 주장에서 말미암은 장장 2,500년간의 교육적 흐름에 머무르지 말아야 한다. 또한 표면적으로는 교육을 변모시키는 듯하면서도 실제로는 그저 자신의 심리적이고 정신적인 상태에 따라 모든 것을 판단하는 새로운 평가 방식만 제시하는 현대의 교육'개혁'에 현혹되지 말아야 한다. 대신에 만물의 참된 척도(메트론)를 모색해야 한다. 바로 이런 이유로 플라톤은 《법률》에서 프로타고라스의 견해를 다음과 같이 반박한다. "신은 더할 나위 없을 정도로 만물이 척도다."[14] 프로타고라스는 종種으로서의 인간이 이런 척도로 간주되어야 한다는 점을 인정했고, 현대의 교육개혁도 그것을 뒷받침하는 컴퓨터 기술도 프로타고라스적 교육에서는 혁명으로 묘사되지 않는다. 오히려 현대의 교육개혁과 컴퓨터 기술은 '진부한 것'에 불과하다. 사실 그 두 가지는 포괄적 인간 대신에 원자화된 개인, 더 정확히는 개인의 동요하는 심리적이고 정신적인 상태가 만물의 척도고 척도여야 하는 프로타고라스적 언명에 대한 일종의 과대 현실화로 규정하는 편이 더 적절하다. 콘로이는 교육에서의 정확한 척도를 발견하는 문제와 관련해 비슷한 의견을 피력한다. 그는 '사람이 아니라 개인이 만물의 척도'로 간주되는 '협상을 거친, 개인화된 교과 과정에 대한 점증하는 요구'를 비판한다.[15] 현대의 기술적 교육에 담긴 궤변론적 요소에 대한 버니스키의 해법은 인간도 개인도 아니라, 자연이 진정한 척도라고 말하는 것이다. 하지만 진심으로 지혜를 추구한 고대인과 중세인처럼 나는 자연도 척도일 수 없다고 말하고 싶다. 관조적 관찰(진정한 척도를 모색하고 현실 그 자체를 알고자 하는 무제한적 관찰)은 우리가 만든 대상만 보는 기술적 태도의 위험을 극복할 수 있는 가장 강력하고 훌륭한 방법이다.

헛되거나 불건전한 눈의 욕망과 상충되는 관조

컴퓨터 기술에 대한 우리의 집착은 텔레비전 화면을 응시하기를 좋아하는 우리의 성향과 마찬가지로, 다음과 같은 세 번째 이유에서 문제가 있다. 앞서 언급했지만 서먼이 볼 때 우리가 우리 문화에서 관조적 정신을 증진하고 강화하고자 하는 문제에 관해 말하는 것은 "실제로 관조적 에너지를 하나의 초점에서 다른 초점으로 옮기는 방법에 관해 말하는 셈"이다. 노트북과 아이패드를 비롯한 각종 통신기기의 화면을 들여다보는 학생들은 확실히 일종의 관찰에 열중하고 있다. 하지만 그런 통신기기를 이용한 '서핑'은 대체로 "감각적 불만이 꾸준히 심화되고, 분노와 폭력성이 각인되며, 혼동과 물질주의적 망상이 구축되고 유지되는" 산만하고 부주의한 응시다.[16] 사실 서핑이라는 용어는 짜릿한 흥분을 느끼면서 사물의 '표면' 위를 미끄러질 뿐 결코 사물의 깊은 곳으로 내려가거나(카타바시스) 존재에 대한 통찰을 이끌어내지 않는 것을 의미한다. 그런 기술적 서핑에 이끌리는 현상은 우리가 자유 시간(학생이라면 굳이 생계를 위해 일할 필요가 없는 소중한 시간, 교사라면 학생들과 함께 지혜를 추구하고 그들을 존재에 대한 탐구와 모색의 방향으로 이끌고자 하는 열정을 나눌 수 있는 직업을 갖고 있다는 점에서 가장 멋진 선물을 받는다고 할 수 있는 소중한 시간)을 어떻게 보내야 할지 모르는 데 따른 결과물이다.

일반적으로 학생들은 학교에 있다는 것의 진정한 의미를 모른다. 우리

집 막내를 데리러 갈 때 나는 미소가 절로 나온다. 수업을 마치는 종이 치자마자 한 무리의 소년들이 마치 감옥에서 풀려나는 것처럼 환호하며 문을 박차고 나온다. 학교(여가, 즉 스콜레를 위한 비종교적인 성격의 제도화된 유일한 장소)는 여가에 대한 경험 쌓기를 장려하지 못하고, 결과적으로 여가의 가능성은 증오나 혐오(오디움)의 가능성에 자리를 내주고 만다. 교사도 학생도 여가와 관계를 맺는다는 것의 의미를 잘 모르기 때문에 참된 학교교육을 위한 자유 공간은 일종의 문제로 다가온다. 이를 해결하기 위해 우리가 흔히 활용하는 무기로는 '소일거리', 학생들을 자극할 수 있는 한층 더 다양한 방식, '참여 학습'을 표방하면서도 실제로는 주의산만을 초래하는 조치 따위를 꼽을 수 있다. 그러나 이 상황에서 필요한 무기는 '학습자를 참여시키기' 위한 더 많은 자극이 아니라, 우리가 스콜레의 의미를 인식하고 교실에서 스콜레에 대한 경험과 실천을 장려할 수 있도록 더 세심한 주의를 기울이기 위한 더 적은 자극이다. 이 상황에서 필요한 무기는 앞서 내가 언급한 것, 즉 우리가 경청하고 개방성과 수용성을 발휘하도록 유도하는 침묵과 비슷한 어떤 것이다. 시인이자 아이들을 위한 책을 쓰는 메릴린 넬슨은 기술의 '소음'이 실제로 어떻게 이런 종류의 경청을 저해하는 데 영향을 미칠 수 있는지 설명한다.

어떻게 해야 침묵하는 방법을 미국의 젊은이들에게 가르칠 수 있을까? 우리 삶의 소음은 때로는 글자 그대로 귀청이 터질 만큼 시끄럽다. 기술은 우리에게 24시간 사운드트랙, 배경음악, '악보' 등을 제공해왔다. … 미국의 젊은이들은 언제 침묵을 경험할까? 아마 팔짱을 낀 채 원망의 시선으로 자기 아버지와 어머니를 노려볼 때만 그럴 것이다.[17]

현재의 학교 환경에서는 "지속적 활동에 대한 요구, 전자적 자극의 습관, 현대사회의 생산 지향성 등으로 인해 관조 실천가들이 버티기가 무척 힘들"다.[18] "파편화, 증가 일로의 속도, 다중 과업화, 주의산만 따위로 점철된 시대"[19]에 필요한 요소는 서먼이 암시하듯 보고자 하는 자연스러운 욕구의 '방향 전환'이다. 일정한 형태의 관조적 수행을 교실에서 반드시 실현해야 한다.

내가 교실에서 학생의 '탐구심'을 직접 경험한 바에 비춰보면, 학습의 대부분은 스투디오시타스와 대비되는 라틴어 단어 쿠리오시타스로 가장 적절하게 묘사할 수 있다. 이들 단어의 상충되는 심리적 의미는 각각 '무절제한 호기심(쿠리오시타스)'과 '지식을 향한 절제된 욕구(스투디오시타스)'다. 스투디오시타스와 쿠리오시타스는 둘 다 보고 싶은 자연스러운 소망에 기인한다. 그러나 스투디오시타스는 존재를 알고 싶은 '욕구'에 따른 '뜨거운 관심'이라는 차별성을 띤다. 스투디오시타스는 존재를 본다는 것의 목적에 충실한 태도를 취한다. 아마 study라는 단어가 '진실을 향한 기도'로 불리는 것은 바로 이 때문일 것이다.[20] 반면 쿠리오시타스는 참견(폴리프라그모시네), 즉 그리스인들이 불공평으로 해석하는 '많은 일을 하기'와 관계있다. 쿠리오시타스는 보이는 대상이 아니라 보는 행위에 따른 흥분과 그것에 대한 경험을 모색하는 일종의 '많은 앎'이다. 쿠리오시타스는 '일대일' 방침에 따라 모든 학생이 통신망에 연결된 컴퓨터를 항상 쓸 수 있어야 하는 오늘날의 기술적 교실에서 기승을 부린다. 학생들은 '학구적'이기는커녕 컴퓨터게임 즐기기, 소셜네트워크서비스 이용하기, 아무 생각이 필요 없는 유튜브 영상 보기, 심지어 온라인 쇼핑 같은 온갖 주의산만과 '다중 과업화'에 임한다. 기본적으로 쿠리오시타스는 알고 싶은 욕구가 보이는 모든 것을 가장 아름다운(칼리스토스) 광경 쪽으로 들어올리고 싶은 욕구에서 비롯되지 않을 때마다 고개를 내민다. 많은 젊은이가 느끼는 기술의 매력은 기술이 존재에 관해 배우도록 '유도'한다는 점이 아니라, 자신으로부터 그리고 컴퓨터 기술이 출현하기 전에는 다른 경로를 통해 탈출하고자 했던 학교에 '뿌리를 내리지 못하는' 상태에 따른 공허감으로부터 벗어나는 수단을 제공한다는 점이다. 쿠리오시타스의 본질에 관한 피퍼의 논평은 상당수 교실의 상황에 대한 매우 적절한 설명이다.

알고 싶은 자연스러운 소망이 쿠리오시타스로 변질되는 것은 인간의 외양을 둘러싼 무해한 혼동을 훨씬 뛰어넘는 것일지 모른다. 그것은 완전한 뿌리 없음의 신호일지 모른다. 그것은 인간이 자신과 함께 살아갈 능력을 상실했다는 의미일지 모른다. 즉 자신으로부터 도피한, 절망으로 피폐해진 내적 삶의 공백 상태에 지치고 질린 인간이 이기적 불안감을 느끼면서 수많은 헛된 경로를 따라 심장의 고귀한 정지, 즉 희생함으로써 스스로를 소유할 준비를 갖추는 심장의 고귀한 정지에만 주어지는 것(존재의 충만함)을 모색하고 있다는 의미일지 모른다.[21]

앙드레 지드1869-1951의 《일기》를 인용하면서 피퍼는 여가를 세련되게 경험하고 실천하지 못하면 일로 가득하지 않은 '치명적인 공허'와 '끝없는 권태'로서의 시간을 마주치기 쉽다고 지적한다. 학교와 학교 밖의 삶은 '관조적 삶(비타 콘템플라티바)의 파탄'에 따른 결과인 일종의 영적 '사막'으로 다가온다.[22] 우리는 영적 불만과 불안으로서의 자유에 힘입어 새로움과 자극을 찾아 이 대상에서 다음 대상으로 넘어가는, 관심 어린 눈의 산만한 움직임을 통해 도피(escape, 이 부분에서 나는 특히 학생과 교육자 사이에서 컴퓨터 기술이 이용된다는 점과 관련해 e-scape라는 용어를 고안할 수 있을 것 같다)를 모색한다. 이 보고 싶은 욕구는 본다는 것이 일종의 응시라는 점에서 관조(콘템플라티오)와 비슷하다. 하지만 관조적 응시가 현실을 알고자 하는 반면, 여유 없는 눈의 응시는 그 자체가 목적인 존재를 보는 것이 아니라 관찰에서 비롯되는 기쁨에 관심이 있다.

이 여유 없는 관찰은 사실상 기독교 철학에서 말하는 '눈의 욕망(콘쿠피스켄티아 오쿨로룸)'이 의미하는 바다. 피퍼는 이렇게 말한다. "'관찰(관조)'의 원래 의미를 바꾸고 인간을 혼란스럽게 하는 관찰에는 희열이 있다. 진정한 의미의 관찰은 현실에 대한 인식이다. 그러나 눈의 욕망의 목표는 현실을 인식하는 것이 아니라 관찰을 즐기는 것이다."23 《고백록》에서 아우구스티누스는 콘쿠피스켄티아 오쿨로룸을 둘러싼 방대한 심리 분석을 시도한다. 그는 모든 죄가 독자적으로 발생하거나 '육체의 욕망'이나 '육욕(콘쿠피스켄티아 카르니스)'과, 눈의 욕망과 '삶의 허식'이나 '삶의 오만(암비티오네 사이쿨리)' 따위의 조합에서 비롯된다고 주장한다. 이들 세 가지 죄의 원인 항목에 포함된 콘쿠피스켄티아 오쿨로룸은 정말 바람직한 것 대신에 궁금증 해소를 모색하는 '헛되거나 불건전한 호기심'이다. 아우구스티누스는 학문적 연구와 가장 고귀한 선의 관계가 고려되지 않을 때 이런 궁금증이 학문적 연구의 핵심에 자리 잡는다며, 그런 식의 태도를 일종의 그릇된 목적을 위해 다시 말해 '구원을 희망해서가 아니라 단지 경험을 위해' 지식을 습득하고자 하는 마법이나 요술에 비유한다.24

아우구스티누스는 심리 분석을 통해 눈의 욕망의 근본 원인을 세상사에 대한 지나친 관심(지상선에서 모든 선의 진정한 척도를 찾지 않지 않으면서 존재의 본질을 오해하는 태도)이라고 생각한다. 이렇듯 그의 심리 분석은 자존심, 자만심, 자기애 등에 관한 의식의 고양 대신에 영혼이나 우리 시선의 방향을 그 모든 유한한 선으로부터 지혜에 대한 사랑에서 드러나는 하나의 참된 선 쪽으로 전환하거나 '돌리는 것'을 수반하는 기독교의 관조적 수행의 전통에 깊이 뿌리박고 있다.[25]

세상이나 세상에 속한 것들을 사랑하지 마십시오. 세상을 사랑하는 사람에게는 그 마음속에 신을 향한 사랑이 없습니다. 세상에 있는 모든 것, 곧 육체의 쾌락과 눈의 쾌락을 좇는 것이나 재산을 가지고 자랑하는 것은 신으로부터 나온 것이 아니고 세상에서 나온 것입니다. 세상도 가고 세상의 정욕도 다 지나가지만 신의 뜻대로 사는 사람은 영원히 살 것입니다.[26]

아우구스티누스를 비롯한 지혜를 추구하는 모든 사람의 시각에서 진정한 교육은 반드시 불멸화적 성격을 띠어야 한다. 아리스토텔레스에 따르면 관조적 수행을 통해 초래된 불멸화는 가장 고귀한 행복의 활동이다. 아나사고라스에 따르면 관조적 수행(테오리아)은 우리가 태어난 목적이다. 플라톤의《향연》에서 디오티마는 "인간의 삶을 살 수 있는 것은 아름다움 자체를 바라볼 때"라고 말한다. 왜냐하면 오로지 "인간이 그것 쪽을 쳐다보고 그것을 바라보면서 그것과 함께 지낼 때"만, 진정한 미덕이 생길 때만 그가 신이 사랑하는 자(테오필레이)가 되고 "만일 어떤 다른 인간이 불멸한다면 그도 마찬가지일 것"이기 때문이다.[27]

14장

관조적 수행이 마주한 현실과 도전 과제

관조적 교육과 수행을 어떻게 적용할 것인가의 문제

｛ 관조적 교육과 수행을
어떻게 적용할 것인가의 문제 ｝

관조적 교육에 대한 올바른 정의

역사학자 브라이언 스톡은 서양에서 오랫동안 나타난 학문과 관조적 전통의 분리 현상에 신중하게 접근한다. 특히 그는 종교개혁이나 과학혁명 기간에 학문적 연구와 관조적 영적 수행이 서로 분리되었다는 식의 일반적인 가설에 의문을 제기한다. 그는 "결정적인 변화는 수도원 학교와 교구 학교에서 벗어난 유럽의 초창기 대학이 논리학, 자연과학, 신학과 같은 분야에서 대체로 아리스토텔레스적인 성격의 계획을 완수하고자 나섰던 12세기와 13세기에 일어났다"고 주장한다. 또한 "근세의 '신비론자' 가운데 … 근대적 인문학 형태를 띠는 것의 범위 안에서 활동한 사람은 거의 없었다"고 지적한다.[1] 비슷한 맥락에서 릭 리페티는 "최근까지 서양 학계에서는 관조적 교육론이 거의 남아 있지 않았고, 2000년경 이전까지 미국에서는 관조적 교육론이 대체로 주류 고등교육의 범위 밖에 있었다"고 말한다.[2] 그런데 로버트 서먼은 동양에서는 이런 분리 현상이 전혀 일어나지 않았다고 한다. 그의 설명에 따르면 "동양에서는 관조적 수행 단체가 기존 사회의 범위 밖에 제2의 사회를 형성하고 오늘날 우리가 긍정적으로 평가하는 방향으로 관조를 장려함으로써, 그리고 주류 문화에서 나름의 방식대로 실행되는 관조에 지나치게 개입하지 않겠다고 암묵적으로 약속"함으로써 국가권력으로부터 인가를 받는 경우가 있었다.[3]

관조적 교육은 서양 교육제도에서의 이 두 가지 학습 요소를 고등교육 수준뿐 아니라 초등교육과 중등교육 수준에서도 재통합하려는 움직임을 가리킨다. 스톡은 "'인문학적 방법론이 대략 500년 넘게 안정적으로 자리 잡고 있기' 때문에, 그리고 그동안 '대안을 도입하려는 모든 시도가 실패로 돌아갔기' 때문에 그런 재통합적 움직임은 여러 난관에 둘러싸여 있다"고 촌평한다. 스톡의 말을 들어보자.

> 우리가 원하는 바는 이상적으로는 명상에 대한 학문적 관심의 증가가 아니라 … 동양의 몇몇 전통을 모범 삼아 명상적 수행과 그 밖의 지적 활동이 서로를 뒷받침하는 전통의 재확립이다. 즉 명상하는 개인이 자기가 속한 사회의 주류에서 벗어나지 않는 동시에, 일상적이고 평범한 어떤 것에 임하는 상황의 재확립 말이다.[4]

스톡의 우려와 달리 기존 태도의 변화를 촉진하기 위해 관조적 교육의 본질과 혜택을 다룬 책들이 얼마 전부터 속속 등장했다. 그런 학문적 성과 가운데 토빈 하트가 내린 "이성과 감각을 보충하는 앎의 세 번째 방식"으로서의 관조의 정의가 폭넓게 수용되고 있다.[5] 그렇지만 관조적 교육을 둘러싼 여러 정의는 초점과 정밀성 측면에서 각기 다르다. 예를 들어 하트가 내린 관조의 정의를 받아들인 퍼트리샤 제닝스는 "관조적 교육은 우리가 배우는 내용보다 배우는 방식과 더 밀접하게 관련되어 있다"고 말한다. 자신의 무지를 깨닫는 소크라테스적 실천의 연장선상에서 제닝스는 관조적 교육이 "우리가 건전하지 못한 습관적 경향을 버리는 방식을 가리키는 경우가 있다"고 말한다.[6] 에릭 카일도 각자의 습관적인 지식적 오만을 버리는 방식뿐 아니라 높은 수용성을 바탕으로 사물을 보는 법을 배우는 방식으로서의 관조적 교육이 드러내는 이 이중적 양상을 언급한다. 그는 이 두 가지 기본 요소가 관조적 교육에 관한 모든 문헌에서 인정된다고 주장한다.

다른 학자들은 관조적 교육의 토대인 마음챙김의 수행을 강조하는 틱낫한(베트남 출신의 승려로 명상가이자 시인이며 인권운동가다—옮긴이)의 시각에 동조한다. 틱낫한이 이해한 바에 따르면 마음챙김은 "우리 내면뿐 아니라 주변에서 어떤 일이 벌어지는지 알 수 있는 능력"이라고 설명하는 편이 가장 적절하다. "마음챙김은 우리의 몸, 감정, 생각 등을 끊임없이 인식하는 것이다."[7] 이를 교육에 적용한다면 오늘날 우리가 관조적 교육으로 부르는 것을 가리킨다. 로저와 펙은 마음챙김의 중요성을 강조하면서 관조적 교육의 정의를 내린다. 그들은 명상적 수행의 두 가지 기본 유형에 특별히 주목하는 앎의 세 번째 방식과 연관된 '특별한 형태의 인식'이나 마음챙김을 차별화한다. 이때 명상적 수행의 첫 번째 기본 유형은 집중을 중시하는 '고요한' 또는 '날카로운' 명상이고, 두 번째 기본 유형은 의식의 흐름을 지켜보고 모든 사물의 태생적 '헛됨'을 알아차리는 '간파' 또는 '통찰' 명상이다. 그들의 시각에서 관조적 교육은 아래와 같이 정의할 수 있다.

개인의 성장, 학습, 도덕적 삶, 타인에 대한 배려 같은 가치도 함양되는 윤리적이고 관계적인 맥락에서 주의 깊은 인식과 의지의 잠재력을 육성하기 위해 고안된 한 묶음의 교육관행 … 최소한 관조적 교육은 유능한 교사와 함께하는 학생들의 적극적인 참여를 … 그리고 학생들이 명료하고 고요하고 집중된 인식 상태에 이르도록 만드는 한 묶음의 경험적 학습 기회를 수반한다. … '관조적 교육'에 공통적인 요소는 기강 잡힌 수행이 존재한다는 점이다. 관조적 교육에서는 특정 대상에 대한 인식의 초점을 시간이 흐르면서 바꾸는 것과 유지하는 것 … 즉 현상학적으로 표현된 내용의 순간적 흐름에 대한 인식의 초점을 바꾸는 것과 유지하는 것이 핵심적 수행이다.[8]

이와 같은 정의에 따를 때 고요한 또는 날카로운 명상(사마타)과 간파 또는 통찰 명상(비파사나) 같은 기강 잡힌 수행은 기본적으로 윤리적이고 도덕적인 행위를 함양하기 위한 '자기관리' 수단으로 묘사된다. 그러나 인지심리학자인 엘리너 로시는 관조적 수행이 실천가에게 미치는 개인적 이익이나 그것이 사회적 조화를 촉진하는 데 기여하는 점에만 주목하지는 않는다. 그녀는 관조적 교육 프로그램이 '세 가지 주요 분야(첫째는 명상적 주의집중과 마음챙김이고, 둘째는 사회적이고 정서적인 이해력과 동정심 함양이며, 셋째는 우리 사회에서 젊은이들이 흔히 토론 주제로 어울리지 않는다고 간주하는 삶과 죽음을 둘러싼 심각한 문제에 다가가 소통할 수 있는 능력이다)'를 지향하는 경향이 있다고 말한다.[9] 여기서 로시는 실천가에게 미치는 개인적 이익의 측면이나 그것이 사회적 조화를 촉진하는 데 기여할 수 있는 능력의 측면에서 도덕적이고 윤리적이며 사회적 가치가 전혀 없는 '심각한 질문'도 던질 수 있듯, 우리가 관조적 활동을 사회적이고 정서적 이해력과 동정심을 함양하는 데 활용할 수 있을 뿐 아니라 다른 의도 없이 명상적 긴장완화와 마음챙김에 임할 수도 있다는 점을 인정한다.

다른 학자들은 관조적 교육을 둘러싼 논의에서 쓰이는 부가적 용어의 용법을 명확하게 밝히고자 노력해왔다. 일례로 리페티는 관조적 교육에 관한 담론이 관조적 수행, 관조적 교육론, 관조적 연구의 세 가지 범주로 나뉜다고 설명한다. 요컨대 그는 관조적 수행을 "의식적 경험의 모든 요소에 관심이 집중되는 초인지적 연습"으로 정의한다. 관조적 교육론은 "타당한 교습과 학습 방식뿐 아니라 타당한 지식 구성과 탐구 방식으로 관조적 수행을 활용하도록 촉진하는 교육철학"으로 불린다는 점에서 관조적 수행과 구별된다. 이렇게 볼 때 관조적 교육론이라는 용어는 우리가 관조적 수행을 하는 이유와 그것을 둘러싼 다양한 설명을 가리킨다. 끝으로 관조적 연구는 "관조적 수행의 전통, 인식론, 역학, 과학적 효과 등에 관한 학문적 고찰의 모색을 수반"한다고 알려져 있다.[10] 관조적 연구는 확실히 종래의 철학적이고 종교적인 '지혜 문헌'에 대한 탐구를 수반하지만, 해럴드 로스가 덧붙인 바에 따르면 관조적 연구에는 '인문학, 과학, 창조예술 등의 분야'도 포함된다.[11]

관조적 기법을 활용하는 프로그램의 현재 상황을 상세히 나타내기 위한 대규모 작업을 진행하고 있는 개리슨연구소 관계자들은 그들이 'K-12 교육환경'이라 부르는 연구에서 발견한 관조적 프로그램의 두 가지 유형을 설명하고자, 관조적 교육의 '넓은' 정의뿐 아니라 '좁은' 정의도 제시하는 데 따른 이점에 주목한다. 그들이 볼 때 "교육에서의 관조의 좁은 정의는 마음챙김을 직접 증진하는 프로그램만 포함"할 수 있다. 그러나 "더 일반적인 정의는 다양한 기법을 통한 관조를 증진하는 프로그램도 포함"할 수 있다. 개리슨연구소 관계자들은 관조적 교육의 넓은 정의와 좁은 정의를 번갈아 적용하면서 이렇게 말한다. "주류의 교육환경에서 관조적 기법을 활용하는 프로그램은 두 가지 교육론적 범주 가운데 하나에 속한다." 다시 말해 그런 프로그램은 진정한 관조적 프로그램(하트가 말하는 앎의 세 번째 방식의 향상에 집중하는 프로그램)이거나 '관조적 기법을 활용하면서도 관조적 프로그램은 아닌' 프로그램인 "사회적이고 정서적인 기능의 계발 같은, 그 밖의 대체로 광범위한 목표를 위해 관조를 증진하는 프로그램"이다.[12]

확실히 오늘날의 문헌에는 관조적 교육의 정의가 다양하게 등장한다. 그중에서 특히 진정한 관조적 프로그램을 관조적 기법만 활용하는 비관조적 프로그램과 구별하는 개리슨연구소의 시각은, 우리가 이른바 관조적 교육과 진정한 지혜 추구 사이의 관계를 더 깊이 이해하는 데 도움을 준다는 측면에서 무척 중요하다. 아마 전자의 프로그램을 통해 지혜 추구와 가장 근접한 모형이 만들어질 것이고, 후자의 프로그램은 기껏해야 지혜 추구의 주변부에 자리한 목적에 기여할 것이다. 앞서 우리가 어린이 철학 프로그램과 진정한 철학적 사색 사이의 관계에서 발견한 문제는 후자의 프로그램에서도 반복된다. 즉 진정한 지혜 추구인 철학이 단순한 초인지일 수 없듯, 진정한 테오리아인 관조적 수행도 단순한 초인지적 활동일 수 없으며 사고에 관한 사고일 수 없다. 관조적 수행은 오로지 자아를 관찰하는 것, 생각과 감정이 동요하는 모습을 지켜보는 것, 생각과 감정을 간파하는 것(비파사나), 생각과 감정을 안정시키고 가라앉히는 것(사마타)에 머물지 않는다. 그리고 단지 훌륭한 추론기능이나 훌륭한 사회적 행위의 향상에, 즉 미덕의 함양에 머물지 않는다. 왜냐하면 심지어 미덕조차 관조적 수행의 목적이 아니기 때문이다. 진정한 관조적 수행은 자아에 관한 모든 생각과 모든 자기평가에서 벗어나는 것과 관계있다. 결국 진정한 관조적 수행은 자기초월의 한 형태다. 그것은 참된 철학적 사색의 경우와 마찬가지로 그 자체로서의 현실 전체에 대한 관찰(테오리아)을 통한 알고자 하는 시도(제테시스)다.

관조적 수행을 단순한 초인지로 간주할 수 없다는 점은 그런 모든 심리적이고 정신적인 활동과 순수한 인식을 명시적으로 구분하는 삼키야와 요가의 다르샤나에 의해서도, 그리고 선불교 수행을 순전한 심리적 훈련으로만 해석하는 관점을 부정하는 불교 전통에서도 인정된다. 불교 전통에서 그런 관점이 부정되는 이유는 사실 생각하거나 느끼는 영혼은 없고, 심리적으로 분석하는 영혼도 없어서다. 마찬가지로 아빌라의 성 테레사는 기독교적 명상을 사고에 관한 초인지적 사고 또는 자신과 자신의 내면 상태를 지켜보는 것으로 부를 수 없다고 말한다. 왜냐하면 "우리가 세속적 본성의 약점을 바라보는 데 계속 몰두하는 동안 우리 행동의 원동력은 소심하고 유약하며 소극적인 생각의 늪으로부터 결코 자유롭게 흘러나오지 않은 것"이기 때문이다.[12] 성 대데사의 설명에 따르면, 완전히 필멸적인 우리의 본성에 대한 관조를 통해서는 진정한 테오리아의 대상인 가장 사랑스러운 것에 대한 가장 고귀한 광경에 이를 수 없다. 그러므로 관조에 임할 때 우리의 응시는 저급한 선에 방해받지 않아야 한다. 관조적 연구에 대한 리페티의 정의와 반대로 관조적 수행을 통한 진정한 지혜 추구는 단지 관조적 수행의 전통, 인식론, 역학, 과학적 효과 등에 관한 학문적 고찰의 모색일 수 없다. 왜냐하면 학문적 고찰과 저술은 아무리 심오하다 해도 지혜의 등가물이 아니기 때문이다. 우리는 앞서 소개한 리페티의 정의에 동조하지 않아야 하고, 관조적 수행을 그저 사고와 추론 그리고 감정적 상태 등에 관한 초인지적 사고 연습으로 잘못 해석하지 말아야 한다. 이 세상의 모든 관조적 전통은 대체로 엄밀하게 초인지적 또는 심리적 연습을 초월하는 것으로서의 테오리아에 보조를 맞추고 있다. 참된 관조적 수행은 항상 그런 모든 인식을 뛰어넘어 최고선을 모색한다. 성 테레사는 지혜를 추구하려는 사람들에게 이렇게 충고한다. "내 딸들아, 우리의 유일한 선인 그리스도, 그리고 성자들에게 시선을 고정해야 한다. 그러면 우리는 참된 겸손을 배울 것이고, 우리 마음은 고귀하게 될 것이며, 따라서 스스로에 대한 인식을 통해 우리는 비열하거나 심약해지지 않을 것이다."

관조적 교육의 필요성

리처드 브래디는 관조적 교육관행을 교실에 도입하는 문제의 중요성을 불교적 견지에서 매우 예리하게 강조했다. 특히 그는 현재 학교제도의 교육적 구조 때문에 부처의 가르침에 담긴 '깨달음의 일곱 가지 요소(기쁨, 휴식, 집중력, 호기심, 근면함, 평정, 마음챙김)'를 함양하기 어려워지는 과정을 설명한다.

오늘날 저연령 학생들에 대한 교육은 주로 미래의 성공을 달성하기 위한 수단으로 간주된다. 미래의 성취에 초점을 맞추는 이런 경향은 깨달음의 첫 번째 요소인 현재에서 기쁨을 경험하는 데 불리하게 작용한다. 기쁨은 일부 학생들이 경험하는 경쟁심과 고립감에 의해서도 마모된다. 지금 얼마나 많은 것을 성취할 수 있는가에 따라 미래의 행복이 결정된다고 믿기 때문에 학생들은 깨달음의 두 번째 요소인 휴식을 끊임없이 무시하고 폄하한다. 주목해야 할 일이 많은 다중 과업화 때문에, 그리고 자신이 바라는 성과를 미리 생각하는 경향 때문에 깨달음의 세 번째 요소인 집중력의 수준이 떨어진다.

학생들이 달성하고 싶은 성과는 흔히 이미 규정된 지식과 기능에 대한 시험 성적에 달려 있다. 이것은 깨달음의 네 번째 요소인 학생들의 자연스러운 호기심에 부정적 영향을 끼친다. 학생들이 나이가 들어가면서 이런 조건은 근심과 분노 같은 부정적 정신 상태의 악화로 이어진다. 삶의 질을 지속적으로 증진하는 습관과 내적 각성 같은 치유책이 깨달음의 다섯 번째 요소인 근면함을 구성한다. 하지만 교육은 전형적으로 학생들의 외부적 관심에 초점을 맞추고, 그들의 내적 삶을 중시하지도 그것에 시간을 할당하지도 않는다. 부정적 정신 상태가 만연해 불건전한, 때로는 만성적인 스트레스가 초래되면서 깨달음의 여섯 번째 요소이자 그런 습관 가운데 가장 중요한 습관인 평정이 증진되지 않는다.

깨달음의 일곱 번째 요소인 마음챙김은 학생들이 나머지 요소들을 발휘할 수 있는 핵심 수단이다. 하지만 성취를 향한 협소한 초점, 비판적 사고에 대한 과도한 강조, 미래에 대한 지나친 몰입 등은 학생들이 지금 이 순간의 풍요로움을 충분히 수용하는 능력을 키우는 데 걸림돌로 작용한다.[14]

브래디의 견해와 동일한 맥락에서 존 밀러는 '우리 교육제도'가 기본적으로 세계경제로의 성공적 참여와 경쟁이라는 '경제적 의제'가 주도하는 "두뇌 학습에 국한되어 있다"고 촌평한다. 개인의 성취와 시험 점수를 강조하는 성공 지향적 교육이 미치는 영향은 '오늘날 우리가 목도하는 기업 부패'에서 나타난다.[15] 우리 교육제도를 '두뇌 학습'으로 바라보는 밀러의 평가에 동의하면서 엘리너 로시는 이렇게 논평한다. "전 세계의 공식적 교육제도는 외면적 정신에 정보를 공급하는 것을 특기로 삼고, 그런 정보 공급은 대체로 학생들이 자기 지능의 나머지 모든 부분을 포기하는 쪽으로 순치되는(또는 세뇌되는) 방식에 의해 완수된다."[16] 데버라 헤인스도 현재의 교육제도가 지능의 핵심 요소를 포기한다는 점을 인정한다. 아울러 그녀는 관조적 교육을 "주체와 객체의 분리, 자료, 정보 등이 아니라 모든 사물의 상호연결성에 관한 통찰, 지식, 지혜 등에 근거"한 참된 변모적 인식론인 앎의 세 번째 방식을 재도입할 수 있는 수단으로 제시한다.[17]

로시는 앞서 분석한 내용과 비슷한 맥락에서, 학교가 학생들의 관조적 역량을 함양시키지 못한 원인은 그 세속적 성격 때문이 아니라고 생각한다. 사실 "가장 종교적인 교육도 정보(이 경우에는 특정 신학에 관한 정보)의 전달"로 이뤄져 있다. 학교에서 비판적이고 분석적인 역량을 함양시키려는 태도는 부적절하지 않다. "외면적 수준에서의 지식에는 아무 잘못이 없다." 하지만 로시가 아주 날카롭게 지적하듯 "문제는 외면의 자양분으로 알려진 깊은 내면적 수준으로의 접근이 차단된 점"이다.[18] 애석하게도 교육위원회와 정부, 학부모와 행정관, 교사와 학생 등은 미래의 발전과 성공을 위한 비판적이고 분석적인 사고 함양에 너무 집중하는 바람에 진정한 관조적 수행의 가치를 전혀 알지 못한다. 개리슨연구소 관계자들은 이런 학습 환경에서 "오로지 측정할 수 있는 학업 성과에만 매달리는 학교는 관조, 사랑, 용서 등을 성공적으로 증진할 수 없다"[19]고 말한다. 그렇지만 고대와 중세의 지혜 문헌에 담긴 통찰과 철학에 귀 기울일 때, 우리는 교육기관에서 이 앎의 세 번째 방식을 차단하면 결국 '가장 고귀한 행복'을 추구할 수 있는 가능성을 무심코 차단하게 되리라는 점을 알 수 있다.

관조적 교육은 단지 학생들이 가장 고귀한 행복을 모색하기 위한 수단으로서만 '필요'한 것이 아니다. 교사들에게도 관조할 수 있는 시간이 제공되어야 한다. 내가 볼 때 관조적 수행은 교실에서 교습과 훈육의 수준을 높일 수 있는 최고의 방법이다. 앞서 확인했듯 아퀴나스는 교습이 단지 활동적인 삶(비타 악티바)의 활동이 아니라는 점을 증명했다. 즉 교습은 진리의 공유에 힘입은 이웃에 대한 적극적인 봉사와 사랑에 그치지 않는다. 교습은 관조적 삶의 현시인 비타 콘템플라티바에서 비롯되기도 해야 한다. 아퀴나스의 통찰에 따르면 교습 활동은 무엇보다도 교사 자신의 진리에 대한 사랑에서 비롯되어야 한다. 영어나 사회 과목, 수학이나 과학, 체육이나 예술 또는 음악 같은 담당하는 과목을 막론하고 모든 교사는 진리에, 그리고 학생들이 진리를 볼 수 있도록 돕는 데 관심을 가져야 한다. 그러나 진리는 미덕이 그렇듯 홀로 존재할 수 없다. 플라톤의 《국가》에서 소크라테스는 진리를 존재를 비추는 선의 빛에 비유한다. 바꿔 말하자면 가지적인 것의 영역에 속한 선의 이미지로서 진리는 자립적이지 않고, 선 그 자체만큼 공정하지도 않다. 진리는 선의 이미지일 뿐이다.[20] 참된 것을 추구하고 학생들을 참된 것 쪽으로 인도하고자 애쓰는 한 교사들은 현실을 탐색해야 한다(이때 현실에 관한 진리는 가지적 이미지다). 피퍼의 말처럼 "진리는 현실적인 것을 증명하는 상태이자 그것의 자기현시"다. 진리는 다른 어떤 것에 뒤이어 나오는 부차적인 어떤 것이다. 진리보다 중요하고 진리에 앞서는 것은 존재하는 것, 즉 현실적인 것이다. "그러므로 진리에 관한 지식이 궁극적으로 겨냥하는 바는 '진리'가 아니라, 엄격히 말해 현실을 보는 것이다."[21] 따라서 교사들이 학생과 진리를 공유하기 위해서는 반드시 진정한 관찰을 사랑하는 사람이어야 한다. 진리를 사랑할 때 교사들은 존재에 대한 관찰을 사랑하는 사람으로서 관조적 삶에 임할 수 있다. 이 때문에 마그릿 버크만은 교습관행의 수준 향상이 교사들의 비판적이고 분석적인 논증기능의 향상(물론 이것도 바람직한 현상이다)에 좌우되지 않는다고 주장한다. "교사의 사고는 결핍의 특성과 관조에 달려 있다." 그녀의 설명을 들어보자.

철학자와 연구자가 실제적 주장의 근거를 개선함으로써 교사의 사고를 개선할 수 있다는 개념에 대한 내 주장이 암시하는 바는 무엇인가? 행동으로서의 교습과 관련된 생각은 교사의 사고를 설명할 수 없다. 교사의 사고를 개선하려면 일단 관조의 발전이 필요하다. 교사가 되기 위해서는 … 지식과 타인에 대한 안목을 높여야 한다. … 교사 스스로 교습에 필수적인 고결한 행동을 하기를 원해야 하고, 그런 행동의 실천을 즐겨야 한다. 교사의 정신을 현재 위치에서 더 나은 위치로 옮기기 위해서는 실제적 주장이라는 개념만으로는 부족하다. 왜냐하면 교사의 사고는 결핍의 특성과 관조에 달려 있기 때문이다.22

관조적 수행을 학교 교과 과정에 제대로 통합하려면 교육관이 바뀌어야 한다. 즉 그저 지난 2,500년 동안의 궤변론적 경로에 맞춰 교육을 개혁하는 데 그치지 말고 '지혜를 추구하기' 위해 '방향을 바꿔야(페리아고게)' 한다. 아울러 교사 연수일에 교사들을 대우하는 방식은 말할 것도 없고 교사들의 일과를 편성하는 성가신 방식도 바꿔야 한다. 간단히 말하자면, 학생들이 보내는 수업일의 양상을 바꾸기 위해서는 교사들의 수업일도 관조, 즉 버크만이 '결핍의 특성'이라고 부르는 것을 묵살하지 않고 장려하는 방향으로 바뀌어야 한다.

관조적 교육이 학교에서 어떻게 적응할지를 입증하는 데 따르는 가장 큰 어려움은 관조의 본질을 '정확하게 설명'해야 하는 도전 과제에서 비롯된다. 우리는 앎의 세 번째 방식을 잘 알지 못한다. 앎의 세 번째 방식은 우리가 아이들에게 성장하도록, 그리고 생산성과 경쟁 같은 사안에 훨씬 더 집중하도록 강요하면서 잃어버리는 앎이다. 앎의 세 번째 방식이 가능하다고 인정하기도 쉽지 않다. 왜냐하면 논증적 사고를 강조하는 오늘날의 과학에서는 일반적으로 노에시스의 정당성을 인정하지 않기 때문이다. 우리는 가치중립적 과학 개념을 옹호하기 위해 진리에 대한 탐색과 선에 자리한 진리의 원천을 분리해버렸고(진리는 선의 이미지다), 결과적으로 관조적 과학의 참된 본질을 파악하지 못하게 되었다. 이 책에 담긴 내 주장과 매우 비슷한 맥락에서 로시는 "서양의 심리학은 여기에 거의 도움이 되지 않는다"고 말한다. 왜냐하면 서양의 심리학은 "육체, 인지, 감정, 인성 등의 기제를 설명할 수 있지만, 다른 모든 것에는 대체로 무관심하기" 때문이다. 나는 "명상과 영성에 관한 연구조차 외면적 정신의 시각에서 진행하는 경향이 있다"는 그녀의 견해에 동의한다. 당연한 결과지만 "연구에 포함되면 그것은 연구에서 벗어난"다.[23] 요컨대 관조적 교육이 무엇인지, 그리고 관조적 교육이 학교에서 어떻게 '적응'할 수 있는지를 설명하는 것 자체가 도전 과제다. 왜냐하면 현대 경험과학의 권능이 관조적 교육에 수반되는 종류의 앎(노에시스)을 하나의 가능성으로 널리 인정하지 않기 때문이다. 이 때문에 관조적 교육을 옹호하는 문헌에서는 흔히 관조적 교육을 교실에 도입하는 문제를 그것의 이지적 가치에 근거하지 않고 더 좋은 점수, 더 나은 건강, 증가한 주의지속 시간, 하락한 무단결석이나 중퇴 비율, 감소한 학교 폭력 같은 폭넓은 인정과 칭찬받을 만한 목표를 달성할 수 있는 수단으로서만 시도하고 '선전'한다.

관조적 수행이 가져오는 긍정적 영향

최근 들어 다양한 관조적 교육 프로그램이 미국의 여러 대학과 대학교에 자리를 잡았다. 아울러 초등교육과 중고등교육 수준에서 다양한 관조적 교육을 실시하는 방안을 연구하고 지지하는 학회, 연구소, 싱크탱크 등도 여럿 등장했다. 이들 고등교육연구소와 싱크탱크는 방대한 연구 결과를 내놓았는데 그 결과의 대부분은 관조적 수행의 한 가지 형태, 즉 명상에만 초점을 맞춘다. 하지만 그 방대한 연구 실적은 관조적 수행에서 비롯되는 긍정적 성과를 보여준다. 마음챙김 명상에 따른 유익한 영향으로는 우선 건강 증진과 삶의 질 향상을 꼽을 수 있으며 거기에 의학적 환경, 정신건강적 환경, 도시 공공적 환경에서 육체적 건강과 심리적 복리를 증진하는 명상의 혜택을 덧붙일 수 있다. 학교와 사회를 상대로 관조적 수행을 선전하는 매우 효과적인 방법 가운데 하나는 건강 문제와 연계하는 것이다. 그런 보건학적 연구 외에도 명상적 수행이 뇌기능에 미치는 긍정적 영향을 조사하는 연구가 무척 많다.

교육환경에서 관조적 수행이 발휘할 수 있는 실용적 미덕은 연구자들의 가장 큰 관심사였다. 일례로 대니얼 홀랜드는 명상적 수행이 '경험적 학습'의 촉진이라는 목적에 기여할 수 있다는 증거를 제시했다.[24] 다른 연구자들도 관조적 수행이 교실에서 학습에 미치는 긍정적 영향을 인정한다. 예를 들어 하트는 이렇게 말한다. "쉽게 활용할 수 있는 특정 활동이 집중력, 학식, 삶의 질, 사회적 감수성 성장 등을 증진시키고 변모적 학습을 촉진할 것이라는 점을 알면 우리는 학생들이 이를 눈치채지 못하도록 할 것이다."[25] 어떤 학자들은 명상적 수행을 통해 학생들이 누릴 수 있는 혜택으로 집중력과 감정이입능력과 지각적 예리함의 향상, 근심과 스트레스 징후의 감소 그리고 스포츠, 학과 시험, 창의성 같은 다양한 영역에서의 성과 향상 등을 꼽는다. 다른 학자들은 명상적 수행이 수학 점수와 독해 점수, 낯선 상황에서의 추론능력, 정보처리 속도, 창의적 사고 등을 대폭 향상시키고 학생들의 불안수준을 크게 낮춘다는 증거를 수집했다고 주장한다.

지금까지 명상적 수행이 학생의 주의지속 시간에 미치는 영향을 조사한 여러 연구가 있었다. 리페티는 관조적 수행을 학생들이 인터넷이나 디지털 자극 따위에 꾸준히 노출되면서 마주치는 문제에 대처하는 훌륭한 수단으로 여긴다. 그의 설명에 따르면 젊은이들은 "한가하게 시간 보내기의 정반대 현상에, 즉 주의력결핍 과잉행동장애ADHD와 비슷한 현상에 시달리는" 경우가 매우 많다. 리페티는 "젊은이들은 조용하고 한가한 분위기 속에서 시간을 보내면서 배울 준비를 갖추는 대신 시선이 곳곳에 흩어져 있으며 주의지속 시간이 무척 짧다"고 말한다.[26] 다른 여러 학자와 마찬가지로 리페티는 명상의 관심 촉진적 특성을 지적한다. 그리고 스트레스를 완화할 수 있는 명상의 잠재력과 명상적 수행이 고등학생과 대학생 그리고 학습 자체에 미치는 긍정적 영향에 관한 증거를 제시하는 또다른 연구도 있다. 끝으로 학습에서 명상의 장점을 근거로 그것을 장려하는 문제는 별도로 하고, 몇몇 연구자는 대도시 중심부의 청소년들 사이에서 명상적 수행이 규칙 위반 감소, 장기 결석률 하락, 정학 감소 등으로 이어진 점도 발견했다.

관조적 활동은 행복의 기술이 아니라 행복 그 자체다

학교에서의 지혜 추구라는 주제로 다시 돌아오자. 관조적 교육을 둘러싼 담론은 거의 모든 관조 실천가와 연구자가 감각 지각과 비판적이고 분석적인 또는 논증적 추론과 구별되는 앎의 세 번째 방식이라는 관조의 정의를 수용한다는 점에서 볼 때, 어린이 철학 프로그램 교육론보다 우위에 있다. 전자는 관조적 수행을 노에시스의 함양으로 올바르게 평가하지만, 후자는 대체로 논증적 사고기능의 함양에 만족하는 듯하다. 하지만 앞서 관조적 교육 분야의 연구 현황을 간략하게 살펴보면서 확인했듯, 이 분야에서의 연구는 어린이 철학 분야와 마찬가지로 진정한 목표를 혼동해 관조적 교육 프로그램도 철학 프로그램처럼 주요 목표(지혜 추구)를 망각하는 경향이 있다.

관조적 교육 연구자들은 그들의 '세 번째 방식'을 학교와 정부, 학부모와 행정관, 교사와 학생 등에게 선전하는 데 몰두하고 관조적 교육개혁이 약속하는 여러 혜택 덕에 학교 관계자들이 관심을 가질 것으로 기대한다. 개리슨연구소가 논평하듯 "관조적 프로그램이 기대하는 성과와 주류 교육이 기대하는 성과에는 일맥상통하는 부분이 있다. 중요한 단기적 또는 직접적 성과로는 학생의 학업성적 향상, 학교의 사교적 분위기 개선, 정서적 균형과 친사회적 행위의 촉진 등"을 꼽을 수 있다. 하지만 관조적 교육 기법이 그런 사회적 목표 달성에 기여하도록 유도하는 방법을 둘러싼 상세한 연구와 부단한 노력에도 불구하고 '현재 대다수 학교에는 관조적 프로그램이 도입되지 않았고' 관조적 프로그램은 대체로 '교육의 범위 밖에' 머물고 있다. 관조적 교육을 옹호하는 사람들은 이 안타까운 현상을 교사와 학교가 '해야 할 일은 너무 많지만 자원은 너무 적은' 데 따른 결과로 바라본다. 그들은 '학업성적을 향상시켜야 하는 압박감과 안전하고 와해되지 않는 학교를 만들어야 하는 필요성'도 주요 원인으로 거론한다.[27] 일단 기술, 평가, 시험 따위에 집착하는 태도가 어떻게 교육을 훼손하는지를 학교 관계자들이 깨닫기 시작하면, 관조적 교육 연구자들의 노력은 조만간 바람직한 결실을 거둘 것이다. 하지만 관조적 교육을 옹호하는 연구 작업은 자칫 성공에 도취하면서 훨씬 더 큰 위험에 빠질 우려가 있다. 요컨대 관조적 교육관행이 마주칠 법한 가장 큰 위험은 진정한 이지적 지혜 추구 주변부의 온갖 부수적 혜택을 이끌어낼 수 있는 수단이라는 측면에서 볼 때 '행복의 기술'로 '선전'될 것이라는 점이다.

관조적 수행을 일종의 기술로 취급하는 어법은 이 분야의 여러 뛰어난 저자의 글에서도 엿보인다. 예를 들어 하트는 관조적 연습을 "앎의 내적 기술로, 그리고 종교적 교리를 전혀 강요하지 않는 학습과 교육론의 기술"로 바라본다.[28] 그런 표현에 따른 위험은 향유되어야 할 사물을 손에 넣기 위해 테오리아를 이용 대상으로 전락시킴으로써, 테오리아의 본질을 잘못 해석한다는 점이다. 이에 따르면 다양한 기법을 이용함으로써 읽기, 수학 문제, 육체적 과제, 작문 시험 등과 관련한 능력을 향상시킬 수 있듯 행복은 관조적 기법을 지속적으로 이용함으로써 습득할 수 있는 기능이나 도달할 수 있는 존재 상태 같은 것이다. 하지만 이미 확인했듯 아리스토텔레스는 행복이 대상이나 사물이 아니라고 지적한다. 행복은 나머지 선과 달리 우리가 획득할 수 있는 선이 아니다. 행복은 나머지 선과 달리 항상 다른 어떤 것을 위한 수단이 아니라 그 자체를 위해 선택된다. 행복은 훌륭한 성향(헥시스) 같은 일종의 존재 상태가 아니다. 만약 행복이 존재 상태라면 잠들었거나 의식을 잃었을 때 우리는 행복할지 모른다. 행복은 다른 어떤 목적을 위해 실행되는, 즉 다른 것을 위해 이용되는 활동이 아니라 단지 향유되는, 그 자체가 목적인 활동(에네르기아)이어야 한다. 로마 가톨릭교 사제 라이문도 파니카1918-2010의 글을 읽어보자.

관조적 연구는 … '공부'의 의미를 둘러싼 우리의 관념에 도전하거나 그것의 원래 의미를 복원할 것이다. 여러분은 관조를 가르칠 수 없고 관조를 하나의 주제로 삼아 공부할 수도 없다. 스투디움은 관조에 대한 헌신이 될 수 있을 것이다. 다름 아니라 그것의 정체를 알기 위한, 즉 그것을 실천하고 그것이 되기 위한 동기에서 비롯된, 그것을 이해하고자 하는 갈망일 수 있다. 그러므로 공부는 관조고, 그 자체로 목적이며, 특정 학문에 통달하기 위한 또는 이른바 관조 실천가들이 언급해온 바에 관한 정보를 습득하는 수단이 아니다.[29]

확실히 관조적 활동은 행복을 위한 도구가 아니다. 관조적 활동이 바로 행복이다. 왜냐하면 관조적 활동은 영혼의 가장 훌륭한 부분이 지상선(아리스톤)에 자리한 그것의 가장 숭고한 목적과 관련해 펼치는 가장 고귀한 활동이기 때문이다. 이 지점에서 동양과 서양의 관조적 전통이 만난다. 예를 들어 일본 선불교 조동종曹洞宗의 도겐道元, 1200-1253 선사의 가장 기본적인 가르침은 사토리, 즉 깨달음이 수행의 목표가 아니라는 점이다. 요컨대 수행과 깨달음은 서로 다른 것이 아니다. 모든 인간은 이미 불성佛性을 타고났기 때문에 그런 성질을 불러오는 이용기능이 없다. 따라서 거기에 도달하는 기능도 없다. 도겐은 《학도용심집學道用心集》에서 이렇게 충고한다. "그대의 이익을 위해 또는 명예와 이득을 위해 또는 보상과 놀라운 힘을 위해 불교를 수행하지 마라. 그저 불교를 위해 불교를 수행하라. 이것이 참된 도道다."[30] 관조적 수행은 깨달음이고, 깨달음이 관조적 수행이다.

관조적 수행과 종교적 요소의 관계

관조적 교육을 학문적으로 옹호하면서 느끼는 큰 유혹은 관조적 연습의 여러 측면 중에서 관조적 수행을 학교에 도입하는 데 따른 부정적 논란을 부추기거나 대중의 심기를 건드릴 법한 측면을 축소하고 싶은 충동이다. 공교육에 어울리지 않는 '종교적' 사안을 너무 많이 언급한다는 이유로 이 책을 비판할 사람들이 틀림없이 있을 것이다. 로시는 학교에 관조적 수행을 도입하는 데 '걸림돌'이 될 법한 '딱지'를 경계한다. 로시가 볼 때 관조적 프로그램은 '신비론'으로 해석될 법한 방식으로 진행하지 말아야 한다. 왜냐하면 그런 신비론적 경로를 따를 경우 관조적 교육은 '일반인이나 일상세계와 무관한' 것으로 치부될 가능성이 높기 때문이다.

또한 로시는 관조가 관련 문헌에서 앎의 세 번째 방식으로, 즉 과학적 담론에서 강조되는 '객관적' 앎과 크게 다른 것으로 널리 이해되고 있으므로 교육의 '비과학성'을 거론하는 주장을 일절 삼가야 한다고 주장한다. 앞서 살펴봤듯 관조적 교육의 혜택을 다룬 상당수 연구는 엄격한 과학적 연구 기준에 근거를 두고 있다. 아울러 로시는 관조적 교육이 '개인적 변모'와 동일시되지 않아야 한다고 주장한다. 왜냐하면 그런 용어는 '진리와 연관된 어떤 것'이 아니라 '개인적 요법'과 결부되기 때문이다.[31]

관조적 수행을 주류 교육제도에 연착륙시키고 싶은 욕망의 연장선상에서 관조적 교육운동에 관여하는 일단의 저명한 학자들은 관조적 교육론이 교실에서 종교와 종교적 수행을 가르치는 것인지 아닌지를 검토해왔다. 그 가운데 여러 명은 "종교적 헌신이 혁신적인 방식으로 제외되거나 또는 통합되어야 한다는 점, 관조적 교육론에는 신앙적 헌신과 비슷한 것이나 신념을 통한 그 어떤 것도 필요 없다는 점, 관조적 교육론은 종교나 종교적 수행과 무관하고 오직 세심함과 인식에만 관심을 둔다는 점, 관조적 수행은 무엇보다도 주의집중을 위한 심리적 기법이라는 점"을 지적한다.[32] '관조적 독서' 수행을 지지하는 찰스 수호르도 관조적이라는 용어가 반드시 종교와 결부되지는 않는다면서 종교적 현실에 대한 탐색과 관조를 구분한다.[33] 하지만 관조적 교육을 다루는 모든 저술가가 관조에서 종교적 요소를 '배제'하려 애쓰지는 않는다. 예를 들어 힐, 헌든, 카핀스카 등은 "교육적 견지에서 볼 때 이들 수행의 역사적 기원을 부정하지 않는 태도가 중요한 듯"하다고 경고한다. 그들은 "종교가 인간 갈등을 조장하는 경우가 많은 오늘날의 세계에서 교육자들은 다양한 영적 전통의 핵심에 자리한 관조적 탐색을 향한 존경심을 함양할 기회를 가져야 한다"고 지적한다.[34] 이와 비슷한 맥락에서 마리아 릭트먼은 "앎의 세 번째 방식인 관조는 그 대상을 사랑하고 그것과의 합일을 모색함으로써 종교적 차원을 지닐 수밖에 없다"고 지적한다. "소유의 방식이 아닌 사랑의 방식, 가짐의 방식이 아닌 있음의 방식, 지배나 통합의 방식이 아닌 합일의 방식을 구현하기 때문에 관조는 이 세상에서의 깊이 있는 종교적 존재 방식을 이루고 있다."35 사실 종교적 현실을 둘러싼 경험에 자리 잡은 관조적 수행의 '역사적' 뿌리를, 아니 더 정확히 말하자면 그것의 초역사적 본질을 박탈하려는 충동은 문제의 소지가 있다. 왜냐하면 그런 충동은 모든 종교가 가리키는 현실의 그런 측면을 인정하지 않으려는 태도를 드러내기 때문이다(종교를 지칭하는 영어 단어 religion은 '묶다'를 뜻하는 라틴어 동사 렐리고religo에서 유래했다. 따라서 종교는 '모든 것을 한데 묶는 것'을 찬미하는 활동이다).

피퍼는 만일 스콜레가 축제나 축전을 토대로 삼지 않으면 진정한 스콜레와 그것의 부수적 활동인 테오리아가 가능하지 않다고 지적한다. 바꿔 말해 진정한 여가와 그것에 따른 진정한 관조적 활동은 그것의 '숭배적 본질'과 분리된 채로 존재할 수 없다. 스콜레는 사물의 선량함을 긍정하는 근본적인 고마움과 감사함의 분위기에서만 가능하다. 피퍼는 '세계와 자기 자신이 조화를 이루는' 그런 찬미의 태도를 여가의 '전제 조건'으로 부른다. 왜냐하면 "찬미한다는 것은 … 우리가 세계 그 자체를 인정한다고 선언하는 것"이기 때문이다.36 그런데 이것은 인간의 의지가 초월적인 것과 경건하고 황홀한 직접적인 관계를 맺을 때만 관조적 태도가 존재한다는 말이 아니다. 관조적 경험은 비시오 베아티피카(행복한)보다 훨씬 더 흔한 것이고, 그것은 현대인을 둘러싼 지배적인 이미지로 인해 우리가 믿게 되는 정도보다 훨씬 더 자주 일어난다.

피조물을 보는 관조적 방식을 언급할 시간이 찾아왔다. 지금 나는 감각이 지각할 수 있는 사물, 그리고 인간의 눈으로 임하는 종류의 관찰을 거론하고 있다. 그런 관찰의 구체성을 과장하기란 불가능하다. 어떤 사람이 오랫동안 지독히도 목이 말랐다가 드디어 물을 마시고 속이 시원해지는 기분을 느끼면서 "신선하고 차가운 물이여, 정말 훌륭하도다!"라고 말한다면, 본인의 인지 여부와 상관없이 그 사람은 관조가 존재하는 사랑스러운 대상에 대한 주시를 향해 한걸음 다가간 셈이다.37

관조는 모든 인간 존재에 부여된 공통적인 특성이다. 그리고 테오리아가 원칙적으로 교리적 뿌리와 무관하게 누구나 언제나 활용할 수 있는 것이라는 점에서 볼 때, 종교적 교리에 대한 믿음과 신념을 신봉해야 할 필요성을 일축하는 저자들의 판단은 옳다. 앞서 청교도주의에 관한 베버의 연구를 인용해 지적했듯, 종교성은 관조적 태도의 함양이나 관조적 자각을 보장하지 않는다. 하지만 앞서 언급한 저자들은 '일상적 학습의 신성함을 알아차리는 것'이라는 관조적 교육의 본질적 속성을 너무 쉽게 얼버무리는 듯하다.38 왜냐하면 모든 진정한 종교적 자각의 핵심에 자리 잡고 있는 것이 바로 신성함이기 때문이다. 모든 존재를 '한데 묶는' 것이 바로 '신성함'이다.

플라톤은 평범한 것에 대한 관조를 평범한 것과 초월적인 것의 상기적 관계 속에서 거론하고, 관조적 수행이 필연적으로 종교적 현실에 대한 탐색을 수반하게 되는 과정을 시적 이미지를 통해 설명한다. 그는 《파이드로스》에서 어떻게 우리가 아름다움에 대한 일상적 관찰을 통해 아름다움 자체를 떠올리는지, 그리고 더 저급한 아름다움에 대한 경험이 우리가 더 고귀한 아름다움을 찾아나서는 계기가 되는지를 보여준다. 이와 같은 그의 통찰은 《향연》에서도 드러난다. 그가 제시하는 사랑의 사다리 이미지에 따르면 우리는 하나의 육체적 아름다움에 대한 사랑의 경험에서 모든 육체적 아름다움에 대한 사랑의 경험을 향해, 하나의 아름다운 영혼에 대한 인정에서 모든 정신적 아름다움에 대한 인정을 향해, 미적 추구에서 미적 연구로, 미적 연구에서 미 자체를 향해 차례대로 사다리를 밟고 올라간다. 피퍼가 내놓는 일상적 사례(우리가 물이나 장미나 나무나 사과를 이런 식으로 찬미하는 경우)에 따르면 우리는 "말의 축자적 의미와 찬미의 직접적 대상을 초월하는 긍정을, 즉 세계의 토대를 건드리는 상승"을 어느 정도 말로 표현하는 셈이다. 피퍼는 우리가 적어도 자신의 능력을 완전히 장악하고 있을 때는 대체로 그런 말을 하지 않는다고 주장한다. 하지만 '일상적 근심의 와중에 있을 때' 우리는 "고개를 들어 우리 쪽으로 향한 얼굴을 우연히 응시하고, 그 순간에 우리는 본다. 존재하는 모든 것이 선하고, 사랑할 만하고, 신에게 사랑을 받는다는 사실"을 본다. 그런 순간은 '신성한 토대의 증거이자 모든 존재의 담보'로서 경험되고 "우리의 시선이 가장 사소한 것을 향할 때, 그 시선이 사랑에 의해 촉발될 경우에만 우리에게 주어질 수 있기" 때문에 확실히 숭배적 반향을 일으킨다.

요컨대 참된 관조적 활동(모든 인간이 쉽게 활용할 수 있는 이지적 '유산')은 종교적 현실과의 관계, 즉 우리 모두를 한데 묶는 것과의 관계를 암시한다. 바꿔 말해서 어떤 식으로든 사랑스러운 것과 관계를 맺지 않으면 우리는 관조적 활동에 임할 수 없다. 보이는 모든 것의 아름다움을 아름다움 자체에 자리한 그것의 원천을 향해 상기적으로 들어올리는 철학자들처럼, 우리도 그렇게 할 수 있다. 또는 관조 실천가로서 우리는 온갖 심리적이고 정신적인 망상을 벗어던지고 참된 존재에 대한 관찰(다르샤나)

을 갈구할 수 있다. 어느 경우든 간에 지혜에 대한 애정 어린 탐색의 최종적 목적을 배제하지 말아야 한다(최종 목적에 관한 논의는 좋든 싫든 간에 종교적 언어에 의존한다). 사실 진정한 관조적 수행이 어떻게 '주의집중을 위한 심리적 기법'으로서 등장할 수 있는지는 매우 불투명하다. 오히려 신성함에 대한 찬미와 인식에 뿌리박고 있는 관조적 경험은 일상생활에서 겪는 종교적 현실에 대한 탐색을 필연적으로 수반한다. 그리고 종교적 현실에 대한 이 미묘한 경험은 축소되지 말아야 한다. 비록 관조적 연구 분야의 일부 학자들이 관조적 수행의 논쟁적 성격을 감추기 위해 그런 경험을 흔히 축소하지만 말이다. 사실 피퍼가 지적하듯 "이 수수한 형태의 관조는 더 많은 주목과 관심을 받을 가치가 있을 뿐 아니라 충분히 장려"될 만하다.

관조적 활동의 참된 목적은 지혜 추구에 있다

다시 강조하겠다. 이 책의 주요 관심사는 아이들과의 철학적 사색이나 관조적 교육관행에서 얻을 수 있는 부수적 또는 '지엽적 혜택'이 아니라, 교육에서의 지혜 추구의 중요성과 그것을 적극적으로 장려할 수 있는 방법을 각별히 강조하는 것이다. 관조적 교육을 건강 증진, 점수 향상, 사회적 조화의 촉진, 세속적 성공 가능성의 향상 등을 위한 수단으로 선전하려고 시도하는 학자들은 관조적 활동과 지혜 속에 자리 잡은 그것의 참된 목적을 분리한다. 따라서 우리는 사랑스러운 대상에 다가갈 수 있는 테오리아의 능력을 박탈하는, 또는 그런 것을 둘러싼 우리의 앎(관찰)이 가능하지 않거나 무의미하다고 암시하는 관조적 활동의 정식화를 경계해야 한다. 우리가 앞서 논의한 종교적 현실을 알고 싶은 욕구를 일축하는 태도는 확실히 이론적 활동을 약화시키는 데 일조하고, 숭고한 목적에 대한 사랑을 무력하게 만들며, 모든 관조적 활동을 심리적이고 정신적인 연습의 영역으로 추방한다. 우리는 예를 들어 로버트 알토벨로 같은 사람의 주장도 경계해야 한다. "관조적이고 명상적인 수행을 이용하는 것은 … 결코 특정한 인식론적 토대에 대한 헌신을 전제하지 않는다."[39] 그런 정식화가 암시하는 바에 따르면 관조적 활동은 존재에 대한 앎이라는 진정한 역할 대신에, 바람직한 효과의 달성과 관련한 이용 역할의 측면에서만 제대로 이해될 수 있다. 아서 자이언스는 현실 그 자체를 보고자 하는, 따라서 그것을 알고자 하는 관조적 수행의 참된 목적과 관조적 수행을 '분리'하지 말 것을 주문한다. 자이언스는 교육제도에서의 '관조적 연구'의 상태를 언급하면서 이렇게 논평한다.

> 이것은 핵심적인 순간이다. 만일 관조와 앎을, 즉 베리타스를 연결하고자 한다면 우리는 명상의 심리적 혜택과 건강상의 혜택(중요한 요소다)에서 그것의 인지적 차원 쪽으로 움직이는 관조적 수행에 대해 이해한 바를 정확하게 표현해야 한다.[40]

자이언스가 볼 때, 관조적 활동은 사랑을 통한 앎의 방식으로서만 제대로 이해될 수 있다. 즉 그것은 필연적으로 '사랑의 인식론'을 암시하는 앎이다. 앞서 인용한 다른 학자들과 반대로 자이언스는 좋든 싫든 앎의 세 번째 방식으로서 이해될 때 관조는 일종의 믿음이나 인식론적 헌신을 암시한다. 왜냐하면 믿음은 우리가 눈으로 볼 수 없는 것, 즉 감각이나 논변적 추론을 통해 알 수 없는 것을 아는 방식이기 때문이다. 이런 측면에서 믿음은 '바라는 것에 대한 장담'으로서, 그리고 '아직 보이지 않는 것에 대한 확신'으로서 지혜 추구의 토대를 이룬다. 왜냐하면 지혜는 아직 우리에게 없지만 앞으로 갖고 싶은 것이기 때문이다. 사실 우리가 건강, 좋은 점수, 세속적 호평, 사회적 조화 같은 온갖 저급한 선을 뛰어넘어 지상선을 추구하도록 이끄는 요소가 바로 사랑을 통해 알고자 하는 인식론적이고 에로스적인 헌신에 대한 우리의 공감이다.

관조적 수행의 불합리성을 인정하는 태도

결코 수단으로 취급되거나 이용되지 말아야 하고 오직 그 자체가 목적이어야 하는 대상을 알고자 하는 그런 인식론적이고 에로스적인 헌신은 모든 진정한 관조적 활동에 필수적인 요소다. 예를 들어 피퍼는 건강하려면 여가가 필요하지만, 건강하게 지내거나 건강하기 위해 '여가를 성취'하는 것은 불가능하다고 경고한다. "어떤 것들은 그 자체로 유의미하게 보일 때만 접근할 수 있다. 우리는 다른 것을 '초래하기 위해' 그것들을 성취할 수는 없다." 만약 여기기 그 자체로 유의미한 것으로 간주되지 않으면 '그것을 성취할 수 없다'는 말이다.[41] 하지만 이와 같은 피퍼의 주장(본질적으로 교육과 관련한 이 책의 요점에 해당한다)이 옳다면 '학교에서의 관조적 수행이나 여가를 성취하는 것'은, 개리슨연구소가 분명한 부수적 혜택에도 불구하고 관조적 수행을 채택하지 않으려는 학교의 소극적 태도를 근거로 입증한 수준보다 더 만만찮은 일인 셈이다. 간단히 말해 우리가 지혜보다 더 저급한 선의 매력을 근거로 관조적 수행을 기꺼이 선전하지 않는다면, 관조적 수행(여기에는 철학도 포함된다!)은 무척 불합리한 것으로 비춰질 수밖에 없다. 특히 고등교육을 언급하면서 하지만 초등학교와 중등학교에 관조적 수행을 도입하는 문제에도 적용되는 방식으로, 홀랜드는 다음과 같이 말한다.

주의 깊은 명상을 기존의 공립대학교의 교과 과정에 도입하기 위한 노력이 무척 불합리한 것이라고 밝혀둘 필요가 있다. 침묵 속에서 무위無爲와 성찰을 실천하도록 학생들에게 요구하는 태도는 최근의 교육환경에 하나의 역설을 낳는다. 왜냐하면 학습을 충분히 수용하기 위해 사고에 대한 전형적 접근법이 유보되기 때문이다. 그런데 우리가 추구해야 하는 것이 바로 이 불합리성이다. 우리는 불합리성도 수용해야 한다. 그런 불합리성이 없으면 우리는 거의 무의미한 학문적 환경에 점점 빠져들 것이다. 왜냐하면 그런 환경에서는 삶과 분리된 발상과 사실의 획득이 강조될 것이기 때문이다.[42]

로시도 관조적 수행의 불합리성을 인식하고 수용하는 태도의 중요성을 명확히 밝힌다. 그녀는 합격, 성공, 심지어 탁월함 등을 목표로 간주하는 기존의 교육적 관행과 달리 관조적 수행에서는 자아의 '정지'를 깨닫는 것이 목표라고 지적한다. 로시에 따르면 우리의 통상적인 교습과 학습 관념과 달리 "기본적으로 자아는 그 경로에서 정지해야 하고 그로 인해 포기해야" 한다.[43]

많은 사람의 눈에 비친 관조적 수행의 불합리성은 관조적 수행이 유한하고 제한적인 것의 세계에 없는 종류의 선(지상선)을 지향한다는 점이다. 따라서 관조적 수행은 많은 사람이 칭찬하고 대단하게 여기는 세속적 목표를 이루는 데 따른 만족을 회피한다. 그러나 이런 이유로 관조적 수행은 의욕적인 사람들이 볼 때 아무것도 성취하지 않는 듯하고, 목적(텔로스)에 대한 사랑에서 느끼는 긴장을 결코 해소하지 못한다. 관조적 연구는 성취를 목표로 삼아 실천가들을 훈련하지도, 그들이 대상과 관련해 경험하는 긴장을 성취를 통해 덜어주지도 않는다. 대신에 관조적 연구는 사랑의 대상, 즉 지혜의 궁극적 원천이나 기반으로서 경험되는 것을 향한 정신적 긴장을 연장하고 증가시킨다. 라이문도 파니카의 촌평을 들어보자.

'연구'의 개념은 관조에 적용될 때, 너머의 어떤 것을 암시한다. 관조적 스투디움은 관조적 행동이 아직 완료되지 않아서 아직 완벽하지 않다는 것을 의미한다. 그것은 그 자체로 관조적인 행동이 여전히 무르익고 있다는 뜻이다. 스투디움은 어떤 식으로 목표에 도달했으나 아직 충분히 거기에 있지 않은 나머지 말하자면, 우리의 일반적인 조건과 그것의 (상대적) 충만함 사이에 펼쳐져 있는 영혼의 노력, 아니 정확히 말해 영혼의 긴장을 암시한다. 스투디움은 통로다.[44]

모든 진정한 관조적 활동이 조성할 수밖에 없는 독특한 정신적 '긴장'에 대한 그리고 그 긴장을 유지하려는 욕구 때문에 관조적 활동이 많은 사람의 눈에 불합리한 것으로 보이는 과정에 대한 파니카의 설명을 고려해볼 때, 참된 관조적 활동이 학교에서 효과를 발휘할지 가늠할 수 있는 최선의 기준 가운데 하나는 그런 식의 공부가 어느 정도 인기가 없는가 또는 어느 정도 조롱을 받기 쉬운가다. 바꿔 말해 특정 관조적 수행이 요란한 선전을 통해 대대적인 성공을 약속할 경우에는 우리가 그것의 시행 방식을 의심하는 것이 중요할지 모른다.

아마 관조적 연습의 왜곡과 타락의 가장 최근 사례는 요가의 선풍적인 인기일 것이다. 파탄잘리 같은 초창기의 요가 수행자들은 오늘날 세계 곳곳에서 인기를 끄는 요가의 대부분을 제대로 알아보지 못할 것이다. 그가 요가라는 용어를 쓰면서 의미한 바는 '잡아매기yoking'다. 사실 요가라는 말의 어원은 산스크리트어 단어 유즈고, 유즈는 현대 영어 단어 'yoke'의 어원이기도 하다. 요가 수행의 취지는 외부적인 것에 이끌리는, 스스로를 그것과 동일시하는, 그것에서 행복을 찾으려고 애쓰는 의식의 경향을 억제하는 데 있다. 이 유서 깊은 관조적 요가는 라자요가로 알려져 있다. 라자요가는 '고귀한' 또는 '고상한' 길이고, 따라서 9세기나 10세기부터 발전하기 시작해 오늘날 가장 널리 실천되는 형태의 요가인 하타요가와 구별된다. 하타요가는 원래 몸마음 복합체body-mind를 제어하고 그것의 에너지를 명상에 쏟기 위해 고안되었고, 당시에는 라자요가와 마찬가지로 수행자가 지혜 추구를 중시하는 삶의 방식에 더 효과적으로 임할 수 있도록 유도하는 연습으로 간주되었다. 그러나 오늘날 일반적으로 하타요가는 죽음의 연습이면서 동시에 불멸화를 지향하는 삶의 방식으로 인식되지 않는다. 삶의 방식이 아닌 하타요가가 선풍적인 인기를 끄는 비결은 여러 가지 멋진 의복과 스포츠 용품으로 장식되어 대량 판매되는 '생활양식'으로 변신한 점이다. 고통이 무지에서, 즉 사물을 제대로 보지 못하는 것(아비댜)에서 비롯된다는 파탄잘리의 원래 깨달음이 배제된 채 현대적 형태의 하타요가가 조장하는 욕구는 참된 요가 수행의 대척점에 서 있고, 허기진 자아와 그것의 불만을 부채질한다. 칩 하트랜프트는 파탄잘리의 《요가수트라》를 논평하면서 다음과 같이 예리하게 지적한다.

사실 하타요가 수행은 원래 어느 정도 나르시시즘에 좌우될 수 있다. 결국 하타요가는 자아가 가장 중시하고 몰두하는 몇몇 사안(건강, 매력, 성적 에너지, 장수)을 공략하는 효과적인 방식 덕분에 우리의 흥미를 끌 수 있다. 그런 속성에 대한 애착이 의식에 잠재되어 있으면서, 단지 육체가 그 장벽을 넘도록 밀어붙이기 위해 고통과 피로 같은 현상을 초월

하려는 충동을 우리에게 심어줄 때 하타 수행은 자멸적일 수 있고 유해할 수 있다.[45]

파탄잘리의 통찰에서 벗어난 요가 수행을 우려하는 하트랜프트의 경고와 비슷한 맥락에서, 시몬 베유는 교육의 참된 목적이 주의집중을 장려하는 것이라고 말한다. 그러나 단지 헛된 욕구의 대상을 손에 넣기 위한 목적으로 주의집중을 장려하지는 말아야 한다. 오히려 주의집중을 장려하는 것의 중요성은 기도에 필요한, 즉 정신과 함께 지상선에 자리 잡은 가장 고귀한 대상에 주목하는 것에 필요한 전조로서의 가치에 있다. 대형 판매업체가 실현한 요가 대중화의 비결이 지혜(프라즈나)를 추구하기 위한 '잡아매기'라는 요가의 참된 취지의 상실일 수 있듯, 우리는 관조적 교육의 지지자와 연구자들이 제시하는 이유를 검토할 때 모든 진정한 관조적 수행의 참된 목표(지혜 추구)를 놓치지 않도록 유의해야 한다.

15장

관조적 교육의 사례

아이들과 함께 관조적 활동을 경험하다

아이들과 함께
관조적 활동을 경험하다

생각하고 의문을 품도록 유도하다

내 학창 시절인 1970-1980대를 돌이켜보니 오늘날의 관조적 교육에 해당할 법한 단 하나의 사례가 떠오른다. 나는 캐나다 온타리오주의 어느 공립학교에 다녔는데, 당시에는 교실에서 합법적으로 주기도문을 암송할 수 있었다. 나는 신앙심이 깊지 않았고 종교적인 분위기의 가정에서 성장하지도 않았지만, 아침마다 주기도문을 암송할 때의 엄숙함이 마음에 들었다. 그러나 이를 특별히 관조적인 활동으로 경험하지는 않았다. 어느 날 우리 반에 대체 교사인 퍼설 선생님이 배정되었고 그녀는 평소와 달리 주기도문을 그저 암송하는 대신에 거기에 실린 각 단어의 의미를 곰곰이 생각해보라고, 또한 마치 누군가에게 진심을 털어놓듯이 주기도문의 내용을 말해보라고 했다. 그것은 내가 기도에 관심을 가지는 계기가 되었다. 나는 내가 기도를 하면서 무엇을 바라고, 누구에게 말을 거는지, 그리고 일반적으로 기도가 과연 어떤 것인지를 생각하게 되었다.

생각을 하도록, 의문을 품도록, 일과적 행위를 그것의 원리(아르케)와 관련해 들어올리도록 유도한 그 실험은(30년 전에 실시되었고 불과 30초 동안만 진행되었다) 내게 의미심장한 기억으로 남아 있다. 여러 측면에서 볼 때 그 기억은 내가 평생 품어온 의문과 연관될 뿐 아니라 어렸을 때에 겪은 비학교적 경험과도 관계된다.

물론 1988년 상소법원이 질버버그Zylberberg 대 서드베리Sudbury 교육위원회 사건을 다루면서 그런 모든 행위를 다른 학생들의 종교적 자유를 침해하는 것으로 판결했기 때문에, 이제 온타리오주(그리고 캐나다 전 지역)의 학교에서 그런 식의 실험은 할 수 없게 되었다.[1] 하지만 상소법원의 결정이 곧 학교에서 능숙하고 전복적인 방식의 교습을 통해 관조적 순간을 조성할 수 없다는 의미는 아니다. 예를 들어 사랑하거나 사랑받은 경험, 타인이나 자연과 하나가 된 경험을 회상하도록 학생들을 유도할 수 있다. 그리고 아름다운 것과 선한 것에서 경험한 감사의 느낌과 기쁨에 관해 말하거나 글을 쓰도록, 또는 두려움이나 트레멘둠에 영향을 받은 경험을 이야기하도록 유도할 수 있다.

또한 자신의 고통이나 자신이 사랑하는 사람들이 겪는 고통의 의미에 관해 숙고하고 이에 대해 의문을 품도록 독려할 수 있다. 학생들은 조금 어르고 달래주면 어떤 것 때문에 두려움을 느낀 경험을 털어놓거나 평화와 고요를 느꼈던 경우에 관해 말할 수 있다. 물론 그런 경험담은 남들에게 특히 교사에게 털어놓기 힘든 지극히 사적인 사안이고, 흔히 비교적 연령대가 높은 학생들은 토론 수업을 통해서든 작문 예시문을 통해서든 간에 그렇게 하기를 꺼린다. 애석하게도 내가 직접 겪은 바로는 이런 주제가 제시되면 학생들은 아예 그런 경험 자체가 없다고 불평하는 경우가 훨씬 더 많다.

하지만 10대들의 불평이 과연 진실인지는 무척 의심스럽다. 오히려 전에 그런 경험담을 들려달라는 부탁을 받은 적이 없었고, 따라서 더 어렸을 때 겪었거나 품었던 온갖 멋진 일상적 경험이나 의문을 잊어버렸을 가능성이 훨씬 더 높을 것이다. 물론 아이들은 돌멩이가 아니지만 사회적 조건화와 관습에 의해 그리고 시간이 일으키는 마멸의 전쟁을 통해, 세상의 아름다움에 대한 인식과 그런 경험에 따른 감사의 느낌이 무뎌지거나 잠들어버린다. 따라서 학생들을 상대할 때 첫 번째 도전 과제는 그들의 마음의 문을 여는 것과 자기 경험을 털어놓는 '실험'을 진지하게 여기도록 유도하는 것이다. 일단 학생들이 마음의 문을 열면 그들이 노에시스, 즉 이지적 탐구에 임하도록 쉽게 유도할 수 있다.

관조적 수행을 위한 고독과 침묵

퍼트리샤 제닝스는 몬테소리교육법과 발도르프교육법을 고찰하면서 "자연발생적인 관조의 기회뿐만 아니라 교과 과정에 관조적 지향성을 주입하기 위한 기회도 제공할 필요가 있다"고 강조한다.[2] 관조적 교육을 다룬 문헌에는 학교에서 관조적 수행과 관련해 실험하고 시험해볼 만한 모범적인 사례와 발상으로 가득하다. 그중에서 가장 흔한 것은 명상적 수행의 두 가지 폭넓은 범주(비파사나 명상과 사마타 명상)에 관한 토론이다. 뿐만 아니라 호흡 명상, 자애 명상, 주문 암송, 마음챙김의 움직임(이를테면 걷기 명상과 뛰기 명상), 시각화 명상, 시詩나 경전에 대한 관조 등과 같은 그 두 가지 형태의 명상의 변종도 자주 언급된다. 오늘날의 관조적 연구 분야의 실천가, 학자, 교육자가 활용할 수 있는 책과 연구 결과 외에도 명상적 수행 방법과 명상에 제대로 접근하도록 유도하는 비결을 간략하게 설명하는 고대 문헌도 많다.

이런 형태의 명상적 연습뿐만 아니라 마음챙김을 장려하는 여러 방법이 학교 일과에 도입되었다. 그 가운데 하나가 바로 하트가 제안한 교실에서 불을 끈 채 학생들이 각자의 호흡을 따라가며 '아무것도 하지 않도록' 유도하는 간단한 방법이다.3 브래디가 자신의 수학 수업에서 학생들의 주의집중을 유도하기 위해 활용하는 작은 종도 마찬가지다.4 비슷한 맥락에서 리처드 브라운은 나뭇잎이 바람결에 바스락거리는 소리를 학생들이 명상적 수행의 초점으로 삼도록 유도한다. "스스로 주의가 산만해졌다고 느낄 때 우리는 머릿속에서 어디를 헤매고 있는지 알아채고 다시 그 소리로 조용히 돌아온다."5 교실에서 학생들이 건포도를 천천히 주의 깊게 씹어 먹도록 하면서 주의집중을 촉진하는 불교적 수행에 임하는 교육자들도 있다(건포도는 학생들에게 쉽게 그리고 값싸게! 나눠줄 수 있는 과일이다).6 시드 브라운은 제자들의 마음챙김을 돕기 위해 사용한 '재치 있는 숙제들'을《교실의 불교도 A Buddhist in the Classroom》부록에 소개했다. 그 숙제들은 학생들의 지식적 자만을 가라앉히는 데 도움을 줄 뿐만 아니라, 세상과 나-너식의 관계를 맺을 수 있는 우리의 능력에 대한 치명적인 악영향(소비지상주의 문화에서 상품화에 따른 결과물이다)을 상쇄할 만한 것이다. 그중에서 가장 흥미진진한 숙제는 학생들이 대형 슈퍼마켓인 월마트와 같은 정신적으로 무미건조한 공간에 들어가 걷기 명상을 실험함으로써 색다른 경험을 해보는 '월마트 명상 현장 체험' 활동이다.7 교실에서 마음챙김 실험의 또다른 사례로는 마음을 다해 듣기를 비롯해 몸에 집중하기, 농축된 언어 탐색하기, 자유 작문 등을 꼽을 수 있다.

로버트 알토벨로는 관조적 수행이 정규 수업 관행에서 동떨어진 일종의 부가물일 필요가 없고 오히려 분석적 학습, 비판적 독서, 작문 같은 정규 수업 관행에 통합될 필요가 있다고 지적한다. 일례로 그는 유즈(요가의 어원)의 의미를 '말을 울타리에 가두기'로 재해석함으로써 '잡아매기'로서의 요가 수행을 정규 수업에 포함시킨다. 그의 해석에 따르면 관조적 수행의 골자는 정신의 움직임을 정지시키는 것이 아니라, 정신을 마치 말처럼 울타리 안에서 길들이고 통제하는 것이다(이때 정신은 울타리 안에서 '마음껏 돌아다닐 수 있다'). 알토벨로는 학생들이 집중(다라나), 명상(댜나), 일치 또는 적정(사마디) 같은 용어의 전통적 의미를 느슨하게 해석함으로써, 공부의 주체와 객체가 동화되면서 완결되는 주의집중과 명상적 초점을 향상시킬 수 있는 과정을 보여준다. 그가 제시한 사례에서 학생들은 여러 저자가 수업에서 다룬 '시민 불복종'이라는 주제에 주의를 집중시키는 연습을 한다. 그 주제에 지속적으로 주의를 집중시킴으로써 일단 학생들은 '단 한 가지 점(시민 불복종의 개념)에 주의를 집중'하는 요령을 서서히 배운다. 그러다 마침내 온갖 거슬리고 쓸데없는 생각뿐 아니라 탐구 대상에서 벗어나도록 유도할 법한 자신의 활동에 대한 온갖 인식이 사라지고 관조의 대상에 완전히 빠져든다.[8] 관조적 수행을 통상적인 교실 학습에 도입한 알토벨로의 사례에서 드러난 점은 나-너식의 경험이 단지 학생과 지각 있는 모든 존재 사이나 학생과 자연계 사이에서만 일어날 수 있는 것이 아니라는 사실이다. 앞서 인용한 여러 실험에서는 흔히 그런 것 같아 보였지만 말이다. 알토벨로는 나-너식의 관계가 학생과 그들의 학문적 탐구 사이에서도 형성될 수 있다는 점, 그리고 자신이 공부하는 내용에 대한 깊이 있는 지적 친밀감이 모든 진정한 탐구에 필수라는 점을 지적한다.

키스 크롤은 "공부의 대상을 '주시'할 수 있을 만큼, 즉 그것에 깊이 집중하고 익숙해질 수 있을 만큼 수업 활동을 천천히 진행하기만 하면 거의 모든 수업 활동을 관조적 활동으로 바꿀 수 있다"고 촌평한다. 이와 같은 지혜 추구의 환경을 구축하려면 '격식을 갖추지 않은, 뜻밖의, 발견의 여지가 있는 가동 정지 시간'을 조성해야 할 뿐 아니라, 학생들에게 제시하는 주제의 수를 줄이고 학생들이 각 주제를 더 깊이 파고들도록 유도해야 한다.[9]

이와 비슷한 맥락에서 힐, 헌든, 카핀스카 등은 "바쁜 일정과 그로 인한 내적 불안에 시달리는 아이들에게는 침묵을 경험할 수 있는 기회가 거의 주어지지 않는다"고 말한다. 세 사람의 주장에 따르면 아이들에게 매일 조용히 있을 수 있는 시간을 제공하는 것은 '기분을 전환'할 기회를 주는 것이다. 세 사람은 '학교에서 침묵과 고독을 경험할 수 있는 짧은 시간'을 활용하도록 권고한다.[10] 퀘이커교 계열의 학교들은 침묵의 순간에 영성을 부여했고, 그것을 일상적 예배의 필수적인 부분으로 확대했다. 나는 그런 식의 감속 연습이 학생뿐 아니라 특히 현재의 교육환경에서 가동 정지 시간(준비 시간)을 전혀 갖지 못하는 교사들에게도 필수적이라는 점을 더 강조하고 싶다. 이런 가동 정지 시간이 주어지지 않으면 학교에서 지혜 추구의 환경을 조성하는 데 매우 치명적인 악영향이 초래된다. 교사들이 항상 평일의 분주함으로 녹초가 되어버리고 극단으로 내몰리기만 하면, 학생들이 관조적 수행을 접하고 누릴 수 있는 가능성이 낮아지기 마련이다.

아이들은 생각보다 관조적 수행에 적합하다

그동안 교사로 일하는 내내 나는 교실에서 관조적 수행을 장려하고자 애썼다. 여러 고등학교에서 철학 프로그램을 시작하고 철학적 탐구를 장려했을 뿐 아니라, 학생들에게 다양한 형태의 관조적이고 명상적인 실험을 소개했다. 예를 들면 고등학교 과정에서 개인심리학이 학생들에게 요가적(사마타) 명상과 불교적(비파사나) 명상을 통한 '대안심리학'을 실험할 기회가 된다는 점을 발견했다. 영어 수업 시간에 소로의 수필집《월든》을 공부하면서, 나는 11학년 학생들에게 다양한 관조적 실험에 관한 각자의 경험이나 성찰을 기록하는 자유 작문이나 '개방형 일기'를 권했다. 소로의 수필집의 취지에 맞춘 관조적 실험에는 자연 속에서 주의 깊게 걷기, 자연 속에서 주의 깊게 듣기와 지켜보기, 소로 자신의 '검약 실험'을 현대적으로 각색하기 등이 포함된다. 실험에 참가한 학생들은 자신의 특정 습관에서 벗어나거나 특정 물건을 일정 기간 동안 사용하지 않으면서 그런 식의 욕구 억제가 자신의 내면 상태와 행위에 미치는 영향을 관찰해야 한다.

간혹 학생들은 명상적 성격이 뚜렷한 연습이 주는 이질성 때문에 불쾌감을 느낄 때가 있고, 내가 경험한 바에 따르면 어떤 학생들은 '종교적' 이유에서 명상 실험을 꺼려하거나 단호히 거절했다. 하지만 그런 문제는 불교도들이 '방편(우파야)'이라고 부르는 것으로 극복할 수 있다. 관조적 교육을 지지하는 문헌의 대다수는 명상과 명상적 수행에 초점을 맞추지만, 명상적 성격이 뚜렷한 연습 이외에도 관조적 태도를 교실에 도입하기 위한 또다른 방법이 있다. 그리고 나는 경험을 통해 명상적 성격이 덜 뚜렷하면서도 관조적인 성격을 견지하는 활동이 학생들에게 더 적합하다는 점을 발견했다.《월든》같은 텍스트에 대한 학문적 탐구는 특히 학생들이 관조적 활동의 정체를 알 수 있는 본보기로서 그 가치가 크다. 왜냐하면 그것은 학생들이 자칫 명상적 성격이 뚜렷한 실험에, 즉 특정 종교의 관점에서 엄격히 금지된 실험에 참여하는 바람에 자기 가정의 종교적 헌신을 저버리는 듯한 기분을 느낄 필요 없이 관조적 연습에 임하도록 도와주기 때문이다.

앞서 언급했듯 학생들은(심지어 지방의 학생들도!) 자기 주변의 자연계와 깊이 있는 영적 교감을 전혀 경험한 적이 없다고 털어놓을 때가 아주 많다. 그런 경우에는 학생들의 마음의 문을 여는 것과 학생들이 그런 경험을 하도록 촉진하기 위한 실험을 중시하도록 유도하는 것이 관건이다. 우선 학생들이 주변 세계를 새로운 시각으로 바라보도록, 그리고 자신이 평소 주변 세계의 얼마나 많은 부분을 당연하게 여기는지를 깨닫도록 유도하는 것이 중요하다.

내 경험에 따르면 소로의 《월든》은 참신하고 호기심 어린 시선으로 세상을 바라보기 시작하는 방식의 훌륭한 본보기다. 《월든》을 공부하면서 학문적 탐구와 더불어 내가 시도했던 간단한 활동은 강가의 돌을 향한 관조다. 돌은 작은 것, 사소한 것, 흔히 무시되는 것, 당연시되는 것의 좋은 본보기다. 나는 자연계와의 교감을 전혀 경험한 적 없다고 불평하는 많은 학생이 사실은 자신도 모른 채 바위와의 깊은 영적 조화를 경험한다고 생각한다. 돌을 대상으로 삼은 관조적 활동에 임할 때 나는 강가의 돌이 가득한 통을 건네면서 각자 돌을 하나씩 고르도록 시킨다. 그런 다음 돌을 눈여겨 살펴보라고 말한다. 그때 학생들은 과연 돌을 어떻게 생각할까? 돌을 어떤 식으로 묘사할까? 돌의 특징은 무엇일까? 자기가 고른 돌을 어떻게 알게 될까? 다른 돌을 제쳐두고 특정한 돌을 고른 이유는 무엇일까?

돌을 하나씩 고르는 순간의 기묘한 느낌이 가시자마자 십중팔구 학생들은 심드렁해진다. 하지만 자신이 고른 돌의 실체를 아는 기준으로 열거한 특징(돌의 색깔, 질감, 무게, 모양, 크기, 온도 등)이 돌을 어떻게 묘사하는지, 그리고 동시에 그런 식으로 묘사한 대상이 왜 바위가 아닌지를 숙고해야 할 때면 돌에 대한 그들의 관심은 다시 활기를 찾는다. 돌의 실체는 학생들이 열거한 모든 특징으로 포착되지 않는다. 우리가 돌을 그것의 분자구조로 환원해도, 또는 그것을 구성하는 온갖 에너지와 원자의 수를 헤아려도 우리는 결코 돌의 실체를 알 수 없다. 따라서 모든 특징이 박탈되고 모든 묘사적 수단이 배제된 돌에 대해 생각해야 할 때, 돌의 각 특징을 돌 자체가 아닌 것으로서 치부해야 할 때, 돌의 존재성(그것의 존재 상태 또는 아리스토텔레스가 말하는 '광물적 영혼')을 알아내야 할 때, 비로소 우리는 주시해야 할 진정한 수수께끼 앞에 선다! 이제 우리는 웃고 놀란다. 당황하고, 흥분한다. 학생들이 돌을 손에 쥔 채 어두운 교실에서 책상에 앉아 돌에 대해 깊이 생각하면서 그것의 있는 그대로의 존재(돌이나 그것의 특징에 대한 학생들의 생각, 또는 수학 문제나 소로의 《월든》이나 저녁 식사 메뉴에 대한 그들의 생각과 상반되는 그것의 존재성)를 계속 떠올릴 때, 우리는 진정한 비타 콘템플라티바에 임한다!

앞서 알토벨로에 의해 요가 수행이 도입된 통상적인 교실 학습이 진정한 스투디움으로 변모함으로써, 학생과 탐구 주제 사이에 나-너식의 친밀한 관계가 확립될 수 있는 과정을 언급했다. 교실에서 관조적 수행과 관조적 텍스트를 실험할 때 나는 알토벨로의 통찰을 훨씬 더 폭넓게 적용했다. 왜냐하면 학생들과의 관조적 수행을 통해 의식의 구조를 탐색하고 학생들에게 그 구조를 경험으로써 숙지시키면, 갑자기 학생들이 관조적 텍스트를 읽고 이해할 수 있게 될 때가 많다는 사실을 발견했기 때문이다(다른 영어 교사들이 비판적이고 분석적인 사고와 작문 실력을 키워주기 위해 부지런히 최선을 다해도 학생들은 관조적 텍스트를 그처럼 쉽게 이해할 수는 없을 것이다).

교사가 이런 종류의 학습 기반을 마련하려면 철학과 관조적 수행에 대한 일정한 조예가 있어야 한다. 덧붙이자면 교사가 되도록 여러 해에 걸쳐 동일한 학생들과 함께 소중한 시간을 오랫동안 보내는 것이 가장 좋다. 하지만 장기간 함께할 수 없을 때도 소정의 성과를 올릴 수는 있다. 예를 들어 내가 맡은 철학 수업에서 나는 해마다 새로운 학생들에게 사랑에 관한 플라톤의 대화편《파이드로스》와《향연》을 읽고 토론하도록 시킨다. 그러는 동안 학생들은 철학적 사색(난감한 질문을 들어올리는 것뿐 아니라 자신에게 내려가고 사물 깊숙이까지 내려가는 것)의 실체에 점점 익숙해진다. 플라톤의《향연》을 접하게 되면 학생들은 특히 철학자가 어떻게 그 두 가지 방향의 운동을 동시에 실행하는지, 즉 헤라클레이토스의 격언 "오르막과 내리막은 하나고 서로 같다"가 어떻게 진실일 수 있는지를 효과적으로 이해할 수 있다. 대화편에 나오는 디오티마의 사랑의 사다리 이미지 덕분에 학생들은 소크라테스가 연회에서의 연설을 통한 에로스적 상승에 임하고 있다는 점을 쉽게 깨닫는다. 그러나 동시에 그들은 연설 내용을 읽으면서 놀랍고도 두렵게도! 다양한 인물들과 그들의 남색적 사랑을 알게 되고, 우리가 연설을 통해 올라가는 동시에 (소크라테스와 함께) 거기서 술을 마시는 사람들의 병든 영혼이 저승으로 내려가는 극적 하강을 겪어야 한다는 점도 쉽게 이해한다.[11]

  학생들을 철학적이고 관조적인 연습으로 이끌 때 나는 그것이 자칫 '거품처럼 꺼지지' 않도록 유의한다. 즉 이런 관조적인 연습은 학생들에게 더 익숙한 일상생활 속에서의 다른 활동과 결부되어야 한다. 예를 들어 학생들은 초보 철학자로서 겪는 상승과 하강의 경험을 '아름다움을 사랑하는 사람들'로서 겪는 경험(10대 청소년들에게 아주 흔한 음악 감상, 시 쓰기, 예술 활동 같은 경험)과 연결하는 요령을 배운다. 교실에서 함께 음악을 들으면서 음악의 아름다움에 푹 빠지고(학생들이 좋아하는 음악이 각기 다르므로 반응이 극명하게 갈릴 때가 많다), 노래의 음표 하나하나가 우리에게 서서히 불어넣는 방향감각(지금 내가 위로 올라가는가? 아니면 내려가는가?)에 주목한다. 수업 중 음악 감상이라는 관조적 수행이 비파사나 명상과 사마타 명상에 대한 실험과 조합될 때, 학생들은 그동안 살펴보지 않았던 자신의 가장 평범하고 일상적인 내면의 움직임을 경험으로 볼 수 있다(그들은 본다. 즉 인텔렉투스를 테오리아로 끌어들인다).

가끔 교사는 상승과 하강의 동시적 운동인 진정한 철학이 불멸화일 뿐 아니라, 죽음의 연습이라는 내용의 기이한 수수께끼를 학생들이 경험으로 이해하도록 이끌 수도 있다. 사실 일자一者에 초점을 맞추기 위해 모든 심리적이고 정신적인 현상을 배제하는 일종의 상승인 사마타 명상은 모든 자아가 스스로 '죽는' 방법을 배울 정도로 이기적 관심을 내려놓는 비파사나 명상을 통한 하강의 수행과 동전의 양면처럼 불가분의 관계다. 명상과 철학적 사색을 직접 경험힘으로써 학생들은 자신이 아름답게 여기는 사물에서 누리는 일상적 즐거움이 불멸화와 얼마나 관계가 있는지, 또는 그것이 죽음의 연습과 얼마나 관계가 깊은지를 고찰할 수 있다.

중간(메탁시)을 경험하는, 즉 불멸성과 죽음 사이의 긴장 속에 놓인 존재인 우리 의식의 구조를 보는 데서 비롯되는 관조적 통찰은 학생들이 음악이나 예술 같은 일상적 활동을 개인적으로 즐기는 것뿐만 아니라 그들의 학교 공부에도 쉽게 도움을 줄 수 있고, 덕분에 학교 공부가 진정한 스투디움으로 변모할 수 있다. 일례로 나는 학생들이 원주민의 역사와 세계 각국의 신화를 다른 시각으로 이해하고 평가하도록 돕기 위해 이런 종류의 경험적 학습을 활용해왔다. 우리 집 아이들이 아주 어렸을 때, 내가 이누이트족 출신인 캐나다의 예술가 사이먼 투코메1934-2010의 자전적 동화 《주술사의 조카The Shaman's Nephew》를 읽어주면 녀석들은 주술사들이 하늘을 날아다니는 모습을 보았다는 투코메의 주장을 액면 그대로 받아들였다. 하지만 그 이야기를 고등학생들에게(또는 몇 년 뒤에 내 자식들에게) 들려줬을 때는 전혀 반응이 달랐다. 이제 그들은 그다지 순진하지 않았고, '역사적 사건'에 관한 투코메의 설명을 미신과 환상으로(실제로 일어난 일을 둘러싼 진짜 경험에 대한 진실한 설명이 아닌 것으로) 일축했다. 하지만 내가 제자들을 지켜본 바에 따르면 일단 철학적 사색이나 통찰 명상 같은 관조적 연습을 접하면, 그들은 평소에 자신이 경험하는 일과 주술사의 '몰아 기법'이 비슷한 영적 구조를 지니고 있다는 점을 어렵지 않게 깨닫는다.

사실 역사적으로 철학은 샤머니즘에 뿌리를 두고 있고 헤라클레이토스, 피타고라스, 엠페도클레스 같은 초창기의 철학자들이 무엇보다도 주술사들이었다는 증거가 많다. 이런 식으로 원주민의 역사를 접할 준비를 갖춘다면 초보 학생-철학자는 투코메의 자전적 이야기를 거짓말이나 유치한 상상 또는 망상 따위로 치부할 가능성이 낮다. 그들은 감정이입과 영적 교감을 통해 투코메가 분명히 밝힌 영적 진실(주술사들이 하늘을 난다. 주술사들이 바다 밑으로 들어가 여신의 머리카락을 빗겨준다)에 대한 더 훌륭한 문화적 평가를 내놓을 수 있다. 요컨대 관조적 연구를 통해 자신의 의식구조를 인식함으로써, 학생들은 주술사들이 하늘을 나는 장면을 보았다는 투코메의 이야기를 역사의 한 페이지를 장식하는 영적 사실에 대한 진정한 표현으로 기꺼이 받아들인다.

나는 불멸화와 죽음의 중간에 자리한 존재로서 겪는 경험의 구조를 학생들에게 일깨우기 위해 관조적 연습을 교실에 도입하는 이와 같은 방식을 여러 차례 활용했고, 그 과정에서 학생들 일부가 대단히 기뻐하는 모습을 지켜봤다. 사실 수업을 통해 세계 각국의 신화를 접할 때, 흔히 우리는 그것을 현대인과 마찬가지로 세계에 대해 잘 모르는 순진하고 미신에 빠진 고대인들이 들려주는 아득한 옛날이야기로 간주할 때가 많다. 흔히 우리는 신화 읽기를 독해 연습으로, 다른 문화나 다른 '신념'이나 다른 '가치 체계'에 대한 탐구 수단으로 여긴다. 그리고 신화는 잘못된 과학으로(예를 들면 고대인들이 번개의 발생 원인을 설명하는 방식으로), 또는 고대문명의 도덕적 '가치'를 가르치기 위한 수단으로 간주된다. 따라서 수업 시간에 《길가메시 서사시》를 읽으면서 내가 그 신화가 진실이라고, 그것이 세계에 대한 우리 내면의 영적 경험을 재현함으로써 입증할 수 있는 역사적 사실이라고, 그것이 길가메시와 엔키두(《길가메시 서사시》에 나오는 산남山男으로, 길가메시를 치기 위해 만들어졌으나 그와 힘을 겨루다 친구가 된다 — 옮긴이)의 진짜 영적 여행을 표현한다고 말하면 9학년 학생들은 어김없이 깜짝 놀란다. 처음에는 소스라치게 놀라다가 일단 자기 내면적 삶의 중간적 구조를 깨닫게 되면 학생들은 《길가메시 서사시》가 어떻게 자신을 깊이 있는 영적 진실과 근본적 통찰로 이끄는지 정확히 파악할 수 있다.

중간으로서, 즉 길가메시처럼 우리가 따라 올라가고 따라 내려가야 하는 '세계의 축(악시스 문디)'으로서의 의식구조에 대한 관조적 인식을 가다듬은 덕분에 이제 더이상 학생들은 그들에게 늘 강제되고 주입되는 비판적이고 분석적인 시선으로 신화에 접근할 필요가 없다. 이제 더이상 독서를 자기 내면의 경험과 동떨어진 대상으로서의 신화를 응시하는 시선으로 접근할 필요가 없다. 이제 더이상 신화를 단편적이고 우리와 무관한 박물관 소장품으로, 그들의 삶에 전혀 중대한 의미가 없는 과거의 열등한 문명의 가치 체계나 신념 체계의 표현으로 인식할 필요가 없다. 관조적 수행을 통해 조심스럽게 그런 이야기를 접하게 되면 학생들은 고대인들의 가장 깊고 근본적인 통찰, 대부분의 현대인이 잊어버린 통찰을 재발견할 수 있다.

끝으로 교실에서의 관조적 수행을 진행하면서 내가 관찰한 바에 따르면 학생들이 가장 짜릿해하는 순간은 그들의 담론이 철학적 성격을 띨 때(이를테면 그들이 진정으로 신화를 사랑하는 사람이 될 때)나 놀라움이 충만할 때에만 국한되지 않는다. 교실 환경의 물리적 배열도 고되기 마련인 학교 공부를 스투디움으로 탈바꿈시키는 데 중요한 역할을 할 수 있다. 캐나다 앨버타주에서 시행되는 영어 과목 공부 프로그램의 경우 문서로 된 교재뿐 아니라 '시각 교재'도 학생들과 함께 공부해야 하는 '텍스트'로서의 지위를 갖는다. 여러 해 전부터 나는 온타리오주 피터버러의 암면조각과 앨버타주 밀크강 강변의 라이팅온스톤 주립공원의 절벽조각을 비롯한, 캐나다 원주민의 암각예술을 공부하는 재미에 빠져 있다. 또한 신비롭고 경이로운 선사시대의 유럽 동굴벽화에도 오랫동안 관심이 있었다. 그래서 관조적 연구를 연습하는 차원에서 그런 텍스트에 대해 내가 내린 평가를 학생들과 공유하고자 애썼다.

과거에 나는 관조에 대한 교육론적 실험의 일환으로 천장과 벽을 비롯한 교실 전체를 방수포로 덮고, 학생들이 동굴벽화와 절벽조각을 재현할 수 있도록 교실을 모조 동굴로 바꾸기 위해 그 거친 방수포 표면 위에 벽지를 발랐다. 모조 모닥불을 활용해 칠흑같이 어두운 동굴 내부를 밝혔고, 실험에서 경험한 바를 스케치와 기록으로 남길 수 있도록 아이들에게 건전지로 작동되는 소형 인공 촛불을 나눠줬다. 모닥불이 타는 소리, 심장박동 소리, 인도 악기인 타블라와 시타르 연주 소리, 원주민의 북소리와 노랫소리, 이누이트족의 목구멍 노랫소리, 그레고리오성가와 티베트 염송念誦 소리 등으로 동굴 교실을 채우고 학생들이 다양한 관조적 활동을 수행함으로써, 그들의 선사시대 조상과 원주민의 조상이 새기고 칠했을 법한 작품을 관조적으로 마음속에서 재현할 수 있도록 유도했다. 내가 지켜본 바에 따르면 대체로 학생들은 어둠 속에서 끊임없이 유동하며 타오르는 모닥불에 대한 관조(비파사나 명상)나 북소리, 노랫소리, 다른 학생들이 내는 잡음, 모닥불이 타는 소리를 비롯한 모든 소음 밑에 깔린 동굴 교실의 침묵에 귀 기울여야 하는 과제(사마타 명상), 고대와 선사시대의 벽화, 소묘, 채색화 등이 탄생한 상부와 중심부 공간에 대한 감정이입과 이해의 수준을 높이고자 애쓰는 연습 같은 활동에 적합하고 이를 잘 받아들였다.

16장

아이들과 관조하고
철학하는 방법에 대한 제안

지혜에 대한 사랑과 이를 추구하는 행복에 관하여

지혜에 대한 사랑과
이를 추구하는 행복에 관하여

무지를 깨닫고 지혜를 추구하다

고등학교 교사로서 경험한 바에 따르면, 불행하게도 교사들은 교육의 가장 멋지고 뜻깊은 부분에 초점을 맞추지 않는다. 전형적인 영어 교사인 나는 주로 학생들이 글쓰기와 읽기 그리고 비판적 사고를 잘 배울 수 있도록 돕는 데 초점을 맞춘다. 대다수의 교사처럼 나도 학생들이 학교에서 '잘할 수(에우 프라테인)' 있도록 돕기 위해 무척 애쓴다. 교사는 학생들이 예정된 학습 목표와 정부에서 요구하는 성과를 달성하도록 독려하기 위해 주로 점수 형태의 평가에 주력한다. 교과 과정의 설계자와 관리자에 따르면, 교사가 학생들을 평가할 때 고려할 수 있는 유일한 요소는 학생이 얼마나 많이 '알고 있는가?'다. 따라서 우리는 우리가 얼마나 알지 못하는지나 정답이 얼마나 문제가 있을 법한지에 대해 생각하는 것보다 또는 학생들이 더 깊이 파고들고 질문을 던짐으로써 스스로 얼마나 무지한지 깨달을 수 있도록 독려하는 것보다 정답을 입증하는 것을 강조한다. 요컨대 학교에서 교사는 측정할 수 있는 지식과 조작하고 분석하며 종합하고 평가하는 솜씨를 입증하는 데 초점을 맞춘다. 우리는 학생들에게 해당 과목에 관해 빼어난 지식을 갖출 것과 정답을 찾을 것을 요구하지만, 스스로에 대한 앎은 그다지 강조하지 않는다. 왜냐하면 스스로를 안다는 것은 자신의 지식수준뿐 아니라 무지의 수준까지 아는 것을 의미하기 때문이다.

고대의 어느 순례자들이 심오한 깨달음을 얻은 뒤 세계의 배꼽(옴팔로스), 즉 세계의 중심이자 생명의 원천에 다가갔을 때 델포이신전의 아폴론은 문설주와 출입구에 도달한 그들에게 이렇게 말했다. "너 자신을 알라(그노티 세아우톤)." 그들 중 한 사람이자 친구인 카이레폰을 통해 "소크라테스가 가장 지혜로운 사람"이라는 델포이신전의 신탁을 들었을 때 소크라테스는 당황했다. 그는 자신이 '어쨌든' 지혜롭지 않다는 것을 알고 있었기 때문이다. 소크라테스 역시 피타고라스와 마찬가지로 '오직 신만이 지혜롭다'는 점을 알고 있었다. 그러나 그는 신도 거짓말을 한다고 여기지는 않았다. 그래서 신이 내준 '수수께끼'를 풀기 위해 그 유명한 (정확히 말해 악명 높은) 문답식 탐구에 돌입했다. 그는 자신보다 더 지혜로운 사람을 발견함으로써 신탁을 반박하기 위해 시민들을 상대로 그들이 알고 있는 것과 알고 있다고 주장하는 것에 관한 질문을 던졌다. 하지만 그런 질문을 통해 소크라테스는 자신과 대화를 나눈 모든 사람이 스스로 지혜롭다고(가장 고귀하고 가장 중요한 것을 알고 있다는 의미에서) 자부하지만 실제로는 전혀 그렇지 않다는 사실을 발견했다. 그들은 스스로를 제대로 알지 못했고, 스스로 얼마나 무지한지 몰랐다. 그들의 어리석음을 상당히 공개적인 방식으로 드러내는 바람에 소크라테스는 아테네에서 힘깨나 쓰는 사람들에게 미움을 받게 되었다. 그들은 소크라테스의 질문 때문에 수치심과 모욕감을 느꼈고, 소크라테스가 자신들을 모욕했을 뿐 아니라 자신들을 불경스럽게 대하도록 젊은이들을 부추긴다고 생각했다. 소크라테스를 따르던 젊은이들이 그런 식의 설전에 흥미를 느껴 이를 따라 해보고 싶어했고, 이제 연장자들의 권위와 지혜에 고개를 숙이는 대신 과감하게 질문을 던지기 시작했기 때문이다. 하지만 소크라테스와 달리 그들은 진리 모색보다는 겨루기(아곤)에 따른 즐거움 그리고 공동체가 신성하게 여기는 전통과 관습을 해체하고 파괴하는 데 관심이 더 많았다. 확실히 오늘날의 학생들도 교사와 권위자들을 가르치려 들곤 한다!

소크라테스는 스스로를 변호하면서 자신이 결코 누군가의 선생인 적이 없다고 주장한다. 여기서 말하는 선생의 역할이란 지식을 제자들에게 전달하는 것, 특정한 종류의 앎(예를 들어 수학, 물리학, 목공, 작문)을 습득하도록 가르치는 것으로 보인다. 그렇지만 소크라테스는 그 누구에게도 어떤 것을 가르친 적이 없다고 부인한다. 오히려 그는 평생 동안 자기가 만난 이들에게 그들이 알고 있는 것과 알고 있다고 주장하는 것이 무엇인지를 물어봤을 뿐이라고 주장한다. 그런 질문을 통해 소크라테스가 발견한 사실은 델포이신전의 신탁 덕분에 유명해진 자신의 지혜가 저급한 '인간적 종류의 지혜(안트로피네 소피아)', 즉 실제로는 알지 못하는 것을 안다고 주장하지 않는 태도와 관계있는 지혜라는 점이었다. 따라서 그가 기소된 까닭은 누군가에게 무언가를 가르쳤기 때문이 아니다. 오히려 소크라테스는 동료와 그들의 자녀에 대한 우정(필리아)의 증표로서 아테네인들에게(또한 후대에) 스스로를 아는 것의 중요성을 일깨워, 그들이 '몸이나 돈'을 보살피기보다 '어떻게 자신의 영혼이 최고의 상태가 될 것인가'에 주목할 수 있도록 노력했다. 이렇게 볼 때 철학은 영혼을 보살피는 전형적인 기술이다.

  그렇다면 왜 오늘날의 대중적 공교육은 그런 훌륭한 목적을 이루는 데 기여하지 못할까? 소크라테스의 사례를 본받는다면 오늘날의 교육은 과연 어떻게 변할까? 학생들을 다양한 과목에 통달하도록 가르치거나 검사하거나 평가하거나 자극하지 않는 '인간적 지혜'의 추구는 과연 어떤 것일까? 가르치거나 주입하는 대신에 소크라테스처럼 질문을, 즉 학생들이(그리고 우리가!) 자신의 무지와 인간적 종류의 지혜를 깨달을 수 있도록 유도하는 질문을 던지는 것은 교사의 역할을 뛰어넘는 것일까? 자기가 안다고 주장하는 것에 따라 등급이 결정되는 대신에 자신의 무지를 얼마나 알고 있는지에 의해 평가되는 상황이 얼마나 낯설지 상상해보라. 학생들은 미리 결정된 교과 과정의 성과를 달성하기 위해 정답을 찾느라 굳이 신경 쓰지 않아도 되는 상황에서 과연 어떤 반응을 보일까? 우리가 교사로서 또는 학생으로서 학교에서 하는 일의 상당 부분이 기존의 평가 체계로부터 완전히 벗어난다면, 그리고 학생들이 자신이 얼마나 무지한지 살펴보도록 장려된다면, 자신이 모르는 것을 더 많이 깨달을수록 학부모와 교사로부터 더 많은 칭찬을 받는다면 어떻게 될까? 자녀의 성공에 목매는 학부모들이 자녀가 받은 매우 낮은 특정 과목의 점수를 자녀의 실패로, 교사의 실패로, 교육제도의 실패로 치부하는 대신 가장 중요한 것에 관한 심도 있는 배움을 경험했다는 지표이자 소중한 교훈으로 바라본다면 어떻게 될까? 우리가 아는 사실과 모르는 사실을 인식하는 것은 자기 지식의 한계를 아는 것이기 때문에, 곧 자기 자신을 아는 것이다. 우리가 아는 사실과 모르는 사실을 인식하는 것은 플라톤이 자주 말했듯, 인간이 중간에 머물고 있다(우리는 무지(아그노이아)와 지식(에피스테메) 사이의 영역에 머물고 있다)는 점을 인식하는 것이다. 우리는 완전히 무지하지도 완전히 박식하지도 않다. 우리가 아는 사실과 모르는 사실을 인식하는 것은 자신의 한계와 필멸적 본성을 인식하는 것이다. 하지만 필멸성을 인식할 때 우리는 그것의 경계선인 불멸성도 암시한다. 우리는 우리가 불멸성과도 함께한다는 점을 자연스레 알게 된다. 이 역시 철학, 즉 지혜 추구의 가치다.

진정한 교육이 철학적일 수밖에 없는 이유

플라톤은 우리가 인간으로서 겪는 폭넓은 범위의 경험을 고찰하기 위한 여러 가지 표상을 고안한다. 그중에서 핵심은 '참여(메텍시스)' 개념이다. 인간은 질서의 일부분으로서 사물의 '질서(코스모스)'에 참여함으로써 알게 된다. 우리는 에로스, 즉 사랑을 통해 존재에 대한 참여적 지식을 이끌어낸다. 인간은 폭넓은 범위의 존재에 참여하는데, 우리는 생성과 변화(게네시스)뿐 아니라 다양한 존재(우시아) 방식도 공유한다. 예를 들어 우리는 존재하므로 단순한 존재의 활동을 통해 광물적 영혼에 참여한다. 또한 성장하고 쇠락할 수밖에 없기 때문에 식물적 또는 영양적 영혼에도 참여한다. 욕망, 충동, 욕구 등을 경험할 때는 동물적 영혼의 영역에 참여한다. 끝으로 생각(디아노이아)이나 사유(노에시스) 또는 이성(로고스)적 사안과 관계를 맺는 한 이성적 영혼에 참여한다. 우리의 경험은 생성하고 변화하며 쇠락하는 사물의 세계에서의 감각적 존재에 관한 것에 그치지 않고, 가지적 영역에서 쇠락하거나 변화하지 않는 것에 대해서도 상상하거나 생각할 수 있다.

두 번째 표상은 인간 존재가 플라톤이 이해하듯 악마적이라는 사실에서 비롯된다. 우리는 죽음(타나토스)과 불사(아타나토스), 무지(아그노이아)와 지식(에피스테메)의 필멸적 무한성(아페이론)과 불멸적 초월성(에페케이나)의 중간에 있는 존재다. 인간 존재는 이 두 가지 극단 사이의 긴장(타시스)으로서 존속되고 경험된다. 또한 플라톤이 볼 때 그 두 가지 극단(한편으로 토대적 극단, 다른 한편으로 인간적 극단)은 본질적으로 그 긴장과 동떨어진 채로 파악될 수 없다. 오히려 그 긴장에 대한 경험과 양극단에 대한 인식은 서로를 동반한다. 알고 싶어하는 에로스적 욕구를 통해 우리는 이지적으로 그 긴장의 극한에 이를 수 있지만 긴장은 결코 해소되지 않는다. 존재의 토대를 알고 싶은 에로스적 욕구로 충만한 악마적 존재로서 우리는 이지적으로 상승하고 하강할 수 있다.

참여(메텍시스)와 중간(메탁시)이라는 표상과 관련 있는 상기, 즉 아남네시스라는 표상은 우리의 자연스러운 탐구적 성향(제테시스)이 어떻게 시간과 영원성에 대한 인간 존재의 참여적 본성을 가리키는지를 설명하기 위해 플라톤이 고안한 것이다. 아남네시스는 무언가를 탐색하는(플라톤이 말하는 제테시스) 무지의 실존적 긴장을 암시하는 수단이다. 그리고 무언가를 탐색하는 상태가 되려면, 우리는 먼저 그 무언가에 대한 일종의 지식에 의해 그것에 대한 탐색으로 넘어가야 한다. 앞서 아리스토텔레스의 《형이상학》에서 이 현상을 둘러싼 비슷한 논의를 살펴봤다. 아리스토텔레스에 따르면 알고자 하는 모든 인간의 욕구는 자기 자신을 뛰어넘는 무언가에 관한 탐색으로 이끄는 힘(키네시스)에 기인한다. 그러므로 무지 속에서의 불안을 경험하는 것은 초월과 은총을 경험하는 것이기도 하다.

요컨대 플라톤의 관점에서 형이상학적 현실을 알고자 하는 성향은 존재의 악마적 긴장 속에서 무언가를 알고 싶은 욕구를 경험하는 인간이 지닌 특성의 일부분이다. 마음과 마찬가지로 머리도 무언가를 바란다. 그리고 모든 존재의 토대나 원천인 사랑스러운 대상에 대한 우리의 인식을 나타내는 것이 바로 영혼 전체를 낱낱이 알고 싶은 이 에로스적 욕구다. 우리를 감각적 영역과 가지적 영역 너머로 이끄는 것은 바로 이 '존재 너머의 선'이다. 플라톤이 보기에 형이상학적 상승의 경지(《파이드로스》 247a-248a행에서 초월적인 것에 대한 관찰 부분에 설명되어 있다)는 궁극적으로 사랑스러운 원천의 은총에 대한 반응인 사랑이나 욕구 또는 에로스를 통해 도달된다.

푀겔린은 플라톤의 저작, 특히 《향연》과 《필레보스》에 등장하는 메탁시라는 표상의 중요성을 상세히 설명한다. 플라톤의 표상에 대한 푀겔린의 분석에서 인간 존재는 인간적 결함을 뛰어넘어 신성한 토대의 완성을 향해 나아가는 자신을 경험한다.

영적 인간(다이모니오스 아네르)은 토대를 찾아가는 과정에서 움직이듯 지식과 무지 사이의 어딘가로 움직인다. "영적인 것(다이모니온)의 전체 영역은 신과 인간 사이(메탁시)의 중간 지점에 있다"(《향연》 202a행). 그러므로 중간(메탁시)은 긴장의 양극단 사이에 있는 빈 공간이 아니라 영적 영역이다. 그것은 "인간과 신들의 대화"(202-203행)의 현실이고, 신적 현실에 대한 인간의 그리고 인간적 실재에 대한 신의 상호참여(메텍시스)다. 메탁시는 영혼이 필멸성에서 불멸성으로 이행하는 과정인 이지적 탐색에 대한 경험을 상징한다.[1]

플라톤의 《파이돈》에서 소크라테스는 '올바른(오르토스)' 철학 공부를 "죽어감과 죽음의 연습에 지나지 않는 것"으로 묘사한다. 앞서 살펴봤듯 아리스토텔레스도 철학적 사색을 불멸화의 연습으로 바라본다. 이런 방식으로 메탁시에서 이뤄지는 영혼(프시케)의 이지적 움직임은 인간의 필멸적이고 유한한 본성으로부터 벗어나는 운동, 그리고 불멸적이고 무한한 존재의 양극단을 향한 접근으로 규정된다.

인간은 필멸성과 불멸성 사이, 무한적 심도와 이지적 고도 사이의 긴장 속에 존재한다. 아페이론과 누스는 인간의 영혼에 도달하고 인간은 아페이론과 누스에 참여하지만, 인간은 아페이론도 누스도 장악하지 못하고 아페이론과도 누스와도 일치하지 않는다. 이 참여적 현실의 영역은 인간 사고의 진정한 영역(고찰, 학습, 교습)이다. 메탁시 속에서 움직이며 모든 방향에서 그것을 탐색하고, 현실에서의 위치에 따라 인간에게 부여된 전망에 의해 스스로의 방향을 정하는 것이 철학자의 올바른 임무다. 메탁시 속에서의 사고나 논의(로고스)의 이 움직임을 가리키기 위해 플라톤은 '변증법'이라는 용어를 쓴다.[2]

푀겔린의 설명에 따르면 플라톤은 인간을 악마적 존재로 묘사한다. 우리는 다양한 범위의 우주적 존재에 참여하고, 인간 본성은 사물의 심도와 고도에 대한 탐색에 에로스적으로 이끌린다. 다시 말해 인간은 필멸적이고 유한한 본성을 뛰어넘어 일자와 무한성에서의 우리 존재의 극단을 갈망한다.

여기서 이렇게 자문할지도 모르겠다. "메탁시의 이미지가 학교에서의 지혜 추구와 무슨 관계가 있다는 거지?" 푀겔린은 "지혜에 대한 사랑인 철학은 철학자로 자처하는 사람이 내놓는 신성한 토대에 관한 생각이나 의견의 묶음이 아니다"라고 적절하게 지적했다. 아리스토텔레스의 견해에 공감하는 푀겔린은 지혜 추구를 가리켜 "불안을 초래하는 신성한 원천에 대응해 인간이 호기심 어린 불안을 추구하는 것"이라고 말한다. 그러므로 지혜 추구는 (메탁시 속에서의 상승(아나이레시스)의 관점에서 표현되든 하강 (카타바시스)의 관점에서 표현되든 간에, 불멸화로 간주되든 죽음으로 간주되든 간에, 사마타 명상을 통해 구체화되든 비파사나 명상을 통해 구체화되든 간에) 긴장 속에서 인간 존재의 양극단에 이끌리는 중간(메탁시)적 존재라는 지위를 의식하게 되는 것과 결부될 수밖에 없다. 사실 푀겔린은 의식을 '참여의 경험'이나 '존재의 토대에 대한 인간의 참여'라고 묘사한다.³ 바꿔 말해 토대를 향한 이 긴장을 둘러싼 인식을 적극적으로 장려하고 강화하지 않으면, 현대 교육개혁가들의 세련된 노력에도 불구하고 우리는 영적 수면 상태에 놓이기 쉽다. 나태와 굼뜸(노테이아)에 머물면 우리는 고대 아테네인들과 비슷해질 것이다. 소크라테스가 마치 쇠파리처럼 신랄한 풍자를 통해 그들을 '일깨우고자' 했을 때, 그들은 커다랗지만 게으른 말처럼 이 경험적 긴장(타시스)의 불편함을 감수하는 대신 수면 상태로 되돌아가기 위해 그를 죽이기로 결정했다. 오늘날의 세련된 교육 때문에 우리는 이 긴장을 느끼지 못한다. 하지만 지혜를 언제 어디서 추구하든 간에 반드시 느껴야 하는 것이 바로 이 긴장이다. 푀겔린은 이렇게 말한다. "토대에 이끌리는 운동(키네시스)이 없으면 토대를 향한 욕구가 없을 것이다. 그런 욕구가 없으면 모호한 상태에서의 의심이 없을 것이다. 모호한 상태에서의 의심이 없으면 무지에 대한 자각이 없을 것이다."⁴

따라서 지혜를 위한 참된 교육은 학생과 교사를 이 실존적 긴장으로 끌어들여야 한다. 그런 교육은 이 긴장에 대한 우리의 느낌을 최대한 고조시킨다. 물론 긴장에 대한 경험이 반드시 즐거운 것은 아니다. 결과적으로 우리는 아이들에게(그리고 교사들에게!) '안전'하고 '안정적'인 철학적 사색을 주장하는 어린이 철학 프로그램 관계자들의 다양한 요구에 유의해야 한다. 물론 학교에서의 지혜 추구는 보호되어야 하고, 이른바 교육이라는 것을 둘러싼 세련된 주장에 영향을 받지 않는 일종의 피난처에서 진행되어야 한다. 그러나 그 피난처의 경계선 안에서(현대의 교실이든 중세 수도자의 독방이든 고대 학교의 뜰이든 간에) 철학은 결코 안전한 활동으로 규정될 수 없다. 오히려 카린 뮤리스에 따르면 철학에서 "정서적 동요"를 피할 수는 없다. 그녀의 관점에서 철학적 사색에 따른 정서적 동요는 "'만만찮은 사고'가 이뤄지고 있다는 신호일 수" 있다.[5] 또한 그녀는 "철학의 불균형을 초래하는 것이 교실에서 '풍성한 기회'를 창출할 수 있는 종류의 긴장을 조성하는 데 중요한 요소"라고 지적한다.[6]

푀겔린은 아리스토텔레스가 언급한 "이지적 경험의 초기 단계인 호기심 어린 불안"을 다룬다. 그것은 지혜 추구가 비롯될 수 있는 기초적 경험이고, 그것이 없으면 지혜는 전혀 추구할 수 없다. 하지만 그 호기심 어린 불안이 이지적 움직임(아나이레시스 또는 카타바시스)을 보장하지는 않는다. 오히려 이 불안은 "토대의 매력에 이끌려 이지적 의식으로 발전할 수 있거나 또는 토대에서 벗어나 다른 것의 매력을 좇을 수" 있다.[7] 바꿔 말해 이 긴장을 느끼는 경험은 한편으로 신성한 토대에 대한 지식을 모색하는 데 따른 고통으로부터의 해방(모크샤)을 바라는 욕구를 낳는다. 엘리아데는 고통(두카)의 교훈적 성격을 다음과 같이 언급한다. "인간은 더 괴로울수록, 즉 우주와 더 많이 결부될수록 해방의 욕구가 더 커지고 구원을 더 열렬하게 갈구한다."[8] 하지만 다른 한편으로 긴장을 겪는 경험은 고통을 느끼는 주체가 고통의 원인으로 보이는 것에 덤벼들려고 할 때, 곧잘 궤도를 벗어난다.

긴장(타시스)에 노출될 경우 학생들(내가 경험한 바에 따르면 특히 좋은 점수를 바라고 시험에서 고득점을 올리는 우수한 학생들)은 아주 초조해할 때가 많다. 이 때문에 철학적 사색을 이끄는 교사들은 학생뿐 아니라 학부모에게도 분노와 원성을 산다. 그런 현상은 새롭지 않다. 사실 실존적 긴장을 깨닫는 경험은 소크라테스가 동포들의 손에 살해되는 동기 중 하나였다고 볼 수 있다. 누르시아의 성 베네딕트480?-543?도 비슷한 사례다. 그는 이탈리아 수비아코 언덕에 있는 동굴에 머물렀다. 여러 수도사가 그에게 찾아와 '신의 길'을 가르쳐달라고 부탁했다. 베네딕트는 자신의 길이 그들의 생활방식을 심각하게 어지럽힐 것이라고 경고했지만 수도사들은 고집을 꺾지 않았다. 결국 외로운 동굴을 떠나 가르침을 달라고 애원했던 그 수도사들은 그의 영적 인도를 참지 못한 채 그를 독살하려는 음모를 꾸몄다!

이 두 가지 고대의 사례는 관조적 철학자-교사에게 시사하는 바가 크다. 지혜 추구의 활동이 외부의 간섭을 받지 않은 채 이뤄질 수 있도록 오늘날의 학교 안에 나름의 피난처나 무대를 마련하지 않으면 노에시스의 탈선이 통례로 자리 잡고, 노에시스는 예외적 반응으로 전락할 가능성이 높다. 이 책에서 계속 주장하듯 무대(진정한 학교교육이나 스콜레의 장소) 밖에서는 지혜 추구가 항상 터무니없어 보인다. 지혜 추구는 항상 조롱과 반대에 부딪힐 것이다. 사실 오늘날의 학생들이 학교에서 좋은 성적을 올리고 모든 질문에 정답을 내놓아야 하는 점을 고려하면, 그들이 학교에서 마주치는 실존적 긴장과 모름의 불확실성은 해방을 향한 즐거운 자극이 아니라 심각한 초조감을 동반한다.

푀겔린의 설명에 따르면 고대 그리스에서는 현대적 의미의 '초조감'(해답을 찾을 수 없는 질문으로 인한 두려움이나 무서움)에 해당하는 뜻을 지닌 단어가 없었다.[9] 공포로서 경험되지 않는 고대적 불안, 특히 아리스토텔레스적 불안은 '호기심에 방향이 있기' 때문에 '분명히 즐거운 것'이었다. 즉 은연중에 그런 불안은 신성한 토대적 극단에 대한 인식이 뚜렷해진다는 신호로 이해되었다. 푀겔린은 그런 불안을 인간의 영혼에서 경험되는 신성한 토대적 극단에 대한 "빛나는 참여의 즐거움"으로 부른다. 반면 모름을 둘러싼 현대인의 초조해하고 두려워하는 반응은 자아에 대한, 그리고 자아와 관계있는 것에 대한 일종의 무지로써 발생한다. 비슷한 맥락에서 엘리아데는 현대인, 특히 서구인의 경우에 두드러지는 초조감이 한편으로는 '우리가 일시성과 역사성을 발견'한 데서, 아마 우리 모두가 어쩔 수 없이 다시 가라앉아야 하는 무한한 깊이를 인식한 데서, 그리고 다른 한편으로는 일자의 영원성에 대한 인식이 없는 데서 기인한다고 생각한다.[10]

지금까지 나는 이 현대적 초조감(특히 학생들이 느끼는 초조감)의 해법이 우리의 비판적이고 분석적인 추론능력을 향상시키거나 상상력이나 창의성을 키우는 데 있지 않다고 줄기차게 주장해왔다. 오히려 우리는 중간(메탁시)에 자리한 우리의 존재를 충분히 의식할 수 있도록 노력해야 한다. 무한한 깊이에 대한 지식만으로는 이 중간의 의미를 제대로 알 수 없다(필멸적이고 유한한 자아는 무한한 제1질료로 용해될 수밖에 없다). 사실 그것만 알고 있으면 우리는 극단으로서의 아페이론을 알지 못하게 된다(극단으로서의 무언가를 안다는 것은 반대쪽 극단의 관계 속에서 그것을 안다는 것을 의미하기 때문이다). 또한 메탁시에 있는 존재로서의 우리, '긴장의 장소'로서의 우리 영혼을 진정으로 알지도 못한다(양극단 사이의 폭넓은 범위를 알지 못하면 사이에 놓여 있다는, 긴장 속에 있다는 사실이 이치에 맞지 않기 때문이다).[11] 일시성과 용해를 경험하는 데 따른 학생들의 초조감(토대적 극단에 대한 의식 결여에 기인하는 일종의 무지)은 그들에게 이 극단을 일깨우려는 끈질긴 노력을 통해서만 완화시키고 해결할 수 있다. 푀겔린의 용어로 표현하자면 학교에서 우리는 우리를 토대로 이끌어 이성의 발휘에 영향을 미치는 '실존적 필리아', 즉 지혜와의 우정을 문화화해야 한다.[12] 이 극단에 대한 그런 '실존적 우정' 또는 필리아는 학생들의 두려움을 해결하고, 각자에게 '빛나는 참여의 즐거움'의 고전적인 이지적 경험을 다시 선사할 것이다.

여기서 잠시 교육에 대한 플라톤의 설명으로 돌아가보자. 학습(파이데이아)은 광범위한 존재에 참여한 것에 대한 일종의 상기(아남네시스)다. 인간 존재가 무척 다채롭다는 점과 그것이 모든 범위의 존재에 걸쳐 있다는 점을 고려한다면, 과연 현대의 교육자들은 이처럼 모든 범위의 존재에 참여하는 존재인 우리 자신에 대한 폭넓은 인식(자기인식)을 함양시키기 위해 어떻게 해야 할까? 확실히 수학, 과학, 역사, 문학 등에 관한 공부는 그런 통찰력을 함양하기에는 역부족이다. 내가 되풀이해서 설명했듯 그런 학문 분야에서의 뛰어난 분석적, 종합적, 평가적 능력을 보여주는 것도 역부족이기는 마찬가지다. 푀겔린은 메탁시를 탐색하는 것과 메탁시의 모든 범위를 따라 모든 방향으로 움직이는 것이 철학자의 올바른 임무라고 말한다. 그러나 자기 존재의 모든 범위를 탐색하는 것이 철학자만의 특권일까? 모든 인간이 델포이신전의 신탁에 따라 자신을 알아야 하지는 않을까? 우리 모두는 다양한 정도로 그런 상기적 관찰을 요구받는 것은 아닐까? 자기인식과 그에 따른 불멸화의 활동이 훌륭한 인간 생활을 추구하는 데 필수적인 요소라면, 그리고 선한 인간 생활을 둘러싼 가능성이 모든 인간에게 열려 있어야 한다면 과연 교육은 어떤 모습이어야 할까? 교육은 되도록 피교육자들의 내면에 폭넓은 범위의 자기 존재에 대한 충분한 인식을 초래해야 하지 않을까? 우리가 학교에서 하는 일의 상당 부분 때문에 이 긴장과 인간 존재의 중간적 성격에 대한 인식이 둔감해진다. 그런데 학교에서는 정반대 성격의 일을 해야 하지 않을까? 학교는 우리가 우리 경험의 양극단을 알게 되는 통로인 긴장에 대한 경험에 주목하도록 유도해야 하지 않을까? 그리고 최대한 긴장으로부터의 해방을 모색하는 대신에 긴장의 양극단 가운데 어느 것이든 부정되거나 또는 완전히 달성될 만하다고 가정함으로써, 그 긴장 속에서 살 수 있는 방법을 가르쳐야 하지 않을까? 플라톤이 고안한 메탁시 표상과 인간의 악마적 성격에 관한 그의 철학적 해명이 암시하는 바는, 인간의 가장 고귀한 행복의 가능성을 열어둠으로써 우리를 완성시킬 수 있는 교육이 진정한 교육이라는 점이다. 존재의 양극단 사이에 있는 우리 모두가 실존적 긴장을 통해 경험하는 정신적 범위를 충실히 살펴볼 수 있도록 해준다는 의미에서 볼 때, 진정한 교육은 철학적일 수밖에 없다.

학교에서 철학의 역할은 무엇인가

플라톤의 메탁시 표상에 대한 푀겔린의 분석은 최근 비판에 직면해 있다. 예를 들어 제임스 로즈는 "푀겔린이 '플라톤의 저작에서는 찾아볼 수 없는 중심성'을 메탁시에 부여한다고, '플라톤의 견해 가운데 자신의 흥미를 끄는 부분'을 추려낸다고, '굉장히 고급스러운 의식의 철학'을 발전시키면서 단순히 《향연》의 몇몇 부분을 반복해 인용했을 뿐이고 그 부분에 대한 자신의 첫 번째 해석의 정확성을 변호하는 데 소홀했으며, 자신이 새롭게 고안한 명사 메탁시에 훨씬 더 많은 의미를 부여했다"고 말한다. 심지어 로즈는 디오티마가 《향연》에서 그 단어를 쓴 점을 제쳐놓은 채 다음과 같이 평하기까지 했다. "그 대화편이나 플라톤의 다른 저작에서는 의미심장한 메탁시에 관한 언급이 더이상 없다." 아울러 "디오티마의 전치사 메탁시와 푀겔린의 명사 메탁시는 서로 다른 것을 가리킨다"고 주장한다. 로즈가 보기에 푀겔린은 특히 에로스가 "존재와 무 사이에 더 근본적으로 머물고 있다는 사실"을, 그리고 플라톤에게 메탁시라는 단어가 "인간이 신적 현실과 나누는 대화에 관한, 아울러 무를 향한 인간의 치명적 이끌림에 관한 철학자의 경험의 표상이라는 사실"을 놓친다. 그 결과 푀겔린은 메탁시를 "무를 향한 이끌림이라는 두 번째 의미가 누락된, 인간과 신적 현실과의 대화의 표상"으로 여긴다. 로즈의 표현에 따르면, 푀겔린의 실수는 이끄는 힘이나 긴장을 "반대 방향으로 이끄는 이중적 힘(이때 두 방향 가운데 하나는 사악하다)"으로 이해하지 못하고 단방향적인 것으로 오해한 점이다.[13]

하지만 메탁시를 둘러싼 플라톤과 푀겔린의 설명을 주의 깊게 읽어보면 로즈의 비판이 상당히 불공정하고 부정확하다는 점이 드러난다. 첫째, 내가 직접 푀겔린의 텍스트를 읽어본 결과 푀겔린이 실존적 긴장을 단방향적인 것으로 오해한다는 주장은 정당하지 않다. 사실 푀겔린은 로즈가 말하는 이끄는 이중적 힘을 자주 언급한다. 앞서 살펴봤듯 푀겔린은 우리의 불안이 "토대의 매력에 이끌려 이지적 의식으로 발전할 수 있거나 또는 토대에서 벗어나 다른 것의 매력을 좇을 수 있다"고 촌평한다.[14] 여기서 이끄는 이중적 힘의 증거를 이미 확인할 수 있다. 같은 글의 뒷부분에서 푀겔린은 이끄는 이중적 힘에 관해 이렇게 말한다. "이지적 존재에 대한 고전적인 경험에서 인간은 신성한 누스의 이끄는 힘을 따라감으로써 불멸화에 임하거나 정반대 방향의 열정의 이끄는 힘을 따라감으로써 죽음을 선택할 수 있다."[15] 신성한 누스의 당기는 힘에 대한 정반대 방향의 이끄는 힘과 관련해 푀겔린은 "열정 이면의 깊숙한 곳에는 꿈틀대는 존재의 욕망(우주의 법칙에 따라 장차 죽음의 처벌을 받게 되는 불의)이 있다"고 촌평한다. 그런 다음 정반대 방향의 이끄는 힘이라는 그리스철학의 이 고전적 표현을 "존재의 무한한 욕망은 신학자들이 원죄의 정의로 여기는 삶에 대한 자부심(수페르비아 비타) 또는 권력에 대한 욕망이나 지배욕(리비도 도미난디)이 되었다"는 기독교 심리학의 표현과 연관시킨다. 그러고 나서 푀겔린은 로즈가 이끄는 이중적 힘으로 부르는 것에 대한 그 두 가지 표현을 "그 양극단이 아페이론과 누스인 메탁시에 대한 영혼의 참여"와 연결한다.[16] 그러므로 푀겔린이 메탁시 속에서 경험되는 플라톤적 의미의 타시스를 이끄는 이중적 힘으로 적절하게 표현하지 못했다는 로즈의 비판은 부당하고 부정확하다.

둘째, 내가 보기에 푀겔린이 메탁시 표상의 중요성을 과장한다는 로즈의 주장(그 대화편이나 플라톤의 다른 저작에서는 의미심장한 메탁시에 관한 언급이 더이상 없다)은 부당하고 근거가 없다. 물론 푀겔린은《향연》과《필레보스》에 그 표상이 등장하는 점에 주목한다. 하지만 그것은 푀겔린이 플라톤의 다른 저작에 메탁시 표상이 등장하는 사실을 모르기 때문은 아닌 듯하다. 그리고 푀겔린은 텍스트적 증거를 무분별하게 악용하지 않은 것 같다. 나는 오히려 푀겔린이 지혜를 추구하는 여느 사람들처럼 단지 존재를 가장 분명하게 보고 싶어했다고, 메탁시가 구체적으로 논의되는《향연》의 해당 구절이 자신의 의도에 부합하는 것으로 여겼다고 생각한다. 물론 메탁시 표상이나 그것의 상당 어구가 플라톤의 다른 저작에 등장한다고 해도 그리 놀라운 일은 아니다. 왜냐하면 플라톤도 푀겔린처럼 존재를 알고자 했고 비록 다른 저작에 등장하는 각각의 표상이 세부사항이나 어조의 측면에서 서로 다를 수 있지만, 그 표상이 탐색하는 현실은 그대로 남기 때문이다. 나는《향연》의 몇몇 행에서 디오티마만 메탁시 표상을 언급하지는 않는다고 주장해왔다. 그 표상은 연설에서의 변증법적 상승의 이미지뿐 아니라 극적인 하강의 형태로《향연》전체에 침투해 있다.[17] 앞으로 플라톤의 저작에 대한 푀겔린의 독창적인 통찰에 존경을 표하는 의미에서, 아울러 그가 지혜 추구에 관해 내게 가르쳐준 내용과 지혜 추구가 학교에서의 교육과 관련해 지닐 법한 중요성을 강조하는 의미에서 플라톤의 두 대화편에 대한 추가적인 해석을 제시하겠다.

∽

우리가 교육 분야에서의 지혜 추구를 이해하는 데 도움이 되는 메탁시 표상의 중요성은 《국가》에 나오는 구절(푀겔린은 이 부분을 다루지 않았다)을 통해 더 분명하게 확인할 수 있다.[18] 여기서 소크라테스와 글라우콘은 진리에 대한 성향이 다양한 인간이 메탁시 속에서의 긴장에 대한 경험을 구성하는 모든 범위의 사물을 경험할 수 있는지, 아니면 철학자만 그렇게 할 수 있는지를 두고 논의를 하다가 막다른 골목에 이른다. 글라우콘은 예를 들어 돈을 중시하는 사람은 부를 쌓는 삶만이 가장 달콤한 삶이라고 명예나 학식을 쌓는 삶은 거의 무가치한 것이라고 단언하겠지만, 명예를 중시하는 사람은 돈을 버는 것을 저급하고 천박한 일로 여기고 학식을 쌓는 삶을 '덧없고 어리석은 짓'으로 바라볼 것이라는 점에 동의한다. 또한 글라우콘은 지혜를 사랑하는 사람이 나머지 두 유형의 사람들과 반대로, 돈벌이와 명예를 '기쁨의 측면에서 뒤지는 것'으로 간주할 것이라는 판단에도 수긍한다. 요컨대 세 가지 유형의 사람들은 각자 자신의 개인적 취향에 가장 알맞은 삶, 자신의 개인적 경험에 비춰볼 때 가장 큰 기쁨을 줄 것이라고 판단하는 기준에 가장 부합하는 삶을 최고의 삶으로 여긴다(581ce행).

소크라테스가 글라우콘에게 "그들 중 가장 진실을 말하는 사람이 누구인지 우리가 어떻게 알 수 있는가?"라고 묻자 글라우콘은 이렇게 대답한다. "전혀 모르겠습니다"(582a행). 내 경험에 비춰볼 때 소크라테스와 글라우콘의 이 대화는 오늘날의 교실에서 학생들이 어떤 종류의 삶이 최고의 삶인지를 주제로 나누는 대화와 정확히 일치한다. 학생들은 경험상 자신에게 가장 큰 기쁨을 주는 모든 일이 최고의 삶을 가리키는 진정한 지표라고, 교육의 가치는 학생 각자가 자신이 최고로 꼽은 선에서 느끼는 기쁨에 대한 경험을 바탕으로 설정하는 목표를 추구하도록 해주는 것이라고 생각한다. 학생들과 대화를 나누면서 학생들에게 그들이 경험하는 기쁨과 아픔에 대한 그들의 평가가 적절한지를 묻는 것, 그리고 그들이 그런 경험과 관련해 설정한 목표가 적절한지를 묻는 것은 때로는 무례하고 실례되는 행위일 수 있다. 하지만 소크라테스는 누구나 자신의 타고난 성향을 뛰어넘어 특정한 선을 더 폭넓게 바라볼 수 있다고 여긴다. 그는 글라우콘에게 이렇게 묻는다.

> 자, 우리가 언급한 모든 기쁨에 대한 경험을 가장 많이 한 사람은 셋 중 누구인가? 지혜를 사랑하는 사람이, 이득에서 비롯되는 기쁨을 경험하는 정도보다 이득을 사랑하는 사람이, 있는 그대로의 진리를 알기 때문에 앎에서 비롯되는 기쁨을 더 많이 경험한다고 보는가?_(582ab행)

여기서 소크라테스가 글라우콘에게 원하는 바는 장사꾼이나 돈벌이꾼이 철학자만큼 진리에 대한 관찰의 진가를 알 수 있는지 없는지를 생각해보는 것이다. 소크라테스는 철학자와 돈벌이꾼이 각자의 기본적인 성향과 무관하게 서로 전혀 다르지 않다는, 즉 우리 모두는 본질상 선 그 자체를 볼 수 있고 있는 그대로의 진리를 알 수 있다는 것을 암시한다. 그렇지만 글라우콘은 소크라테스의 친절한 암시에도 불구하고 우물쭈물하면서 이렇게 말한다. "존재를 보는 것과 결부된 기쁨은 지혜를 사랑하는 사람을 제외한 그 누구도 맛볼 수 없습니다"(582c행). 글라우콘은 대화 내내 엘리트 의식을 드러내는데 그것은 자신이 극소수에, 지혜로운 사람에, 철학적인 사람에 속한다고 여기는 태도의 또다른 사례일 뿐이다. 여기서 우리는 철학적 탐구를 둘러싸고 흔히 등장하는 주장, 즉 철학적 탐구가 소수의 총명한 엘리트만의 특권이라는, 철학적 탐구는 아이들과 젊은이들에 대한 대중적 공교육과 전혀 어울리지 않는다는 주장과 마주친다. 글라우콘은 여러 유형의 사람일 수 있다. 그는 기하학자이자 명예를 사랑하는 젊은이고, 남색가며 투계와 축산을 좋아하는 사람이다. 그러나 그는 결코 철학자가 아니다. 그는 선(아가톤)에 대한 관찰을 둘러싼 토론의 길게 위로 뻗은 길을 걷는 소크라테스를 한 번도 제대로 따라가지 못한다. 철학적 사색의 배타성에 관한 글라우콘의 가정에 따르면 지혜를 사랑하는 사람만 신중한 사람일 수 있다. 왜냐하면 그런 사람만 선은 볼 수 있기 때문이다. 그러니 평범한 돈벌이꾼이나 장사꾼이 있는 그대로의 진리를 아는 데서 기쁨을 느낄 수 있듯, 그런 돈벌이꾼이나 장사꾼이 신중한 사람일 수도 있다면 어떻게 될까? 글라우콘의 가정과 달리 철학에 따른 기쁨이 엘리트의 전유물이 아니라 누구나 그리고 모두가 누릴 수 있는 것이라면 어떻게 될까?

소크라테스가 "논증은 특히 철학자를 위한 도구인가?"라고 묻자, 그 젊은 글라우콘은 지체 없이 대답한다. "물론입니다"(582d행). 그러나 누구나 변증법에 임할 수 있지 않을까? 소크라테스는 자신이 만나는 모든 사람에게 말을 걸지 않는가? 물론 아테네에서 모든 사람이 '철학자'는 아니다. 그러나 소크라테스가 말을 거는 모든 사람에게 의식이 있듯, 글라우콘도 비록 철학자가 아니지만 소크라테스와 함께 논증을 활용하고 변증법에 임할 수 있다. 사실 소크라테스의 친절한 암시뿐 아니라, 두 사람의 대화라는 극적인 사건 자체에서 철학자와 나머지 모든 사람을 구별하는 글라우콘의 시각이 너무 경직된 것이라는 점이 드러난다. 글라우콘은 철학과 지혜를 마치 일종의 전문적인 지식이나 기능으로 취급한다. 그러나 철학이 특별한 기교(테크네)라면 그리고 지혜가 일종의 전문 지식(에피스테메)이라면, 그것은 결국 철학자 외에는 아무도 지혜를 지닐 수 없다는 그리고 철학자는 철학이나 지혜 이외에는 아무것도 모른다는 의미일 것이다. 그러나 정말 지혜와 철학이 그런 것이라면, 즉 지혜를 비롯한 모든 앎이 그런 식으로 구획되고 전문화되어 있다면 지혜를 사랑하는 사람은 어처구니없게도 나머지 모든 것과 동떨어진 채로 지낼 것이다. 그러나 다행히 목수조차 목공 이외의 것을 안다! 확실히 지혜와 철학에 대한 글라우콘의 인식에는 문제가 있다. 글라우콘은 소크라테스와의 대화에서 그를 제대로 따라갈 수 없었다.

소크라테스는 글라우콘과의 대화를 일종의 레슬링 경기로 묘사한다(583b행). 글라우콘과 나눈 대화의 결과에 만족하지 못한 소크라테스는 친구를 위해 논쟁을 '세 번째로 휘어잡는'다.[19] 특히 소크라테스는 모든 범위의 메탁시에 대한 글라우콘의 무지를 바로잡고자 한다. 만약 글라우콘도 소크라테스가 제시하는 사례의 돈벌이꾼처럼 '있는 그대로의 진리를 알' 수 있으면 모든 범위의 메탁시를 탐색할 수 있겠지만, 글라우콘의 문제는 보일 수 있는 모든 것을 이미 봤다고 그리고 알려질 수 있는 가장 고귀한 것을 이미 안다고 가정한다는 점이다. 이에 소크라테스는 기쁨과 아픔에 대한 글라우콘의 가장 기본적인 경험에 호소함으로써 앎에 관한 그의 가정을 바로잡으려고 한다. 소크라테스는 우선 글라우콘에게 아픔(리펜)과 기쁨(헤도네)이 정반대 개념인지, 그리고 혹시 우리가 기쁨에게도 아픔에게도 영향을 받지 않는 영혼의 '안식'이나 평정(헤수키안)으

그림 16-1

로 부르는 아픔과 기쁨 사이(메탁시)의 매개념媒槪念이 없는지 묻는다. 글라우콘은 다음과 같은 배열에 동의한다(그림 16-1).

그런 다음 소크라테스는 아픈 사람들이 어떻게 기쁨을 건강한 사람들과 다른 방식으로 경험하는지를 언급하면서 심리적 성향과 관점의 복잡성을 거론한다. "어쨌거나 건강한 상태보다 더 기쁜 것은 없지만, 그들(아픈 사람들)은 본인들이 아프기 전에는 건강이 가장 기쁜 것이라는 점을 염두에 두지 않았다." 글라우콘은 어떤 심각한 고통을 겪는 사람들에게 "고통의 중단보다 더 기쁜 것은 없다"(583cd행)는 소크라테스의 말에 동의한다. 요컨대 사람들이 "아플 때는 즐거움보다 오히려 아픔의 부재와 아픔으로부터의 안식을 가장 기쁜 것으로 칭송"(583d행)하기 때문에 단순한 아픔의 중단이 기쁨으로 오인될 수 있다. 아픔과 기쁨에 대한 글라우콘의 개인적 경험에 호소함으로써 소크라테스는 안식을 통해 아픔에서 벗어나는 것은 아픔을 느끼던 사람들에게 기쁨으로 다가오는 반면, 안식을 통해 기쁨을 잃는 것은 기쁨을 누리던 사람들에게 고통으로

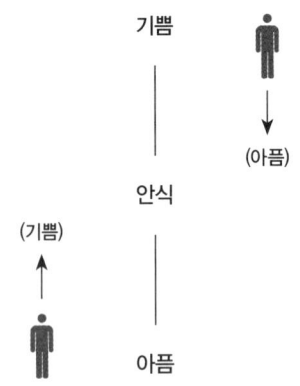

그림 16-2

다가온다는 것을 보여준다. 그림 16-2처럼 영혼의 안식이나 평정은 "때때로 아픔이자 기쁨"(583e행)일 것이다. 이제 글라우콘이 보기에 고통의 부재는 즐거움과 동일한 것이 아니고 즐거움의 부재는 고통이 아닐 수 있다. "기쁨의 진리가 특정한 마법(고이테이아)만 부리는 이런 상황(판타스마톤)에서는 온전한 것이 전혀 없을 정도로 안식은 우리가 아픔에 다가갈 때만 기쁨으로 보이고, 기쁨에 다가갈 때만 고통으로 비춰진다"(584a행).

기쁨과 아픔의 특성을 살펴보고, 기쁨과 아픔에 대한 경험으로 자신이 겪지 않은 무언가를 겪은 것으로 가정하게 되는 과정을 살펴본 뒤 소크라테스는 그런 경험에 대한 설명을 내놓는다. 그런 식의 설명을 각자 알고 있는 것과 알지 못하는 것에 대한 우리의 가정에 적용해 기쁨, 안식, 아픔 등에 대한 경험을 '상승', '중간', '하강'과 같은 범주로 대체하면서 소크라테스는 글라우콘과의 대화를 이어나간다.

"아래쪽에서 가운데로 온 사람은 자기가 올라오지 않았다고 생각할

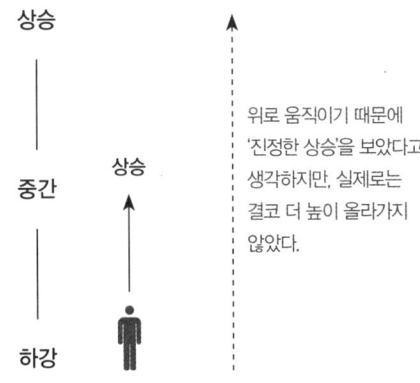

그림 16-3

까?(그림 16-3) 그리고 가운데에 서 있으면서 자기가 원래 있었던 곳으로 눈을 돌리는 사람은 진정한 상승을 보지 못했다는 이유로 자기가 위쪽에 있지 않다고 여길까?"

글라우콘이 대답했다. "결코 아닙니다. 그렇게 생각하지 않을 겁니다."

내(소크라테스)가 말했다. "그리고 원래 자리로 돌아온다면 자기가 내려왔다고 사실대로 생각할까?"

"물론입니다."[20]

"또 그가 이 모든 일을 겪는 까닭은 그가 위에 있는 것, 가운데에 있는 것, 밑에 있는 것에 익숙하지 않기 때문일까?"

"그렇습니다."

"자, 만약 진리에 익숙하지 않은 사람들이 평소 다른 사물에 대한 불건전한 견해를 갖고 있듯 기쁨과 아픔에, 그리고 기쁨과 아픔 사이(메탁시)에 마음이 쏠리기 때문에 아픔에 다가갈 때는 사실대로 생각하고 정말로 고통 속에 놓이지만, 아픔에서 벗어나 중간(메탁시)에 다가갈 때는

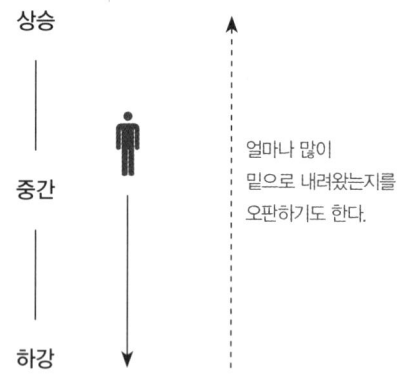

그림 16-4

자신이 성취와 기쁨에 다가간다고 진지하게 생각하고, 마치 회색부터 검은색까지 보면서 흰색에 대한 경험이 없어지듯 고통부터 무통까지 보면서 기쁨에 대한 경험이 없어져 속아넘어간다면 그대는 놀라겠는가?"
_(584d-585a행)

실제로는 일부분만 움직였는데도 위로 움직임으로써 '진정한 상승'이나 사물의 극치를 보고 겪었다고 가정하는 실수에 버금가는 실수는 진정한 상승이 보이는 데서 아래로 움직였다고 가정하는 것이다(그림 16-4). 왜냐하면 후자의 경우에도 자신이 얼마나 밑으로 내려왔는지를 과대평가하기 때문이다. 이렇듯 진정한 상승에 대한 경험이 부족하기 때문에 우리는 중간도 하강도 잘못 판단하게 된다. 우리가 진정한 상승을 알지 못하는 한(예를 들어 이미 진정한 상승에 도달했다고 상상하거나 애초에 그런 상승은 없다고 여기는 한) 선에 대한 경험, 즉 선한 것을 둘러싼 우리의 판단은 결코 왜곡에서 벗어날 수 없다. 이처럼 진정한 상승을 추구하는 것이 철학의 활동이다. 메탁시 속에서 우리 존재의 긴장에 대한 인식을 함양시키고 메탁시의 모든 범위를 누비는 것은 철학의 독특하고 특별한 역할이다.

앞서 확인했듯 푀겔린은 "메탁시 속에서 움직이며 모든 방향에서 그것을 탐색하고, 현실에서의 위치에 따라 인간에게 부여된 전망에 의해 스스로의 방향을 정하는 것이 철학자의 올바른 임무다"라고 말한다. 이제 우리는 푀겔린의 플라톤적 통찰을 우리의 교육적 관심사에 적용할 수 있다. 나는 교사와 학생들이 모든 범위의 메탁시를 탐색하는 연습을 하도록 유도하는 것이 학교에서 철학의 역할이라고 생각한다. 철학적 사색에 임함으로써 우리는 메탁시의 모든 범위를 누비는 법을 배울 수 있다. 교사와 학생은 실제로는 그렇지 않은데도 '진정한 상승'을 알게 되었다고 착각하지 말아야 한다. 철학은 우리가 사이(메탁시)에 머물고 있는 악마적 존재로서 경험하는 존재의 긴장(타시스)에 대한 날카로운 인식을 학생과 교사에게 심어주는 중요한 역할을 한다.

아이들과의 지혜 추구의 기본 전제인 놀이와 우정

제임스 샬은 인문학의 목적이 "다양한 수준의 존재에 개방적인 태도를 취하는 방법을 가르치는 것"이라고 말한다.[21] 《리시스》에서 플라톤은 젊은이들에 대한 교육이 모든 범위의 존재(메탁시)에 대한 폭넓은 인식을 유발하는 데, 그 '사이'를 누비는 방법을 학생들에게 가르치는 데 주력할 경우에 드러낼 법한 양상의 좋은 본보기를 제시한다. 대화는 소피스트인 미코스가 새로 지은 레슬링 학교에 있는 파놉스(모든 것을 보는 헤르메스)의 샘 근처에서 진행된다. 아이들의 잔치인 헤르마이아 축제가 열리는 동안 젊은이들(네아니오이)과 소년들(파이데스)이 레슬링 경기를 하려고 학교로 모여들었다. 젊은이들은 고등학생 나이의 학생들이고, 소년들은 일곱 살 이상의 어린 사내아이들이다. 경기장에 도착하자마자 소크라테스는 젊은이들 중 한 사람인 히포탈레스를 만나는데, 그는 리시스라는 이름의 어린 사내아이를 사랑한다고 털어놓는다. 히포탈레스는 소크라테스에게 '담론 경청을 좋아한다는 리시스에게 가서 자신이 리시스의 애정을 얻을 수 있는지 확인해달라'고 부탁한다. 사실 히포탈레스는 미코스가 신축한 학교에서 열리는 레슬링 시합이 토론보다 격이 떨어진다고 말한다. 그는 토론 참가자들이 토론을 일종의 게임으로, 승리를 거두고 축하할 수 있는 놀이 형태로 경험한다고 말한다.

소크라테스가 레슬링 학교에 가 보니 아이들이 홀짝과 공기받기 같은 놀이(파이디아)를 즐기고 있었다. 여기서 우리는 특히 아이들에 의한 철학적 탐구의 극적인 배경이 놀이를 하는 분위기라는 것을 확인할 수 있다. 소크라테스는 히포탈레스를 위해 젊은이들과 대화를 시작하고, 학교 내부의 '조용한(헤수키아)' 맞은편에서 소년들이 게임을 하며 내는 소음을 피해 앉는다. 이렇듯 대화라는 극적인 형태에서 철학적 놀이는 '소음'의 부재를 통해(여가인 스콜레와 관계있는 것으로, 심지어 신성한 것에 주목하는 일종의 고독으로 해석될 수 있는 평정이나 고요 같은 특성을 통해), 시간 보내기(디아고게)에 대한 아리스토텔레스의 개념적 비판과 구별된다. 소크라테스는 어린 리시스가 그들을 보기 위해 '방향을 바꾸도록' 대화의 장소를 치밀하게 정한다. 이렇게 철학은 플라톤의 《국가》에서 교육의 본질에 해당하는 것으로 언급된 영혼의 '전환', 즉 페리아고게에 비견된다. 리시스는 대화에 끼고 싶지만 동갑내기 친구인 메넥세노스가 소크라테스와 크테시포스 곁에 앉을 때까지 참는다. 여기서 우리는 철학적 사색을 주저하는 그 소년의 소극적 태도가 일종의 놀이라는 철학의 매력에 의해, 그리고 우정(필리아)의 기쁨과 유혹의 현장이라는 그 성격에 의해 극복되는 장면을 목도한다. 사실 우정은 《리시스》에 등장하는 철학적 담론의 주제다. 그리고 리시스가 소크라테스와 접촉하는 진입점이 바로 필리아에 대한 경험이다. 플라톤의 《리시스》에서 아이들과의 지혜 추구는 기본적인 경험으로서의 놀이와 우정이 모두 수반된다. 놀이와 우정은 각각 추가적인 탐구의 '분위기'를 조성한다. 나는 우정과 놀이가 오늘날의 교육적 환경에서도 지혜 추구의 필수요소라고 생각한다.

소크라테스와 소년들 사이의 대화에서 분명히 드러난 것은 젊은이들과의 토론을 향해 그가 가진 애정의 밑바탕이다. 그리고 아마 그들이 나눈 대화의 주제는 그토록 많은 교사가 교습의 매력(학생들이 끈끈한 우정을 나누는 분위기에 교사들이 참여하면서 대리만족을 느끼는 것, 또는 젊은이들 사이에서 아주 자연스럽게 나타나지만 점점 나이가 들면서 경험하기 힘들어지는 우정을 보는 것(테오리아))으로 여기는 부분일 것이다. 소크라테스는 그 두 명의 어린 소년에게 우정에 대한 탁견을 들려준다.

누구나 그렇듯 나도 어릴 적부터 갖고 싶었던 것이 있었지. 어떤 사람은 말을, 또 어떤 사람은 개를, 또 어떤 사람은 돈을, 또 어떤 사람은 명예를 갖고 싶어하지만 나는 그런 것에는 관심이 없었고, 정말 있었으면 하는 것은 친구들이었다네. 내가 얻고 싶은 것은 이 세상 최고의 메추라기나 수탉이 아니라 좋은 친구(필론 아가톤)였지. _ (211e행)

소크라테스는 이 대화의 앞부분에서 "자신이 신에게 받은 한 가지 선물(사랑하는 사람과 사랑받는 사람을 재빨리 알아채는 능력)"을 언급한다(204c행). 그에게는 친구들이 나누는 우정을 간파하는 눈이 있다. 소크라테스는 소년들이 나누는 경이로운 우정에 대한 놀라움을 표시한다.

나는 정말 행복하다네(에우다이모니조). 그리고 그대들이 이렇게 어린 나이에도 이토록 두터운 우정을 나눈다는 점을 칭찬하고 싶네. 메넥세노스 자네가 선뜻 저 아이(리시스)와 끈끈한 우정을 맺었고, 저 아이도 그대와 우정을 그렇게 맺었기 때문이지. 그런데 나는 그런 우정을 맺기는커녕 사람이 다른 사람과 친구가 되는 방법도 알지 못하니, 경험이 많은 그대들에게 이를 물을 수밖에 없다네._(212a행)

여기서 우리는 교사로서 철학적 경이로움과 관계를 맺는 출발점의 극적인 사례와 마주친다(이때 학생들은 우리가 느끼는 경탄의 원천이 된다). 소크라테스처럼 우리도 아이들에 대한 놀라움을 분명히 표현함으로써, 또한 그들의 경험을 깊이 숙고함으로써 그들뿐 아니라 우리 자신을 철학적 탐구로 이끌 수 있다. 사실 여타의 공공 기관과 달리 학교는 우정에 대한 깊이 있는 경험이 철학적 탐구의 관건으로 자리 잡을 만한 분위기와 기회를 제공할 수 있다. 그런 분위기에서는 교사들이 학생들과 함께 배우고, 학생들에게 배운다.

학생들은 매일 학교에서 우정을 실천하고 표현하지만, 대체로 그들은 정확히 우정이 무엇인지 또는 우정의 현실이 의미하는 바가 무엇인지에 대해 아주 깊이 생각하거나 고민하지 않는다. 그러나 친구를 사랑하는 젊은이들에게 과연 무엇이 더 보람 있는 탐구일 수 있을까? 그리고 일종의 우정(필리아)이 아니라면 과연 철학(필리아-소피아)이란 무엇일까? 철학자들이 가장 위대한 선(아리스톤)을 위해 함양하는 우정(뢰겔린이 철학자들의 '실존적 필리아'라고 부르는 것)과 필리아에 대한 우리의 경험이 연관될 수만 있다면, 우정을 둘러싼 경험은 지혜에 대한 사랑을 함양하는 최상의 지름길일 수 있지 않을까? 학생들을 가르치면서 나는 학생들을 우정에 대한 탐구의 길로 자주 이끌어왔다. 플라톤의《리시스》에서 소크라테스는 두 소년들이 우정에 대한 각자의 알찬 경험에 주목하도록 유도하고, 변증법적 논증을 통해 소년들이 그런 경험의 풍성함을 다른 경험의 특성과 구별할 수 있도록 돕는다. 예를 들어 그는 소년들이 부모의 사랑(207d-209c행), 상호적 우정(212bc행), 비상호적 우정(212de행), 자연스럽게 발생하는 우정 대(對) 함양을 통해 발전하는 우정(212e-213a행), 선한 것으로 칭찬받지만 실제로는 그렇지 않은 우정(222ab행) 등에 대한 각자의 알찬 경험을 살펴보도록 유도한다. 사실 다른 대화편과 플라톤의《편지들》이 그렇듯《리시스》에도 남색 풍습에 대한 비판이 담겨 있다.《리시스》에서는 사랑하는 어른(에라스테스)과 사랑받는 젊은이(에로메노스) 사이의 남색적 교육 관계가 어린 소년(리시스)에 대한 젊은이(히포탈레스)의 욕구를 통해 재현된다. 리시스는 자기 친구인 것 같은 몇몇 사람이 남색가로 드러나는 경우를 무척 많이 봤다. 메넥세노스에 대한 그의 사랑과 우정은 진정한 것이지만 리시스와 메넥세노스는 히포탈레스의 접근을 불편한 것, 바람직하지 않은 것, 우정이 아닌 것으로 여긴다. 하지만 소크라테스와 두 어린 소년 사이의 우정은 진정한 것이다. 그들은 비슷한 부류(214a행)와 비슷하지 않은 부류(215c-216a행) 사이의 우정, 이익에 바탕을 둔 우정(214e행), 이익에 바탕을 두지 않은 우정 등을 함께 살펴본다. 아울러 그들은 자기 자신과 맺는 우정의 개념(214cd행)과 영혼의 질서로서의 우정도 검토한다.

   그 소년들과 마찬가지로 소크라테스는 "논증의 수수께끼로 인해 머리가 어지럽게 되었다"고 고백한다(216c행). 그들은 우정의 본질을 토론하다가 난제(아포리아)를 만난다. 그들 각자가 깊이 있고 근본적인 방식으로 우정을 경험했지만 과연 우정이 무엇인지 이해할 수 없는 듯하다. 소크라

그림 16-5

테스는 '아름다움은 다정하다'는 속담을 언급하면서 소년들의 관심을 다시 그들의 경험으로 되돌린다. 칼론, 즉 아름다움은 "부드럽고 반반하고 매끈매끈해서 우리에게 바로 미끄러지듯 쉽게 다가오는 어떤 것과 비슷하다"(216c행). 그리고 선(아가톤)은 이 칼론이다. 여기서 소크라테스는 난제를 만난 토론의 방향을 돌리고자 숭고한 것에 대한 경험적 언급을 추가한다. "예언자"로서(216d행) 소크라테스는 소년들에게 우정, 아름다움, 선량함 등을 둘러싼 그들의 알찬 경험에 대해 말하면서 소년들이 각자의 세 가지 경험을 구별하고 인간 존재의 중간적 성격을 깨닫도록 유도한다. 이런 식으로 우정에 대한 경험을 구별할 때 철학이 맡은 역할은 일종의 종교적 영감과 관계있다. 소크라테스는 《국가》에서 논의한 방식과 비슷하게 선과 악을 구별하고, 선도 악도 아닌 중간과 그 양극단을 구별한다(그림 16-5). 소년들과의 토론이 암시하는 바는 선에는 선하지 않은 것이 결여되어 있고 우정은 선한 것의 결여나 그것에 대한 욕구에서 비롯되기 때문에 선은 선의 친구가 아닐 것이고, 우정은 악이 아니라 선에 대한 욕구기 때문에 악도 악의 친구가 아닐 것이며, 선도 그 비슷한 이유에서 악의 편이 아닐 것이라는 점이다. 이와 같은 난감한 상황 때문에 다음과 같은 '하나의 관점'이 남는다. "어떤 것이 다른 어떤 것에 우호적이라면, 선하지도 악하지도 않은 것은 그것과 동일한 성격을 지닌 것이나 선에 우호적일 것이다"(216e행).

소크라테스는 육체를 선하지도 악하지도 않지만, 질병의 등장에 의해 어쩔 수 없이 의학의 '친구'가 되는 어떤 것의 명백한 실례로서 제시한다. "악하지도 선하지도 않은 것은 악의 등장 때문에 선의 친구가 된다"(217b행). 의학의 도움으로 좋아질 수 있기 때문에 육체는 전적으로 나쁜 것은 아니다. 전적으로 나쁜 어떤 것도 선의 친구가 아닐 것이다. 오히려 나쁘지도 좋지도 않은 것은 "악이 존재해도 아직 나쁘지 않은 상황에서 악의 등장(파루시아) 때문에 선을 바라게" 된다. 소크라테스가 제시한 사례는 우정이 선에 대한 일종의 욕구로서, 선과 악의 양극단 '사이'에 존재한다는 그리고 양극단에서는 우정이 사라질 것이라는 관념의 은유에 해당한다. 그 은유는 소년들이 철학도 일종의 지혜와의 우정으로서 그 양극단 사이에 존재한다는 점을 깨닫는 데 도움을 준다. "신이든 인간이든 간에 이미 지혜로운 존재들은 더이상 지혜를 사랑하지(필로소페인) 않는다. 악할 정도로 무지한 존재들도 지혜를 사랑할 수 없다. 왜냐하면 알다시피 악하고 어리석은 사람은 지혜를 사랑하는 사람이 아니기 때문이다." 이 은유에 따르면 "아직 선하지도 악하지도 않은 사람들은 지혜를 사랑하는 사람들인 반면, 모든 나쁜 사람과 모든 좋은 사람은 지혜를 사랑하는 사람들이 아니다"(218ab행)라고 말할 수 있다. 플라톤의 《리시스》에 나오는 이 대목에는 공교육에서의 지혜 추구의 역할과 관련해 중요한 의미가 담겨 있다. 왜냐하면 이 대목에서 나이 어린 리시스나 메넥세노스가 철학에 적합하지 않다고 여기는 아리스토텔레스적 우려가 모두 사라지기 때문이다. 물론 리시스는 특유의 순진함과 부족한 인생 경험 때문에 정치와 경제 같은 실용적 사안을 잘 알지 못한다. 실용적 사안을 둘러싼 그런 순진함은 선하고 총명하며 지혜로운 사람들이 누려야 하는 영예와 칭찬을 바라보는 그의 시각을 다루는 부분에 드러나 있다(209cff행). 경험이 부족한 리시스는 최고의 지혜와 지성을 지닌 가장 훌륭한 사람들이 당연히 모든 면에서 유리해야 한다고 생각하지만, 그는 어른들의 세계와 그것의 변덕스러운 열정(파테마타)을 전혀 겪어보지 못했다. 그는 사람들이 허영심과 권력욕 때문에 가장 훌륭한 사람들의 결정을 존중하는 자세의 가치를 인식하지 못할 때가 많다는 점을 알지 못한다. 이 유치한 순진함은 자신이 가정관리(오이코노모스) 분야에 더 박식해지면 바로 아버지에게 인정받을 것이라고 믿는 대목에서 가장 뚜렷하게 드러난다. 게다가 리시스는 아테네 시민뿐 아니라 페르시아의 '대왕'도, 충분히 지혜롭거나 총명해지기만 하면(209d행) 자신과 같은 사람에게 업무를 넘겨줄 것이라고 가정한다. 소크라테스가 당한 박해와 죽음은 사람들이 가장 훌륭한 사람을 존중할 것이라는 리시스의 믿음에 대한 또 하나의 훌륭한(무언의) 반례. 그렇지만 리시스는 '중간적' 성격을 지닌 모든 인간과 마찬가지로 철학적 사색을 할 수 있다. 사실 철학적 사색은 경이로움에서(선의 결여에 대한 우리의 중간적 인식과 선에 대한 욕구에서) 시작된다. 그리고 어린아이들은 특히 경이로움을 느끼기 쉽다.

    소크라테스는 영혼의 인도자(프시코폼프) 같은 헤르메스로서 소년들을 여기까지 이끌고 나서, 즉 소년들이 스스로 중간의 철학적 피조물이고 헤르마이아 축제가 벌어지는 동안에 승리를 위한 경쟁심을 지닌다는 점을 깨닫도록 도와준 다음 "기쁨으로 특별히 가득한"(218c행) 상태를 언급한다. 젊은 운동선수들의 레슬링의 신이자 토론과 궤변술의 신이고, 돌발적인 '횡재'의 도둑 신(헤르마이온)이자 도로와 '중간 지대'의 신이고, 기만적인 꿈의 신이며 '동물들의 주인'인 헤르메스는 《리시스》에서 분명히 모습을 드러낸다. 사실 토론에서 소크라테스는 자신이 뒤쫓던 동물을 잡았다고 여긴다. 그것은 일종의 돌발적인 발견이나 횡재(헤르마이온)였다. 하지만 신의 선물을 통해 기쁨을 경험하자마자 소크라테스는 그것을 도둑질과 기만의 신이 주는 선물로 의심하면서 "우리가 새로 손에 넣은 재물은 모두 꿈이지 않을까"라고 걱정한다(218c행). 소년들이 헤르마이아 축제가 진행되는 동안에 승리를 거두면서 경험하는 영광은 그들의 횡재를 더 주의 깊게 살피기만 하면 금세 지나갈 뿐이다. 앞서 언급한 실례로 돌아온 소크라테스는 선하지도 악하지도 않은 것(육체)이 악(예를 들어 질병) 때문에 모색하는 의학의 선을 의학이 아니라 건강을 위한 친구로 여긴다.

"그렇다면 건강 역시 친구일까?"
"물론입니다."
"그것이 친구라면 무언가를 위한 친구일 테지."
"예."
"그리고 앞서 합의한 바와 일치한다면 그 무언가는 친구일 테지."
"맞습니다."
"그렇다면 그 무언가는 친구를 위한 친구일까?"
"예."
"만약 우리를 이 친구에서 저 친구로 이끌지 않고 단 하나의 원래의 친구에게 다가가는 제1원리에, 즉 다른 모든 것의 친구라고 말할 수 있는 제

1원리에 도달할 수 없다면 우리는 앞으로도 이렇게 초조해할까?"
"그럴 것입니다."
"아, 내가 무엇을 걱정하는지 아는구나. 우리가 그 하나를 위한 친구들로 여기는 다른 모든 것은 그것의 수많은 유령처럼 우리를 속일지 모르고, 원래의 것이 참다운 친구일지 모르네."_(219cd행)

소크라테스는 육체적 질병과 건강에 대한 소년들의 알찬 경험 그리고 서로의 깊은 우정에 대한 그들의 정신적 경험을 이 초월적 선(아가톤)에 대한 참여(메텍시스)와 자기 존재의 중간(메탁시)에 대한 인식의 폭을 넓힐 수 있는 방식을 고려하기 위한 발판으로 활용한다. 사실 소크라테스는 이 지점에서 그들에게 "선은 친구인지"(220b행)를 묻는다. 소년들(그리고 오늘날의 교실에서 공부하는 학생들)은 자신의 일상적 우정이 철학에 의해 가장 날카롭게 탐색되고 모색되는 하나의 '진정한 상부'와 나누는 하나의 진정한 우정에 대한 참여와 암시의 수단에 불과하다는 점을 봄(테오레인) 수 있다. 소년들의 철학적 사색을 독려함으로써 소크라테스는 각자의 알찬 일상적 경험을 해석하라고, 즉 제1원리의 존재를 모를 경우 발생하는 무한후퇴의 문제를 감안하면서 그 경험을 구별하라고 말한다(여기서 제1원리는 진정한 또는 첫 번째 친구고, 다른 모든 친구는 이 진정한 첫 번째 친구를 위해 존재하며, 다른 모든 선이 선하게 되는 것은 이 진정한 첫 번째 친구 때문이다). 사실 서로의 우정에 대한 그들의 경험은 더 숭고한 우정(푀겔린이 실존적 필리아로 부르는 것)에 참여하는 이미지에 불과하다. 친구가 단지 그 모든 우정이 끝나는 결과물로만 보일 때, 친구라는 단어를 쓰는 그들의 어법은 불완전하다. 철학적 탐구를 통해 소년들은 "진짜 친구는 친구 이외의 모든 것을 위하는 친구다"(220b행)라는 점을 깨닫는다. 소년들 사이의 우정을 둘러싼 생생한 경험은 플라톤의 《국가》에서 이미 논의된 진정한 상승과 최초의 친구에 대한 그들의 인식을 일깨우는 기반으로 작용한다. 오늘날 교실 환경에서의 철학도 그 비슷한 인식을 일깨우는 것을 진정한 목표로 삼고 있다. 철학이 교실에서 추구된다면 그것의 성과는 우리가 참여하는 존재의 중간적 구조를 교사와 학생이 더 날카롭게 인식하고 의식하고 관조(테오리아)하는 태도여야 할 것이다.

소크라테스는 우정의 선이 불량함의 완화가 아니라 선량함을 바라는 욕구에 의해 좌우된다는 점을 고려하라고 말함으로써, 소년들이 사랑과 우정에 대한 각자의 경험을 검토하고 해석하도록 독려한다. 바꿔 말하면 선이 사랑받는 이유가 단지 불량함이 존재해서만은 아니다. 오히려 선은 그 자체로 사랑받는다. 선, 선하지도 악하지도 않은 것, 악 사이의 관계를 다시 거론하면서 소크라테스는 이렇게 묻는다.

해악이 말끔히 사라진 뒤 이 두 가지(선과 선하지도 악하지도 않은 것)만 남고, 그것이 어떤 것과도 접촉하지 않는다면 … 선은 우리에게 전혀 쓸모없는 것이 될까? 우리에게 해를 입힐 만한 것이 전혀 남아 있지 않으면 우리는 도움을 전혀 바라지 않을 테니까 말이네 … . 선의 본질이란 악 때문에 악과 선 사이의 중간(메탁시)에 있는 우리에게 사랑을 받지만, 개별적으로 또한 그 자체로는 아무 쓸모없는 것 아닐까?_(220cd행)

소크라테스는 어린 대화 상대들의 이해수준을 검증한다. 우리에게 해를 입힐 만한 것이 하나도 남아 있지 않다면 선은 쓸모없거나 중요하지 않거나 주목할 만하지 않은 것이 될까?(그림 16-6) 소년들은 단지 해악을 피하기 위해(자신의 슬픔, 지루함, 아픔 따위를 가라앉히기 위해) 각자

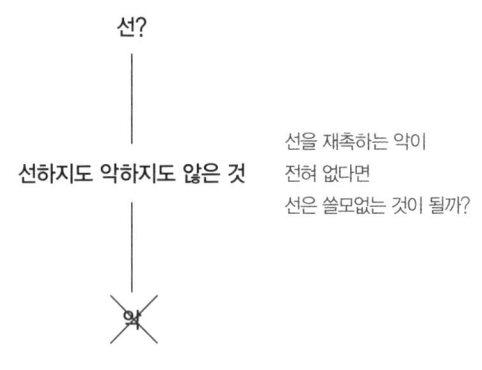

그림 16-6

의 우정을 모색할까? 우정을 경험하면 그들은 단순한 고통의 극복이라는 경험을 초월하는 고귀한 종류의 선을 암시할 수 있을까? 앞서 플라톤의 《국가》를 살펴보면서 진정한 상승을 알지 못하면, 자신의 경험을 오해하게 된다는(고통을 극복하고 안식의 상태로 진입하는 것을 안식의 상태에서 기쁨의 상태로 넘어가는 것으로 착각한다) 점을 지적한 바 있다. '그 자체가 목적인' 선의 적합성이라는 문제는 학교생활의 지루함과 따분함을 관리하고 학업의 고됨과 정신적 공허함을 달래려는 차원에서 우정이 발생할 때가 많은 오늘날의 학교와 특히 관련된다. 학생들의 우정은 학교의 '해악'과 고통 그리고 불편함 등을 완화하는 수단일 수도 있고, 앞서 살펴본 스콜레의 정신을 구현한 것일 수도 있다. 즉 우정은 그 자체가 목적인 가장 위대한 선(아리스톤)으로서 모색되고 다른 모든 선을 선하게 만드는 활동이다.

필리아를 둘러싼 문제를 또다른 방식으로 제기하면서 소크라테스는 욕구, 사랑, 우정 등에 관한 경험을 일종의 배고픔에 비유한다. 그는 소년들에게 이렇게 묻는다.

악이 사라지면 배고픔이나 목마름 같은 것을 더이상 느낄 수 없게 될까? 아니면 사람과 동물이 존재하는 한 배고픔은 해를 끼치지 않으면서 존재할까? 악이 사라지기 때문에 목마름과 다른 모든 욕구도 해를 끼치지 않으면서 존재할까? 그런 경우에 존재하거나 존재하지 않을 것에 관한 이 질문은 우스꽝스러운 것일까? 과연 누가 대답할 수 있을까? 어쨌든 알다시피, 지금으로서는 사람이 배고픔을 손해로 느낄 수 있을 뿐 아니라 그것의 덕을 볼 수도 있다네._(220e-221a행)

앞서 그들이 우정을 통해 경험하는 메탁시를 주제로 진행한 논의는 불충분했다. 고통의 완화에 대한 소년들의 인식과 선에서의 기쁨에 대한 긍정적 인식을 제대로 구별하지 못했기 때문이다. 달리 말해 필리아를 다루면서 그들은 그림 16-7의 최상부와 최하부를 구별하지 않았다. 여기서 소크라테스는 우정에 관한 그들의 논의를 《국가》에 나오는 글라우콘과의 토론과 비슷한 방식으로 진정한 상부로 들어올린다. 철학적 탐구를 통해 소년들은 필리아에 대한 그때까지의 관조(테오리아)가 불완전했다는 점과 앞서 진행한 논의에서 우정의 저급한 부분에만 초점을 맞춘 반면, 고귀한 부분은 해명하지 않았다는 점을 깨닫는다. 소크라테스는 그 경험을 이렇게 간추려 말한다.

"그때 우리는 선하지도 악하지도 않은 것이, 선을 사랑하는 원인이 해악 때문이라고 가정했네."

"맞습니다."

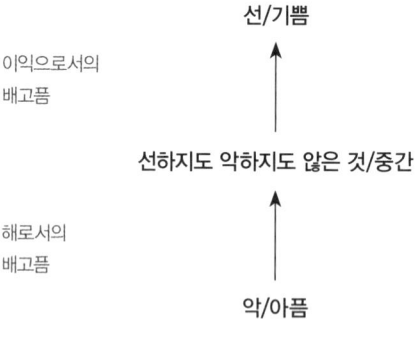

그림 16-7

"그러나 이제 우리는 사랑하고 사랑받는 다른 원인을 이해하는 듯하네."
"그렇게 보입니다."
"방금 말했듯 정말로 욕구가 우정의 원인일 수 있을까? 그리고 친구에 관해 우리가 앞서 말한 바는 모두 길이만 늘어난 운문 같은 허튼소리에 불과한 반면, 욕구를 느끼는 주체는 그것이 바랄 때면 언제나 그것이 바라는 대상의 친구일 수 있을까?"
"그런 것 같습니다."_(221d행)

아이나 젊은이와 함께하는 철학적 사색의 가치는 소크라테스와 소년들이 나누는 이 대화에 잘 드러나 있다. 철학은 학생들이 자신의 알찬 경험을 깊이 검토하고 자신을 파악하며, 자신의 경험을 더 완벽하게 구별하도록 이끈다. 철학적 탐구는 학생들의 인식을 확장시킨다. 지혜를 추구하는 학생과 교사는 메타시의 양극단 사이에 있는 존재로서 느끼는 세련된 긴장감을 함양함으로써, 지혜에 해당하는 진정한 상승에 대한 감각을 기를 수 있을 것이다. 아울러 중간(토 메손)과 하강(토 카토)이 무엇인지도 더 정확하게 이해할 수 있다.

'아무것도 하지 않는' 시간과 공간이 필요하다

지금까지 학교에서의 지혜 추구의 중요성을 살펴보는 동안 나는 일종의 지혜 추구의 분위기(내가 학교에서 스콜레, 즉 여가를 실천하고 경험하는 기회를 제공하는 것으로 여기는 분위기)가 필요하다는 점을 보여주고자 애썼다. 그런 분위기는 우정(필리아)과 놀이(파이디아) 같은 활동을 장려하는 것과 관계있는데, 우리가 학교에서 하는 행동은 대부분 우정과 놀이의 걸림돌로 작용한다. 오늘날의 교실에서 스콜레를 소생시키고 테오리아를 촉진하고자 한다면, 과연 진정한 철학적 개혁은 어디서부터 시작해야 할까? 지혜 추구로서의 철학에 대한 근원적이고 열정적인 경험은 필리아, 즉 우정이다. 아리스토텔레스는 행복을 추구하고 인간의 가장 고귀한 목적인 지혜를 모색하는 과정에서 다른 미덕에 비해 우정이 차지하는 중심적 역할을 놓치지 않았다. 그는 《니코마코스 윤리학》의 상당 부분을 필리아에 할애한다. 그리고 아퀴나스에 따르면 우정은 이웃(학생들)에 대한 봉사로서의 활동적 측면에서든 진리 자체와의 우정으로서의 관조적 측면에서든 간에, 모든 교습에서 필수적인 요소다. 사실 아퀴나스가 속한 도미니크수도회의 표어는 다음과 같았다. 가르친다는 것은 "관조의 열매를 남들과 나누는 것"(트라데레 콘템플라티바)이다. 도미니크수도회는 교습을 우정이나 이웃 사랑의 표현으로 여겼다. 그리고 오늘날의 학교에서 우정이 발휘하는 위력에 주목하는 교사라면 누구나 우정의 교육적 중요성에 관한 아퀴나스의 진술에 동의할 것이다. 학교에서 학생들을 가장 단단하게 결합시키는 요소는 우정이다. 진정한 철학적 교육의 과제는 학생들의 우정에 대한 경험을 그것의 궁극적 원천 쪽으로 들어올려, 학생들(그리고 우리들) 각자의 내면에 푀겔린이 상세하게 설명한 실존적 필리아나 진정한 우정에 대한 의식이 확립되도록 유도하는 것이다.

학생 학습의 측면에서 그리고 활동적 관조적 측면에서 교습을 완성하는 데 적합한 스콜레를 조성할 때, 필리아가 발휘할 수 있는 효력에 버금가는 유일한 요소는 놀이(파이디아)의 힘이다. 사실 필리아와 파이디아 사이의 긴밀한 유대는 진정한 우정이 스스로를 드러내는 통로가 바로 파이디아라는 점에 기인한 것일지 모른다. 이런 이유로 아빌라의 성 테레사는 '상기적 기도(자기 내면의 모든 저급한 선에 대한 관심에서 벗어나 오로지 신을 사랑하는 데 집중하고 상기하는 명상적 수행)'가 모든 인간사의 사소함에 대한 인식을 의미할 뿐 아니라, 기도 자체가 고귀하고 진지한(아리스토텔레스적 의미에서의 스푸다이오스) 형태의 놀이라는 점도 의미한다고 설명했다. "영혼은 마치 놀이에서 떠오르는 것 같다. 왜냐하면 그것은 세상사가 장난감에 불과하다는 점을 알기 때문이다. 결국 그것은 세상사 위로 올라간다."[22] 교사인 우리가 지혜의 친구든(아퀴나스에 따르면 교습의 관조적 측면) 아니면 지혜 추구를 독려함으로써 학생들에게 우호적으로 다가가든 간에(활동적 측면) 진리와 이웃, 즉 학생을 향한 우리의 호의는 항상 어느 정도 파이디아의 형태를 띨 것이다.

아리스토텔레스의 비판에 맞서 파이디아를 변호하며 살펴봤듯, 놀이를 통해 우리는 우리의 가장 고귀한 본성과 결부된다. 앞서 우리는 플라톤이 인간을 신의 장난감으로 묘사한 대목을 다룬 바 있다. 줄에 매달린 고깃덩어리가 되기 싫으면 우리는 신이 당기는 줄의 움직임에 반응해야 한다. 신의 기쁨을 위해 신성한 춤을 춰야 한다. 이런 이미지를 통해 플라톤은 파이디아가 어떤 의미에서 우리가 기쁨을 느끼는 모든 선한 것의 불멸의 원천과 관련해, 인간으로서의 가장 고귀한 성취의 방식인지를 알려준다. 아테네의 이방인은 "모든 사람은 가장 고결한(칼리스타스) 놀이를 즐기고 그것을 지금과 정반대로 생각하면서 살아가야 한다"고 말한다.[23] 이와 같은 플라톤의 철학적 이미지와 비슷한 맥락에서, 하위징아가 원칙적으로 철학과 다르지 않은 일종의 행위로서의 놀이를 옹호하는 모습을 지켜봤다. 학교에서 학생들이 친구를 얼마나 좋아하고 놀이를 통해 서로 얼마나 즐거워하는지 그리고 이런 종류의 놀이가 바로 학생들이 참된 행복의 원천으로서 가장 염원하는 것임을 아는 교사라면, 아마 무기력(아케디아)에 따른 좌절과 상반되는 여가(스콜레)를 통해 일로부터의 해방감을 경험하면서 느끼기 마련인 희열을 입증할 수 있을 것이다. 우정에 관한 아퀴나스의 논평을 수용하고 그것을 놀이에 관한 하위징아의 통찰과 하나로 엮는다면, 우리는 학생과 교사를 위한 스콜레를 조성하고 촉진하는 분위기의 정체를 파악하기 시작할 수 있다. 그런 분위기는 우정(필리아)과 놀이(파이디아)가 가득할 것이다. 그런 학교는 정말 '학구적'이고, 학생과 교사가 스콜레를 활용하며 무기력을 감소시킬 수 있는 장이 될 것이다. 뿐만 아니라 활동적 행위와 관조적 행위로서의 교습이 완성될 수 있도록 유도할 수 있다. 그런 분위기에 익숙해진다면 교사들은 특유의 다사다망함으로 인해, 그리고 행정 체계상의 상사와 정부 고위 관리자들이 보내는 불신의 눈초리로 인해 늘 바쁘게 움직여야 하는 상황에서 벗어날 것이다. 스콜레를 통해 그들은 그 자체가 목적인 진리를 향한, 그리고 선(아가톤)에 자리한 진리의 토대를 향한 우정을 키워나가고 지혜를 추구하기 시작할 기회를 얻을 수 있다. 교사는 학생에게 본보기를 보여줌으로써, 특히 놀이의 교육적 가치를 강조함으로써 스콜레를 장려할 수 있을 것이다. 하위징아의 지적처럼 파이디아는 '진지함의 수준 밑으로 떨어지지만 아름다움과 신성함의 영역에서는' 그 위로 올라가기 때문이다.

영적 탐색과 명상적 연습을 논하면서 머튼은 진정한 지혜 추구 분위기의 구성 요소 문제를 파고들었다. 머튼이 볼 때 그런 분위기의 구성 요소는 평안, 평온, 균형 등이다. "정신은 단순하고 평온한 숙고에 몰두할 수 있어야 한다." 그런 분위기에서는 우리가 학습수준 평가와 관련해 학생들에게 요구하는 비판적이고 분석적인 엄격함이 불필요하다. "지적 탁월성은 결코 필요하지 않다." 내가 직접 수업에서 실시한 관조적 연습 실험에서 가장 뛰어난 성과를 드러낸 참가자들 중 일부는 알고 보니 우리가 평소 '학습 장애' 또는 '인지 결함'에 시달리는 것으로 분류한 학생들이었던 반면, 학구적인 학생들은 그런 연습을 힘겨워하고 심지어 놀라워하는 경우가 많았던 까닭은 바로 이런 점 때문일 것이다. 아울러 머튼의 시각에서 보면, 지혜 추구의 환경은 배움과 관조를 통한 기쁨을 지속적으로(또는 자주) 경험하는 것을 의미하지 않는다. 머튼이 경험한 바에 따르면 "의지는 '뜨거운 사랑의 환희로 불타오르는 기분'을 느낄 필요가 없다. 오히려 정반대일 때가 많다. '훌륭한 명상'은 무척 '메마르고', '차갑고', '어둡기' 마련이다. 그것은 심지어 부득이한 주의산만에 의해 심각한 방해"를 받을 수 있다. 사실 지혜 추구 환경의 '무미건조함'은 교육적 성격을 띤다. 왜냐하면 그것은 우리의 영적 성장을 가로막는 장애물을 극복하려는 결의로, 겸손으로, 평온으로, 용기로 영혼을 가득 채우기 때문이다.

머튼은 안전성과 안정성을 '지혜 추구 환경'의 필수적 구성 요소로 여기지는 않는다. 사실 학생과 교사가 '습관적 자기만족'을 초래할 수 있는 속성이기 때문에, 안전성과 안정성은 '영적 침체'를 조장하는 데 일조할 뿐이다. 머튼은 이렇게 말한다.

자기만족에 빠진 사람들은 신에 대한 간절한 필요성을 더이상 느끼지 않는다. 그들의 명상은 편안하고, 든든하며 결론이 없다. 그들의 정신적 기도는 금세 몽상이나 주의산만 또는 명백하고 노골적인 수면으로 전락한다. 시련과 시험은 우리를 기도로 이끌기 때문에 기도의 삶에서 참된 축복으로 판명될 수 있다. 우리가 참된 명상법을 처음으로 배우는 때는 바로 신에 대한 필요성을 느끼기 시작할 때다.[24]

이 대목에서 불편함의 의의를 강조하는 머튼의 주장은 앞서 살펴본 해방(모크사)을 향한 자극으로서의 고통의 가치를 둘러싼 엘리아데의 진술이나, 실존적 타시스에 대한 의식을 함양하는 것의 중요성을 둘러싼 쾨겔린의 촌평과 다르지 않다. 그러나 학교 환경에서 지혜 추구의 분위기를 확립할 수 있는 가능성을 둘러싼 문제와 가장 밀접한 관계가 있는 것은 '기도의 올바른 분위기'에 관한 머튼의 짤막한 의견이다.

어느 정도 내적 삶의 능숙한 경지에 오른 사람은 어디서나 거의 모든 상황에서, 일정 형태의 정신적 기도를 무리 없이 연습할 수 있다. 그러나 초심자와 숙련자 모두는 매일 명상에 일정 시간을 할애해야 한다. 이것은 결국 정신적 기도에 유리한 시간과 장소를 선택하고 명상을 방해하는 모든 장애물을 제거해야 한다는 의미다. 예배당, 정원, 방, 회랑, 숲, 수도원 독실 같은 조용하고 외진 곳에서 명상하는 편이 최선이라고 굳이 언급할 필요조차 없겠다.[25]

하지만 교사라면 누구나 머튼이 거론한 올바른 분위기가 학교에서 학생들을 가르치면서 하는 경험과 얼마나 다른지(정반대까지는 아니라도!)

금세 알 수 있을 것이다. 마리아 릭트먼의 촌평을 들어보자. "관조적이라는 단어는 아마 위원회 임무, 학과 안팎에서의 정치적 행태, 의미심장한 경계선의 양쪽 모두를 짓누르는 정년 압박 등을 비롯해 교사들의 시선을 잡아채는 여러 복잡한 요소에 대해 우리가 적용할 가능성이 가장 낮은 형용사다."[26] 그리고 확실히 관조적 분위기가 부족한 것은 교사뿐 아니라 학생들에게도 문제로 작용한다. 샬은 이렇게 말한다. "3,000년 묵은 텍스트를 집어삼킨 뒤 시험을 치는 날에 다시 토해내야 하는 학생들에게 여가란 없다." 사실 학교를 여가 조성의 관점이 아니라 학업의 관점에서 바라보는 현대의 교육적 구조 탓에 샬과 같은 학자들은 다음과 같은 촌평을 내놓기도 한다. "오늘날 더 고귀한 것에 관한 교육은 대체로 사적 활동의 문제다."[27] 애석하게도 샬의 촌평은 대체로 옳은 것 같다. "철학자들이 없으면 철학도 없다"[28]는 푀겔린의 지적처럼, 다시 말해 지혜를 사랑하는 사람들이 없으면 지혜에 대한 사랑도 없다. 그리고 학생들의 입장에서 지혜 추구를 지향하는 교육이 사적 활동의 문제일 수 있듯 관조의 열매를 남들과 나누는 것(트라데레 콘템플라티바)을 바라는 모든 교사도, 정부로부터 허가를 받지 않을 뿐 아니라 커다란 개인적 위험을 감수하고 끊임없이 사회와 교육계 내부로부터 조롱을 받으면서 '사적 활동'을 통해 관조의 열매를 나눠야 할 것이다.

그러나 참된 행복(에우다이모니아)을 추구하기 위해서는 지혜를 반드시 추구해야 한다. 지금까지 이 책에서 역사적으로 살펴본 위대한 사상가와 관조 실천가 모두 바로 이 부정할 수 없는 사실을 지적한다. 그리고 여러분도 이 귀중한 역사의 일부분이다. 모쪼록 여러분도 지혜 추구의 중요성을 증언할 수 있기를 바란다. 마지막으로 심사숙고하는 의미에서 그리고 철학의 도전장을 받고 감동할 극소수의 교사와 학생을 위로하는 차원에서 다음과 같은 말로 이 책을 마무리하고 싶다. 지혜 추구에 관심 있는 사람들인 우리에게는 아이들이 가장 든든한 동지이자 친구다. 그리고 지혜 추구와 스콜레와 지혜 추구의 환경이 가장 명확하게 표현된 곳은 A. A. 밀른의 동화《푸 모퉁이의 집》의 마지막 부분인 10장이다.

'크리스토퍼 로빈과 푸가 마법의 공간으로 오고, 우리가 둘을 거기 남겨둘 때In Which Christopher Robin and Pooh Come to An Enchanted Place, and We Leave Them There'라는 부제가 달린 10장에는 크리스토퍼 로빈이 학교에 입학하기 전의 마지막 날이 묘사되어 있다. 겸손한 헤수키아, 즉 신성한 침묵으로 가득한 10장에서 크리스토퍼 로빈은 안타깝게도 취학연령에 점점 가까워지고, 100에이커 숲에서 달아나며, 푸와 나누는 대화와 우정에서 비롯되는 기쁨을 더이상 맛보지 못한다. 티거들은 '쫓겨나지 않을 것 같고', 토끼들은 사라질지 모르며, 올빼미들의 집은 쓰러질 듯하고, 당나귀들은 폭우로 떠내려갈 수 있는 드넓은 위험과 모험의 장소인 100에이커 숲은(사실 놀이와 모험에는 위험이 따른다) 크리스토퍼 로빈의 작별모임을 열기에 충분한 공간이 아닌 것으로 드러난다. 이요르는 이렇게 불평한다. "그래서 모두가 숲 주변을 둘러싸고 있어. 자리가 없어. 나는 동물들이 잘못된 장소에 이토록 넓게 퍼져 있는 모습을 처음 봤어. 크리스토퍼 로빈이 혼자 있고 싶어하는 것을 모르겠어? 난 갈래." 사태의 막바지에, 그리고 그 마지막 암담한 상황에서 숲조차 크리스토퍼 로빈에게 필요한 공간이 되지 못한다. 크리스토퍼 로빈을 남겨두고 떠나는 이요르와 나머지 친구들은(여기서 푸는 제외된다. 푸는 남아달라는 부탁을 받는다) 그런 공간의 필요성을 알아차린다. 크리스토퍼 로빈과 푸는 로빈이 가장 좋아하는 일(아무것도 안 하기)을 하기 위해 '꿈만 같은 곳으로 당장' 함께 떠난다.

둘은 "아무것도 하지 않으면서" 걸어간다. "네가 들을 수 없는 모든 것에 귀 기울이고, 성가시게 굴지 않으면서" 그들이 "갈레온선의 무릎, 그러니까 숲의 꼭대기에 있는 마법의 공간"에 도착할 때까지.29 밀른은 그 신성한 곳을 모든 계산이나 평가를 뛰어넘는 그리고 분석적이고 계산적인 사고방식의 손아귀에서 항상 벗어나는 장소로 묘사한다. 그곳은 우리가 매우 높은 곳에서 전체를 내려다보며 모든 것을 한눈에 알 수 있듯, 전체를 응시하는 장소다. 밀른은 갈레온선의 무릎(모험과 전쟁에 쓰이는 커다란 배의 이름에서, 그리고 아이가 충만한 사랑과 하나가 되는 느낌에 휩싸인 채 앉아 있을 수 있는 '무릎'의 특성에서 말미암은 이름이다)을 이렇게 묘사한다.

원을 이루고 서 있는 60여 그루의 나무. 크리스토퍼 로빈은 거기가 마법에 걸린 곳이라는 사실을 알았다. 아무도 63그루인지 64그루인지 정확하게 셀 수 없었기 때문이다(심지어 하나씩 끈으로 묶으면서 숫자를 세어도 거기에 몇 그루가 있는지 몰랐다). 마법에 걸린 그곳의 바닥은 가시금작화, 고사리, 히스 같은 관목으로 이뤄진 숲의 바닥과 달랐다. 거기에는 부드럽고 푸른 잔디가 말없이 한데 몰려 있었다. 그곳은 곧장 다시 일어나거나 다른 곳을 바라보는 일 없이 아무렇게나 앉을 수 있는 유일한 장소였다. 거기 앉아 있으면 하늘에 닿을 때까지 펼쳐진 세상 전체를 볼 수 있었다. 갈레온선의 무릎에서는 온 세상에 있는 모든 것이 함께 있는 것 같았다.30

그런 정적의 공간은 전체를 보는 공간이다. 그곳은 우리가 만물과의 심오한 합일을 느낄 수 있는 곳이다. 윌리엄 블레이크1757-1827는 〈순수의 전조〉에서 이렇게 읊조렸다. "한 알의 모래에서 세상을 보고, 한 송이의 야생화에서 하늘을 본다. 그대의 손바닥으로 무한함을 감싸 쥐고, 순간에 영원을 잡아라."

그 공간 안에서 로빈은 푸에게 학교에서 가르치는 지식과 신기한 사실을, "왕이나 여왕으로 불리는 사람들과 요인으로 불리는 어떤 것과 유럽으로 불리는 곳과 배가 전혀 다니지 않는 바다 한가운데의 섬을, 그리고 양수 펌프를 만드는 방법과 기사들이 작위를 받는 때를, 그리고 저 멀리 브라질에서 들여오는 것"을 말하기 시작한다. 그 '사물'의 장황한 목록의 내용을 들으면서 푸는 '진짜 머리'를 갖게 될 것 같아 가슴이 두근거린다. 그러나 사물의 세계에 관한 그 새로운 지식 목록의 마지막 부분에서 로빈은 "말문을 닫고 거기 앉은 채 세상을 바라보면서 그것이 멈추지 않기를 바랐"다. 그리고 가장 친한 친구에게 무슨 일이 일어나고 있는지 모르는 푸는 로빈에게 그런 사물이 얼마나 '중요한지' 묻는다. 로빈은 그런 사물이 비록 대단하지만 가장 친한 친구만큼 중요하지는 않다는 사실을 알기 때문에 푸를 "나의 모든 기사 중에서 가장 충성스러운 기사인 푸 드 베어 경"에 임명한다.

특히 중요한 존재로 인정받아 고마움을 느끼는 푸는 나중에 로빈이 학교에서 돌아올 때 '머리가 아주 나쁜 곰'에 불과한 자신과 말이 통할지 궁금해한다. 울적해진 푸는 이렇게 걱정한다. "아마 … 크리스토퍼 로빈은 내게 말을 하지 않을 거야." 다시 말해 푸는 순진하게도 학교 때문에 로빈과 자신이 서로 말이 통하지 않을 것이고, 머리 때문에 두 사람 사이가 멀어질 것이라고 의심한다. 로빈도 곧 갈레온선의 무릎을 떠나고 친구인 푸와 헤어져야 한다는 것을 알고 있기에 슬퍼진다. '아직도 손으로 턱을 괸 채 세상을 바라보고 있던' 로빈이 갑자기 외쳤다. "푸!" 로빈은 앞으로는 아무것도 하지 않으면서 지낼 수 없다는 것을 알고 있다. 그는 설령 자신이 다시 돌아오지 못해도 자신을 절대로 잊지 말라고 푸에게 부탁한다. 푸는 그렇게 하겠다고 약속한다. 단 한 번도 세상에서 눈을 떼지 않으면서 로빈은 손을 내밀어 푸의 발을 만진다. 로빈은 숲과 갈레온선의 무릎을 떠나야 한다는 사실을 알고 있지만, 응시를 그만둘 생각은 없다. 동화는 로빈과 푸가 함께 떠나는 장면으로 마무리된다. "그러나 그들이 어디를 가든 그들에게 무슨 일이 생기든 간에, 소년과 아기 곰은 항상 숲의 꼭대기에 있는 마법의 공간에서 뛰어놀 것이다."

나는 지금까지 스콜레를 실천할 공간과 시간을 학교에 마련해야 한다고 여러 차례 호소했지만, '아무것도 하지 않기' 위한 그런 '공간(관조를 통해 존재 전체를 응시하는 진정한 여가)'은 학교에서 찾아보기 어려울 것이다. 밀른이 우려하듯 이것이 바로 슬픔의 원인이다. 하지만 로빈처럼 우리는 그런 공간의 부족 현상을 초래하는 듯한 학교교육의 문제점을 정확히 인식함으로써, 그런 슬픔을 이겨내야 한다. 존재에 대한 응시를 결코 포기하지 말아야 한다. 가장 높은 곳에서 보려는(테오레인) 욕구를 계속 느껴야 하고 동시에 실존적 필리아를, 진정한 상부로 우리를 끌어올리는 '발'을, 성 아우구스티누스가 《신국론》에서 설명하고 플라톤의 《국가》에서 소크라테스가 언급하는 우주-숲의 꼭대기에 있는 '꿈만 같은 곳'을 꾸준히 '느껴야' 한다. 소크라테스는 그 도시를 '이 세상 어디에도 없는 곳'으로 부른다. 하지만 "하늘에는 자기가 보는 대상을 바탕으로 내면에 그런 곳을 세우고 싶은 사람을 위한 모범이 마련될 것"이다. 사실 유년기를 지나도 그 신성하고 높은 곳에서 '항상 뛰어놀 것 같은' 밀른의 동화에 나오는 어린 소년은 내면에 그런 곳을 세울 수 있을 것이다. 정부, 행정 당국, 학부모,

교사, 학생 등은 그 신성한 여가의 장소를 교육제도에 도입하려는 우리의 노력을 가로막을지 모른다. 하지만 결국 소크라테스는 이렇게 말한다. "그것이 어딘가에 있는지, 또는 어딘가에 있을 것인지는 중요하지 않다." 왜냐하면 '하늘에 마련된' 모범(파라데이그마)을 따라 자기 내면에 그런 곳을 세운 그런 사람은 다른 곳이 아닌 바로 그곳의 사물에만 주목할 것이기 때문이다.[31]

감사의 말

베스 볼로코스를 비롯한 뉴욕주립대학교 출판부SUNY Press 관계자들의 배려와 지원이 없었더라면 이 책은 결코 출간되지 못했을 것이다. 이 책의 일부 내용을 원래의 형태대로 출간할 수 있도록 허락해준 〈파이데우시스Paideusis〉 〈교육사상회보Journal of Educational Thought〉 〈캐나다 교육회보Canadian Journal of Education〉 〈스프링거 저널스Springer Journals〉 등의 편집자들에게도 특별히 감사한다. 여러 은인의 사랑과 뒷받침이 없었다면 결코 이 책을 쓰지 못했을 것이다. 나는 항상 2, 3학년 때의 선생님인 에일린 하빌랜드 여사에게 큰 고마움을 느끼며 살아왔다. 그녀 덕분에 지금까지 나는 특별한 존재로 자부할 뿐 아니라 학교에 대해서도 신뢰하고 있다. 할아버지는 사려 깊음과 인성의 가장 훌륭한 모범을 보여주셨다. 내가 사물 속의 '우주'에 대해 배우고 그것을 느낀 곳은 바로 할아버지의 농장이었다. 그리고 책과 학식에 대해 깊은 존경심을 느꼈던 곳은 바로 계단 꼭대기에 있는 할아버지의 서재였다(거기에는 플라톤의 책도 한 권 있었다!). 물론 아버지(더그 스틸)에게도 감사드린다. 아버지는 일의 가치에 대해 가르쳐주셨고, 심지어 내가 성인이 된 이후에도 학업을 계속할 수 있도록 금전적 지원을 아끼지 않으셨다. 그리고 어머니(실비아 스틸)와 장모님(도나 켈리)의 자상한 배려가 없었다면, 이 책을 마무리할 수 없었을 것이다. 두 분의 엄청난 시간적 희생 덕분에 비교적 편안하게 작업할 수 있었다. 배리 쿠퍼 박사에게도 고마움을 표하고 싶다. 그는 캘거리에서 나를 가르친 바 있고, 아주 훌륭한 책을 쓰기도 했다. 또한 해밀턴에서 나를 가르쳐준 즈드라브코 플라닌츠 박사의 스승이기도 하다. 내게 철학이 어떤 것인지를 처음으로 알려준 사람이 바로 플라닌츠 교수였고, 플라톤의 글을 읽고 음미하는 법을 가르쳐준 사람도 그였다. 그에게 정말 신세를 많이 졌다. 박사 과정 지도 교수였던 이언 윈체스터 박사에게도 특별한 감사의 마음을 전하고 싶다. 그는 교육학 학사 과정 때부터 지금까지 언제나 든든한 버팀목이었고, 늘 사려 깊은 모습을 보여줬다. 여태껏 그토록 나를 자상하게 보살펴주는 교수를 만난 적이 없다. 그의 따뜻한 격려가 없었다면 이 연구의 완수를 엄두도 내지 못했을 것이다. 끝으로, 그리고 내가 신세진 모든 사람 중에서 가장 중요한 사람인 아내 레베카 화이틀리에게 감사한다. 여보, 당신은 내게 훌륭한 스승이 되어주었소. 사랑하오. 당신이 내게 준 모든 선물(인내심, 친절함, 사랑, 연민, 관용)에 감사하오. 당신이 없었다면 나는 지금 누리는 행복을 만나지 못했을 것이오. 당신은 나의 진정한 보리살타임에 틀림없소.

주

머리말 지혜 없는 지식은 위험하다

1. Tobin Hart, *The Secret Spiritual World of Children* (Novato: New World Library, 2003), 94-95.
2. Robert J. Sternberg, "Wisdom and Education," *Gifted Education International* 17, no. 3 (2003): 233-48.

1장 지혜는 교육하고 배울 수 있는 것인가?

1. Robert J. Sternberg, "Teaching for Wisdom: What Matters Is not Just What Students Know, but How They Use It," *London Review of Education* 5, no. 2 (July 2007): 156-57.
2. Robert J. Sternberg, "What is Wisdom and How Can we Develop It?" *The Annals of the American Academy of Political and Social Science* 591 (Jan. 2004): 165.
3. Sternberg, "Teaching for Wisdom," 145.
4. Ibid.
5. Patricia Kennedy Arlin, "Wisdom: The Art of Problem-Finding," in *Wisdom: Its Nature, Origins, and Development*, ed. Robert J. Sternberg, (Cambridge: Cambridge University Press, 1990), 230-43.
6. Paul B. Baltes and Jacqui Smith, "The Fascination of Wisdom: Its Nature, Ontogeny, and Function," *Perspectives on Psychological Science* 3, no. 1 (2008): 56.
7. Paul B. Baltes, and Ursula Staudinger, "Wisdom: A Metaheuristic (Pragmatic) to Orchestrate Mind and Virtue Toward Excellence," *American Psychologist* 55, no. 1 (Jan. 2000): 122-23.
8. Ibid., 122.
9. Baltes and Smith, "The Fascination of Wisdom," 58.
10. Baltes and Kunzmann, "Wisdom," *Psychologist* 16, no. 3 (March 2003): 132.
11. Baltes and Staudinger, "Wisdom: A Metaheuristic," 123.
12. Baltes and Smith, "The Fascination of Wisdom," 57.
13. Michael J. Chandler and Stephen Holliday, "Wisdom in a Post-apocalyptic Age," in

Wisdom: Its Nature, Origins, and Development, ed. Robert J. Sternberg, (Cambridge: Cambridge University Press, 1990), 129.
14. John Kekes, "Wisdom," *American Philosophical Quarterly* 20, no. 3 (July 1983): 286.
15. Ibid., 281.
16. Ibid.
17. Ibid.
18. See Eric Voegelin, "Immortality: Experience and Symbol," in *The Collected Works of Eric Voegelin*, vol. 12 (Baton Rouge: Louisiana State University Press, 1990), 52-54.
19. Charles Hartshorne, *Wisdom as Moderation: A Philosophy of the Middle Way* (New York: State University of New York Press, 1987), 1-2.
20. See for instance, Plato's *Republic*, 475b.
21. See the speech that ensues in Plato's *Phaedrus* at 237a and continues until 243c, where Socrates covers his head in shame in order to praise the "non-lover" (*me eronti*).
22. "The greatest of blessing come to us through madness, when it is sent as a gift of the gods" (244a).
23. See Plato's *Symposium*, 211d.
24. John A. Meacham, "The Loss of Wisdom," in *Wisdom: Its Nature, Origins, and Development*, ed. Robert J. Sternberg, (Cambridge: Cambridge University Press, 1990), 184.
25. Ibid., 198.
26. Ibid., 205.
27. Ibid.
28. Ibid., 206.
29. Eric Voegelin, *The World of the Polis*, vol. 2 in *Order and History* (Baton Rouge: Louisiana State University Press, 1957), 249-50.
30. Ibid., 251.
31. Mihaly Csikszentmihalyi and Kevin Rathu, "The Psychology of Wisdom: An Evolutionary Interpretation," in *Wisdom: Its Nature, Origins, and Development*, ed. Robert J. Sternberg, (Cambridge: Cambridge University Press, 1990), 25-51.
32. Ibid., 38.
33. Douglas E. Lawson, *Wisdom and Education* (Carbondale: Southern Illinois University Press, 1961), 17.
34. Ibid., 48.
35. Ibid., 50.
36. Ibid., 57-58.
37. See Joseph Dunne, *Back to the Rough Ground: "Phronesis" and "Techne" in Modern Philosophy and in Aristotle*. South Bend: University of Notre Dame Press,

1992.
38. John Dewy, *Democracy and Education* (Middlesex: the Echo Library), 78; emphasis added.
39. Ibid., 124.
40. Ibid., 155.
41. Ibid., 187.
42. Ibid., 190.
43. Ibid., 193.
44. Ibid., 196.
45. Glen Gray, *The Promise of Wisdom: A Philosophical Theory of Education* (New York: Harper and Row, 1972), 24.
46. Ibid., 28.
47. Ibid., 105.
48. Ibid.

2장 아리스토텔레스가 말하는 지혜 추구의 즐거움

1. Aristotle, *Nicomachean Ethics*, VI.vii.3-4.
2. Ibid., I.ii.1-3.
3. Eric Voegelin, *Plato and Aristotle*, vol. 3 of *Order and History* (Baton Rouge: Louisiana State University Press, 1957), 294.
4. Ibid., 306.
5. Plato, *Theatetus*, 155d.
6. Aristotle, *Nicomachean Ethics*, VI.viii.6-7.
7. Ibid., VI.xii.1-2.
8. Aristotle, *Metaphysics*, 980a22.
9. Aristotle, *Nicomachean Ethics*, VI.xii.6.
10. Ibid., X.1.
11. Ibid., X.iv.5.
12. Pieper, *Happiness and Contemplation*, 83.
13. 같은 책. 이 점과 관련해 아리스토텔레스에게는 일종의 긴장이 엿보인다. 한편으로 아리스토텔레스는 테오리아가 감각적 삶에서도 필수적인 역할을 차지하기 때문에 모든 인간이 활용할 수 있다는 점을 알고 있음에 틀림없어 보인다. 다른 한편으로, 이미 확인했듯 아리스토텔레스는 소피아의 추구와 테오리아의 삶을 젊은이들에게 부적합한 배타적 사안으로 바라본다. 아리스토텔레스가 보기에 젊은이들은 그런 '관조'의 토대인 아르카이에 대한 경험, 즉 '기원적 경험'이 부족하다. 나는 이 부분에 대한 피퍼의 통찰이 아리스토텔레스보다는 아퀴나스의 견해에 더 가깝다고 생각한다. 아퀴나스는 더 폭넓은 기독교적 메시지에 적합한 아리스토텔레스 철학의 보편적인 요소를 선택하고 그것의 배제적 요소

14. Ibid., 84-85.
15. 아리스토텔레스, 《니코마코스 윤리학》, X.iv.11. 기쁨이 그 자체를 위한 것이기 때문에 안도의 상태나 소유의 상태라고 말하면, 기쁨에 관한 이 두 가지 진술의 모순은 이해할 수 있다. 반면 지혜를 추구하는 인간 생활은 유쾌한 것에서의 만족을 향한 일종의 움직임이다.
16. Ibid., X.vi.3.
17. Ibid., X.v.11.
18. Johan Huizinga, *Homo Ludens: A Study of the Play-Element in Culture* (Boston: Beacon Press, 1950), 5.
19. Ibid., 7.
20. 니체가 제시한 '선과 악을 초월'하는 것으로서의 철학 개념을 참고하라. 플라톤의 《파이드로스》에 등장하는 모든 이중성과 다중성을 초월해 우주 밖의 영역을 갈망하는 날개 달린 영혼의 에로스적 광기나 플라톤의 《국가》 509b행에 나오는 '존재 너머의 선'을 논의하는 것도 검토하라. 모든 논변적 추론을 해체하고 모든 이중성에 대한 우리의 집착을 타파함으로써, 모든 발언을 넘어서는 이해를 촉진하기 위해 고안된 나가르주나의 중관적 변증법도 참고하라. 또는 모든 다중성과 모든 이중성을 브라마라는 일자를 통해 조화시키는 힌두교 베단타철학의 방식도 검토하라.
21. Huizinga, *Homo Ludens*, 8.
22. Ibid., 9.
23. Aristotle, *Nicomachean Ethics*, VI.xiii.1.
24. Huizinga, *Homo Ludens*, 14.
25. See Plato's *Lysis*.
26. Huizinga, *Homo Ludens*, 18.
27. Plato's *Epistle VII*, 344cd.
28. See Plato, *Laws*, 644d.
29. Huizinga, *Homo Ludens*, 19.
30. Aristotle, *Nicomachean Ethics*, X.vii.8.

3장 보에티우스가 말하는 진정한 철학의 위안

1. 해나 아렌트, 《인간의 조건》, 78. 아렌트가 사고를 '무질서'한 것으로 여긴 하이데거의 견해에 동의하면서 주장하는 바는 옳다. 그러나 내가 보기에 사고는 사랑스러운 대상에 대한 경험으로부터의 이탈이나 결별로 이해될 필요가 없고, 사랑스러운 대상과의 합일을 거부하는 것으로 이해될 필요도 없다. 오히려 사고는 가장 고귀한 형태의 통합을, 그리고 아마도 생각이 그 대상과 하나가 되는 참된 합일을 모색하는 애정 어린 활동이다. 이와 같은 통찰은 보에티우스의 철학에서 가장 뚜렷하게 드러난다.
2. Voegelin, *The World of the Polis*, 249-50.
3. Boethius, *Consolation of Philosophy*, II.ii.3-16.

4. Ibid., II.viii.7-13.
5. W. O. Mitchell, *Who Has Seen the Wind* (Toronto: McClelland and Stewart, 1947), 117-18.
6. Ibid., 268.
7. Plato, *Laws*, 666c.
8. Mitchell, *Who Has Seen the Wind*, 310-11.
9. Ibid., 312-13.
10. Ibid., 123-24.

4장 학교에서 철학적 사색과 지혜 추구가 가능할까?

1. See chapter 33 of Moses Maimonides, *The Guide for the Perplexed*, trans. M. Friedlander (New York: Dover, 1956), 43-44.
2. James Schall, *The Life of the Mind: On the Joys and Travails of Thinking* (Wilmington: ISI Books, 2006), 117.
3. Plato, *Republic*, 539b.
4. 쟁론은 해당 발언의 진리 여부와 무관하게 그것을 논파하기 위한 말싸움 형태다. 쟁론의 어원은 불화, 다툼, 토론, 주장, 투쟁 등을 의미하는 그리스어 에리스다. 에리스는 올림포스만신전이 생기기 전에 그리스인들이 섬긴 여신의 이름이기도 하다.
5. Plato, *Republic*, 540a.
6. See Leo Strauss, "'What is Liberal Education?' An Address Delivered at the Tenth Annual Graduation Exercises of the Basic Program of Liberal Education for Adults, June 6, 1959," in *Liberalism: Ancient and Modern* (New York, 1968); http://www.ditext.com/strauss/liberal.html (accessed June 10, 2011).
7. See Schall, *The Life of the Mind*, 164.
8. Plato, *Republic*, 536e.
9. Eric Voegelin, "The Fate of Liberal Education," Hoover Institution Archives, Box 47, Folder ID: 5.
10. See chapter 54 of Maimonides, *The Guide for the Perplexed*, 394.

5장 아퀴나스와 지혜라는 선물

1. Brian Davies, *The Thought of Thomas Aquinas* (Oxford: Clarendon Press, 1992), 230.
2. 신데레시스는 스콜라철학 특유의 용어다. 이 용어는 실천의 제1원리에 대한 일종의 본능적 이해나 '도덕적 감각'을 의미한다. 이것은 특별한 도덕적 능력이 아니라 실천이성의 하비투스다. 바꿔 말해 이것은 도덕적 미덕의 목적을 미리 결정하는 자연적으로 존재하는 이성의 일종이다. 즉 신데레시스가 없으면 도덕적 미덕은 선한 목적을 '알지' 못할 것이다. 다음을 참고하라: 토마스 아퀴나스, 《신학대전》 2a2ae.47.6. 신데레시스는 우리가 이론적

차원에서 사고의 제1원나 공리를 아는 방식과 유사한 실용적 차원의 방식인 것 같다. 다른 저작에서 아퀴나스는 신데레시스를 우리가 해야 할 행동과 옳고 그름을 본능적으로 파악하는 것으로 묘사한다. 신데레시스는 항상 우리를 선으로 이끄는 것이다. 이 때문에 아퀴나스는 신데레시스를 '힘(포텐티아)'으로 간주하지 않는다. 힘은 선이나 악을 위해 쓰일 수 있다. 따라서 신데레시스는 하비투스임에 틀림없다. 다음을 참고하라: 토마스 아퀴나스, 《신학대전》 1a.79.12. 아퀴나스는 신데레시스가 양심(콘스키엔티아)과 밀접한 관계가 있다고 지적하지만, 신데레시스를 하비투스로 언급하면서 양심을 '행동(악투스)'으로 부르는 예외적 사례도 있다. 다음을 참고하라: 토마스 아퀴나스, 《신학대전》 1a.79.13.

3. 같은 책. 1a2ae.57.2. 아리스토텔레스가 명확히 설명한 테오리아, 즉 선에 대한 직접적 '주시'와 지혜, 즉 소피아 사이의 관계를 감안할 때 사피엔티아가 앎의 간접적 형태라는 이 주장은 이해하기 어렵다. 지적 미덕으로서의 사피엔티아를 논하면서 직접적 주시로서의 지혜를 다루지 않으려는 그의 소극적 태도는 인간적 또는 자연적 형태의 지혜와 대신덕(對神德, 믿음과 소망과 사랑)을 통해서만 얻을 수 있는 더 고귀한 신적 지혜를 구별하려는 노력의 일환일 수 있다.
4. Ibid. 2a2ae.45.1.
5. Ibid. 2a2ae.45.3.
6. Ibid. 1a.12.4.
7. Ibid. 1a.12.5.
8. Josef Pieper, *Guide to Thomas Aquinas* (New York: Octagon Books, 1982), 154-55.
9. 〈히브리서〉 11장 1절.
10. Aristotle, *Metaphysics* 1072b18-25.
11. 법률상의 이와 같은 반철학적 경향의 한 가지 사례로서 나는 최근 앨버타주의 인권, 시민권, 다문화주의 수정조례Human Rights, Citizenship and Multiculturalism Amendment Act(2009)에서 나타난 변화를 통해 초래된 철학적 탐구와 지혜 추구의 도전 과제를 다음과 같이 밑줄을 그어 인용했다. 아래는 11항에 추가된 내용이다.

학부모와 보호자에 대한 통보

11.1(1) 교과 과정, 교육 프로그램, 교재, 지도 및 연습 등에 종교적 요소나 성적 특질이나 성적 지향 따위가 포함될 경우, 이사회는 학교법의 규정에 따라 학부모나 보호자에게 통보해야 한다.

(2) 지도를 하거나 교과 과정을 가르치거나 부속절 (1)에 언급된 교재를 활용하는 담당자나 교사가 학생을 지도, 교과 과정, 교육 프로그램, 교재 사용 등의 대상에서 빼달라는 학부모나 보호자가 서명한 요청서를 받을 경우 교사나 담당자는 학부모나 보호자의 요구에 따라, 그리고 성적상의 불이익을 주지 않으면서 학생에게 다음을 허락해야 한다.

(a) 부속절 (1)에 언급된 주제를 포함하는 교재가 쓰이는 지도, 교과 과정, 교육 프로그램 등이 진행되는 장소나 교실을 그리고 지도, 교과 과정, 교육 프로그램 등의 일부분이 지속되는 동안에 교재가 활용되는 장소나 교실을 떠날 수 있다. 또는

(b) 지도를 받거나 교과 과정이나 교육 프로그램에 참여하지 않으면서, 또는 교재를 사

용하지 않으면서 교실이나 해당 장소에 머물 수 있다.

12. Josef Pieper, *Happiness and Contemplation* (South Bend: St. Augustine's Press, 1998), 34.
13. Simone Weil, "Reflections on the Right use of School Studies with a view to the love of God," in *Waiting for God* (New York: Harper and Row, 1951), 108.
14. Ibid., 10.
15. Ibid. 112.
16. Thomas Aquinas, *Summa Theologica*, vol. 46. Note b, 23.
17. Ibid. 2a2ae.180.3.
18. Ibid. 2a2ae.180.4.
19. 저자는 이미 다음의 글에서 블룸의 분류법을 상세히 논의한 바 있다. Sean Steel, "Recovering Ancient and Medieval Contemplative Taxonomies as an Alternative to Bloom's Taxonomy of Educational Objectives," *Paideusis* 20 (2012): 46-56.
20. Pseudo-Dionysius, *The Divine Names*, 705a-705b.
21. Thomas Aquinas, *Summa Theologica* 2a2ae.180.6.
22. Josef Pieper, "Philosophical Education and Intellectual Labour," in *For the Love of Wisdom; Essays on the Nature of Philosophy*, trans. Roger Waserman (San Francisco: Ignatius Press, 1995), 21.
23. Thomas Aquinas, *Summa Theologica* 2a2ae.181.3.

6장 세계화된 지식 기반 경제에서 철학의 설자리

저자는 이미 다음의 글에서 이 장에서 논의하는 바를 언급했다.
Sean Steel, "Recovering Ancient Wisdom and the 2010 Albertan Education Reforms," *Journal of Educational Thought* 45, no. 3 (2011): 267-91.

1. James V. Schall, "On Teaching and Being Eminently Teachable," in *On the Unseriousness of Human Affairs* (Worthington: ISI Books, 2001), 24.
2. Barry Cooper, *Action into Nature: An Essay on the Meaning of Technology* (Notre Dame: University of Notre Dame Press, 1991), 68-69.
3. Ibid., 69.

7장 교육의 타락에 대한 아우구스티누스의 비판

저자는 이미 다음의 글에서 이 장에서 논의하는 바를 언급했다.
Sean Steel, "Transformative Education? A Philosophic-Augustinian Response to the 2010 Albertan Reform Initiatives in 'Inspiring Education,'" *Interchange: A Quarterly Review of Education* 43, no. 1 (2012): 43-55. DOI: 10.1007/s10780-012-9171-x.

1. St. Augustine, *The Confessions*, trans. R. S. Pinecoffin (London: Penguin Books, 1961), I.9.14.
2. Ibid. I.9.15.
3. Ibid. I.16.26.
4. Werner Jaeger, *Paideia: The Ideals of Greek Culture* (Oxford: Oxford University Press, 1939), I:291–92.
5. Ibid., I:304.
6. Augustine, *The Confessions* III.3,6.
7. Plato, *Protagoras* 318e–319a.
8. Ibid. 318d.
9. Josef Pieper, *In Defense of Philosophy: Classical Wisdom Stands up to Modern Challenges* (San Francisco: Ignatius Press, 1966), 38–39.
10. Josef Pieper, "What Does It Mean to Philosophize?" in *For the Love of Wisdom: Essays on the Nature Philosophy* (San Francisco: Ignatius Press, 1995), 52.
11. Pieper, *In Defense of Philosophy*, 26.
12. Plato, *Theaetetus* 174a.
13. Pieper, *In Defense of Philosophy*, 28.
14. Pieper, "What Does It Mean to Philosophize?" 58.
15. Jaeger, *Paideia*, III:48.
16. James R. Muir, "Is Our History of Educational Philosophy Mostly Wrong?: The Case of Isocrates," *Theory and Research in Education* 3, no. 2 (2005): 167.

8장 학교에서 관조적 활동을 할 수 있을까?

1. James Schall, "The Whole Risk for a Human Being" in *The Life of the Mind*, 127.
2. James Schall, "Philosophy: Why What Is Useless Is the Best Thing about Us," in *On the Unseriousness of Human Affairs*, 159.
3. James Schall, "On Knowing Nothing of Intellectual Delights" in *The Life of the Mind*, 82.
4. Huizinga, *Homo Ludens*, 11.
5. See Chapter 5, "The Corruption of Games," in Roger Caillois, *Man, Play, and Games* (Chicago; University of Illinois Press, 1958).
6. Pieper, "What Does It Mean to Philosophize?" in *For the Love of Wisdom*, 58.
7. Pieper, *In Defense of Philosophy*, 24.
8. Ibid., 44–45.
9. Ibid., 45–46.
10. Pieper, "Philosophical Education and Intellectual Labour" in *For the Love of Wisdom*, 24.

11. Bertrand Russell, "The Value of Philosophy," in *The Problems of Philosophy* (Buffalo: Prometheus Books, 1988), 160.
12. Pieper, "Philosophical Education and Intellectual Labour," 25.
13. Max Weber, *The Protestant Ethic and the Spirit of Capitalism* (London: Unwin Hyman, 1930), 157.
14. Thomas F. Green, *Work, Leisure, and the American Schools* (New York: Random House, 1968), 49.
15. 앞서 고찰한 스콜레와 상반되는 '시간 죽이기'와 '시간 보내기'를 둘러싼 아리스토텔레스의 촌평과 고대 그리스인에 대한 기본적인 지식을 감안할 때, 고대인들이 '시간 낭비'에 대해 전혀 몰랐다는 그린의 주장은 의심스럽다. 사실 우리가 고대 그리스어를 배우면서 가장 먼저 익숙해지는 동사 가운데 하나가 바로 '시간을 낭비하다'라는 뜻으로 쓰이는 디아트리보다. 산업화의 진전에 따라 시계가 널리 사용되기 전에는 시간 낭비라는 개념이 있을 수 없었다는 주장의 타당성은, 16세기에 자신의 관조적 활동을 옹호하는 글을 쓴 십자가의 성 요한 같은 관조적 저술가들의 사례를 살펴보면 쉽게 판단할 수 있다.
16. Green, *Work, Leisure, and the American Schools*, 58.
17. Ibid., 73-74.
18. Jeffrey Morgan, "Leisure, Contemplation, and Leisure Education," *Ethic and Education* 1, no. 2 (October 2006): 146.
19. Josef Pieper, *Leisure: The Basis of Culture* (Scarborough, Ont.: Mentor Books, 1952), 59.
20. Ibid., 43.
21. Pieper, "Philosophical Education and Intellectual Labour," in *For the Love of Wisdom*, 15.
22. St. John of the Cross, *Ascent of Mount Carmel*, I.xiv.12.
23. Ibid., II.i.2.
24. Ibid., II.iv.2.
25. Schall, "On the Joys and Travails of Thinking," in *Life of the Mind*, 4.
26. Plato, *Phaedo* 67e.
27. Plato, *Republic* 536e.
28. Schall, "On Teaching and Being Eminently Teachable," in *On the Unseriousness of Human Affairs*, 18.
29. Schall, "Philosophy: Why What Is Useless Is the Best Thing about Us," in *On the Unseriousness of Human Affairs*, 156.

9장 아이들과의 철학적 사색을 옹호하다

1. Michael Hand and Carrie Winstanley, "Introduction," in *Philosophy in Schools*, ed. Michael Hand and Carrie Winstanley (London: Continuum, 2008), xi.

2. Ibid., xii.
3. Gareth B. Matthews, *Philosophy of Childhood* (Cambridge: Harvard University Press, 1994), 2.
4. Ibid., 17.
5. Ibid., 5.
6. A. A. Milne, *The House at Pooh Corner* (New York: Dutton Children's Books, 1928), 178.
7. Gareth B. Matthews, *Philosophy and the Young Child* (Cambridge: Harvard University Press, 1980), 85.
8. Ibid., 94.
9. Ibid., 94.
10. Plato, *Phaedrus* 251a-252c.
11. St. John of the Cross, *Dark Night of the Soul*, II.vi.1-6.
12. Ibid., II.xviii.2.
13. Meister Eckhart, "Sermon 15 (DW 10 W 66)," in *Selected Writings* (London: Penguin, 1994), 174.
14. St. Teresa of Avila, *Interior Castle* I.ii.8.
15. Meister Eckhart, "Sermon 14 (DW 8 W 82)," in *Selected Writings*, 165.
16. See Friedrich Nietzsche, "On Reading and Writing," in the First Part of *Thus Spake Zarathustra*, in *The Portable Nietzsche*, trans. Walter Kaufmann (New York: Penguin Books, 1954), 153.
17. Pieper, *In Defense of Philosophy*, 49-50.
18. Pieper, "On the Platonic Idea of Philosophy," 167.
19. Schall, "On the Joys and Travails of Thinking," in *Life of the Mind*, 4.

10장 리프먼의 어린이 철학 프로그램을 비판하다

1. Lynn Glueck, and Harry Brighouse, "Philosophy in Children's Literature," in *Philosophy in Schools*, ed. Michael Hand and Carrie Winstanley (London: Continuum, 2008), 129.
2. Matthew Lipman, "What is Happening with P4C?" *Proceedings of the Twentieth World Congress of Philosophy* 3 (1999): 22.
3. Matthew Lipman, *Philosophy Goes to School* (Philadelphia: Temple University Press, 1988), 26.
4. Matthew Lipman, Ann Margaret Sharp, and Frederick S. Oscanyan, *Philosophy in the Classroom*, 2nd ed. (Philadelphia: Temple University Press, 1980), xi.
5. Lipman, *Philosophy Goes to School*, 91.
6. Lipman, Sharp, and Oscanyan, *Philosophy in the Classroom*, 36.

7. Lipman, *Philosophy Goes to School*, 36.
8. Lipman, Sharp, and Oscanyan, *Philosophy in the Classroom*, 27.
9. Lipman, *Philosophy Goes to School*, 32.
10. Ibid., 34.
11. Lipman, Sharp, and Oscanyan, *Philosophy in the Classroom*, 44.
12. Lipman, *Philosophy Goes to School*, 91.
13. Matthew Lipman, "The Cultivation of Reasoning Through Philosophy," *Educational Leadership* (0013-1784) 42, iss.1 (Sept 1984): 51.
14. Lipman, Sharp, and Oscanyan, *Philosophy in the Classroom*, 18.
15. Judith Suissa, "Philosophy in the Secondary School—A Deweyan Perspective," in *Philosophy in Schools* (London: Continuum, 2008), 133.
16. Lipman, *Philosophy Goes to School*, 141.
17. Joanna Haynes, *Children as Philosophers: Learning through Enquiry and Dialogue in the Primary Classroom* (New York: Routledge, 2002), 39-40.
18. Harvey Siegel, "Why Teach Epistemology in Schools?" in *Philosophy in Schools*, 80.
19. Lipman, "Critical Thinking—What Can it Be?" 38. Here, one might query Lipman, "Is wisdom the *outcome* of good judgment? Or is good judgment the *outcome* of wisdom?" and "If one can teach good judgment, can one also teach wisdom?"
20. Lipman, Sharp, and Oscanyan, *Philosophy in the Classroom*, 14.
21. Lipman, "Misconceptions in Teaching for Critical Thinking," 1-8.
22. Lipman, *Philosophy Goes to School*, 41.
23. Carrie Winstanley, "Philosophy and the Development of Critical Thinking," in *Philosophy in Schools*. (London: Continuum, 2008), 90.
24. Lipman, Sharp, and Oscanyan, *Philosophy in the Classroom*, 22.
25. Lipman, *Philosophy Goes to School*, 48.
26. Lipman, "Teaching Students to Think Reasonably," 277.
27. Lipman, Sharp, and Oscanyan, *Philosophy in the Classroom*, 15.
28. Lipman, "Education for Democracy and Freedom," *Wesleyan Graduate Review* 1, No. 1 (1997): 34.
29. Lipman, Sharp, and Oscanyan, *Philosophy in the Classroom*, 65.
30. Lipman, *Philosophy Goes to School*, 22.
31. Lipman, Sharp, and Oscanyan, *Philosophy in the Classroom*, 42-43.
32. Michael Hand, "Can Children Be Taught Philosophy," in *Philosophy in Schools*, 9.
33. Karin Murris, "Autonomous and Authentic Thinking Through Philosophy with Picturebooks," in *Philosophy in Schools*, 107.
34. Lipman, Sharp, and Oscanyan, *Philosophy in the Classroom*, 84.
35. Lipman, *Philosophy Goes to School*, 24.
36. Lipman, "Teaching Students to Think Reasonably," 279.

37. Lipman, Sharp, and Oscanyan, *Philosophy in the Classroom*, 35.
38. Lipman, *Philosophy Goes to School*, 111.
39. Lipman, Sharp, and Oscanyan, *Philosophy in the Classroom*, xv.
40. William A. Proefriedt, "Teaching Philosophy and Teaching Philosophically" *The Clearing House* 58, no. 7 (March 1985): 295-96.
41. Lipman, Sharp, and Oscanyan, *Philosophy in the Classroom*, 6-7; gothicks in original.
42. 유레카는 그리스어 동사 유리스코eurisko에서 온 단어로, '알았다' 또는 '발견했다'는 뜻이다.
43. See Eric Voegelin, "Linguistic Indices and Type-Concepts," in *Anamnesis*, trans. Gerhart Niemeyer (Columbia: University of Missouri Press, 1978), 177.
44. Pieper, "What Does It Mean to Philosophize?" 69.
45. See James C. Conroy, "Philosophy, Wisdom, and Reading Great Books," in *Philosophy in Schools*, 150.
46. Matthew Lipman, *Lisa* (Upper Montclair: The Institute for the Advancement of Philosophy for Children, 1976), 9.
47. James C. Conroy, "Philosophy, Wisdom, and Reading Great Books," in *Philosophy in Schools*, 151.
48. Lipman, *Lisa*, 1-2.
49. Diogenes Laertius, *Lives of Eminent Philosophers*, vol. 2, trans. R. D. Hicks, Loeb Classical Library (Cambridge: Harvard University Press, 1925), viii.36; cf. DK 22 B 129.
50. Peter Manicas, "The Social Studies, Philosophy and Politics" *Social Studies* 69, no 6 (Nov.-Dec. 1978): 246.
51. Hand, "Can Children Be Taught Philosophy?"
52. 다음도 참고하라: Sean Blenkinsop, "The Allegory of the Cave," *Pathways* 13, no. 1 (2001): 15-17. 블렌킨숍은 "제자들과 함께 진행하는 그림 자극 활동이 '우리 모두가 갖고 있는 무지와 그 무지를 알지 못하는 우리에게 가해진 제약'에 관한 '매우 뜻깊은 토론'으로 이어졌다"고 말한다. 다음도 참고하라: James Tucker, "Encountering Socrates in the *Apology*," *Journal of Education* 178, no. 3 (1996): 17-30. 고등학교 교사인 터커는 플라톤의 《소크라테스의 변명》을 10년째 9학년 학생들에게 가르치고 있다. 그는 "그것(플라톤의 철학을 공부하는 것)이 우리가 함께하는 매우 중요한 일 가운데 하나임에 틀림없다. 학생들은 그것을 가장 인상적이고 귀중한 교육적 경험 중 하나로 여길 때가 많다"고 평가한다.
53. See "Philosophy for Children," in *The Stanford Encyclopaedia of Philosophy* (first published Thurs. May 2, 2002) http://plato.stanford.edu/entries/children/ (accessed April 27, 2011).
54. Lipman, Sharp, and Oscanyan, *Philosophy in the Classroom*, 43; gothicks added.
55. Pieper, *In Defense of Philosophy*, 97.

56. Glueck and Brighouse, "Philosophy in Children's Literature," 130.
57. Lipman, *Philosophy Goes to School*, 151.
58. Lipman, Sharp, and Oscanyan, *Philosophy in the Classroom*, 46.
59. Lipman, "The Cultivation of Reasoning Through Philosophy," 53.
60. Lipman, *Philosophy Goes to School*, 151.
61. Lipman, Sharp, and Oscanyan, *Philosophy in the Classroom*, 84.
62. Ibid., 47.
63. Proefriedt, "Teaching Philosophy and Teaching Philosophically," 296.
64. Ibid., 297.
65. Ralph Sleeper, "Pre-College Philosophy," *Social Studies* 69, no. 6 (Nov.-Dec. 1978): 237.
66. Ibid., 236.
67. See Lipman, "Misconceptions in Teaching for Critical Thinking."

11장 철학인 것과 철학이 아닌 것

1. Pieper, "A Plea for Philosophy," 84.
2. Haynes, *Children as Philosophers*, 129.
3. Hand, "Can Children Be Taught Philosophy?" 10.
4. Pieper, *In Defense of Philosophy*, 12; gothicks in original.
5. Robin Williams, *Reality ··· What a Concept!* (Casablanca Records, ASIN: B001PLFQE8, 1979).
6. Michael Bonnett, "Teaching Thinking, and the Sanctity of Content," *Journal of Philosophy of Education* 29, no. 3 (1995): 307.
7. Douglas Carmichael, "I'm Sick of Socrates" *Improving College and University Teaching* 23, no. 4 in *Classroom: Learning Within Walls* (Autumn 1975): 252.
8. Anthony G. Rud, "The Use and Abuse of Socrates in Present Day Teaching," *Education Policy Analysis Archives* 5, no. 20 (Nov. 24, 1997): 7.
9. Sophie Haroutunian-Gordon, "Teaching in an Ill-Structured Situation: The Case of Socrates," *Educational Theory* 38, no. 2 (1988): 231.
10. Sebastian Mitchell, "Socratic Dialogue, the Humanities, and the Art of the Question," *Arts and Humanities in Higher Education* 5 (DOI 10.1177/1474022206063653, Sage Publications, 2006): 181; cf. Leonard Nelson, *Socratic Method and Critical Philosophy: Selected Essays*, trans. T. K. Brown, foreword B. Blanshard, intro. J. Kraft (New York: Dover, 1949).
11. Carmichael, "I'm Sick of Socrates" 252.
12. See David H. Calhoun, "Which 'Socratic Method'? Models of Education in Plato's Dialogues," in *Knowledge, Teaching, and Wisdom*, 49-70.

13. Lipman, Sharp, and Oscanyan, *Philosophy in the Classroom*, 13; gothicks added.
14. St. Teresa of Avila, *The Interior Castle*, IV,iii,4; 53.
15. See Mircea Eliade, *Yoga: Immortality and Freedom* (New York: Princeton University Press, 1958), 6. 다르샤나는 어근 drs에서 파생된 단어로 '보다' 또는 '관조하다'라는 뜻으로 그리스어 테오리아와 비슷한 의미다.
16. James V. Schall, "Liberal Education," *Liberal Education* (Fall 2006): 46.
17. Pieper "A Plea for Philosophy," 97.
18. Winstanley, "Philosophy and the Development of Critical Thinking," 95; gothicks added.
19. Josef Pieper, "Liberal Arts," in *Joseph Pieper: An Anthology* (San Francisco: Ignatius Press, 1981), 114.
20. Pieper, "Incomprehensible Comprehensibility," in *Josef Pieper: An Anthology*, 94.
21. Schall, *The Life of the Mind*, 98.
22. Pieper, "Things Are Unfathomable Because They Are Created," in *Josef Pieper: An Anthology*, 99.
23. Pieper, *In Defense of Philosophy*, 13-14.
24. Ibid., 47.
25. Ibid., 47-48.
26. Thomas Merton, *Spiritual Direction and Meditation* (Collegeville: The Liturgical Press, 1960), 79.
27. Pieper, *In Defense of Philosophy*, 88; gothicks added.
28. A. N. Whitehead, *Adventures of Ideas* (New York: The Free Press, 1933), 157-58.
29. Pieper, *In Defense of Philosophy*, 79-80.
30. Pieper, "On the Platonic Idea of Philosophy," in *For the Love of Wisdom*, 169.
31. Ibid., 136.
32. Winstanley, "Philosophy and the Development of Critical Thinking," 94-95.
33. Pieper, "On the Platonic Idea of Philosophy," in *For the Love of Wisdom*, 161.
34. Pieper, *In Defense of Philosophy*, 23.
35. Plato, *Republic* 531d. 보통 '법' 또는 '관습'으로 번역되는 노모스nomos를 이 맥락에서 블룸이 '종교적 노래'라는 뜻으로 대안적으로 번역되는 노모이nomoi와 연결해 '노래'로 번역했다. See endnotes to Plato, *The Republic*, trans. Allan Bloom (New York: Basic Books, 1968), 448.

12장 철학과 관조를 통합하다

1. Albertus Magnus. *On Cleaving to God*, trans. John Richards (Christian Classics Ethereal Library); http://www.ccel.org/ccel/albert/cleaving.ii.html (accessed April 25, 2011).

2. Merton, *Spiritual Direction and Meditation*, 57.
3. Eliade, *Yoga*, 36.
4. Nagarjuna. *The Fundamental Wisdom of the Middle Way* (Oxford: Oxford University Press, 1995), 236-37.
5. A. G. Sertillanges, O.P. *The Intellectual Life: Its Spirit, Conditions, Methods*, trans. Mary Ryan (Washington: The Catholic University of America Press, 1946), 90.

13장 첨단기술이 점령한 스마트한 세상에서의 관조

저자는 이미 다음의 글에서 이 장에서 논의하는 바를 언급했다.
Sean Steed. "Contemplation as a Corrective to Technological Education," *Canadian Journal of Education* 36, no. 3 (2013).

1. Robert Thurman, "Meditation and Education: Buddhist India, Tibet, and Modern America," *Teachers College Record* 108, no. 9 (Sept 2006): 1766; also available at www.contemplativemind.org.
2. Vernerable Master Hsuan Hua, "'Electric Brains' and Other Menaces," transcript of a Dharma Talk (Vancouver, 1985); http://gbm-online.com/online/dharma/brains.html (accessed May 18, 2011).
3. George Parkin Grant, "Thinking about Technology," in *Technology and Justice* (Toronto: Anansi, 1986), 23.
4. See Martin Buber, *I and Thou*, trans. Walter Kaufman (New York: Charles Scribner's Sons, 1970).
5. See Arthur Zajonc, "Love and Knowledge: Recovering the Heart of Learning Through Contemplation," *Teachers College Record* 108, no. 9 (Sept. 2006): 1742-59.
6. Plato, *The Republic* 382ab.
7. Augustine, *On Christian Doctrine* (Grand Rapids, MI: Christian Classic Ethereal Library); http://www.ccel.org/ccel/augustine/doctrine.html, I.iii.
8. Edward Kasner and James Newman, *Mathematics and the Imagination* (Redmond, WA: Tempus Books of Microsoft Press, 1940).
9. Pieper, *In Defense of Philosophy*, 35.
10. Josef Pieper, "The Self-Destruction of Philosophy," in *Josef Pieper: An Anthology*, 116-17.
11. R. W. Burniske, "Sharing the Sacred Fire: Integrating Educational Technology without Annihilating Nature," *TechTrends* 49, no. 6 (2005): 50-52.
12. Hsuan Hua, "'Electric Brains' and Other Menaces."
13. See Schall, "On the Mystery of Teachers I Never Met," 65.
14. Plato, *Laws* 716c.
15. Conroy, "Philosophy, Wisdom, and Reading Great Books," 148.

16. Thurman, "Meditation and Education," 1766.
17. See Marilyn Nelson, "The Fruit of Silence" *Teachers College Record* 108, no. 9 (Sept. 2006): 1734.
18. Tobin Hart, "Opening the Contemplative Mind in the Classroom" *Journal of Transformative Education* 2, no. 1 (Jan. 2004): 43.
19. Deborah Haynes, "Contemplative Practice and the Education of the Whole Person," *ARTS: The Arts in Religious and Theological Studies* 16, no. 2 (2005): 8.
20. A. G. Sertillanges, *The Intellectual Life* (Washington, DC: Catholic University Of America Press, 1998), 69.
21. Josef Pieper, "Concupiscence of the Eyes," in *Josef Pieper: An Anthology*, 86.
22. Josef Pieper, "The Purpose of Politics," in *Josef Pieper: An Anthology*, 122.
23. Pieper, "Concupiscence of the Eyes," 86.
24. St. Augustine, *The Confessions*, 10.35.55.
25. At the beginning of Bk VIII of his *City of God*, Augustine writes that "the true philosopher is the lover of God" (*verus philosophus est amator Dei*). See VIII.1; 298.
26. 〈요한1서〉 2장 15-17절.
27. Plato, *Symposium* 211d-212a.

14장 관조적 수행이 마주한 현실과 도전 과제

1. See Brian Stock, "The Contemplative Life and the Teaching of the Humanities," *Teachers College Record* 108, no. 9 (Sept. 2006): 1761-62; also available at www.contemplativemind.org.
2. Rick Repetti, "The Case for a Contemplative Philosophy of Education," *New Directions for Community Colleges* 151 (fall 2010): 6.
3. Thurman, "Meditation and Education," 1767.
4. Stock, "The Contemplative Life and the Teaching of the Humanities," 1762.
5. See Tobin Hart, "Opening the Contemplative Mind in the Classroom" *Journal of Transformative Education* 2, no. 1 (Jan. 2004): 29.
6. Patricia Jennings, "Contemplative Education and Youth Development," *New Directions for youth Development* 118 (Summer 2008): 103.
7. See Thich Nhat Hanh, *Mindful Movements* (California: Parallax Press, 2008), 6.
8. Robert W. Roeser, and Stephen C. Peck, "An Education in Awareness: Self, Motivation, and Self-Regulated Learning in Contemplative Perspective," *Educational Psychologist* 44, no. 2 (2009): 127.
9. Eleanor Rosch, "Beginner's Mind: Paths to the Wisdom That Is Not Learned," in *Teaching For Wisdom*, 155.
10. Rick Repetti, "The Case for a Contemplative Philosophy of Education," 10.

11. Harold D. Roth, "Contemplative Studies: Prospects for a New Field," *Teachers College Record* 108, no. 9 (Sept. 2006): 1787.
12. Garrison Institute, *Garrison Institute Report: Contemplation and Education—Current Status of Programs Using Contemplative Techniques in K-12 Educational Settings: A Mapping Report* (June 2005), 3.
13. St. Teresa of Avila, *The Interior Castle* I.ii.11.
14. Richard Brady, "Realizing True Education with Mindfulness," *Human Architecture: Journal of the Sociology of Self-Knowledge* 6, no. 3 (2008): 87.
15. John P. Miller, "Contemplative Practices in Teacher Education," in *Sourcebook* 3, part 2 of *Educating for Gross National Happiness in Bhutan*, draft by GPI Atlantic; available at www.education.gov.bt: 34.
16. Eleanor Rosch, "Beginner's Mind," 154.
17. Deborah Haynes, "Contemplative Practice and the Education of the Whole Person," 10.
18. Eleanor Rosch, "Beginner's Mind," 154.
19. Garrison Institute, *Garrison Institute Report: Contemplation and Education*, 32.
20. 플라톤에 따르면 소크라테스는 진리도, 진리에 관한 지식도 다룬다. "지식(에피스테멘)과 진리(알레테이안)에 대해 말하자면 다른 분야에서 빛과 시각을 태양처럼 여기는 것은 옳지만 그 두 가지를 태양으로 믿는 것은 옳지 않듯, 이 분야에서 지식과 진리를 선(아가톤)처럼 여기는 것은 옳지만 그 두 가지 중 하나를 선으로 믿는 것은 옳지 않다. 선을 규정하는 상태는 훨씬 더 존중받아야 한다(메이조노스 티메테온)." 다음을 참고하라: 플라톤의 《국가》, 508e-509a.
21. Josef Pieper, "Knowing and Believing," in *Josef Pieper: An Anthology*, 161.
22. Margret Buchmann, "Practical Arguments Are No Accounts of Teacher Thinking: But Then, What Is?" 15-16.
23. Eleanor Rosch, "Beginner's Mind: Paths to the Wisdom that Is Not Learned," 154.
24. Daniel Holland, "Contemplative Education in Unexpected Places: Teaching Mindfulness in Arkansas and Austria," *Teachers College Record* 108, no. 9 (Sept. 2006): 1843; cf. D. Holland, "Integrating Mindfulness Meditation and Somatic Awareness into a Public Educational Setting," *Journal of Humanistic Psychology* 44 (2004): 468-84; D. Holland, "Mindfulness Meditation as a Method of Health Promotion in Educational Settings: Proposal for an Experiential Pedagogy," *Spektrum Freizeit: Forum fur Wissenschaft, Politik, and Praxis* 27, no. 1 (2005): 107-15; S. Rockefeller, *Meditation, social change, and undergraduate education* (Williamsburg MA: The Center for Contemplative Mind in Society, 1996).
25. Hart, "Opening the Contemplative Mind in the Classroom," 30.
26. Repetti, "The Case for a Contemplative Philosophy of Education," 12.
27. Garrison Institute, *Garrison Institute Report: Contemplation and Education*, 9.

28. See Hart, "Opening the Contemplative Mind in the Classroom," 30.
29. Raimundo Panikkar, "The Contemplative Mood: A Challenge to Modernity," *Cross Currents* (Fall 1981): 271.
30. See translations of Dogen's writings in Yuho Yokoi and Daizen Victoria, *Zen Master Dogen: An Introduction with Selected Writings* (New York: Weatherhill, 1976), 51.
31. Rosch, "Beginner's Mind," 138.
32. See Tom Coburn, Fran Grace, Anne Carolyn Klein, Louis Komjathy, Harold Roth, and Judith Simmer-Brown, "Contemplative Pedagogy: Frequently Asked Questions," *Teaching Theology and Religion* 14, no. 2 (April 2011): 169-70.
33. Charles Suhor, "Contemplative Reading—The Experience, the Idea, the Applications," *The English Journal* 91, no. 4, in *The Truth about Non-fiction* (March 2002): 28.
34. Clifford Hill, Akbar Ali Herndon, and Zuki Karpinska, "Contemplative Practises: Educating for Peace and Tolerance," *Teacher's College Record* 108, no. 9 (Sept. 2006): 1916.
35. Maria Lichtmann, *The Teacher's Way: Teaching and the Contemplative Life* (New York: Paulist Press, 2005), 19.
36. Josef Pieper, "Leisure and its Threefold Opposition," in *Josef Pieper: An Anthology*, 141-42.
37. Pieper, "Earthly Contemplation," 145-46.
38. Richard C. Brown, "The Teacher as Contemplative Observer" *Educational Leadership* (Dec. 1998-Jan. 1999): 70.
39. Robert Altobello, "Concentration and Contemplation," *Journal of Transformative Education* 5, no. 4 (Oct. 2007): 366.
40. Zajonc, "Love and Knowledge: Recovering the Heart of Learning Through Contemplation" 1753.
41. Pieper, "Leisure and its Threefold Opposition," 141.
42. Holland, "Contemplative Education in Unexpected Places," 1858.
43. Rosch, "Beginner's Mind," 145.
44. Panikkar, "The Contemplative Mood: A Challenge to Modernity," 271.
45. Patanjali, *The Yoga-Sutra* (Boston: Shambhala, 2003), 78.

15장 관조적 교육의 사례

1. *Zylberberg v. Sudbury* (Board of Education) [1986], 29 D.L.R. (4th) 577 (Ont. Div. Ct.); Reversed [1988] 52 D.L.R. (4th) 709 (Ont. C.A.); 65 O.R. (2d) 641 (C.A.).
2. Jennings, "Contemplative Education and Youth Development," 103.
3. Hart, "Opening the Contemplative Mind in the Classroom," 35.

4. Brady, "Learning to Stop, Stopping to Learn," 375.
5. Brown, "The Teacher as Contemplative Observer," 71.
6. 나는 이 마음챙김의 식사 연습을 1990년대 초반에 아시아 종교학 교수 중 한 사람인 로버트 샤프 박사를 통해 처음 접했다. 다음의 글도 이 관행을 다룬다: Brady, "Realizing True Education with Mindfulness," 87-97. 다음도 참고하라: Tobin Hart, *The Secret Spiritual World of Children*, 63.
7. See Appendix I in Sid Brown, *A Buddhist in the Classroom* (New York: State University of New York Press, 2008), 117-30.
8. See Altobello, "Concentration and Contemplation," 354-71.
9. Keith Kroll, "Contemplative Practice in the Classroom," *New Directions for Community Colleges* 151 (Fall 2010): 111.
10. Hill, Herndon, and Karpinska, "Contemplative Practises: Educating for Peace and Tolerance," 1932; here, the authors cite R. Kessler, *The Soul of Education: Helping Students Find Connection, Compassion, and Character at School*. Alexandria, VA: Association for Supervision and Curriculum Development, 2000.
11. Sean Steel, "Katabasis in Plato's Symposium," *Interpretation: A Journal of Political Philosophy* 31, no. 1 (2004): 59-83.

16장 아이들과 관조하고 철학하는 방법에 대한 제안

1. Eric Voegelin, "Reason: The Classic Experience" in *Anamnesis*, 103.
2. Ibid., 107.
3. Eric Voegelin, "Linguistic Indices and Type-Concepts," in *Anamnesis*, 175.
4. Eric Voegelin, "The Consciousness of te Ground," in *Anamnesis*, 149.
5. Murris, "Autonomous and Authentic Thinking Through Philosophy with Picturebooks," 116.
6. Murris, "Philosophy with Children, the Stingray, and the Educative Value of Disequilibrium," *Journal of Philosophy of Education* 42, no. 3/4 (2008): 681.
7. Voegelin, "Reason: The Classic Experience," 100.
8. Eliade, *Yoga*, 11.
9. Voegelin, "Reason: The Classic Experience," 101.
10. Eliade, *Yoga*, xix.
11. Eric Voegelin, "Eternal Being in Time," in *Anamnesis*, 125.
12. Voegelin, "Reason: The Classic Experience," 98.
13. See James Rhodes, "What is the Metaxy?" [Electronic paper] The Voegelin Institute (2003); http://www.lsu.edu/artsci/groups/voegelin/society/2003%20Papers/Rhodes.shtml; accessed June 3, 2011.
14. Voegelin, "Reason: The Classic Experience," 100; gothicks added.

15. Ibid., 105; gothicks added.
16. Ibid., 106.
17. Steel, "*Katabasis in Plato's Symposium.*"
18. 메탁시에 대한 더 진전된 논의는 플라톤의《국가》477a행과 478d행에서 찾아볼 수 있다.
19. 첫 번째와 두 번째 휘어잡기는 각각 543c행과 544b행에 등장한다.
20. 여기서 글라우콘은 사람이 밑으로 내려가는 것은 이해하지만, 사람이 스스로 실제보다 더 내려갔다고 추측한다는 점을 깨닫지 못한다. 사실 이 같은 실수에서 글라우콘의 무지가 적나라하게 드러난다.
21. James Schall, "*Artes Liberales—The Liberal Arts,*" in *The Life of the Mind*, 37.
22. St. Teresa of Avila, *The Way of Perfection*, XXVIII 176.
23. Plato, *The Laws* 803c.
24. Merton, *Spiritual Direction and Meditation*, 81-82.
25. Ibid., 82.
26. Lichtmann, *The Teacher's Way: Teaching and the Contemplative Life*, 16.
27. Schall, "Truth and the College of Your Choice," 38.
28. Voegelin, "Eternal Being in Time," 117.
29. 이 구절을 읽을 때마다 내 머릿속에는 J. R. R. 톨킨의《호빗》에 나오는 비슷한 구절이 떠오른다. 빌보 배긴스는 머크우드의 숲 꼭대기로 올라가 주변을 날아다니는 나비(그리스어에서는 영혼을 가리키는 낱말)로 가득한 창공과 탁 트인 풍경을 바라보면서 사물의 아름다움에 압도된다. 하지만 이 구절을 읽을 때 떠오르는 가장 특별한 대목은 플라톤의《파이드로스》에서 소크라테스가 우주적 질서 너머로 간신히 고개를 들어 수수께끼를 응시하는 마차를 모는 마부를 언급하는 부분이다.
30. Milne, *The House at Pooh Corner*, 173.
31. Plato, *Republic* 592b.

참고문헌

Ackerman, Diane. *Deep Play*. New York: Vintage Books, 1999.
Adarkar, Aditya, and David Lee Keiser. "The Buddha in the Classroom: Toward a Critical Spiritual Pedagogy." *Journal of Transformative Education* 5, no. 3 (July 2007): 246-61.
Adler, Mortimer J. *The Paideia Proposal*. New York: MacMillan, 1982.
Albertus Magnus. *On Cleaving to God*. Translated by John Richards. Christian Classics Ethereal Library. http://www.ccel.org/ccel/albert/cleaving.ii.html (accessed April 25, 2011).
Altobello, Robert. "Concentration and Contemplation." *Journal of Transformative Education* 5, no. 4 (Oct. 2007): 354-71.
Anonymous. *The Cloud of Unknowing*. Edited by James Walsh. New York: Paulist Press, 1981.
Aquinas, Thomas. *Questiones Disputatae de Veritate*. http://dhspriory.org/thomas/QDdeVer.htm\ (accessed May 12, 2011).
_____. "Action and Contemplation." *Summa Theologica*. Vol. 46 (2a2ae.179-182). Translated by Jordan Aumann. London: Blackfriars, 1966.
_____. "The Gift of Wisdom." *Summa Theologica* (2a2ae.45). www.newadvent.org.
Arendt, Hannah. *The Life of the Mind*. New York: Harvest, 1971.
_____. *The Human Condition*. Chicago: University of Chicago Press, 1958.
Arguelles, L., R. McCraty, and R. A. Rees, "The Heart of Holistic Education." *Encounter: Education for Meaning and Social Justice* 16, no. 3 (2003): 13-21.
Aristotle. *The Basic Works*. Edited by Richard McKeon. New York: Modern Library, 2001.
_____. *Metaphysics*. Translated by Hugh Tredennich and G. Cyril Armstrong. The Loeb Classical Library. Cambridge: Harvard University Press, 1936.
_____. *Nicomachean Ethics*. Translated by H. Rackham. The Loeb Classical Library. Cambridge: Harvard University Press, 1939.
Astington, Janet Wilde. *The Child's Discovery of the Mind*. Cambridge: Harvard University Press, 1993.
Augustine. *On Christian Doctrine*. Grand Rapids: Christian Classics Ethereal Library. Available at http://www.ccel.org/ccel/augustine/doctrine.html.
_____. *City of God*. Translated by John O'Meara. London: Penguin, 1972.

_____. *The Confessions*. Translated by R. S. Pinecoffin. London: Penguin, 1961.

_____. *The Confessions: An Electronic Edition*. Latin text with commentary by James J. O'Donnell. The Stoa Consortium and Perseus Project, 1992. http://www.stoa.org/hippo/ (accessed May 24, 2011).

_____. "The Teacher." In *Augustine: Earlier Writings*. Translated by John H. S. Burleigh. Vol. VI. The Library of Christian Classics, 64-101. Philadelphia: Westminster Press.

Aurelius, Marcus. *Meditations*. Translated by George Long. New York: Washington Square Press, 1964.

Avatar. Dir. James Cameron. Fox Studios, 2009, 162 min.

Bai, Charles Scott, and Beatrice Donald. "Contemplative Pedagogy and Revitalization of Teacher Education." *The Alberta Journal of Educational Research* 55, no. 3 (Fall 2009): 319-34.

Bailin, S., and H. Siegel. "Critical Thinking." In *The Blackwell Guide to the Philosophy of Education*, edited by N. Blake, P. Smeyers, R. Smith, and P. Standish. Oxford: Blackwell, 2003.

Baltes, Paul B., and Ute Kunzmann. "The Two Faces of Wisdom: Wisdom as a General Theory of Knowledge and Judgement about Excellence in Mind and Virtue vs. Wisdom as Everyday Realization in People and Products." *Human Development* 47 (2004): 290-99.

_____. "Wisdom." *Psychologist* 16, no. 3 (March 2003): 131-33.

Baltes, Paul B., and Jacqui Smith. "The Fascination of Wisdom: Its Nature, Ontogeny, and Function." *Perspectives on Psychological Science* 3, no. 1 (2008): 56-64.

Baltes, Paul B., and U. Staudinger. "The Search for psychology of Wisdom." *Current Directions in Psychological Science* 2 (1993): 75-80.

_____. "Wisdom: A Metaheuristic (Pragmatic) to Orchestrate Mind and Virtue Toward Excellence." *American Psychologist* 55, no. 1 (Jan 2000): 122-36.

Barnes, V., L. B. Bauza, and F. A. Treiber, "Impact of Stress Reduction on Negative School Behaviour in Adolescents [Electronic version]." *Health and Quality of Life Outcomes* 1, no. 10 (2003).

Begley, S. *Train Your Mind, Change Your Brain*. New York: Ballantine, 2007.

Benoit, William L. "Isocrates and Plato on Rhetoric and Rhetorical Education." *Rhetoric Society Quarterly* 21, no. 1 (Winter 1991): 60-71.

Benson, Herbert, and Marg Stark. *Timeless Healing: The Power and Biology of Belief*. New York: Simon and Schuster, 1997.

_____, et al. "Increases in Positive Psychological Characteristics with the New Relaxation Response Curriculum in High School Students." *Journal for Research and Development in Education* 27 (1994): 226-31.

Bhanu, Sharada. "The Shaman and the ISness of TO BE." *Children's Literature in Education* 39 (2008): 21-30.

Biesecker-Mast, Gerald J. "Forensic Rhetoric and the Constitution of the Subject: Innocence, Truth, and Wisdom in Gorgias' 'Palamedes' and Plato's 'Apology.'" *Rhetoric Society Quarterly* 24, no. 3/4 (Summer-Autumn 1994): 148-66.

Biondi, Carrie-Ann. "Socratic Teaching: Beyond *The Paper Chase.*" *Teaching Philosophy* 31, no. 2 (June 2008): 119-40.

Blenkinsop, Sean. "The Allegory of the Cave." *Pathways* 13, no. 1 (2001): 15-17.

Bloom, Benjamin. *Taxonomy of Educational Objectives: The Classification of Educational Goals.* Ann Arbour: David McKay, 1956.

Boethius. *The Consolation of Philosophy.* Translated by H. F. Stewart. The Loeb Classical Library. Cambridge: Harvard University Press, 1973.

Bonaventure. *The Journey of the Mind to God.* Translated by Philotheus Boehner. Cambridge: Hackett, 1956.

Bonin, Michael Richard. "The Education of the Soul: The Forsaken Ideal of Literary Study." *Rocky Mountain Review* (Spring 1999): 83-89.

Bonnet, Michael. "Teaching Thinking, and the Sanctity of Content." *Journal of Philosophy of Education* 29, no. 3 (1995): 295-309.

Booker, Michael J. "A Roof without Walls: Benjamin Bloom's Taxonomy and the Misdirection of American Education." *Acad. Quest.* 20 (2007): 347-55.

Brady, Richard. "Mindfulness and Mathematics: Teaching as a Deep Learning Process." *The Mindfulness Bell* 38 (2005): 39-40.

_____. "Learning to Stop, Stopping to Learn: Discovering the Contemplative Dimension in Education." *Journal of Transformative Education* 5, no. 4 (Oct. 2007): 372-94.

_____. "Realizing True Education with Mindfulness." *Human Architecture: Journal of the Sociology of Self-Knowledge* 6, no. 3 (2008): 87-97.

_____. "Schooled in the Moment: Introducing Mindfulness to High School Students and Teachers." *Independent School* 64, no. 1 (2004): 82-87.

Bransford, J. "Report of the National Research Council's Committee on Developments in the Science of Learning." In *How People Learn: Brain, Mind, Experience, and School*, edited by J. Bransford, A. Brown, and R. Cocking. Washington, DC: National Academies Press, 1999.

Bright, Pamela. "Ascending to Wisdom: A Christian Pedagogy." In *Teaching for Wisdom*, edited by M. Ferrari and G. Potworowski. Amsterdam: Springer, 2008.

Brown, Richard C. "The Teacher as Contemplative Observer." *Educational Leadership* (Dec. 1998-Jan. 1999): 70-73.

Brown, Sid. *A Buddhist in the Classroom.* Albany: State University of New York Press, 2008.

Buber, Martin. *Between Man and Man*. Translated by Robert Gregor Smith. London: The Fontana Library, 1947.

―――. *Eclipse of God: Studies in the Relation between Religion and Philosophy*. Atlantic Highlands: Humanities Press International, 1952.

―――. *I and Thou*. Translated by Walter Kaufmann. New York: Charles Scribner's Sons, 1970.

Buchmann, Margret. "Argument and Contemplation in Teaching." *Oxford Review of Education* 14, no. 2 (1988): 201-14.

―――. "The Careful Vision: How Practical is Contemplation in Teaching." *American Journal of Education* 98, no. 1 (Nov. 1989): 35-61.

―――. "Practical Arguments Are No Accounts of Teacher Thinking: But Then, What Is?" Occasional Paper No. 119. Institute for Research on Teaching, College of Education. Michigan State University (March 1988).

Burack, Charles. "Returning Meditation to Education." *Tikkun* 14, no. 5 (Sept. 1999): 16-18.

Burkert, Walter. *Greek Religion*. Translated by John Raffan. Cambridge: Basil Blackwell, 1985.

―――. *Lore and Science in Ancient Pythagoreanism*. Translated by Edwin L. Minar. Harvard University Press, 1972.

Burniske, R. W. "Sharing the Sacred Fire: Integrating Educational Technology without Annihilating Nature." *TechTrends* 49, no. 6 (2005): 50-52.

Buse, Christina E. "E-scaping the Ageing Body? Computer Technologies and Embodiment in Later Life." *Ageing and Society* 30 (2010): 987-1009.

Caillois, Roger. *Man, Play and Games*. Translated by Meyer Barash. Chicago: University of Illinois Press, 1958.

Calvert, Kristina. "Creative Philosophizing with Children." *Theory and Research in Education* 5, no. 3 (2007): 309-28.

Caranfa, Angelo. "Contemplative Instruction and the Gifts of Beauty, Love, and Silence." *Educational Theory* 60, no. 5 (2010): 561-85.

―――. "Lessons of Solitude: The Awakening of Aesthetic Sensibility." *Journal of Philosophy of Education* 41, no. 1 (2007): 113-27.

Carmichael, Douglas. "I'm Sick of Socrates." *Improving College and University Teaching* 23, no. 4 in *Classrooms: Learning Within Walls* (Autumn 1975): 252.

Chance, Thomas H. *Plato's Euthydemus: Analysis of What Is and Is Not Philosophy*. Berkeley: University of California Press, 1992.

Chansomak, Sant, and Brenda Vale. "The Buddhist Approach to Education: An Alternative Approach for Sustainable Education." *Asia Pacific Journal of Education* 28, no. 1 (March 2008): 35-50.

Chesterton, G. K. *Saint Thomas Aquinas: The Dumb Ox*. Toronto: Image Books, 1956.

Coburn, Tom, Fran Grace, Anne Carolyn Klein, Louis Komjathy, Harold Roth, and Judith Simmer-Brown. "Contemplative Pedagogy: Frequently Asked Questions." *Teaching Theology and Religion* 14, issue 2 (April 2011): 167-74.

Collingwood, R. G. *An Essay on Philosophic Method.* Oxford: Clarendon Press, 2005.

Cooper, B. F. *Action into Nature.* Notre Dame: University of Notre Dame Press, 1991.

―――. "'A Lump Bred Up in Darknesse': Two Tellurian Themes of the Republic." In *Politics, Philosophy, Writing: Plato's Art of Caring for Souls*, edited by Zdravko Planinc, 80-121. Columbia: University of Missouri Press, 2001.

Coulter, James A, "The Relation of the Apology of Socrates to Gorgias' Defense of Palamedes and Plato's Critique of Gorgianic Rhetoric." *Harvard Studies in Classical Philology* 68 (1964): 269-303.

Csikszentmihalyi, Mihaly. *Flow: The Psychology of Optimal Experience.* New York: Harper Perennial, 1990.

Curnow, Trevor. "Introduction—Sophia's World: Episodes from the History of Wisdom." In *Teaching for Wisdom*, edited by M. Ferrari and G. Potworowski, 1-19. Amsterdam: Springer, 2008.

Dallaire, Michael. "Spirituality in Education: Some Philosophical Considerations for Contemplation." *Theoforum* 33 (2002): 27-15.

Daniel, Marie-France, Louise Lafortune, Richard Pallascio, and Michael Schleifer. "Philosophical Reflection and Cooperative Practices in an Elementary School Mathematics Classroom." *Canadian Journal of Education* 24, no. 4 (1999): 426-40.

Darling-Smith, Barbara, ed. *Can Virtue Be Taught?* Notre Dame: University of Notre Dame Press, 1993.

Davidson R. J. et al. "Alterations in Brain and Immune Function Produced by Mindfulness Meditation." *Psychosomatic Medicine* 65 (2003): 564-70.

Davies, Brian. *The Thought of Thomas Aquinas.* Oxford: Clarendon Press, 1992.

Deckro, G. et al. "The Evaluation of a Mind/Body Intervention to Reduce Psychological Distress and Perceived Stress in College Students." *Journal of American College Health* 50 (2002): 281-87.

de Grazia, Sebastian. *Of Time, Work, and Leisure.* New York: The Twentieth Century Fund, 1962.

―――. "Politics and the Contemplative Life." *The American Political Science Review* 54, no. 2 (June 1960): 447-56.

Dewey, John. *Democracy and Education.* Teddington: The Echo Library, 2007.

―――. *Experience and Education.* New York: Touchstone, 1938.

Dillon, John, and Tania Gengel, trans. *The Greek Sophists.* London: Penguin Classics, 2003.

Dionysius the Areopagite. *The Mystical Theology and the Celestial Hierarchies.* Kessinger.

_____. (aka. Pseudo-Dionysius). *The Complete Works*. Translated by Colm Luibheid. New York: Paulist Press, 1987.

Dodds, E. R. *The Greeks and the Irrational*. Berkeley: University of California Press, 1951.

Duerr, Maia, Arthur Zajonc, and Diane Dana. "Survey of Transformative and Spiritual Dimensions of Higher Education." *Journal of Transformative Education* 1, no. 3 (July 2003): 177-211.

Duff, Lois. "Spiritual Development and Education: A Contemplative View." *International Journal of Children's Spirituality* 8, no. 3 (Dec. 2003): 227-37.

Dunne, Joseph. *Back to the Rough Ground: Practical Judgment and the Lure of Technique*. Notre Dame: University of Notre Dame Press, 1993.

Eckhart, Meister. *Selected Writings*. Translated by Oliver Davies. London: Penguin, 1994.

Eliade, Mircea. *Shamanism: Archaic Techniques of Ecstasy*. Translated by Willard R. Trask. Princeton: Princeton University Press, 1964.

_____. *Yoga: Immortality and Freedom*. Translated by Willard R. Trask. Princeton: Princeton University Press, 1958.

Epic of Gilgamesh. Verse rendition by Danny P. Jackson. Introduction by Robert D. Biggs. Illustrated by Thom Kapheim. Wauconda, IL: Bolchazy-Carducci, 1992.

Epic of Gilgamesh: A New English Version. Rendition by Stephen Mitchell. New York: Free Press, 2006.

Evans, Luther D. "The Difference Between Getting Truth and Getting Wise." *Philosophy and Phenomenological Research* 22, no. 3 (March 1962): 360-65.

Ferguson, John. *Socrates: A Source Book*. Suffolk: The Open University, 1970.

Ferrari, Michel. "Developing Expert and Transformative Wisdom: Can Either be Taught in Public Schools?" In *Teaching for Wisdom*, edited by M. Ferrari and G. Potworowski, 207-22. Amsterdam: Springer, 2008.

Fisher, Robert. *Teaching Children to Think*. New York: Stanley Thornes, 1995.

_____. "Teaching Thinking in the Classroom." *Education Canada* 47, no. 2 (Spring 2007): 72-74.

Forbes, David. *Boyz 2 Buddhas: Counselling Urban High School Male Athletes in the Zone*. New York: Peter Lang, 2004.

Garrison, Andrew. "Restoring the Human in Humanistic Psychology." *Journal of Humanistic Psychology* 41, no. 4 (Fall 2001): 91-104.

Garrison Institute. *Garrison Institute Report: Contemplation and Education — Current Status of Programs Using Contemplative Techniques in K-12 Educational Settings: A Mapping Report*. June 2005. Available at www.garrisoninstitute.org.

Government of Alberta. *Bill 44: Human Rights, Citizenship and Multiculturalism Amendment Act, 2009*. Second Session, 27th Legislature, 58 Elizabeth II. http://www.assembly.ab.ca/ISYS/LADDAR_files/docs/bills/bill/legislature_27/

session_2/20090210_bill-044.pdf (accessed June 10, 2011).

———. *Inspiring Education: A Dialogue with Albertans*. Steering Committee Report to Dave Hancock. April 2010.

Grace, Fran. "Learning as a Path, Not a Goal: Contemplative Pedagogy—Its Principles and Practices." *Teaching Theology and Religion* 14, issue 2 (April 2011): 99-124.

Grant, George Parkin. "The Computer Does Not Impose on Us the Ways It Should Be Used (1976)." In *The George Grant Reader*, edited by William Christian and Sheila Grant, 418-34. Toronto: University of Toronto Press, 1998.

———. *Technology and Justice*. Toronto: Anansi, 1986.

Gravois, John. "Meditate on It." *The Chronicle of Higher Education* 52, no. 9 (Oct. 21, 2005): A10.

Gray, Glen. *The Promise of Wisdom: A Philosophical Theory of Education*. New York: Harper and Row, 1972.

Green, Thomas F. *Work, Leisure, and the American Schools*. New York: Random House, 1968.

Gudmunsen, Chris. *Wittgenstein and Buddhism*. New York: Macmillan Press, 1977.

Guthrie, W. K. C. *The Sophists*. Cambridge: Cambridge University Press, 1971.

Hand, Michael, and Carrie Winstanley, eds. *Philosophy in Schools*. London: Continuum, 2008.

Hanson, David T. "Was Socrates a 'Socratic Teacher'?" *Educational Theory* 38, no. 2 (1988): 213-24.

Haroutunian-Gordon, Sophie. "Teaching in an Ill-Structured Situation: The Case of Socrates." *Educational Theory* 38, no. 2 (1988): 225-37.

———. *Turning the Soul: Teaching through Conversation in High School*. Chicago: University of Chicago Press, 1991.

Hart, Tobin. "The Mystical Child: Glimpsing the Spiritual World of Children." *Encounter: Education for Meaning and Social Justice* 17, no. 2 (Summer 2004): 38-49.

———. "Opening the Contemplative Mind in the Classroom." *Journal of Transformative Education* 2, no. 1 (Jan. 2004): 28-46.

———. *The Secret Spiritual World of Children*. Novato: New World Library, 2003.

Hartshorne, Charles. *Wisdom as Moderation: A Philosophy of the Middle Way*. Albany: State University of New York Press, 1987.

Haynes, Deborah. "Contemplative Practice and the Education of the Whole Person." *ARTS: The Arts in Religious and Theological Studies* 16, no. 2 (2005): 8-10. Available at http://www.contemplativemind.org/programs/academic/Haynes.pdf.

Haynes, Joanna. *Children as Philosophers: Learning through Enquiry and Dialogue in the Primary Classroom*. New York: Routledge, 2002.

Higgins, James. "Traditional Literature: Roots of Philosophy." *Social Studies* 69, no. 6

(Nov.-Dec. 1978): 258-64.

Hill, Clifford, Akbar Ali Herndon, and Zuki Karpinska. "Contemplative Practises: Educating for Peace and Tolerance." *Teacher's College Record* 108, no. 9 (Sept. 2006): 1915-35.

Herodotus. *The Histories. Books I-II*. Translated by A. D. Godley. The Loeb Classical Library. Cambridge: Harvard University Press, 1920.

Hextall, M. "Leicester's Youngest Philosophers." *SAPERE Newsletter* (Oxford: Westminster Institute of Education, May 2006): 8-9.

Hoban, Russell. *The Mouse and His Child*. London: Faber and Faber, 1969.

Holland, Daniel. "Contemplative Education in Unexpected Places: Teaching Mindfulness in Arkansas and Austria." *Teachers College Record* 108, no. 9 (Sept. 2006): 1842-61.

_____. "Integrating Mindfulness Meditation and Somatic Awareness into a Public Educational Setting." *Journal of Humanistic Psychology* 44 (2004): 468-84.

_____. "Mindfulness Meditation as a Method of Health Promotion in Educational Settings: Proposal for an Experiential Pedagogy." *Spektrum Freizeit: Forum fur Wissenschaft, Politik, and Praxis* 27, no. 1 (2005): 107-15.

Hornblower, Simon, and Antony Spawforth, eds. *The Oxford Classical Dictionary*. Third Edition Revised. Oxford: Oxford University Press, 2003.

Hua, Ven. Hsuan. "'Electric Brains' and Other Menaces." Transcript of a Dharma Talk (Vancouver, 1985), Available online at http://gbm online.com/online/dharma/brains.html.

Hughes, Brian W. "The Contemplative Function of Theology within Liberal Education: Re-Reading Newman's Idea of a University." *Horizons* 32, no. 1 (2005): 7-25.

Huizinga, Johan. *Homo Ludens: A study of the Play Element in Culture*. Boston: Beacon Press, 1950.

Husserl, Edmund. *The Crisis of European Sciences and Transcendental Phenomenology*. Translated by David Carr. Evanston: Northwestern University Press, 1970.

_____. *Phenomenology and the Crisis of Philosophy*. Translated by Quentin Lauer. New York: Harper Torchbooks, 1965.

Ignatius, St. *The Spiritual Exercises of St. Ignatius*. Translated by Louis J. Puhl. New York: Vintage Spiritual Classics, 1951.

Jaeger, Werner. *Aristotle*. Translated by Richard Robinson. 2nd ed. Oxford: Oxford University Press, 1934.

_____. *Paideia: The Ideals of Greek Culture*. Vols. I, II, and III. Translated by Gilbert Highet. Oxford: Oxford University Press, 1939.

James, William. *The Varieties of Religious Experience*. New York: Signet Classic, 2003.

Jenkins, Philip, and Sue Lyle, "Enacting Dialogue: The Impact of Promoting Philosophy for Children on the Literate Thinking of Identified Poor Readers, Aged 10." *Language and Education* 24, no. 6 (Nov. 2010): 459-72.

Jennings, Patricia A. "Contemplative Education and Youth Development." *New Directions for Youth Development* 118 (Summer 2008): 101-105.

John of the Cross. *Ascent of Mount Carmel*. Translated by E. Allison Peers. Mineola: Dover, 2008.

———. *Dark Night of The Soul*. Translated by E. Allison Peers. Mineola: Dover, 2003.

Kabat-Zinn, J., and A. Chapman-Waldrop. "Compliance with an Outpatient Stress Reduction Program: Rates and Predictors of Program Completion." *Journal of Behavioural Medicine* 11 (1988): 333-52.

———, L. Lipworth, R. Burney, and W. Sellers. "Four-Year follow-up of a Meditation-Based Program for the Self-Regulation of Chronic Pain: Treatment Outcomes and Compliance." *Clinical Journal of Pain* 2 (1987): 159-73.

Kalupahana, David J. *Nagarjuna: The Philosophy of the Middle Way*. Albany: State University of New York Press, 1986.

Kaplan, Aryeh. *Meditation and Kabbalah*. York Beach: Samuel Weiser, 1982.

Kasner, Edward, and James Newman, *Mathematics and the Imagination*. Redmond, WA: Tempus Books of Microsoft Press, 1940.

Kekes, John. "Wisdom." *American Philosophical Quarterly* 20, no. 3 (July 1983): 277-86.

Kempis, Thomas à. *The Imitation of Christ*. In the Christian Classics Ethereal Library. http://www.ccel.org/ccel/kempis/imitation.html. Milwaukee: Bruce, 1949 (accessed March 17, 2011).

Kerenyi, Karl. *Dionysos — Archetypal Image of Indestructible Life*. Translated by Ralph Manheim. Princeton: Princeton University Press, 1976.

———. *Hermes: Guide of Souls*. Translated by Murray Stein. Putnam: Spring Publications, 1976.

Kimball, Bruce A. "Founders of 'Liberal Education': The Case for Roman Orators against Socratic Philosophers." *Teacher's College Record* 85, no. 2 (Winter 1983): 225-49.

Kohl, Herbert. "A Love Supreme — Riffing on the Standards: Placing Ideas at the Center of High Stakes Schooling." *Multicultural Education* (Winter 2006): 4-9.

Kraft, Kenneth, ed. *Zen Tradition and Transmission: A Sourcebook by Contemporary Zen Masters and Scholars*. New York: Grove Press, 1988.

Kroll, Keith. "Contemplative Practice in the Classroom." *New Directions for Community Colleges* 151 (Fall 2010): 111-13.

Kyle, Eric. "Being Mindful of Mindlessness: An Overview of Contemplative Education Programs for Secular Settings." Paper from the Religious Education Association (REA) Annual Meeting (Denver, CO., Nov. 7-9, 2010). Available at www.religiouseducation.net.

Laertius, Diogenes. *Lives of Eminent Philosophers*. Translated by R. D. Hicks. The Loeb Classical Library. Cambridge: Harvard University Press, 1925.

Lau, M. A. et al. "The Toronto Mindfulness Scale: Development and Validation." *Journal of Clinical Psychology* 62 (2006): 1445-67.

Lawson, Douglas E. *Wisdom and Education*. Carbondale: Southern Illinois University Press, 1961.

Lehrer, Keith B., Jeannie Lum, Beverly A. Slichta, Nicholas D. Smith, eds. *Knowledge, Teaching, and Wisdom*. London: Kluwer, 1996.

Levy, David J. "Education as Recollection, Encounter, and Ascent." *Modern Age* (Summer 1993): 323-31.

Lewis, Thomas J. "Identifying Rhetoric in the Apology: Does Socrates Use the Appeal for Pity?" *Interpretation* 21, no. 2 (Winter 1993-93): 105-14.

_____. "Parody and the Argument from Probability in the 'Apology'" *Philosophy and Literature* 14, no. 2 (Oct. 1990): 359-66.

Lichtmann, Maria. *The Teacher's Way: Teaching and the Contemplative Life*. New York: Paulist Press, 2005.

Lin, Jing. "Love, Peace, and Wisdom in Education: Transforming Education for Peace." *Harvard Educational Review* 77, no. 3 (Fall 2007): 362-92.

Lipman, Matthew. "Caring as Thinking." *Inquiry: Critical Thinking across the Disciplines* (1093-1082) 15, no. 1 (Fall 1995) 1-13.

_____. "Critical Thinking—What Can it Be?" *Educational Leadership* (Sept. 1988) 38-43.

_____. "The Cultivation of Reasoning Through Philosophy" *Educational Leadership* (0013-1784) 42, no. 1 (Sept. 1984) 51-56.

_____. "Education for Democracy and Freedom" *Wesleyan Graduate Review* 1, No. 1 (1997): 32-38.

_____. "Ethical Reasoning and the Craft of Moral Practice." *Journal of Moral Education* 16, no. 2 (1987): 139-47.

_____. *Lisa*. Upper Montclair: The Institute for the Advancement of Philosophy for Children, 1976.

_____. "Misconceptions in Teaching for Critical Thinking," *Resource Publication*. Series 2, No. 3. Montclair State College (1989).

_____. "Moral Education Higher-Order Thinking and Philosophy for Children," *Early Child Development and Care* 107, no. 1 (1995): 61-70.

_____. *Philosophy Goes to School*. Philadelphia: Temple University Press, 1988.

_____. "The Role of Stories in Moral Education." *Proceedings of the South Atlantic Philosophy of Education Society* 38 (1993) 1-7.

_____. "Teaching Students to Think Reasonably: Some Findings of the Philosophy for

Children Program," *The Clearing House* 71, no. 5 (May-June 1998) 277-80.
_____. "What is Happening with P4C?" *Proceedings of the Twentieth World Congress of Philosophy* 3 (1999): 21-26.
_____, and Ann Margaret Sharp. "Can Moral Education Be Divorced from Philosophical Inquiry?" *Viewpoints in Teaching and Learning* 56, no. 4 (Fall 1980): 1-31.
_____, and Ann Margaret Sharp, "Some Educational Presuppositions of Philosophy for Children" *Oxford Review of Education* 4, no. 1 (1978): 85-90.
_____, Ann Margaret Sharp, and Frederick S. Oscanyan. *Philosophy in the Classroom*. 2nd ed. Philadelphia: Temple University Press, 1980.
Lutz A. et al. "Attention Regulation and Monitoring in Meditation." *Trends in Cognitive Sciences* 12 (2008): 163-69.
_____. "Regulation of the Neural Circuitry of Emotion by Compassion Meditations: Effects of Meditative Expertise." *PLoS ONE* 3 (2008): 1-10.
MacDonald, Ross. "Contemplative Education." *Ecumenism* 96 (Dec. 1989): 18-20.
Mackler, Jane, Argelia Pena Aguilar, and Karina Camacho Serena. "What Is Contemplative Education and What Are Some Ways to Introduce It into Higher Education in Mexico?" *Memorias Del Iv Foro Nacional De Estudios En Lenguas* (Universidad de Quintana Roo—Departamento de Lengua y Educación, Fonael 2008). Access at http://www.fonael.org—fonael@fonael.org: 261-79.
Madell, Dominic E., and Steven J. Muncer. "Control over Social Interactions: An Important Reason for Young People's Use of the Internet and Mobile Phones for Communication?" *CyberPsychology and Behaviour* 10, no. 1 (2007): 137-40.
Maimonides, Moses. *The Guide for the Perplexed*. Translated by M. Friedlander. New York: Dover, 1956.
Main, John. *Essential Writings*. Modern Spiritual Masters Series. New York: Orbis, 2002.
Manicas, Peter. "The Social Studies, Philosophy and Politics." *Social Studies* 69, no. 6 (Nov.-Dec. 1978): 244-48.
Marcel, Gabriel. *The Decline of Wisdom*. New York: Philosophical Library, 1955.
Maslow, Abraham H. *The Farther Reaches of Human Nature*. New York: Penguin, 1971.
Matthews, Gareth B. *Dialogues with Children*. Cambridge: Harvard University Press, 1992.
_____. *Philosophy and the Young Child*. Cambridge: Harvard University Press, 1980.
_____. *The Philosophy of Childhood*. Cambridge: Harvard University Press, 1994.
Maxwell, Nicholas. "The Road to Wisdom." *The New Statesman* (Jan. 21, 2008), 50.
Mayes, Clifford. "The Teacher as Shaman." *J. Curriculum Studies* 37, no. 3 (2005): 329-48.
McCall, Catherine. "Philosophical Inquiry and Lifelong Learning: Life, the Universe, and Everything." In *Proceedings of the International Conference on Dialogue, Culture, and Philosophy*. Sankt Augutin: Academia Verlag, 2007.

_____. "Wisdom and the Context of Knowledge: Knowing that One Doesn't Know." *Contr. Hum. Dev.* 8 (1983): 111-34.
Merton, Thomas. *New Seeds of Contemplation*. New York: New Directions, 1961.
_____. *Spiritual Direction and Meditation*. Collegeville: The Liturgical Press, 1960.
Miller, John P. "Contemplative Practices in Teacher Education." In Sourcebook Volume 3, Part 2 of *Educating for Gross National Happiness in Bhutan*. Draft Compiled by GPI Atlantic. Available at www.education.gov.bt: 34-42.
Milne, A. A. *The House at Pooh Corner*. New York: Dutton Children's Books, 1928.
Mitchell, Sebastian. "Socratic Dialogue, the Humanities, and the Art of the Question." *Arts and Humanities in Higher Education* 5 (DOI 10.1177/1474022206063653: Sage, June 2006): 181-97.
Mitchell, W. O. *Who Has Seen the Wind*. Toronto: McClelland and Stewart, 1947.
Morgan, Jeffrey. "Leisure, Contemplation, and Leisure Education." *Ethics and Education* 1, no. 2 (Oct. 2006): 133-47.
Morrison, J. S. "Parmenides and Er." *The Journal of Hellenic Studies* 75 (1955): 59-68.
Moshinskie, Jim. "How to Keep E-Learners from E-Scaping." *Performance Improvement* (July 2001): 30-37.
Muir, D. P. E. "Friendship in Education and the Desire for the Good: An Interpretation of Plato's Phaedrus." *Educational Philosophy and Theory* 32, no. 2 (2000): 233-47.
Muir, James R. "Is Our History of Educational Philosophy Mostly Wrong?: The Case of Isocrates." *Theory and Research in Education* 3, no. 2 (2005): 165-95.
Murphy, M., S. Donovan, and E. Taylor. *The Physical and Psychological Effects of Meditation: A Review of Contemporary Research 1991-1996*. 2nd ed. Petaluma, CA: Institute of Noetic Sciences, 1997.
Murris, Karin. "Philosophy with Children, the Stingray, and the Educative Value of Disequilibrium." *Journal of Philosophy of Education* 42, no. 3/4 (2008): 667-85.
_____. *Teaching Philosophy with Picturebooks*. London: Infonet Publications, 1992.
Nagarjuna. *The Fundamental Wisdom of the Middle Way*. Translated by Jay L. Garfield. Oxford: Oxford University Press, 1995.
Nelson, J. M. "Chapter 13: Individual Religious and Spiritual Practices." In *Psychology, Religion, and Spirituality*, 435-73. Valparaiso, IN.: Springer, 2009.
Nelson, Leonard. *Socratic Method and Critical Philosophy: Selected Essays*. Translated by T. K. Brown,. Foreword B. Blanshard. Introduction J. Kraft. New York: Dover, 1949.
Nelson, Marilyn. "The Fruit of Silence." *Teachers College Record* 108, no. 9 (Sept 2006): 1733-41.
The New Oxford Annotated Bible. Edited by Bruce M. Metzger and Roland E. Murphy. New Revised Standard Version. New York: Oxford University Press, 1991.
Nhat Hanh, Thich. *Mindful Movements*. California: Parallax Press, 2008.

Nietzsche, Friedrich. *The Portable Nietzsche*. Translated by Walter Kaufmann. New York: Penguin Books, 1954.
Nino, Andres G. "Spiritual Exercises in Augustine's *Confessions*." *J. Relig. Health* 47 (2008): 88-102.
O'Reilly, Mary Rose. *Radical Presence: Teaching as Contemplative Practise*. Portsmouth: Boynton/Cook, 1998.
Otto, Rudolph. *The Idea of the Holy*. Translated by John W. Harvey. London: Oxford University Press, 1950.
Palmer, Parker J. *To Know As We Are Known*. San Francisco: Harper One, 1993.
Panikkar, Raimundo. "The Contemplative Mood: A Challenge to Modernity." *Cross Currents* (Fall 1981): 261-72.
Patanjali, *The Yoga-Sutra*. Translated by Chip Hartranft. Boston: Shambhala, 2003.
Pieper, Josef. *For the Love of Wisdom: Essays on the Nature of Philosophy*. Translated by Roger Wasserman. San Francisco: Ignatius Press, 1995.
_____. *Guide to Thomas Aquinas*. Translated by Richard and Clara Winston. New York: Octagon Books, 1982.
_____. *Happiness and Contemplation*. Translated by Richard and Clara Winston. South Bend: St. Augustine's Press, 1998.
_____. *In Defense of Philosophy: Classical Wisdom Stands up to Modern Challenges*. Translated by Lothar Krauth. San Fransisco: Ignatius Press, 1966.
_____. *Josef Pieper: An Anthology*. San Francisco: Ignatius Press, 1981.
_____. *Leisure: The Basis of Culture*. Translated by Alexander Dru. Introduction T. S. Eliot. Scarborough, Ont.: Mentor Books, 1952.
Pierce, Tamyra. "Social Anxiety and Technology: Face-to-face Communication versus Technological Communication among Teens." *Computers in Human Behavior* 25 (2009): 1367-72.
Planinc, Zdravko. *Plato's Political Philosophy: Prudence in the* Republic *and the* Laws. Columbia: University of Missouri Press, 1991.
_____, ed. *Politics, Philosophy, Writing*. Columbia: University of Missouri Press, 2001.
Plato. *The Collected Dialogues*. Edited by Edith Hamilton and Huntington Cairns. Princeton: Princeton University Press, 1961.
_____. *Epistle VII*. The Loeb Classical Library. Translated by R. G. Bury. Cambridge: Harvard University Press, 1942.
_____. *Euthyphro, Apology, Crito, Meno, Gorgias, Menexenus*. In *The Dialogues of Plato*: Vol. 1. Translated by R. E. Allen. New Haven: Yale University Press, 1984.
_____. *The Laws*. Translated by Thomas Pangle. Chicago: University of Chicago Press, 1980.
_____. *The Meno*. In *Dialogues of Plato*. Vol. 1. Translated by R. E. Allen. New Haven:

Yale University Press, 1984.
_____. *The Phaedrus*. The Loeb Classical Library. Translated by Harold North Fowler. Cambridge: Harvard University Press, 1917.
_____. *The Protagoras*. In *Dialogues of Plato*. Vol. 3. Translated by R. E. Allen. New Haven: Yale University Press, 1996.
_____. *The Republic*. Translated by Allan Bloom. New York: Basic Books, 1968.
_____. *The Republic*. Translated by Paul Shorey. The Loeb Classical Library. Cambridge: Harvard University Press, 1935.
_____. *The Symposium*. Translated by R. E. Allen. New Haven: Yale University Press, 1991.
_____, and Aristophanes. *Four Texts on Socrates*. Translated by Thomas G. West and Grace Starry West. Ithaca: Cornell University Press, 1984.
Plutarch. "Can Virtue Be Taught?" In *Moralia*. The Loeb Classical Library. Cambridge: Harvard University Press, 1939.
Postman, Neil. *The Disappearance of Childhood*. New York: Vintage, 1994.
Proefriedt, William A. "Teaching Philosophy and Teaching Philosophically." *The Clearing House* 58, no. 7 (March 1985): 294-97.
Rahula, Walpola. *What the Buddha Taught*. New York: Grove Weidenfeld, 1959.
Rajski, Piotr. "Finding God in the Silence: Contemplative Prayer and Therapy." *Journal of Religion and Health* 42, no. 3 (Fall 2003): 181-90.
Reeve, Richard, Richard Messina, and Marlene Scardamalia. "Wisdom in Elementary School." In *Teaching for Wisdom*, edited by M. Ferrari and G. Potworowski, 79-92. Amsterdam: Springer, 2008.
Repetti, Rick. "The Case for a Contemplative Philosophy of Education." *New Directions for Community Colleges* 151 (Fall 2010): 5-15.
Reps, Paul. *Zen Flesh, Zen Bones: A Collection of Zen and Pre-Zen Writings*. Toronto: Anchor Books, 1989.
Reznitskaya, A., and R. J. Sternberg. "Teaching Students to Make Wise Judgements: The 'Teaching for Wisdom' Program." In *Positive Psychology in Practice*, edited by P. A. Linley and S. Joseph, 181-96. New York: Wiley, 2004.
Rhodes, James. "What is the Metaxy?" [Electronic paper] The Voegelin Institute (2003). http://www.lsu.edu/artsci/groups/voegelin/society/2003%20Papers/Rhodes.shtml (Accessed June 3, 2011).
Richard of St. Victor. *Treatise of the Study of Wisdom that Men Call Benjamin*. New York: Edwin Mellen Press, 1990.
_____. *The Twelve Patriarchs, The Mystical Ark, Book Three of the Trinity*. Translated by Grover A. Zinn. New York: Paulist Press, 1979.
Robinson, John Mansley. *An Introduction to Early Greek Philosophy*. Boston: Houghton

Mifflin, 1933.
Robinson, Will. "Why 'Philosophy for Children'?" *Early Child Development and Care* 107, no. 1 (1995): 5-15.
Rockefeller, S. *Meditation, social change, and undergraduate education*, Williamsburg, MA: The Centre for Contemplative Mind in Society, 1996.
Roochnik, David. "The Wisdom of Plato's *Phaedo*." In *Teaching for Wisdom*, edited by M. Ferrari and G. Potworowski, 179-88. Amsterdam: Springer, 2008.
Rosch, Eleanor. "Beginner's Mind: Paths to the Wisdom that Is Not Learned." In *Teaching For Wisdom*, edited by M. Ferrari and G. Potworowski, 135-62. Amsterdam: Springer, 2008.
Roeser, Robert W. and Stephen C. Peck. "An Education in Awareness: Self, Motivation, and Self-Regulated Learning in Contemplative Perspective." *Educational Psychologist* 44, no. 2 (2009): 119-36.
Roggman, Lori A., Ann M. B. Austin, and Andrea D. Hart. "Critical Thinking Experiences for Students of Child Development: Outcomes in Values and Attitudes." *Early Child Development and Care* 107, no. 1 (1995): 97-103.
Roth, Harold D. "Contemplative Studies: Prospects for a New Field." *Teachers College Record* 108, no. 9 (Sept. 2006): 1787-1815.
Roth, R. B., and T. Creaser. "Mindfulness Meditation-Based Stress Reduction: Experience with a Bilingual Inner-City Program." *Nurse Practitioner* 22 (1997): 150-52.
Rothberg, D. "Spiritual Inquiry." *ReVision* 17, no. 2 (1994): 2-12.
Rud, Anthony G. "The Use and Abuse of Socrates in Present Day Teaching." *Education Policy Analyis Archives* 5, no. 20 (Nov. 24, 1997): 1-14.
Rushing, Janice Hocker, and Thomas S. Frentz. "The Gods Must Be Crazy: The Denial of Descent in Academic Scholarship." *Quarterly Journal of Speech* 85 (1999): 229-46.
Russell, Bertrand. "The Value of Philosophy." In *The Problems of Philosophy*. Buffalo: Prometheus Books, 1988.
Santayana, George. "Dewey's Naturalistic Metaphysics." *The Journal of Philosophy* 22, no. 25 (Dec. 3, 1925): 673-88.
Schall, James. *Another Sort of Learning*. San Francisco: Ignatius Press, 1988.
_____. "Intelligence and Academia." *International Journal of Social Economics* 15, no. 10 (1988): 63-71.
_____. "Liberal Education." *Liberal Education* (Fall 2006): 44-47.
_____. *The Life of the Mind: On the Joys and Travails of Thinking*. Wilmington: ISI Books, 2006.
_____. "Mysticism, Political Philosophy, and Play." *Modern Age* (Summer 2006): 251-58.
_____. "On the Mystery of Teachers I Never Met." *Modern Age* (Summer 1995): 366-73.
_____. "On Teaching." Vital Speeches of the Day. www.vsotd.com. (Oct. 2007): 458-61.

_____. *On the Unseriousness of Human Affairs: Teaching, Writing, Playing, Believing, Lecturing, Philosophizing, Singing, Dancing.* Wilmington: ISI Books, 2001.

_____. "Patron Saint of Teachers." On Essays and Letters. *The University Bookman* 46, no. 4 (Winter 2008): 65-71.

Schneider, Scott. "Tonight's Assignment: Plato —Why Kids Should Study Philosophy— Yes, Philosophy." *The American School Board Journal* 183, no. 10 (Oct. 1996): 57.

Schoner, G., and J. A. Kelso. "Dynamic Pattern Generation in Behavioural and Neural Systems." *Science* 239 (1988): 1513-20.

Seeskin, Kenneth. "Is the Apology of Socrates a Parody?" *Philosophy and Literature* 6, no. 1/2 (1982): 94-105.

Seidel, Jackie. "Some Thoughts on Teaching as Contemplative Practice." *Teachers College Record* 108, no. 9 (Sept. 2006): 1901-14.

Seneca. *Ad Lucilium Epistulae Morales.* Translated by Richard M. Gummere. The Loeb Classical Library. Cambridge: Harvard University Press, 1920.

Senn, Corelyn F. "Journeying as Religious Education: The Shaman, The Hero, The Pilgrim, and the Labyrinth Walker." *Religious Education* 97, no. 2 (Spring 2002): 124-40.

Sertillanges, A. G. *The Intellectual Life.* Translated by Mary Ryan. Washington, DC: Catholic University of America Press, 1998.

Shakespeare, William. *Romeo and Juliet.* New York: Signet Classic, 1964.

Shapiro, J. "Poetry, Mindfulness, and Medicine." *Family Medicine* 33 (2001): 505-507.

Shapiro, Shauna L., Kirk Warren Brown, and John A. Astin. "Toward the Integration of Meditation into Higher Education: A Review of Research." Prepared for the Centre for Contemplative Mind in Society (Oct. 2008): 1-46. http://cndls.georgetown.edu/teachtoconnect/resources/MedandHigherEd.pdf.

Sharp, Ann Margaret. "Philosophy for Children and the Development of Ethical Values." *Early Child Development and Care* 107, no. 1 (1995): 45-55.

Shen, Vincent. "Wisdom and Learning to Be Wise in Chinese Mahayana Buddhism." In *Teaching for Wisdom*, edited by M. Ferrari and G. Potworowski, 113-33. Amsterdam: Springer, 2008.

Siejk, Cate. "Awakening the Erotic in Religious Education." *Religious Education* 96, no. 4 (Fall 2001): 546-62.

Sleeper, Ralph. "Pre-College Philosophy." *Social Studies* 69, no. 6 (Nov.-Dec. 1978): 236-43.

Snell, Bruno. *The Discovery of the Mind.* New York: Dover, 1953.

So, K. T., and D. W. Orme-Johnson. "Three Randomized Experiments on the Longitudinal Effects of the Transcendental Meditation Technique on Cognition." *Intelligence* 29 (2001): 419-40.

Sobel, Eliezer. "Post-Avatar Depression" *Reality Sandwich*. http://www.realitysandwich.com/node/40341 (accessed May 20, 2011).

Spaemann, Robert. "Philosophie als institutionalisierte Naivitaet." *Philosophisches Jahrbuch* 81 (1974): 139-42.

Speca, M., L. E., Carlson, E. Goodey, and M. Angen. "A Randomized, Wait-List Controlled Clinical Trial: The Effect of a Mindfulness Meditation-Based Stress Reduction Program on Mood and Symptoms of Stress in Cancer Outpatients." *Psychosomatic Medicine* 62 (2000): 613-22.

Stanford Encyclopaedia of Philosophy. "Philosophy for Children." First published Thurs. May 2, 2002. http://plato.stanford.edu/entries/children/ (accessed June 3, 2011).

⸻. "Wisdom." First published Mon. Jan 8, 2007. http://plato.stanford.edu/entries/wisdom/ (accessed June 3, 2011).

Stange, Antje, and Ute Kunzmann. "Fostering Wisdom: A Psychological Perspective." In *Teaching for Wisdom*, edited by M. Ferrari and G. Potworowski, 23-36. Amsterdam: Springer, 2008.

Stanley, S., and S. Bowkett. *But Why? Developing Philosophical Thinking in the Classroom*. London: Network Educational Press, 2004.

Steel, Sean. "Contemplation as a Corrective to Technological Education." *Canadian Journal of Education* 36, no. 3 (2013).

⸻. "George Grant: A Critique of Geertz's View of Religion." *Religious Studies and Theology* 21, no. 2. (Dec. 2002): 23-35.

⸻. "*Katabasis* in Plato's *Symposium*." *Interpretation: A Journal of Political Philosophy* 31, no. 1 (2004): 59-83.

⸻. "Nietzsche's Understanding of Socrates." McMaster University. MA Thesis, 1998.

⸻. "The Pursuit of Wisdom in Education." University of Calgary. PhD Dissertation, 2011.

⸻. "Recovering Ancient and Medieval Contemplative Taxonomies as an Alternative to Bloom's Taxonomy of Educational Objectives." *Paideusis* 20 (2012): 46-56.

⸻. "Recovering Ancient Wisdom and the 2010 Albertan Education Reforms." *Journal of Educational Thought* 45, no. 3 (2011): 267-91.

⸻. "Transformative Education? A Philosophic-Augustinian Response to the 2010 Albertan Reform Initiatives in 'Inspiring Education.'" *Interchange: A Quarterly Review of Education* 43, no. 1 (2012): 43-55. DOI: 10.1007/s10780-012-9171-x.

Sternberg, Robert. "Teaching for Wisdom: What Matters Is not Just What Students Know, but How They Use It." *London Review of Education* 5, no. 2 (July 2007): 143-58.

⸻. "What is Wisdom and How Can we Develop It?" *The Annals of the American Academy of Political and Social Science* 591 (Jan. 2004): 163-74.

———. "Wisdom and Education." *Gifted Education International* 17, no. 3 (2003): 233-48.
———. "Wisdom, Intelligence, and Creativity Sythesized." *School Administrator* 66, no. 2. (Feb. 2009): 10-14.
———, ed. *Wisdom: Its Nature, Origins, and Development.* Cambridge: Cambridge University Press, 1990, 142-59.
———, Linda Jarvin, and Alina Reznitskaya. "Teaching for Wisdom Through History: Infusing Wise Thinking Skills in the School Curriculum." In *Teaching for Wisdom*, edited by M. Ferrari and G. Potworowski, 37-57. Amsterdam: Springer, 2008.
Stock, Brian. "The Contemplative Life and the Teaching of the Humanities." *Teachers College Record* 108, no. 9 (Sept. 2006): 1760-64. Also available at www.contemplativemind.org.
Strauss, Leo. "What Is Liberal Education?" An Address Delivered at the Tenth Annual Graduation Exercises of the Basic Program of Liberal Education for Adults. June 6, 1959. In *Liberalism: Ancient and Modern.* New York, 1968. http://www.ditext.com/strauss/liberal.html.
Strawson, P. F. *Individuals: An Essay in Descriptive Metaphysics.* London: Routledge, 1959.
Streng, Frederick J. *Emptiness: A Study in Religious Meaning.* Nashville: Abingdon Press, 1967.
Suhor, Charles. "Contemplative Reading—The Experience, the Idea, the Application." In "The Truth about Non-fiction." *The English Journal* 91, no. 4 (March 2002): 28-32.
Suzuki, Shunryu. *Zen Mind, Beginner's Mind.* New York: Weatherhill, 1970.
Teasdale, J. D., Z. V. Segal, J. M. G. Williams, V. A. Ridgeway, J. M. Soulsby, and M. Lau. "Prevention of Relapse/Recurrence in Major Depression by Mindfulness-Based Cognitive Therapy." *Journal of Consulting and Clinical Psychology* 68 (2000): 615-23.
Teresa of Avila. *The Interior Castle.* Edited by Benedict Zimmerman. http://www.ccel.org/ccel/teresa/castle2.html. Grand Rapids: Christian Classics Ethereal Library, 2006.
———. *The Way of Perfection.* Translated by E. Allison Peers. London: Random House, 2004.
Thoreau, Henry David. *Walden: or, Life in the Woods.* New York: Dover, 1995.
Thurman, Robert. "Meditation and Education: Buddhist India, Tibet, and Modern America." *Teachers College Record* 108, no. 9 (Sept. 2006): 1765 ⋯ 74. Available at www.contemplativemind.org.
Tiller, W., R. McCraty, and M. Atkinson, "Cardiac Coherence: A New, Non-Invasive Measure of Autonomic Nervous System Order." *Alternative Therapies in Health and Medicine* 2, no. 1 (1996): 52-65.
Tolkien, J. R. R. *The Hobbit.* London: George Allen and Unwin, 1937.
Tookome, Simon. *The Shaman's Nephew: A Life in The Far North.* Toronto: Stoddart

Kids, 1999.

Trickey, S., and K. J. Topping. "Philosophy for Children': A Systematic Review." *Research Papers in Education* 19, no. 3 (Sept. 2004): 365-80.

Tucker, James. "Encountering Socrates in the *Apology*." *Journal of Education* 178, no. 3 (1996): 17-30.

Uhrmacher, P. Bruce. "Uncommon Schooling: A Historical Look at Rudolph Steiner, Anthroposophy, and Waldorf Education." *Curriculum Inquiry* 25, no. 4 (Winter 1995): 381-406.

van den Eijnden, Regina J. J. M., Gert-Jan Meerkerk, Ad A. Vermulst, Renske Spijkerman, and Rutger C. M. E. Engels. "Online Communication, Compulsive Internet Use, and Psychosocial Well-Being Among Adolescents: A Longitudinal Study." *Developmental Psychology* 44, no. 3 (2008): 655-65.

Voegelin, Eric. *Anamnesis*. Translated by Gerhart Niemeyer. Columbia: University of Missouri Press, 1978.

_____. *The Ecumenic Age*. Vol. 4 of *Order and History*. Baton Rouge: Louisiana State University Press, 1974.

_____. "The Fate of Liberal Education." Hoover Institution Archives. Box 47, Folder ID: 5.

_____. "Immortality: Experience and Symbol." In *Collected Works. Vol. 12 Published Essays 1966-1985*, edited by Ellis Sandoz. Columbia: University of Missouri Press, 1990.

_____. *Israel and Revelation*. Volume One of *Order and History*. Baton Rouge: Louisiana State University Press, 1956.

_____. *The New Science of Politics*. Chicago: University of Chicago Press, 1952.

_____. *Plato and Aristotle*. Vol. 3 in *Order and History*. Baton Rouge: Louisiana State University Press, 1957.

_____. *Science, Politics, and Gnosticism*. Washington, DC: Regnery, 1968.

_____. *The World of the Polis*. Vol. 2 in *Order and History*. Baton Rouge: Louisiana State University Press, 1957.

Waiting for Superman. Dir. Davis Guggenheim. Electric Kinney Films, 2010. 111 min.

Walsh, J. "The Ascent to Contemplative Wisdom." *The Way* 9 (July 1969): 243-50.

Walsh, Roger. *The Spirit of Shamanism*. Los Angeles: Jeremy P. Tarcher and Sons, 1990.

Weber, Max. *The Protestant Ethic and the Spirit of Capitalism*. Translated by Talcott Parsons. London: Unwin Hyman, 1930.

Weil, Simone. "Reflections on the Right Use of School Studies with a View to the Love of God." In *Waiting for God*, translated by Emma Craufurd. New York: Harper and Row, 1951.

Wheal, James R. "The Agony or the Ecstasy? The Academy at the Crossroads." *The Journal of Experiential Education* 23, no. 3 (Winter 2000): 135-41.

Whitehead, A. N. *Adventures of Ideas*. New York: The Free Press, 1933.
_____. *The Aims of Education and Other Essays*. New York: The Free Press, 1929.
Wilkins, Lois E. "Metaphorical Language: Seeing and Hearing with the Heart." *Journal of Poetry Therapy* 15, no. 3 (Spring 2002): 123-30.
Williams, Paul. *Mahayana Buddhism: The Doctrinal Foundations*. London: Routledge, 1989.
Williams, Robin. *Reality ··· What a Concept!* Casablanca Records, ASIN: B001PLFQE8, 1979.
Wilson, John. *Thinking with Concepts*. Cambridge: Cambridge University Press, 1963.
Winter, Greg. "More Schools Rely on Tests, But Study Raises Doubts." *New York Times*, Dec. 28, 2002, A1. Available on the Education Policy Studies Laboratory Web site at http://www.asu.edu/educ/epsl/EPRU/documents/EPRU-0212-12-OWI.doc.
Yokoi, Yuho, and Daizen Victoria. *Zen Master Dogen: An Introduction with Selected Writings*. New York: Weatherhill, 1976.
Zajonc, Arthur. "Love and Knowledge: Recovering the Heart of Learning Through Contemplation." *Teachers College Record* 108, no. 9 (Sept. 2006): 1742-59.
Zylberberg v. Sudbury (Board of Education) [1986], 29 D.L.R. (4th) 577 (Ont. Div. Ct.); Reversed [1988] 52 D.L.R. (4th) 709 (Ont. C.A.); 65 O.R. (2d) 641 (C.A.).

찾아보기

ㄱ

가치 32, 72, 211, 255, 282, 316, 341, 402, 449
가필드, 제이Garfield, Jay L. 410
개념 분석 378-380
개리슨연구소 441, 446, 452, 461
고르기아스Gorgias 267, 268, 383
《고백록》 255, 383, 432
고통 54, 80, 139, 255, 324, 409, 464, 507, 522
공동선 28, 30, 39, 93, 104, 134
관조 32, 66, 108, 180, 200, 274, 325, 376, 408, 428, 453, 473, 521, 530
관조적 교육 437, 451, 469
광기 49, 132, 133
교사 33, 110, 116, 126, 143, 170, 201, 222, 342, 367, 416, 447, 527
교육목표 분류법 224, 248
《교육목표 분류법》 209
궁극적 선 51, 193
궤변술 262, 267, 380, 384, 388, 519
그랜트, 조지Grant, George 417, 418
그레이, 글렌Gray, Glen 73-80, 108, 137, 186
그린, 토머스Green, Thomas F. 286-290, 299
그린의 역설 295, 297-302, 305
글루엑, 린Glueck, Lynn 333, 365, 369
기도 199, 256, 295, 396, 408, 423, 430
《기독교 교양》 419

기법적-실용적 이성 247, 248
기쁨 26, 111, 231, 244, 273-275, 303, 320, 444, 503, 528
기술 26, 91, 143, 184, 214, 241, 371, 416, 452
기원적 경험 46, 146, 147
《길가메시 서사시》 357, 481

ㄴ

나가르주나 58, 383, 384, 409, 410
낫 한, 틱Nhat Hanh, Thich 439
네고티움 256, 257, 276
넬슨, 메릴린Nelson, Marilyn 429
노에시스 68, 195, 214, 246, 294, 377, 384, 402, 448, 471, 491
놀라움 48, 141, 275, 306, 328, 362, 402, 513
누가이 257, 258
누스 44, 86, 94, 116, 188, 195, 494, 501
니체, 프리드리히Nietzsche, Friedrich 327
《니코마코스 윤리학》 85, 88, 90, 93, 104, 111, 114, 141, 203, 525

ㄷ

다르샤나 386, 387, 410, 443, 458
다이모니오스 아네르 493
던, 조지프Dunne, Joseph 63
데모크리토스Democritos 317
데카르트, 르네Descartes, René 320, 360
도겐 454
도킬리타스 322

두카 496
듀이, 존Dewey, John 60-74, 80, 178, 200, 343
드 그래지어, 서배스천de Grazia, Sebastian 288
디아고게 111-113, 225, 512
디아노이아 68, 214, 246, 402, 491
디오니소스적 49, 54, 65, 149
디오티마Diotima 433, 478, 500, 502
디케 54, 55, 138

ㄹ

라티오 68, 157, 212, 220, 246, 292, 305, 376, 385
러셀, 버트런드Russell, Bertrand 282, 392
로고스 132, 326, 365, 491, 494
로스, 해럴드Roth, Harold D. 441
로슨, 더글러스Lawson, Douglas E. 60, 67, 79
로시, 엘리너Rosch, Eleanor 440, 446, 454, 462
로즈, 제임스Rhodes, James 500-502
루두스 256
루드, 앤서니Rud, Anthony G. 381
리페티, 릭Repetti, Rick 437, 441, 450
리프먼, 매슈Lipman, Matthew 313, 334-342, 345-356, 376, 384
릭트먼, 마리아Lichtmann, Maria 455, 530

ㅁ

마그누스, 알베르투스Magnus, Albertus 408
마르셀, 가브리엘Marcel, Gabriel 25, 39, 46, 50, 73, 80, 169
마음챙김 439, 445, 450, 471
마이모니데스, 모세스Maimonides, Moses 161-166, 168, 170
매니커스, 피터Manicas, Peter 362
매슈스, 개러스Matthews, Gareth B. 316-323, 327, 333, 369, 421
머튼, 토머스Merton, Thomas 396, 408, 528
메탁시 215, 233, 492, 498-503, 506, 511, 520
메텍시스 491-493, 520
명상 32, 71, 204, 300, 408, 438, 449, 471-475, 495
모건, 제프리Morgan, Jeffrey 292
모크샤 387, 496, 529
무지 33, 74, 166, 215, 298, 304, 322, 387, 400, 421, 464, 490-493, 517
무크티 387
뮤리스, 카린Murris, Karin 349, 369, 496
뮤어, 제임스Muir, James R. 269
미덕 35, 47, 56, 86, 99, 116, 141, 182-189, 193-198, 291, 328, 408, 442, 525
미첨, 존Meacham, John A. 47-55, 79, 136, 137, 139, 148
미첼, W. O.Mitchell, W. O. 144, 147, 149, 319
미첼, 서배스천Mitchell, Sebastian 382
민주적 교육 61, 64, 71
믿음 46, 50, 178, 193, 211, 218, 352, 416, 424, 457, 518
밀러, 존Miller, John 445
밀른Milne, A. A. 319, 531, 534

ㅂ

발테스, 파울Baltes, Paul B. 34, 39, 56
버니스키Burniske, R. W. 424, 427
버크만, 마그릿Buchmann, Margret 447, 448
버클리, 조지Berkeley, George 149, 150
베리타스 205, 460

베버, 막스Weber, Max 284-286, 457
베아티투도 180-182, 291
베유, 시몬Weil, Simone 199, 217, 465
변증법 30, 68, 138, 163, 196, 213, 268, 317, 369, 402, 494, 505
보넷, 마이클Bonnett, Michael 380
보에티우스Boethius 134-142, 154
보편성 27, 41, 46, 58, 73, 89, 155
부동의 동자 194, 198
부버, 마르틴Buber, Martin 416, 418
부처 58, 444
분별 32, 78, 86-93, 131, 183, 196, 204, 328
불멸화 120, 157, 239, 283, 307, 325, 416, 464, 499
불멸적인 95, 277, 386
불성 454
불안 76, 145, 227, 284, 322, 431, 474, 496
붓디 387
브라운, 리처드Brown, Richard C. 472
브라운, 시드Brown, Sid 472
브래디, 리처드Brady, Richard 444, 472
브릭하우스, 해리Brighouse, Harry 333, 365, 369
블룸, 벤저민Bloom, Benjamin 209, 211-220, 246, 279, 291, 305, 342
비극 54, 65, 79, 137, 364
비르투 141, 182
비타 악티바 203, 446
비타 콘템플라티바 203, 217, 431, 447, 477
비파사나 440, 471, 475, 479, 483, 495
비판적 사고기능 337-341, 345, 376

ㅅ

사고기능 접근법 342-344
사마타 440, 471, 475, 479, 483, 495
사피엔티아 177, 182, 184-189, 193, 197

삼키야 58, 386, 409, 443
생빅토르의 리샤르Richard of St. Victor 204, 208
샤머니즘 325, 362, 480
샬, 제임스Schall, James V. 163, 242, 273, 369, 391, 425, 511, 530
서먼, 로버트Thurman, Robert 415, 428, 430, 437
선 44, 56-59, 88, 105, 131, 183, 220, 257, 304, 377, 415, 447, 504, 518
선험적 진리 43, 46, 47
성 그레고리우스Gregorius, Saint 326
성 베네딕트Benedict, Saint 497
성 보나벤투라Bonavantura, Saint 325
성 아우구스티누스Augustinus, Saint 255-259, 261, 383, 419, 432, 534
성적 책임 154, 223, 251, 280
세네카Seneca 198
셰익스피어, 윌리엄Shakespeare, William 40, 125, 129, 364
소로, 헨리 데이비드Thoreau, Henry David 422, 475-477
소망 191, 193, 321, 430
소크라테스Socrates 33, 44, 97, 115, 133, 166, 195, 335, 380, 488, 515-524, 534
소포클레스Sophocles 357
소프로시네 47, 48
소피스트 33, 166, 196, 259, 382, 388, 511
소피아 32, 35, 42, 58, 85-91, 94-101, 120, 177, 188, 197
수냐타 409
수안후아 417, 424, 425
수이사, 주디스Suissa, Judith 339
수호르, 찰스Suhor, Charles 455
순진함 320-324, 518
스콜레 61, 72, 147, 225-233, 277-281, 290,

324, 389, 402, 429, 497, 525, 531
스키엔티아 76, 184-188
스턴버그, 로버트Sternberg, Robert J. 28, 42, 248
스토아철학 198
스톡, 브라이언Stock, Brian 437, 438
스투디오시타스 430
스페스 178, 181, 193
스푸다이오스 110-112, 115, 225, 526
슬리퍼, 랠프Sleeper, Ralph 370
시겔, 하비Siegel, Harvey 344
시계 시간 286-290, 295, 296
《신국론》 534
신데레시스 183
신란 299
신화 162, 171, 209, 351, 363, 403, 479-482
십자가의 성 요한John of the Cross, Saint 298-301, 325, 329

ㅇ

아가톤 105, 505, 516, 520, 527
아그노이아 490, 491
아나이레시스 68, 86, 214, 324, 495
아남네시스 147, 216, 399, 492, 499
아레테 47, 86, 195
아렌트, 해나Arendt, Hannah 129
아르스 184-186, 188
아르카이 69, 85, 166, 214, 268, 302, 377
아르케 69, 86, 302, 377, 403, 470
아를린, 퍼트리샤Arlin, Patricia 32-34
아름다움 44, 115, 133, 157, 221, 274, 293, 324, 403, 433, 457, 516, 528
칼론 516
아리스토텔레스Aristoteles 35, 47, 85, 105, 141, 177, 188, 194, 225, 328, 392, 496, 525
아리스토파네스Aristophanes 87

아리스톤 90, 188, 304, 377, 415, 454, 514
아비댜 464
아빌라의 성 테레사Teresa of Avila, Saint 326, 386, 410, 443, 526
아스콜리아 276
아케디아 227, 284, 286, 527
아퀴나스, 토마스Aquinas, Thomas 155, 177, 188, 193, 203, 221, 242, 392, 446, 525
아페이론 198, 491, 494, 498, 502
아폴론적 49, 149
알토벨로, 로버트Altobello, Robert 460, 472, 473, 477
앨버타주의 법안44 197
어린이 철학 313, 342, 350, 364, 375, 380, 451, 495
에로스 47, 294, 303, 324, 365, 461, 491, 500
에우다이모니아 181, 291, 365, 530
에크하르트, 마이스터Eckhart, Meister 326
에페케이나 491
에피스테메 88, 91, 490, 491, 506
엘렌코스 383, 384
엘리아데, 미르체아Eliade, Mircea 386, 496
엘리엇Eliot, T. S. 74
엠페도클레스Empedocles 480
여가 61, 69, 95, 111, 136, 201, 225, 258, 281, 323, 386, 429, 456, 512, 530
예거, 베르너Jaeger, Werner 260, 268
오만 27, 163, 263, 322, 432, 439
오티움 256, 275, 277
요가 386, 408-410, 443, 463, 473
용기 48, 131, 183, 269, 327, 528
용무 256-258, 263, 276
우정 129, 141, 231, 275, 489, 499, 512, 527
우티 419
위디오니시우스Pseudo-Dionysius 220, 224

윈스탠리, 캐리Winstanley, Carrie 314, 344, 389, 400
이소크라테스Isocrates 267-269
이야기 155, 162, 209, 309, 351, 382, 480
인문학 267, 437, 441, 511
인텔렉투스 68, 157, 186, 206, 239, 302, 337, 376, 415, 479
일주 시간 287, 288

ㅈ

자이언스, 아서Zajonc, Arthur 418, 460
잡아매기 463, 465, 473
쟁론 383, 384
전문 지식 35, 41, 53, 58, 91, 240, 363, 506
전문가 36, 38, 47, 85, 240, 245
전문어 55, 67, 364
제닝스, 퍼트리샤Jennings, Patricia 438, 471
제테시스 199, 216, 225, 394, 408, 443, 492
존재 너머의 선 493
좋은 삶 39, 41, 45
주술사 479, 480
주의산만 430, 528, 529
중관 58, 383, 409
중용 47, 48, 71
지능 28, 30, 103, 118, 202, 327, 445
　지능지수 28, 32, 246
지복직관 107, 302
지상선 90, 102, 181, 188, 282, 432, 461
지성 44, 86, 100, 106, 116, 157, 186, 205, 217, 282, 304, 387
지식 35, 43, 57, 72, 89, 170, 184, 189, 210, 262, 318, 375, 400, 447, 490
지혜 추구의 분위기 55, 79, 134, 153, 168, 257, 277, 324, 525
직관 109, 119, 156, 186, 206, 209, 222, 389

진리 31, 56, 85, 156, 170, 188, 207, 245, 280, 308, 354, 427, 449, 527
질버버그 대 서드베리 교육위원회 사건 470

ㅊ

챈들러, 마이클Chandler, Michael J. 39-42, 73
철학 49, 60, 87, 113, 134, 162, 191, 225, 267, 327, 339, 370, 394, 511
　철학자 33, 47, 65, 87, 132, 154, 193, 227, 267, 308, 382, 408, 478
초경험적 현실 62
초인지 334, 340, 346, 366, 375, 385, 441
축선 281-285, 456
축제 281, 283, 292, 456, 511, 518

ㅋ

카리타스 178, 191, 193, 194
카마이클, 더글러스Carmichael, Douglas 381, 382
카유아, 로제Caillois, Roger 276
카일, 에릭Kyle, Eric 439
카타바시스 324, 428, 495, 496
캐스너, 에드워드Kasner, Edward 420
캘훈, 데이비드Calhoun, David H. 382
케커스, 존Kekes, John 40, 42-47, 73
켐피스, 토마스 아Kempis, Thomas à 306
콘로이, 제임스Conroy, James C. 306, 355, 427
콘쿠피스켄티아 오쿨로룸 432
콘템플라티오 200, 203-206, 217, 224, 432
쿠리오시타스 430, 431
쿠퍼, 배리Cooper, Barry 246-248
크롤, 키스Kroll, Keith 473

ㅌ

타우마 97, 275, 322
테미스 138
테오리아 32, 61, 73, 95, 107, 133, 180, 214, 224, 245, 274, 305, 354, 377, 403, 513
테크네 91, 261, 506
텔로스 63-65, 291, 384, 462
투코메, 사이먼Tookome, Simon 479, 480

ㅍ

파니카, 라이문도Panikkar, Raimundo 453, 463
파이데이아 97, 499
파이디아 225, 231, 275, 512, 525
파탄잘리Patañjali 386, 409, 463
파토스 324
펠리키타스 180
폴리프라그모시네 430
푀겔린, 에릭Voegelin, Eric 46, 54, 94, 138, 148, 167, 355, 493-502, 528
표준화된 시험 223, 229, 402
푸루샤 387, 409
프라즈나 388, 409, 465
프로네시스 32, 35, 44, 63, 77, 86, 91, 99-104, 131
프뢰프리트, 윌리엄Proefriedt, William A. 352, 363, 369
프루덴티아 178, 183, 186, 189
프루이 419
플라톤Platon 87, 133, 148, 157, 169, 215, 268, 294, 335, 357, 382, 427, 493, 500, 511
피데스 178, 188, 193
피아제, 장Piaget, Jean 37, 52, 315-318
피타고라스Pythagoras 360, 400, 480, 488
피퍼, 요제프Pieper, Josef 108, 191, 230, 263, 280, 303, 364, 379, 423, 456

필로미토스 354, 403
필로소피아 149, 225, 291, 308, 325, 407
필로칼로스 133, 155, 403
필리아 231, 275, 489, 512, 520, 525, 534

ㅎ

하루투니안고든, 소피Haroutunian-Gordon, Sophie 380, 381
하위징아, 요한Huizinga, Johan 111-115, 232, 275, 527
하츠혼, 찰스Hartshorne, Charles 47, 49
하트, 토빈Hart, Tobin 438, 442, 450, 472
하트랜프트, 칩Hartranft, Chip 464, 465
핸드, 마이클Hand, Michael 314, 349, 362, 378, 389-393
행복 51, 95, 100, 119, 179-182, 209, 237, 262, 291, 446, 514, 530
헤도네 105, 506
헤라클레이토스Heracleitos 324, 326, 478, 480
헤수키아 512, 531
헤인스, 데버라Haynes, Deborah 445
헤인스, 조안나Haynes, Joanna 377, 378, 380, 396, 410
《형이상학》 47, 492
형이상학적 지식 43-45, 47, 409
호크마 170, 171
홀랜드, 대니얼Holland, Daniel 450, 461
홀리데이, 스티븐Holliday, Stephen 40-42, 73
화이트헤드Whitehead, A. N. 396
회의론 46, 50, 167
힐, 클리퍼드Hill, Clifford 455, 474

지은이 숀 스틸 Sean Steel 교사이자 캐나다 캘거리 대학교에서 강의하고 있다. 캘거리 대학교에서 철학 박사학위를 받았으며, 학교에서 학생들이 지혜를 추구할 수 있도록 하는 방법과 이를 돕기 위해 교사들이 어떤 교육을 받아야 하는가를 연구한다. 지은 책으로《교사 교육과 지혜 추구Teacher Education and the Pursuit of Wisdom》가 있다.

옮긴이 박수철 고려대학교 서양사학과를 졸업했으며, 현재 번역 에이전시 엔터스코리아에서 출판기획 및 전문번역가로 활동하고 있다. 옮긴 책으로《아이의 성장을 위한 과학적 생각들》《역사를 바꾼 위대한 장군들》《한 권으로 읽는 철학의 고전 27》《철학 교수님이 알려주는 공부법》 등 다수가 있다.

지식은 과거지만 지혜는 미래다

1판 1쇄 찍음 2018년 1월 10일
1판 1쇄 펴냄 2018년 1월 25일

지은이	숀 스틸
옮긴이	박수철
펴낸이	이동준, 정재현
기획편집	전상희, 김소영
디자인	문성미
제작처	금강인쇄주식회사

펴낸곳	이룸북
출판등록	2014년 10월 17일 제2014-000294호
주소	06312 서울시 강남구 논현로 16길 4-3 이룸빌딩 5층
전화	02-424-2410(판매) 02-579-2410(편집)
전송	02-424-5006
전자우편	erumbook@erumenb.com
블로그	http://blog.naver.com/erum_book
포스트	http://post.naver.com/erum_book
페이스북	https://www.facebook.com/erumbook

ISBN 979-11-87303-14-5 93100

이룸북은 (주)이룸이앤비의 단행본 브랜드입니다.

이 책의 내용을 이용하려면 반드시 저작권자와 이룸북의 동의를 받아야 합니다.
이 도서의 국립중앙도서관 출판예정도서목록(CIP)은 서지정보유통지원시스템 홈페이지(http://seoji.nl.go.kr)와 국가자료공동목록시스템(http://www.nl.go.kr/kolisnet)에서 이용하실 수 있습니다. (CIP제어번호: CIP2017034280)